21世纪普通高等教育“十三五”规划教材·公共基础课系列

财政学

（第三版）

袁崇坚　主　编
李　娟　副主编

上海财经大学出版社

图书在版编目(CIP)数据

财政学/袁崇坚主编．—3版．—上海：上海财经大学出版社，2020.6
(21世纪普通高等教育"十三五"规划教材·公共基础课系列)
ISBN 978-7-5642-3480-5/F·3480

Ⅰ.①财… Ⅱ.①袁…②李… Ⅲ.①财政学-高等学校-教材
Ⅳ.①F810

中国版本图书馆CIP数据核字(2020)第040511号

□ 责任编辑　石兴凤
□ 封面设计　张克瑶

财　政　学
(第三版)

袁崇坚　主　编
李　娟　副主编

上海财经大学出版社出版发行
(上海市中山北一路369号　邮编200083)
网　　址：http://www.sufep.com
电子邮箱：webmaster@sufep.com
全国新华书店经销
上海天地海设计印刷有限公司印刷装订
2020年6月第3版　2020年6月第1次印刷

787mm×1092mm　1/16　22.25印张　570千字
印数：33 001—36 000　定价：53.00元

21世纪普通高等教育“十三五”规划教材

21 SHIJI PUTONG GAODENG JIAOYU “SHISANWU” GUIHUA JIAOCAI

编委会

BIAN WEI HUI

第三版前言

随着我国新预算法的实施、新一轮财税改革的推进、现代财政制度的建立，财税改革取得了重要的进展。现实众多的变化，也意味着作为反映财政发展和变化的基础理论教材，需要及时更新内容，做到与时俱进，以更好地服务教学。

第三版保持第二版的基本框架不变，但修订的内容较多，旨在全面地反映我国财政领域新理论和现实的新发展。修订内容主要有：一是及时反映近年来我国财税体制改革进程，增加新内容，如财政是国家治理的基础和重要支柱；增值税改革、个人所得税改革；地方政府债务问题；我国积极的财政政策配置格局的变化等。二是在教材体系上每章增添或更新了专栏，案例全部做了更新，丰富了复习思考题。每章之后增加了扩展阅读篇目，以期提高学生的学习效率和自主学习的能力。三是更新了数据资料，数据更新到 2018 年。四是根据理论与实践的发展，对部分内容进行了增删，如删除了预算外收入管理。紧密结合中国的实际，尽可能让学生在理论学习中理解我国的财税改革、把握学科最新的动态变化、增强理论运用能力。

本书由袁崇坚任主编，李娟任副主编。参与撰稿人员有袁崇坚、李娟、冯志勇、许白玲、董佳、薛凝、马甜。具体分工为：袁崇坚（导论、第一、第二、第十二章）；许白玲（第三、第五章）；董佳（第四章）；李娟（第六、第七、第八章）；冯志勇（第九章）；薛凝（第十章）；马甜（第十一章）。全书由袁崇坚总纂定稿。

本次在修订过程中得到了业界和同行的大力支持与帮助，感谢他们提出的宝贵意见。还要感谢国内外同行所做的研究，他们为本教材的写作提供了大量有价值的参考资料。同时，我们还要感谢所有使用和关注本书的教师和学生，感谢湖北众邦文化传播有限公司和上海财经大学出版社的大力支持！

本教材的修订听取了多方意见，作者们都尽了自己的努力，由于作者所学有限，难免会有疏漏和不妥之处，恳请读者不吝指正。

袁崇坚　李　娟
云南大学经济学院
2020 年 1 月于春城

目 录

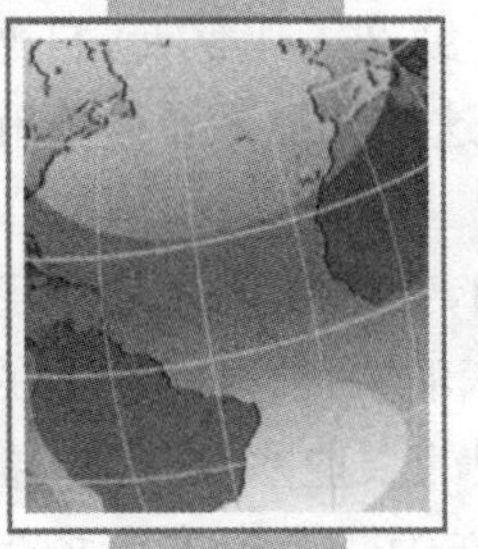

导　论

本章提要

本章主要介绍财政学的学习对象、学习目的和学习方法；财政学的产生、发展简史。通过对现实生活中各种财政现象、财政问题的分析，阐述学习财政学的重要现实意义，以及财政学的研究内容、基本研究方法和学科意义。

一、现实生活中的财政问题

现代人几乎不可避免地要与财政问题打交道。财政问题不仅仅是政府部门、财政部门和税务部门的问题，还与人们的日常生活关系密切。就家庭和居民个人而言，你来到人世时接生你的公立医院，幼儿时期抚育你的公立幼儿园，享受的义务教育学校，大学学习的公立学校，在我国都是由政府出资兴办的；参加工作以后，就业仍然在公共部门；即使在非政府部门，一旦暂时失业，也可以依靠由政府提供的救济金维持生活；当你进入退休年龄的时候，可以依靠政府参与提供的社会保障安度晚年；有一天寿终正寝，许多人的归宿是公墓。所有这些，都离不开政府和财政的公共服务，也就是人们通常所说的生老病死、从摇篮到坟墓。这一切都同政府和财政息息相关。

现代社会政府承担着经济调节、市场监督、社会管理和公共服务的职能，其中诸多的政治和社会职能，包括行政、国防、治安、义务教育、基础科研、公共卫生和公共设施等，是市场不可能承担的。最典型的事例是行政管理、国防、治安以及司法和执法。你手里有钱可以在市场上买到衣物、食品、住宅、轿车以及图书和读物，但却买不到由行政管理、国防、治安等部门以及立法、司法和执法等机关所提供的行政服务、国土安全、国家法规和安定的社会秩序。另一个典型的事例是基础科学。基础科学的研究成果不能直接应用，但却是应用技术和应用工程的基础。如今习以为常的激光、晶体管和原子能是物理学基础研究的成果。基础科研失败的风险很大，而且不能被授予专利，不能期望个别厂商热衷于这类事业，但一旦成功，全社会甚至全人类均可以受益，因此，主要由政府投入并提供这类“产品”是理所当然的。城市公共设施建设则是一个综合性事例。城市里大小商店鳞次栉比，商品琳琅满目，为居民生活提供了方便，但任何一个商店都不能给居民提供公共设施和公共服务。城市的交通、通信、供水、供气、供暖、排水、排污、净化环境，细小的还有公园、公厕等，这些公共设施与公共服务，是工商企业正常的生产经营所必需的，是居民日常生活须臾不可或缺的，这类需要既然是“公共的”，显然不能完全依赖于市场提供，理所当然属于政府的职责范围。2003 年抗击“非典”的斗争，财政动用预备费 100 亿元。2008 年“5·12”汶川地震及其他省份地震，各级财政部门共投入抗震救灾资金 825.14 亿元，其中，中央财政投入 734.57 亿元(用于应急抢险救灾资金 331.32 亿元，灾后恢复重建资金403.25亿元），地方财政投入90.57亿元。2015年“4·25”西藏地震灾害、“11·13”浙江丽水滑坡灾害及其他省区各类自然灾害，各级财政部门共投入自然灾害生活救助195.52亿元，其中，中央投入自然灾害生活补助94.99亿元，地方投入自然灾害生活补助26.24亿元，自然灾害灾后重建补助61.88亿元，其他自然灾害生活救助支出12.41亿元，这充分显示了政府和财政的重大作用。

政府还承担涉及国计民生和带有战略性的重大工程建设任务。例如，我国长期规划中已经完工或正在实施的三峡水利枢纽工程、青藏铁路、南水北调工程、西气东输工程，规模宏大的电站、油田、钢铁厂，横跨江河和贯通全国的桥梁、高速铁路、公路网，大型的农业水利工程、灌溉系统等，只能在政府拨付资金的前提下采取多渠道筹资的方式兴建。作为一个资本市场尚未发育健全的发展中国家，我国这种政府资源配置方式具有特殊的重要意义。

政府与家庭和企业一样，要办事就要有钱，有支出就要有收入，但与家庭和企业不同的是，政府作为公共权力和公共服务机构，本身没有收入来源，政府收入是取之于民，而后用之于民的。居民个人一方面享受政府提供的各种公共物品和劳务，同时也是纳税义务人。个人收入达到一定的标准要缴纳个人所得税，居民死亡留下的遗产有些也要缴纳遗产税，对政府提供的某些特定的服务还要支付一定的费用。就工商企业而言，因为工商企业是商品生产和经营的主体，是政府为满足公共需要而索取收入的主要承担者，即主要纳税人。由工商企业缴纳的两大税——增值税和企业所得税，在当前占全部税收收入的64.4%，2018年占全部税收收入的61.9%。工商企业作为主要纳税人的同时，不仅享用政府提供的公共工程和公共服务，而且享受政府提供的各种优惠政策支持，如税收优惠、投资抵免、加速折旧、出口退税、财政补贴等。

近年来，财政不断优化支出结构，加大投入，改善民生。中国大半人口居住在乡村，建设社会主义新农村，实施乡村振兴战略需要财政的助力。根据国家统计局2019年2月28日发布的《中华人民共和国2018年国民经济和社会发展统计公报》，2018年末中国内地总人口139 538万人，比2017年年末增加530万人，其中城镇常住人口83 137万人，占总人口的比重（常住人口城镇化率）为59.58%，居住在乡村的为56 401万人，占40.42%。2006年，中国取消了农业税和农业特产税，增加了农民收入。2018年，农村居民人均可支配收入14 617元，比上年增长8.8%。

财政收支是通过国家预算来安排的，国家预算的编制和执行要经过全国人民代表大会及其常务委员会的审核和批准。国家预算反映了一系列涉及国计民生的重大财政政策问题：财政收入占国内生产总值的比重以及中央财政收入占全国财政收入的比重多大才是适度的；企业的税收负担确定在什么水平上，才可能既保证政府各项支出需要，又不致使企业丧失应有的活力；在税收收入增长速度较快的情况下，是否应当实行减税政策；财政运行中为什么会出现财政赤字，财政赤字对经济发展有什么影响；为筹集国家建设资金或为弥补财政赤字，政府连续多年向居民和企业发行国债，积累的债务余额会逐年上升，是否会形成财政风险和债务危机；积极的财政政策包括哪些内容，财政效应如何……

以上所述就是我们经常看到、听到以及切身体会到的种种财政现象，也就是现实生活中的财政学。

二、财政学的产生与发展

财政学是研究政府收支活动及其影响的经济学分支学科。从早期对政府收支活动的简单描述到发展为完整的学科体系，财政学的形成经历了漫长的历史过程。

(一)早期财政思想

财政分配现象早在原始社会末期就已出现,它是伴随着剩余产品的出现,并出现需要由剩余产品去满足的公共需要以及国家的产生而形成的。

在原始社会,生产力极为低下,劳动产品没有剩余,此时没有出现社会公共需要,也就谈不上用剩余产品去满足社会公共需要了。此后,随着社会的发展演化,出现了剩余产品,相应地产生了社会公共需要,氏族首领作为社会组织的代表,为了满足社会公共需要,集中分配了一部分剩余产品。原始社会后期出现的贡品、礼物就是财政关系的萌芽。可以说,剩余产品的出现,并出现需要由剩余产品去满足的公共需要,是财政学产生的物质条件。

随着生产力的进一步发展,剩余产品逐渐增加,氏族社会首领开始凭借自身权力占有剩余产品,私有制由此产生,社会形成不同的阶级,国家作为阶级压迫的工具也就应运而生了。此时的社会公共需要成为统治阶级的需要,国家便集中分配一部分剩余产品,于是就产生了财政。

随着财政分配活动的不断进行,许多精辟的财政思想涌现出来。

在古代欧洲,最早的财政思想可以说是古希腊的色诺芬在《雅典的收入》一书中的表述。他在这本书中讨论了希腊雅典的财政收入问题,建议由国家购买奴隶,并将他们出租以增加国家的收入。在柏拉图和亚里士多德的一些著作中,也有关于财产与收益之间何者为课税标准,以及强制征税的公平原则之类的论述。在罗马,有关于罗马税制以及专门讨论赋税负担的著作。

在中国,古代财政思想形成了人类文明的宝贵财富。春秋战国时期,管仲在《国语·齐语》中就提出了"相地而衰征,则民不移"的财政政策,主张按土地好坏征收差额赋税,不要征收同等的赋税,以鼓励农民的生产积极性,防止农民逃亡。此外,他还提出一系列财政措施,如轻税、食盐专卖、铁矿合营等。商鞅在秦国推行变法时也提出过摧毁旧封建主的土地世袭占有制,允许土地自由买卖,并按田亩征收赋税。唐朝的刘晏、宋朝的王安石等,也都有关于理财的论述。在税收调节方面,有"寓禁于征"的税收调节生产流通的思想;在财政支出方面,既有周公的"量入为出"的原则,也有唐代杨炎的"量出为入"的主张。

在这一阶段,这些财政思想的出现是零星的、分散的,还没有形成系统的财政理论体系,但它的存在为财政学理论体系的构成奠定了坚实的基础。

(二)财政学理论体系的形成

随着西方古典经济学的形成与发展,财政学作为政治经济学的一个分支逐步形成与发展起来。威廉·配第(William Petty,1623—1687)于1662年出版的《赋税论》,详细论述了各种公共经费和征税方法,并运用数学工具对当时的赋税问题进行分析和计算。马克思曾经指出,威廉·配第是"最有天才和最有创见的经济学家"。该书是在重商主义向古典经济学派过渡阶段,随着资本主义商品生产和货币关系的扩大,为满足新兴资产阶级政治经济斗争需要出现的,被认为是西方最早的古典税收学专著,也是西方最早的财政学专著。

古典经济学派的杰出代表亚当·斯密(Adam Smith,1723—1790)于1776年3月9日出版的代表作《国民财富的性质和原因的研究》(以下简称《国富论》)奠定了经济学的基础,也标志着系统财政理论体系的创立。该书的第五篇通过支出、收入和公债三章,系统论述了财政理论,并提出了著名的"公平、确实、便利、最少征收费用"的税收四原则。《国富论》的问世,奠定了古典税收理论的基础,也创立了财政学的理论体系。

(三)现代财政理论

19世纪末20世纪初,特别是1929～1933年爆发了世界性的经济危机,不仅使生产大幅度下降、失业人口激增,而且货币信用制度也濒于崩溃,整个经济体制面临毁灭的危险。此时,经济学家们面对商品价格的剧烈波动仍不能使商品的供给和需求达到均衡、削减工资仍然有大量工人流落街头、利率一跌再跌仍未能刺激储蓄转化为投资等问题,用传统的经济学无法给予解释。这时,以凯恩斯主义为代表的财政理论逐渐取得了统治地位。

凯恩斯(John Maynard Keynes,1883—1946)在1936年出版的《就业、利息与货币通论》中把经济危机的根源归结为"有效需求不足",要求政府放弃自由资本主义原则,实行国家直接干预经济的政策。他主张由以间接税为主改为以直接税为主,由以固定税率为主改为以累进税率为主,同时征收高额遗产税,以消除分配不公,刺激有效需求。

凯恩斯学派认为,单凭经济的自发调节,不能解决社会有效需求不足和严重的失业问题,要保证"充分就业"和"经济繁荣",政府必须对经济进行干预。以凯恩斯的国家干预理论为代表的宏观经济理论成为各国政府干预经济活动、稳定经济运行的理论基础。与此相对应,由于政府职能的加强和支出范围的扩大,财政学研究进一步发展和完善了国家干预理论,使得凯恩斯主义几乎主导了20世纪中叶近半个世纪西方的财政理论基础。

20世纪70年代,"滞胀"的出现导致各种反凯恩斯主义思潮的盛行。货币主义、供给学派及公共选择学派等相继提出了各自的理论及政策主张。

在我国,财政学的发展经历了一个与西方国家不同的历程。中华人民共和国成立初期,财政学主要以介绍苏联的财政理论为主。1956～1965年,我国财政理论研究在总结国民经济恢复时期和五年社会主义建设的实践经验的基础上,坚持以马克思主义基本原理为指导,逐步建立和发展我国的财政学理论体系。进入社会主义市场经济体制建设后,结合中国市场经济改革的实践情况,财政学研究无论是在内容上还是在方法上都学习和借鉴了西方财政学的精华,极大地促进了我国财政学理论研究的发展。

三、财政学的研究对象、研究目的与研究方法

(一)财政学的研究对象

财政作为经济范畴,反映的是经济过程中的分配关系。因此,财政分配活动的具体表现——财政现象,自然是财政学所要研究的对象。但仅仅研究财政现象还远远不够,财政学作为一门应用理论学科,不仅研究财政政策和制度本身,还要为制定财政政策和确定财政制度提供客观依据。所以,财政学还要透过现实中的财政现象,揭示财政分配关系中的规律性。由于财政活动主要表现为财政收入与财政支出活动,而这些活动是政府参与一部分社会产品或国民收入分配所形成的活动,体现了一种以国家为主体的分配关系。所以,财政学的研究对象可以具体地表述为以国家为主体的分配活动及其所反映的分配关系。

(二)财政学的研究目的

在市场经济体制下,政府和市场共同满足着人们的需要,而政府经济活动的基础就是财政活动。财政作为一种分配范畴,与生产、交换、消费等社会再生产的各环节有着密切的联系。财政活动是整个国民经济不可分割的一个组成部分,国民经济的运行情况直接决定着财政活动的范围、目标和方式;反过来,财政活动也影响着国民收入的分配、社会生产和消费。财政与经济的关系是财政学研究的一条根本线索。

财政学作为研究政府经济活动的学科,它的研究目的就是要通过研究财政现象及其本质,

揭示和阐明财政活动的规律，探索财政活动与整个国民经济和其他社会经济活动的关系及其变化的规律性，进而为财政活动的实践提供理论依据。

(三)财政学的研究方法

财政学是一门应用理论学科，起着衔接一般经济理论与财政主干课的作用。作为经济学的一个特殊分支，它是以经济学为理论基础的，一方面要将一般经济理论从财政角度进一步深化，另一方面要对财政活动进行理论性分析与指导。同时，要求学习中要紧密结合中国实际。所谓紧密结合中国实际，就是一切从中国国情出发，以马克思主义基本原理为指导，借鉴西方财政学的某些原理和方法，研究中国的现实问题，得出符合中国实际的结论。

因此，财政学的学习与研究应注意运用以下几种方法：

1. 唯物辩证法

从马克思主义观点看来，科学的方法论只有一个，就是唯物辩证法，这是自然科学研究和社会科学研究必须遵循的唯一科学方法。唯物辩证法要求我们一切从实际出发，从发展和联系的角度上把握事物。在自然科学研究中贯彻这一方法，可以在最少受干扰的地方考察自然过程；或者，若有可能，在保证过程中以纯粹状态进行的条件下从事试验。在对经济现象和其他社会现象的研究中，上述条件是不具备的，所以，“分析经济形式，既不能用显微镜，也不能用化学试剂。二者都必须用抽象力来代替”[①]。于是，唯物辩证法体现在社会科学的研究上，就形成了一套从现象到本质、从具体到抽象地研究事物，再由本质到现象、由抽象到具体地描述事物的方法论体系。

2. 实证分析与规范分析相结合的分析方法

所谓实证分析，就是按事物的本来面目描述事物，说明研究对象“是什么”，它着重刻画经济现象的来龙去脉，概括出若干可以通过经验证明正确或不正确的基本结论。实证分析法运用于财政学，就是要按照财政活动的原貌，勾勒出从财政取得收入直至安排支出的全过程及其产生或可能产生的经济影响，财政活动同整个国民经济活动的相互作用，以及组织财政活动所建立的机构、制度和各种政策安排。规范分析要回答的问题是“应当是什么”，即确定若干准则，并据以判断研究对象目前所具有的状态是否符合这些准则，如果存在偏离，则应当如何调整。规范分析运用于财政学，就是要根据社会主义市场经济这一制度前提，根据公平与效率这两大基本社会准则，来判断目前的财政制度是否与上述前提和准则一致，并探讨财政制度的改革问题。

3. 比较分析方法

在财政学的学习与研究中，还经常运用比较分析方法，一方面，要进行横向比较分析，即进行中外比较，以便我们可以对财政现象和财政理论有更深刻的理解，找出自己的不足，确定完善的目标；另一方面，要进行纵向比较，即对一个国家的不同发展阶段进行比较，以便及时修正发展过程中的偏失。

四、学习财政学的意义

(一)理解财政是国家治理的基础和重要支柱

财政是国家治理的基础。在任何经济社会和任何发展阶段，国家治理的主体都是政府，财政则是政府履行职能的基础所在。财政收支的过程，实际上便是作为国家治理主体的政府履

① 《马克思恩格斯全集》第23卷，人民出版社1972：8。

行职能的活动。财政收支既是所有政府活动的基础，又是连接政府和家庭企业的最直接的纽带。财政职能的履行，其范围能够覆盖所有政府职能、所有政府部门和所有政府活动领域。围绕政府收支所形成的一系列财政制度安排，不仅直接决定着财政职能的履行状况，而且事关所有政府职能的履行状况，进而决定着国家治理体系的运行状况和国家治理的实现水平。

财政是国家治理的重要支柱。在构成现代国家治理体系的诸种要素中，财政几乎是最重要的一种要素。综观当今世界各国政府所履行的职能，尽管项目繁多、表现各异，但从大类分，无非是“事”和“钱”两个方面。与之相适应，国家治理的实现线索，无非位于两个层面：事权与财权的界定和支出责任与财力的配置。只有各级政府和各个政府职能部门的事权与财权界定清楚了，各级政府和各个政府职能部门的支出责任和财力配置妥当了，各项政府职能的履行才可能落到实处，国家治理的相关活动才可能运行顺畅。另外，在现代社会的国家治理体系框架中，政府预算绝对是一个重要载体。通过政府预算治理国家，更是迄今可以观察到的有关现代国家治理活动的一个基本轨迹。通过政府预算，还可以形成对政府支出规模和国家治理活动成本的有效控制。

(二)理解财税体制改革成为全面深化改革的突破口

财政是国家治理的基础和重要支柱，科学的财税体制是优化资源配置、维护市场统一、促进社会公平、实现国家长治久安的制度保障。2014 年 6 月 30 日，中共中央政治局审议通过了《深化财税体制改革总体方案》，会议指出，深化财税体制改革的目标是建立统一完整、法治规范、公开透明、运行高效，有利于优化资源配置、维护市场统一、促进社会公平、实现国家长治久安的可持续的现代财政制度。

在我国经济社会发展的新形势下，构建科学的财税体制，将国家治理的基础夯得更实，更好地发挥重要支柱作用。新一轮的财税改革将重点推进三个方面的改革：改进预算管理制度，强化预算约束、规范政府行为、实现有效监督，加快建立全面、规范、公开、透明的现代预算制度；深化税收制度改革，优化税制结构、完善税收功能、稳定宏观税负、推进依法治税，建立有利于科学发展、社会公平、市场统一的税收制度体系，充分发挥税收筹集财政收入、调节分配、促进结构优化的职能作用；调整中央和地方政府间的财政关系，在保持中央和地方收入格局大体稳定的前提下，进一步理顺中央和地方收入划分，合理划分政府间事权和支出责任，促进权力和责任、办事和花钱相统一，建立事权和支出责任相适应的制度。①

(三)理解现代财政制度和提升政府治理能力

《中共中央关于全面深化改革若干重大问题的决定》(以下简称《决定》)将“完善和发展中国特色社会主义制度，推进国家治理体系和治理能力现代化”确定为全面深化改革的总目标。“使市场在资源配置中起决定性作用和更好发挥政府作用”，“科学的宏观调控，有效的政府治理，是发挥社会主义市场经济体制优势的内在要求”，是《决定》赋予现代政府治理的重要课题。财政是庶政之母，是政府实行现代治理的工具、风标和试剂。推进财税领域突破性改革，加快建立现代财政制度，是提高服务型政府、责任政府、调控政府、合力政府、法治政府现代治理能力的必由通道。

---

① 李丽辉：《财税体制改革发挥着突破口的作用》，载《人民日报》，2014 年 7 月 3 日。

思考与应用

1. 举例说明财政学为什么与现代生活关系密切。
2. 简述财政学的产生与发展过程。
3. 财政学的研究对象与研究目的是什么?
4. 财政学的学习与研究方法有哪些?
5. 如何理解财政是国家治理的基础和重要支柱?

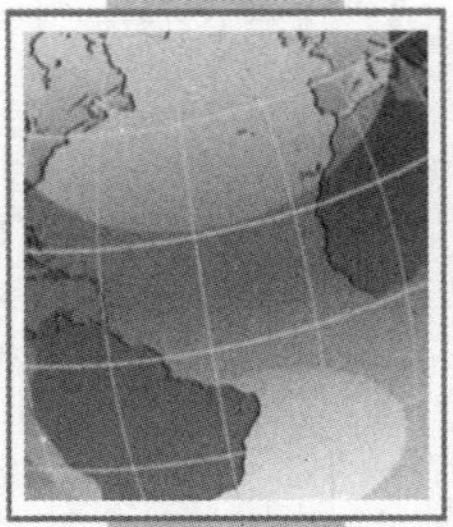

第一章
市场失灵和财政职能

本章提要

本章将系统地介绍政府与市场的关系、政府的经济职能；并通过对财政的基本特征和概念以及财政三大职能的重点分析，强化公共财政的理念，进一步明确财政在经济、社会生活中的重要作用。

第一节　政府与市场

一、市场：市场效率和市场失灵

（一）市场与市场效率

在市场经济体制下，市场是一种资源配置系统，政府也是一种资源配置系统，二者共同构成社会资源配置体系。财政是一种政府的经济行为，也是一种政府配置资源的经济活动，所以，明确政府与市场的关系，是学习财政学和研究财政问题的基本理论前提。不明确政府与市场的关系，就难以说明为什么有市场配置还要有政府配置，政府配置有什么特殊作用，政府配置的规模多大为宜，政府采取什么方式配置资源，等等。

简单地说，市场系统是由家庭、企业和政府三个相对独立的主体组成的。在市场经济下，政府构成市场体系的一个主体。比如，政府为市场提供诸如基础设施、教育和社会保障之类的公共物品和准公共物品，同时从市场采购大量的投入品和办公用品。但政府又是一个公共服务和政治权力机构，具有与市场不同的运行机制，因而在市场中又具有特殊功能和特殊地位，可以通过法律、行政和经济手段，“凌驾”于市场之上而介入和干预市场。因此，为了说明政府与市场的关系，需要先从没有政府的市场系统说起，这时市场只有两个主体，即家庭和企业。

家庭是社会的基本细胞，是社会生活的基本单位，它为市场提供劳动力、资本和土地（在土地私有制的条件下）等生产要素，并通过提供生产要素获取收入，而后用家庭收入到市场上购买生活消费品或从事投资。家庭的基本目标是满足需要和效用水平的最大化。企业是商品生产和商品交换的基本单位，它从家庭那里买进生产要素，通过加工转换为商品或劳务，而后将商品或劳务又卖给家庭，并获取企业收入和利润。企业的基本目标是利润最大化并实现扩大再生产。市场从日常生活来看就是商品（包括生产要素）交易的场所，如百货商场、汽车市场、证券市场等。但从经济学的角度来看，市场不仅是商品交易的场所，而且是指在无数个买者与卖者相互作用下形成的商品交易机制。市场机制的基本规律就是供求规律：供大于求，价格下降，库存增加，生产减少；求大于供，价格上涨，库存减少，生产增加；通过价格和产量不断地波动，达到供给和需求的均衡。

市场作为一个有效率的经济运行机制，为经济发达国家几百年的经济发展史所证实，而且为各种经济学说所论证和肯定。亚当·斯密将市场规律形容为"看不见的手"，认为不需要任何组织以任何方式干预，市场就可以自动达到供给与需求的均衡，而且宣称当每个人在追求私人利益的同时，就会被这只手牵动着去实现社会福利。马克思同样赞叹市场机制的效率，并将价格规律提升为价值规律，认为商品的价值是由生产商品的社会必要劳动时间决定的，而价格围绕价值上下波动来调节生产和流通，并促进技术进步和经济发展；同时，马克思也指出了市场波动是导致经济危机的可能性因素。福利经济学的代表人物、意大利经济学家帕累托提出了一个被西方经济学和财政学经常引用的帕累托经济效率标准，又称为帕累托最优状态。简言之，帕累托最优状态是指这样一种状态，即任何一种改变都不可能使一个人的境况变好而又不使别人的境况变坏。帕累托还论证了达到帕累托最优所必须满足的条件，包括交换的最优条件、生产的最优条件、交换和生产的最优条件。帕累托效率标准或帕累托最优状态可以作为我们分析经济效率和财政效率的一个规范性参照标准。

(二)市场失灵

市场配置效率是以完全自由竞争作为严格假设条件的，而现实市场并不具备这种充分条件。一旦前提不能充分满足，就会出现"市场失灵"——"价格信号失真"，价格不能反映市场中供求双方力量对比的真实运动。市场失灵就是市场没有能够发挥高效率地配置资源的作用，经济学界称之为市场机制自身固有的缺陷。市场失灵为政府介入或干预提供了必要性和合理性的依据。市场失灵主要表现在以下几个方面：

1. 自然垄断

在某些产品的生产过程中，可能会出现规模报酬递增的情形。在规模报酬递增状态下，充分竞争的市场最终必然走向自然垄断。这是因为，规模报酬递增意味着生产经营规模越大，所生产的市场收益率将越高，从而使大企业在市场竞争中处于有利地位。当一个行业被一个或几个企业垄断时，垄断者可能通过限制产量、抬高价格，使价格高于其边际成本，获得额外利润，从而丧失市场效率。

2. 外部效应和公共物品

完全竞争市场的有效性要求经济主体承担自身行为带来的所有成本并享有其创造的所有收益。但在现实生活中，常发生这样的现象，即某人或某企业的活动给他人或其他企业和社会造成了有利或不利的影响，但他(它)并没有得到相应的报酬或提供相应的补偿。例如，上游水库可以使下游地区从中受益，是正的外部效应；造纸厂对河流造成污染，是负的外部效应。因此，外部效应就是指在市场活动中没有得到补偿的额外成本和额外收益。当出现正的外部效应时，生产者的成本大于收益，得不到应有的效益补偿；当出现负的外部效应时，生产者的成本小于收益，受损者得不到损失补偿，因此，市场竞争就不可能形成理想的效率配置。外部效应的典型例子是"公共物品"。公共物品就是那些由政府部门提供的、用来满足社会公共需要的物品和服务。

3. 信息不充分和不对称

完全竞争市场要求生产者和消费者都要有充分的信息，生产者要知道消费者需要什么、需要多少以及需求的瞬间变化；消费者要知道产品的品种、性能和质量；生产者之间也需要相互了解，商品营销是生产与消费之间的连接环节，更需要灵敏地掌握生产和消费的信息。在市场经济条件下，生产者与消费者的生产、销售、购买都属于个人行为，掌握信息本身也成为激烈竞争的对象，而信息不充分和不对称也是影响公平竞争的重要因素。

4. 收入分配不公

市场经济虽然是有效率的，但却很难兼顾公平，因为市场机制追求的是资源配置效率。按照市场经济运行的规则，收入分配情况是由每个人提供的生产要素的数量以及其在市场上所能获得的价格所决定的。由于每个人所拥有的体力、智力、天赋、资本等在质和量上都存在很大的差距，所以按市场规则进行初次收入分配肯定会出现高低悬殊的情况，而且这种收入悬殊情况有可能进一步扩大。市场机制对此却无力解决，不仅会影响市场经济的正常运行，而且会引发社会动荡，影响社会安定。因此，没有收入分配上的公平，就没有经济高质量发展的长久持续。

5. 宏观经济失调

社会总供给与总需求的平衡是市场经济正常运行的基本前提之一，但在现行的市场经济体制中，社会总供给与总需求经常会出现不平衡现象，失业和通货膨胀就是其中最突出的表现。市场机制是通过价格和产量的自发波动达到需求与供给的均衡，而过度竞争不可避免地导致求大于供与供大于求的不断反复：求大于供，物价上涨，会导致通货膨胀；供大于求，压缩生产，会导致失业率上升，这是市场经济不可避免的弊端。

二、政府：政府干预和政府干预失效

（一）政府的经济作用

市场失灵的存在，市场自身是无法克服的。市场失灵所产生的矛盾累积到一定程度必然引发经济危机，通过经济危机来强制纠正市场机制的缺陷。但是，经济危机会严重影响一个国家经济的正常运行与发展，并进一步影响到整个政治生活和社会生活的安定，危害极大。这就需要以一种非市场机制的方式来解决市场失灵问题。因此，在现代社会中，人们通常借助于政府的力量，通过运用各种政策和措施来干预经济的运行，以弥补市场机制的缺陷。可以说，正是由于存在上述的"市场失灵"现象，政府介入或干预才有了必要性和合理性。

西方新凯恩斯主义认为，现代经济是一种混合经济（mixed economy）。混合经济主要依靠市场体系中的私人部门通过价格信号来引导资源配置，同时也存在多种形式的政府干预来抵消市场失灵，实现市场的稳定与宏观经济目标的经济模式。有政府介入的市场，政府与家庭、企业之间的收支循环流程如图 1－1 所示。

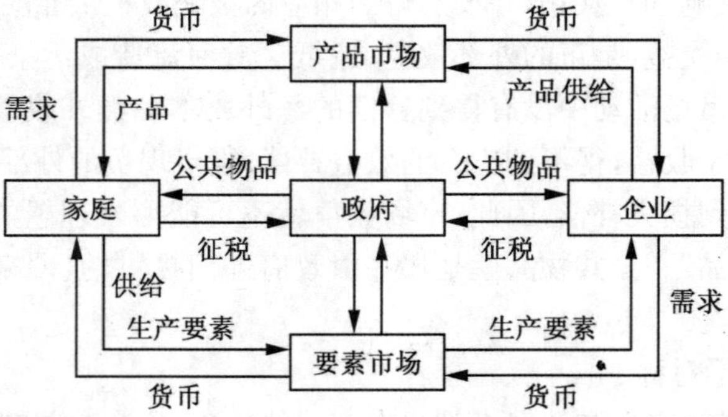

图 1－1 政府与家庭、企业之间的收支循环流程

（二）政府干预程度和干预手段

政府干预程度是与政府规模相联系的，而政府规模一般以财政支出占 GDP 的比重这一综

合性指标来表示。一般而言，随着经济发展和人均收入的提高，政府规模呈逐步上升的趋势，达到一定阶段则相对稳定。但是，由于各国的经济制度、政治体制、意识形态、历史传统以及经济发展阶段的不同，市场经济体制自然有所不同，政府规模也存在很大的差别，不可能用一种精确的计量方法和模型来准确地计算出一个比重，以确定每个国家不同时期的政府规模。就各国的差别来说，一般而言，经济发达国家高于发展中国家，集权化倾向的国家高于分权化倾向的国家。例如，类似英国那样的欧洲多数国家实行"新自由主义"的市场模式，但其中有些国家仍支配钢铁、煤炭、铁路、空运等垄断行业及公用事业，政府集中的 GDP 达 50%以上。美国也属于这种类型，但政府的集中度较小，经济运行的自由度较大，政府集中的 GDP 大体在 30%以上。德国实行所谓的"社会市场经济"，主要是将自由竞争机制和一套完整的社会政策相结合，政府集中的 GDP 相对较低，但要高于美国。北欧国家号称"高福利国家"，政府负担大量的社会服务和社会福利，政府集中的 GDP 达 60%以上。以日本为代表的市场经济被称为"东方模式"或"亚洲模式"，一方面主张充分自由竞争，另一方面又通过政府计划、发展战略、产业政策引导和控制市场的运行。东南亚的新兴市场国家大体都仿效这种模式，而且这些国家属于后发展国家或发展中国家，政府集中的 GDP 比重在 20%左右。我国是由计划经济体制转向市场经济体制的，当前仍处于体制转轨过程中，所以，我国以财政支出占 GDP 的比重表示的政府规模形成了其本身特有的变化轨迹，即从 1979 年开始逐年下滑，到 1997 年开始呈现逐年上升的趋势，2008 年财政支出占 GDP 的比重为 19.9%，2015 年为 22.1%。至于符合我国国情的适度的政府规模，还需要通过经济改革和经济发展的实践来探索。

政府干预手段可以概括为以下三个方面：

1. 立法和行政手段

这主要是指制定市场法规、规范市场行为、制定发展战略和中长期规划、制定经济政策、实行公共管制和公共定价等。比如，为了对付垄断，政府可以制定反垄断法，实行公共管制，由政府规定价格或收益率；对外部效应大的物品，政府可以采取行政手段或法律手段，如强制排污工厂停产、限期治理或对受损单位给予应有的补偿。2008 年 8 月 1 日，我国《反垄断法》开始实施。

2. 组织公共生产和提供公共物品

公共生产是指由政府出资兴办的所有权归政府所有的工商企业和事业单位，主要是生产由政府提供的公共物品，也可以在垄断部门建立公共生产，并从效率或社会福利角度规定价格。政府组织公共生产，不仅是出于提供公共物品的目的，而且是出于有效调节市场供求和经济稳定的目的。按照广义的生产概念，公共生产既包括生产有形物品的工商企业，也包括提供无形物品和服务的学校、医院、文艺团体、气象部门以及政府机关和国防部门等。比如，为了弥补市场信息的不充分和不对称，政府有关部门要定期向社会提供有关商品供求状况、价格趋势以及宏观经济运行和前景预测资料，而政府提供经济信息是一种社会性服务，也属于公共物品和公共服务的范围。

3. 财政手段

财政手段既不直接生产也不直接提供公共物品，而是通过征税和收费，为政府各部门组织公共生产和提供公共物品筹集经费和资金。财政的目标是通过为政府各部门组织公共生产和提供公共物品筹集经费和资金，最终满足社会公共需要，同时又通过税收优惠、财政补贴和财政政策等手段调控市场经济的运行。

(三)政府干预失效

尽管市场经济的运行需要政府的干预,但政府干预并非总是有效的,市场机制存在失灵问题,政府机制同样会带来政府干预失效的问题。特别是20世纪70年代后,各国政府对经济活动的干预产生了一系列社会问题,引发了人们对政府干预失灵问题的关注。政府失灵是指政府的行政活动或对宏观经济的干预措施缺乏效率,或者说,政府作出了降低经济效率的决策或不能实施改善经济效率的政策。

政府干预失效是一种客观存在,无论是发达国家还是发展中国家,都不同程度地存在着,其原因和表现可能发生在诸多方面。

1. 政府提供的信息不充分甚至失真

政府应提供的信息是多方面的,如经济形势判断、气象预报、自然灾害预测等都是引导经济运行的重要信息,一旦失误,都会带来不可估量的损失。政府也可能不太了解民众的愿望,或误解了人们的行为,其提供的信息就可能不及时、不充分甚至失真。

2. 政府决策失误

大的方面包括发展战略和经济政策失误,小的方面包括一个投资项目的选择或准公共物品提供方式的选择不当等,而政府决策失误会造成难以挽回的巨大损失。比如,提供居民出行便利的城市交通是地方政府的一项重要职责,但公共交通属于准公共物品,可以由政府举办,也可以由企业举办,这里可以有多种决策方案:是提倡私人购车还是发展公共交通,何者更有利于缓解交通拥挤和方便居民;发展公共交通,是建设地铁还是建设地上轻轨,何者成本更低、效益更高;是由政府包办还是吸引企业参与;等等。这是决策问题,也是效率问题。

3. 寻租行为

寻租是指人们凭借政府保护而进行的寻求财富转移的活动,包括旨在通过引入政府干预或者终止政府干预而获利的活动。寻租的根源是政府。它的主要特征是不经过相应的生产劳动而将社会公众财富转移到一部分人手中。寻租从根本上是与劳动和公平原则相违背的,也是对公共资源的侵害和浪费。在市场经济特征下,几乎不可避免地会产生由于滥用权力而发生的寻租行为,也就是公务员特别是领导人员,凭借人民赋予的政治权力,牟取私利,权钱交易,化公为私,受贿索贿,为“小集体”谋福利,纵容亲属从事非法商业活动,等等。

4. 政府职能的“越位”和“缺位”

这种政府干预失效,主要可能发生于经济体制转轨国家。经济体制转轨的一个核心是明确政府与市场的关系,规范政府的经济行为,转变政府的经济职能,其中包括转变财政职能。如前所述,政府干预是为了弥补市场失灵,而政府干预失效是指政府干预非但没有弥补市场失灵,反而干扰了正常的市场规则,损害了市场效率。财政职能的“越位”是指应当而且可能通过市场机制办好的事情,政府却通过财政手段人为地参与,如政府热衷于竞争性生产领域的投资,代替了市场职能。财政职能的“缺位”是指应该由政府通过财政手段办的事情而财政没有办或者没有办好,如公共设施、义务教育、公共卫生、环境保护的投入不足等,这些都是政府干预失效或财政失职的表现。当然,政府职能和财政职能的规范和转变,要靠经济体制和政治体制整体改革的逐步到位来实现,需要一个相当长的过程。但可以说,规范政府的经济行为,转变政府职能和财政职能,是建立社会主义市场经济体制的基本理论和实践问题。政府的经济行为缺乏规范,政府职能和财政职能没有真正转变,就不能说已经建立起社会主义市场经济体制,从而政府干预效率也就不可能达到理想状态。

政府的运行是以政治权力为基础和前提的,而经济是政治的基础。政治权力不能创造财富，却可以支配财富，甚至凌驾于经济之上支配经济，这正是政府干预失效的根本原因。政治体制和经济体制是相辅相成的，政治体制改革和经济体制改革必须相互适应，政治体制改革迟滞，必然会导致经济改革效率的损失并制约经济的发展。因此，建立"统一、高效、公正、廉洁"的政府，健全政府机制，转变政府职能，建设现代政府，是经济改革的内在要求，也是社会经济发展的重要保证。

三、公共物品和公共需要

(一)公共物品

1. 公共物品与私人物品

公共物品(public goods)是相对于私人物品(private goods)而言的。人类社会需要各种各样的商品服务，例如，吃的食品，穿的衣服，住的房屋，人行和车行的马路，文化、教育和卫生保健服务，社会行政管理服务和维持社会秩序，国土、领海、领空的安全，等等。从商品和服务需求的主体来看，有的是各社会成员的个人的需要(如食品、衣服)，有的则是一种集体的、社会性的共同需要(如国防和社会安定)。从商品和服务的供给渠道来看，在市场经济体制下，凡是市场上有的东西，人们为自己想要消费的商品和服务支付费用之后，便获得了消费这些商品和服务的权利。但由于存在市场失灵，有些商品和服务市场不能提供，或不适于由市场提供，则必须由政府系统通过本身的特殊运行机制来提供。因此，根据需求主体和供给渠道的不同，商品和服务可以分为公共物品和私人物品两大类：由市场供给用来满足个人需要的商品和服务称为私人物品，由国家机关和政府部门——公共部门提供用来满足社会公共需要的商品和服务称为公共物品。"公共物品是这样一些产品，不论每个人是否愿意购买它们，它们带来的好处不可分割地散布到整个社区里；相比之下，私人物品是这样一些产品，它们能分割开并可分别提供给不同的人，也不带给他人外部的收益或成本。公共物品的有效率的供给通常需要政府行动，而私人物品则可以通过市场有效率地加以分配。"①

2. 公共物品的特征

公共物品具有非排他性和非竞争性，私人物品具有排他性和竞争性，这也是区分或辨别公共物品和私人物品的标准。所谓排他性，是指个人可以被排除在消费某种物品和服务的利益之外，当消费者为私人产品付钱购买之后，他人就不能享用此种商品和服务所带来的利益。排他性是私人物品的第一个特征。竞争性是指消费者的增加将引起生产成本的增加，每多提供一件或一种私人物品，都要增加生产成本。竞争性是私人物品的第二个特征。非排他性则是公共物品的第一个特征，即一些人享用公共物品带来的利益而不能排除其他一些人同时从公共物品中获得利益。例如，每个公民都可以无差别地受益于国防所提供的安全保障，每个适龄儿童都有权利和义务接受政府提供的义务教育，等等。有些公共物品虽然经过技术处理可以具有排他性，但有时排除成本太高，因而经济上不可行。公共物品的非排他性意味着可能形成"免费搭车"(free-rider)现象，即免费享用公共物品的利益。有这种行为的人或具有让别人付钱而自己享受公共物品收益动机的人，称为免费搭车者。非竞争性是公共物品的第二个特征，即消费者的增加不引起生产成本的增加，或者说，提供公共物品的边际成本为零。

此外，外部效应和效用的不可分割性，也是公共物品的重要特征。

纯私人物品可用下式表示：

① 萨缪尔森：《经济学》(第十四版)(上)，首都经济贸易大学出版社，1996。

$$X_j = \sum_{i=1}^{n} X_j^i$$

式中，X_j 为商品和服务的总量；X_j^i 为第 i 个消费者对这种商品和服务的消费量。此公式说明：(1)商品 X_j 的总量等于每一个消费者 i 对这种商品和服务的消费数量之和；(2)私人物品在个人之间是可分的。

纯公共物品可用下式表示：

$$X_{n+j} = X_{n+j}^i$$

此公式说明：(1)任何一个消费者 i 都可以支配公共物品的总量 X_{n+j}；(2)公共物品在个人之间是不可分的。

3. 混合物品

公共物品与私人物品是社会产品中典型的两极。许多公共物品同时具有上述两种特征，属于纯公共物品，但也有些物品兼备公共物品与私人物品的特征，因而称之为混合物品或准公共物品。其中，有些物品具有非竞争性而不具有非排他性。例如，一座桥梁，在不过分拥挤的条件下，多一辆车通行，并不影响其他车辆的正常通行，也就是增加一辆车通行并不增加边际成本，具有非竞争性；但要阻止车辆通行也是有可能的，只要设置一个岗亭即可做到，所以具有排他性。其中，有些物品只具有不充分的非竞争性和非排他性，这种特征往往是由过分拥挤和外部效应两种不同情况引起的。前一种情况还以桥梁为例，该桥梁通行的车辆已经接近或超过负荷能力，若再增加通行车辆，则必须增加执勤人员来缓解通行的车流量。后一种情况可以一座花园为例，一座花园即使设置围墙，也不可能排除路人闻到花香并享受净化空气的好处。

(二)公共需要

1. 公共需要的概念

公共需要是指满足社会公共利益的需要，诸如社会公共秩序的维护、防治水旱灾害、环境保护、国防建设等。这种需要不是个别需要的总和，而是共同利益，具有不可分割性。

公共需要是相对于私人需要而言的。市场与政府作为两种资源配置方式，它们的运行机制是不同的，但它们的目的或目标却是共同的，即都是为了满足人类社会的需要，实现公平与效率的目标。综合来看，人们的需要虽然五花八门，但归纳起来无外乎就是两类需要：一是私人需要，二是社会公共需要。在市场经济体制下，私人需要适合由市场通过提供私人物品来满足，社会公共需要适合由国家机关和公共部门通过提供公共物品来满足。

财政学理论讨论的正是政府如何通过财政活动来提供社会公共需要。虽然前面有了公共物品的概念，但仍有必要提出公共需要的概念。从经济学的角度看，要通过“物”的关系来透视人们的社会关系，而公共物品是指商品和服务的使用价值形态，它们的社会性还需要通过以货币表现的价值形态来体现。例如，在当前市场经济条件下，国家机关和公共部门提供公共物品，不是实物供给，而是通过货币形式的征税和拨款等财政收支过程提供的。因此，提出公共需要的概念是为了明确提供公共物品的目的，并有利于从货币价值形态上分析提供公共物品所体现的社会关系。从财政学的角度看，提供公共物品是所有国家机关和公共部门的职责，而财政部门并不直接生产或提供公共物品，而是为国家机关和公共部门提供经费和资金，通过公共部门提供公共物品，最终满足社会的公共需要。因此，公共需要和公共物品共同构成了财政学的两个基础性概念。

2. 公共需要的特征

社会公共需要是相对于私人需要来说的，具有以下特征：

(1)公共需要是全社会(全地区)的共同需要,反映全体社会成员的共同利益,社会越发展,生产力越发展,这种共同成分越充分,共同利益越明显。

(2)公共需要具有整体性,无法分割。公共需要不是人们个别利益的混合。

(3)公共需要不以人们的地位和收入为界限。这与私人需要不同,私人需要是以地位和收入为界限的,不同收入水平有不同需要,富人和穷人的私人消费水平显然不同,而公共需要则不分富人和穷人。例如,在享受国防、环境卫生、交通秩序管理、防洪水利等利益方面,是完全平等的,同时也是机会均等的。

(4)公共需要是一种有效需求,是社会总需求的一部分,等同于政府需求。社会总需求包括政府需求和私人需求,各代表着一定的社会购买力。公共需要作为政府需求,是一种现实的购买力,代表着一定的货币流量和货币存量。

3. 社会公共需要是共同的,但又是历史的、特殊的

一般来说,社会公共需要在任何社会形态下都是存在的,不因社会形态的更迭而消失,这是共同性。同时,社会公共需要又总是特殊的,具体存在于特定的社会形态之中。对其历史性可根据两条线索去探讨:一是生产力发展。社会产生了或可能产生了怎样的一些公共需要。例如,在经济发展的不同阶段,社会公共需要的主要内容是在不断发展变化的。在传统农业社会中,提供农业正常发展的条件,成为公共需要,财政支出主要用于农田水利建设、祭祀天地等。在经济起飞的阶段,提供工业发展所需要的基础设施成为公共需要,当今发展中国家也把此当作己任。当经济发展进入发达阶段,发展科学教育、提供高质量的生活福利条件、保护生态环境,便构成社会公共需要的内容。二是生产关系的变迁。统治阶级或集团如何以社会公共需要的名义将剩余产品的分配做有利于本阶级或集团的安排(将社会需要攫取为自身需要)。在奴隶及封建社会,"国""家"不分。在资本主义社会,将统治者个人及家庭的需要同社会公共需要区分开来,赋予社会公共需要以实际内容,出现了国家预算。社会主义经济制度的本质决定了社会公共需要能够充分显示它的本来面貌,并通过不断地完善民主化和法制化的进程予以保证。

4. 公共需要涵盖范围颇广

它包括政府执行其职能以及执行某些社会职能的需要,诸如行政、国防、文化教育、卫生保健、生态环境保护的需要,也包括基础设施、基础产业、支柱产业和风险产业的投资;从广义上讲,还包括政府为调节市场经济运行而采取的各种措施和各项政策提供的服务,等等。

第二节 财政的概念

一、财政的概念及其特征

(一)财政的基本含义

1."财政"一词的来源

从人类发展史来看,财政是伴随国家的产生而产生的,所以,财政活动是一种历史悠久的经济现象。综观我国几千年留存下来的古籍,可以看到"国用""国计""度支""理财"等一类用词,都是关于当今的财政即政府理财之道的记载,还有"大农令""大司农"一类用词,则是有关当今财政管理部门的记载。我国使用"财政"一词,如今虽习以为常,但"财政"一词出现在中文词汇中迄今只有百年的历史。据考证,清朝光绪二十四年,即1898年,在戊戌变法"明定国是"

诏书中有“改革财政，实行国家预算”的条文，这是在政府文献中最初启用“财政”一词。“财政”一词的使用，是当时维新派在引进西洋文化思想的指导下间接从日本“进口”的，而在日本则是来自英文“public finance”一词。孙中山先生在辛亥革命时期宣传“三民主义”曾多次应用“财政”一词强调财政改革。民国政府成立时，主管国家收支的机构被命名为财政部。美国政府相应机构的英文用词为“department of treasury”，本来的意思是金库或国库，在我国也译为财政部。

2. 财政的内涵

(1)财政分配的主体是国家(或政府)。

财政是一种国家或政府的经济行为。从起源上考察，财政是伴随国家的产生而产生的。人类社会随着生产力的不断提高，出现了私有财产，社会分裂为阶级，才产生了国家。国家一旦产生，就必须从社会分配中占有一部分国民收入来维持国家机构的存在并保证实现其职能，于是就产生了财政这种特殊的经济行为和经济现象(见图1—2)。

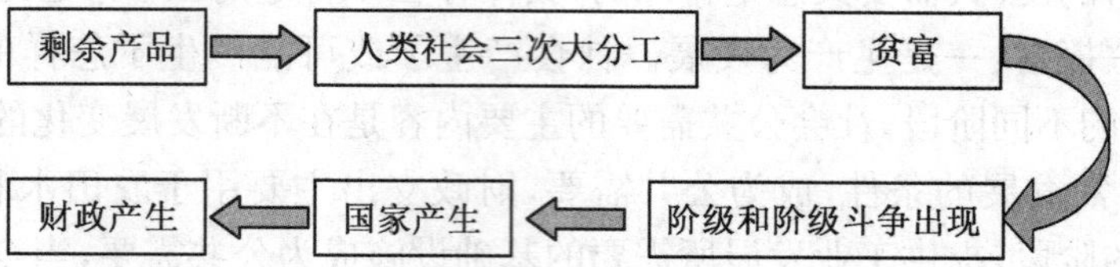

图1—2 财政的起源

(2)财政分配的客体是一部分社会产品，主要是剩余产品。

(3)财政分配的目的是满足社会的公共需要，因此也称为“公共财政”。

国家与政府是既有联系又有区别的两个概念。国家(state)从广义上讲，是指拥有法律强制手段的一套机构。国家在其领土之内享有制定法规的垄断权，通过有组织的政府来实现。

政府(government)这一术语在不同的场合有不同的含义，它可以指管理的过程、权力的行使；也可以指该过程的存在，指“有秩序的法规”的状况；还可以指机构的结构和安排及其如何与被管理者产生联系。我们在日常生活中经常将国家和政府这两个概念交替使用，本书也是如此。

3. 简略的财政概念

在当今的市场经济体制下，财政概念当然有所延伸和发展。如果简略地概括财政的概念，从不同的角度，可以有不同的理解。从实际工作来看，财政是指国家(或政府)的一个经济部门，即财政部门，它是国家(或政府)的一个综合性部门，通过它的收支活动筹集和供给经费和资金，保证实现国家(或政府)的职能。从经济学的意义来理解，财政是一个经济范畴。财政作为一个经济范畴，是一种以国家为主体的经济行为，是政府集中一部分国民收入用于满足公共需要的收支活动，以达到优化资源配置、公平分配及经济稳定和发展的目标；也可以理解为：财政是以国家为主体的分配活动，但这里的“分配”应理解为广义的分配，既包括生产要素的分配，也包括个人收入的分配。

应当说明的是，说财政是以国家为主体的收支活动，是就财政的一般意义而言的。但任何国家的财政活动，都体现政府与其他经济主体以及各经济主体之间的利益关系，而这种利益关系在不同社会制度和不同国家具有不同的性质，这是不同社会和不同国家的财政的特殊性。完整的财政概念，应是财政一般含义和财政特殊含义的统一。

(二)财政的基本特征

1. 阶级性与公共性

财政与国家或政府的关系产生了财政的两个并存的鲜明特征,即阶级性和公共性。国家历来是统治阶级的国家,政府则是执行统治阶级意志的国家权力机构,因此,财政既然是国家或政府的经济行为,那么,其具有鲜明的阶级性是不言而喻的。

同时,财政具有公共性也是不言而喻的。这是因为:(1)统治阶级的政治统治是以执行某种社会职能为前提的。大家都十分熟悉恩格斯阐述的关于政治是以执行某种社会职能而且只有它执行了这种社会职能才能持续下去的原理。他还指出:为了使这些对立面、这些经济利益相互冲突的阶级不致在无谓的斗争中把自己和社会消灭,就需要有一种表面上凌驾于社会之上的力量,这种力量应当缓和冲突,把冲突保持在"秩序"范围以内,而这种从社会中产生但又自居于社会之上并且日益同社会脱离的力量,就是国家。从这个意义上说,国家或政府本身就具有公共性。(2)公与私是对应的。就财产而言,公与私是产权关系的界定问题;就行政管理或事务管理而言,则是社会分工问题。自从国家产生以后,社会事务就划分为"公办"和"私办"两类事务,由国家或政府来办的事务是"公办",亦即"公事";由私人自己来办的事务就是"私办",亦即"私事"。财政是为国家或政府执行其职能提供财力的,属于"公办""公事",自然具有公共性。财政的公共性不是市场经济条件下才存在的,前面说的国家或政府执行某种社会职能是公共事务,甚至阶级统治是历史发展的必然结果,也属于公共事务。在我国过去的计划经济条件下,尽管国家包揽的事务过多、过宽,但并没有包揽私人的全部事务,也有"公办""公事"和"私办""私事"之分。例如,财政没有包揽家庭理财,没有包揽企业财务,甚至国有企业财务也不是完全属于财政范围。因此,财政的公共性不是因为冠以"公共财政"的名称而存在,而是因为财政本身的属性天然具有公共性。

2. 强制性与非直接偿还性

财政的强制性是指财政这种经济行为及其运行是凭借国家政治权力,通过颁布法令来实施。国家产生以后,对社会产品占有的过程中存在两种不同的权力:所有者权力和国家政治权力。前者依据对生产资料和劳动力的所有权占有,后者凭借政治权力占有。例如,政府对公民征税,就意味着政治权力凌驾于所有权之上,依据强行征收,任何形式的抗税都是一种违法行为。恩格斯在谈到征税时曾指出:"纳税原则本质上是纯共产主义的原则,因为一切国家的征税权利都是从所谓国家所有制来的。的确,或者是私有制神圣不可侵犯,这样就没有什么国家所有制,而国家也就无权征税;或者是国家有这种权利,这样私有制就不是神圣不可侵犯的,国家所有制就高于私有制,而国家也就成了真正的主人。"同样,财政支出也具有强制性特征。在财政支出规模和用途的安排中,众多的公民可能有这样和那样的不同意见,有的要求建一条公路,有的则可能要求建一个公园,但公共支出不能按某一公民的意见作出决策,而是通过一定的政治程序作出决策并依法强制实施。在民主政治下,财政的强制性体现为财政的民主化和法制化。

财政的非直接偿还性是与它的强制性相一致的。例如,国家征税之后,税款即归国家所有,对纳税人不需要付出任何代价,也不需要偿还。当然,从财政收支的整体过程来看,我国的税收是"取之于民,用之于民",从这个意义上说,税收具有间接的偿还性,但是,每一个纳税人都无权要求从公共支出中享受与其纳税等值的福利。也就是说,对每一个纳税人来说,他的付出和所得是不对称的,这是财政运行的一个重要特点,即非直接偿还性。

3. 收入与支出的对称性(或平衡性)

财政的运行过程是有收有支,即通过"收入—支出—收入"过程运行的,因此,收入与支出的对称性构成财政运行的一个重要特征。关于财政收入与支出的关系,我国历来就有"以收定支"和"以支定收"的争论,不管是收入决定支出还是支出决定收入,这种争论说明收入与支出是财政运行过程中相互制约的两方,收支是否对称或平衡构成财政运行的主要矛盾。收支是否平衡,表面上是一种收支关系,背后反映的是政府和企业与居民之间的关系,反映中央与地方、各地区与居民之间的关系,因此,收支平衡也成为制定财政政策的轴心。

综观古今中外,收支的绝对平衡几乎是不存在的,有时收大于支,有时支大于收。收大于支意味着有结余,财政运行似乎稳妥,但常年形成大量结余则说明政府集中的资源没有充分运用,会抑制社会经济的发展。支大于收意味着出现赤字,如果出于政策需要,运用得当,会有利于社会经济的发展,但连年不断形成大量赤字,则说明财政运行失衡,影响市场经济效率,甚至最终导致通货膨胀。为此,有的国家规定赤字和公债发行的上限,或通过立法来制约国债的发行。因此,应围绕收支平衡这个轴心,合理安排支出规模和结构,并提高使用效率;设计合理的税收制度和规范非税收入,并保证收入及时、足额入库;既发挥国债的积极作用,又防止赤字和国债发行的失控;改革财政管理体制,合理调节中央与地方之间的关系;依据经济、社会形势的发展,及时调整财政政策;等等。以上就构成财政学的一条主线。

二、中国现代财政制度的建立

1978 年党的十一届三中全会召开,中国进入了改革开放的新时期。从财政改革看,可分为三个阶段:一是改革开放初期的"分灶吃饭"时期;二是 1994 年以来的分税制和公共财政建设时期;三是 2013 年以来的现代财政制度建设时期。为适应市场化改革的要求,中国财政最初主要是放权让利,形成了与有计划的商品经济基本相适应的财政制度。1992 年社会主义市场经济体制改革目标确定之后,财政制度改革进入快轨道,为构建与社会主义市场经济体制相适应的公共财政体制,对财政制度作相应改革,财政政策在宏观经济调控中扮演更加重要的角色。2013 年 11 月党的十八届三中全会召开,财政改革的目标更加明确为建立现代财政制度。从此,中国按照国家治理体系和治理能力现代化的要求,深化财税体制改革,重点对预算管理制度、税收制度以及中央和地方财政关系改革作了积极探索。按照《深化财税体制改革总体方案》的部署和要求,到 2020 年各项改革基本到位,现代财政制度基本建立。

(一)1978~1998 年:生产建设型财政

1978 年之前,与同期的经济体制与政治体制相适应,中国财政的主要模式是"生产建设型财政",其基本特点是国家财政与企业财务合二为一,即企业收入全部上交,支出由上级核定。对于财政而言,收入主要来自企业利润,支出主要用于国防、生产建设以及必需的社会事业等方面。这种体制不仅严重束缚了企业的经营自主性,也同时抑制了地方政府的积极性。因此,1978 年改革开放之后,中国财政改革的主要线索就是扩大企业和地方政府的自主权。

1983 年、1984 年,我国进行了两步"利改税"改革。所谓利改税,即将所得税制度重新引入国营企业的利润分配领域,把国营企业原来向国家上交的利润改为缴纳税金,税后利润则留归企业。

重建我国的税收体系,一方面将原工商税分解为产品税、增值税、营业税、盐税等,对部分工业品开征增值税;另一方面设立了资源税、城市维护建设税、房产税、城镇土地使用税、车船使用税等新税种。为适应对外开放的新局面,中国在对外资企业征收工商统一税的基础之上,逐步形成外资企业所得税制,建立了涉外税制。税收调节经济的作用开始初步得到重视。

中央与地方财政关系的调整。1980年，中央政府下放财权，重点划分中央和地方的财政收支范围，实行了“划分收支、分级包干”的财政管理体制，即“分灶吃饭”的财政体制。1985年，在第二步利改税基础上，“分灶吃饭”的具体形式进一步改为“划分税种，核定收支，分级包干”，即按照税种和企业隶属关系，确定中央、地方各自的固定收入（所得税、调节税等），另有共享收入（产品税等）；支出仍按隶属关系划分。1988年，对各省市分别实行“收入递增包干”“总额分成加增长分成”等几种不同形式的包干办法，简称为“财政包干”。

“分灶吃饭”“财政包干”在一定程度上调动了地方政府的积极性，但总体而言属于一种行政性分权，并未能消除传统体制的弊端。主要存在的问题有：一是仍然束缚企业活力的发挥；二是强化了地方封锁、地区分割的“诸侯经济”倾向，客观上助长了低水平重复建设和投资膨胀；三是中央和地方的关系仍缺乏规范性和稳定性；四是国家财力分散，“两个比重”过低，地方缺少必要的设税权和稳定财源，中央缺乏必要的宏观调控主动权。总之，以行政性分权为特征的改革，没有能够跳出传统体制下对企业的禁锢，也未找到处理中央与地方关系的比较合理、稳定、规范的形式，难以适应社会主义市场经济发展的客观要求，需要进一步改革。

（二）1994～2012年：公共财政建设之路

1992年10月，中共十四大明确提出社会主义市场经济体制的改革目标。1993年11月，党的十四届三中全会通过《中共中央关于建立社会主义市场经济体制若干问题的决定》，全面概括了经济改革目标，确定市场要在国家宏观调控下对资源配置起基础性作用。1994年，中国进行了全面的经济改革，内容涉及财税、金融、投资、企业制度等。与市场经济体制相适应的财政体制，正是公共财政制度。为此，我国从1994年开始建设公共财政，1998年明确提出构建公共财政框架，2003年之后进一步完善公共财政体制。致力于公共财政体系的建设，我国在税收制度、财政体制、预算管理等方面进行了一系列重大改革。

1. 税制改革

1994年，我国税收制度进行了大幅度改革，从某种意义上讲，相当于重建了国家税收体系，形成了以流转税为主、所得税为辅的税收体系。直到现在，1994年所形成的税收基本格局仍在运行之中。之后，在2006年取消农业税，向实现城乡统一财政待遇迈出重要的一步；2008年，内外资企业所得税制统一；2009年1月1日，城市房地产税取消，并入房产税，从此内外资税制全面统一。

2. 财政体制改革

1994年，建立分级分税的预算管理体制，即分税制，调动中央与地方两个部门的积极性。分税制的核心是在中央与地方政府之间划分事权、财权，同时建立转移支付制度。这一制度对于构建中国市场经济体制、处理好中央与地方关系起到了极其重要的作用，迄今为止，仍然是中国财政体制的基本模式。

3. 改革公共预算管理制度，完善公共财政体制

改革开放以来，我国财政管理制度的重点集中在财政收入管理方面，“收支平管”。财政支出管理改革相对滞后，特别是在国库支付制度和预算科目体系两项基础性预算管理制度上。进入2000年后，我国财政管理制度改革的重点转移到财政支出管理制度的改革，由“收支平管”转向“支收平管”，相继进行了以部门预算、政府采购、国库集中支付制度为核心的公共预算改革，后来再逐渐扩大到收支两条线改革、政府收支分类科目改革、财政项目评审制度、公务卡制度、绩效评价、财政监督、财政审计等，形成了既与国际经验接轨，又极具中国特色的预算管理制度体系。

在这个阶段，宏观财政管理体制逐步形成，1998 年和 2008 年两次积极的财政政策的实施，促进了宏观经济的稳定。

(三)2013 年以来：建立现代财政制度

党的十八届三中全会《中共中央关于全面深化改革若干重大问题的决定》(以下简称《决定》)将市场在资源配置中的“基础性作用”提法修改为“决定性作用”，这意味着市场作用得到进一步的加强。《决定》指出，“财政是国家治理的基础和重要支柱，科学的财税体制是优化资源配置、维护市场统一、促进社会公平、实现国家长治久安的制度保障”。《决定》明确提出“建立现代财政制度”。这就将财政上升到国家治理的高度，从而开启了建设现代财政制度的新征程。

现代财政制度主要由三个方面组成：现代预算制度、现代税收制度和事权与支出相适应的财政分配制度。现代预算制度是现代财政制度的基础，现代税收制度是现代财政制度的重要组成，事权与支出相适应的财政分配制度是现代财政制度的重要保障。2013 年以来，为适应国家治理现代化的财政改革就围绕着政府预算改革、税制改革和政府间财政关系改革进行。

1. 建立现代预算制度

2013 年 5 月 24 日，国务院批转的国家发改委《关于 2013 年深化经济体制改革重点工作的意见》要求推动建立公开、透明、规范、完整的预算体制。《决定》要求实施全面、规范、公开、透明的预算制度。中共十九大报告更是要求“建立全面、规范、透明、标准、科学、有约束力的预算制度，全面实施绩效管理”。围绕“完整、规范、透明、高效”的预算体制的要求，主要推进了以下几个方面的改革：一是推行全口径预算，形成了由一般公共预算、国有资本经营预算、政府性基金预算和社会保障预算“四本账”组成的复式预算体系。二是推行中期预算框架。中期预算框架是指以 3～5 年的时间长度来编制预算，其主要作用在于提高预算与政策之间的关联与协调程度，增强经济周期与财政收支之间的协调性，提高财政资金的配置效率。三是实行全面绩效预算。绩效预算是以结果为导向的新型预算管理方式，目的也是提高财政资金的使用效率。四是加快推进预算公开。通过互联网公开预算，方便社会监督，同时也利于社会各界对国家治理贡献更多的才智，从而促进国家治理体系和治理能力的现代化。

2. 建立现代税收制度

2013 年以来，中国税制改革在加快，税收的法治化进程也在加快。根据深化财税体制改革的总体方案，税制的改革重点锁定在六大税种，包括增值税、消费税、资源税、环境保护税、房地产税和个人所得税。

(1)增值税。始于 2012 年 1 月 1 日的营业税改征增值税(即“营改增”)试点自 2016 年 5 月 1 日起进入全面试点阶段，营业税退出中国税制舞台。“营改增”在短短的几年间取得了为社会减负、推动服务业发展、增加就业等多方面的良好效应。

(2)资源税。改革的主要方向是将“从量计征”转向“从价计征”，同时归并税费，适度提高税率。

(3)环境保护税。我国于 2018 年 1 月 1 日起正式实施环境保护税。近年来，我国环境、资源、生态方面的问题十分突出。开征环境保护税有利于环境保护以及各类资源的集约使用，意义十分重大。

(4)个人所得税。2018 年 8 月 31 日，新修订的个税法已经获得通过，于 2019 年 1 月 1 日起全面实施。这意味着从 2019 年 1 月 1 日起，中国的个人所得税制转变为综合与分类相结合的个人所得税制。居民个人的综合所得合并纳税，并引入专项附加扣除制度，中低收入者的税负大幅度下调，个人所得税促进社会公平的作用得到强调。

除了以上四项改革，纳入改革日程的还有消费税和房地产税。同时，税收法定的步伐也在加快。2014 年，“税收法定”的原则进入了《立法法》。今后，凡是“税种的设立、税率的确定和税收征收管理等税收基本制度”均必须事先立法，这是我国税收发展史上具有里程碑意义的事件，对依法治国、明晰政府与社会关系有着重大意义。

此外，2018 年国地税机构合并。国地税合并是要优化税务机构设置。合并后税收征管的规模经济和范围经济，可以进一步提高征税效率，降低公共服务成本，从而真正提高国家治理的现代化水平。

3. 事权与支出相适应的财政分配制度

2016 年 8 月 16 日，《国务院关于推进中央与地方财政事权和支出责任划分改革的指导意见》(国发〔2016〕49 号)(以下简称《意见》)发布。《意见》是指导事权和支出责任改革方向的框架性文件。根据《意见》，中央财政主要负责国家安全、外交、中央国家机关的运转，调整国民经济结构，协调地区发展，实施宏观调控以及由中央直接管理的事业发展等事务所需支出；地方财政主要负责本地区政权机关运转及本地区经济及事业发展所需支出。在财政事权的划分上，国防、外交、国家安全、出入境管理、国防公路、国界、河湖治理、全国性重大传染病防治、全国性大通道、全国性战略性自然资源使用和保护等基本公共服务确定或上划为中央的财政事权。直接面向基层、量大面广、与当地居民密切相关、由地方提供更方便有效的基本公共服务确定为地方的财政事权。地方的财政事权由地方行使，中央对地方的财政事权履行提出规范性要求，并通过法律法规的形式予以明确。

2018 年 2 月 8 日，国务院办公厅印发《基本公共服务领域中央与地方共同财政事权和支出责任划分改革方案》，8 月 13 日印发《医疗卫生领域中央与地方财政事权和支出责任划分改革方案》，都自 2019 年 1 月 1 日起实施，这些都表明事权与支出责任划分改革已在提速。

2019 年 6 月 3 日、5 日，国务院办公厅接连印发《科技领域中央与地方财政事权和支出责任划分改革方案》和《教育领域中央与地方财政事权和支出责任划分改革方案》。这两份方案的发布，标志着中央与地方财政权责划分改革在科技、教育领域取得了新的进展，进一步完善了中央与地方财政事权和支出责任划分体制，也将更好地推动落实科教兴国战略。

第三节　财政职能

研究财政职能就是从理论上概括财政在国民经济中的地位和作用，财政履行和实现各项职能的特殊机制和手段，因此，财政职能的概括与分类对构建财政学的理论体系，确定财政学研究的内容、方向和目标，具有至关重要的意义。我国财政理论界对财政职能的研究有不同的思路，因而有不同的表述。本书从财政的概念入手，即财政是政府的一种经济行为，以满足社会公共需要为口径界定财政职能范围。因此，财政职能包括资源配置、收入分配、经济稳定与发展等职能，它成为与政府职能定位所承担的职能如经济调节、市场监管、社会管理、公共服务定位相联系的重要经济职能。

一、资源配置职能

(一)资源配置职能的概念

在人类社会中，资源既包括土地、矿藏等自然资源，也包括人力、财力等经济资源。随着人类社会的发展，人们对资源的需求越来越大。而相对于人类对资源的需求来说，资源永远是稀缺的，因此，必须将有限的资源在各种用途之间进行合理配置。所谓资源配置，是指通过某种经济手段或组织方式，将资源进行优化组合，使有限的资源形成最佳的资产结构、产业结构、技术结构和地区结构，使资源能够得到充分利用。

在市场经济体制下，市场机制在资源配置中存在失灵，如市场机制不能提供人们需要的国防、公安、司法等公共物品，存在着自然垄断，无法解决外部效应问题，导致信息不充分等，这就使政府介入市场对资源进行配置有了其必要性和合理性。所以，在市场经济体制下，对资源进行配置的方式有两种：一是市场配置，二是财政配置。但两种配置方式所发挥的作用是不同的：市场机制在资源配置中起决定性作用，通过价格与产量的均衡，自发地对资源进行配置；而财政配置是通过财政收支活动为政府提供公共物品，消除垄断，矫正外部效应，解决信息不对称而提供财力，以引导资源的流向，弥补市场的不足，最终实现全社会资源配置的最优效率状态。两种配置方式的作用虽然不同，但目标是一致的，即为了满足社会公共需要，提高资源配置的总效率和公平性。

综上所述，资源配置职能是指通过财政收支活动以及其他各种财政政策措施直接分配或引导资源投向，实现社会资源的优化配置。从宏观层次上看，财政资源配置职能是指改变公共部门与私人部门之间的资源配置状况；从微观层次上看，财政资源配置职能是指对市场提供过度的商品和服务进行调整，而对市场提供不足的商品和服务进行补充，以实现社会资源的有效配置。可见，在市场经济中，财政不仅是一部分社会资源的直接分配者，而且是全社会资源配置的调节者。

(二)资源配置职能的内容

财政所承担的优化资源配置职能是为弥补市场在资源配置方面的缺陷而存在的，其基本前提和要求是尽可能不对市场机制作用的有效性产生消极影响。因此，财政在资源配置方面的活动空间应主要是市场失灵的领域。其内容主要有以下几个方面：

1．将资源配置于无法按付费原则经由市场配置的政府各职能部门和事业单位

将资源配置于政府各职能部门和事业单位，以提供社会所需要的公共物品和公共服务，是财政优化资源配置职能的首要内容。由于所有的公共物品都不同程度地具有效用的不可分割性、消费的非竞争性和非排他性等特征，这一方面使其生产成本无法通过市场交易来回收，所以追求利润最大化的生产者不可能向社会提供公共物品；另一方面，理性的消费者都寄希望于别人付费购买公共物品，而自己“免费搭车”。因此，公共物品的生产和公共服务的提供是市场失灵的领域，其任务只能落到国家身上。财政的资源配置范围主要包括国防、外交、政府行政管理、社会治安安全、法律秩序、教育卫生等各项社会公益性事业、环境保护等。

2．将资源配置于具有垄断或自然垄断倾向，不宜由市场配置的非竞争性行业和部门

在现实生活中，有一些产品和行业不具备有效竞争的条件，而存在规模效益递增的情况，这就使市场竞争本身产生出垄断或自然垄断倾向。此外，有一些行业和产品天然存在竞争失效而应由国家直接控制的问题，上述垄断或自然垄断倾向符合市场追求利润最大化的法则，但又反过来抑制市场竞争，妨碍市场效率在更大范围内提高。可见，对这些产品和行业，市场存在资源配置无效或低效的缺陷，这种缺陷应该通过政府对资源进行直接配置或间接引导和干预来弥补，进而决定它是政府财政资源配置职能的另一个重要内容。

3．将资源配置于具有高风险，且预期收益不确定，但对经济发展有带动作用的高新技术产业

高新技术产业如新材料、新能源、生物工程、海洋开发、航空航天技术等是推动经济快速发展的先导性产业，它有投资大、研究与开发初期风险大、预期收益不确定等特点，因而是企业和个人无力或不愿投资的领域，这就要求政府承担起对这些行业的投资责任。

4. 将资源配置于基础设施

交通运输、机场、港口、桥梁、通信、水利及城市供排水供气、供电设施等基础设施是一切企业、单位和居民生产、经营、工作和生活的共同的物质基础，是城市主体设施正常运行的保证，既是物质生产的重要条件，也是劳动力再生产的重要条件。它具有投资大、建设周期长、投资收回相对缓慢的特点，因此，其投资不可能完全经由市场形成，必须借助于政府财政力量来实现。财政通过直接投资或给予补贴等方式将资源直接或间接地配置于基础设施，可以协调产业间的资源配置比例，进而提供资源配置的宏观效益。

(三)资源配置职能的机制与手段

1. 根据市场经济体制下政府的职能确定财政收入占 GDP 的合理比例

通过财政收入占 GDP 的比例的调整，调节社会资源在政府部门和非政府部门之间的配置，做到一方面要保证满足政府提供公共物品的需要，另一方面也要保证私人部门顺利发展的需要。我国过去一段时间内财政收入占 GDP 的比重、中央财政支出占全部财政支出的比重明显偏低，不能有效地保证理应由财政承担的重要投入，对引导社会资金的合理流动也缺乏力度，教育、公共卫生、环境保护、社会保障、科技进步、农业发展等方面的投入不足，财政在支持经济建设特别是结构性调整方面处于软弱无力的地位。这些都是财政资源配置职能弱化的表现。当前，我国财政收入占 GDP 的比重已经达到相当水平，中央财政支出占全部财政支出的比重也有所提高，但也要防止财政收入增长速度过快，以致影响市场在资源配置中的决定性作用。

2. 优化财政支出结构，保证重点支出，压缩一般性支出，提高资源配置的结构效率

我国国民经济和社会发展战略规划明确规定了当前对优化财政支出结构的要求：向教育、社会保障、公共卫生、农业和就业等民生性支出倾斜，向困难的地区和群体倾斜，向科技创新和转变经济增长方式倾斜，着力支持就业和再就业，完善社会保障，促进构建和谐社会；着力推动自主创新，促进经济增长方式的转变；着力加大转移支付力度，促进区域协调发展；着力支持改革，完善社会主义市场经济体制。

3. 合理安排政府投资规模和结构

政府投资规模主要是指政府投资在社会总投资中所占的比重，它表明政府对社会总投资的调节力度。通过调整政府投资结构，达到合理配置资源的目的。

政府投资是国家调控宏观经济的重要手段。在保证经济运行新常态下，坚持稳中求进的总基调，着力稳增长、调结构、促改革，推动供给侧结构性改革。政府投资要退出竞争性领域，防止排挤市场的决定性作用。

4. 合理运用财政政策，调节社会投资方向

通过财政投资、税收政策、国债和财政补贴等手段的运用，调节非政府部门的资源配置，引导社会资源在不同地区和不同部门之间的流动，鼓励和支持基础设施和重点项目的建设，带动和促进民间投资，吸引外资和对外贸易，从而提高社会总体的资源配置效率。

二、收入分配职能

(一)收入分配职能的概念

财政分配的过程，事实上是参与国民收入的分配。在市场经济模式下，国民收入分配主要

是在价值规律的支配下通过市场进行的。而这种自发的市场分配必然会出现缺陷,因此,需要财政分配进行弥补和矫正。

收入分配通常是指通过财政分配将一定时期内社会创造的国民收入在国家、企业和个人之间进行分配,形成合理、公平的比例,即实现收入的公平分配。财政的收入分配职能有两层含义:一是指对社会产品和国民收入的分配,即集中组织收入,这是一般意义上的分配;二是指对已经完成的各种分配的结果所出现的偏差进行纠正、调整或再分配,以实现收入的公平分配。公平分配一般来说包括经济公平和社会公平两个方面。所谓经济公平,是指生产要素投入与生产要素收入应相对称,因为在经济活动中,收入和财富的分配取决于生产要素的投入以及这些生产要素的市场价格,等量的要素投入应获得等量的收入,这是市场经济的内在要求。但在市场经济条件下,由于每个分配主体所提供的生产要素的数量不同,质量也有差异,所拥有资源的稀缺程度也不同,再加上市场价格也可能存在偏差以及各种非竞争性因素的干扰,使得各分配主体获得的收入可能与其要素投入不相对称,存在一定的差距。当这种差距超出社会各阶层的接受程度时,就会导致社会不安定,经济也会受到影响。因此,需要政府对收入进行调整和再分配,以达到社会公平。社会公平就是要求将收入差距维持在现阶段社会各阶层居民所能接受的合理范围内。

实现公平分配,显示公平分配的程度——基尼系数 G(Gini coefficient),通常用洛伦兹曲线计算,见图 1－3。如果洛伦兹曲线为 45°角的直线,表示收入分配绝对平均;如果与正方形的底边和右边重合,表示绝对不公平;而实际收入分配都是处于两种极端之间,如凸向横轴的两条线所示。测定收入分配的公平程度,可用曲线 A(或 B)与对角线之间的面积(图中的 X)除以对角线以下的总面积(图中的 $X+Y$),其数值称为基尼系数。可见,基尼系数小于 1,系数越小,越趋向平均。根据国际惯例,一般认为,基尼系数处于 0.3～0.4 之间视为合理区间;0.4 以上的基尼系数表示收入差距较大;若基尼系数达到 0.6,则表示收入悬殊。

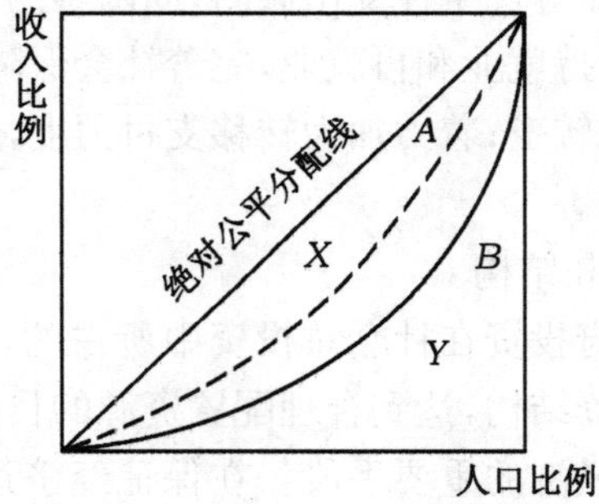

图 1－3 洛仑兹曲线

从我国的情况看,近 5 年的基尼系数在 0.47 上下浮动,说明收入差距呈现较大趋势。其中 2015 年为 0.462,落到近 13 年来的最低点,2017 年的基尼系数为 0.467,2018 年为 0.474,见图 1－4。

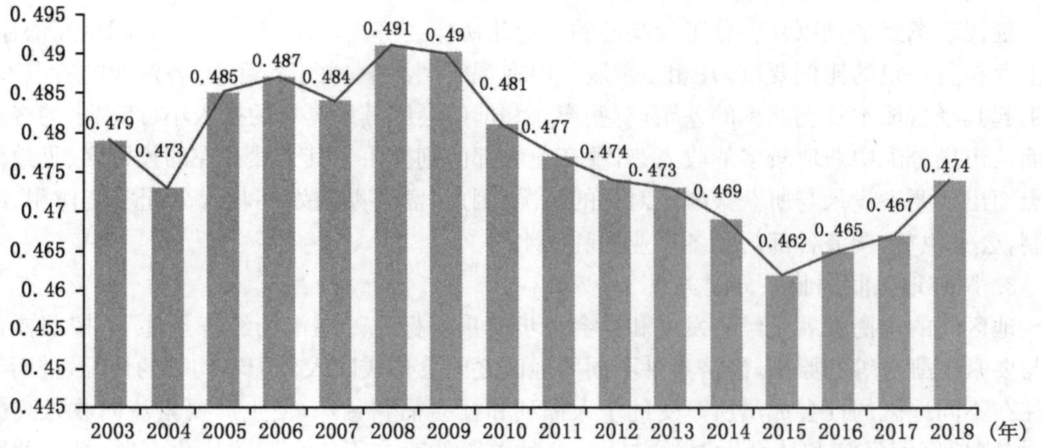

图 1-4　中国 2003～2016 年的基尼系数

专栏 1-1　　中国官方首次公布 2003—2012 年的基尼系数

国务院新闻办公室今日举行新闻发布会，国家统计局局长马建堂介绍 2012 年国民经济运行情况。马建堂表示，2012 年中国的基尼系数为 0.474，2008 年的基尼系数曾达到 0.491，此后逐步回落。马建堂介绍称，中国全国居民收入的基尼系数，2003 年为 0.479，2004 年为 0.473，2005 年为 0.485，2006 年为 0.487，2007 年为 0.484，2008 年为 0.491，然后逐步回落，2009 年为 0.490，2010 年为 0.481，2011 年为 0.477，2012 年为 0.474。

马建堂分析称，第一，这些数据说明了我们国家加快收入分配改革、缩小收入差距的紧迫性，因为 0.47 到 0.49 之间的基尼系数不算低。第二，这些数据说明从 2008 年金融危机以后，随着我国各级政府采取了惠民生的若干强有力的措施，中国的基尼系数从 2008 年最高的 0.491 逐步地有所回落。下一步，我们还是要立足于中国的基本国情。中国的基本国情就是社会主义初级阶段、发展中国家。立足于这个基本国情，正确处理市场与效率、发展与分配的关系，一手抓科学发展，把我们的蛋糕做得更大，另一手狠抓收入分配，把我们的蛋糕分得更好，从而使我们在全面建成小康社会的时候不仅使我们居民的人均收入和 GDP 翻了一番，而且我们的分配要分得更好，中、低收入居民的收入力争要增加得更多一些。

资料来源：中国新闻网（北京），2013-01-18。

（二）收入分配职能的内容

财政调节收入分配职能是为了弥补市场分配的缺陷而存在的，它是对市场分配结果的调节和修正。与初次分配相比，公共财政的再分配更注重社会公平。

1. 调节个人之间的收入分配关系

在社会主义市场经济条件下，市场机制对个人收入的分配尽管能体现效率准则的要求，极大地调动劳动者的积极性，但却难以兼顾社会公平。由于人们所拥有的财产不同、劳动力不同，就业机会、竞争条件存在差异，市场分配的结果会形成投资者与劳动者之间、劳动者之间、就业者与失业者、有劳动能力者与无劳动能力者之间收入份额的悬殊。这种悬殊不利于社会经济的发展，又是市场机制本身所难以克服的，因而需要政府财政来协调，从而使对个人收入分配关系的协调成为财政调节收入分配职能的首要内容。

2. 调节部门及产业间的收入分配关系

现代市场经济是以社会分工为基础的专业化协作经济。各部门、各产业之间相互依存，客观上存在着一定的比例要求，并相互牵制。但在现实生活中，由于各部门、各产业的特点不同，会引起其经营成本及利润率的差距，有些产业和部门会因其所具有的投入小、产出多的客观优势而从市场分配中获取较多的收入；有些产业和部门则会由于其天然存在的投资多、见效慢等特点而出现要素投入与所获报酬不对称的情况，因此，需要财政发挥收入分配职能作用，统一税制，公平税负，调节各部门和各产业的利润水平。

3. 调节地区间的收入分配关系

地区间的均衡发展是经济发展和社会进步的重要标志。在市场经济条件下，按照要素投入与要素报酬对等的原则，经济条件不同的地区之间会形成收入分配不均等的情况，进而导致居住在不同地区的社会成员所享受的个人福利和社会福利悬殊，使生产要素流向收入高的地区，加剧地区间经济和社会发展的差距。这种差距的存在不符合资源优化配置、社会共同进步、人类福利普遍提高的要求。而对缩小差距的要求，市场又难以满足，因此，必须借助政府的力量，通过财政的调节收入分配职能来实现。

(三)收入分配职能的机制与手段

财政实现收入分配职能的机制和手段具体表现在以下几个方面：

1. 财政在执行收入分配职能时，首先要划分市场分配与财政分配的界限，各负其责

一般来说，属于市场分配的范围主要包括企业职工工资、企业利润、租金收入、财产收入、股息收入等。对此，财政不宜直接介入，更不能替代。属于财政分配的范围主要包括两个方面：一是规范工资制度。即对由国家预算拨款的政府机关公务员的工资制度以及视同政府机关的事业单位职工的工资制度进行规范，各种工资性收入都应纳入工资总额，取消各种明补和暗补以及实物工资，提高工资的透明度，实现个人收入分配的货币化和商品化，理顺个人收入分配制度。二是对医疗保健、社会福利等社会保障资金，财政应履行集中分配的职责，通过各种转移支付形式，使每个社会成员都能享受同等的待遇，实现社会化。属于财政分配职能范围的，财政应尽力做到公平分配。

2. 税收调节

税收是对全社会各种收入进行强制性调节的分配形式，是财政实现收入分配与再分配的最常用的手段。通过间接税(如商品课税)，可以调节各类商品的相对价格，从而调节各经济主体的要素分配；通过企业所得税，可以调节公司的利润水平；通过个人所得税，可以调节个人的劳动收入和非劳动收入，使之维持在一个合理的差距范围内；通过资源税，可以调节由于资源条件和地理条件而形成的级差收入；通过遗产税、赠与税，可以调节个人财产分布；等等。

3. 转移性支付

转移性支付包括一般性转移支付和专项转移支付。其中，一般性转移支付以各级政府之间所存在的财政能力差异为基础，以实现各地公共服务水平的均等化为主旨的均衡性转移支付，地方政府可自主将资金直接分配给特定的地区、单位和个人，通过提供低收入者的收入水平来改变收入分配不公的程度。这样做，可以使每个社会成员都可以维持起码的生活水平和福利水平，体现社会公平。专项转移支付则包括一般公共服务支出、国防支出、科教文卫支出、社会保障支出等总共 19 项支出，这些支出主要服务于中央的特定政策目标，地方政府应当按照中央政府规定的用途使用资金，使得转移支付更加规范化、合理化。

4. 公共支出

公共支出是一种间接提高社会整体收入水平的做法，即通过提供公共物品和公共福利来满足社会公共需要，改善人们的工作环境和生活环境，间接提高社会全体成员的收入水平。

三、经济稳定与发展职能

(一)经济稳定与发展职能的概念

经济稳定包含多方面的含义，通常包括充分就业、物价稳定和国际收支平衡等。充分就业并不等于所有的人都有工作，因为社会经济结构总是在不断地调整变化着，与此相适应，就业结构也在不断地调整变化着。在这一过程中，不可避免地会出现一部分人暂时脱离工作岗位，重新就业的。因此，充分就业往往是指就业率达到社会认可的某一比率，而不是100%的就业率才是充分就业。物价稳定是指物价总水平的稳定，即物价上涨幅度维持在不影响国民经济正常运行的一个范围内，而不是指物价上涨率为零。随着商品比价的调整，总会出现有的商品价格上升、有的下降、有的保持不变的现象，但总的看来，社会的物价总水平一般是上升的。一般而言，年物价上涨率保持在3%以下就可认为物价是稳定的。国际收支平衡是指一国在国际经济交往中其经常性项目收支保持大体平衡。由于一国的国际收支同国内的收支是密切联系的，国际收支不平衡就会导致国内收支不平衡。一般来说，经济稳定的要求是国际收支不出现大的逆差和顺差。

经济稳定是动态的稳定，是经济适度增长的稳定。经济稳定与经济增长是相辅相成的，经济稳定是经济增长的前提，它为经济增长提供良好的环境。而适度的经济增长又为经济稳定打下了良好的物质基础。因为只有实现了经济增长，创造出更多的社会财富，才能更好地满足社会需要，进一步实现社会的稳定。因此，经济增长成为发展中国家的主要宏观经济目标。

对于任何经济体制，经济的稳定和发展都是政府所希望实现的目标。政府会通过各种财政手段来影响和调控经济，以实现经济稳定和发展的目标。

(二)经济稳定与发展职能的内容

由于宏观经济运行中的矛盾都集中表现为社会总供求总量和结构的矛盾，因此，经济稳定与发展职能的内容主要包括以下两个方面：

1. 调节社会总供求关系，实现经济总量平衡

实现经济总量平衡，就是要熨平经济波动，消除经济过热和萧条的不正常状况，使经济增长保持稳定和持续的状态。因此，财政对经济增长过程中的稳定和协调就是要在总需求大于总供给、经济过热时，抑制社会总需求，以减缓经济增长的速度，使经济增长速度保持在资源条件可能的限度内；而总需求小于总供给、经济萧条、市场疲软时，要刺激社会总需求，以调动闲置资源，刺激经济的增长。这种通过调节社会总供求关系，进而对经济总量和速度的调节，是经济稳定与发展职能的首要内容。

2. 调节供求结构，实现经济结构平衡

经济总量平衡往往要以经济结构平衡为前提，因为这两者之间存在着密切的内在关联。经济结构平衡可以创造出适宜于经济发展的供给品，从而为经济总量平衡提供良好的供给条件；同时，经济结构平衡本身便意味着社会需求与供给之间的相互适应，这也是经济总量平衡的重要标志和表现。反过来说，经济结构失衡会导致供给结构相对于需求结构的不适应，这经常成为经济波动的重要诱因。

要实现经济结构平衡，应着重解决两方面的问题：一方面要解决社会需求结构中消费需求

过旺、投资需求不足，并进而引起社会供给结构中消费品供给不足、投资品供给过剩的问题；另一方面要解决社会需求结构中消费需求不足、投资需求过旺，并进而引起社会供给结构中消费品供给过剩、投资品供给不足的情况。可见，政府对经济过程的调节和控制离不开对经济结构的调整和优化。

（三）经济稳定与发展职能的机制和手段

概括起来，财政实现经济稳定与发展职能的机制和手段主要有以下几个方面：

1. 通过制度性安排，发挥"内在稳定器"的作用

即通过财政制度的建设，发挥财政的"内在稳定器"的作用，具体表现在两个方面：一是在财政收入方面，个人所得税的累进税率的运用。当经济过热时，人们的收入普遍增加，由于实行累进税率，收入会自动适用较高的税率，税收明显增加，从而可以部分抑制人们的购买能力，使经济降温，防止通货膨胀的发生。相反，当经济萧条时，人们的收入普遍下降，会自动适用较低的税率，税收明显减少，从而对经济复苏起到刺激作用。当然，这种作用的发挥是以所得税作为主体税类，且个人所得税所占比重很大为前提。二是在财政支出方面，转移性支出的运用特别是社会保障制度中失业救济金制度的建立。当经济繁荣时，人们的收入普遍增加，失业人数减少，领取失业救济金的人数自然减少，救济金的支出也就减少了，从而财政的转移性支出会"自动"得到压缩，对经济过热起到抑制作用；相反，当经济不景气时，财政转移性支出就会"自动"增加，从而刺激经济的复苏与升温。值得指出的是，财政制度所具有的这种自动稳定经济的作用的大小，受到各国制定的收支制度的制约，对经济周期性变动的稳定作用一般只能起到微调作用。当经济出现大的波动时，还需要政府采取相应的财政政策手段加以调节。

2. 相机抉择的财政政策的运用

社会总供给与总需求的大体平衡是经济稳定目标的集中体现。当社会总需求与总供给不平衡时，就需要政府运用相应的财政政策，调节社会总供求关系，促进社会总供求的平衡。通常来说，当社会总需求大于总供给时，可以实行紧缩性财政政策，具体表现为减少财政支出和增加税收；当社会总需求小于总供给时，可以实行扩张性财政政策，具体表现为增加财政支出和减少税收。在此过程中，财政收支发生不平衡是可能而且允许的。由于针对不同的经济状况而灵活运用的财政政策被称为相机抉择的财政政策。2019 年积极的财政政策要加力提效，发挥好逆周期调节作用，增强调控的前瞻性、针对性和有效性，推动经济高质量发展。"加力"体现在实施更大规模的减税降费和加大支出力度；"提效"体现在提高财政资金配置效率和使用效益。

3. 通过财政收支安排促进经济和社会协调发展

通过政府投资、补贴和税收等多方面的安排，加快农业、能源、交通运输、邮电通信等基础公共设施的发展，消除经济中的"瓶颈"，支持第三产业的发展，加快产业结构的转换，保证经济增长协调与高质量的最优结合。

4. 财政应切实首先保证民生性的社会公共需要

民生性的社会公共需要诸如加快文教的发展、提高公共卫生水平、保护生态环境、治理污染、完善社会福利和社会保障制度。民生性的社会公共需要得到保障，可为经济和社会发展提供安定的环境。

小结

● 市场是有效率的经济运行机制。但市场并不是万能的，市场失灵为政府的介入或干预提供了必要性和合理性的依据。

● 现代经济是一种混合经济，主要依靠市场体系中的私人部门通过价格信号来引导资源配置，同时也存在多种形式的政府干预来抵消市场失灵，实现市场的稳定与宏观经济目标。

● 区分公共物品与私人物品的标准：排他性和非排他性，竞争性和非竞争性。

● 公共需要是指满足社会公共利益的需要。

● 财政是以国家为主体的分配活动。

● 现代财政制度主要由三个方面组成：现代预算制度、现代税收制度和事权与支出相适应的财政分配制度。

● 财政职能可以概括为资源配置、收入分配、经济稳定与发展。三大职能各有自己的职能范围、政策取向及实现的机制和手段。

拓展阅读篇目

1. 樊纲：《市场机制与经济效率》，上海三联书店，上海人民出版社，1994。
2. 王弟海：《收入和财富分配不平等：动态视角》，上海格致出版社，上海三联书店，上海人民出版社，2009。
3. 张五常：《卖桔者言》，四川人民出版社，1988。
4. 发改委、财政部、人力资源社会保障部联合发文：《关于深化收入分配制度改革的若干意见》。
5. 杨志勇：《中国财政 70 年：建立现代财政制度》，载《中国经济学人》，2019(1)。

思考与应用

一、关键词

市场失灵　外部效应　政府干预　政府失灵　公共物品　公共需要　非排他性　非竞争性　混合物品　公共财政　现代财政制度

二、思考题

1. 什么是市场失灵？
2. 为什么会出现政府干预失效？
3. 简述区分公共物品和私人物品的标准。
4. 简述社会公共需要的特征。
5. 财政资源配置职能的目标及实现这一目标的机制和手段是什么？
6. 财政收入分配职能的目标及实现这一目标的机制和手段是什么？
7. 经济稳定与发展的含义及财政实现经济稳定与发展职能的机制和手段是什么？
8. 简述政府干预市场的主要手段。
9. 论政府在市场经济中的作用。
10. 论我国现代财政制度的建立。

案例

法治为供给侧结构性改革保驾护航①

2018年底召开的中央经济工作会议提出，坚持以推进供给侧结构性改革为主线，这是综合研判世界经济形势和我国经济发展新常态作出的重大决策。推进供给侧结构性改革，应充分发挥法治的保驾护航作用。

推进供给侧结构性改革，是为了实现高水平供需平衡。当前和今后一个时期，我国经济发展面临的问题供给和需求两侧都有，但矛盾的主要方面在供给侧。我国不是需求不足或没有需求，而是需求变了，供给的质量、服务却没有跟上，结构性问题突出。解决这些问题，必须从供给侧发力，提高供给体系的质量和效率，激发经济增长动力。供给侧结构性改革既强调供给又关注需求，既突出发展社会生产力又注重完善生产关系，既发挥市场在资源配置中的决定性作用，又更好发挥政府的作用，既着眼当前，又立足长远，其根本目的是提高供给质量，使供给更好地满足人民日益增长、不断升级和个性化的物质文化需要，实现由低水平供需平衡向高水平供需平衡跃升。

供给侧结构性改革的重要任务是"三去一降一补"，即去产能、去库存、去杠杆、降成本、补短板。在去产能方面，应明确任务和目标，加大环保、质量、标准、安全等各方面的制度建设和执法力度；在去库存方面，应加大户籍制度改革力度，加强对土地确权与农地流转等法律问题的研究，建立健全农民工进城的财税、土地等配套制度，促进人的城镇化；在去杠杆方面，应加强对互联网金融等的监管，依法处置非法集资等乱象，切实规范市场秩序；在降成本方面，应大力转变政府职能，把行政审批精简下来，取消不合理的收费；在补短板方面，应扎实推进科技创新和生态文明建设，完善基础设施建设的体制机制。以上这些方面都需要大力完善法律制度，为供给侧结构性改革提供全方位的法治保障。

法治为供给侧结构性改革保驾护航，一个重要方面是推动政府职能转变，处理好政府与市场的关系，在发挥市场配置资源决定性作用的同时，也要更好地发挥政府作用。政府转变职能要做好减法，大力推进简政放权，减少行政干预，退出那些没有必要插手的领域，交给市场进行更有效率的调节。同时，也要做好加法，深化价格、财税、金融等领域的基础性改革，着力创造并维护市场的公平竞争环境，确保所有市场主体的平等地位，实现市场良性运行。此外，还要加强社会保障制度建设，完善基本公共服务体系建设，更多为社会兜底，为供给侧结构性改革提供配套制度保障。

政府简政放权后需要加强社会自我规制和自我管理，培育社会自治机制，应着力推动市场主体、行业协会、中介组织、自治组织发展，构成社会治理的多元良性运行机制。大力加强各种社会组织内部章程、规则制度建设。这些规则制定主体更加多元、形式更为灵活、内容涵盖面更广、实施方式更为多样，属于软法和软法治理范畴。社会组织运用这些不具有国家强制力的软法，在相互协商、有效沟通的基础上加强自律、互律，能提高社会自我约束、自我规制能力，提高社会治理成效。

供给侧结构性改革的核心是减少无效供给，扩大有效供给，提高供给结构对需求结构的适应性。法律制度建设方面也需要根据形势变化进行调整。在规制模式上，做好从管理到治理的调整，既加强硬法治理，也注重软法治理；在规制领域方面，适当调整重心，有所为有所不为，该退出的领域要退出，该强化的领域要强化，应综合运用刚性手段和柔性手段，把法治在供给侧结构性改革中的作用发挥好。

[要求]

认真阅读以上内容，结合所学知识，分析政府在市场经济中的作用。

① 人民网，2017年2月9日。

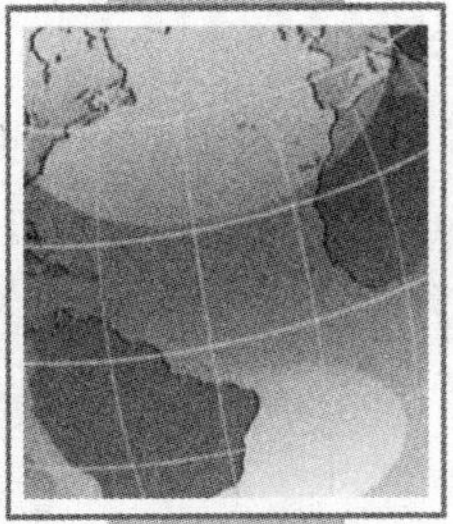

第二章 公共物品与公共选择

本章提要

在对公共物品初步认识的基础上，本章对公共物品的提供、生产和定价进行了详细描述。公共选择和偏好显示机制说明了以何种方式确定对公共物品的提供、生产和定价。由于公共选择与财政决策密切相关，本章还将介绍财政决策，厘清它与公共选择的关系，分析公共选择理论对我国财政决策民主化、法制化建设的借鉴意义。

第一节 公共物品的提供、生产和定价

由于公共物品分为纯公共物品和混合物品两类，要对公共物品的提供、生产和定价进行讨论，就必须对这两类公共物品进行分别讨论。

一、纯公共物品的提供

公共物品的提供方式包括政府提供(公共提供)和市场提供(私人提供)，所以对纯公共物品的提供将从这两方面进行分析。

(一)纯公共物品市场提供的有效性分析

假定市场均衡分析对公共物品有效，根据效率评价的简单法则，无论是私人物品还是公共物品，它们得以有效提供的条件都是边际社会收益等于边际社会成本。

以小区提供的保安服务为例。假设有三位居民 A、B、C 同住一个小区，对他们而言，小区提供的保安服务是一种纯公共物品：一旦小区雇用了一定数量的保安，若居民 D 加入小区中来，每位居民所享受到的保安服务没有变化(以保安数量评价保安服务)，保安服务的成本也没有因此增加，即保安服务具有非竞争性；该小区中的每个居民在享受保安服务带来利益的同时，并不能排除他的邻居同时享受该服务带来的利益，因此，保安服务具有非排他性。

由于纯公共物品具有非排他性和非竞争性，其市场需求曲线不是像私人物品市场需求曲线那样通过水平相加求得，而是通过垂直相加求得。三人社区中三位居民愿意支付给所雇佣保安的薪酬总额等于每个人愿意支付的薪酬的总和。如图 2－1 所示，Da，Db，Dc 是 A、B、C 三人对保安服务的个人需求曲线，D 是保安服务的总需求曲线。保安服务的市场供给曲线可以用提供保安服务的边际社会成本曲线(MSC)表示，如图 2－1 中所示的 S 曲线。总需求曲线和供给曲线的交点决定了保安服务这一纯公共物品的均衡价格和均衡数量，即图中 E 点对应的 P_0 和 Q_0。在 E 点满足了市场价格机制下公共物品得以有效提供的条件：边际社会收益等于边际社会成本。

尽管从理论上分析，纯公共物品的有效提供水平可以由市场供求之间的均衡决定，但是，公共物品所具有的特征缺乏实际意义。因为：一方面，纯公共物品的非排他性使人们产生一种

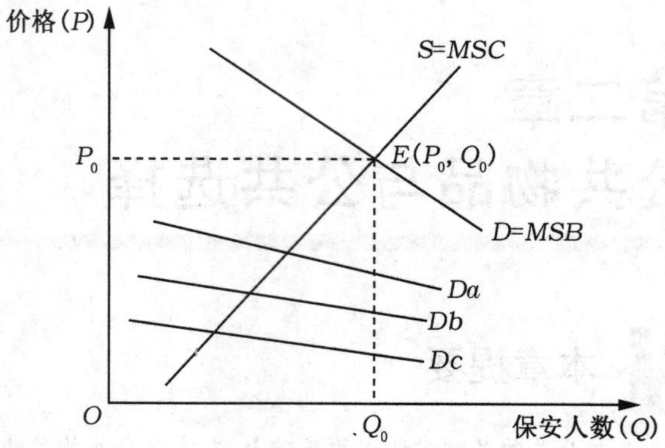

图 2—1 保安服务的市场均衡分析

别人付钱、自己享用的动机,即存在"免费搭车"问题,并会使人们隐瞒自己对该公共物品真实的需求价格和需求量,导致总需求曲线的虚假性,使其得到的均衡价格和均衡数量也缺乏真实性;另一方面,纯公共物品的非竞争性意味着新增消费的边际成本为零,而产品提供的效率原则要求按边际社会成本确定市场价格,按此原则,公共物品若要实现有效供给,则其价格为零,市场上不存在这样的提供者愿意以零价格出售所有产品和服务。所以,就纯公共物品而言,在市场上不存在上述的有效提供,即纯公共物品的市场提供具有非有效性。

(二)纯公共物品政府提供的有效性分析

相对于市场而言,政府特有的性质和运行机制决定了其可以解决市场提供纯公共物品缺乏有效性的难题。一方面,政府具有社会职能,满足社会成员的公共需要是其应承担的责任,向社会成员提供纯公共物品,正是其承担责任、执行社会职能的有效方式;另一方面,政府是一个公共权力机构,政府拥有向社会成员征税的权力,这使得政府可以通过税收来弥补提供纯公共物品所必需的成本,同时,通过税收的强制执行,在一定程度上缓解了"免费搭车"问题,即表面上纯公共物品是免费享用的,事实上是以纳税为代价的。

每个人在消费公共物品时可以得到一定的利益,或称为正效用;相应地,每个人也必须为生产这些公共物品而纳税,或称为负效用。若能实现公共物品消费的边际正效用等于边际负效用,则能实现公共物品的最优供给。该条件的满足具有理论和现实的可能性。

因此,如果政府能根据所提供公共物品所花费的成本和代价,合理地确定政府提供公共物品的范围和财政支出的规模,并处理好供给与征税的关系,那么由它来实现的纯公共物品的供给将比由市场提供更有效。

综上可知,一般而言,纯公共物品只能由政府提供而不能通过市场提供。

二、混合物品的提供

混合物品的特征是兼具公共物品和私人物品的性质,因而混合物品的提供方式可以采取政府提供(公共提供)或市场提供(私人提供),也可以采取混合提供。混合物品有两种不同类型:一类是具有拥挤性的公共物品,这类公共物品会随着消费者人数的增加产生拥挤,进而减少了每个消费者可以享有的利益。拥挤性的公共物品不具有充分的非竞争性和非排他性,是较为典型的混合物品。另一类是由外部效应引起的公共物品。

(一)混合物品市场提供的有效性分析

就具有拥挤性的混合物品来看,以公路为例,政府建设的一条公路,在不拥挤的情况下,增加一些车辆和行人不会增加公路的边际成本(即具有非竞争性),且允许车辆和行人的自由加入,与原有车辆和行人同时享用公路带来的便利(即具有非排他性),即在不拥挤的情况下它是纯公共物品。但当车辆和行人的增加导致公路十分拥挤时,为保证公路的正常运行,政府不得不采取一些措施进行一定的限制,如设置岗亭,在限制通行数量的同时也增加了投入成本,即导致产生一定的排他性和竞争性,显然此时它不再是纯公共物品,但也不是私人物品,而是一种混合物品。

如果政府筑路的成本通过收费来弥补,就如同一般商品买卖一样,谁过路,谁交费,以购买使用权,这便是一种市场提供方式。

对该种混合物品市场提供的有效性分析,分两种情况进行:一是拥挤情况没有发生时的有效性;二是拥挤情况发生时的有效性。

当拥挤情况没有发生时,其边际生产成本和边际拥挤成本都为零。图2—2表示为一条公路在不拥挤情况下的均衡情况。消费者的边际收益曲线即需求曲线为D,Q_M为通过能力线(允许通过的最大车流量),在通过量低于Q_M时,其边际生产成本为0;Q_y为拥挤线(即达到拥挤时的最小车流量),在通过量低于Q_y时,其边际拥挤成本为0。所以,在没有达到拥挤前,总边际成本(边际生产成本加边际拥挤成本)为零,即边际成本曲线MC与横轴重合。

在没有发生拥挤时,按效率准则(边际成本=边际收益),得均衡价格为0、均衡通过量为Q^*。但现实生活中,如果以此价格为供给价格,其运营收益为零,再加上投入的成本,经营者将亏本,所以不会存在这样的供给。因此,若通过市场提供该类物品,市场必须对公路收费。如果收取的费用为P_0,此时的需求量为Q_0($Q_0<Q^*$)。如图2—2所示,收费前,消费者剩余为ΔAOQ^*,收费后消费者剩余仅为ΔAP_0E,减少的部分中,ΔEQ_0Q^*表示由于收费造成的车流量减少带来的效率损失。

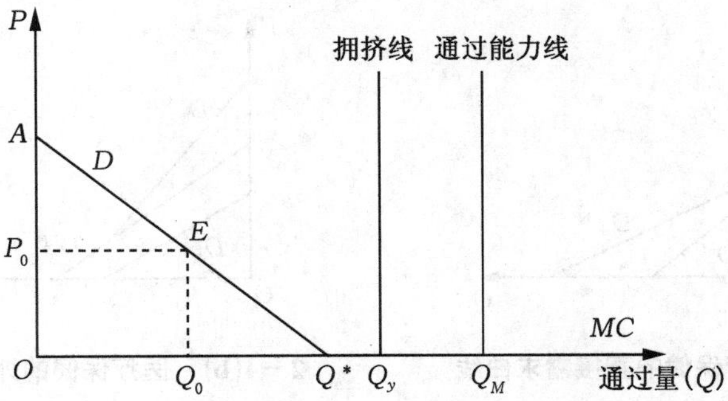

图2—2　非拥挤情况下公路的市场均衡分析

所以说,市场提供该公共物品存在收费的成本并导致收费的效率损失。

若发生拥挤,此时的边际拥挤成本不为零,使边际总成本不为零。如图2—3所示,此时,拥挤线与需求线D相交,由效率条件得均衡价格和均衡车流量分别为P^*和Q^*,导致拥挤。若由市场提供该物品(通过收取费用弥补成本),收取费用为P_0,对应车流量为Q_0,$Q_0<Q^*$,虽然缓解了拥挤,但仍存在福利损失(消费者剩余由ΔAP^*E减少为ΔAP_0C)。

由以上分析可知,对拥挤性混合物品的提供,采用市场提供将存在效率损失,是否适宜由市场提供,要根据其所带来的收费成本与收费损失的大小来定。

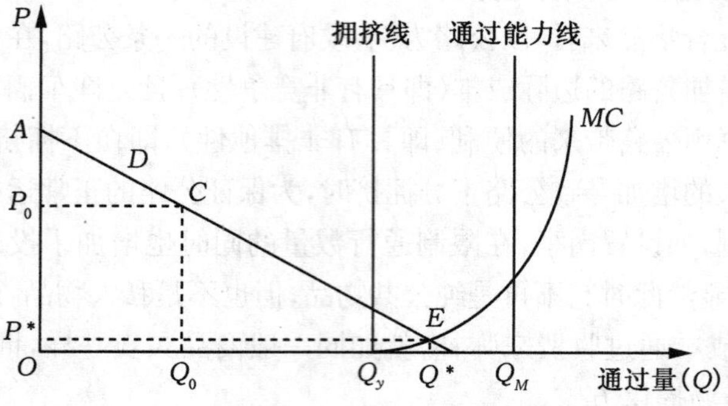

图 2—3　拥挤情况下公路的市场均衡分析

就由外部性引起的混合物品来看，以医疗保健为例，假设医疗保健市场有两名消费者 A 和 B，两人从医疗保健中直接获得的边际收益反映为两人对医疗保健的直接需求曲线 D_P^A 和 D_P^B，而市场对医疗保健的直接需求曲线由私人需求曲线 D_P^{A+B} 和 D_P^B 横向加总得到（接受医疗保健的公民直接从医疗保健中获益，这种直接获益仅为接受医疗保健者所享有，有私人产品的特征，所以从直接需求的角度采取横向加总），如图 2—4(a)所示。由于医疗保健存在外部效应，会产生利益外溢现象，即受医疗保健者能使他所在社会的其他人受益，此例中，消费者 A 可从消费者 B 对医疗保健的消费中获益，反之亦然。用曲线 D_E^A、D_E^B 表示 A 和 B 从医疗保健中获得的外部边际收益，总的外部边际收益曲线 D_E^{A+B} 由 D_E^A 和 D_E^B 纵向加总得到（医疗保健的外部效益可为所有人享有，所以采用纵向加总），如图 2—4(b)所示。市场从医疗保健消费中所获得的总边际收益为边际私人收益与边际社会收益之和，即医疗保健的市场总需求曲线 D^{A+B} 由 D_P^{A+B} 和 D_E^{A+B} 纵向加总得到。若给定医疗保健的市场供给曲线 S，则可得医疗保健的最优产量 Q_0 和最优价格 P_0，如图 2—4(c)所示。

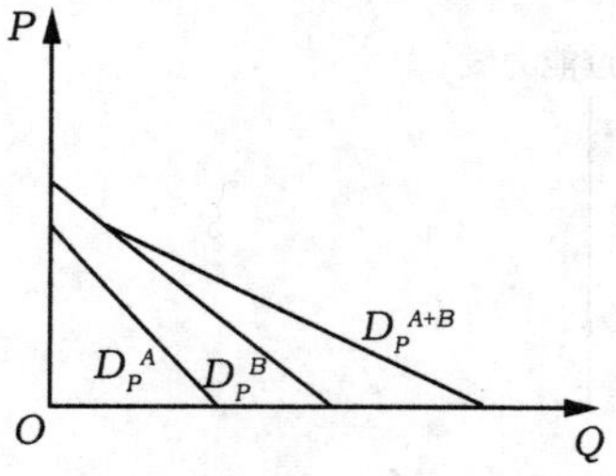

图 2—4(a)　医疗保健的直接需求曲线

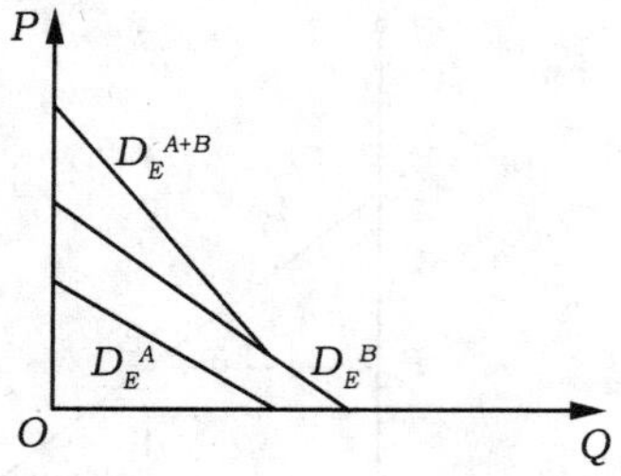

2—4(b)　医疗保健的外部边际收益曲线

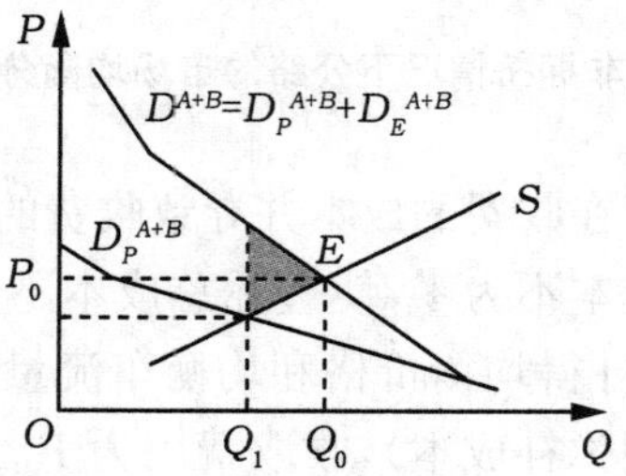

图 2—4(c)　医疗保健的市场均衡分析

以上分析得到的最优产量和最优价格只具有理论上的可行性，在实际生活中，消费者并不都会将医疗保健的外溢利益纳入其决策范围，而是仅仅按本人获得的直接利益来决定自己对医疗保健的需求，由此决定的医疗保健产出水平 Q_1 将小于 Q_0，没有达到最优产出水平，存在效率损失，如图 2－4(c)中阴影部分所示。

因此，该类混合物品若只由市场提供，则存在效率损失。

(二)混合物品政府提供的有效性分析

就拥挤性混合物品来看，仍以公路为例，如果其成本通过税收来弥补，即采用公共提供方式。采用此种方式存在征税成本，包括征管成本和缴纳成本，同时还会因为征税造成社会福利损失(称之为税收的效率损失)，若要考察其由政府提供的有效性，可考察征税成本和税收的效率损失。

就由外部性引起的混合物品，由上面的分析可知需要政府的介入，但由于公民可从对该类物品的消费中直接获益，所以政府不必负担所有的供给，只需负担其中具有社会效益的部分即可，否则会加大政府的财政负担，减低供给效率。

(三)混合物品的最优提供方式

就拥挤性混合物品而言，到底是由市场提供还是由政府提供，或是混合提供，取决于收费成本和收费效率损失同税收成本和税收效率损失的对比。若前者大于后者，则采用政府提供方式，否则采用市场提供方式，当然也可采用混合提供方式。

就由外部性引起的混合物品而言，采用混合提供较为有效，例如，医疗保健，一部分由政府提供，一部分向医疗者收费。采取混合提供方式，既可以保障居民的医疗需要，又可以避免病床过分拥挤和药品的浪费。

三、公共物品的生产

(一)公共生产

公共物品的提供涉及公共物品的生产问题、提供是谁付费的问题、生产是谁制造的问题。公共物品可以由政府直接组织生产，即所谓公共生产；也可以由私人生产，政府来购买，即公共物品的生产包括公共生产和私人生产。所谓公共生产，是指由政府出资(即由预算拨款)兴办的所有权归政府所有的工商企业和单位进行的生产。其生产部门既包括生产有形产品和提供服务的工商企业，也包括提供无形产品和服务的学校、医院、文艺团体，以及政府机关、公安、司法、国防以及准国家机关的事业单位和部门。

(二)公共物品的提供与生产

公共物品由国家机关和公共部门来提供(公共提供)，并不表明这些公共物品必须由国家机关和公共部门来生产(公共生产)，即公共提供不等于公共生产。公共提供强调这种产品要通过预算程序来供给，消费者通常可以免费获得，但是产品的生产可由公共部门来承担，也可以由私人部门来承担。同样道理，私人提供也不等于私人生产，私人在市场上提供的产品也可以由公共部门来生产，即公共物品的生产方式和提供方式并不是一回事，两者可以形成多种相互交错的组合。

公共物品的生产包括公共生产和私人生产；公共物品的提供包括政府提供、私人提供和混合提供，由此可得出六种不同的提供、生产组合：(1)政府提供，公共生产；(2)政府提供，私人生产；(3)私人提供，公共生产；(4)私人提供，私人生产；(5)混合提供，公共生产；(6)混合提供，私人生产。

如政府机关、国防等部门提供的服务以及这些部门从国有企业购置的办公用品和设备、垄断性国有企业提供的物品等属于政府提供、公共生产。政府部门从私人企业采购设备和购置办公用品，私人企业承包政府工程等属于政府提供、私人生产。私人向国防捐一架军用飞机，而飞机由政府的企业来进行生产，属于私人提供、公共生产。私人从厂商那里购买生活用品送给福利院或学校，属于私人提供、私人生产。公共生产、部分收费或私人生产、由政府给予补贴的混合物品，属于混合提供、公共生产或混合提供、私人生产。

四、公共物品的定价

(一)公共物品定价的含义

在市场经济中，所有经济主体都在追求自我利益的最大化，企业在追逐利润，消费者在追求福利或效用。价格作为经济主体行为的信号，也是实现资源最优配置的主要机制。如前所述，公共物品的提供包括政府提供、市场提供和混合提供。由于厂商追求利润的最大化，市场提供不可能是无偿的，即使由政府提供公共物品也不是全部无偿的，所以公共物品就存在一个出售(提供)价格或收费的问题。对此，政府相关管理部门通过一定的程序和规则制定了提供公共物品的价格和收费标准，我们称为公共定价，即通过公共定价制定公共物品的价格和收费标准。

从定价对象看，公共定价的对象不仅包括国家机关和公共部门提供的公共物品，而且包括私人部门提供的公共物品。

从定价政策看，公共定价包括两个方面：一是纯公共定价，即政府直接制定自然垄断行业(如能源、通信和交通等公用事业及煤、石油、原子能等基础产品行业)的价格；二是管制定价或价格管制，即政府规定涉及国计民生而又带有竞争性行业(如金融、农业、高等教育和医药等行业)的价格。

可以说，公共定价是政府保证公共物品提供和实施公共物品管理的一项重要职责。

(二)公共物品定价的意义

公共物品，一般属于自然垄断产品，如电力、电话、城市用水、城市用气、铁路、电视等通过网络服务的物品。

对于处于自然垄断地位的企业，如果政府对价格不加管制，企业就会把价格定在边际成本与边际收入的交点上，从而获得垄断利润。根据福利经济学的基本理论，只有当价格等于边际成本时社会福利才最大。而如果按边际成本定价，企业就会亏损，即存在定价矛盾。这一矛盾使社会陷入在社会福利与企业利益之间进行取舍的两难状态，从而使得对自然垄断进行管制成为必要(对自然垄断的管制，主要包括价格规制和对市场进入的规制，在此，我们讨论的是价格规制方面的问题，即定价问题)。

可以说，对自然垄断物品进行价格管制(即定价)的意义在于，使那些不适宜价格竞争的自然垄断产业，通过模拟市场价格的强制执行来替代市场对企业的外部约束并优化资源配置，从而推动行业的发展。既然公共物品一般也都属于自然垄断产品，对其进行价格管制能有利于其行业的发展。

此外，从收入分配的角度看，公共物品的生产经营往往微观经济效益低下，而社会宏观经济效益良好，或者有的占有自然垄断地位，如果政府不加干预，将会产生垄断利润，损害消费者的利益。由于公共物品的消费在穷人的总支出中所占比重较大，而在富人中所占比重较小，为保证占人口众多的穷人的利益，也需要政府对这些公共物品的价格进行干预。

(三)公共物品定价的一般方法

无论是纯公共定价还是管制定价,都涉及两个方面,即定价水平和定价体系。定价水平是指提供每一单位的物品和服务的定价(收费)是多少。在管制行业,定价水平是依据正常成本加合理报酬得到的总成本计算。因此,研究定价水平实质上是研究如何确定总成本。定价体系是指把费用结构(固定费用和可变费用的比率)和需求结构(家庭享用或企业使用、少量需求或大量需求等不同种类的需求,高峰负荷或非高峰负荷等不同负荷的需求)考虑进来的各种定价组合。

公共定价方法一般包括平均成本定价法、二部定价法和负荷定价法。

1. 平均成本定价法

平均成本定价法是指在保持提供公共物品的企业和事业对外收支平衡的情况下,采取尽可能使经济福利最大化的定价方法。从理论角度来看,按公共物品的边际成本定价是最理想的定价方法,但这种定价方法会使企业长期处于亏损状态,必须依靠财政补贴维持运行,长此以往,很难保证按质按量地提供公共物品。因此,在成本递减行业,为了使企业基本保持收支平衡,公共定价或价格管制一般采取按高于边际成本的平均成本定价。

2. 二部定价法

二部定价法是由两种要素构成的定价体系:一是与使用量无关的按月或按年支付的“基本费”;二是按使用量支付的“从量费”。因此,二部定价是定额定价和从量定价二者合一的定价体系,也是反映成本结构的定价体系。由于二部定价法中的“基本费”是不管使用量的多少而收取的固定费,所以有助于企业财务的稳定。由于二部定价法具有“以收支平衡为条件实现经济福利最大化”的性质,所以现在几乎所有受价格管制的行业(特别是电力、城市煤气、天然气、自来水等自然垄断行业)都普遍采用这种定价方法。

3. 负荷定价法

负荷定价法是指按不同时间段或时期的需求制定不同的价格。在电力、煤气、自来水、电话等行业,按需求的季节、月份、时区的高峰和非高峰的不同,有系统地制定不同的价格,以平衡需求状况。在需求处于最高峰时,收费最高;而处于最低谷时,收费最低。

在对公共物品定价时,可根据不同产品的性质采用不同的定价方法。

第二节　公共选择的概念与内容

一、公共选择理论

对于个人物品而言,市场价格制度是决定其生产水平的简单而有效的手段,但对于公共物品而言,它的生产或提供不是由市场价格制度决定的,而是非市场的集体选择的结果。这种非市场的集体选择,实际上就是政府选择,我们称之为公共选择。对这种选择进行研究的理论——公共选择理论,作为西方经济学的一个分支,运用了经济分析方法对政府决策的方式和过程进行研究。

至于何为公共选择理论,美国马里兰大学教授丹尼斯·缪勒给出了一个较为公认的定义:“公共选择理论可以定义为非市场决策的经济研究,或者简单地定义为把经济学应用于政治科学。公共选择的主题与政治科学的主题是一样的:国家理论、投票规则、投票者行为、政党政治学、官员政治等,公共选择的方法仍然是经济学的方法。公共选择理论的基本行为假设是:人是自利的、理性的、追求效用最大化的。"

公共选择理论产生于20世纪40年代，至20世纪60年代末70年代初发展成为一种学术流派——公共选择学派。公共选择学派强调个人自由、市场机制，推崇古典经济学思想，主张自由放任，反对国家干预。其代表人物有美国经济学家布坎南和塔洛克。公共选择学派诞生之初，主张政府干预的凯恩斯主义在西方经济学界占统治地位，公共选择学派曾屡受批评，直到20世纪70年代，凯恩斯主义衰落，经济自由主义在经济学界的影响日益扩大，公共选择学派才得到迅猛发展，其理论传播到欧洲和日本等国家和地区。1986年，公共选择学派的代表人物布坎南获得诺贝尔经济学奖后，这个学派声誉大振，20世纪80年代和90年代该学派的声势和影响遍及西方各国经济学界。

二、公共选择理论的基本前提

公共选择学派用经济学的方法分析政治现象基于两大基本前提：经济人假设和政治市场说。公共选择学派的理论分析正是基于以上两个基本前提展开的。

(一)经济人假设

经济人假设假定每个活动对于经济过程中的个人都以追求个人的经济利益为动机，选择时总会倾向于能给自己带来最大效用的选择。与经济活动一样，个人在参与政治活动时也以个人利益的最大化为目的，以成本—收益分析为依据。"政治人"与"经济人"都是利己的和理性的，都存在个人偏好，以最终有利于自己的方式进行活动。

(二)政治市场说

公共选择理论认为，人类社会存在两大市场：经济市场和政治市场。两大市场都存在供给与需求，经济市场的主体是消费者和厂商，政治市场的主体是选民和政治家。在经济市场上，人们通过货币来选择产品；在政治市场上，人们通过选票来选择满足其政治需要的政治家和制度等公共产品。与经济市场一样，政治市场中的基本活动也是交易。

三、公共选择的内容

作为一种选择，公共选择指的是与个别私人选择相区别的集团选择，它是指人们选择通过民主政治过程来决定公共物品的需求、供给与产量，是把个人选择转化为集体选择的一种过程或机制，是对资源配置的非市场决策。因此，公共选择实际上是一种政治过程。作为一种政治过程，公共选择有着不同的方面，要经过立宪、立法或议会与行政和司法三个阶段。在这三个阶段，公共选择的内容体现出层次上的不同。

(一)立宪阶段的公共选择

在立宪阶段，公共选择的内容是：决定公共物品的决定规则，即决定按何种原则把社会各成员的偏好加总起来，以便在立法阶段以此规则来确定社会需求的公共物品数量，确定公共物品的生产方、提供方和定价等相关问题。它包括规则和制度的决定，即是决定用一致规则还是多数同意规则，是采用直接民主决策制还是代议制民主决策制，这些都是在公共物品决定之前事前规定的。

关于规则，可能的选择有：一致同意规则和多数同意规则。

所谓一致同意规则，是指在决定某公共物品的提供量时，必须经过全体当事人的一致同意才能通过。一致同意规则实行的是一票否决制，每个人都拥有否决权。虽然由一致同意规则得出的集体行动方案可以照顾到每个成员的利益，但是当成员很多且偏好各异时，为了一致通过，必须经过反复讨论、修改、表决，会造成较高的交易成本。

多数同意规则，是指表决经半数以上的投票者赞成就能通过的规则。根据通过比例的多少，分为简单多数规则和比例多数规则。简单多数规则要求投赞成票的人数超过总投票人数的 1/2 以上；比例多数规则要求赞成票需达到一个相当大的比例才能得以通过，比如说达到 2/3 以上。这种少数服从多数的规则虽然导致少数人的利益受损，但较一致同意规则，其交易成本较低。我国的人民代表大会制度的选举制度就是选用多数同意规则。

关于制度，可能的选择有：直接民主决策制和代议民主决策制。

直接民主决策制，是指全体符合条件的公民直接参与政权工作或政治决策，而不是由他们的代表作出决定的民主制度。

代议民主决策制，是指公民选出能代表他们进行决议的代表，由代表参与政权工作或政治决策的民主制度。

（二）立法阶段的公共选择

在立法阶段，公共选择的主要内容是：在立宪阶段确定的规则下，通过立法程序，提出、讨论、表决各种与公共物品的生产、提供、定价相关的议案，确定最终通过的议案。

在直接民主决策制下，由符合选举条件的公民完成该项工作；在代议民主决策制下，由民选代表们完成该项工作。

决策结果在代议民主决策制度下会受政治因素的影响：(1)对有关政府的作用和其他问题持一致或相似意见的人，往往会组成相关的势力集团，形成政党。选票最大化是多党制社会中成功获得政治权利的先决条件，政党为了得到最大化选票，会使自己的有关公共物品的提案符合大多数公民的偏好。(2)由于寻租活动的存在，政府及政府官员在制定和表决公共物品供给议案时会受到寻租者的影响。(3)官僚们对财政预算的追求，使其在进行公共选择时会考虑预算因素，从而影响其对公共物品供给方案的表决及对公共物品生产的监督。

（三）行政和司法阶段的公共选择

在行政和司法阶段，公共选择的内容是：由政府行政机构生产和提供社会所需要的、议会所决定的公共物品，即将立法机构通过的法案付诸实施，执行立法阶段所通过的各项决策。

专栏 2—1　　影响地方政府决策的利益集团

地方政府的决策受利益集团的影响已经很深。这种影响不仅仅局限在人事任免上。调查显示，利益集团施加影响的方式包括：贿赂，个人关系网络，游说，求助于“精英人物”，通过主管部门及其领导，借助媒体呼吁，利用既定的规则、惯例或者直接诉诸法律，施压性集体行动，参与或操纵选举等。这些方式，有直接的，也有间接的；有正式的，也有非正式的；有合法的，也有不合法的。而影响的内容包括地方政府公共投资、财政资金分配、财政税收、政策法规的制定。

资料来源：于津涛、王吉陆：《解读中国利益集团：影响地方决策 政府如何应对》，《瞭望东方周刊》，2004 年第 6 期。

第三节　公共物品偏好显示机制

一、公共物品的偏好显示存在的问题

在进行公共选择时，人们通过投票方式表达自己对公共物品的偏好，但这一偏好显示机制

所反映的信息是相当有限的,使得公共选择的结果偏离帕累托最优条件。而造成对公共物品的偏好显示问题的主要原因有:

(1)选民人数和投票对象越多,单个选民是否投票对最终结果的影响就显得不是很重要,并且选民充分了解投票对象的成本会因投票对象过多而增加,这会影响人们投票的积极性,以致不愿显示自己的偏好。

(2)如果人们所要承担的公共物品生产成本取决于自己显示的对公共物品的评价,他们就很可能隐瞒或者从低表达自己的偏好。

(3)如果采取策略性的投票方式(免费搭车)能够得到更有利于自己的投票结果,人们就会隐瞒自己的真实偏好。

(4)在个人与集团的偏好强度存在差别的情况下,政治过程的结果将更多地反映集团的利益,而忽视大多数个人的利益,这也会影响人们表达自己的真实偏好,因为他们觉得他们的表达对结果没有任何影响。

以上原因的存在,使人们不愿表达自己的真实偏好。但要使公共选择的结果满足帕累托最优条件,则必须使选民能真实地显示自己的偏好,即必须设计一种机制诱使选民表达自己真实的偏好,我们称之为"偏好显示机制"。

二、公共物品的偏好显示机制

关于偏好显示机制,比较著名的有三个:购买保险的偏好显示机制、收费投票机制和否决投票法。

(一)购买保险的偏好显示机制

购买保险的偏好显示机制是由汤普森(Thompson)于1966年提出的、用以解决偏好显示问题的一种机制。他认为选民可以通过购买保险以弥补其不喜欢的议案通过时所遭受的损失。政府部门根据选民购买保险的情况判断选民对议案的偏好,从而使通过的议案满足大多数人的需要。其基本原理解释如下:

假设政府针对一件事有两项议案A和B,设A得以通过的概率为P,则B得以通过的概率为$1-P$。政府为此设计的保险方案是:防止A通过的保险价格是每单位货币P元,防止B通过的保险价格是每单位货币$1-P$元。此时,选民i预期A通过时能比B通过时多得到效用水平是U_i元,对此他将购买价值为U_i元的防止B通过的保险,所付保费为$(1-P)U_i$元。假设有n人的想法与做法同i一样,则如果B通过,政府将向所有投保人支付保险金$\sum U_i$。同理,如果选民j预期B通过时能比A通过时多得到效用水平是V_j元,对此他将购买价值为V_j元的防止A通过的保险,所付保费为PV_j元。有m人的想法与做法同j一样,则如果A通过,政府将向所有投保人支付保险金$\sum V_j$。对此,政府得到的保险收益为:

$$TR=(1-P)\sum U_i+P\sum V_j$$

如果$\sum U_i>\sum V_j$($\sum U_i$为选民预期A通过比B通过时多获得的效用总和,$\sum V_j$为选民预期B通过比A通过时多获得的效用总和),表明选民更倾向于方案A,政府将根据由此得到的选民偏好,决定通过A方案,并对倾向于B方案并购买保险的选民支付数额为$\sum V_j$的赔偿。对政府而言,政府得到的净收益为:

$$(1-P)\sum U_i+P\sum V_j-\sum V_j=(1-P)(\sum U_i-\sum V_j)>0$$

对期望A通过的选民(假设都购买了保险),他们获得的收益为:$\sum U_i-(1-P)\sum U_i=P\sum U_i>0$;对于期望B通过的选民(同样假设都购买了保险),他们将获得$\sum V_j$的补偿,正好等于他们预期B通过时能比A通过时多获得的效用水平。同理可分析$\sum V_j > \sum U_i$时政府的决策(将决定通过B方案)及此时各方获得的福利状况。总之,政府、双方选民的福利状况都将因为购买了保险得到改善,且选民的偏好得以很好显示,有利于政府决策。

(二)收费投票机制

收费投票机制是由爱德华·克拉克和西奥多·戈罗夫斯等人设计的一种偏好显示机制,旨在通过对选民征收某种税费的办法来诱使投票者显示其对公共物品需求的偏好。其基本原理解释如下:

为了诱使每个选民真实地表露对各个议案的偏好,政府将对他们的选择进行收税,收税与否的依据是该选民的这一票对改变选举结果是否有决定性的作用,如果有,则该选民需要交税;否则,不用交税。交税的额度等于如果该选民不参加投票时两个议案预期收益的差额,用表2－1进行说明。

表2－1　　三个选民对两个议案的评价和相应税收

	A	B	税收
甲	60	—	45
乙	—	65	0
丙	20	—	5
合　计	80	65	50

假设某社区有三个选民,要对议案A、B作出选择,表中数字表示对应的选民对所偏好方案的预期收益,即以货币量表示对各个方案的评价,数值越大,评价越高,对其偏好越强烈。通过比较两个议案的社会预期收益决定优胜方,即社会预期收益大的议案获胜。在该例中,获胜的将是A议案,因为偏好A的预期社会收益为80元,偏好B的预期社会收益为65元,可见,社会对议案A有更强烈的偏好。

在该例中,甲需纳税45元,原因是他的投票对选举结果的改变有决定性的作用。倘若甲不投票,通过的将是B议案(65＞20),但由于他的参与使得A议案的社会预期收益变为80元,大于B议案的社会预期收益,最终A议案得以通过,可见他的参与改变了选举的结果,符合税收条件。由收费投票机制的要求可知,在甲不投票的情况下,A议案的社会收益为20元,B议案的社会收益为65元,获胜议案超出失败议案的收益差为45元,所以甲需缴纳的税款为45元。同理可分析丙需交税5元,而乙投票与否并不会改变选举结果,故乙不用交税。

在收费投票机制下,由于每个选民都面临着收益动机和成本约束,他们都有显示对备选议案的真实偏好的动机。此例中,只要甲对议案A的预期收益大于45元,议案A都将获得通过,且他所缴纳的税款始终为45元,因此,多报收益并不会使他少交税,即他没有多报收益的激励。倘若他所报的预期收益小于45元,则议案B将通过,虽然此时甲不用交税,但他同时也丧失了从议案A获得收益的机会,所以说低报收益、逃避交税对他也没有好处。所以,甲会如实地反映自己的真实偏好。同理,其他社会成员也如此。

在该例中,所征收的税收为50元(由于它的征收带来了偏好真实显示的激励,我们将其称为"激励税"),超过议案通过后所带来的社会净收益(该例中为80－65＝15元),其差额为35元。

泰德曼和塔洛克发现,随着选民人数的增加,征收的税款会相对减少。在上面的三人社区加入选民丁、戊、己，假设他们的偏好分别与甲、乙、丙相同，则相应的个人预期收益、税收、社会收益如表2—2所示。

表2—2 六个选民对两个议案的评价和相应税收

	A	B	税收
甲	60	—	30
乙	—	65	0
丙	20	—	0
丁	60	—	30
戊	—	65	0
己	20	—	0
合　计	160	130	60

此时，个人所交税款减少了，如甲由45元变为30元，丙由5元变为0元。从总体来看，激励税虽然增加了(由50变为60)，但相对于社会净收益的增加(由15变为30)，其增幅明显较低，可以说征收的税款相对减少了。所以，不论是从个人还是从总体，随着参加人数的增加，所交的税款都相对减少了。如果参加的人数越来越多，最终会到达一个点，使得所有投票人交的税费都为0且公共选择的结果依然不变。这时，任何单个人的投票对最终结果的影响都将消失。税收激励也将无效，即这时该偏好显示激励机制无效。

即便参与者较少，存在着较好的税收激励，但此时税收可能较高，增加了公共物品使用者的税收负担，影响他的私人消费。

可以说，收费投票机制有利也有弊。

(三)否决投票法

否决投票法是缪勒提出的一种偏好显示机制。他认为，保险法和收费投票法都是基于基数效用比较的，对此，他提出了基于序数效用比较的偏好显示机制——否决投票法。其基本原理解释如下：

首先，让参与公共选择的n个投票者每人提出一个满足自己偏好的议案，即产生n个新议案，加上原有的维持现状不变的议案，一共有$n+1$个议案，并赋予每名投票者投否决票的权利。

然后，通过随机选择过程决定每名投票者投否决票的顺序，并将投否决票的顺序公布给每名投票者，规定每名投票者只能对其中一个议案投一张否决票，被其投了否决票的议案，将从议案选择对象组中删除，即第一个人从$n+1$个议案中选一个投否决票，第二个人从剩下的n个议案中选一个予以否决，以此类推，最后一名投票者从仅剩的两个议案中否决一个，以此表决出获胜的议案。

在否决投票法下，每个选民都有机会表达自己的偏好，同时又有权否决对自己最不利的议案，因此，每个选民为了使自己提出的议案能得以通过，在其提出议案时，将会充分考虑其他选民的意愿，避免提出可能遭到其他选民强烈反对的议案，以降低自己所提议案遭否决的风险。这就需要选民间的相互沟通，需要他们之间表达真实的自我偏好。

运用否决投票法，每个选民能充分选择自己认为合适的备选议案，所有备选议案中，不为某人所喜好的议案将被淘汰，除留下来的议案外，其他任何议案都不可能是帕累托最优的。

但否决投票法也有其弊端。它的有效实施取决于所有参与者利益与兴趣上的某种共同性，若每个人的利益与兴趣全然不同，则每一个议案都有遭到否决的可能性。且如果参与者过多，则选民参与的积极性会降低，因为他会觉得自己的一票无关紧要，且人数众多会使相互间的了解变得困难，增大了沟通成本，加大了议案提出的难度。如果选民间相互勾结，结成联盟，比如有三个选民，其中两个结成联盟，则他们提出的议案具有相似性，即便第三个选民否决了他们提出议案中的一个，他们的另一个议案最终也将获胜，这时联盟成员将不会对联盟外成员充分表达自己的真实偏好，将使其诱使偏好显示的机制失效。

第四节　公共选择理论的借鉴意义

一、财政决策与公共选择

(一)财政决策

1. 财政决策的定义与要素

财政决策是指一种行为过程，即国家为了控制未来的财政分配活动、达到优化财政分配和财政调控的目的，预先对财政分配模式及相关策略进行决断和选择的过程。它是财政实践活动的先导，能指导未来的财政实践活动，使财政活动沿着正确的途径进行，从而实现最佳的财政行为预期。

在现代民主社会中，财政决策不仅是公共决策的重要组成部分，在世界多数国家内，财政决策甚至可以看成是公共决策的核心。从财政决策中，可以鲜明地体现出公共决策承载的国家政治理念和经济目标，以及对如何实现政治理念和经济目标的方式进行选择。因此，财政决策具有相当强的政治性，从形式上来看，其内容是财政资金的安排、筹集及各自的内部结构等问题，但本质上反映的是国家的政治意图，其决策过程实际上是一个政治过程。

通常情况下，财政决策由以下要素组成：

(1)财政决策主体，是指财政决策的组织者，通常由各级政府或代表国家的各级财政部门承担。

(2)财政决策客体，是指财政决策的对象。不同的决策对象对财政决策有不同的要求，只有围绕决策对象的特点和运行方式进行财政决策，财政决策才可能有的放矢，并收到好的效果。

(3)财政决策手段，是指完成财政决策所采用的工具。它包括理论手段和技术手段。财政决策的理论手段，是指对财政决策起指导作用的各种理论，包括系统理论、控制理论、预测理论、决策理论、经济理论、财政理论等。选择正确的理论手段，是财政决策科学化的重要前提。财政决策的技术手段，是指财政决策时处理各种财政信息资料，进行各类数据测算的技术工具，如电子计算机等技术设备。先进的技术手段是提高决策的准确程度和决策质量的重要保证。

(4)财政决策目标，是指财政决策要达到或所追求的目标。决策目标是财政决策的关键要素。正确的财政决策目标可以为财政决策指明正确的方向，它是拟订和选择财政决策方案的基本依据。

2. 财政决策的任务

财政决策的根本任务，是根据一定时期社会经济生活及实现国家职能对财政分配活动的要求，在正确认识客观经济规律和财政分配规律的基础上，按照财政分配本身的内在联系和运动规则，科学地、正确地选择财政分配的未来，使财政活动在最优决策方案的规范下按预定的目标和方式进行，取得最好的财政分配和调节效果。

具体而言，财政决策主要有以下几个方面的任务：

(1)确定财政发展目标，使其与社会经济发展目标相一致，保证财政分配活动沿着正确的轨道顺利地进行；

(2)根据社会总供求关系的对比情况，确定财政总量政策，为均衡社会总供求服务；

(3)确定财政支出方向和比例，选择支出倾斜重点和相应的投资决策方案，为优化产业结构、实现国家职能服务；

(4)确定财政改革目标与实现目标的具体步骤和相应措施，促进经济体制改革目标的实现；

(5)确定财政效益目标，在分析财政效益的各种制约因素的基础上采取切实可行的措施，提高财政分配效益；

(6)根据宏观调控的要求正确选择各种财政手段及其运作方式，引导、调控国民经济活动，实现国家的宏观调控和管理目标。

(二)公共选择与财政决策的关系

1. 公共选择是一种财政决策

在第二节中，我们对公共选择有了了解，即政府通过公共选择对公共物品的生产与提供进行抉择。它同样属于财政活动的范畴，并拥有财政决策所要求的四个要素。可以说，公共选择是一种财政决策。

公共选择的决策主体是政府，即公共选择是在政府的组织下进行的；公共选择的决策客体是公共物品，即公共选择是针对公共物品进行的选择；公共选择的理论决策手段包括公共选择理论及其他经济理论、财政理论等；公共选择的决策目标是决定公共物品的生产与提供，以满足社会需要。

2. 公共选择理论在财政决策中的应用

公共选择理论是进行公共选择的决策手段之一，它在财政决策领域(公共选择)的应用，主要是通过投票来审批国家预算和国家决算，包括四个方面的主要内容：(1)确定公共项目的种类，包括公共支出项目和公共投资项目；(2)确定公共项目成本的分摊方式，即确定税种、税率和纳税人等事项；(3)确定国家预算规模，实现国家预算的效益最大化；(4)选择预算结构。

二、公共选择理论的借鉴意义

我国的政治制度是按民主集中制原则组织起来的人民代表大会制度。人民代表大会是最高决策机构，我国国家预算的最终决策权、税收制度决策权等重大财政决策权力都属于人民代表大会。人民代表大会制的财政决策机制可以有效地避免一般代议民主制的一些局限性，更真实地反映广大人民群众的利益和要求，实现决策的民主性，并可减少因议而不决、长期讨价还价产生的过高决策成本。

人民代表大会制度不同于西方国家的普选制、议会制、三权分立制和多党制。因此，公共选择理论与我国财政体制的关系不大。但从公共决策机制看，我国与西方国家又有相似之处，即都属于间接民主制(代议制)民主决策机制。因此，以西方代议制民主决策机制为研究对象的公共选择理论可以并能够为我国财税决策机制的改革和完善提供一定的借鉴。

公共选择理论是现代西方市场经济发展的产物,是对西方市场经济发展中政府与市场关系实践的一种理论反思。公共选择理论尽管有它的特殊的政治经济背景和局限性,但它所提到的公共选择中存在的问题并非就不存在于我国的财政决策中,比如我国同样存在官僚操作、寻租活动等公共选择理论中提及的问题。公共选择理论指出了有关公共选择存在的问题,从而要求政府走公共选择法制化和民主化的道路,这也是我国政府在财政决策上要走的道路。可以说,公共选择理论对我国财政决策民主化、法制化建设有一定的借鉴意义。

第一,公共选择理论指出公共财政应揭示社会成员对公共产品的偏好,这启示我们政府需要把社会成员的个别偏好集中成为集体偏好,从而作出符合公众意愿的决策,促使财政决策民主化。但同时应注意限制公众的"搭便车"行为,以防止公共财政领域的"公共事物悲剧",为财政决策民主化提供保障。

第二,公共选择理论对政治决策程序和规则的研究,对我国完善财政决策程序和规则也有重要的借鉴价值。决策的结果取决于决策程序和规则,从一定意义上说,在决策中,程序和规则更重要。

第三,公共选择理论的两大假设和政府行为启示我们,应对政府的财政决策过程尤其是公共支出决策加以约束,通过财政立宪、税制选择、平衡预算和税收支出等限制来约束政府和政府官员的行政行为,以此加强决策民主化。

第四,公共选择理论指出的官僚和寻租问题启示我们要建设新的制度环境和提供具体的制度安排,以便对官僚操作和寻租行为进行约束,具体包括:(1)由于公共支出是财政日常运行过程中随时决定的,所以存在进行官僚操作、利用决策程序来谋取个人利益的可能,必须推进财政决策的法制化建设,以防止扩大预算的可能,为财政决策的民主化建设打下基础。(2)预算决策应通过一定的民主政治程序进行,国家的预算内容要向社会公开,社会公众要对预算的编制和执行进行监督。(3)要通过民主化的税制选择机制,使税收政策尽可能反映公民个人的价值和利益,使他们采取一种公正立场,抵制不合理的税收负担,以实现合理的公共选择。(4)通过财政支出的限制来防止政府过度支出,抑制政府的扩张和浪费。

小结

● 公共物品的提供方式包括政府提供(公共提供)和市场提供(私人提供)。

● 混合物品的提供方式可以采取政府提供(公共提供)或市场提供(私人提供),也可以采取混合提供方式。

● 政府通过公共定价制定公共物品价格和收费标准,包括纯公共定价和管制定价或价格管制。公共定价有三种方法:平均成本定价法、二部定价法和负荷定价法。

● 公共选择理论可以定义为非市场决策的经济研究,或者简单地定义为把经济学应用于政治科学。

● 公共选择学派用经济学的方法分析政治现象基于两个基本前提:经济人假设和政治市场说。

● 公共选择作为一种政治过程,要经过立宪、立法或议会与行政和司法三个阶段。在这三个阶段,公共选择的内容体现出层次上的不同。

● 公共物品的偏好显示机制:购买保险的偏好显示机制、收费投票机制和否决投票法。

● 在现代民主社会中,财政决策不仅是公共决策的重要组成部分,在世界多数国家内,财政决策甚至可以看成是公共决策的核心。

● 公共选择理论是进行公共选择的决策手段之一,它在财政决策领域(公共选择)的应用,主要是通过投票来审批国家预算和国家决算。

拓展阅读篇目

1. 张五常(2010)第八章"共用品的经济解释"以作为知识载体的经济学教科书的销售为例,说明了公共产品搭配私人产品进行提供的可能。

2. Kreiner and Verdelin(2012)对公共产品的最优提供方法作了综合。

3. 2007 年诺贝尔经济学奖得主赫维茨(Leonid Hurwicz,1917—2008)的激励机制设计理论研究对公共产品提供有启示意义,可参阅赫维茨和瑞特(2010)。

4. 缪勒(2010)是一部全面阐述公共选择论的综述性著作。

5. 奥尔森(2005)研究的是属于政治学的"权力"和属于经济学的"繁荣"问题,对政府在市场发展中的作用作了深入的研究。

6. *Rowley and Schneider*(2008)是公共选择读本,内容涉及公共选择理论的主要代表人物传记、重要理论及应用。

思考与应用

一、关键词

公共物品　混合物品　公共定价　公共提供　公共选择　公共选择理论　公共物品偏好显示机制　财政决策

二、思考题

1. 为什么纯公共物品只能由政府提供?
2. 简述混合公共物品的提供方式及选择。
3. 简述不同公共选择的内容。
4. 什么是公共物品偏好显示机制? 简述其中一种机制。
5. 什么是财政决策? 它的要素及任务是什么?
6. 简述公共选择理论在财政决策中的应用。
7. 如何推进我国财政决策的民主化和法制化建设?

案例

景点收费理当公私分明①

"五一"假期将近,旅游旺季中各地景点门票又成为社会关注的热点。据《人民日报》报道,广东省物价局日前下发通知,要求广东各地景点在调整或制定门票价格时必须向上级物价主管部门报告,提高门票价格须在公示半年后再执行;而湖北省物价局则规定:今年"五一""十一"期间,省内 318 家游览参观点门票全部实行降价优惠,部分票价低至七五折。优惠总是会受到欢迎,而收费也是会使人皱眉的,这一点从凤凰古城的门票风波里可见一斑。据说,其间还出现了当地居民带外地女友回家被索门票的荒唐事,无怪乎凤凰古城方面会迅速启动危机公关,给出诸如"错在一开始没收费""景区维护困难"等说法,同时不得不微调收费政策:学生门票只需 20 元,周边居民免票等。看来这门票收费的问题,真不是一件小事情。

一个景点,游人如织,拥挤不堪,该不该收费呢? 正反两方面的例子都有。杭州西湖是免费的,而平遥古城则收取价格不菲的门票,后者倒也不曾招致诟病。可为何凤凰古城收费就会一石激起千层浪? 一般来讲,

① 《新闻晨报》,2013 年 4 月 18 日。

是否收费需区分两种情形:其一,私人项目收费无可厚非,比如沱江上的船家自己买船经营,当然可以收费。其二,公共资源则是不可以收费的。对于凤凰古城来讲,那些由企业投资开发出来的景点,收费属于正常行为;而新近出台的措施,则将整个古城圈起来进行收费,而古城本身显然是公共资源,这就值得商榷了。当然现实情况更为复杂。何种资源属于完全意义上的公共资源,很难说清楚,情况本身也在发生变化,尤其是类似于凤凰古城这种逐渐被认知的独特性风景资源,在被外界发现之前,游人稀少,若收费则自然荒唐;但游人多起来后,需要管理部门不断维护修缮,公共资源的性质发生了变化,讨论是否收费就成为必然。对游客来说,有一个道理是必须接受的,即如果自身的行为对他人形成了某种"外部性",游客是必须为此负责的;其次,谁受益谁付费,也是当然的原则。游客太多,对景点会有所损耗,比如垃圾就需每日清除,产生的费用当然应由游客承担。因此,凤凰古城的收费有其必要性和合理性。

于是接下来就出现了两个问题:谁来收费、谁会受益。一般来说,如凤凰古城这种大型的开放式景区,执行统一收费在技术上是必要的,由政府组建企业来收费是可行的。谁收费并不是问题的关键,真正重要的是收益应该界定给谁?凤凰古城风景资源的形成包括两种情况:其一是企业开发出来的景点,其二是自然形成的历史文化景观和自然景观。对于前者,收费的受益者应该是企业;对于后者,收费的受益者显然应该是凤凰古城的居民,没有了风韵独特的吊脚楼,凤凰也就不成其为凤凰了。政府管理部门投入资金修缮维护景观,也应该从中收取相应的费用,但这并不是说政府也应是受益者——这只是弥补必要的开支而已。以此来界定政府的角色,根据的是一个普遍性原则,即政府不应该是经营者,挣钱更不是政府目的,其收入只能来自税收,甚至某些事实上一直存在的行政性收费,也应视具体情形越少越好。

凤凰古城的事实是政府自身成为直接受益者。有报道称,政府将拿走 49%的门票收入。这就是当地政府化身为"企业"或"股东",发生了角色的错位。当地固然可以辩称,他们获得的门票收入将用于支付日常性的维护费用,这个理由是成立的,但也需要取信于民,即当地的收支状况应该向民众公开,接受民众的监督和审核。最重要的一点是,是否收费应该尊重凤凰居民的意见。事实上,凤凰古城带来了旅游收入,其受益主体只能是当地居民。他们获取收益有两种方式:其一是分享门票收入,其二是经营性收入。如果收取门票,经营性收入就会减少,选取哪种方式对居民最有利,应该由他们自己来决定。故而凤凰古城的收费与否,说到底还是要问问凤凰古城的居民意见如何。

[要求]

认真阅读以上内容,运用公共物品的相关理论知识,分析并评判凤凰古城的收费改革。

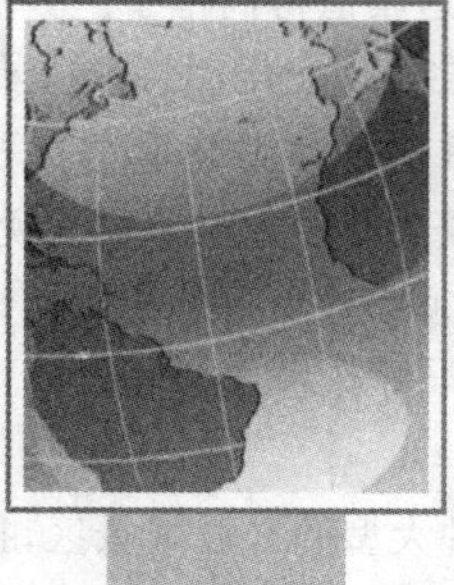

第三章 财政支出概论

本章提要

本章首先介绍财政支出的概念和原则、财政支出的分类方法，在此基础上重点分析财政支出规模和结构的变化，从而进一步分析我国财政支出规模和结构；优化财政支出结构的措施。

第一节 财政支出的概念与原则

从实践上看，政府财政活动一般区分为组织财政收入和安排财政支出两个基本阶段，而且组织财政收入在前，安排财政支出在后。但是，从理论逻辑上分析，则是先有安排财政支出的客观需要，才提出组织财政收入的任务。因此，本书先介绍和阐述有关财政支出的基本原理与知识，然后再介绍和阐述财政收入的基本原理和知识。

在一定程度上讲，财政支出属于政府提供公共产品与服务的过程，因此，财政支出对于政府履行其各项职能、促进经济社会的发展具有重大意义。

一、财政支出的概念

财政支出也称公共财政支出，是指在市场经济条件下政府为提供公共物品和服务，满足社会公共需要而进行的财政资金的支付，是政府为实现其职能的需要在一个财政年度内耗费的资金总和，表现为以国家为主体、以财政的事权为依据进行的一种财政资金分配活动，集中反映了国家的职能活动范围及其所发生的耗费。

国家集中的财政收入只有按照国民经济发展和社会进步的需要进行统筹安排使用，才能为国家完成各项职能提供财力上的保证。从性质上说，财政支出既是政府行为的成本，也是实现政府职能的主要手段，因而也是组织财政收入的直接目的。财政支出可从以下两个方面来理解：

1. 财政支出是政府职能和政策的最直接反映

政府为了实现其政治、经济和社会方面的职能，必须动用一定的社会资源。政府占有资源的过程就是财政收入行为，而使用这些资源的过程就是财政支出。因此，取得财政收入的直接目的是满足财政支出的需要，而财政支出的目的是实现政府职能。不同历史时期，政府权力来源可能有差异，政府职能也可能有不同的内容，从而使财政支出的受益对象、财政支出的规模和结构有所不同。因此，财政支出直接反映了政府职能和政策选择。

2. 财政支出是政府行为的政府成本

在政府履行其职能的过程中，社会将消耗一定的资源，这就构成了政府行为的社会成本。

但是，这种社会成本并非全部由政府承担，政府行为的某些成本可能是由国民间接承担的（这不同于公民直接纳税），因此，财政支出只是政府行为的部分成本，即政府（承担的）成本。这进一步说明，财政支出只是政府实现其职能的主要而不是全部手段。

二、财政支出的原则

财政支出是整个财政活动的一个重要方面。在财政支出规模一定的情况下，财政支出的各个项目存在此消彼长的关系，这就涉及这些财政资源的配置效率，即财政资金的使用效率问题。因此，我们必须研究财政支出的原则，以协调财政的各种矛盾关系。

财政支出的原则是指政府在组织和安排财政支出的过程中应遵循的基本准则。之所以提出财政支出原则问题，主要是因为现代各国政府的财政支出规模庞大、内容非常丰富，财政支出的规模是否适度、财政支出的结构是否合理，以及财政资金的使用是否有效，既关系到政府能否实现其职能，也对国民经济的持续稳定增长具有重大影响。

一般来说，在财政支出过程中，应遵循以下原则：

（一）效益原则

财政支出实际上是一种资金的投入，而每一种投入都有一种投入与产出的对比关系。这种投入与产出的对比关系，反映着财政支出的效率问题。这里所说的财政支出效益包括两方面的含义：一方面指的是财政的社会效益，即实现国家职能，求得社会稳定、国民经济协调发展、全社会利益的实现；另一方面指的是财政的经济效益，即财政为满足社会需求而进行生产和提供混合物品而收取使用费的活动应当有良好的经济效益。财政的经济效益包括宏观经济效益和微观经济效益。之所以提出这一原则，根本原因在于由一定时期社会经济发展水平决定的财政收入来源具有客观限度。

财政支出不能以获取最大经济效益作为唯一选择，而是以实现政府的政治、经济、社会职能，求得社会的稳定和国民经济各部门的协调发展，保证全社会共同利益的实现为目标。因此，财政支出的效益首先要求体现的是社会效益，并以实现社会均衡发展为表现形式，通过财政支出供应公共产品的资源配置过程，促进社会公共部门发展产生的边际效益来体现。如果这种支出用于公共部门形成的社会均衡所产生的边际效益大于用于非公共部门产生的边际效益，则有较好的社会效益。

（二）公平原则

财政支出的公平是指政府财政支出的安排能够比较均衡地照顾到和平衡好各方面的利益，有助于社会公平的实现，提高社会大多数人的福利水平。一个最明显的例子，国家财政对教育投入的差别所引起的社会后果，不仅仅属于经济的范畴，而且涉及人们的社会权力和全面发展。在市场经济条件下，财富的分配取决于财产所有权和财富积累的分布状况，而收入的分配则取决于能力、职业训练和这些技能的市场价格。如果单纯依赖市场，则不可避免地会出现贫者愈贫、富者愈富的"马太效应"，从社会稳定角度出发，就要求进行社会的再分配，实现社会的相对公平。

（三）稳定与发展原则

财政支出的稳定原则是指财政支出应促进社会经济的稳定发展。在市场经济条件下，市场体系无法有效协调其自身的所有活动使之达到平衡，会出现经济周期的重复更替、失业及通货膨胀等现象。政府可利用财政政策进行调节，通过财政支出规模、结构的变化来调节经济，引导经济运行，使经济实现平稳的发展。当社会总供给大于社会总需求时，应增加财政支出；

反之，当社会总供给小于社会总需求时，则应减少财政支出。

第二节 财政支出的分类

所谓财政支出的分类，是指按照一定的标准，将财政支出进行划分和归类。依照不同的分类标准，可以有不同的分类方法。

财政支出的不同分类形成了不同的支出结构，不同的支出结构对财政运行进而对经济运行产生的影响是不同的。随着经济与社会的不断发展，财政支出规模不断扩大、内容不断增加，为了分析不同支出项目对经济的影响，合理、有效地使用政府财政资金，加强财政资金的科学管理和监督，有必要对财政支出进行科学的分类。[①]

一、按照支出功能分类

2006 年以前，我国的财政支出结构安排是按照马克思的社会再生产理论设计的。根据马克思主义理论观点，社会总产品是社会在一定时期内的生产成果，在价值构成上它由不变资本(c)、可变资本(v)、剩余价值(m)三部分组成。经过了初次分配和再分配后，社会总产品最终的使用在静态上形成了补偿性支出、消费性支出和积累性支出，在动态上形成了投资性支出和消费性支出。在任何经济社会中的财政活动都是一种对社会总产品的分配活动，在这一过程中，财政支出首先用于满足社会消费，剩余部分用于扩大再生产的积累，即用于新增投资(净投资)。故我国 2006 年以前财政支出按用途分类，主要有基本建设支出、增拨企业流动资金、企业挖潜改造资金和科技三项费用、地质勘探费、工交商部门事业费、支援农村生产支出和各项农业事业费、文教科学卫生事业费、抚恤和社会救济费、国防费、行政管理费、价格补贴支出等。

由于 2006 年以前实行的科目体系与市场经济体制下的政府职能转变不相适应，不能清晰地反映政府的职能活动，导致财政管理的科学化和财政管理的信息化受到制约，并且与国民经济核算体系和国际通行做法不相适应，既不利于财政经济分析与决策，也不利于国际比较与交流。为完整、准确地反映政府收支活动，进一步规范预算管理、强化预算监督，经国务院批准，我国自 2007 年 1 月 1 日起全面实施政府收支分类改革。

新的政府收支分类科目设置了新的支出功能分类体系，主要用于反映政府活动的不同功能和政策目标，是政府收支分类改革的核心。

从分类方法和结构看，新的支出功能分类不再按照经费性质设置科目，而是根据政府管理和部门预算的要求，总体上统一按支出功能设置类、款、项三级科目，类级科目综合反映政府职能活动，款级科目反映为完成某项政府职能所进行的某一方面的工作，项级科目反映为完成某一方面的工作所发生的具体支出事项。

根据社会主义市场经济条件下政府职能活动情况以及国际通行做法，新的支出功能分类将政府支出分为 17 类、170 多款、1 100 多项，包括一般公共服务、外交、国防、公共安全、教育、科学技术、文化体育与传媒、社会保障和就业、社会保险金基金支出、医疗卫生、节能环保、城乡社区事务、农林水事务、交通运输、工业商业金融等。2007～2017 年改革后财政主要支出项目和支出比重如表 3－1 所示。

---

① 牛淑珍、杨顺勇：《新编财政学》，复旦大学出版社，2005。

表 3-1　　我国 2007～2017 年财政按功能分类的主要支出占财政支出的比重　　单位：%

年份	一般公共服务	外交	国防	公共安全	教育	科学技术	文化体育与传媒	社会保障和就业	医疗卫生	节能环保	城乡社区事务	农林水事务	交通运输
2007	17.10	0.43	7.14	7.00	14.31	3.58	1.81	10.94	4.00	2.00	6.52	6.84	3.85
2008	15.65	0.38	6.68	6.49	14.39	3.40	1.75	10.87	4.40	2.32	6.72	7.26	3.76
2009	12.01	0.33	6.49	6.22	13.68	3.59	1.83	9.97	5.23	2.53	6.69	8.81	6.09
2010	10.39	0.29	5.93	6.14	13.96	3.62	1.72	10.16	5.35	2.72	6.66	9.05	6.11
2011	10.06	0.28	5.52	5.77	15.10	3.50	1.73	10.17	5.89	2.42	6.98	9.10	6.86
2012	10.08	0.27	5.31	5.65	16.87	3.54	1.80	10.00	5.75	2.35	7.21	9.51	6.51
2013	9.81	0.25	5.29	5.55	15.69	3.63	1.81	10.33	5.91	2.45	7.96	9.52	6.67
2014	8.74	0.24	5.46	5.51	15.18	3.50	1.77	10.52	6.70	2.51	8.54	9.34	6.85
2015	7.70	0.27	5.17	5.33	14.94	3.33	1.75	10.81	6.80	2.73	9.03	9.88	7.03
2016	7.88	0.26	5.20	5.88	14.95	3.50	1.68	11.50	7.01	2.52	9.80	9.90	5.59
2017	8.13	0.26	5.14	6.14	14.85	3.58	1.67	12.12	7.12	2.77	10.14	9.40	5.26

注：本表横向相加不等于 100。

资料来源：根据 2008～2018 年《中国统计年鉴》财政支出数据、2012 年全国公共财政支出决算表整理而得。

二、按照经济性质分类

(一)购买性支出与转移性支出

财政支出按照经济性质(经济性质是指财政支出是否与商品和服务相交换)分类，可分为购买性支出和转移性支出两类。这种分类方法是西方财政学最常见的一种分类方法。

购买性支出也称消耗性支出，是指政府支出本身将形成对产品和劳务的需求的这类财政支出，包括购买进行日常政务活动所需的或用于国家投资所需的商品或服务的支出，它体现的是政府的市场再分配活动。购买性支出是政府直接以商品和劳务的购买者身份出现在市场上，因而对于社会的生产和就业有直接的影响，但对国民收入分配的影响是间接的。在财政支出总额中，购买性支出所占的比重越大，财政活动对生产和就业的直接影响就越大，通过财政所配置资源的规模就越大。

转移性支出则是政府为实现其对社会经济生活的调控职能，转移给各受益主体并由他们最终实现的支出。这是一种单方面的无偿支付，政府不能从中获得相等代价的补偿，只是充当中介人，在私人部门之间进行资源的再分配。这类支出主要包括社会保障支出、财政补贴支出、债务利息支出等。转移性支出通过支出过程使政府拥有的部分资金转移到受益者手中，它不仅是资金使用权的让渡，而且涉及所有权的转移，故对国民收入分配会产生直接影响；而资金受益者是否用这笔资金购买商品和劳务以及购买何种商品和劳务，这已脱离了政府的控制，因此，它对生产和就业的影响是间接的。

由于购买性支出与转移性支出对生产和就业以及对国民收入分配的影响不同，因此，各自在财政总支出中所占比重的大小决定了财政职能的实现程度。以购买性支出占较大比重的支出结构的财政活动，执行优化资源配置的职能较强；以转移性支出占较大比重的支出结构的财政活动，执行调节收入分配的职能较强。

表3—2反映了我国各时期转移性支出和购买性支出的变化情况。总体上看,我国转移性支出占财政支出的比重在逐渐增长。“十一五”期间仅社会保障支出总量就达到38 483.8亿元,占同期财政支出的比重为12.06%,比“十五”期间(1.89%)提高10.17个百分点;“十二五”期间社会保障支出总量为96 794.6亿元,占同期财政支出的比重为13.77%。

表3—2　我国各时期财政按经济性质分类的主要支出比重

时期	财政支出总额(亿元)	转移性支出(亿元)				购买性支出所占比重(%)	转移性支出所占比重(%)
		总额	财政补贴	债务支出	社会保障支出		
1950～1952	366.6	7.4	—	4.4	3.0	97.98	2.02
1953～1957	1 245.7	50.8	—	25.2	25.6	96.22	3.78
1958～1962	2 288.7	84.3	—	50.5	33.8	96.32	3.68
1963～1965	1 205.0	57.3	—	19.2	38.1	95.24	4.76
1966～1970	2 518.5	44.1	—	7.9	36.2	98.25	1.75
1971～1975	3 919.4	48.5	—	1.5	47.0	98.76	1.24
1976～1980	5 311.0	340.9	208.1	28.6	104.2	93.58	6.42
1981～1985	7 712.5	1 868.9	1 516.1	229.3	123.5	75.77	24.23
1986～1990	13 334.5	4 637.3	3 948.7	469.2	219.4	65.22	34.78
1991～1995	26 791.4	5 558.1	3 734.6	2 403.9	219.6	75.52	24.48
1996～2000	57 043.5	15 017.1	5 066.1	9 116.7	834.3	73.67	26.33
2001～2005	128 022.9	22 531.7	4 995.3	15 118.1	2 418.3	82.40	17.60

注:(1)不包括预算外支出。

(2)财政支出总额中包括企业亏损补贴和债务还本付息支出。

资料来源:根据楼继伟主编《新中国50年财政统计》(北京,经济科学出版社2000年版)、2007年《中国统计年鉴》相关数据整理而得。

由于购买性支出和转移性支出对经济的影响不同,所以这种分类具有重要的经济分析意义:购买性支出是政府用自己掌握的资金在市场上与微观经济主体提供的商品和劳务进行交换,因而对社会生产和就业有直接影响,但对分配的影响却是间接的;转移性支出是政府资金使用权的单方面转移,即从政府手中转移到领受者(受益者)手中,它对财力分配产生直接影响,但对社会生产和就业的影响却是间接的。

从上述情况可知,在一国财政支出总额中,如果购买性支出所占的比重大些,财政活动对生产和就业的直接影响就大些,通过财政所配置的资源规模就大些;如果转移性支出所占的比重大些,财政活动对收入分配的直接影响就大些。联系财政的职能,如果财政活动中购买性支出所占比重较大,那么,财政执行资源配置的职能较强;如果财政活动中转移性支出所占比重较大,那么,财政执行收入分配的职能较强。

(二)中国的分类

从财政支出分类方法和结构看,2006年以前的支出分类主要是按经费性质设置的,如基建费、科技三项费、事业费等。由于2006年以前实行的科目体系与市场经济体制下的政府职能转变不相适应，不能清晰反映政府职能活动，导致财政管理的科学化和财政管理的信息化受到制约，并且与国民经济核算体系和国际通行做法不相适应，既不利于财政经济分析与决策，也不利于国际比较与交流。为完整、准确地反映政府收支活动，进一步规范预算管理、强化预算监督，经国务院批准，我国自 2007 年 1 月 1 日起全面实施政府收支分类改革。

新的支出功能分类不再按照经费性质设置科目，而是根据政府管理和部门预算的要求，总体上统一按支出功能设置类、款、项三级科目，类级科目综合反映政府职能活动，款级科目反映为完成某项政府职能所进行的某一方面的工作，项级科目反映为完成某一方面的工作所发生的具体支出事项。

改革后我国的财政支出分类方法有两类：支出功能分类和支出经济分类。

1. 支出功能分类

支出功能分类主要反映政府活动的不同功能和政策目标，是政府收支分类改革的核心。根据社会主义市场经济条件下政府职能活动情况以及国际通行做法，将政府支出分为 17 类、170 多款、1 100 多项，包括一般公共服务、外交、国防、公共安全、教育、科学技术、文化体育与传媒、社会保障和就业、社会保险金基金支出、医疗卫生、节能环保、城乡社区事务、农林水事务、交通运输、工业商业金融等。

2. 支出经济分类

支出经济分类主要反映政府支出的经济性质和具体用途，该分类体系主要是对原来的支出目级科目作了扩充和完善。按照简便、实用的原则，支出经济分类科目设类、款两级，分别为 12 类和 90 多款。

类级科目包括工资福利支出、商品和服务支出、对个人和家庭的补助、对企事业单位的补贴、转移性支出、赠与、债务利息支出、债务还本支出、基本建设支出、其他资本性支出、贷款转贷及产权参股、其他支出。款级科目是对类级科目的细化，主要体现部门预算编制和单位财务管理等方面的要求。

三、按照政府职能分类

按照财政功能分类，也称为按照费用类别分类，这里的“类”是指政府职能的区分，所以按财政功能性质分类，又可称为按政府职能所做的分类。一般来说，财政支出的结构与政府职能有着密切的关系。政府职能主要包括经济管理和社会管理两大类，相应地，财政支出也就形成了经济管理支出和社会管理支出两大类，前者主要包括经济建设费，后者主要包括社会文教费、行政管理费、国防费和其他支出，所以，按费用类别分类也就是按国家职能分类。归纳起来，按国家职能分类，财政支出可以分为经济建设费、社会文教费、行政管理费、国防费和其他支出五大类支出。

1. 经济建设费

经济建设费主要包括基本建设支出、企业挖潜改造支出、科技三项费用支出（即新产品试制费、中间试验费和重要科学研究补助费）、地质勘探费支出、支援农村生产支出、工交商部门事业费支出、城市维护费、国家物资储备支出、城镇青年就业费等。

2. 社会文教费

社会文教费主要包括用于文化、教育、科学、卫生、出版、通信、广播、文物、体育、地震、海洋、计划生育等方面的经费、研究费和补助费等。

3. 行政管理费

行政管理费主要包括用于国家行政机关、事业单位、公安机关(包括国家安全机关)、司法机关、检察机关、外交机关(包括驻外机构)等的各种经费、业务费、干部培训费等。

4. 国防费

国防费包括各种武器和军事设备支出,军事人员给养支出,有关军事的科研支出,对外军事援助支出,民兵建设事业费支出,用于实行兵役制的公安、边防、武装警察部队和消防部队的各种经费、防空经费等。

5. 其他支出

其他支出主要包括财政补贴和债务支出等。这种分类可以明显地反映出国家执行了什么职能及侧重什么职能;可以分析一个国家在不同时期其职能的变化以及不同国家在同一时期的职能差别。表3—3反映了我国各时期按职能分类的各类财政支出的变化情况。

表3—3　我国各时期财政按职能分类的支出比重　单位:%

时　期	经济建设费	社会文教费	行政管理费	国防费	其他支出
1950～1952	34.7	11.6	12.7	38.3	2.7
1953～1957	50.8	14.5	8.5	23.8	2.4
1958～1962	66.6	13.5	6.0	12.2	1.7
1963～1965	53.8	15.2	6.4	19.1	5.5
1966～1970	56.1	11.1	5.4	21.8	5.6
1971～1975	57.7	10.9	5.0	19.2	7.2
1976～1980	59.9	14.4	5.3	16.4	4.0
1981～1985	56.1	19.7	7.9	11.9	4.4
1986～1990	48.4	23.2	11.8	9.1	7.5
1991～1995	41.5	25.7	13.8	9.5	9.5
1996～2000	38.7	27.1	15.4	8.5	10.3
2001～2005	29.6	26.7	18.9	7.6	17.2

注:不包括预算外支出。

资料来源:楼继伟:《新中国50年财政统计》(经济科学出版社2000年版)相关数据和2007年《中国统计年鉴》相关数据整理而得。

四、国际分类方法

在国际上,从现有的分类方法来看,大体上可以归为两类:一类是用于理论和经验分析的理论分类,另一类是用于编制国家预算的统计分类。从理论分类来看,根据分析的目的不同,可按政府职能、支出目的、组织单位、支出利益等标准分类。上面讲过的按经济性质分类,也是国际通用的一种理论分类。从统计分类来看,按照国际货币基金组织的分类方法,有职能分类法和经济分类法。按职能分类,财政支出包括一般公共服务支出、国防支出、教育支出、保健支出、社会保障和福利支出、住房和社区生活设施支出、其他社区和社会服务支出、经济服务支出以及无法归类的其他支出。按经济分类,财政支出可以按是否进行资本购置为标准,分为经常性支出和资本性支出(在我国习惯称为建设性支出)两类。这种分类方法是西方许多国家政府实行复式预算的重要理论依据。表3－4是国际货币基金组织对财政支出的统计分类方法，即职能分类法和经济分类法。

表3－4　　国际货币基金组织的财政支出分类

职能分类	经济分类
1. 一般公共服务	1. 经常性支出
2. 国防	(1)商品和服务支出
3. 教育	①工资、薪金以及其他有关项目
4. 保健	②商品和服务的其他购买
5. 社会保障和福利	(2)利息支付
6. 住房和社区生活设施	(3)补贴和其他经常性转让
7. 其他社区和社会服务	①对公共企业
8. 经济服务	②对下级政府
(1)农业	③对家庭
(2)采矿业	④对其他居民
(3)制造业	⑤国外转让
(4)电业	2. 资本性支出
(5)道路	(1)现存的和新的固定资产的购置
(6)水输送	(2)存货购买
(7)铁路	(3)土地和无形资产购买
(8)通信	(4)资本转让
(9)其他经济服务	3. 净贷款
9. 无法归类的其他支出	
(1)公债利息	
(2)其他	

第三节　财政支出的规模分析

一、财政支出规模及其衡量指标

财政支出规模是指财政支出总量的货币表现，它是衡量一个国家或地区政府财政活动规模的一个重要指标。

由于财政支出是政府从市场经济中聚集财力加以支配和使用，所以财政支出规模的大小体现了政府在市场经济中进行国民收入分配与再分配的规模，也反映了政府活动的范围和内容以及政府介入经济运行的规模和程度。

为了说明政府对国民收入进行分配和再分配的规模以及政府在市场经济中所起的作用，需要对财政支出进行数量分析，即采用一定的指标对财政支出的规模和增长趋势加以衡量。

(一)反映财政支出规模的指标

常见的衡量指标主要有两个：

1. 财政支出总量

它要说明的是一个国家财政支出的绝对规模,也就是一个国家在一定时期内(通常为一个财政年度)财政支出的货币价值总额。财政支出的绝对规模比较容易测量,只要根据财政支出定义把各级政府的财政支出相加后,扣除重复计算的部分就可以得到。

运用绝对量指标测量财政支出规模,可以比较直观、具体地反映一个国家一定时期内财政支出的规模,所以,它是国家财政部门编制财政预算和控制财政支出的重要指标之一。

2. 财政支出/GDP(国内生产总值)或财政支出/GNP(国民生产总值)

它要说明的是一个国家财政支出的相对规模,也就是一个国家在一定时期内(通常为一个财政年度)财政支出占国内生产总值(GDP)或占国民生产总值(GNP)的比例。

运用相对量指标测量财政支出规模,最大的优点是便于进行纵向比较和横向比较分析,即可以对一个国家不同时期的财政支出规模进行比较分析或对不同国家的财政支出规模进行比较分析。通过比较分析,能够较好地反映一个国家财政支出对经济影响的重要程度。

需要说明的是,从衡量政府财政活动规模角度来说,财政收入/GDP和财政支出/GDP都可作为衡量指标,但财政支出/GDP这一指标更能反映实际情况。理由是:(1)财政支出表现为财政对GDP的实际使用和支配的规模,财政收入则只是表示财政可能使用和支配的规模,它常常并不代表实际发生的规模。(2)财政收入反映的是财政参与GDP分配过程的活动,财政支出反映的则是财政参与GDP使用过程的活动。从社会再生产过程来看,是财政支出通过它的规模和结构实现对资源的配置,直接影响社会再生产的规模和结构。(3)尽管财政收入和财政支出都体现了财政对宏观经济运行的调控,但后者更能全面而准确地反映财政对宏观经济运行的调控能力。因为财政的资源配置、收入分配和经济稳定与发展的职能,都是更直接地通过财政支出执行的。

(二)反映财政支出规模发展变化的指标

反映财政支出规模发展变化的指标主要有三个:财政支出增长率、财政支出增长的弹性系数、财政支出增长的边际倾向。

1. 财政支出增长率

即当年财政支出比上年同期财政支出增长的百分比,以$\Delta G\%$表示。用公式表示为:

$$\Delta G\%=\frac{\Delta G}{G_{n-1}}=\frac{G_n-G_{n-1}}{G_{n-1}}$$

其中,ΔG表示当年财政支出总量比上一年的增(减)额,G_n表示当年的财政支出总量,G_{n-1}表示上一年的财政支出总量。

2. 财政支出增长的弹性系数

财政支出增长的弹性系数是指财政支出增长率与GDP增长率之比,以E_g表示。用公式表示为:

$$E_g=\frac{\Delta \mathrm{G}(\%)}{\Delta \mathrm{GDP}(\%)}$$

财政支出增长的弹性系数反映在预算年度内财政支出变化率对国内生产总值变化率反应的敏感程度。其值的含义是指当国内生产总值有1%的变化时所带来的财政支出的变化百分比。若弹性系数大于1,则表明财政支出增长速度快于GDP增长速度。

3. 财政支出增长的边际倾向

财政支出增长的边际倾向表明财政支出增长额与GDP增长额之间的关系,即GDP每增加一个单位的同时财政支出增加多少，或财政支出增长额占 GDP 增长额的比例，以 MGP 表示。用公式表示为：

$$MGP=\frac{\Delta G}{\Delta \mathrm{GDP}}$$

财政支出增长的边际倾向反映在预算年度内，国内生产总值的新增部分被政府集中、通过财政支出安排的份额，它反映政府对新增国内生产总值的集中和控制程度。

二、财政支出规模的变化趋势

从各国财政支出的变化情况看，各国财政支出规模普遍呈现出一种不断增长的趋势。

在自由资本主义时期(早期资本主义时期)，资产阶级提倡个人自由，主张国家采取放任政策，对私人生活和私营企业的活动不加干涉。国家的职能基本上限于“维护社会秩序”和“保卫国家安全”。但是，到 19 世纪末 20 世纪初以后，特别是 1929～1933 年世界经济危机以后，资本主义国家为了维持经济增长和克服日益频繁的经济危机，政府加强了对经济的干预。同时，为了防止社会动荡，不得不为公众提供基本的社会保障，这一切都使得政府的活动范围不断扩大。再加上各国国民收入不断增长，筹集财政收入的措施不断加强，以及发行公债弥补支出不足的手段的运用成为可能，各国财政支出明显表现出日益增长的趋势。

据统计，20 世纪，无论是财政支出的绝对规模还是相对规模，各国的财政支出规模都是不断上升的。

表 3－5 反映的是主要西方国家政府支出相对规模的变化情况。

表 3－5　　1880～2010 年主要西方国家政府支出占 GDP 的比重　　单位：%

年 份	法 国	德 国	日 本	英 国	美 国
1880	15	10	11	10	8
1913	8.9	17.7	14.2	13.3	8
1929	19	31	19	24	10
1950	27.6	30.4	19.8	34.2	21.4
1960	35	32	18	32	28
1973	38.8	42	22.9	41.5	31.1
1985	52	47	33	48	37
1999	52.4	47.6	38.1	39.7	30.1
2005	53.4	46.8	38.2	43.9	36.5
2008	53.3	44.0	37.1	47.6	39.1
2010	56.6	47.5	40.8	50.3	42.5

资料来源：World Development Report 1988；The World Economy：A Millennial Perspective，Maddison (OECD，2001)；OECD in Figures 2006～2007；OECD in Figures 2012。

从表 3－5 可以看出，世界各国政府支出占 GDP 的比重从 19 世纪以来有了大幅度的提高。尽管不同国家的政府支出的增长情况各不相同，而且在一国的不同发展时期，政府支出增长情况存在较大差异，有些国家在较短时期内甚至出现政府支出负增长的情况，但是，从长期和整体来看，政府支出的不断增长构成了发展的总趋势。

在发展中国家也同样出现了财政支出规模不断增长的趋势，特别是20世纪80年代以来，发展中国家的财政支出规模迅速扩张(见表3—6)。

表3—6　　部分发展中国家财政支出占GNP的比重　　单位:%

年份	印度	马来西亚	巴基斯坦	菲律宾	巴西	韩国	新加坡
1979	13.9	22.2	18.6	11.7	17.4	16.7	18.6
1980	13.3	28.5	17.5	12.3	19.0	17.3	19.2
1981	13.1	38.4	19.2	12.7	19.5	16.9	22.7
1982	13.8	36.1	17.1	12.0	20.8	18.6	20.7
1983	13.9	31.2	19.4	11.7	20.9	16.7	22.0
1984	15.2	27.6	19.7	9.8	20.3	16.4	26.3
1985	16.4	29.6	19.8	10.5	24.9	16.5	27.2
1986	17.7	34.6	23.3	13.1	27.5	16.0	28.9
1987	18.0	30.0	22.3	15.3	24.1	15.6	34.5
1988	17.9	27.1	21.2	15.6	29.5	15.2	23.1

资料来源:樊丽明等:《财政学》,高等教育出版社,2002。

尽管发展中国家的财政支出与发达国家的财政支出都具有明显的不断增长的趋势，但两者相比，还存在一些不同，主要表现在:发展中国家的支出增长主要集中在购买性支出，特别是公共投资上，发达国家的支出增长则主要集中在转移性支出上。其原因主要在于:发达国家的经济发展水平已经较高，政府更加关注的是社会公平问题，而不是效率问题。但对于大多数发展中国家来说，其面临的主要问题是如何促进经济快速增长，尽快地摆脱贫穷。因此，发展中国家的政府在安排财政支出时遵循的是"效率优先，兼顾公平"的原则，自然是能够促进经济增长的购买性支出特别是公共投资的支出要比转移性支出的比重大。

我国在传统计划经济时期在收入分配上实行高度集中的统收统支制度，因此，财政支出占GDP的比重较高，1960年这一比重高达53.6%①。改革开放以来，为适应市场经济体制的要求和发挥市场机制的配置作用，实行了"放权让利"政策，国民收入的分配格局倾向于居民。因此，1978年以后，财政支出占GDP的比重先逐年下滑后又逐渐回升，这种发展变化的趋势体现了经济体制转轨时期的特征。改革时期财政支出规模的下降是因为政府职能转换，摆脱包得过多、统得过死的局面。一旦经济体制朝向市场经济轨道运行并达到一定阶段以后，上述下降趋势理应逆转，转而趋于回升，直至达到适度水平。

1978年，我国财政支出为1 122.09亿元，占当年GDP的比重为30.8%;1994年，我国财政支出为5 791.62亿元，GDP为48 197.9亿元，财政支出占GDP的比重为12%。从1978年至1994年，财政支出占GDP的比重呈现逐年递减的趋势。表3—7为1995～2017年中国财政支出占GDP的比重。

① 《中国统计年鉴(2002)》,中国统计出版社2003年版。

表 3—7　　中国财政支出占 GDP 的比重

年份	GDP(亿元)	财政支出(亿元)	财政支出占 GDP 的比重(%)
1995	60 793.7	6 823.72	11.2
1996	71 176.6	7 937.55	11.2
1997	78 973.0	9 233.56	11.7
1998	84 402.3	10 798.18	12.8
1999	89 677.1	13 187.67	14.7
2000	99 214.6	15 886.50	16.0
2001	109 655.2	18 902.58	17.2
2002	120 332.7	22 053.15	18.3
2003	135 822.8	24 649.95	18.1
2004	159 878.3	28 486.89	17.8
2005	184 937.4	33 930.28	18.3
2006	216 314.4	40 422.73	18.7
2007	265 810.3	49 781.35	18.7
2008	314 045.4	62 592.66	19.9
2009	340 506.9	76 299.93	22.4
2010	397 983.0	89 874.16	22.58
2011	472 881.6	109 247.79	23.10
2012	519 322.0	125 712.25	24.21
2013	595 244.4	140 212.10	23.56
2014	643 974.0	151 785.56	23.57
2015	685 505.8	175 877.77	25.66
2016	744 127.0	187 841.00	25.24
2017	827 121.7	203 085.49	24.55

注:(1)1980 年以后国民总收入(原称国民生产总值)与国内生产总值的差额为国外净要素收入。

(2)2009 年为初步核实数据。

(3)2005～2008 年的数据在第二次经济普查后作了修订。

(4)在国家财政收支中,价格补贴 1985 年以前冲减财政收入,1986 年以后列为财政支出。为了可比,本表将 1985 年以前冲减财政收入的价格补贴改列在财政支出中。

(5)财政收入中不包括国内外债务收入。

(6)从 2000 年起,财政支出中包括国内外债务付息支出。

资料来源:根据《中国统计年鉴(2018)》相关数据整理而得。

与世界各国相比,我国的财政支出规模要明显低于英国、法国等发达国家。进入 21 世纪以来,我国财政支出占 GDP 的比重仅在 20%左右,而英国、法国等国的财政支出规模已达到 40%以上,大大超过了我国的财政支出规模。虽然我国的财政支出规模从历史趋势及与国外相比显现出一定的增长不足,但是,结合我国的经济发展阶段来看,我国的经济发展相比发达国家还有一定的距离，再加上我国人口多、面积广，财政支出规模低于一些发达国家是符合我国国情的。

三、财政支出增长趋势的理论分析

财政支出是政府活动的一个重要方面，财政支出实践已充分表明财政支出对经济发展尤其是对经济的持续稳定发展起着重要作用。世界几乎所有国家的财政支出，无论是绝对额还是相对额，在20世纪都是不断上升的。这引起了经济学家们的关注，他们对财政支出规模的增长作出了理论上的解释，其中有代表性的观点有瓦格纳法则和梯度渐进增长论。

(一)瓦格纳法则

瓦格纳法则(Wagner's Law)又称公共支出不断增长法则(Law of Rising Public Expenditure)，或称政府活动扩张法则(The Law of Expanding State Activity)。1882年，德国经济学家阿道夫·瓦格纳(Adolf Wagner,1835—1917)通过对19世纪欧洲许多国家和日本、美国的财政支出增长情况的考察，认为公共支出的增长是政治因素和经济因素共同作用的结果。随着人们实际收入的提高，对这些服务的公共支出的比例也会提高。后来的学者将他的这些观点概括为瓦格纳法则或瓦格纳定律。

瓦格纳认为，在一国政府的支出与其经济成长之间，也就是政府职能的扩大与国家所得的增加之间存在一种函数关系，即随着国家职能的扩大和经济的发展，就要求保证行使这些国家职能的公共支出不断增加，日益充裕。事实正是这样，“公共支出不断增长”的情况可由“中央及地方政府经费增加的统计上，雄辩地说明这一点”。简单来说，瓦格纳法则是说，随着经济的进步和增长，公共开支的份额会随之增大，而且公共开支增长的幅度要大于经济增长的幅度。根据这种解释，瓦格纳法则可以理解为图3—1所示的财政支出与GDP之间的函数关系。

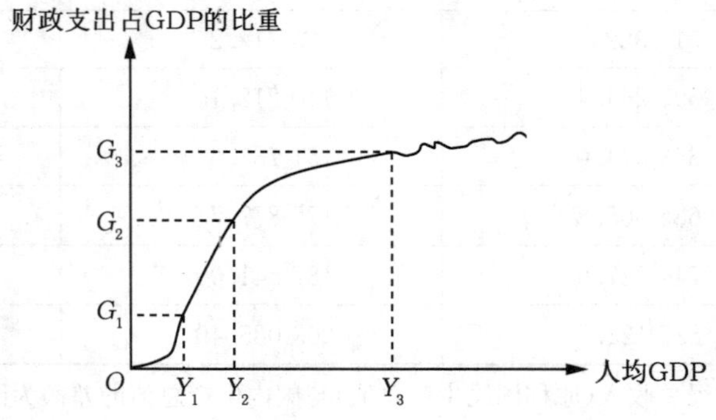

图3—1　瓦格纳法则的解释

瓦格纳把导致政府支出增长的因素分为政治因素和经济因素。所谓政治因素，是指随着经济的工业化，正在扩张的市场与这些市场中的当事人之间的关系会更加复杂，市场关系的复杂化引起了对商业法律和契约的需要，并要求建立司法组织执行这些法律。这样就需要把更多的资源用于提供治安和法律设施。所谓经济因素，是指工业的发展推动了都市化的进程，人口的居住将密集化，由此将产生拥挤等外部性问题。这样就需要政府进行管理与调节工作，需要政府不断介入物质生产领域，因而形成了很多公共企业。此外，瓦格纳把对于教育、娱乐、文化、保健与福利服务的公共支出的增长归因于需求的收入弹性，即随着实际收入的上升，这些项目的公共支出的增长将会快于GDP的增长。但瓦格纳关于公共支出增长的含义究竟是指绝对增长还是相对增长，在当时并不清楚。后来，其追随者进一步发展了该理论，其内容可以归纳如下：政府支出的增长幅度大于经济增长的幅度是一种必然趋势；政府消费性支出占国民所得的比例不断增加；随着经济发展和人均所得的上升，公共部门的活动将日趋重要，公共支出也就逐渐增加。导致财政支出增大的原因主要是随着资本主义经济的发展，原来由私人部门进行的若干活动逐渐由政府办理；人口的增加、城市的迅速发展、各种矛盾的激化，使得政府的一般行政、公安司法、经济管理、社会协调等方面的支出扩大；由于某些投资所需财力较多，或出于调节经济活动的需要，政府就应参与投资、调控；随着国民所得的增加，政府对文化、福利方面的投资将会成倍增加。

随着各国经济的发展，西方工业国家的经济总量大大扩张。随着经济规模的扩大和生产化程度的提高，要求政府直接介入的管理范围和分配活动相应地增多，一方面，政府承担的公共基础设施投资、人力资本投资及其社会保障支出增长很快；另一方面，政府干预的经济力度有所加强，客观上造成了政府财政支出规模的扩大。因此可以说，国外财政支出比重上升不仅仅是经济体制的客观要求，同时也是现代经济发展的必然结果。瓦格纳法则不仅适用于19世纪的西方，也印证了现代西方发达国家财政支出的历史轨迹。

需要注意的是，上述表格及其他大量历史数据也说明，财政支出占GDP比重的上升不可能是无止境的，如果经济发展达到一定程度，则呈现出相对稳定的趋势，即稳定在一定的水平上，上下有所波动，目前的经济发达国家已经达到了这个阶段。

(二)梯度渐进增长论

英国经济学家皮考克和威斯曼在20世纪60年代初对英国1890～1955年间的财政数据进行了经验分析，认为在正常年份，财政支出呈现出一种渐进上升的趋势，但在非常时期(如战争、经济大萧条或其他严重灾害)，政府财政支出会急剧增长，财政支出占GDP的比重会上升，危机时期过后，财政支出水平将下降，但不会低于原来的趋势水平，这就是梯度渐进增长论。财政支出的增长趋势可用图3－2来表示。

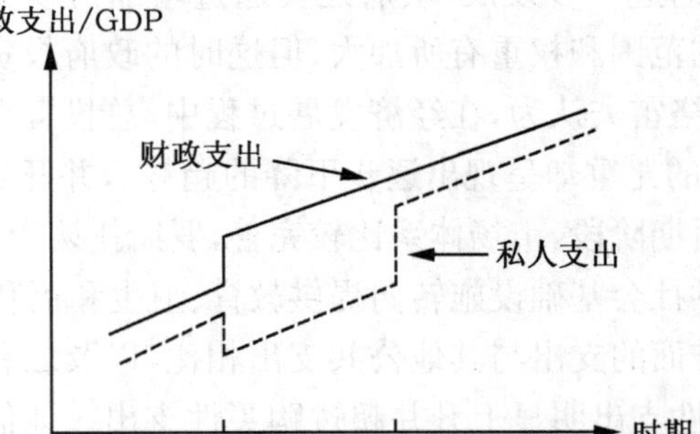

图3－2　皮考克和威斯曼对公共支出增长原因的分析

该理论认为，财政支出的增长只是由于财政收入的增长而造成的。它的假设前提是：政府喜欢多开支，公民不愿意多纳税。政府决定预算支出规模时，应注意公民能容忍的税收水平，而后者就是政府财政支出的约束条件。在此基础上，他们作出了以下推论：随着经济的发展，收入水平上升，以不变的税率征收的税收会上升，于是，政府开支的价格上升会与国民生产总值的上升呈线性关系，这是财政支出增长的内在原因。但在非常时期，财政支出上升的压力骤然增大，政府被迫提高税率，而公众在危急时期也会接受提高了的税率，这是财政支出增长的外在原因。因为该理论从内在因素和外在因素揭示了财政支出增长的原因,故也称为内外因素论。

(三)马斯格雷夫和罗斯托的经济发展阶段论

美国财政学家马斯格雷夫(Richard A. Musgrave)和经济史学家罗斯托(W. W. Rostow)从经济发展的各个阶段来研究财政支出规模不断扩大的原因。

马斯格雷夫认为,合理的公共支出结构最终还是要取决于经济发展阶段。他对不同发展阶段下各类公共支出的增减变化做了详尽的阐述。他把公共支出划分为军用支出和民用支出两大类,而民用支出按其经济性质又进一步划分为公共积累支出、公共消费支出和转移性支出。在此基础上,他把人类社会经济发展划分为三个阶段,即初级阶段、中级阶段和成熟阶段,并认为在不同的经济发展阶段,公共支出结构各异。罗斯托对 31 个国家自 1849 年以来的发展历程进行了研究。他按照资本主义工业化的发展进程,把传统经济到现代工业经济的历史演变划分为一系列"经济成长阶段",这些阶段包括传统阶段、为起飞创造前提阶段、起飞阶段、成熟阶段和高消费阶段。他认为,在经济发展的各个阶段,公共支出的作用是不同的,公共支出的结构将会随支出的增长而发生变化。罗斯托的经济发展的传统阶段和为起飞创造前提阶段相当于马斯格雷夫的经济发展的初级阶段,罗斯托的经济起飞阶段相当于马斯格雷夫的经济发展的中级阶段,而罗斯托的经济发展的成熟阶段和高消费阶段相当于马斯格雷夫的经济发展的成熟阶段。

他们认为,在经济发展过程中,财政支出增长是最重要的先决条件,否则经济将难以发展,且在经济发展的不同阶段导致财政支出规模扩大的原因各不相同:在经济发展的早期阶段,需要大量的社会基础设施,如道路、交通运输系统、环境卫生系统、法律与秩序、健康与教育等,此时,政府要为经济发展提供必要的社会基础设施及人力资本方面的投资,这对处于经济"起飞"阶段的国家来说,是必不可少的和至关重要的。所以,政府投资在整个国家总投资中占有很高的比重。到了经济和社会发展的中期阶段,政府继续进行公共部门投资,与此同时,由于市场失灵的存在,阻碍了经济的进一步发展,政府还要通过增加财政支出的活动来进行干预与调节。虽然此时财政支出的范围和权重有所加大,但这时的政府投资已开始成为日益增长的私人部门投资的补充(马斯格雷夫认为,在经济发展过程中,总投资在 GNP 中的比重是上升的,但政府公共支出占 GNP 的比重却呈现出逐步下降的趋势),并开始将注意力转移到收入分配问题上。在经济发展的后期阶段,市场体系比较完善,罗斯托认为,一旦经济进入成熟期,公共支出的主要对象将从提供社会基础设施转向提供教育、卫生和福利等方面的服务。此时,用于社会保障和收入再分配方面的支出与其他公共支出相比,以及二者占 GNP 的比重,都会有较大幅度的增加,财政转移性支出明显上升并超过购买性支出。他们关于财政支出规模不断扩大的理论,又被称为"经济发展阶段的财政支出增长理论"。

马斯格雷夫和罗斯托的"发展型"公共支出理论,是对整个经济发展过程中财政支出增长态势的大致概括,是在对大量经济发展史料进行分析研究后得出的结论。因此,它对我们认识不同经济发展阶段上公共支出的增长变化趋势提供了有益的参考和借鉴。

(四)官僚预算最大化理论

官僚预算最大化理论是尼斯坎南在 1971 年提出的。他以新政治经济学为分析途径、以微观经济学的理性经济人假设作为分析的前提和逻辑起点,即认为个人是效用最大化的追求者。官僚就像经济市场中的消费者和厂商一样,是理性自利的,追求预期收益的最大化。

官僚机构和官僚个人的行为动机和出发点,既不是作为普遍福利的社会公共利益,也不是政治家确定的国家利益，而是官僚制组织和官僚自身的利益。在特定的制度环境下，他们追求自我效用的最大化。他们提供公共物品和服务的程度，要看某一物品和服务与官僚机构和官僚自我利益实现的关联程度。而官僚的效用函数主要包括以下变数：薪金、福利津贴、公共声誉、权力、恩惠、机关产出、容易改变、容易管理等。在这些变数中，除了最后两项变数，其他都是与机关预算有正相关的单向函数。官僚为了追求扩大自己的权力，提高自己的薪金、福利津贴和公共声誉，就必然趋向于扩大机关预算的规模。

更进一步分析，上级官僚为了获得其下属的支持与合作，也会追求机关预算的最大化，因为预算规模越大，可以提供给下属成员的升迁机会和工作保障就会越多。预算规模越大，官僚的自我效用越大，追求预算最大化因此成为官僚机构运转和基本的官僚行为取向。

四、影响财政支出规模的因素分析

为了探讨财政支出的合理规模，必须从分析影响财政支出规模的宏观因素入手，参照前人的规范性分析并结合本国财政支出发展变化的现实情况，寻求本国财政支出的最佳规模。从上述财政支出规模增长不断扩大的理论分析中我们不难发现，影响一国财政支出规模不断扩大的因素是多方面的，概括起来主要有以下几个方面的因素：

（一）经济性因素

经济性因素主要指经济发展的水平、经济体制的选择和政府的经济干预政策等。关于经济发展水平对财政支出规模的影响，马斯格雷夫和罗斯托的分析具体说明了经济不同发展阶段对财政支出规模以及支出结构变化的影响，这些分析表明经济发展因素是影响财政支出规模的重要因素。经济体制的选择也会对财政支出规模发生影响，最明显的例证便是我国经济体制改革前后的变化。

一个国家的经济体制和所推行的经济政策对该国财政支出规模会产生直接的影响。例如，我国从计划经济体制向市场经济体制转轨时期，尽管财政支出的绝对规模呈扩大趋势，但相对规模却出现下降的趋势，这是经济体制改革带来的影响。当我国市场经济体制逐渐完善之时，财政支出相对规模就会与其他国家一样出现增长的趋势。

政府的经济干预政策也对财政支出规模产生影响，一般而言，这无疑是正确的。但应当指出的是，如果政府的经济干预主要是通过管制而非通过财政的资源配置活动或收入的转移活动来进行，则它对支出规模的影响并不明显。因为政府通过管制或各种规则对经济活动的干预，并未发生政府的资源再配置或收入再分配活动，即财政支出规模基本未变。显然，政府通过法律或行政的手段对经济活动的干预与通过财政等经济手段对经济活动的干预，具有不同的资源再配置效应和收入再分配效应。

（二）政治性因素

财政支出规模不断扩大的政治性因素主要包括政局是否稳定、政府机构的规模和政府活动规模三个方面。首先，一国若是社会动荡或发生战争，那么，政府应对这些事情必须耗费大量的财政资金，其结果是财政支出规模必然加大。其次，一个国家如果政府机构设置不科学，致使机构臃肿、人浮于事、办事效率低下，那么，财政支出必然要增长。我国目前行政管理费增长速度过快的原因部分就源于此。最后，一国政府活动规模的大小也影响着财政支出规模的大小。如果政府干预经济过多，什么事都亲力亲为，则必定会使财政支出规模扩大。

（三）社会性因素

财政支出规模不断扩大的社会性因素主要指人口状况和文化背景对财政支出规模产生的

影响。人口状况又包括绝对人口规模和人口年龄结构两个方面。绝对人口规模对财政支出规模的影响主要表现在，在人均财政支出比例不变的情况下，绝对人口的增加速度快于GDP的增加速度，再加上伴随人口增加而来的教育、医疗卫生、社会保障、公共基础设施以及国家行政管理、司法治安等成本的增加，必将使财政支出的绝对规模随之增加。人口年龄结构的变化也会使财政支出的结构发生相应的变化。例如，学龄前儿童占总人口比例的变动，影响到教育支出占财政支出的比重；老年人口比例的加大，会使社会保障支出占财政总支出的比重加大，各国人口老龄化问题的出现已给各国政府带来巨大的社会保障支出压力就说明了这一点。因此，人口年龄结构也会对财政支出规模产生影响。总的来看，人口状况是影响公共支出规模的一个重要因素。

从文化背景上考虑，如果一个国家的居民文化水平较高，对教育的要求就高，那么，教育支出的比例就比较大，反之会较小；居民生活水平高的国家，对卫生保健的要求较高，那么，国家用于这方面的支出就必然较大。所以，文化背景在一定程度上也影响着一个国家的财政支出规模。

第四节 财政支出结构分析

一、财政支出结构的实证分析

财政支出结构是指各类财政支出占总支出的比重，也称财政支出构成，它表明财政资源内部的配置比例。合理的财政支出结构是国家调节经济、促进社会发展的重要保障。

一般来说，在市场经济体制下，一国的财政支出结构主要受两个因素的影响：(1)一国经济体制和相应的政府职能；(2)该国所处的经济发展阶段。所以，判断一国财政支出结构是否合理，应主要从两个方面进行分析：一方面，分析该国所处的经济发展阶段以及该阶段政府所追求的主要经济政策目标是什么；另一方面，分析财政支出各项目之间的相对增长速度是否合理。

具体而言，财政支出的不同分类形成了不同的支出结构。

(一)从支出功能看财政支出结构

按支出功能对财政支出进行分类，本章第二节已作过介绍。我国“十二五”期间的财政支出机构情况是：教育支出所占比重最高，为15.52%；其次是社会保障和就业支出、农林水事务、一般公共服务以及城乡社区事务，分别为10.41%、9.51%、9.14%以及8.07%；再次是交通运输、医疗卫生、公共安全、国防，占比在5%～7%之间；其他项目支出的比重在3%左右。

此外，从表3－1还可以看出，从2007年至2015年，我国财政支出从支出功能来看，其支出结构发生了一定的变化。首先，有三项支出比重呈下降趋势。一般公共服务支出从2007年的17.1%下降到2015年的7.7%，下降了近10个百分点；国防支出从2007年的7.14%下降到2015年的5.17%，下降了近2个百分点；公共安全从2007年的7.0%下降到2015年的5.33%，下降了近2个百分点。其次，有四项支出比重呈上升趋势。医疗卫生支出从2007年的4%上升到2015年的6.8%，上升了近3个百分点；城乡社区事务支出从2007年的6.52%上升到2015年的9.03%，上升了近3个百分点；农林水事务支出从2007年的6.84%上升到2015年的9.88%，上升了3.04个百分点；交通运输支出从2007年的3.85%上升到2015年的7.03%，上升了3个多百分点。除此之外的其他支出占GDP的比重基本保持稳定。

(二)从经济性质看财政支出结构

如本章第二节所述,按照经济性质分类,财政支出可分为购买性支出和转移性支出两类。从各国实际情况来看,购买性支出和转移性支出占财政总支出的比重,各个国家以及一个国家在不同的发展时期都是不同的。但是,一般来说,在经济发达国家,由于政府较少直接参与生产活动,财政收入比较充裕,财政职能侧重于收入分配的公平与经济的稳定增长,因而转移性支出所占比重较大。在发展中国家,由于政府较多地直接参与生产活动,而财政收入相对匮乏,所以购买性支出所占比重较大。表3—8显示出发达国家与发展中国家购买性支出和转移性支出所占比重的差别。

表3—8　两类国家购买性支出和转移性支出所占比重　单位:%

类　别	发达国家	发展中国家
购买性支出	45.2	61.5
其中:经常性支出	34.9	50.1
资本性支出	10.3	11.4
转移性支出	41.0	22.5
其中:国债利息	5.6	5.5
补助金	35.4	17.0
其他	13.8	16.0
合　计	100.0	100.0

资料来源:陈共:《财政学》,中国人民大学出版社,2009。

从表3—8中可以看出,我国作为一个发展中国家,财政支出结构具有发展中国家的一般特征。但自经济体制改革以来,随着国民经济的迅速增长,我国的购买性支出和转移性支出在改革开放前后发生了明显的变化。改革开放前,购买性支出比重占绝对优势,1980年以前平均占96.6%,表明财政具有极强的资源配置职能。改革开放后,购买性支出所占比重有所下降,而转移性支出所占比重有所上升(见表3—9)。

表3—9　我国财政支出中转移性支出的比重及其变化趋势　单位:%

年　份	政策性补贴(价格补贴)	企业亏损补贴	债务支出	抚恤和社会福利救助费	转移性支出合计
1978	1.0	—	—	1.7	2.7
1980	9.3	—	2.3	1.6	13.2
1985	10.3	19.9	1.6	1.2	33.0
1990	9.9	15.0	4.9	1.4	31.2
1995	4.6	4.1	10.9	1.4	21.0
2000	5.9	1.6	8.9	1.2	17.6
2001	3.9	1.5	10.6	1.5	17.5
2002	2.9	1.2	11.6	1.7	17.4
2003	2.5	0.9	12.0	2.0	17.4

续表

年　份	政策性补贴（价格补贴）	企业亏损补贴	债务支出	抚恤和社会福利救助费	转移性支出合计
2004	2.8	0.8	12.8	2.0	18.4
2005	3.0	0.5	14.1	2.1	19.7

注：(1)表中的“比重”是指该项支出占财政支出总额的比重，而财政支出总额包括企业亏损补贴和债务支出。

(2)2000年以后债务支出中不包括付息数。

资料来源：《中国财政年鉴(2006)》。

从表3－9可以看出，转移性支出1978年仅为2.7％，1985年曾达33％，这说明进入20世纪80年代财政的资源配置能力减弱，收入分配能力增强。但随后的10年间，转移性支出比重又有所下降，主要原因是随着经济体制改革的深化和管理的加强，原来在转移性支出中占有举足轻重地位的价格补贴和企业亏损补贴有所控制，其绝对额或占全部支出的比重都有所下降，这是财政支出结构优化的一种表现。从表3－9中还可以看出，伴随价格补贴和企业亏损补贴所占比重的下降，债务支出的比重急剧上升，由此而导致转移性支出的比重从1996年又开始回升，1998年达32.1％。1999年、2000年两年又下降，主要是因为我国国债还本高峰期已过，债务还本付息减少，而且自2000年开始将付息与还本分离，纳入经常性支出。进入“十五”时期，总的变化趋势是：价格补贴和企业亏损补贴下降，债务支出和抚恤福利支出上升，因此，转移性支出占财政总支出的比重大体是相对稳定的。

而且从表3－9可以看出，我国的转移性支出具有两个特点：(1)口径不够规范，与发达国家存在不可比的因素。一是发达国家的转移性支出主要是社会保障支出和福利性支出，而我国目前社会保障采取收费制度，尚未实行社会保障税，社会保障收支视同预算外资金进行管理，仍未纳入预算内，预算内只有小量的“抚恤和社会福利救助费”，实际上是缩小了转移性支出。二是在发达国家的转移性支出中，有关债务支出只包括付息支出，不反映还本支出，我国则因为1999年以前还本和付息是混在一起的，没有公布付息数字，只好采用还本付息数，实际上是加大了转移性支出。(2)各项支出波动较大，存在不稳定性。1985年，转移性支出占财政支出的比重高达33％，这主要是因为20世纪80年代价格补贴和企业亏损补贴曾一度泛滥，“两项补贴”占财政支出的比重即达30.2％。1995年“两项补贴”下降以后，国债还本付息的高潮又来临，当年还本付息支出占财政支出的比重上升到21.1％，导致转移性支出占财政支出的比重又回升到32.1％。

一般而言，在从发展中国家向发达国家过渡的过程中，财政支出中购买性支出呈下降趋势，而转移性支出呈上升趋势，这也应是我国今后的发展趋势。这是因为：(1)“两项补贴”是随着经济改革而产生的，也要随着经济改革而逐步走向规范。随着价格的市场化，价格补贴主要是保证粮棉油流通体制的顺利实施，平抑物价，保护农民利益，由于农业的丰歉不定，具有一定的波动性是不可避免的。随着国有企业和事业单位改革步伐的加快，企业亏损补贴应只限于公益性和福利性企业的政策补贴，呈下降的趋势。(2)国债还本付息支出从2000年开始已实行还本与付息分离，付息纳入预算内，作为经常性支出，而债务收支单独核算，不再列为经常性支出的转移性支出。(3)社会保障支出一旦实行社会保障税，则应全部纳入预算内，转移性支出的比重逐渐加大，并一直保持稳定增长的态势。

进行财政支出结构分析的目的就是要找出其存在的不足，以便为进一步改革提出思路。

从我国目前社会经济发展的现状来看，优化财政支出结构，不仅是加强财政宏观调控和支持经济可持续发展的需要，也是保持政治、社会安定的需要。

（三）从政府职能看财政支出结构

对各个国家而言，处在不同的发展阶段，政府的财政职能发生变化后，随之而来的财政支出结构也会发生变化，不同收入水平国家间的财政支出结构最大的区别表现在由教育、卫生、社会保障和福利以及住房构成的公共支出占财政支出的比重上，低收入国家比中等收入国家和高收入国家低得多。

我国现行的按政府职能对财政支出的分类是表明财政支出与政府职能的关系，表明财政在履行政府职能中财政资源的分布，表明不同时期财政政策的重点及其变化趋势。一般而言，财政支出结构与政府职能存在着密切的对应关系，政府职能可以划分为两大类，即经济管理职能和社会管理职能，从而形成经济管理支出和社会管理支出，前者也称为经济建设支出，后者也称为公共支出。

我国目前处在社会主义市场经济发展的初级阶段，经济增长无疑是政府追求的主要经济政策目标。以我国财政支出结构的实际情况为例进行财政支出结构分析，如果从政府职能与财政支出的关系来看，财政支出可以分为经济建设支出、社会文教费支出、国防费支出、行政管理费支出和其他支出五大类。从表 3－3 中我们可以看出，随着社会主义市场经济体制的确立，政府的经济管理职能日渐弱化，社会管理职能日益加强，伴随着政府职能的这种转变，财政支出结构必然发生变化。我国的经济建设支出比重出现大幅下降就说明了这一点。从财政支出角度看，实现可持续经济增长的主要财政政策工具是财政投资。财政投资占财政支出的比重不断下降，将会抑制经济的快速增长。

经济建设支出比重下降的原因主要有以下几个方面：(1)流动资金支出下降。从 1983 年 7 月开始，除了核工业部、航空航天工业部部属的少数国有企业外，其余绝大多数国有企业的流动资金供应从财政拨款改为由银行贷款，从而使流动资金支出占总支出的比重大幅度下降，从 1958～1962 年的 10％下降到 2001～2005 年的 0.1％，下降了 9.9 个百分点。显然，支出的这种下降趋势是符合市场经济运行要求的。(2)基本建设支出下降。在市场经济体制下，投资主体和投资资金渠道的多元化，使得预算内的基本建设支出比重迅速下降，从改革开放前的平均 36％急剧下降到 2001～2005 年的 13.1％，下降了 23 个百分点。尽管财政投资支出下降有其合理的一面，但其下降的速度如此之快、下降的幅度如此之大，在很大程度上制约了财政基础设施的发展和财政对产业调整以及科技进步的支持力度。自 1998 年实施积极的财政政策以后，基本建设支出有所回升，但主要还是依赖国债资金。

在政府的经济管理职能减弱的同时，社会管理职能得到加强，表现为社会管理支出的比重明显提高。但在社会管理支出的增加原因中，有合理的因素，也有不合理的因素。其中，合理的因素表现在社会文教费的增长上。科技进步是经济发展的动力与源泉已成为人们的共识，而教育又是科技进步的基础。因此，为了推动科教兴国的战略方针，提高人民的生活质量，政府不断地加大对教育、卫生、科学研究的投入是必需的。

不合理的因素表现在行政管理费的增长上。随着社会经济的发展，经济活动日趋复杂，“公共事务”也日益增多，行政管理支出的增加有一定的必然性。但是，自改革开放以来，我国的行政管理费增长速度过快，结构变化也不尽合理。自“七五”时期以来，行政管理费支出增长超过了同期财政收入、财政支出和 GDP 的增长速度，加速了其比重的上升。虽经几次机构改革，精简人员，但行政管理费占财政支出的比重仍然没有明显下降。同时，行政管理费支出内部结构也发生了变化，主要表现在：个人经费增长快于公用经费增长；在个人经费内部，补助工资的增长明显过快；离退休人员费用的增长大大高于行政管理费总额的增长；公务费、业务费比重上升，而修缮费、购置费比重下降。造成以上现象的主要原因，除经济活动日益增多造成行政管理支出增加的合理因素之外，还存在一些不合理的增长因素：(1)行政体制改革滞后，致使财政机构设置繁琐，机构臃肿，办事效率低下；(2)公款吃喝、公款旅游现象屡禁不止；(3)行政管理费预算约束、财务监督有待加强；等等。

由于我国按财政功能分类法同国际货币基金组织的职能分类法比较接近，我们还可以将世界经济合作与发展组织对我国各主要年度按职能分类统计的支出结构情况（见表 3－10）进行国际比较，从而更加全面地了解有关情况。

表 3－10　　中国财政支出职能结构　　单位：%

年份	经济建设费	社会文教费	国防费	行政管理费
1970	60.5	8.0	22.4	4.9
1975	58.7	12.6	17.3	5.1
1980	58.2	16.2	15.8	6.1
1985	56.3	20.4	9.6	8.5
1990	44.4	23.9	9.4	13.4
1992	43.1	25.9	10.1	12.4
1994	41.3	25.9	9.5	14.6
1996	40.7	26.2	9.1	14.9
1998	38.7	27.1	8.7	14.8
2000	36.2	27.6	7.6	17.4
2001	34.2	27.6	7.6	18.6
2002	30.3	26.9	7.7	18.6
2003	28.0	26.2	7.7	19.0
2004	27.8	26.3	7.7	19.4
2005	27.5	26.4	7.3	19.2
2006	26.6	26.8	7.4	18.7

资料来源：根据 OECD：《中国公共支出面临的挑战》，清华大学出版社 2006 年版及中国 2007 年《中国统计年鉴》有关数据整理而得。

从表 3－10 中可以看出我国财政支出职能结构的发展变化趋势，具体如下：

1. 经济建设支出是最大的支出项目

1980 年以前，绝大部分年份的经济建设支出占全部财政支出的比重约为 60%，这主要是计划经济体制的原因造成的。改革开放以来，随着社会主义市场经济的发展，经济建设支出在财政支出中所占的比重逐渐下降，从 1970 年的 60.5%下降到 2006 年的 26.6%，这说明我国经济的市场化正在逐步进行，政府正逐步退出竞争性领域。但从建立公共财政的要求看，我国的经济建设支出比重仍然很高。

2. 社会文教事业支出是财政支出中的重要项目

这一支出自改革开放以来在财政支出中所占比重有了较大的提高。随着公共财政体系的建立以及科教兴国战略的实施，国家财政将越来越重视公共支出领域，因此，社会文教支出将呈现稳中有升的态势。但是与一些西方国家相比，仍然有较大差距。OECD的调查报告显示，2003年中国的文教、科学和卫生事业费占政府支出的比重在15%以下，远远低于OECD国家36%左右的平均水平。①

3. 国防支出受国际、国内政治经济形势变化的影响较大，其支出呈现不同历史时期的特点

从根本上说，国防支出受制于国家经济发展水平和财力水平，但在特定的情况下，如当国家主权受到严重威胁、受到外来侵略时，国防支出必然增长较快，因为维护国家主权始终是一个国家的首要任务。中华人民共和国成立初期，国防支出所占比重相对较高，但随着抗美援朝战争的结束，国家转入正常的经济建设，特别是改革开放后，国防支出在财政支出中的比重呈下降趋势。

4. 行政管理支出占财政支出的比重很大

按照经济学的基本原理和行政管理支出的性质，行政管理支出应尽可能维持在一个较低的水平。从我国行政管理支出的发展趋势看，进入20世纪80年代后，行政管理支出占财政支出的比重在不断增长，中国的行政管理费占财政支出的比重高于除意大利、希腊和比利时以外的OECD国家。因此，按照公共财政的要求，严格控制行政管理支出，是一项重要而又迫切的任务。

二、财政支出结构的调整和优化

(一)内生增长理论

内生增长理论是产生于20世纪80年代中期的一个西方宏观经济理论分支，其核心思想认为经济能够不依赖外力推动实现持续增长，内生的技术进步是保证经济持续增长的决定因素。

自经济学产生开始，经济学家就不断地探索经济增长的原因、经济增长的内在机制及经济增长的途径。在现代经济增长理论中，新古典增长理论最成熟，也最具有代表性。该理论将经济增长解释为生产要素(特别是物质资本)的积累过程，认为只要投资超过重置的原有机器(或者人口增长带来的人均资本下降)，人均产出就会增加，经济就会增长。但是，资本积累存在收益递减趋势，当投资减少到只足以抵补折旧时，资本积累就会稳定下来，人均产出和经济增长则将停滞。尽管有的经济学家已经意识到，如果物质资本的载体在技术上更加先进，资本积累收益递减的趋势就会得以克服，即可实现人均产出和经济的持续增长。然而，该理论没有构建起相关的模型，仍然是将技术进步视为经济增长的一种外生因素。

从20世纪80年代开始，以罗默、卢卡斯为代表的一批学者，针对新古典模型的缺陷，提出了一种新的经济增长理论。该理论的基本思想是：劳动投入过程中包含着因教育、培训及职工再教育而形成的人力资本，物质资本积累过程中包含着因研究开发活动而形成的技术进步，生产性公共投资的增加也有助于提高物质资本的边际收益率，因此，生产要素积累的收益率不会发生递减趋势，长期增长率将大于“0”。显然，这一理论的贡献，在于将原来认为是促进经济增长的外在要素内在化，据此人们将这种理论称之为内生增长理论。内生增长理论将经济增长

① OECD:《中国公共支出面临的挑战》，清华大学出版社2006年版。

的原因作出以下陈述:第一,获取新"知识"(包括革新、技术进步、人力资本积累等概念);第二,刺激新知识运用于生产(市场条件、产权、政治稳定以及宏观经济稳定);第三,提供运用新知识的资源(人力、资本、进口品等)。

内生增长理论的财政政策意义在于它对财政政策在经济增长中的作用进行了新的诠释,认为生产性公共资本、人力资本和研究开发活动是一个国家长期经济增长的内在因素和内在动力,而这些因素具有明显的非竞争性、非排他性和外溢效应,具有"公共物品"的某些属性。也就是说,这些因素属于财政政策的变量范围,所以财政政策对经济增长和经济结构的调整,特别是对长期经济增长和经济结构的调整,具有重要的特殊作用。按照内生增长的因素可以概括出促进经济增长的财政政策措施:第一,增加人力资本投资的政策措施:政府直接增加人力资本投资;政府提供税收刺激或财政补贴鼓励企业增加人力资本投资。第二,增加基础设施投资的政策措施:政府直接增加基础设施投资;政府提供税收刺激或财政补贴鼓励企业增加基础设施投资。第三,增加研究与开发投资的政策措施:政府直接增加研究与开发投资;政府提供税收刺激或财政补贴鼓励企业增加研究与开发投资。

财政支出结构不是一成不变的,不是僵化的。从客观上说,它取决于一个国家所处的经济发展阶段,使财政支出结构的发展变化带有一定的规律性。但从政府财政政策的角度看,则必须根据一定时期的发展战略和政策目标以及经济形势的发展变化,推动财政支出结构的调整和优化,而内生增长理论为调整和优化财政支出结构提供了重要思路。

(二)"十三五"时期我国财政支出结构

"十三五"时期是我国全面建成小康社会的决胜阶段,也是推进结构性改革的攻坚阶段,将面临新的机遇和挑战。在战略机遇与矛盾凸显的时代,必须全面贯彻落实科学发展观,坚持以经济建设为中心,把构建社会主义和谐社会摆在更加突出的地位。

"十三五"时期,我国经济长期向好的基本面没有变,经济韧性好、潜力足、回旋余地大的基本特征没有变,经济持续增长的良好支撑基础和条件没有变,经济结构调整优化的前进态势没有变。同时,"三期叠加"影响凸显,结构性矛盾导致全要素生产率增速放缓,经济下行压力依然较大。从财政方面看,一方面,我国税收收入以流转税为主,随着经济增速趋缓和工业生产品出厂价格连续下降,财政收入增速的回落幅度大于国内生产总值增速的回落幅度。加上为保持经济稳定增长、推进结构性改革,需要加大减税降费力度,特别是全面实施"营改增"后减收很多,将进一步拉低财政收入增幅。另一方面,财政支出刚性较强,支持转方式、补短板、防风险等增支需求较大。

我国实行社会主义市场经济体制,而市场经济不可能自发地构建和谐社会。相对于市场机制而言,财政的功能是满足公共需要,也就是满足那些市场不能保障的具有"外部效应"的公共物品和公共服务的需要。在构建和谐社会中,具体来说,财政要从那些从属于市场竞争性的投资中解脱出来,大力支持诸如义务教育、公共卫生、社会保障、基础科学、节能减排以及支持"三农"等各项社会事业的发展。

鉴于我国的情况,"十三五"期间我国财政支出的基本思路是:"十三五"期间,财政工作将全面落实科学发展观,实行积极的财政政策及稳健的货币政策。积极的财政政策要加大力度,实行减税政策,阶段性提高财政赤字率,在适当增加必要的财政支出和政府投资的同时,主要用于弥补降税带来的财政减收,保障政府应该承担的支出责任。着力扩大内需,深化供给侧结构性改革,推动经济结构调整和经济增长方式转变,促进经济的持续、快速、协调发展和社会的全面进步。按照统筹兼顾、确保重点的方针,有保有压,重点保障基本民生支出,压缩其他支出，从严控制一般性支出；加强政府债务管理，有效防范财政风险；完善国家基本公共服务体系，推动基本公共服务均等化水平稳步提升。

根据《关于2017年中央和地方预算执行情况与2018年中央和地方预算草案的报告》，在2018年预算安排中财政赤字与2017年持平，汇总中央和地方预算，全国一般公共预算收入183 177亿元，增长6.1％；加上调入资金2 853亿元，收入总量为186 030亿元。全国一般公共预算支出为209 830亿元（含中央预备费500亿元），扣除上年地方使用结转结余及调入资金后增长7.6％，赤字23 800亿元。赤字率随国内生产总值增长而适当降低，预计为2.6％，比2017年预算降低0.4个百分点，与经济稳中向好、财政运行健康的状况相适应，也为长远发展和宏观调控留下更多的政策空间。2017年，我国财政支出结构如图3－3所示。

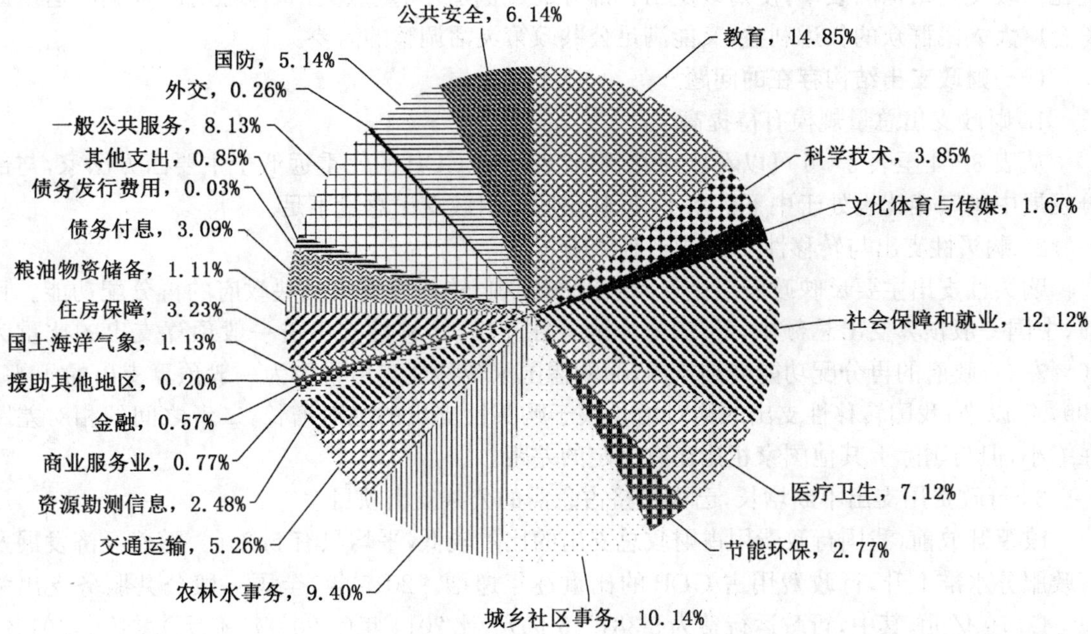

资料来源：《中国统计年鉴(2018)》。

图3－3　2017年我国财政支出结构

汇总以上各项支出，2017年我国财政资金用在与人民群众生活直接相关的教育、医疗卫生、社会保障和就业、住房保障、文化方面的民生支出合计79 159.91亿元（其中，中央财政支出3 348.69亿元，地方财政支出75 811.22亿元），比2016年的72 762.29亿元增长8.79％。

（三）优化财政支出结构，建立健全民生保障的高效机制

加快推进以保障和改善民生为重点的社会建设，是贯彻落实科学发展观的重要任务，是全面建设小康社会的迫切要求。大力支持保障和改善民生，是优化财政支出结构、完善公共财政体系的重要内容，是实施财政政策的出发点和落脚点。从2008年以来，我国一直都实行积极的财政政策，其中的一个要点就是优化财政支出结构，保障和改善民生。要压缩一般性的支出，重点加大对“三农”、教育、医疗卫生、社会保障等社会事业的支出，增加对欠发达地区的转移支付，促进经济结构调整、环境保护以及科技创新，进一步保障和改善民生，促进国家各项社会事业的发展。

公共财政支出用于提供公共产品和服务，满足公共需要，服务公共利益，都是直接或间接服务于保障和改善民生。目前,我国经济总量已位列世界第二位,国家财政收支的绝对规模也比较大,财政用于保障和改善民生的支出逐年都有大幅度增加。同时,财政部门积极调整支出结构,不断加大对教育、医疗卫生、社会保障和就业、保障性安居工程等保障和改善民生方面的支出,努力让广大人民群众得到更多看得见的实惠,从不同方面提高人民的生活水平和质量。

三、我国财政支出结构改革

改革开放40年来,尽管国家财政收入持续增长,为中国公共政策转型奠定了经济基础,但是我国仍然是一个发展中国家,将在长时期内受制于资金稀缺性的约束,要在不增加宏观税负和政府支出的前提下更好地满足社会公共需要和实现宏观调控的目标,必须探索如何进一步优化财政支出结构的改革,使财政支出各部分的比例适中、重点突出,保证财政资金的运用既符合广大人民群众的长远利益,又能满足公共政策灵活调整的需要。

(一)财政支出结构存在的问题

1. 财政支出总量规模有待提高

从表3—4至表3—6可以看出,我国财政支出占GDP的比重远低于主要西方国家,与部分发展中国家相比也处于中下等水平,反映出我国财政支出总量不足。

2. 购买性支出与转移性支出占比不合理

购买性支出主要反映政府对生产和就业的影响,转移性支出反映政府的再分配功能。目前,中国一般预算支出总额中,约70%为购买性支出,转移性支出占一般预算支出的比重为20%左右,政府的再分配功能受到挤压,而欧盟国家转移性支出平均为一般预算支出的45%。1994年以来,我国转移性支出的绝对增长快于购买性支出的绝对增长,二者之间的相对差距在缩小,但与国际上其他国家相比还有一定的差距。

3. 行政费用支出不断增长,已大量挤占急需的公共支出项目

改革开放前,我国行政费用占财政总支出的比重较低,平均只有5.3%。随着经济发展及行政服务水准上升,行政费用占GDP的比重逐年递增。2015年,全国一般公共服务支出为13 547.79亿元,其中,行政运行费为5 381.45亿元,比2014年(4 808.77亿元)增长11.91%,占一般公共服务支出的比重为39.72%,占当年GDP的比重为0.79%,2014年该比重为0.74%。

4. 医疗卫生支出不足

在大部分OECD国家中,医疗卫生支出在财政支出中大多位居前三位,而在中国各项功能支出中,医疗卫生支出排名处于中间水平,2015年排第七位。1994~2008年,中国政府医疗卫生支出占全部财政支出的比重平均仅为4.4%,大大低于OECD国家10%~20%的水平,占GDP的比重仅为1%左右。2010年,我国医疗卫生支出为4 804.18亿元,占全部财政支出的比重为5.35%,占GDP的比重为1.16%;2015年,医疗卫生支出为11 953.18亿元,占全部财政支出的比重为6.79%,占GDP的比重为1.74%;而OECD国家医疗卫生支出占GDP的比重平均水平则为5.5%。

5. 支农支出占财政支出的比重较小

虽然财政支农支出总额一直呈增长态势,但支农支出占财政支出的比重却并不乐观,一直徘徊在8%、9%左右,2003年降到自1978年以来的最低点7.12%;2010年,公共财政用于农业的支出为3 949.43亿元,占财政支出的比重为4.39%;2015年,公共财政用于农业的支出为6 436.18亿元,占财政支出的比重为3.66%。我国是一个农业大国,支农支出的相对量较

少，制约了我国农业的发展。

6. 国防费明显偏低

1999年，我国国防费占财政支出的比重仅为8.2%，2000～2001年年均降为7.6%，2009年降为6.5%，低于美国和印度。以2010年为例，我国国防支出为5 333.37亿元，占财政支出的比重为5.93%；2015年，我国国防支出为9 087.84亿元，占财政支出的比重为5.17%，占GDP的比重为1.32%。而美国国防支出占财政支出的比重为16.1%（2014年），2015年美国国防支出占GDP的比重为3.59%，俄罗斯为3.32%，韩国为2.79%，印度和法国分别为2.13%和2.07%。国防费偏低，阻碍了国防现代化建设的进程。

由此可以看出，中国财政支出结构的实质性转型还有很长的路要走，其“重经济发展和基本建设投资，轻社会发展和人力资本投资”的传统特征仍然十分明显。“十三五”时期，财政支出结构向“社会发展和人力资本投资”转型的任务仍然十分艰巨。

（二）我国财政支出结构的改革路径

1. 转变政府职能，调整财政支出中购买性支出和转移性支出的比例

现阶段我国政府仍处于职能转型的过程之中，应正确定位政府在市场经济中的角色。政府是国家经济的调节者，而非市场经济的参与者。应减少对生产和就业有直接影响的购买性支出，相应地增加体现公平的转移性支出。

2. 加大对以民生为主的社会建设的财政投入

财政支出重点要向“三农”、医疗卫生等民生领域倾斜，同时注重经济发展和社会发展。农业属于国民经济的基础产业和弱质产业，应是政府着力扶持的重点。近些年，水旱灾害对农业造成巨大损失，说明我国抗灾能力还不强，必须多渠道增加投入，尤其是增加财政投入，长期进行农业和农村基础设施建设，支持那些风险大、投资经济效益低，对农业发展起着保护性、开发性或有示范效益的项目。

3. 要继续加强预算管理，严格控制“三公”经费等一般性财政支出

科学确定财政支出的范围和结构，缩减用于行政管理的政府投资与消费支出。2015年，中央本级“三公”经费为53.73亿元，占中央本级财政支出的比重为2.1%，比2011年（93.64亿元）减少39.91亿元，2001年“三公”经费占中央本级财政支出的比重为5.67%，其中，2015年公务用车购置及运行费30.88亿元，占57.47%，2011年该比重为63.17%。中央本级“三公”经费绝对量及相对量的减少，主要是中央从严控制和压缩支出，以及受国际形势、外方因素、公务用车改革等影响，部分出国（境）团组推迟，外事接待压缩，公务用车支出减少，故应继续推行公务用车改革，加强对公车私用、公车滥用的管理。

4. 提高国防占财政支出的比重，合理安排国防支出

国防属于纯公共物品，只能全部由政府无偿提供。国防支出不足会导致政府不能有效地维护国家领土和主权完整，进而会危及社会经济发展的基础。增加国防支出不仅是巩固国防的需要，也是通过国防建设带动我国科技现代化建设的需要。

第五节 财政支出效益的分析和评价

一、财政支出效益的概念

财政支出效益是指在财政活动中财政资金的支出与所获得的回报之间的对比关系。所谓

提高财政支出效益，就是“少花钱，多办事，办好事”。

经济学的一个基本假定是：资源是稀缺的。为此，人们在从事经济活动时需要将资源配置到最有效益的地方去。一国的财政分配过程，就是将一部分社会资源集中到政府手中并由政府支配使用。由于资源是有限的，政府在集中资源时，首先应当考虑，将有限的资源集中由政府支配和微观经济主体支配，看谁能更有利于资源配置效率的提高，谁能更有利于促进社会福利的增长。不言而喻，只有当资源集中在政府手中能够发挥更大的效益时，政府占有资源才是合理的。因此，财政支出规模是否适当、结构是否合理，一个根本的判断标准就是财政支出的效益是否更高。

政府的支出与微观经济主体支出效益存在着重要的差别：一是两者计算所得和所费的范围不同。微观经济主体只计算发生在自身范围内的直接和有形的所费和所得；政府支出不仅要分析直接的和有形的，还要分析长期的、间接的、无形的所费和所得。二是两者的选优标准不同。微观经济主体追求的是利润最大化，也就是经济效益的最大化，不可能选赔钱方案；而政府追求的是整个社会效益的最大化，局部的亏损是可能的，也是必要的，因此，在提高财政支出使用效益的过程中，政府需要处理极为复杂的问题。

二、成本—效益分析法

成本—效益分析法又称成本—收入分析法，最早产生于美国《1936 年防洪法案》，并在 20 世纪 60 年代出现计划—规划—预算制度之后得到了系统的应用。此后，成本—效益分析法对美国联邦政府各部门的政策设计和制定影响日增。现在，成本—效益分析法在许多国家的中央政府、各级地方政府以及世界银行等国际组织得到广泛应用，成为财政分配领域进行财政支出决策、有效使用财政资金的重要方法。

成本—效益分析法针对政府确定的建设目标，提出若干实现建设目标的方案，详列各种方案的全部预期成本和全部预期收益，通过分析比较，选择出最优的政府投资项目。对于那些有直接经济效益支出的建设项目（如基本建设投资支出），适合用成本—效益分析法。

政府财政支出项目可能有多个可选择的项目，每一个项目可能也会有多个可选择的方案，则其成本与效益分析通常按照下列步骤进行：

第一步，计算各个项目或方案的效益与成本。这是一项比较复杂的工作。要将各个项目或方案的各类成本与效益详尽地计算出来，完整地体现每一个项目或方案的社会总成本与社会总效益，并将其折算成现值。一般来说，这些效益和成本大致包括：

1. 实际成本与效益和金融成本与效益

实际成本指的是从其他经济用途中抽调作为本项目用途资源的成本，即机会成本，包括实际耗费的人力、物力和对社会、经济、人民生活造成的实际损失。实际效益是指公共项目的最后消费者获得的收益，包括该项目本身产生出的社会财富和对社会发展、人民生活增加的实际福利。金融成本与效益是指由于该工程项目建设使得社会经济的某些方面受到影响，致使价格上升或下降，从而使某些单位或个人增加了收入或减少了收入。但是，由于一个单位或个人的所得，恰好是其他单位或个人的损失，因此，整个社会的总成本与总收益并无增减变化。所以，这种收益与成本又称为虚假成本与效益。

2. 直接成本与效益和间接成本与效益

直接成本与效益是指与项目支出直接相关的成本和效益，而间接成本与效益则与项目支出非直接相关，带有副产品的性质。例如，某风景区开发的直接效益是餐饮、旅游业的发展，而这一地区开放度提高，百姓文明程度提高，视野开阔，整个经济得到发展，是间接效益；又如，办教育直接的收益是提高劳动者的文化素质，增加劳动者的谋生技能，间接的收益是犯罪率的下降。

3. 有形成本与效益和无形成本与效益

有形成本与效益是指能够以市场货币价值衡量和计量且按惯例应记入会计账簿的一切成本与效益。无形成本与效益是指无法由市场估计因而也不可能以价值形式记载在会计账簿上的一切成本与效益。例如，水电站的建设，其中建设设备维修是有形的成本，电费收入是有形的收益。

4. 内部成本与效益和外部成本与效益

内部成本与效益主要是指在辖区或项目范围内产生的成本与效益，外部成本与效益是指项目范围外发生的成本与效益。例如，一个新建的水坝不仅使所在省份受益，而且水坝拦截河流所经其他省份都会有所获益。

5. 中间成本与效益和最终成本与效益

中间成本与效益是指在项目成为最终产品之前加入的其他经济活动所产生的一切成本与效益，最终成本与效益是指项目作为最终产品时的成本与效益。比如，天气预报服务对于那些外出或郊游的人们来说是提供最终效益；而对于民航服务来说只能是中间产品，提供中间效益。

第二步，对每个项目或方案都核算出效益与成本的总金额，就可以选用具体方法来评估投资项目。目前常用的三种方法是净现值法、内部收益率法和成本收益率法。

1. 净现值法

其计算公式为：

$$NPV=\sum_{t=0}^{n}\frac{B_t-C_t}{(1+r)^t}\quad (t=0,1,2,3,\cdots,n) \tag{1}$$

其中，B_t 为第 t 年的效益的货币值，C_t 为第 t 年的成本的货币值，n 为工程项目的寿命(年)，t 代表各个年份，r 为利息率即贴现率。

根据上式计算出来的结果，我们可以对某一项目的投资可行性做出判断：如果 $NPV>0$，该项目可行，数额越大，说明此投资项目的获利水平越高；如果 $NPV<0$，该项目不可行，说明回收数额不足以抵偿投资所需的成本；如果 $NPV=0$，说明收益现值总额恰好等于成本现值总额。在这种情况下，还需要计算内部收益率(净现值等于 0 的贴现率)，如果内部收益率大于银行贷款利率，则该项目可行。

2. 内部收益率法

一个项目的内部收益率是由贴现率决定的，后者在成本收益分析中使得净现值正好等于零，即：

$$0=\sum_{t=0}^{n}\frac{B_t-C_t}{(1+i)^t}\quad (t=1,2,3,\cdots,n)$$

其中，B、C、t、n 的意义与式(1)相同，i 为显示内在报酬率的贴现率，内部收益率 i 的值越大，表示投资经济效益越高，越应优先选择。

3. 成本收益率法

成本收益率是指收益的现值和成本的现值之比。其计算公式为：

$$\frac{B}{C}=\sum_{t=0}^{n}\frac{B_t}{(1+r)^t}\Big/\sum_{t=0}^{n}\frac{C_t}{(1+r)^t}$$

当 $B/C>1$ 时，项目方案可行；当 $B/C<1$ 时，项目不可行。

第三步，确定各个项目或方案的优劣次序。计算出效益与成本之差或比率后，就可以据此确定各个项目或方案的优劣次序。无论是效益与成本之差还是效益与成本比率，都是值越大越好，优劣次序的确定可以按照数值的大小排列。

第四步，进行各个项目或方案的选择和决策。在现实中，存在各种风险和不确定性，因此，在选择项目时，应该以优劣排序为依据，并综合考虑其限制条件和实际情况作出决策。

三、最低费用选择法

在财政支出计划中，有的支出项目并不能以成本和收益来决定，因为这类支出本身类似消费，但对全社会而言，这种消费不仅需要，而且必须加以安排。例如，对国防、治安及国家管理方面的支出就具有这种性质。对于这些只有社会效益，且其产品不能进入社会的支出项目，适合用最低费用选择法来提高财政支出效益。最低费用选择法是指针对财政支出项目设想出若干种达到目的的方案，计算每个备选方案的有形成本，在对备选方案逐个进行分析的基础上，以成本最低为择优标准，选出最佳方案的一种方法。

最低费用选择法的主要特点是，不用货币单位来计量备选的财政支出项目的社会效益，而只计算每项备选项目的有形成本，并以成本最低为择优标准。该分析法的步骤大体如下：

首先，根据政府确定的目标提出多种备选方案。

其次，以货币单位为统一尺度，分别计算出各备选方案的各种有形费用并予以加总。在计算费用的过程中，如果遇到需要多年安排支出的项目，也要用贴现法折算出现值，以保证备选方案的可比性。

最后，按照费用的高低排出顺序，以供决策者选择。在目标既定的情况下，费用最低的备选方案为最优方案。

运用最低费用选择法确定最佳支出方案，难点不在技术，而在于被选方案的确定。因为所有备选方案应能无差别地实现同一个既定目标，据此再选择费用最低的方案，但要做到这一点是很困难的。

小结

● 财政支出是指在市场经济条件下政府为提供公共物品和服务，满足社会共同需要而进行的财政资金的支付，是政府为实现其职能需要在一个财政年度内耗费的资金总和。

● 财政支出按支出功能、经济性质、政府职能、国际分类方法可以分成不同的类别。

● 反映财政支出规模的指标主要有两个：财政支出总量、财政支出/GDP(国内生产总值)或财政支出/GNP(国民生产总值)。反映财政支出规模发展变化的指标主要有三个：财政支出增长率、财政支出增长的弹性系数、财政支出增长的边际倾向。

● 世界各国财政支出规模普遍呈现出一种不断增长的趋势。经济学家们对财政支出规模增长的理论解释有“瓦格纳法则”“梯度渐进增长论”“经济发展阶段论”和“官僚预算最大化理论”。

● 影响财政支出规模的因素有经济性因素、社会性因素、政治性因素。

● 我国当前调整和优化财政支出结构的思路为：进一步增加对“三农”、欠发达地区、国家社会事业等方面的支出，进一步优化财政支出结构，在改善民生和促进教育、卫生、社会保障、文化等国家社会事业发展方面能取得更加明显的成效。

● 评价财政支出效益的方法包括成本—效益分析法和最低费用选择法。

拓展阅读篇目

●《关于 2017 年中央和地方预算执行情况与 2018 年中央和地方预算草案的报告》。

●《2018 年政府工作报告》。

思考与应用

一、关键词

公共预算支出　购买性支出　转移性支出　财政支出效益　财政支出结构　财政支出规模　一般公共服务支出

二、思考题

1. 简述财政支出的原则。
2. 财政支出可作哪些分类?
3. 简述“瓦格纳法则”。
4. 简述马斯格雷夫的经济发展阶段论。
5. 简述我国当前优化财政支出结构应采取的措施。
6. 评价财政支出效益的方法有哪些?

案例

2017 年中央财政支出重点安排①

根据 2017 年的政府工作报告,2017 年财政政策要更加积极有效。2017 年赤字率拟按 3%安排,财政赤字 2.38 万亿元,比上年增加 2 000 亿元。其中,中央财政赤字 1.55 万亿元,地方财政赤字 8 300 亿元。安排地方专项债券 8 000 亿元,继续发行地方政府置换债券。

报告明确,2017 年赤字率保持不变,主要是为了进一步减税降费,全年再减少企业税负 3 500 亿元左右,涉企收费约 2 000 亿元。财政预算安排要突出重点,有保有压,加大力度补短板、惠民生。各级政府要坚持过紧日子,中央部门要带头,一律按不低于 5%的幅度压减一般性支出,绝不允许增加“三公”经费,挤出更多的资金用于减税降费,坚守节用裕民的正道。

根据财政部 2017 年 1 月印发的《关于切实做好 2017 年基本民生支出保障工作的通知》(简称《通知》):当前经济下行压力较大、财政收入增速放缓的情况下,必须更好地统筹民生政策与经济发展,优先保障民生投入,保障困难群众的基本生活。《通知》明确,要根据经济社会发展水平和财力状况,合理界定基本民生范围,将财政资金重点用于保障基本民生,基本民生也要坚持量力而行,并积极引导社会资本参与。要调整优化财政支出结构,着力解决重点地区、重点领域和重点人群的基本民生保障问题,兜牢兜实民生底线。同时,加大资金统筹力度,层层强化责任落实。《通知》列出 11 项重点工作:一般性转移支付要优先保障基本民生支出;合理分配和使用民生类专项资金;加大对资源能源型困难地区的财政支持力度;统筹盘活各类财政资金,加大基本民生保障;压减一般性支出用于基本民生保障;切实保障困难群众的基本生活;认真做好“去产能”人员安

① 《2017 年政府工作报告》《关于切实做好 2017 年基本民生支出保障工作的通知》。

置工作；认真落实精准扶贫要求；提前下达和及时拨付各类民生资金；加强基本民生领域的财政资金管理；支持完善基本民生保障工作机制。

2017年中央一号文件提出，把深入推进农业供给侧结构性改革作为新的历史阶段农业农村工作主线，把农业农村作为财政支出的优先保障领域，这给广大农民吃了"定心丸"。2017年，财政部将完善财政支农投入供给体制机制。一方面，优化支出结构，集中力量保障重点任务。比如，为扶持新型经营主体发展，2016年中央财政通过调整农业补贴资金结构，调剂安排230亿元重点支持建立健全农业信贷担保体系，着力解决新型经营主体"融资难、融资贵"问题。2017年，中央财政将继续统筹安排农业生产发展资金，支持粮食生态功能区、重要农产品生产保护区、特色农产品优势区建设，推进信贷担保体系实现实质性运营，优化农业产业体系、生产体系、经营体系，加快实现农业向提质增效、可持续发展转变。另一方面，从预算编制、执行等环节加大整合和统筹力度。2017年，中央财政将从预算编制环节探索试行中央财政农业转移支付"大专项＋任务清单"管理方式，大幅削减涉农专项转移支付的个数，减少涉农专项转移支付间的交叉重叠，加强专项转移支付内支出方向的统筹使用。与此同时，财政部支持地方开展多层次、多形式的涉农资金整合试点，并全面推开贫困县开展统筹整合使用财政涉农资金试点。

[**要求**]

认真阅读以上内容，结合所学知识，试分析我国2017年财政支出的重点及优化财政支出结构的政策措施。

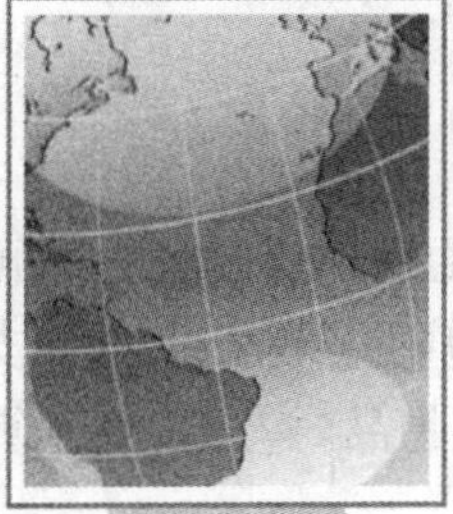

第四章 购买性支出

本章提要

本章主要介绍购买性支出。购买性支出包括社会消费性支出和财政投资性支出。本章将系统地分析社会消费性支出的经济属性及现状、社会消费性支出规模发展变化的一般规律、中国社会消费性支出的现状。同时，对政府财政投资的特点和范围进行描述，考察我国财政投资性支出的现实。

第一节　社会消费性支出

一、社会消费性支出的属性及项目

(一)社会消费性支出的概念

社会消费性支出是维持政府机构正常运转和政府提供公共服务所需经费的总称，又称为购买性支出，是政府以普通消费者的身份在市场上购买日常政务活动所需或国家投资所需的商品和劳务的支出。

社会消费性支出满足的是纯社会公共需要，是国家执行政治职能和社会职能的保证。它所提供的服务是全体社会成员的共同需要，具有明显的外部效应。社会消费性支出是一种非生产的消耗性支出，它并不直接作用于任何实际的生产经营活动，也不产生任何直接的经济效益。例如，在通货紧缩时期，加大社会消费性支出，可以刺激物价的回升和消费的增长，只要在必要的限度内，它是社会再生产正常运行所必需的。

(二)社会消费性支出的项目

社会消费性支出包括公共服务支出、文化教育支出、科学研究支出、医疗卫生支出等项目。在不同国家的不同时期，社会消费性支出的规模有所不同。随着市场经济的不断发展，国家对经济的宏观调控能力进一步增强，政府的政治职能和社会职能也将进一步深化，所以社会消费性支出项目将不断增加、规模将不断扩大。在财政支出安排上，首先保证这类支出项目必要的支出，是财政工作的基本职责。

社会消费性支出具有如下特点：

1. 有偿性

家庭和企业获得政府部门的资金是有偿的。家庭和企业必须提供相应的商品和服务与政府交换其资金。

2. 等价性

政府的购买是一种市场行为，是市场交易的一部分，因而必须遵循市场等价交换的原则。

3. 消耗性

消耗性主要是对资金的实际使用主体而言的。在政府购买支出活动中,资金和要素一经政府购买,它们将在政府职能的实现过程中被消耗掉。

二、公共服务支出

(一) 公共服务支出的概念和内容

公共服务支出是指政府为了保证国家安全、维护社会秩序、进行社会治理而安排的公共预算支出。按照2007年以后公共预算支出统计口径,公共服务支出主要包括一般公共服务支出、外交支出、公共安全支出、国防支出。公共服务支出属于典型的纯公共物品,构成公共预算支出最基础的内容。

对于公共服务支出与经济发展的关系,并不是单纯的消耗关系。一方面,从直接的生产和社会财富的消费看,由于公共服务活动是非生产性的,不直接产生经济效益,因此其属于社会财富的"虚耗"。另一方面,从财富生产的社会条件看,国防保护了人民的生产和生活的安全,行政管理活动则维持了生产和生活的秩序,因此公共服务支出又不是"虚耗"社会财富。最后,从社会经济的循环看,生产出来的产品必须要有人去消费才能保证生产的正常进行。公共服务支出作为社会消费的一部分,当社会消费需求不足以完全吸收掉同期的产品时,公共服务支出的增加具有促进生产的作用。

2007年以前,政府收支分类科目中以"行政管理费"反映那些为国家政权机构的存在和运转提供经济保障的支出。2007年以后,由于财政支出分类科目的调整,原行政管理费支出的内容反映在新分类下的一般公共服务、外交、公共安全等支出项目中。

(二) 公共服务支出的特征

1. 管理性支出

这类支出是为满足国家管理机构履行其社会管理职能的需要而产生的,属于管理性支出。在保证国家管理机构正常运转的条件下,这类支出的比重越小越好。

2. 公共性支出

一方面,公共服务支出主要来源于税收,是国民收入的一部分;另一方面,公共服务支出的使用都是面对全体社会成员,以为全体社会成员创造更好的社会环境和生活、投资环境为目的。

3. 支出具有稳定性

公共服务支出是用于政府各级行政机构行使其职能所需的费用支出,而国家行政机构的设置经过法律程序确定后不得随意改变,从而使支出具有稳定性。

(三)公共服务支出的现实考察

近几年来,我国一般公共服务支出占公共预算支出的比重呈逐年下降的趋势,这与我国这几年转变政府职能方式有很大的关系。我国不断压缩一般公共服务支出的比重,加大民生公共预算支出的比重,优化公共预算支出结构。

从表4-1可以看出,自2010年起一般公共服务支出随着财政支出的增加而增长,但是比重却逐年减少。

表 4—1　　**2010～2017 年财政支出及一般公共服务支出构成**　　单位：亿元

指标 \ 年份	2010	2011	2012	2013	2014	2015	2016	2017
财政支出	89 874	109 248	125 953	140 212	151 786	175 878	187 755	203 085
一般公共服务支出	9 337	10 988	12 700	13 755	13 268	13 548	14 791	16 510
外交支出	269	310	334	356	362	480	482	522
对外援助支出	136	159	0	0	0	0	0	0
国防支出	5 333	6 028	6 692	7 411	8 290	9 088	9 766	10 432
公共安全支出	5 518	6 304	7 112	7 787	8 357	9 380	11 032	12 461
武装警察支出	934	1 082	0	0	0	0	0	
教育支出	12 550	16 497	21 242	22 002	23 042	26 272	28 073	30 153
科学技术支出	4 197	4 797	4 453	5 084	5 315	5 863	6 564	7 267
文化体育与传媒支出	1 543	1 893	2 268	2 544	2 691	3 077	3 163	3 392
社会保障和就业支出	9 131	11 109	12 586	14 491	15 969	19 019	21 592	24 612
医疗卫生支出	4 804	6 430	7 245	8 280	10 177	11 953	13 159	14 451
节能环保支出	2 442	2 641	2 963	3 435	3 816	4 803	4 735	5 617
城乡社区事务支出	5 987	7 621	9 079	11 166	12 960	15 886	18 395	20 585
农林水事务支出	8 130	9 938	11 974	13 350	14 174	17 380	18 587	19 089
交通运输支出	5 488	7 498	8 196	9 349	10 400	12 356	10 499	10 674
车辆购置税支出	1 542	2 315	0	0	0	0	0	0
地震灾后恢复重建支出	1 133	174	104	43	0	0	0	0
其他支出	2 700	2 911	2 482	3 272	3 255	3 671	1 899	1 729

资料来源：《中国统计年鉴 2016》。

外交支出是我国开展对外活动所必须发生的一些财政支出，此类支出占公共预算支出的比重相对较小，且呈下降趋势。

公共安全支出预算近几年的增幅依然巨大，从 2010 年的 16.32%到 2017 年的 12.96%，每年的增幅都在 10%以上，且每年的支出额都要高于国防支出。

三、国防支出

(一)国防支出的概念和内容

国防支出是指政府预算用于国防建设和保卫国家安全的支出，包括国防费、国防科研事业费、民兵建设以及专项工程支出等。国防是“纯公共品”，具有非竞争性和非排他性。

国防支出的需求来自社会成员对安全的渴望，国防支出的目标是捍卫国家安全。不论是武器装备研制的支出，还是军事人员的经费支出，或是军事活动的维持支出，都不会直接增加生产资料和消费品，也不会为经济社会的发展提供直接的物质财富，相反会消耗大量的社会产品。从这个意义上说，国防支出属于非生产性支出。

国防支出的构成包括人员生活费、训练维持费和装备费。国防支出的保障范围既包括现役部队，又包括民兵和预备役部队，并分担部分退役军官供养、军人子女教育、支援地方经济建设等方面的社会性支出。我国国防支出的各项经费，均由中央军委负责管理。

（二）国防支出的效应

1. 增加社会需求，刺激经济增长

在社会消费需求不足的情况下，政府购买的军事劳务、军事武器等会相应增加，会促进某些生产资料价格的回升，带动生产、生活资料价格的全面上涨，从而拉动社会总需求，促进经济增长。

2. 国防支出结构调整影响一国经济结构

国防支出结构的调整及相应的军工生产结构的变化，必然会引起军工产业与民用产业之间以及各自内部的结构调整，进而引起投资结构、就业结构、公共品与私人物品结构以及收入分配结构的变化。

3. 国防支出的经济效应表现为带动高新技术的发展

科学技术是第一生产力，各国政府在军事科研中研发的高新技术运用于民用事业，转化为生产力，可直接促进一国在民用领域技术水平的提高。

4. 国防支出对经济的负向效应

国防支出在增加社会总需求、产生正的外部效应等之外，还可能对经济有一定的负面影响。资源和投资都是稀缺的，国防支出亦可能会与民营经济争夺资源。

（三）国防支出的现实考察

从表4－2、表4－3中可以看出，我国国防支出的总量是逐年增加的，但增速缓慢。国防支出占财政支出和GDP的比重变化比较平缓，国防支出占财政支出的比重曾一度减少，随着财政支出占GDP比重的提高而有所提高，但2015年有了明显的减速，比2014年下降了2.23%。近年来我国国防支出呈现逐年下降的趋势，占GDP的比重维持在1.3%左右，相对于世界其他主要大国，我国国防费无论是占GDP的比重，还是国民人均和军人人均数额，都是比较低的，不仅低于世界主要国家，也大大低于2.6%的世界平均水平。2015年，我国国防费占财政支出的比重平均为5.17%，而同期美国为18.04%。

表4－2　国防支出增速及其占财政支出和GDP的比重　单位：%

年　份	国防支出增速	国防支出占财政支出的比重	国防支出占GDP的比重
2010	7.72	5.93	1.29
2011	13.02	5.52	1.23
2012	11.02	5.31	1.24
2013	10.74	5.29	1.24
2014	11.86	5.46	1.29
2015	9.63	5.17	1.32
2016	7.46	5.20	1.31
2017	6.83	5.13	1.26

资料来源：国家统计局网站：http://www.stats.gov.cn。

表 4—3 2010～2017 年我国的国防支出

年 份	国防支出（亿元）	公共预算支出总额（亿元）	GDP（亿元）	国防支出占公共预算支出的比重（%）	国防支出占GDP的比重（%）
2010	5 333.37	89 874.16	413 030.30	5.93	1.29
2011	6 027.91	109 247.79	489 300.60	5.52	1.23
2012	6 691.92	125 952.97	540 367.40	5.31	1.24
2013	7 410.62	140 212.10	595 244.40	5.29	1.24
2014	8 289.50	151 785.56	643 974.00	5.46	1.29
2015	9 087.84	175 877.77	689 052.10	5.17	1.32
2016	9 765.80	187 755.21	743 585.50	5.20	1.31
2017	10 432.70	203 330.03	827 121.70	5.13	1.26

资料来源：国家统计局网站，http://www.stats.gov.cn。

我国国防开支应借鉴目前世界先进国家的成功经验，在国防预算方面加快“规划—计划—预算”制度的实施，促进中国国防经费规模的控制和合理分配。

提高军事经济效益，关键是管好、用好有限的国防费，确实用于必需，用之合理，发挥最大效益。新形势下，必须坚持需求牵引规划、规划主导资源配置，把国防费投向投量配置得更科学，包括深化预算管理改革，完善规划计划与预算紧密衔接的工作机制，强化预算编制、执行、决算和绩效评价全过程管控；推进集中收付、物资采购和军人医疗、保险、住房保障、工资福利等制度改革，加快经费标准化建设，构建财力配置科学、预算规划透明、标准制度健全、集中收付严密、组织体系顺畅的具有中国特色的现代国防支出管理制度。

我国对国防支出实行严格的财政拨款制度。每年的国防费预算都纳入政府预算草案，由全国人民代表大会审查和批准。国家和军队审计机构，对国防费预算及执行情况进行审计监督。近年来，我国政府加强国防支出科学化、精细化管理，改革创新财经管理制度，推进资产管理改革，加强预算执行监督管理，组织领导干部经济责任审计和经费物资使用的专项审计，提高国防支出的透明度和规范性，确保对国防费正确、有效地使用。

专栏 4—1

党的十九大把注重民生、保障民生、改善民生作为经济社会发展的出发点和落脚点。“民生财政”作为一个有中国特色的新兴的学术词汇，在主流的财政学框架下并没有明确的概念。概括地，民生财政是民生财政支出在财政支出中占主体地位的财政，现阶段，学术界对我国民生财政的具体支出部分的观点较为统一，基本包含基础教育、医疗卫生、社会保障和就业、住房保障和环境保护五大方面，对民生财政绩效分析也基本围绕这些方面展开。民生财政是我国以人为本政治理念的体现，是公共财政的最终价值取向，与公共财政互相包含、彼此补充，不能完全与公共财政割裂开来。当然，民生财政的建设非一蹴而就，应本着“综合治理、全面发展”的原则，逐渐完成由“建设财政”到“民生财政”的转型。

四、教育支出

教育的发达程度、教育投入水平常常是衡量一个国家、一个民族素质、文明程度的主要标准。教育投资不仅有私人收益,还有巨大的社会收益,它的目标是提高社会总福利水平。

(一)教育支出的性质及提供方式

教育支出是中央和地方财政部门的公共预算中实际用于教育的费用,包括筹措教育经费、如何分配教育支出以及如何使用支出等。

教育一般看作是一种混合物品,具有私人产品和公共产品的性质。教育是一种消费行为,也是一种人力投资,是人力资本形成和积累的主要途径。马歇尔认为,如果教育由私人供给,只提供给有支付能力的人,就不能得到全部的社会收益;如果仅有公共部门提供,私人收益也不可能完全实现。教育的属性决定了它必须由政府和市场共同提高。

根据教育混合物品的性质,教育产品可分为以下几种类型:

1. 具有纯公共产品性质的教育

具有纯公共产品性质的教育包括义务教育,以广播、电视等形式进行的公共教育,国家公务员教育等。这些教育是为提高全民素质、稳定社会秩序所必需的,具有强制性,因而由政府提供和保障。

2. 具有混合产品性质的教育

具有混合产品性质的教育主要有高等教育、职业教育、各类继续教育等。个人从高级教育中得到的利益是内在化和私人化的,而且一些人接受高级教育,就会减少另一些接受高级教育的机会,具有一定程度的排他性,因而由政府或私人提供,或由政府和私人混合提供。

3. 具有私人产品性质的教育

具有私人产品性质的教育主要是根据个人偏好需要提供的教育,如各种形式的补习班、职业培训机构等。这类教育具有严格的排他性,受教育者需按单位产品付费,并从接受的特定教育中受益。

(二)教育支出的方式

为了提高公民对教育的消费并提高教育支出的效益,政府在安排教育支出时可在三种不同方式之间进行选择,这三种方式包括学费补助、收入补助和定额补助。

1. 学费补助

学费补助是补助给学校当局。补助的目的在于降低私立学校向学生收取的学费定额。这一方式以私立学校而非学生本人为补助对象,政府部门试图通过补助,降低私立学校向学生收取的学费标准。该方式大多出于扶植私立学校的需要。

2. 收入补助

收入补助实际上是政府转移性支出的一部分。它是通过福利性开支增加某些低收入家庭的收入水平,以相应提高其教育方面的消费。其缺点为:一般情况下,由于获得补助的低收入家庭可以将补助款用于购买其他产品,因此,这种方式无法保证家庭增加对教育的消费。

3. 定额补助

定额补助的目的是让学生享受到一定数额的免费教育,具体做法有两种:一是拨款兴办学校,提供免费教育。二是给学生发放免费入学的凭证。显然,第一种方法存在一种风险,即由于是拨款兴办学校,而学校很有可能受利益的驱动,将这些教育经费用于提高学校本身和教师的待遇上。

(三)教育支出的经济效应

1. 教育支出是经济持续发展的重要支撑点

科技进步已成为推动经济持续发展的动力，而教育是科技进步与发展的源泉和基础。首先，教育是劳动力再生产的重要条件。只有通过教育，劳动者才能获得相应的技术技能和管理技能，并进而提高劳动生产率。其次，教育是将科技成果转化成现实生产力的前提。通过教育，可以提高劳动者的技术应用能力和创新能力，推动经济社会的持续发展。再次，再教育是解决结构性失业的手段。在经济发展过程中，劳动力结构变化滞后于产业结构调整，通过再教育和再培训，可以使一部分失业人口重新走上工作岗位，实现再就业。

2. 教育支出具有正的外部效应

教育使受教育者具有一定的科学文化素质、思想道德素质、理性评判标准，使人们相互谅解，这有助于减少犯罪，减少行政管理成本，增加生育子女的机会成本，从而降低人口需求。教育还能促进科技进步，有利于社会稳定和进步等。

3. 发展教育是实现社会公平的重要途径

由于贫富差异和分配不公平现象的存在，出现了人们受教育机会不均等的现象。通过努力发展教育，可以使全体社会成员享受同样的受教育机会和接受教育的权利，在源头上为消除收入分配的两极分化创造条件，并避免人才流失。

4. 教育支出具有较高的投资回报率

人力资本投资与物力资本投资都是经济发展不可缺少的生产性投资。在现代化经济条件下，人力资本投资的作用高于物力资本投资的作用。教育投资是人力资本的核心，提高人口质量的关键是教育投资，而且教育投资的收益率高于物力投资的收益率。

(四)教育支出的规模与结构分析

改革开放以来，我国政府逐渐加大对教育的投入。表 4－4 显示，财政教育经费的绝对值一直在增长，从 2010 年的 12 550.02 亿元增长至 2017 年的 30 259.50 亿元，增长了 2.4 倍。但财政教育经费支出占财政支出的比值不是一直在增长，2010 年至 2012 年呈现增长的趋势，2013 年起开始逐步下降，一直降到 2017 年的 14.88％。占 GDP 的比重虽然一直上下波动，但平均保持在 3.5％左右。

表 4－4　　2010～2017 年财政教育经费及其占财政支出、GDP 的比值

年份	财政教育经费支出(亿元)	财政支出(亿元)	占财政支出的比值(％)	GDP(亿元)	占 GDP 的比值(％)
2010	12 550.02	89 874.16	13.96	413 030.30	3.04
2011	16 497.33	109 247.79	15.10	489 300.60	3.37
2012	21 242.10	125 952.97	16.87	540 367.40	3.93
2013	22 001.76	140 212.10	15.69	595 244.40	3.70
2014	23 041.70	151 785.56	15.18	643 974.00	3.58
2015	26 271.88	175 877.77	14.94	689 052.10	3.81
2016	28 072.80	187 755.21	14.95	743 585.50	3.78
2017	30 259.50	203 330.03	14.88	827 121.70	3.66

资料来源：国家统计局网站，http://www.stats.gov.cn。

从中央与地方政府之间的支出看(见表4—5),2010年中央财政教育支出为720.96亿元,占财政教育支出的5.74%;尽管中央财政教育支出的绝对额不断上升,到2017年为1 548.39亿元,但其所占比重却呈下降趋势,到2017年该比重仅为5.14%。相反,地方政府的财政教育支出绝对额和相对额均呈上升趋势,前者从2010年的11 829.06亿元上升到2017年的28 604.79亿元,后者从2010年的94.26%上升到2017年的94.86%。中央与地方政府间较大的财政教育支出差距表明,我国财政教育支出责任绝大部分是由地方政府承担的,尽管中央政府通过财政转移支付的方式对地方政府给予一定的补助,但仍然无法改变我国以地方政府为主的财政教育支出责任机制。

表4—5　　2010～2017年中央和地方财政教育支出的比较

年　份	国家财政教育支出(亿元)	中央财政教育支出(亿元)	地方财政教育支出(亿元)	中央支出比例(%)	地方支出比例(%)
2010	12 550.02	720.96	11 829.06	5.74	94.26
2011	16 497.33	999.05	15 498.28	6.06	93.94
2012	21 242.10	1 101.46	20 140.64	5.19	94.81
2013	22 001.76	1 106.65	20 895.11	5.03	94.97
2014	23 041.70	1 253.62	21 788.09	5.44	94.56
2015	26 271.88	1 358.17	24 913.71	5.17	94.83
2016	28 072.80	1 447.72	26 625.06	5.16	94.84
2017	30 153.18	1 548.39	28 604.79	5.14	94.86

资料来源:国家统计局网站,http://www.stats.gov.cn。

从教育支出的内部结构来看,表4—6中显示,到2017年,我国普通高等学校专任教师达163.324 8万人,普通高校的师生比从2010年的1∶17.33上升为2017年的1∶18.24;2004年以来我国初等教育阶段的师生比呈下降趋势,而中等教育和高等教育的师生比则呈上升趋势。其中,小学教育的师生比从2004年的1∶19.98下降为2017年的1∶16.98;初中教育的师生比从2004年的1∶18.65下降为2015年的1∶12.41;普通高中的师生比从2004年的1∶18.65下降为2017年的1∶13.39;职业高中的师生比从2004年的1∶19.10上升为2011年的1∶21.59。过高的高校师生比,造成了高校人力资源和教育经费的双重浪费。

表4—6　　我国高等学校专任教师与学生比例

年　份	普通高校师生比(教师人数=1)
2010	1∶17.33
2011	1∶17.42
2012	1∶18.11
2013	1∶17.80
2014	1∶18.01
2015	1∶18.12
2016	1∶18.26
2017	1∶18.24

资料来源:国家统计局网站,http://www.stats.gov.cn。

从教育支出的来源结构来看，教育事业并不专属于社会共同事务，而应由国家、企业和政府共同负担全社会的教育费用。20世纪90年代以来，我国教育支出的来源渠道逐步多元化，并且各融资渠道在教育经费筹集中所起的作用也有了一些变化。

表4—7　　我国教育投入总规模及各种来源

年份	合计（万元）	国家财政性教育经费（%）	公共财政教育经费（%）	民办学校中举办者投入（%）	社会捐赠经费（%）	事业收入和学杂费（%）	学费和杂费（%）	其他教育经费（%）
2010	195 618 471	74.99	72.41	0.54	0.55	36.41	0.15	2.93
2011	238 692 936	77.87	74.66	0.47	0.47	32.43	0.14	2.66
2012	286 553 052	80.78	70.89	0.45	0.33	28.35	0.12	2.32
2013	303 647 182	80.65	70.50	0.49	0.28	28.53	0.12	2.36
2014	328 064 609	80.53	68.82	0.40	0.24	28.90	0.12	2.28
2015	361 291 927	80.88	71.58	0.52	0.24	28.03	0.12	2.28
2016	388 883 850	80.73	71.23	0.52	0.21	28.41	0.12	2.39

资料来源：国家统计局网站，http://www.stats.gov.cn。

从表4—7的数据可以看出，国家财政性教育经费拨款仍旧是教育经费的最主要来源，所占比例约为79.49%；其次是事业收入和学杂费，平均占比为30%左右。2010年后，公民个人办学经费占比基本稳定，维持在0.5%左右；社会团体办学经费则呈现逐年下降的趋势，2017年占比仅为0.21%。2011年，财政部和教育部联合发文，明确要求各地应将10%的土地出让净收益用作教育经费，重点用于农村学前教育、义务教育和高中阶段学校的校舍建设和维修改造，从而在一定程度上充实了财政教育资金的来源。同时，还必须按照《教育法》《义务教育法》《高等教育法》等法律的要求，不断拓宽财政教育资金的来源，加大财政教育资金投入，从而实现教育事业的稳定发展。

五、科学技术支出

（一）科学研究支出的特性

1. 科技产品具有公共性和外部性

一般来说，科学研究的成果可以分为两类：一类是应用性科学研究，另一类是基础科学研究。其研究成果都具有一定程度的公共性和外部性。对于应用性科学研究成果如某项技术创新、新产品开发等，国家建立了严格的知识产权保护制度，即通过制度安排来把其他人对技术进步的消费排除在外，因此，应用性科学研究可以由微观主体来承担。基础科学研究如基因工程、环境污染的治理等，其成果的市场买卖十分困难，或者说科学研究的成本与运用科研成果所获得的利益不易通过市场交换对称起来，而一旦被运用和推广，就会在全社会范围内产生极为可观的经济效益和社会效益，并为社会成员、企业和行业所共同分享。所以，对于外部效应较强的科学研究活动，经费应由政府承担；而那些介于两者之间的科研成果，其研究经费可以采取政府补贴的方式。

2. 科学投入的高风险性和收益的不确定性

从内部因素看，研究和研究成果具有不确定性，所以无法预知该科技产品能否在市场上运用及其盈利前景如何。从外部因素看,研究项目所需资金大,风险高而缺少投资者。但科学研究成果确实对社会经济发展具有重大推动作用,其研究费用需要政府提供或给予一定的补助。

(二)科学研究支出现状分析

从表 4－8 中可以看出,我国财政用于科学研究的支出是逐年增长的,但值得注意的是,科研经费逐年增长的同时,其占财政支出的比重却没有明显提高,反而还有所下滑。当然,财政拨款科研支出只是财政科研投入的一条渠道,还应通过科技三项费用税收优惠和财政补贴等多种渠道,带动和鼓励民间科技的投入,采取相应的政策激励广大企业扩大自主积累,增加科研费用,推动企业成为技术创新的主体。

表 4－8　　我国科技支出规模

指标 年份	科学技术支出 (亿元)	科学技术支出占 财政支出的比重 (%)	科学技术支出占 GDP 的比重 (%)
2010	4 196.70	4.67	1.02
2011	3 828.02	4.39	0.98
2012	4 452.63	3.54	0.82
2013	5 084.30	3.63	0.85
2014	5 314.50	3.50	0.83
2015	5 862.57	3.33	0.85
2016	6 564.00	3.50	0.89
2017	7 266.98	3.58	0.89

资料来源:《中国统计年鉴(2018)》。

科学研究支出占财政支出及 GDP 的比重过低使得我国与发达国家的科技水平竞争日益拉大,结果是科研人员流失严重,创新教育不足。另外,从全社会科学研究活动经费的来源和支出结构来看,财政拨款所占比例虽然逐渐下降,但仍占主体地位;而企业等市场主体的科技投入仍然有限。这一点与发达国家以企业投入为核心的、健全的科技创新体系有所不同。

(三)科技进步对经济增长的作用

科学技术是经济发展的基本动力,经济的发展也决定着科学技术的产生和发展,科学技术和经济发展相互依赖、相互促进。在经济发展过程中,资本、劳动等生产要素投入的增加虽然会导致产量的增长即经济增长,但经济要实现长期、持续和高速的增长不能只依靠简单的生产要素投入,要摒弃粗放的生产方式,采取集约的扩大再生产方式;也就是说,技术进步对经济发展起着至关重要的作用,因为技术进步不仅带来产出的增长,而且可以通过外部效应,提高劳动力、自然要素和物质资本等生产要素的生产率,消除这些要素同收益递减的联系,且带来递增的规模收益。

“十二五”期间,我国在科技进步方面取得了丰富的成果,高技术产业、战略性新兴产业加快发展,一批重大科技成果达到世界先进水平。截至 2015 年,研究与试验发展经费支出占 GDP 的比重已达 2%以上,每万人口发明专利拥有量达 6.3 件。在科技进步的同时,2011～2015 年,我国的 GDP 年均增长 8.95%,经济保持持续较快发展态势。

“十三五”期间,经济社会发展的主要目标包括创新驱动发展成效显著,即科技与经济深度融合，创新要素配置更加高效，重点领域和关键环节核心技术取得重大突破，自主创新能力全面增强，迈进创新型国家和人才强国行列。“十三五”规划提出，创新要以科技创新为核心，要深化科技管理体制改革，改革科研经费管理制度；要完善科技成果转化和收益分配机制，建立从实验研究、中试到生产的全过程科技创新融资模式，促进科技成果资本化、产业化；要构建普惠性创新支持政策体系，增加财政科技投入，重点支持基础前沿、社会公益和共性关键技术研究。

六、医疗卫生支出

市场在医疗卫生领域中的作用存在着广泛的缺陷，为政府在这一领域发挥作用提供了潜在的理论依据。各国政府的医疗卫生支出在医疗总花费中都占有很大的份额，几乎囊括所有医疗卫生支出项目，并通过各种手段和机制干预私人医疗市场。

(一)医疗卫生支出的概念

医疗卫生支出是指政府安排一部分财政资金用于社会成员卫生事业方面的经费。它包括公共卫生服务经费和公费医疗经费。

卫生事业按其支出所获得的利益，可以分为两大部门：一是医疗服务，这部分支出的利益主要由个人获得；另一部分是公共卫生服务，这部分服务体现的利益主要是社会化的，很难区分受益人而进行费用补偿，具有较强的公共属性，如防疫、传染病的防治等。

(二)政府提供医疗卫生支出的必要性

1. 公共卫生保健的外部性

公共卫生保健是具有很强的外部效应的纯公共物品，如安全饮用水、传染病与寄生虫病的防范、病菌传播媒介的控制、医学研究及医药保健品的开发等。因此，政府有必要制定有关隔离和强制接种疫苗的管制政策，提供相应的公共健康服务。

2. 卫生保健信息的不对称性

这主要表现在医生与病人之间的信息不对称上，表现在患者需要由医生来决定其需要哪些药品、是否需要做手术等，并且对医药服务进行评价是有困难的。信息不对称是一种垄断，因此，从患者利益出发，政府有对医疗卫生市场进行干预的必要性。

3. 社会公平性的要求

劳动的贡献以个人的健康为前提条件，社会劳动收入分配的差距致使其享受到的医疗卫生服务不尽相同，甚至陷入因病致贫、因病返贫的“贫困循环”，所以，消除和缓解这种因收入差距导致的对健康的不良影响，是政府应尽的职责。

4. 卫生保健的不确定性

由于疾病的风险是难以确知的，所以人们化解风险的能力是有限的，而商业保险的市场机制限制了人们的融资渠道，因此，政府应当在更大的范围内承担由疾病引起的社会风险。

5. 基本医疗卫生制度作为公共物品性质的要求

基本医疗卫生制度是关于医疗卫生的基本制度，要求覆盖全民，公平享有，体现了基本医疗卫生制度的非排他性和非竞争性，而市场运行机制则决定了其无法提供，所以必须由政府来提供这一基本制度的建设。

(三)医疗卫生支出现实考察

我国医疗卫生总投入来自三个方面：政府、社会和个人。总投入持续增长。公共财政支出中的医疗卫生支出在2010～2017年间增长3倍，占公共财政总支出的比重也呈上升趋势。从

2010年的5.35%上升到2017年的7.18%,其占GDP的比重也上升至1.77%,这说明政府对卫生事业支出的力度不断增强(见表4—9)。

表4—9　2010～2017年我国卫生支出及其占财政支出和GDP的比值

指标 年份	财政用于卫生支出(亿元)	财政支出(亿元)	占财政支出的比值(%)	GDP(亿元)	占GDP的比值(%)
2010	4 804.18	89 874.16	5.35	413 030.30	1.16
2011	6 429.51	109 247.79	5.89	489 300.60	1.31
2012	7 245.11	125 952.97	5.75	540 367.40	1.34
2013	8 279.90	140 212.10	5.91	595 244.40	1.39
2014	10 176.80	151 785.56	6.70	643 974.00	1.58
2015	11 953.18	175 877.77	6.80	689 052.10	1.73
2016	13 158.80	187 755.21	7.01	743 585.50	1.77
2017	14 599.70	203 330.03	7.18	827 121.70	1.77

资料来源:国家统计局网站,http://www.stats.gov.cn。

2010年至2017年,财政拨款的政府预算卫生支出占全社会卫生总费用的比值处于一个波动上升的趋势,从2010年的28.69%上升至2017年的28.91%,最高达到30.66%(见表4—10)。而社会卫生支出和居民卫生支出之和则占到总费用的70%左右,特别是居民卫生支出占卫生总费用支出的比值在2010年达到35.29%。2015年,居民人均预期寿命比2010年提高1.51岁,居民卫生支出占卫生总费用的比重由35.29%下降到29.27%,因为政府投入水平极低带来一系列问题,典型的表现是公立医疗机构运行机制出现过度市场化倾向。一些医院靠贷款、融资购买高级医疗设备,修建病房大楼,相当一部分要靠患者负担的医疗费用来偿还,客观上导致看病贵、看病难问题。自2013年起,在卫生总费用中政府承担的比重在逐年增长,居民承担卫生支出的比重有所下降。

表4—10　2010～2017年我国卫生总费用及其构成

项目 年份	卫生总费用(亿元)			卫生总费用构成(%)		
	政府预算卫生支出	社会卫生支出	居民卫生支出	政府预算卫生支出	社会卫生支出	居民卫生支出
2010	5 732.49	7 196.61	7 051.29	28.69	36.02	35.29
2011	7 464.18	8 416.45	8 465.28	30.66	34.57	34.77
2012	8 431.98	10 030.70	9 656.32	29.99	35.67	34.34
2013	9 545.81	11 393.79	10 729.34	30.14	35.98	33.88
2014	10 579.23	13 437.75	11 295.41	29.96	38.05	31.99
2015	12 475.28	16 506.71	11 992.65	30.45	40.29	29.27
2016	13 910.31	19 096.68	13 337.90	30.01	41.21	28.78
2017	15 205.87	22 258.81	15 133.60	28.91	42.32	28.77

资料来源:国家统计局网站,http://www.stats.gov.cn。

我国医疗卫生支出主要由地方政府承担。2017年度的财政支出中，我国政府安排医疗卫生支出14 450.63亿元，其中，中央财政卫生支出107.6亿元，地方财政卫生支出14 343.03亿元，占医疗卫生总支出的99.26%。目前，我国医疗卫生服务系统无论是从总量上还是结构上并没有完全满足全体社会成员获得基本卫生保健服务的需要，存在着财政投入总量不足、医疗卫生资源配置不合理以及使用效率不高、农村和城市社区缺医少药的状况严重等问题。

(四)加大医疗卫生投入，强化管理

目前，我国医疗卫生事业也面临诸多困难与挑战，其中面临的最大困难与挑战还在于医疗保险基金运行面临风险。在我国经济进入新常态发展阶段后，经济增速放缓，按工资比例收取的城镇职工基本医疗保险基金收入增幅也将放缓，进一步释放出医疗服务需求不断增加和总医疗费用上涨过快之间的矛盾，基金的收不抵支的趋势已经成为威胁基本医疗保险制度可持续的重要因素。因此，必须重视医疗卫生投入的不断增长，保障医疗卫生事业的健康发展，同时又要严格关注医疗总费用的过快增长，防止导致医疗费用社会危机，特别是应当重视完善政府医疗费用投入结构，加强管理，提高医疗卫生费用的绩效。

为全面深化医药卫生体制改革，推进健康中国建设，2016年12月27日，国务院印发了《"十三五"深化医药卫生体制改革规划》(以下简称《规划》)。《规划》明确提出了深化医药卫生体制改革的指导思想、基本原则、重点任务和保障措施。"十三五"时期是我国全面建成小康社会的决胜阶段，也是建立健全基本医疗卫生制度、推进健康中国建设的关键时期。当前，人民生活水平不断提高，健康需求日益增长，但我国卫生资源总量不足、结构不合理、分布不均衡、供给主体相对单一、基层服务能力薄弱等问题仍比较突出，维护和促进人民健康的制度体系仍需不断完善。特别是随着医改进入攻坚期和深水区，深层次体制机制矛盾的制约作用日益凸显，利益格局调整更加复杂，改革的整体性、系统性和协同性明显增强，任务更为艰巨。同时，我国经济发展进入新常态，工业化、城镇化、人口老龄化进程加快，以及疾病谱变化、生态环境和生活方式变化、医药技术创新等，都对深化医改提出了更高要求。面对新的形势和挑战，需要在巩固前期改革成果、认真总结经验的基础上，进一步统一思想、坚定信念、增强定力，进一步加强组织领导、制度创新和重点突破，推动医改由打好基础转向提升质量、由形成框架转向制度建设、由单项突破转向系统集成和综合推进，用中国式办法破解医改这个世界性难题，为保障人民健康、促进经济社会发展增添新动力。"十三五"期间，要在分级诊疗、现代医院管理、全民医保、药品供应保障、综合监管五项制度建设上取得新突破，同时统筹推进相关领域改革。到2020年，普遍建立比较完善的公共卫生服务体系和医疗服务体系、比较健全的医疗保障体系、比较规范的药品供应保障体系和综合监管体系、比较科学的医疗卫生机构管理体制和运行机制，经过持续努力，基本建立覆盖城乡居民的基本医疗卫生制度，实现人人享有基本医疗卫生服务，基本适应人民群众多层次的医疗卫生需求。我国居民人均预期寿命比2015年提高1岁，孕产妇死亡率下降到18/10万，婴儿死亡率下降到7.5‰，5岁以下儿童死亡率下降到9.5‰，主要健康指标居于中高收入国家前列，个人卫生支出占卫生总费用的比重下降到28%左右。

第二节　财政投资性支出

一、投资与经济增长

(一)投资的分类及其特点

投资是经济增长的主要因素和主要动力。社会总投资由政府投资和非政府投资两部分组成。

1. 政府投资的概念及特点

政府投资又称财政投资性支出,是指以国家或政府为主体,以财政资金为来源的投资活动,是政府为了实现其职能,满足社会公共需要,实现经济和社会发展规划,投入资金用于转化为实物资产的行为和过程。财政资金往往借助于投资活动转化为资本,参与企业的生产经营活动,形成经营性国有资产。公共财政投资的当期投入将带来未来若干年后的产出。

政府投资具有以下特点:

(1)政府投资目的的非营利性。政府投资追求社会经济效益最大化。政府作为宏观经济调控主体,是从社会效益和社会成本的角度来评价和安排投资活动,为经济增长提供必要的基础设施和良好的外部条件。社会经济效益包括物质效益和非物质效益。政府投资可能存在微利或不营利,但是在非物质效益方面则更多的是政府追求的重点,而忽视资金的回报率。例如,政府在自然环境的改善、沙漠化的治理、生态气候的改善等方面,最终也是符合成本—效益原则的。

(2)政府投资的范围广,具有社会性。政府投资涉及存在市场失灵的领域。政府投资一般倾向于某些基础性行业的大型工程。一些正外部效应较大的工程或项目,投入和产出效果也颇明显,往往由政府投资。另外,还有一些工程耗资大、建设时间长,且投资建成后具有自然垄断性质,因政府资金实力雄厚,且具有公平性,自然应由政府投资。

(3)政府投资资金的公共性。政府投资资金来源受到的制约因素少。其最主要的来源是纳税人的税收所形成的公共资金,以及以政府信誉为后盾筹集的资金,一般可以根据投资项目所需资金规模拨款进行投资,必要时还可以通过发行国债等多种渠道筹资。

(4)政府投资的政策调节性明显。政府投资具有乘数效应,政府支出会通过投资—收入—消费的循环机制创造出比政府支出额大得多的乘数效应,这个乘数效应使得政府出台的相关政策效果可能会被扩大化。例如,在通货紧缩时期,国家投资建设某些大型项目,以此可带动相关部门的消费和投资需求。

2. 非政府投资的概念及特点

非政府投资是指由具有独立经济利益的微观经济主体进行的投资。作为社会经济发展不可或缺的一部分,非政府投资具有以下特点:

(1)非政府投资具有营利性。这也是非政府投资最主要的特点。非政府投资大多以利润最大化或股东利益最大化为目标,更多考虑投资的内部成本和效益,根据自身所能感受到的微观效益和微观成本计算的。

(2)非政府投资的范围受到一定的限制。由于经济利益的驱使,使非政府投资倾向于投资市场化程度较高、规模相对较小、资金周转快、投资期限短、收效快的项目。

(3)非政府投资资金约束多、规模小。非政府投资资金主要依靠自身积累的利润和社会筹集为投资提供资金，筹资时会受到一系列因素的制约，往往投资规模有限。

(二)投资与经济增长的关系

马克思认为，货币资本的投入是经济增长的第一推动力，理由是任何一项投资或生产活动都是首先从货币资本投入开始的。凯恩斯不仅认为投资是经济增长的推动力，还论述了投资对经济增长具有的乘数作用。所谓乘数作用，是指每增加1元投资所引起的收入增长的倍数。乘数与边际消费倾向同方向变化，边际消费倾向越大，乘数越大，与边际储蓄呈反方向变化。同时凯恩斯主义又提出加速原理。加速原理是关于收入或消费的变动同投资之间的关系的理论，用来说明经济周期中的投资变动比消费品产量的变动要大得多的原因。

乘数原理和加速原理的比较：乘数原理说明投资的变化如何引起收入的变化，表示投资增加会引起收入增加到什么程度的系数。与此相反，加速原理说明收入的变化如何引起投资的变化，即收入对投资的决定作用，表示收入或消费增加会引起投资增加到什么程度的系数。加速原理与乘数原理所要说明的问题各不相同，但二者所说明的经济运动又是相互影响、相互补充的。

在现实经济、社会生活中，投资与经济增长的关系随时随处都得到了体现。第一，社会需求由消费、投资和出口三部分组成，所以，投资可以直接影响社会总需求的增加，从而刺激经济增长。第二，投资需要建筑材料，需要增配生产设备，所以，增加投资可以带动钢材、水泥、木材等生产资料和设备生产的增长。第三，投资中的一部分，一般在40%左右，将转化为个人消费和社会消费，所以，增加投资又可以刺激消费品生产的增长。

投资不仅可以刺激需求的增长，同时又可以增加和改善供给；投资过程首先是刺激需求，投资完成后才能增加供给。投资通过其乘数作用来影响社会总需求与总供给的平衡关系。国民经济各个部门之间是相互联系的，各个部门之间会发生连锁反应，即收入增加引起消费增加，消费增加又会引起收入增加，这样循环反复，产生投资刺激需求的乘数作用，最终使国民收入成倍增加。

二、政府财政投资的范围、原则和标准

在社会总投资中，各国政府投资在社会总投资中所占的比重存在相当大的差异。影响这个比重的因素主要有两个：一是社会经济制度的不同。一般来说，实行市场经济体制的国家，政府投资在社会总投资中所占比重较小；实行计划经济或政府主导型的市场经济国家，政府投资所占比重比较大。二是经济发展阶段的不同。经济发达国家的政府投资在社会总投资中所占比重较小，欠发达国家和中等发达国家的政府投资所占比重比较大。

由于存在上述差异，政府投资和非政府投资在一国投资活动中发挥作用的主从次序便会不同，但在市场经济体制下，属于市场活动的非政府投资在资源配置中起决定性作用。政府投资主要在基础设施，关系国计民生的基础产业、支柱产业和高新产业领域发挥作用。政府在资源配置中的职责和作用主要是提供公共物品，满足社会公共需要，弥补市场失灵，进行有效的宏观调控。

(一)政府财政投资的范围

1. 社会公益性、公共服务领域

在社会公益性、公共服务领域，有许多项目是市场不能提供的，而且依靠它们市场才能正常运转。这些领域包括公、检、法、司等政权机构的投资，科教文卫的投资，国防的投资，社会保障和社会福利的投资，社会经济稳定发展的投资等。

2. 基础性投资领域

基础性投资领域包括农、林、牧、渔、水利、气象等基础设施，能源工业、交通运输业、邮电通信业、地质普查与勘探、支柱产业和高新技术产业等。

由于各行各业在国民经济发展中所起的作用和重要性存在差别，政府投资的优先顺序为：第一，关系国家安全的行业，包括造币业、航空航天业、军事工业等；第二，大型基础设施建设工程；第三，大型可再生资源开发行业，如油田、矿产等项目；第四，对经济发展具有战略意义的高新技术产业，如超大规模集成电路的研制和开发行业、重大技术装备产业等。这些产业是国民经济的先行产业，对后续产业的发展规模和质量都有深刻的影响。

3. 自然垄断与财政投资领域

自然垄断是市场失灵的重要表现。在电话、供电、供水等规模经济显著的行业，产品平均成本递减的情况持续到产量很高的阶段，大企业由于成本较低，往往能在竞争中占据有利地位，从而形成垄断。政府投资相关行业兴办公共企业是纠正自然垄断、造成市场失灵的重要做法。价格管制和财政补贴是两个基本措施，但补贴实质是一种财政投资性支出，只不过采取了一种间接的方式。

(二)政府财政投资的原则

在市场经济条件下，政府财政投资应遵循以下原则：

1. 弥补市场失效、维护市场配置功能的原则

在市场经济条件下，调节经济主要通过市场机制特别是价格机制，市场机制能够充分发挥对社会资源的配置作用，但在其他一些领域，市场机制却无法正常发挥作用，出现市场失效现象。在市场失效领域，非政府投资不会大量介入，但这些产业、领域对经济社会发展的支持性和整体性作用又是至关重要的，因此，这些领域的投资不足，只能由政府投资来补充，由此，不仅能够弥补市场失效，而且能够进一步巩固和维护市场的配置功能。

2. 调节国民经济运行的原则

政府投资是调节宏观经济运行平稳的重要手段。政府投资作为全社会投资的一个重要组成部分，对社会其他投资起着示范和引导作用。

3. 受益原则

即按公共产品和服务的受益范围来划分投资权限。

4. 比较效率原则

根据效率高低的比较来确定投资的权限。

(三)政府财政投资的标准

政府财政投资的特点决定了政府财政投资的决策标准，其标准又取决于政府在不同时期所要实现的政策目标。

1. 资本—产出比率最小化标准

资本—产出比率最小化标准又称稀缺要素标准，是指政府在确定投资项目时应当选择单位资本投入产出最大的项目。在投资过程中，只要遵循资本—产出比率最小化标准，就能以有限的资源实现产出的最大化，达到预期的经济增长目标。

2. 资本—劳动力最大化标准

资本—劳动力最大化标准是指政府投资应选择使边际人均投资额最大化的投资项目。资本—劳动比率越高，说明资本技术构成越高，劳动生产率越高，经济增长越快。因此，这种标准是强调政府应投资于资本密集型项目。

3. 就业创造标准

就业创造标准是指政府不仅要在一定程度上扩大财政投资规模(外延增加就业机会),而且还要优先选择劳动力密集型的项目(内涵增加就业机会)。政府在决定财政投资的支出时,不仅要考虑财政投资支出的直接就业影响,还要考虑间接就业影响,即财政投资项目带动的其他投资项目所增加的就业机会。

(四)政府财政投资的现实考察

我国现已经从计划经济体制转向了市场经济体制,政府财政投资也发生了变化,一方面表现为政府财政投资占社会总投资比重的变化,另一方面反映在公共投资支出结构上。

1. 政府财政投资占社会总投资的变化

政府财政投资占社会总投资的比重有所下降,这是符合经济发展的一般趋势的。表4－11中的数据反映了我国社会固定总资产投资资金的来源构成。随着我国投资主体的投资格局的多元化,社会固定资产投资资金来源发生了急剧的变化,国家预算内资金占全社会投资的比重急剧下降,从1981年的28.73%降到2017年的6.15%,而自筹资金和其他资金所占的比重上升速度最快也最多,到2017年,这两部分资金占全社会固定资产投资资金比重已达到82.05%。

表4－11　　　　我国固定资产投资资金来源的构成

年份	投资资金来源构成(亿元)				
	国家预算内资金	国内贷款	利用外资	自筹资金	其他资金
1981	269.76	122.00	36.36	532.89	47.54
1985	407.80	510.27	91.48	1 533.64	169.65
1990	393.03	885.45	284.61	2 954.41	342.74
1995	569.00	3 511.90	2 114.10	7 940.80	2 013.70
2000	1 795.00	6 245.80	1 526.20	11 227.50	5 620.00
2005	3 637.90	15 363.90	3 386.40	44 154.50	14 369.70
2010	13 104.70	45 104.70	4 339.60	165 752.00	44 823.60
2011	14 843.30	46 034.80	5 062.00	220 860.20	50 094.80
2012	18 958.70	51 292.40	4 468.80	268 560.20	56 555.00
2013	22 305.30	59 056.30	4 319.40	324 431.50	70 953.30
2014	26 745.40	64 512.20	4 052.90	369 964.70	67 449.60
2015	30 924.30	60 756.60	2 854.40	405 008.70	74 244.90
2016	36 211.70	66 767.10	2 270.30	404 766.80	96 952.70
2017	38 741.70	72 148.90	2 146.30	408 822.90	107 955.10

资料来源:国家统计局网站,http://www.stats.gov.cn。

2. 公共投资支出结构的变化

基本建设支出依然在我国公共财政支出中占有重要地位,2010 年以来,其占比基本维持在 20%以上;另外,与民生领域、科技领域以及环保领域相关的支出增幅较大。以 2017 年为例,公共财政预算支出首次超过 20 万亿元,与民生相关的支出增幅比较快。其中,教育支出超过 3 万亿元,增长 7.8% ;社会保障和就业支出接近 2.5 万亿元,增长 16%;城乡社区支出 2.1 万亿元,增长 15.6%。科学技术支出 7 286 亿元,增长 11%,主要用于支持国家确定的重点科研项目,推动深入实施《中国制造 2025》,支持智能制造、工业强基、绿色制造工程建设,培育壮大经济发展新动能。全国节能环保支出 5 672 亿元,增长 19.8%,主要是支持打好大气、水、土壤污染防治三大战役,加大生态系统保护力度。财政部表示,2017 年财政部门积极调整和优化财政支出结构,大力减少一般性支出,重点支持推进供给侧结构性改革和兜牢基本民生底线,保障国家重点发展战略实施和重点领域改革,财政资金投向更加精准、高效。

三、基础设施投资

基础设施是指为社会生产和居民生活提供公共服务的物质工程设施,是用于保证国家或地区社会经济活动正常进行的公共服务系统,主要包括交通运输,机场,港口,桥梁,通信,水利,城市供排水、供气和供电设施等。

基础设施建设具有所谓的“乘数效应”,即能带来几倍于投资额的社会总需求和国民收入。一个国家或地区的基础设施是否完善,是其经济是否可以长期、持续、稳定发展的重要基础。在现代社会中,经济越发展,对基础设施的要求越高;一国的基础设施越发达,该国的国民经济运行就越顺畅、越有效,人民的生活也越便利,生活质量相对来说也就越高。

(一)基础设施投资的特点

1. 基础设施具有准公共产品的特点

一方面,基础设施在一定程度上具有公用性、非独占性和不可分性,从而具有公共产品的特征;另一方面,基础设施在能够取得良好的社会效益,在其经济效益价值更多地转移到下游产业部门和消费者身上的同时,自身也可以从收取服务费或产品销售中获得一定的补偿,从而使基础设施表现为消费的准公共产品。

2. 基础设施投资是处于“上游”的生产部门

基础产业投资是一种“社会先行资本”,它所提供的产品和服务是其他部门(也包括本部门)生产和再生产时必需的投入品,如能源和原材料。基础设施的感应度强,感应系数较高。

3. 基础产业具有显著的规模经济和垄断性

基础产业如供水、供电、供气、通信、煤炭、石油开采等都是规模经济显著的行业,产品平均成本递减的情况可以持续到产量很高的阶段。由于资源或产品提供方式的特殊性,在一定的地域范围内只能由一家企业有效益地经营,这就是自然垄断。

4. 基础设施大多属于资本密集型行业

基础设施建设需要大量的资本投入,而且建设周期长、投资回收慢,因此只能依赖国家财政投资提供资金。

5. 基础设施投资日益成为政府调控经济的一种手段

因为政府投资本身存在乘数效应,所以国家出面进行基础设施投资,有利于启动国内需求,缓解社会就业压力。

(二)基础设施投资的分类

1. 纯公益性项目

产出服务无偿提供,不仅无法收回投资,连日常的经营费用和维修费都要从外部补充,如生态、环保、防洪排涝、城市道路等项目。

2. 低收费项目

产出服务虽有收益,但未必能够补偿日常的经营费用和维修费用,投资基本无法回收,更无法盈利,如灌溉、工程调水供水等项目。

3. 一般收费项目

营业收入补偿经营费用有余,但只能部分地实现投资回收,因此,难以靠自身积累来完成更新性质的投资,如城市供水、供气等。

4. 能够全部收回投资,而且能够产生资本积累的项目

如特定的铁路线、特定的收费公路及隧桥、独立电厂、电站等。

(三)基础设施投资的提供方式

基础设施具有规模经济效应和正外部性,不是市场能有效发挥作用的领域,往往要求公共部门(政府)介入。公共部门从边际社会成本和收益的角度进行项目评估,可以从事从边际私人成本和收益角度来看不宜进行的项目。同时,许多公共基础设施,例如高速公路、铁路、机场等的使用,可以很容易做到排他,因此,公共部门可以考虑通过授予私人企业一些特权,鼓励私人企业参与这些基础设施的建设,通过引入市场竞争,提高公共基础设施的投资和运营效率。

从我国的实践来看,基础设施投资的提供方式主要有以下几种:

1. 政府筹资建设,或免费提供,或收取使用费

如道路、桥梁、上下水道等公共设施,具有明显的非排他性或很高的排他成本,单项投资不大,数量众多,也适合作为纯公共物品由政府投资提供。我国长江三峡水利工程的投资来源和构成是政府筹资建设重大工程的典型例证。

2. 政府投资,企业法人经营运作

政府拥有最终决策权,企业法人拥有经营自主权,责任明确,既可以使政府从具体的经营活动中解脱出来,又可以提高成本—效益的透明度,提高服务质量。政府可以根据这些产业和设施关系国计民生和国家安全的重要程度,决定是独资、控股还是参股经营。道路、港口、中小型机场等适合采用这种提供方式。

3. 私人出资、定期收费补偿成本并适当盈利,或地方主管部门筹资、定期收费补偿成本

地方性公路和桥梁等公共设施的建设一般采用这种提供方式,如贷款修路,收费还贷。

4. 政府与民间共同投资的提供方式

对于具有一定的外部效应、盈利率较低或风险较大的项目,政府可以采用投资参股、优惠贷款、提供借款担保、低价提供土地使用权、部分补贴和减免税收等方式,与民间企业共同投资,混合提供。如高速公路、集装箱码头及高新技术产业等基础设施的建设,适合采用这种提供方式。

5. PPP 模式

PPP(Public Private Partnership)即政府和社会资本合作,是公共基础设施中的一种项目运作模式。在该模式下,鼓励私营企业、民营资本与政府进行合作,参与公共基础设施的建设。PPP 是以市场竞争的方式提供服务,在一些纯公共领域、准公共领域,政府采取竞争性方式选择具有投资、运营管理能力的社会资本,双方按照平等协商原则订立合同,由社会资本提供公

共服务，政府依据公共服务绩效评价结果向社会资本支付对价。通常模式是由社会资本承担设计、建设、运营、维护基础设施的大部分工作，并通过“使用者付费”及必要的“政府付费”获得合理的投资回报；政府部门负责基础设施及公共服务价格和质量的监管，以保证公共利益最大化。

PPP 模式的意义在于：首先是促进经济转型升级、支持新型城镇化建设的必然要求。政府通过与社会资本合作模式向社会资本开放基础设施和公共服务项目，可以拓宽城镇化建设融资渠道，形成多元化、可持续的资金投入机制，有利于整合社会资源，盘活社会存量资本，激发民间投资活力，拓展企业发展空间，提升经济增长动力，促进经济结构调整和转型升级。其次是加快转变政府职能、提升国家治理能力的一次体制机制变革。规范的政府和社会资本合作模式能够将政府的发展规划、市场监管、公共服务职能，与社会资本的管理效率、技术创新动力有机结合，减少政府对微观事务的过度参与，提高公共服务的效率与质量。政府和社会资本合作模式要求平等参与、公开透明，政府和社会资本按照合同办事，有利于简政放权，更好地实现政府职能转变，弘扬契约文化，体现现代国家治理理念。再者是深化财税体制改革、构建现代财政制度的重要内容。根据财税体制改革要求，现代财政制度的重要内容之一是建立跨年度预算平衡机制、实行中期财政规划管理、编制完整的体现政府资产负债状况的综合财务报告等。政府和社会资本合作模式的实质是政府购买服务，要求从以往单一年度的预算收支管理逐步转向强化中长期财政规划，这与深化财税体制改革的方向和目标高度一致。

根据财政部公布的统计数据显示，截至 2018 年 7 月底，全国 PPP 综合信息平台项目库累计入库项目 7 867 个、投资额 11.8 万亿元；已签约落地项目 3 812 个、投资额 6.1 万亿元；已开工项目 1 762 个、投资额 2.5 万亿元。

6. BOT 方式

BOT(Build Operate Transfer)即建设—经营—转让，是指政府将一些拟建基础设施项目，通过招标由某一财团或公司提供资金进行建设和经营，并在一定时期内负责设施的维修，协议期满再将这些设施转交给政府。

BOT 是 PPP 广义范畴内的一种运作模式，与 BOT 相比，狭义 PPP 的主要特点是，政府对项目中后期建设管理运营过程参与更深，企业对项目前期科研、立项等阶段参与更深。政府和企业都是全程参与，双方合作的时间更长，信息也更对称。

7. ABS 方式

ABS(Asset Backed Securitization)即资产证券化，是指以项目所属的资产为基础，以该项目资产所能带来的预期收益为保证，通过在资本市场上发行证券来募集资金的一种项目融资方式，它一般需要银行及证券公司的合作。基础设施项目本身资产属性决定了其先天适应资产证券化融资方式。较典型的案例是 1996 年珠海高速公路的资产证券化融资。珠海市人民政府通过在开曼群岛注册的珠海市高速公路有限公司，以当地机动车的管理费及外地过境机动车所缴纳的过路费作为支持，发行了总额为 2 亿美元的债券，用于广州至珠海的铁路及高速公路建设。

四、财政用于“三农”的投入

党的十八大以来，财政始终把“三农”作为支出的重中之重，不断加大投入力度，拓宽投入渠道，健全政策体系，创新体制机制，强化资金管理。中央财政“三农”投入稳定增长保障机制的逐步形成和完善，为农业农村经济发展作出了积极贡献，为完成党的十九大报告中提出的

"实施乡村振兴战略"目标任务打下了坚实基础。在不断加大直接投入的同时，中央财政还综合运用税收优惠、贷款贴息等财税杠杆，积极开发国际和国内两个市场、两种资源，大力引导和激励企业、民间团体、金融机构和农民群众等增加投入，充分利用国际金融机构、外国政府贷款，初步形成了支持"三农"发展的多元化投入格局。

近年来，财政部门不断创新财政投入方式，通过政府和社会资本合作、政府购买服务、贷款贴息、设立产业发展基金等有效方式，充分发挥财政资金的引导作用和杠杆作用，撬动更多金融资本、社会资金支持"三农"发展，提高了财政资金的使用效率，还先后组建了中国农垦产业发展基金、国家农业信贷担保联盟有限责任公司等。

(一) 财政"三农"投入的特点

1."三农"投入的一般特点

财政对"三农"的投入是一个综合性项目，其中既含有经常性支出，也含有投资性支出；既具有一般性，也具有特殊性。在市场经济体制下，财政履行政府弥补"市场失灵"的功能，提供那些市场不能满足的具有外部效应的公共物品和公共服务，对"三农"的投入也是如此。

对农业和农村来说，政府主要是提供以农田水利为核心的基础设施和农民急需的生活设施建设、农业科研和科技推广、环境保护、义务教育、技能培训、公共卫生和社会保障等。例如，大江大河的治理、大型水库和各种灌溉工程等，其特点是投资额大、投资期限长、牵涉面广，投资以后产生的效益不易分割，而且投资的成本及其效益之间的关系不十分明显。所以，根据以上特点，某些农业投入只适于由政府来提供，或理应由政府来提供。简言之，凡是具有外部效应的牵涉面广、规模巨大的农业投入，原则上都应由政府承担。

从世界各国的经验看，财政对农业的投入一般都采取立法的形式规定投资规模和环节，以确保农业的财政投入有其相对的稳定性。

2. 我国政府介入"三农"投入的特殊性

我国作为一个农业大国，"三农"问题尤其具有关系国计民生的重要意义，公共财政对"三农"的投入有其必要性。一是农业的弱质性决定了其存在和发展离不开财政的支持。农业具有高风险性和低盈利的特点，表现在：土地用于非农产业的报酬远远高于农业，导致土地流失不断增加；农业的比较利益低，导致资金和高素质的劳动力流向非农产业；农产品不耐储运的特点，导致农业的贸易条件处于不利地位。二是我国已经进入以工促农、以城带乡的发展阶段，从长远看，工业与农业、城市与乡村的协调发展是建立国民经济长期、稳定、快速增长机制的必由之路。实施乡村振兴战略，协调城乡发展，构建和谐社会是一项巨大的系统工程，不可能完全以农民为主导通过市场机制来实现，只能由政府发挥主导作用。

(二)财政"三农"投入政策和主要措施

近年来，国家财政不断创新财政支农政策，积极调整支出结构，不断加大"三农"投入力度，使公共财政覆盖农村迈出了实质性步伐，新农村建设取得了重要进展。从 2004 年开始，中共中央已经连续发出了 15 个有关"三农"工作的一号文件，这充分表明了 "三农"问题的重要性。2017 年 2 月 5 日，中共中央、国务院印发了 2017 年一号文件《关于积极发展现代农业扎实推进社会主义新农村建设的若干意见》。2017 年中央一号文件提出了 6 个部分、33 条政策措施，紧紧围绕"农业供给侧结构调整＋改革"两大板块来谋篇布局，其中在"加大农村改革力度，激活农业农村内生发展动力"标题下提出完善农业补贴制度和改革财政支出投入机制。这一切都显示出中央财政强力支持的决心和用心。

2018 年中央一号文件提出，建立健全实施乡村振兴战略财政投入保障制度，加大对农村教育、文化、基础设施、生态环保等各方面的投入，健全城乡融合发展体制机制。公共财政更大力度地向“三农”倾斜，确保财政投入与乡村振兴目标任务相适应。

财政投入是实施乡村振兴战略的重要保障。现阶段，财政投入更好助力乡村振兴战略主要表现在三个方面：一是财政投入持续增加。中央始终把农业、农村作为财政支出的优先保障领域，确保农业、农村投入只增不减。财政在支持农业、农村发展方面持续投入，支持农业生产，推动农村道路、学校、医院、乡村产业等不断完善和发展，取得很大成效。例如，财政部2017年将扶持村级集体经济发展试点省份扩大到23个，并安排50亿元资金支持试点。农村产业发展方式逐步转变。二是统筹整合涉农资金。要优化财政供给结构，推进行业内资金整合与行业间资金统筹相互衔接配合，增加地方自主统筹空间，加快建立涉农资金统筹整合长效机制。近年来，针对涉农资金管理中存在的问题，财政部、国家发改委牵头会同有关部门积极推进多个层级、多个平台、多种模式的整合试点。2017年12月底，国务院发布《关于探索建立涉农资金统筹整合长效机制的意见》。在涉农资金整合、下放审批权限上，各地争相探索、加速突破。比如，河南在38个国家级贫困县和15个省定贫困县同步开展统筹整合试点工作，将33类、89项中央和省级专项资金同步纳入整合范围，实行清单化管理。2017年，河南53个贫困县整合相关涉农资金243.4亿元，较上年增加117.37亿元，增长93.1%。三是创新财政投入方式。近年来，财政部门积极创新财政投入方式，通过贴息、政府与社会资本合作等方式，帮助农村地区引入新技术、新业态，促进农产品精深加工和农村服务业发展，延伸农业产业链。比如，财政部牵头筹建中国农垦产业发展基金。农垦产业发展基金的设立是创新乡村振兴投入保障机制的一个典型。

小结

- 购买性支出包括社会消费性支出和财政投资性支出。
- 社会消费性支出满足的是纯社会公共需要，在财政支出安排上要首先满足这类支出的需要。这类支出包括行政管理支出、国防支出、教科文卫支出。
- 我国目前的社会消费性支出包括一般公共服务支出、国防支出、教育支出、科学技术支出、医疗卫生支出等内容。
- 财政投资性支出主要有两类：基础设施投资和财政对“三农”的投入。
- 从近年来的中央一号文件对“三农”投入的相关政策和采取的财政政策手段看，我国财政对“三农”的投入产生了积极的影响。

拓展阅读篇目

1. 关于教育券的基本原理，有关理论阐述可参阅 Friedman and Friedman(1980)。
2. 浙江长兴教育券的实践，可参阅周其仁(2004)。
3. 关于国防经济学的基础知识，可参见蒋百里(2011)。
4. 近年来的中央一号文件，2019年《中共中央、国务院关于坚持农业农村优先发展做好“三农”工作的若干意见》；2018年《中共中央、国务院关于实施乡村振兴战略的意见》；2017年《中共中央、国务院关于深入推进农业供给侧结构性改革加快培育农业农村发展新动能的若干意见》。

思考与应用

一、关键词

社会消费性支出 公共服务支出 国防支出 教育支出 科学技术支出 医疗卫生支出 财政投资性支出 基础设施投资 PPP 模式 乡村振兴战略

二、思考题

1. 社会消费性支出的性质是什么？
2. 简述我国一般公共服务支出增长变化的原因，思考控制一般公共服务支出的有效措施。
3. 简述我国教育支出的规模、结构和效率。
4. 为什么说发展科学、文教、医疗卫生事业要求多渠道筹资？简述政府与社会公众出资的基本范围。
5. 政府财政投资的特点和范围是什么？
6. 简述基础设施投资的提供方式。
7. 简述政府(财政)介入“三农”投入的理由。
8. 简述财政投入更好助力乡村振兴战略的措施。

案例

2018 年财政重点强农惠农政策

贯彻落实中央农村工作会议、中央一号文件和全国“两会”精神，实施乡村振兴战略，深入推进农业供给侧结构性改革，加快推进农业农村现代化，2018 年中央财政继续加大支农投入，强化项目统筹整合，完善资金使用管理机制。现将 2018 年农业农村部、财政部共同实施的财政重点强农惠农政策发布如下：

一、农民直接补贴

1. 耕地地力保护补贴。补贴对象原则上为拥有耕地承包权的种地农民。补贴资金通过“一卡(折)通”等形式直接兑现到户。具体补贴依据、补贴条件、补贴标准由各省(区、市)继续按照《财政部、农业部关于全面推开农业“三项补贴”改革工作的通知》(财农〔2016〕26 号)要求结合本地实际具体确定，要保持政策的连续性、稳定性，确保广大农民直接受益，鼓励各省(区、市)创新方式方法，以绿色生态为导向，探索将补贴发放与耕地保护责任落实挂钩的机制，引导农民自觉提升耕地地力。

2. 农机购置补贴。中央财政资金全国农机购置补贴机具种类范围为 15 大类、42 个小类、137 个品目，实行补贴范围内机具敞开补贴。补贴对象为从事农业生产的个人和农业生产经营组织。优先保证粮食等主要农产品生产所需机具和深松整地、免耕播种、高效植保、节水灌溉、高效施肥、秸秆还田离田、残膜回收、畜禽粪污资源化利用、病死畜禽无害化处理等支持农业绿色发展机具的补贴需要。允许各省(区、市)选择不超过 3 个品目的产品开展农机新产品购置补贴试点，重点支持绿色生态导向和丘陵山区特色产业适用机具。

3. 生产者补贴。在辽宁、吉林、黑龙江和内蒙古实施玉米及大豆生产者补贴。中央财政将玉米、大豆生产者补贴统筹安排，补贴资金采取“一卡(折)通”等形式兑付给生产者。具体补贴范围、补贴依据、补贴标准由各省(区)人民政府按照中央要求、结合本地实际具体确定，但大豆补贴标准要高于玉米。鼓励各省(区)将补贴资金向优势产区集中。为推动稻谷最低收购价改革，保护种粮农民的收益，在相关稻谷主产省份实施稻谷补贴，中央财政将一定数额的补贴资金拨付到省，由有关省份制定具体补贴实施方案。

4. 棉花目标价格补贴。继续在新疆和新疆生产建设兵团实施棉花目标价格补贴政策，棉花目标价格水平三年一定，2017～2019 年为每吨 18 600 元。补贴资金采取“一卡(折)通”等形式直接兑付给棉花实际种植者。

二、支持新型农业经营主体发展

三、支持农业结构调整

四、支持农村产业融合发展

五、支持绿色高效技术推广服务

六、支持农业资源生态保护和面源污染防治

七、支持农业防灾救灾

八、大县奖励政策

（节选自：农业农村部财务司，2018 年 4 月 3 日。）

［要求］

认真阅读以上内容，结合所学知识，试评价我国财政对“三农”的投入有何积极影响。

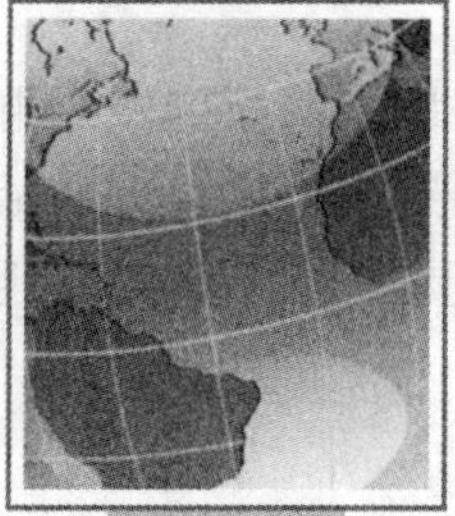

第五章 转移性支出

本章提要

转移性支出主要包括社会保险支出和财政补贴，它体现的是政府的非市场性再分配活动。本章将系统地介绍什么是转移性支出及其对经济的影响，重点阐述社会保险支出，并就我国社会保险制度的筹资方式、资金管理和改革等相关问题进行讨论。

第一节 转移性支出概述

一、转移性支出的含义

转移性支出是相对购买性支出而言的，它是财政支出的另一个重要组成部分，体现出政府的非市场性再分配活动，能够缩小贫富差距，提高公共消费水平，间接调节经济和优化资源配置。在西方国家，转移性支出在财政总支出中位居第一，在经济发展、社会稳定等方面发挥着不可估量的作用。

转移性支出是指政府按照一定的方式，把一部分财政资金无偿地、单方面地转移给居民和其他受益者的支出。与购买性支出不同的是，通过转移性支出，政府部门并不直接占有、消耗社会经济资源，它主要是作为收入分配的一个工具。

转移性支出包括养老金、救济金、各种补助(补贴)、抚恤、捐赠支出等。根据转移性支出的受益性不同，转移性支出可以分为直接转移和间接转移。前者主要指社会救济、社会保险、对消费者的补贴等，后者则指一些对企业、农业生产者的补贴等。在直接转移的情况下，转移性支出的支付对象成为直接受益者，政策选择明确；而在间接转移的情况下，支出的归宿很难确定，其对经济的影响也是不确定的。在作为收入分配的理论分析中，通常是侧重于直接性质的转移性支出。

二、转移性支出的内容

转移性支出主要由社会保险支出和财政补贴构成，它体现的是政府的非市场性再分配活动。在财政支出总额中，转移性支出所占的比重越大，财政活动对收入分配的直接影响就越大。同时，它对生产和就业有着间接的影响。

(一)社会保险支出

社会保险支出是指财政用于社会保险方面的支出。社会保险支出是与社会保险制度联系在一起的。

(二)财政补贴

财政补贴是一国政府根据一定时期的社会经济形势及方针政策，为达到特定的目的，对指定的事项由财政安排的专项资金补助支出。作为一种转移性支出，财政补贴支出与社会保险支出有很多相似性。

（三）税收支出

税收支出是国家为了引导、扶持某些经济活动，刺激投资、消费或者补助某些特殊困难群体而制定的各种税收优惠措施。其实质是政府以特殊的法律条款规定的、给予特定类型的活动或纳税人以各种税收优惠而形成的收入损失或放弃的收入。税收支出是政府的一种间接性支出。

（四）其他转移性支出

除了以上内容外，转移性支出还有其他一些支出项目，主要有外援支出、债务利息支出和其他支出。虽然它们所占的比例并不大，但也有其特殊的作用。

1. 外援支出

外援支出是指政府财政用于援助其他国家或国际组织的项目上的各种支出。在当代国际社会中，国与国之间的政治经济联系日益密切，对外交流日益增加，外援支出已成为一国转移性支出中的一项重要内容。

2. 债务利息支出

债务利息支出是指政府财政用于偿还国内公债和国外借款的还本付息支出。债务利息支出属于转移性支出范畴。

三、转移性支出的经济影响

转移性支出在历史上一直是西方许多国家财政支出中占比较小的一个支出类别，20世纪30年代以来，情况发生了很大变化：(1)转移性支出特别是其中对居民的补助支出，占财政支出的份额急剧增大，在有些国家占财政支出的一半甚至一半以上；(2)用于转移性支出的资金也稳定地由某些特定的税收（如社会保险税）提供；(3)转移性支出日益紧密地同政府的社会保险计划结合在一起。

由于转移性支出具有单方面和无偿的特征，一般来说，西方很多学者把它与税收相对照，称为“负所得税”。税收是居民和企业将资金无偿转移给政府，而转移性支出则是政府将资金无偿转移给居民和企业，这两种转移尽管方向相反，对国民收入在本国居民间的分配格局影响不大，但都会影响政府和非政府经济主体之间以及非政府经济主体内部的资金分配关系。正因为有这种共性，国民收入分配发生了有利于债权人的变化，一些国家常将税收和转移支出手段配合使用。

（一）社会公平的作用

从转移性支出的性质看，转移性支出代表着经济资源经由财政之手，从经济社会中的某一个部门、集团、个人转移到另一个部门、集团、个人手中，因此，它影响和改变着社会成员之间的收入分布状态。转移性支出的重要组成部分——社会保险支出，就是政府直接作用于社会公平问题的产物。从转移性支出的另一个主要部分——财政补贴来看，对居民的直接消费补贴毫无疑问会改变原有的收入分配状况；对生产者和经营者的补贴，其目的主要是为了促进资源配置的帕累托改进，但也是通过收入分配的改变来进行的——通过税收取得补贴资金来源，再经过财政补贴形式转移到享受补贴的生产者或经营者手中，完成收入从纳税人手中向接受补贴的企业的转移。当然，这种收入分配的效应也许是负的。

(二)经济稳定和增长的作用

转移性支出的另一个特点在于它能够对社会经济总体,包括需求、供给、消费、投资产生影响。转移性支出的相当部分会通过种种途径直接或间接转化为私人消费支出和私人投资支出。对居民的转移性支出,会直接转化为居民的可支配收入,从而依据居民的边际消费倾向的大小而形成消费需求。对企业的转移性支出,会增加企业的可支配收入,部分形成企业的投资支出,部分通过增加资本和劳动力的报酬而转化为居民个人的可支配收入,从而进一步增加私人消费需求。这样,就使得转移性支出对社会总需求的形成有重要的制约作用,政府可以通过转移性支出规模的变动来刺激总需求。而转移性支出制度与累进所得税相结合,对社会总需求起着"自动稳定器"的作用。

从社会总供给的角度来说,转移性支出主要通过对需求的影响而影响社会供给。无论是对居民还是对企业的转移性支出,它最终都要转化为购买,由此间接地影响生产的规模,只不过这种形式的影响,要在转移性支出的受益者进行购买后才发生作用。

因此,转移性支出在作为政策工具使用时可以影响宏观经济总量,调节国民收入的增加和经济周期,这种作用集中体现在支出乘数方面,即一定量的财政支出的增加可能引起的国民收入增加的倍数,但是,就转移性支出与购买性支出比较而言,转移性支出乘数小于购买性支出乘数,因为政府对商品和劳务的购买是总需求和国民生产总值的直接组成部分,而转移性支出则要使购买力转移到受益人手中后才发生对收入增加的效应。

第二节　社会保险基金支出

一、社会保险制度概述

(一)社会保险及社会保险制度

社会保险(Social Security)是指国家向丧失劳动能力、失去就业机会以及遇到其他不幸事故而面临生活困难的居民提供的基本生活保障。它是现代国家和文明社会的标志,也是现代社会中一种制度化的安全措施。

社会保险具有以下基本特征:

1. 社会性

从现代社会保险来看,社会性主要表现在社会保险管理的社会性和社会保险资金来源的社会性。一方面,社会保险管理的责任主体是政府或国家授权的社会保险机构,需要国家或政府统一管理;另一方面,社会保险资金来源于国家、企业和个人以及社会捐助等多种渠道,从而体现社会保险的社会性原则。

2. 强制性

社会保险的对象、内容、资金筹集方式等一般是由国家通过法律、法规的形式规定的,具有明显的强制性。采取强制的做法,是因为社会保险的目的是为了稳定社会,促进整个社会经济的协调、稳定发展。它保障的范围是全社会,受益者很广泛,要想顺利进行保障工作,必须依法进行。

3. 共济性

社会保险虽然遵循权利与义务对等的原则,但就劳动者来说,这并不意味着所享受的权利与义务正好相等。社会保险制度通过集中全体社会成员的一部分财力,而在某一时点上对部分社会成员提供帮助，以此来增强劳动者个人抵御风险的能力。可以说，社会保险是一种有效的经济补偿手段，通过所有成员的互助互济，实现对少数遭遇风险的成员的收入损失补偿。从世界各国的情况看，市场经济体制的国家普遍开展了社会保险制度，原因之一就是在市场经济条件下劳动者面临着各种各样的风险，单靠个人或家庭是无法抵御的，而社会保险具有的共济性，可以帮助人们增强抵御风险的能力，从而促进社会稳定。

4. 公平性

社会保险作为一种再分配手段，强调分配的公平性。它采用的是经济或物质援助手段，为社会成员的基本生活权利提供安全保障，以确保社会成员不因特定事件的发生而陷入生存困境。任何一个社会成员，当其基本生活发生困难时，都应该均等地获得社会保险机会和权利。而且，社会保险通过法律手段强制征集保障基金，再分配给低收入或丧失收入来源的社会成员，以帮助他们渡过难关，这在一定程度上弥补了个人收入分配上的不平等，从而促进整个社会分配趋于公平。

5. 储蓄性

社会保险是自成体系的国民收入分配与再分配方式，其运行过程具有其明显的规律性与特殊性，如保障资金是先行扣除、缴纳和储存，然后进行分配和使用。也就是说，政府将劳动者在青壮年时期所创造的一部分财富逐年逐月进行强制性扣除，上缴给国家，积累起社会保险基金，等劳动者需要保障时，再根据实际需要进行分配和使用。社会保险的储蓄性意味着，劳动者的社会保险基金的分配使用是将原来储存的社会保险基金返还给劳动者，其实质是“取之于民，用之于民”。

在理解社会保险时，要注意以下两点：第一，社会保险是由政府在社会范围内组织实施的，因而不同于劳动者就业单位自己为职工举办的经济保障计划；第二，社会保险的受益人为公民中遇到生、老、病、残、失业等事故而亟待获得物质帮助者，这种受益的选择性是社会保险区别于政府举办的、旨在使公民普遍受益的一般公共福利事业的重要标志。

一个国家的社会保险支出状况如何，与该国的社会保险制度紧密相关。各国的社会保险制度不同，相应的社会保险支出也就不同。

所谓社会保险制度，是以社会的共同力量对社会全体成员因各种个人无法抗拒的客观原因，导致其难以维持必要生活水平时提供的物质保证，是具有福利性质的社会稳定制度。这里的“社会共同力量”和“社会全体成员”构成了提供保障者和被保障者，其保障也不是指一种精神保障，而是指物质保障。这里的“社会共同力量”，只能是在社会管理者的组织监督下形成的力量。

社会保险制度起源于德国，而1601年英国《伊丽莎白济贫法》的颁布是现代社会保险制度萌芽阶段的标志。19世纪80年代，德国依次颁布了《疾病社会保险法》《工伤事故保险法》《老年和社会保险法》，标志着世界上第一部完整的社会保险体系的建立，社会保险制度由此诞生。1935年，美国通过了历史上第一部《社会保险法》，第一次提出“社会保险”的概念，在美国建立了社会保险制度；随后，英国、法国也通过了类似的社会保险立法。20世纪后半期，英国政府以实现充分就业和社会福利为纲领，先后通过了一系列重要立法，英国第一个建成了福利国家。在此影响下，西欧国家、北欧国家、北美洲国家、大洋洲发达国家和地区，也均先后宣布实施“普遍福利”的政策，社会保险进入了完善阶段。

(二)政府介入社会保险市场的经济分析

政府之所以要介入社会保险市场，主要基于以下几个方面的原因：

1. 私人保险面临的“逆向选择”问题

所谓“逆向选择”，是指私人保险对某类人设定一个保险费用，那些愿意购买保险的人往往比同类人有更高的风险（即易得病），所以风险较小者（身体健康者）便不愿意购买保险（因为是健康者补贴易患病者）。由于愿意购买保险的人中高风险者的比例很高，保险公司被迫提高保险费，结果是越来越少的人买得起保险，使保险市场萎缩。与私人保险不同的是，政府可以强制所有人购买保险，以避免“逆向选择”问题的副作用。

2. 私人保险公司降低社会风险的能力较弱

个人所面临的许多重大风险是无法通过市场来提供保险的，如失业保险和养老保险等。私人保险所提供的保险在降低社会风险的能力方面低于政府，这在通货膨胀和战争时期表现得尤为突出。而政府介入社会保险可以大大增强社会抗风险的能力，因为政府可以通过征税来实现对社会风险的保险，从而能使几代人共同承担风险。

3. 政府介入社会保险可以降低决策成本

保险市场是十分复杂的，个人可能要耗费相当多的时间和精力来选购恰当的保险单。如果公共决策者可以为每一个人选择一项恰当的保险计划，个人就不必在决策上浪费资源了。当然，也有人对这种观点持批评态度，因为没有理由相信，政府一定能为每个人选择恰当的保险单，毕竟不同的人需求不同。

4. 社会保险（尤其是养老保险）是一种优质品

通常的看法是社会保险（尤其是养老保险）是一种优质品，由于个人缺乏远见，不能为自己的利益而购买足够的保险，因此，政府强制个人购买，可以防止社会成员在现在与未来的安排上因选择不当而造成贫困现象。

5. 出于收入再分配的考虑

市场是以各人对生产所做的贡献（包括劳动和资本）大小来分配收入的。由于各人所拥有的体力、智力、天赋和资本不同，因此，根据市场规则进行的分配必然会造成贫富差距。政府可以通过社会保险政策来纠正和弥补市场机制下收入分配的缺陷。

（三）世界各国社会保险制度的类型

迄今为止，世界上已有将近150个国家或地区建立了社会保险制度。但由于世界各国的社会制度、经济实力和文化背景等不同，推行社会保险制度的时间有先有后、有长有短，因此，各国社会保险制度在政策取向、制度设计、项目多寡、具体标准及实施办法等方面既有共同点，也有差异之处。从社会保险的主要方面进行分析和综合，世界各国的社会保险制度大致可以分为救助型、保险型、福利型、国家保障型和自助型五种模式。

1. 救助型社会保险制度

救助型社会保险制度是指国家通过建立、健全社会保险的有关规章制度，保证每个社会成员在遇到各种不测事故时能得到救助而不至于陷入贫困。对于已经处于贫困境地的人们，则发给社会保险津贴，以维持其基本生活。这种救助型社会保险制度是工业化开始前后所实行的单项或多项救助制度。按社会保险的标准来衡量，只能说它处于起步阶段，是社会保险制度中的一种初级的、不成熟的、不完备的形式。

2. 保险型社会保险制度

保险型社会保险制度是在工业化取得一定成效、经济有雄厚基础的情况下实行的。其目标是国家为公民提供一系列的基本生活保障，在使公民的失业、年老、伤残以及由于婚姻关系、生育或死亡而需要特别支出的情况下，得到经济补偿和保障。它起源于德国，随后为西欧、美国、日本所仿效。

3. 福利型社会保险制度

福利型社会保险制度是在经济比较发达、整个社会物质生活水平提高的情况下实行的一种比较全面的保障形式，这一保障制度对于每个公民由生到死的一切生活及危险，诸如疾病、灾害、老年、生育、死亡以及鳏、寡、孤、独、残疾人都给予安全保障。这项制度来源于福利国家的福利政策，由英国初创，接着在北欧各国流行。

4. 国家保障型社会保险制度

国家保障型社会保险制度是传统的社会主义国家以公有制为基础的社会保险制度，属于国家保障性质。其宗旨是“最充分地满足无劳动能力者的需要，保护劳动者的健康并维持其工作能力”。国家把社会保险作为解决劳动的社会经济问题的杠杆之一。苏联是这一类型的首创者与代表。

5. 自助型社会保险制度

自助型社会保险制度是指以自助为主、以促进经济发展为目标的保障形式。其特征是政府不提供资助，除公共福利与文化设施外，费用由雇主和雇员负担。这种制度主要在新加坡、马来西亚、印度尼西亚等国家实行并在新加坡等国取得了显著成效。

从世界各国的社会保险发展过程看，由于各国基本社会制度和国情的差异，社会保险机制和保障水平明显不同，使其对储蓄和消费的影响也不尽相同。各国一般使用社会保险支出与国民收入(或者是国民生产总值)的比，作为各国社会保险支出规模的显示指标。按照这个指标，日本为 13.8%，瑞典为 49.0%，法国为 34.9%，德国为 29.7%，英国为 24.5%，美国为 18.0%(均为 1991 年数)。

二、社会保险支出的内容

按照满足需求层次的不同，社会保险的基本内容包括以下几个方面：

(一)社会保险

所谓社会保险，是指以劳动者为保障对象，在劳动者因年老、疾病、伤残、生育、失业等原因暂时或永久性失去劳动能力或劳动机会，从而部分或全部地失去正常收入时提供物质帮助，以保障劳动者及家属的基本生活。

社会保险是社会保险制度的核心内容，其完善程度也成为一个国家社会保险制度是否健全的标志。社会保险是通过国家立法建立的保障制度，凡是法律覆盖范围内的人群都必须参加，因此，强制性成为社会保险的最主要特征。社会保险保障的对象主要是劳动者以及劳动者的家庭，有的项目涉及劳动者家庭，有的项目并不涉及。

社会保险的项目一般包括：(1)养老保险，即向达到退休年龄的离退休职工支付养老金，以确保劳动者在年老失去劳动能力或退出就业领域时，享有退休养老权利的一项社会福利制度。(2)失业保险，即向登记的非自愿失业者提供生活津贴，以保障其基本生活的社会保险制度。(3)医疗保险，即对社会成员因疾病造成的经济困难及其医疗费用给予必要的补偿，以维护劳动者应享有的疾病预防和治疗权利的一项社会保险制度。(4)伤残保险，即向未达到退休年龄却部分或全部丧失劳动能力的劳动者支付伤残补助金的一种社会保险制度。(5)工伤保险，即向因为在工作时间内受到身体伤害的劳动者给予补偿的保险制度。(6)生育保险，即社会为生育者在生育及相关期间的利益提供的一种社会保险制度。(7)丧葬补助，即向已故职工的家属支付的一次性丧葬补助金。

我们通常所说的社会保险水平，是指被保险人能够享受到的保险待遇水平。而社会保险范围，是指社会保险覆盖的人群占全社会成员的比例。一个国家社会保险水平的高低和社会保险范围的大小要受到很多因素的影响，这些因素主要包括经济发展水平、政府财政收支状况和社会保险政策等。

（二）社会福利

所谓社会福利，是指国家和社会通过各种福利机构向社会成员提供超值服务或提供福利津贴，使社会成员在基本生活水平得到保证的基础上不断增加福利待遇的社会保险制度。由于社会福利满足的是人们改善和提高生活质量的需要，因此被称为高层次的社会保险措施。

一国的社会福利体系一般包括三个部分，即个人福利、一般社会福利和特殊社会福利。个人福利是指个人享受到集体福利设施、各种福利性开支、补贴以及各种增进物质利益的措施。一般社会福利是指国家和社会有关部门及团体举办的社会文化教育卫生事业以及城镇建设、服务网点、社会服务等。

中国社会保险实践中，目前主要是为老年人、孤儿和残疾人等群体提供特殊社会福利。国家和社会采取措施，改善老年人的生活、健康以及参与社会发展的条件；为儿童提供教育、计划免疫等社会福利，特别是为残疾儿童、孤儿和弃婴等处在特殊困境下的儿童提供福利项目、设施和服务，保障其生活、康复和教育；为残疾人康复、教育、劳动就业、文化生活、社会福利等提供法律保障。

（三）社会救助

社会救助也称为社会救济，是指国家和社会对由于贫困及各种灾害等原因造成的不幸者组成的社会脆弱群体无偿提供物质援助的一种社会保险制度。

社会救助是社会保险的最低层次。它的对象是社会中的最弱者群体，或者是群体公民中的最弱者群体。社会救助是以政府为主体的，政府也可以通过一些政策来鼓励民间团体、社会甚至企业来帮助这些群体。它的覆盖面是最广的，但是从一个社会来讲，往往它的覆盖人数是很少的。

社会救助的功能主要有解救功能、辅助功能、稳定功能和激励功能。

社会救助主要包括贫困救助、灾害救助与特殊救助等。具体来说，主要包括以下项目：(1)城市居民最低生活保障。凡共同生活的家庭成员人均收入低于当地城市居民最低生活标准的，均可从当地政府获得基本生活物质帮助；对无生活来源，无劳动能力，无法定赡养人、扶养人或者抚养人的城市居民，可按当地城市居民最低生活保障标准全额救助。(2)灾害救助，指国家建立的针对突发性自然灾害的应急体系和社会救助制度。灾害发生时及时抢救、转移受灾群众，灾后引导群众进行生产自救、互助互济，并动员社会各方力量参与，最大限度地减少灾害造成的人员伤亡和财产损失，确保受灾群众有饭吃、有衣穿、有房住、有病能医。(3)流浪乞讨人员救助。对在城市生活无着的流浪乞讨人员给予关爱性的救助管理，根据受助人员的不同情况和需求，给予食宿、医疗、通信、返乡及接送等方面的救助服务。(4)社会互助，指社会成员自愿组织和参与的扶弱济困活动。

（四）社会优抚

社会优抚是国家按照规定对法定的优抚对象，如现役军人及其家属、退休和退伍军人、烈军属等，为保证其一定的生活水平而提供的资助和服务。社会优抚是一种带有褒扬、优待和抚恤性质的特殊社会保险制度，其资金来源于国家财政。

三、社会保险支出的资金来源与筹集方式

实施社会保险是政府的一项重要职能，要使其发挥作用，重要的一环就是要有资金来源。资金的筹措既使社会保险制度得以启动，又使社会保险制度得以顺利运行的物质基础。足额的资金数量、适当的筹资方式，可以使社会保险更好地发挥其积极影响。

(一)社会保险资金的来源

筹集社会保险资金，既要能满足社会保险的实际需要，更要充分考虑到国民经济的发展水平，考虑到国家、企业和个人的经济负担能力。社会保险资金的来源，世界上大多数国家实行由政府、企业和个人共同负担的办法，或者依据具体情况，由这三种来源的不同组合构成。

1. 政府财政负担亦是政府在财政预算中安排一部分资金，用于社会保险方面的开支

这是社会保险基金中重要的、稳定的来源。由于财政负担来自一般税收，一些国家还征收社会保险税，从而使财政负担与税收关系更直接地体现了人人负担的特点。作为政府的社会义务，财政负担社会保险资金是政府职能的重要体现，它对稳定社会保险给付的作用是明显的。

2. 企业(雇主)缴纳社会保险费

这是社会保险基金的又一个重要来源。劳动者为某个企业提供了劳动力，创造了相当的社会财富，为供职企业也提供了相应的成果，雇用的企业单位有义务为其缴纳社会保险费，这些费用可以列入企业经营成本。

3. 个人负担一部分社会保险费是必要的

这有助于减少个人收入之间的差距，收入高的多交一些，收入低的少交一些，发挥了社会保险的调节作用。个人负担一部分社会保险也可以促使人们关心社会保险事业，减轻国家和企业的负担。

(二)社会保险资金的筹集方式

从理论上讲，社会保险资金的筹集方式有三种：现收现付制、完全基金制和部分基金制。

1. 现收现付制

现收现付制是按财政收支年度平衡的原则，将所有正在工作的人的社会保险费作为资金，全部支付给同一时期里另一部分接受社会保险给付的人。具体做法是：第一，对当年或近期内各项社会保险所支付的费用进行测算；第二，按照需要分摊到参保的单位和个人，按照同一比例提取，当年支付，不为以后年份提供储备金。

与完全基金制相比，现收现付制基金贬值较少。因为它是依据当年收支平衡的原则，将当年的缴费收入全部用于当年的社会保险支出，不保留资金储备，故基金贬值较少。现收现付的交费基准是现今在职人员的名义工资，因此，它的互济性较强，不会在代际间由于经济发展水平不同而造成生活水平上的很大差异。如果社会保险水平和人口结构不发生变化，现收现付制就不会发生代际间的收入转移。但是，随着社会保险水平的提高，特别是人口的老龄化，这种方式会造成在职劳动者的负担越来越重，甚至出现支付危机。从经济学角度看，现收现付方式使得个人的支出与收益更加分离，因而造成社会资源浪费的可能性更大。

2. 完全基金制

完全基金制也叫积累制，它是一种以长期纵向收支平衡原则为依据的基金筹集模式，是定期向正在工作的所有人收取保险费，同时将收取的保险费作为基金进行积累和营运，当投保人达到一定条件后，从积累基金的本息以及营运收益中接受定期或一次性支付。它要求劳动者

在整个就业或投保期内采取储蓄积累方式筹集社会保险基金。

具体办法是：首先对社会经济发展水平、人口状况、失业率、退休比率、指数化工资率、预期平均寿命、利息率等相关指标进行预测，综合测算出参加社会保险的成员在整个投保或退休期享受各种社会保险待遇所需的基金总额；其次，采取先提后用的办法，将其按照一定的提取比例分摊到整个投保期间，由投保人按期提取，同时，对已提取但尚未支付的保险基金进行有计划的管理和运营。

这种模式体现了社会保险的储备职能，使社会保险有一个较为稳定的经济保证。在这种模式中，进行长期预测的科学管理要求有较强的专业性，而且由于时间跨度大，储备基金容易受到通货膨胀的影响，基金的保值与增值的压力非常大。严格的完全基金制不发生收入转移，至少不发生代际间的收入转移。因此，对人们的预期可支配收入不发生影响，从而不会扭曲个人消费行为的选择，在资源配置上具有中立性。如果对积累的基金加以有效运用，通过规模效应，还能给社会带来更大的收益。如何管理和营运社会保险基金的问题，成为现实中能否采用这一方式的关键。如果现实经济像古典经济学理论设想的那样，名义工资总是一定的，劳动生产率的提高会使物价水平下降，那么，经济的发展不仅不会使得积累基金贬值，而且基金积累所带来的利息还会使基金本身增值。但是，现实经济中实际工资和物价的同时上涨，会使积累基金贬值。因此，只有积累基金的运用收益高于基金的贬值，完全基金积累制才能真正起到社会保险的作用。

3. 部分基金制

部分基金制是指将在职人员缴费分成两部分，其中一部分作为基金进行积累，另一部分用于现期的社会保险支出。这种方式将近期横向收支平衡与远期纵向收支平衡相结合，在满足一定时期支出需要的前提下留有一定的储备金，凭此确定收费率。这种方式是建立社会保险基金较为灵活的模式，一方面，它可以避免收费率的频繁调整，使企业和财政的社会保险支出负担均衡；另一方面，由于储备数量少，受通货膨胀的影响就小，能够比较好地保证社会保险基金受益者的生活水平不至于下降。由于部分基金制同时具备了前两种模式的优点，因此，世界上许多国家都采用这种模式。我国的养老保险实行的就是社会统筹与个人账户相结合的制度。

上述三种方式各有利弊，在实际运用当中，各个国家可以根据各自的情况以及社会保险内容的不同特点，选择符合本国国情的社会保险资金的筹集方式。从各国的情况来看，对于一些收费与给付之间间隔较短，对个人来说风险预测较为困难的社会保险，如医疗保险、失业保险等，大多采取现收现付制。

具体来看，社会保险资金的筹集主要有以下方式：

1. 社会保险税

社会保险税是强制征集社会保险资金最普遍和有效的方式，这种方式之所以会被广泛采用，是因为：一方面，现代社会经济的稳定发展，越来越表现出对社会保险制度的依赖性，并且随着社会保险制度的不断深化，其费用支付的延续性与增长的需要要求社会保险资金有稳定的资金来源；另一方面，社会保险资金的筹集方式与税收的征收方式相似，带有明显的税收化倾向，而这种税收化的倾向能够保证社会保险资金筹集的顺利进行与征收的固定化。采用这种方式筹集基金，有利于保证社会保险资金有稳定充足的来源。

2. 社会统筹

社会统筹是指由企业、事业单位团体及职工个人按照一定的标准预提各种社会保险资金，交由社会保险统筹机构，实行一定范围内的社会统筹。

3. 政府预算拨款

政府预算拨款是指国家在政府预算中设立社会保险资金参与国民收入的分配和再分配，形成预算收入，将其中一部分用于各种抚恤费、社会福利救济费、自然灾害救济费、预算内行政事业单位离退休费用等项目拨款支出。

四、社会保险支出的财政管理

在市场经济条件下，举办社会保险事业是政府义不容辞的责任，其意义不仅在于调节收入分配、实现公平目标，还在于缓冲、化解由于市场波动可能导致的社会危机，实现社会稳定，保证市场经济有序运行。政府举办社会保险事业，需要有财政的介入。社会优抚救济及社会福利由财政通过税收筹款——直接拨款的方式进行，而养老、医疗等社会保险项目则需要财政充当经济总担保的角色。因此，社会保险资金的筹集、使用、管理构成了财政管理的内容之一。

世界各国的社会保险资金的管理通常有以下两种形式：

1. 预算管理

将社会保险收支纳入政府一般预算，直接与政府开支融为一体，社会保险收支结余可以以一定的方式支持其他政府预算，而如果社会保险出现赤字，则需要其他预算资金的直接支持。西方一些发达国家如英国、瑞典及北欧其他国家等采取这种管理方式，直接在政府预算中组织和安排社会保险资金支出。这种管理方式的优点是操作简单，追求年度平衡；缺陷是社会保险与财政其他收支项目混淆不清，无法分清国家、企业、个人对社会保险所承担的责任，也无法积累社会保险资金，并可能因社会保险侵蚀国家财政而损害整个社会的公平与效率。

2. 基金管理

即将社会保险的资金管理与政府的经常性收支相分离，单独以专项基金的形式进行管理，仅将其纳入统计意义上的财政预算。社会保险基金实行专款专用并按自身规律进行管理，其结余不能弥补财政赤字。这种管理形式，典型的如美国，在联邦政府预算之外设立各种信托基金，如老年、遗嘱、残疾保险信托基金等。这种社会保险基金具有较强的独立性，但财政不可能因此而完全脱离关系，财政往往承担着相应的社会保险缴费(税)的责任，直接拨付社会保险管理费用，或补贴社会保险出现的亏损，同时不同程度地参与社会保险的管理和监督。

就两种管理形式相比较而言，社会保险资金纳入国家预算管理，社会保险支出成为财政支出的一部分，财政必须按有关规定及时拨付，以保证满足劳动者和社会成员的基本生活需要。而社会保险不纳入预算管理，社会保险支出对财政支出没有太大的影响，只有当社会保险基金出现支付危机时，才需要财政给予补贴或拨补。从发展的趋势看，为了避免社会保险基金的年度结余掩盖财政赤字的真相以及克服国家对社会保险责任包揽过多的弊端，一些原来实行预算管理模式的国家摒弃了这种管理形式而转向基金式管理。例如，美国国会在 1987 年通过对《社会保险法》的修订，从 1993 年起将养老保险、遗嘱保险和伤残住院保险等社会保险收支计划从国家预算内拿到预算外进行管理。加拿大也已将养老保险基金从联邦政府赤字口径的财政预算中拿出去，列入只具有统计意义的统一现金预算。一些经济转型国家近几年来对社会保险制度改革的一个重要内容，就是使社会保险收支计划同国家预算脱钩。

此外，在上述两种财政管理形式以外，还有一种与财政完全脱离的社会保险资金的财务管理形式，即在国家财政预算之外设立专门的社会保险制度，由国家指定的专门部门或基金组织对其进行专业化管理。如新加坡等国就是如此，由公积金进行单独管理，完全独立于国家财政之外，财政不承担社会保险基金的补亏责任，其对社会保险的支持与管理，主要体现在个人、企业所缴纳的社会保险费可以作为税前开支，以及按照一般法律对社会保险进行财务监督。

第三节　中国社会保险基金制度

一、中国社会保险基金制度的演变历程

（一）传统体制下中国社会保险制度

中华人民共和国成立伊始，国家和社会就高度重视社会保险问题。我国宪法明确规定了对国民生活权利的保障，并制定了相关的社会保险法律、法规、制度。由于中华人民共和国成立后实行的是高度集中统一的计划经济，国家包揽了经济生活的一切，财政上统收统支。在个人收入分配方面，按照马克思主义的分配原理，工资分配被看作是扣除了一切社会扣除之后的"不折不扣的劳动所得"，国家通过强制性的计划干预来实现对全体人民的全面保障。整个国家的社会保险制度由国家保障、企业保障和农村集体保障三个部分组成。

1. 国家保障

这是以中央政府为直接责任主体，以统收统支的中央财政为财力后盾，面向全社会无偿提供以社会救助和社会福利为中心的社会保险措施。其主要内容包括社会救济、社会福利、社会抚恤和优抚、社会保险和福利补助。

2. 企业保障

这是企业单位以本企业的收入为经济基础，以本企业的职工及其家属为保障对象的一种保障制度，其内容包括就业、退休、工伤、医疗、福利、生育及职工困难补助。这种保障制度是中国社会保险制度的主体部分，也是世界上独一无二的社会保险制度。

3. 农村集体保障

这是以农村集体所有制的农村社队为组织，以农村集体成员为保障对象，提供基本生活保障的一种制度。其主要内容为：一是包括在集体统一分配中，并以人口多寡为主要依据的社会福利性保障；二是对无劳动能力、无生活来源、无抚养义务的老年、残疾和未成年人提供的以保吃、保住、保穿、保医、保葬（孤儿保教）为内容的"五保户"保障；三是在社队集体核算及其补助基础上建立的农村合作医疗保障；四是其他保障，如军烈属的优待和对贫困户的扶持。

这种社会保险制度带有明显的计划经济的特征，主要表现在：一是以计划经济为实施基础，服从于国家指令性计划和企业（农村集体）的收入分配计划。二是与劳动就业制度相联系。国有企业是政府的附属物，农村集体经济也是"一大二公"，两者都作为永久性组织，无竞争和淘汰的风险。劳动者不能自由流动，一旦进入企业，其生老病死、伤残孤寡、衣食住行、工作学习都由国家和企业负责。三是无偿性和差别性并存。每个社会成员都无偿享受各种有关的社会保险待遇，不用缴纳任何费用。另一方面，由于国有企业和集体企业的计划性不同，不同的社会成员享受不同的社会保险待遇。国有企业成员享受全方位的社会保险。农村集体经济成员因此只享有"五保户"、合作医疗以及有限的救灾救济。

20 世纪 80 年代中期以来，伴随着社会主义市场经济体制的建立和完善，中国对计划经济时期的社会保险制度进行了一系列改革，逐步建立起与市场经济体制相适应、由中央政府和地方政府分级负责的社会保险制度基本框架。

1993 年，中国提出建立社会主义市场经济体制的目标，把社会保险制度作为这一体制的重要组成部分之一，明确了社会保险制度建设的目标和任务。在十多年的改革中，中国实行社

会统筹与个人账户相结合的基本制度，确立了多层次的社会保险制度的框架。通过实行个人缴费，加大政府财政投入和建立全国社会保险基金，初步形成了国家、企业和个人多元筹资的机制。

（二）20 世纪 90 年代后期社会保险制度改革全面展开阶段

1998 年 3 月，新一届中央政府在保留民政部的同时组建了劳动和社会保障部，统一了社会保险的管理体制，改革目标是建立独立于企事业单位之外的社会保险体系，实现筹建渠道多元化、管理服务社会化的目标。社会保险制度改革的重点是实现养老保险、医疗保险和失业保险等项社会保险制度的创新，建立一套适应社会主义市场经济要求的社会保险制度。社会保险制度改革步伐大大加快、改革力度大大增强，社会保险体系建设取得了长足发展。

2003 年，党的十六届三中全会继续强调要加快建设与经济发展水平相适应的改革城镇职工的基本医疗保险制度，完善城市居民最低生活保障制度。

2006 年，国家"十一五"规划着重强调必须加强和谐社会建设。按照以人为本的原则，提出社会保险方面的发展目标是扩大社会保险覆盖面，城镇基本养老保险覆盖人数达到 2.23 亿人，新型农村合作医疗覆盖率提高到 80%以上。

2008 年，为了进一步理顺社会保险管理，国务院组建人力资源与劳动社会保障部，统一管理和实施机关事业单位和企业的社会保险。

2010 年，我国通过了《中华人民共和国社会保险法》，中国社会保险制度逐渐走上了政府主导、责任分担、社会化、多层次化的发展道路，制度框架初步形成，并日益呈现出"国家—社会保险制"的特征。

2013 年 11 月通过的《中共中央关于全面深化改革若干重大问题的决定》提出，要建立更加公平、可持续的社会保险制度，健全社会保险财政投入制度，完善社会保险预算制度。

2018 年 7 月，国家医疗保障局会同财政部、人力资源社会保障部、国家卫生健康委员会联合印发《关于做好 2018 年城乡居民基本医疗保险工作的通知》，提出 2018 年各级财政人均补助标准在 2017 年基础上新增 40 元，达到每人每年不低于 490 元，城乡居民医保人均个人缴费标准同步新增 40 元，达到每人每年 220 元。

经过几十年的发展，中国建立了具有自己特色的社会保险制度，形成了目前以养老、失业、医疗三大保险为基本项目，以工伤保险、生育保险、社会救济和社会福利为辅助项目的社会保险体系。截至 2017 年末，我国已经形成收入达 67 154 亿元、支出达 57 145 亿元、累计结余达 7.6 万亿元的巨大的社会保险基金规模。我国 1990 年以来社会保险基金收支及累计结余情况见表 5—1。

表 5—1　　中国社会保险基金收支及累计结余情况　　单位：亿元

项　目	合计	基本养老保险	失业保险	医疗保险	工伤保险	生育保险
基金收入						
1990 年	186.8	178.8	7.2	—	—	—
1995 年	1 006.0	950.1	35.3	9.7	8.1	2.9
2000 年	2 644.9	2 278.5	160.4	170.0	24.8	11.2
2005 年	6 975.2	5 093.3	340.3	1 405.3	92.5	43.8
2010 年	18 822.8	13 419.5	649.8	4 308.9	284.9	159.6
2015 年	46 012	29 341	1 368	11 193	754	502

续表

项 目	合计	基本养老保险	失业保险	医疗保险	工伤保险	生育保险
基金支出						
1990 年	151.9	149.3	2.5	—	—	—
1995 年	877.1	847.6	18.9	7.3	1.8	1.6
2000 年	2 385.6	2 115.5	123.4	124.5	13.8	8.3
2005 年	5 400.8	4 040.3	206.9	1 078.7	47.5	27.4
2010 年	14 818.5	10 554.9	423.3	3 538.1	192.4	109.9
2015 年	38 988	25 813	736	9 312	599	411
累计结余						
1990 年	117.3	97.9	19.5	—	—	—
1995 年	516.8	429.8	68.4	3.1	12.7	2.7
2000 年	1 327.5	947.1	195.9	109.8	57.9	16.8
2005 年	6 073.7	4 041.0	519.0	1 278.1	163.5	72.1
2010 年	22 902.7	15 365.3	1 749.8	5 047.1	479.1	261.4
2015 年	50 511	35 345	5 083	8 114	1 285	684

注：2010 年和 2015 年医疗保险基金中包括城镇职工基本医疗保险和城镇居民基本医疗保险。

资料来源：《中国统计年鉴(2016)》。

二、中国现行的社会保险制度

中国的社会保险制度包括社会保险、社会救助、社会福利、社会优抚等。社会保险是社会保险制度的核心部分，包括养老保险、医疗保险、失业保险、工伤保险和生育保险，其中，养老保险、失业保险和医疗保险为基础项目，工伤保险和生育保险为辅助社会保险项目。

(一)社会保险制度

1. 养老保险制度

我国的养老保险制度总体上分为城镇和农村两个部分，其中正在完善的城镇职工养老保险体系由城镇职工基本养老保险、企业年金和个人储蓄性养老保险三个部分组成；而农村的养老保险制度则主要是新型农村社会养老保险。我国养老保险制度在不断完善，从 2010 年 1 月 1 日起我国开始施行《城镇企业职工基本养老保险关系转移接续暂行办法》，包括农民工在内的参加城镇企业职工基本养老保险的所有人员，其基本养老保险关系可在跨省就业时随同转移；在转移个人账户储存额的同时还转移部分单位缴费；参保人员在各地的缴费年限合并计算，个人账户储存额累计计算。

据统计，截至 2017 年末，全国参加基本养老保险人数为 91 548 万人，比上年末增加 2 771 万人；参加城镇职工基本养老保险人数为 40 293 万人，比上年末增加 2 364 万人；城乡居民基本养老保险参保人数为 51 255 万人，比上年末增加 408 万人；年末全国有 8.04 万户企业建立了企业年金，比上年增长 5.4%，参加职工人数为 2 331 万人。

2. 医疗保险制度

我国的医疗保险制度由城镇职工基本医疗保险、新型农村合作医疗制度和城镇居民基本医疗保险制度组成。

(1)城镇职工基本医疗保险。

1998年12月,国务院下发了《关于建立城镇职工基本医疗保险制度的决定》,从而创建了我国现行城镇职工基本医疗保险制度。我国的城镇医疗保险是职工保险而非居民保险。基本医疗保险基金实行社会统筹与个人账户相结合的运行模式。可以说,基本医疗保险的覆盖范围是目前我国社会保险制度中覆盖范围较广的保险制度之一。截至2017年底,全国参加职工基本医疗保险人数达30 323万人,比上年末增加791万人。

我国目前并未建立社会保险预算,基本医疗保险基金没有纳入预算内管理,而是纳入社会保险基金财政专户管理,专款专用。社会保险经办机构的事业经费由各级财政预算解决,不允许从基本医疗保险基金中提取。基本医疗保险基金应坚持"以支定收、量入为出、收支平衡"的原则。

(2)新型农村合作医疗制度。

2003年1月,国务院办公厅转发了卫计委、财政部和农业部《关于建立新型农村合作医疗制度的意见》(以下简称《意见》),提出"新型农村合作医疗制度是由政府组织、引导、支持,农民自愿参加,个人、集体和政府多方筹资,以大病统筹为主的农民医疗互助共济制度"。该《意见》还具体提出了"新农合"的筹资办法,即新型农村合作医疗制度实行个人缴费、集体扶持和政府资助相结合的筹资机制;农民个人每年的缴费标准不应低于10元,经济条件好的地区可相应提高缴费标准。2015年,农民个人缴费标准在2014年的基础上提高30元,达到每人每年120元左右;2017年,农民个人缴费标准原则上全国平均达到180元左右。

2015年,各级财政对新农合的人均补助标准在2014年的基础上提高60元,达到380元;2017年,新农合的人均补助由2016年的420元提高到450元。截至2015年底,全国参加新型农村合作医疗人口数达6.7亿人,参合率为98.8%。2015年度新农合筹资总额达3 286.6亿元,人均筹资490.3元,全国新农合基金支出2 993.5亿元。

(3)城镇居民基本医疗保险制度。

2007年8月,国务院发布了《关于开展城镇居民基本医疗保险试点的指导意见》,决定启动城镇居民基本医疗保险的试点工作,建立了国务院城镇居民基本医疗保险部际联席会议制度。2007年试点覆盖了79个城市,2008年新增229个试点城市,试点城市总数达到308个。城镇居民缴纳的基本医疗保险费,全部用于建立统筹基金,不建立个人账户,不累计计算缴费年限(另有规定的人员除外),缴费当期享受相关待遇。截至2017年底,参加城镇居民基本医疗保险人数为87 359万人,比上年末增加42 499万。

从2010年7月1日开始,流动人员跨省就业时可以转移自己的医保关系,个人账户可以跟随转移划转。除医保关系可跨省转移之外,随参保人身份的变化,城镇企业职工基本医疗保险、城镇居民基本医疗保险、新型农村合作医疗三种不同类型的医疗保险关系也可互相转移。2016年1月,国务院发布了《关于整合城乡居民基本医疗保险制度的意见》,提出要整合城镇居民基本医疗保险和新型农村合作医疗两项制度,建立统一的城乡居民基本医疗保险制度。城乡居民医保制度的覆盖范围包括现有城镇居民医保和新农合所有应参保(合)人员,即覆盖除职工基本医疗保险应参保人员以外的其他所有城乡居民。坚持多渠道筹资,继续实行个人缴费与政府补助相结合为主的筹资方式,鼓励集体、单位或其他社会经济组织给予扶持或资助。

3. 失业保险制度

20世纪80年代中期,我国开始在国有企业中推行劳动用工合同制和国有企业的破产制度，为了配合这两项改革，国家从1986年开始率先在国有企业的职工中实施失业保险(当时称待业保险)。1999年1月，国务院正式颁布了《中华人民共和国失业保险条例》(以下简称《失业保险条例》)，将失业保险的实施范围进一步扩大，从而创立了现行的失业保险制度。

根据《失业保险条例》的规定，城镇企业和事业单位均应参加失业保险计划。这里的城镇企业包括国有企业、城镇集体企业、外商投资企业、城镇私营企业以及其他城镇企业。此外，省级人民政府根据当地的实际情况，可以决定将社会团体及其专职人员、有雇工的个体工商户及其雇工纳入失业保险。失业保险以用人单位和劳动者个人的缴费为主，政府在失业保险基金入不敷出时给予必要补贴。失业保险基金全部进入社会统筹。截至2017年底，全国参加失业保险人数为18 784万人，比上年末增加695万人，其中，参加失业保险的农民工人数为4 897万人，比上年末增加238万人。年末全国领取失业保险金人数为220万人，比上年末减少10万人。2017年，失业保险基金收入1 113亿元，支出894亿元，年末失业保险基金累计结存5 552亿元。

4. 辅助社会保险项目

(1)工伤保险制度。

工伤保险制度是指劳动者在生产经营或在某些规定情况下，遭遇意外事故，造成伤残、职业病、死亡等伤害，为劳动者提供医疗救治和康复服务，保证劳动者及其家属生活的社会保险制度。

2003年4月16日，国务院讨论通过了《中华人民共和国工伤保险条例》(以下简称《工伤保险条例》)，该条例从2004年1月1日起施行。为推进农民工的参保工作，2004年6月，劳动保障部发出了《关于农民工参加工伤保险有关问题的通知》，提出了切实有效的政策措施。截至2017年底，全国参加工伤保险人数达到22 724万人。

按照《工伤保险条例》的规定，境内各类企业及有雇工的个体工商户均应参加工伤保险计划，境内各类企业的职工和个体工商户的雇工有权享受工伤保险待遇。工伤保险基金的收入全部由用人单位缴纳的工伤保险费以及工伤保险基金的利息和依法纳入工伤保险基金的其他资金构成，职工个人不缴纳工伤保险费。

(2)生育保险制度。

1994年12月，劳动部颁布了《企业职工生育保险试行办法》，对生育保险制度改革的内容、标准、形式等进行了规范，推动了各地生育保险制度改革。目前，全国30多个省(市、自治区)都开展了生育保险工作。截至2017年底，全国参加生育保险人数为19 300万人，比上年末增加849万人。

现行生育保险的覆盖范围包括中华人民共和国境内一切国家机关、人民团体、企事业单位的女职工。企业包括全民、集体、中外合资、合作、独资、乡镇、农村联户企业以及私营和城镇街道企业。生育保险费由企业按照工资总额的一定比例(不超过1%)向社会保险机构缴纳，职工个人不缴费。

(二)社会救助制度

社会救助制度是社会保险制度的基本内容之一，它在保障人们获得最基本的物质生活、克服贫困、稳定社会方面发挥着重要作用。20世纪90年代以前，中国主要采用传统的救济方式，救济工作通常是临时性的现金或实物援助，手段单一，救济面窄，并带有主观随意性。20世纪90年代以来，中国以最低生活保障制度的建立为突破口，拉开了社会救助体系改革的序幕。目前，我国的社会救助体系主要包括以下内容：

1. 城市居民最低生活保障制度

1999 年 9 月，国务院颁布了《城市居民最低生活保障条例》，从法规层面上确立了城镇居民的最低生活保障权益，并使这一权益具有了制度化的保障。截至 2017 年底，全国有城市低保对象 741.5 万户、1 261.0 万人。2017 年，全国城市低保平均标准为 6 487.2 元/人·年；全年各级财政共支出城市低保资金 640.5 亿元。

2. 农村最低生活保障制度

2007 年 7 月，国务院发出《关于在全国建立农村最低生活保障制度的通知》，从而在全国范围内普遍建立起了农村最低生活保障制度。截至 2017 年底，全国有农村低保对象 2 249.3 万户、4 045.2 万人。2017 年，全国农村低保平均标准为 4 300.7 元/人·年，比上年增长 14.9%；全年各级财政共支出农村低保资金 1 051.8 亿元。

3. 灾害救助制度

灾害救助是指为了让灾民摆脱生存危机，国家或社会对其进行抢救和援助，在衣、食、住、医疗等基本生活资料方面给予其最低生活水平的保障，同时使灾区的生产和生活尽快恢复正常秩序的一项社会救助制度。

4. 医疗救助制度

医疗救助是指政府和社会对贫困人口或优抚对象中因病而无能力支付医疗费用的人实行的医疗专项救助行为。2005 年 3 月，国务院办公厅转发了民政部等部门《关于建立城市医疗救助制度试点工作意见》；2009 年 6 月，民政部下发了《关于进一步完善城乡医疗救助制度的意见》，标志着中国医疗救助制度的框架基本构建起来。

5. 农村“五保户”制度

“五保户”制度是由国家和集体组织实施的对农村基本无劳动能力、无生活来源、无依无靠的“三无”老年人以及残疾人和孤儿，实行保吃、保穿、保住、保医、保葬(孤儿保教)的供养制度。

(三)社会福利制度

社会福利制度是社会保险的最高层次，与社会保险、社会救助、社会优抚以及其他补充保障形式共同构成中国的社会保险体系。随着社会经济的逐步发展，各国政府除了实施保障公民社会安全的一般社会保险项目外，越来越强调和推进以改善人民生活为宗旨的社会福利事业，特别是侧重于老年人、残疾人、妇女儿童等社会弱势群体生活状况的改善。

(四)社会优抚制度

社会优抚制度是一个国家社会保险制度的重要组成部分。它是对为国家和社会作出特殊贡献的军人及其家属实施的一种带有褒扬、优待、抚恤和安置性质的特殊社会保险制度。

三、中国社会保险支出的规模

中国社会保险支出的规模如表 5－2 所示。

表 5－2　　中国社会保险支出规模

年　份	财政支出(亿元)	社会保险支出(亿元)	占比(%)
1978	1 122.09	18.91	1.69
1980	1 228.83	20.31	1.65
1985	2 004.25	31.15	1.55
1990	3 083.59	55.04	1.78

续表

年　份	财政支出(亿元)	社会保险支出(亿元)	占比(%)
1991	3 386.62	67.32	1.99
1992	3 742.20	66.45	1.78
1993	4 642.30	75.27	1.62
1994	5 792.62	95.14	1.64
1995	6 823.72	115.46	1.69
1996	7 937.55	182.68	2.30
1997	9 233.56	328.42	3.56
1998	10 798.18	595.63	5.52
1999	13 187.67	1 197.44	9.08
2000	15 886.50	1 517.57	9.55
2001	18 902.58	1 987.40	10.51
2002	22 053.15	2 636.22	11.95
2003	24 649.95	2 655.91	10.78
2004	28 486.89	3 116.08	10.94
2005	33 930.28	3 698.86	10.90
2006	40 422.73	4 361.78	10.79
2007	49 781.35	5 447.16	10.94
2008	62 592.66	6 804.29	10.87
2009	76 299.93	8 332.65	10.92
2010	89 874.16	11 507.50	12.80
2011	109 247.79	14 930.09	13.67
2012	125 952.97	17 065.14	13.55
2013	140 212.10	18 971.09	13.53
2014	151 785.56	21 012.57	13.84
2015	175 877.77	24 815.71	14.11
2016	187 841.00	28 367.66	15.10
2017	203 085.49	31 164.17	15.35

注：(1)社会保险支出包括抚恤和社会福利救济费、社会保险补助支出、行政事业单位离退休支出，1996年以前不包括由行政管理费开支的离退休支出。

(2)2009年以后的社会保险支出中包含住房保障支出。

资料来源：《中国统计年鉴(2018)》。

从表5－2中可以看出，中国的社会保险支出从绝对规模来看，1978年之后绝大部分年份都保持增长；从社会保险支出占财政支出的比重来看，基本上也呈逐渐增长的趋势。但是，无论是从绝对规模还是相对规模来看，中国的社会保险支出与英国、美国等发达国家相比，还是处在一个比较低的水平上(见表5－3)。

表 5—3　　西方部分国家社会保险支出占政府支出的比例　　单位:%

国家 \ 年份	1980	1985	1990	1995	2000	2005	2009	2010	2011
澳大利亚	30.9	31.3	36.3	46.2	50.9	49.2	47.1	48.3	49.9
奥地利	47.4	46.3	47.6	48.4	52.1	55.4	56	55.7	56.3
比利时	—	44.7	47.6	49.2	50	49.4	54.1	54.8	54.9
加拿大	—	35	36.4	39.5	39.7	42.9	43.5	42.7	42.6
芬兰	44.7	47.4	49.3	48.2	48.3	49.6	50.4	51.4	51.4
法国	44.9	49.7	50.7	53.7	55.4	55.9	55.6	56	56.1
德国	—	—	—	50	61	60	59.7	58.6	59.3
意大利	46	43.6	43.5	44.8	53.4	54.6	56.3	57.9	58.3
荷兰	45.7	44.9	47.4	43.4	46.5	50.1	46.2	47.4	48.4
英国	—	—	40.4	46.4	51.1	48.3	49.2	48.2	49.3
美国	38.2	36.1	37.1	41.7	43.1	43.7	44.9	45.8	46.2

资料来源:刘怡:《财政学》(第三版),北京大学出版社,2016。

社会保险制度是中国社会保险制度的主体,也是整个社会保险制度改革的重点。养老保险、医疗保险与失业保险制度作为城镇社会保险制度的骨干,经过二十多年的改革探索,到20世纪末,基本框架已经形成,覆盖面不断扩大。《工伤保险条例》颁布实施后,农民工被纳入工伤保险制度之中,覆盖面迅速扩大,2007年参保人数已经超过了失业保险。近年来,生育保险的建设步伐明显加快,社会保险制度的覆盖面日益扩大(见表5—4)。

表 5—4　　中国社会保险参保人数　　单位:万人

年份	城镇职工基本养老保险	城镇职工基本医疗保险	失业保险	工伤保险	生育保险
2000	13 617.4	3 787.0	10 408.4	4 350.3	3 001.6
2001	14 183	7 286	10 354.6	4 345.3	3 455.1
2002	14 736.6	9 401.2	10 181.6	4 405.6	3 488.2
2003	15 506.7	10 901.7	10 372.4	4 574.8	3 655.4
2004	16 353	12 404	10 584	6 845	4 384
2005	17 487	13 783	10 648	8 478	5 408
2006	18 649	15 737	11 187	10 235	6 446
2007	20 137	22 311	11 645	12 173	7 775
2008	21 891	31 822	12 400	13 787	9 254
2009	23 550	40 147	12 715	14 896	10 876
2010	25 707	43 263	13 376	16 161	12 336
2011	28 391	47 343	14 317	17 696	13 892
2012	30 427	53 641	15 225	19 010	15 429

续表

年　份	城镇职工基本养老保险	城镇职工基本医疗保险	失业保险	工伤保险	生育保险
2013	32 218	57 073	16 417	19 917	16 392
2014	34 124	59 747	17 043	20 639	17 039
2015	35 361	66 582	17 326	21 432	17 771
2016	37 929	74 392	18 089	21 889	18 451
2017	40 293	117 681	18 784	22 724	19 300

资料来源：劳动和社会保障事业发展统计公报（2000～2017），http://www.molss.gov.cn。

专栏 5—1　　中国住房保障支出

对于住房保障，目前国内并没有权威的解释或法律条文相对应。“住房保障”可能是从早期政府文件中“保障性安居工程”里衍生的一个术语，后多和体系、政策、工作、范围、水平等名词联用，一般代指政府为低收入居民和弱势群体提供的住房援助，使其具备基本的住房条件。

我国改革开放之前住房保障这个概念在政治与社会发展语境中是不存在的，因为城市居民住房基本都是由政府或单位解决的，公房是主流，私房只是零星存在，近似一种全民福利住房制度。住房价格机制作用甚微，房地产市场尚未形成。

1994 年 6 月，国务院批转国家体改委《经济体制改革实施要点的通知》时提出：“促进住房社会化、商品化和住房建设的发展”。这个时期，住房制度改革的方向是产权改革，引入市场机制，并建立双轨制的住房供应体系。1998 年，国务院发布《关于进一步深化城镇住房制度改革加快住房建设的通知》，具体目标是停止住房实物分配，建立和完善以经济适用住房为主的多层次城镇住房供应体系，最低收入家庭租赁由政府或单位提供的廉租住房。

随着住房制度改革的深入，在 2003 年 8 月官方首次以文件形式提出“加快建立和完善适合我国国情的住房保障制度”。国务院颁布《关于促进房地产市场持续健康发展的通知》。这份文件的主旨是坚持住房市场化，坚持以需求为导向的基本方向。随后近 10 年的实践也表明，整个房地产市场和行业得到空前发展，住房拥有率不断上升，城市各阶层居民的住房状况得到极大改善。

在 2008 年金融危机波及我国的背景下，国务院办公厅于 12 月发布《关于促进房地产市场健康发展的若干意见》。此时的政策思路仍旧是把建设保障性住房看成是市场干预的一部分，主要是做加法而不是减法。随着房价的进一步上涨，2011 年 1 月 26 日国务院常务会议研究部署进一步做好房地产市场调控工作时确定，要落实住房保障和稳定房价工作的约谈问责机制，并将保障性安居工程建设纳入地方政府的责任目标，在国家“十二五”规划纲要中提出“提高住房保障水平”，通过“加大保障性住房供给”实现“住有所居”的社会目标。

住房保障工作是伴随着住房制度改革的进程逐渐凸显并受到重视的，没有住房的市场化、商品化，也就没有住房保障。供应保障性住房成为干预住房市场的一种政策工具。

表 5—5 为我国 2010～2017 年住房保障支出及住房保障支出占财政支出的比重。可以看出，我国住房保障绝对规模及相对规模均呈上涨趋势。

表 5—5　　中国住房保障支出及其占财政支出的比重

年　份	2010	2011	2012	2013	2014	2015	2016	2017
住房保障支出(亿元)	2 376.88	3 820.69	4 479.62	4 480.55	5 043.72	5 797.02	6 776.21	6 552.49
住房保障支出占财政支出的比重(%)	2.64	3.50	3.56	3.20	3.32	3.30	3.61	3.23

资料来源:《中国统计年鉴(2011—2018)》。

第四节　财政补贴

一、财政补贴概述

(一)财政补贴的含义

财政补贴是转移性支出的一个重要组成部分,是一国政府根据一定时期社会经济形势及方针政策,为达到特定的目的,通过财政分配,向企业或居民提供财政安排的专项资金补助支出。

财政补贴的性质同社会保险支出一样,都属于政府的转移性支出,都是国民收入再分配的一种形式,因此,两者之间有很多相似之处。对政府而言,财政补贴支出和社会保险支出一样,在支出的同时并不能换回任何相应的商品和劳务,所进行的支付都是无偿的。对财政补贴或社会保险的接受者而言,不论是以什么名目获得政府补贴,都意味着实际收入的增加,从而能够改善其经济状况。但是,作为政府的另一类转移性支出,财政补贴与社会保险支出也存在着不同,这种不同主要体现在对价格的影响方面。财政补贴总是与相对价格的变动有直接的联系,要么是由于价格的变动引起政府发放财政补贴,要么是政府进行财政补贴引起了价格的变动,财政补贴发挥着矫正价格机制导致的利益不平衡的作用。因为有这种联系,很多人索性就把财政补贴称为价格补贴或财政价格补贴。因此,政府进行财政补贴,实质上是将一部分纳税人的收入无偿地转移给另一部分经济主体。社会保险支出则与产品和劳务的价格不发生直接联系,固然人们获得保障收入后用于购买,可能使购买商品的价格发生变化,但这种影响既不确定,又是间接的。因为与相对价格结构有直接关联,财政补贴便具有改变资源配置结构、供给与需求结构的影响,而社会保险支出则很少有此影响。

综上所述,我们可以把财政补贴重新定义为一种影响相对价格结构,从而可以改变资源配置结构、供给和需求结构的政府无偿支出。作为调节经济的重要手段之一,财政补贴运用的好坏与否会影响整个国民经济的发展。财政补贴出现在近代社会,成形于第二次世界大战期间,发展于第二次世界大战以后,大规模使用仅有二三十年。在我国,财政补贴在经济体制改革后才被真正地加以运用。

(二)财政补贴的特征

1. 具有很强的政策性

财政补贴是国家实现一定的政策目标的手段,财政补贴的对象、补贴的数额、补贴的期限等都是按照一定时期的国家政策需要制定的,因此,财政补贴具有很强的政策性。国家的政策是多方面的,不仅包括经济政策,而且包括政治和社会政策。因此,财政补贴不仅是国家调节经济的一个杠杆,而且也是协调各种社会关系、保障社会秩序和政治局面安定的一种经济手段。

2. 具有一定的灵活性

国家一般根据形势的变化和政策需要，及时地修正和调整财政补贴，所以，在世界各国，财政补贴往往是国家实现短期经济目标的重要财政手段。

3. 具有明显的时效性

国家的政治、经济和社会政策是随着政治、经济形势的变化而修正、调整和更新的。而财政补贴措施一般都是依据一定时期的国家政策需要制定的，是为实现国家的政策目标服务的，因此，当国家的某些政策发生变化时，财政补贴措施也应做相应的调整。

（三）财政补贴的分类

财政补贴的内容可以从不同的分类角度进行考察，从补贴同社会经济运行过程的关系来看，可分为生产环节补贴、流通环节补贴和消费环节补贴；从政府是否明确地安排支出来分，可分为明补与暗补；从补贴资金的接受主体来分，可分为企业补贴和居民补贴；从补贴对经济活动的影响来看，可分为对生产的补贴和对消费的补贴；从补贴是否与具体的购买活动相联系来分，可分为实物补贴与现金补贴。

在 2007 年财政收支分类方法改革之前，我国的财政补贴主要有价格补贴（即政策性补贴）及企业亏损补贴两大类，每一类又包含若干子项目，除此之外还有财政贴息、出口补贴（现已取消）等。2007 年以后，我国的财政补贴主要反映在支出经济分类科目中对个人和家庭的补助、对企事业单位的补贴这两类中。对个人及家庭的补助主要有对个人的生产补贴、提租补贴、购房补贴；对企事业单位的补贴主要有政策性补贴、事业单位补贴、财政贴息。

2016 年底财政部印发的《支出经济分类科目改革试行方案》中，财政补贴主要反映为对个人和家庭的补助类、对事业单位补助类、对企业补助类。对个人和家庭的补助类包括社会福利和救助、助学金、生产补贴、住房补贴、离退休费、其他对个人和家庭的补助共 6 款；对事业单位补助类包括工资福利支出、商品和服务支出、其他资本性支出、其他对事业单位补助 4 款；对企业补助类设资本金注册、费用补贴、利息补贴、其他对企业补助 4 款。

二、财政补贴的正面效应

任何一个国家经济的实际运行都是由一套稳定的经济制度所规定的运行机制和一套灵活的调节手段体系共同发挥作用的综合结果。从主导方面说，国民经济的正常运行，主要是依赖既定的经济制度及运行机制的有规律的自动作用，它保证了社会经济能够实现自己的主要社会目标。但是，社会经济所要实现的目标是多重的，有些目标可能居于次要位置，但并非无需顾及的，而既定的经济制度及其运行机制即便十分完善，也只能实现一个或几个主要的社会目标。就此而论，任何经济制度及其运行机制都存在着固有的缺陷。为了克服这些缺陷，亦即为了全面实现社会目标，作为宏观调控主体的政府，有必要运用调节手段体系去纠正既定经济运行机制所产生的不利后果，或部分地修正既定的经济运行机制，而财政补贴就是可以利用的调节手段之一。从这个意义上说，财政补贴有其存在的必然性，是不能也不应被取消的。

财政补贴的作用主要体现在以下两个方面：一是纠正不合理的价格结构，有助于价值规律发挥作用；二是纠正市场缺陷，借以实现国家的社会福利目标。作为政府干预市场价格机制而产生的一种财政支出，财政补贴的理论依据就是政府对市场价格机制干预的理论。

在市场经济中，价格是联系整个社会经济活动的关键性的纽带，市场通过价格信号的指引作用实现资源的有效配置。按市场经济理论，在完全竞争的市场中，市场经济主体以平等者的身份参与市场交换，市场价格取决于边际成本与边际效益的均衡，任何一个生产者或购买者都不能影响产品的市场价格。由边际成本和边际效益决定的价格和产量能真实反映资源和要素的稀缺程度，符合经济发展的要求。生产者按市场价格调整生产，直到边际成本和价格相等，就可获得最大收益。消费者按市场价格调整消费，直到边际效益和价格相等，就可以获得最大效用。因此，在正常情况下，政府不涉足价格机制，从而保证市场价格机制有效运行和发挥作用。但是，这并不排除政府和财政对市场失效的某些领域内的价格进行干预，财政补贴正是由于这种干预而产生的。

可能导致政府和财政介入价格机制的市场失效的领域有以下几个方面：

(一)正的外部效应

在市场经济活动中，当个人或企业活动影响了社会，而不承担相应的损失或获得收益时，就产生了经济的外部效应(又称外溢性)问题。外部效应分为正的和负的两个方面。在存在正的外部效应的情况下，某些物品和劳务的提供不仅使直接消费者得到利益，也使其他人间接享受到利益。具有正的外部效应的物品和劳务的价格不能反映这种物品和劳务所能带来的社会边际效益，社会边际效益＝私人边际效益＋外部边际效益。

正的外部效应会造成效率的损失。为了解决效率损失问题，需要政府采取矫正的方法。一种方法是政府直接提供具有外部效应的物品和劳务。由于是由政府负责直接提供，该产品在消费上会失去价格约束，出现过度消费，使该产品的边际效益大大低于生产的边际成本，资源配置出现一种低效或无效现象。另一种方法就是政府给予补贴，对消费进行鼓励，使消费达到最佳水平。采取财政补贴方式以减少正的外部效应所带来的效率损失的前提是政府能够正确估计社会效益最大化的产出水平上的外部边际效益，以及政府以税收方式筹集补贴资金所产生的税收成本和效率损失的大小。这种财政补贴的例子很多，如疫苗接种、助学金发放、植树补贴等。

(二)垄断

在市场经济中，自由竞争可导致资源的有效利用，但垄断却会阻碍市场竞争。垄断组织对生产和价格的控制，使经济资源不能得到最有效的利用。为了防止和克服垄断造成的效率损失，需要政府对垄断进行必要的管理。政府对垄断的管理可以采取几种方法：一是法律措施，通过反垄断立法来禁止垄断行为。采取这种方法首先要解决反垄断立法中的一些具体问题，如：以什么标准来判断垄断的存在？企业对市场控制到什么程度是违法的？企业的市场份额如何计算？对规模经济产生的自然垄断又应当如何控制？其次是法律的执行也会碰到许多困难。因此，反垄断立法并非是治理垄断的万全之策。二是采取税收方面的措施。理论上来说，政府可以按垄断程度征收高额累进税，从而对垄断组织的活动起约束作用。但这样做只是改变收入的分配状况，对垄断组织的生产决策不会产生什么影响。而且，由于边际税率过高，反而影响企业降低成本的积极性。更何况，税收的立法及税制的具体内容确定也有对垄断程度的判断、计算问题。三是采取政府价格管理和补贴相结合的方法，这种方法主要针对由于规模经济而产生的自然垄断。

但是，采用补贴的方法来减少垄断的效率损失，其补贴的资金来源是税收，征税则可能造成另一种情况的效率损失。

(三)市场的稳定

从微观市场看，在市场经济条件下，产品价格是在供、求双方力量的作用下趋于均衡的，这种均衡是一种动态的相对均衡，市场价格波动是达到这种均衡的必然过程。但波动幅度过大，会对生产者和消费者产生误导，使得资源配置在短期内大幅度地偏离效率要求。此外，在某些特定的情况下，这种波动也许会持续下去，很难靠近市场的均衡价格，这就必然会损害长期的资源配置效率。因此，将价格稳定在某个均衡状态，就意味着经常性保持资源的有效配置。

这方面较典型的是农产品，农产品价格稳定与否影响到一系列产品乃至整个国民经济的稳定。但是，由于农产品本身具有的一些性质，如生产周期较长、受自然因素影响较大等，导致价格很容易大起大落，如此周期性运动持续下去，对国民经济的影响极大。因此，有必要由政府对农业产品的价格进行必要的管理，由政府根据边际成本、边际效益和价格的关系制定农产品的价格，同时对农业生产者进行补贴。

从宏观角度看，为了实施反通货膨胀政策，有时也需要通过补贴使某些商品价格保持较低水平，对一些主要消费品的价格差额进行补贴；或者，在通货膨胀的情况下，为了保持社会经济的稳定，对消费者提供一定数量的物价补贴。

（四）收入的分配

在市场经济中，收入分配是依据生产要素的贡献来进行的。在生产要素分布状况既定的情况下，收入分配取决于生产要素由市场竞争决定的价格。由于市场竞争的不完全，由价格所决定的分配与市场经济收入分配的原则会产生背离。在这种情况下，财政补贴作为分配的一种手段，可以实现纳税人与特定的商品生产者或特定的商品消费者之间的收入转移。例如，为了提高农民的收入，对农业生产资料生产者或经营者进行补贴；为了保证低收入的生活水平，给予低收入者以生活补贴，同时给经营者以补贴。

三、财政补贴的负面效应

财政补贴对资源配置、收入分配和市场稳定起一定作用，它的存在具有一定的必然性和客观性。但作为弥补市场缺陷的一种手段，财政补贴的使用具有很大的局限性。

（一）财政补贴资金来源的限制

财政补贴的资金来源是税收。如果依靠税收来为财政补贴提供资金来源，则征税引起的效应之一是可能产生税收的效率损失。以一种效率损失来弥补另一种效率损失，需要在二者之间进行慎重的比较和权衡。此外，在既定的财政收入总量的前提下，过多的财政补贴支出会对其他财政支出产生“挤出”效应，影响财政其他职能的实现。特别是财政补贴支出具有“不可控制”的性质，很难控制其规模，当财政补贴支出规模大到严重影响财政收支平衡，而这种失衡又很难被其他宏观调控机制抵消时，会对国民经济产生严重的后果。

（二）财政补贴对货币政策的影响

财政补贴的使用对物价稳定有积极的作用，在通货膨胀的情况下，政府对基本消费品实行低价供应，对经营者实行必要补贴，或直接对消费者提供一定数量的物价补贴，对通货膨胀的治理能起到一定作用，但这种作用实质上是把一种公开的通货膨胀转化为抑制性的通货膨胀，从而掩盖了通货膨胀的实质，不利于货币当局分析货币形势和采取适当的货币政策，并且可能削弱政府和社会反通货膨胀的努力和信心。

（三）财政补贴对价格机制的扭曲

财政补贴是政府对市场价格机制的一种干预，这种干预很可能扭曲生产者和消费者的相对价格，由此造成对资源合理配置的错误引导。例如，对某些消费品的补贴，既可能导致生产者错误的生产组合，过多地生产有补贴的产品而不愿意生产没有补贴的产品，又可能导致错误的价格成本幻觉而造成错误的消费组合，进行过度消费或无效消费；对生产资料的补贴，会造成对生产投入物的相对价格的扭曲，进而导致生产投入物的错误组合；对利率的补贴，会扭曲利率的作用，对资金的使用产生错误引导；对企业的亏损补贴，可能使企业产生一种错误的"效益"信息，使成本一效益的比较对企业生产经营失去指导作用，丧失竞争效率。

另一个方面，财政补贴对相对价格的改变，可能会进一步扭曲收入分配的机制。通过财政补贴对收入分配结果进行再分配，在一定程度上模糊了或否认了生产要素贡献和收入分配之间的对等关系。

因此，在进行财政补贴政策决策时，要对财政补贴的范围和数量进行严格的界定和控制。

四、中国的财政补贴

财政补贴作为政府调节经济的重要财政手段之一，运用得好，可以弥补市场的缺陷，促进经济的发展；但若运用不当，反而会妨碍经济的发展。

我国的财政补贴产生于20世纪50年代初期，源于计划经济体制下所实行的计划价格。计划价格的制定不仅是依据经济因素，更多的是取决于政治因素、社会因素等，所以要求相对固定。为了配合计划价格去应付复杂多变的经济过程，国家要求财政的介入和支持，以维持国民经济的黏合性，财政补贴正是在这样的背景下产生的。

我国自20世纪80年代以来，补贴过多，给财政造成了很重的负担，也对国民经济的发展造成了一定的阻碍。虽然20世纪90年代以来，国家已着手进行财政补贴改革，但还是存在很多问题。

(一)我国财政补贴的基本情况

我国财政补贴在20世纪50年代初仅有絮棉补贴一项，补贴金额为5 000万元，到20世纪60年代初国民经济困难时期发展到11种，1978年后增长速度加快，呈飞跃式发展，并于20世纪80年代末接近千亿元大关。1978年财政补贴总额为135.99亿元，1989年则上升到969.22亿元，后者是1978年的7倍之多。在这11年中，财政补贴增长速度超过20%的年份有1979年、1980年、1985年和1989年，最高增长速度达到47.94%的增长率，远远超过同期财政收入的增长速度，给财政背上了沉重的包袱。自1990年以后，我国经济体制改革在取得显著成果的同时财政补贴亦呈下降趋势，一定程度上缓减了财政困境。但从1994年以后，由于通货膨胀及新税制等原因，财政补贴总额虽然有起伏，但是总体上有所回升。

从财政补贴占财政支出的比重来看，我国财政补贴基本上保持了一个下降的趋势，2000年为8.32%，2006年为3.88%。

当前，我国财政补贴存在以下几个方面的问题：(1)财政补贴的数额大，成为国家财政的主要包袱。目前，我国财政补贴从总量上来说还是偏大。(2)财政补贴的项目过多，妨碍了社会主义市场经济的有效运行。财政补贴几乎充斥着日常生活的每一个角落。从衣食住行到企业的生产、流通都存在财政补贴。(3)财政补贴制度不规范，不利于企业改善经营管理、转换经营机制。财政补贴中的企业亏损补贴从理论上讲应该只对政策性亏损进行补贴，但在我国，有时很难区分政策性亏损和经营性亏损，因此实际上对很多经营性亏损也进行补贴。(4)财政补贴方式运用不当，造成了财政补贴支出效益低下，而且不利于公平。(5)我国财政补贴的对象主要是国有企业，对中小企业的补贴比例过低。

(二)我国财政补贴的改革

1. 合理确定财政补贴项目，控制财政补贴的总规模

我国的财政补贴项目过于泛滥，妨碍了社会主义市场经济的有效运行，同时也导致财政补贴的总规模过大，成为财政的沉重包袱，所以，合理界定财政补贴的项目是我国财政补贴制度

改革中最为关键的。合理界定财政补贴的项目，不该补的予以彻底清除，不仅可以优化财政补贴的结构，也可以控制财政补贴的总额，有利于提高财政补贴的效益、减轻政府的负担。

2. 规范财政补贴制度，取消经营性亏损补贴

经营性亏损补贴的存在有两个原因：一是由于政府干预过多，使得政策性亏损和经营性亏损不分；二是政府出于社会稳定的考虑而给予经营性亏损补贴。所以，要取消经营性亏损补贴，必须从两个方面进行：首先，必须明确政府的职能，做到政企分开，减少对企业的干预，使企业的政策性亏损和经营性亏损分开，从而可以彻底清除经营性亏损补贴，并减少政策性亏损补贴。其次，必须改革社会保险制度，只有实行完善的社会保险制度，地方政府才会让该破产的企业破产而不必为了社会稳定的后顾之忧而补贴经营性亏损的企业。

3. 适时调整财政补贴政策，避免僵化

财政补贴政策具有很强的政策性和时效性，财政补贴的对象、补贴的数额及财政补贴的期限等都是依据一定时期的国家政策需要而制定的。随着时间的推移，当国家的经济政策随着形势的变化而变化时，财政补贴措施也应做相应的调整；否则，财政补贴政策就会僵化，从而阻碍社会经济的发展。

4. 加强财政补贴的管理

实际上，我国在财政补贴的管理方面还存在着很多问题，如有的财政部门对补贴款的使用监督管理不严，因而造成一些单位出现冒领、挪用补贴款问题。只有加强财政补贴的管理，才能消除这些问题，才能控制不必要的财政资金的支出，从而提高财政补贴的效率，缩小财政补贴的规模。

第五节　税收支出

为了既充分发挥税收优惠的调节作用，又防止税收优惠的无效投入，“税收支出”概念于20世纪70年代在美国应运而生，并迅速在西方国家成长起来。

一、税收支出的含义

税收支出是国家为了引导、扶持某些经济活动，刺激投资、消费或者补助某些特殊困难而制定的各种税收优惠措施。税收支出只减少财政收入，并不列为支出，其实质是政府以特殊的法律条款规定的、给予特定类型的活动或纳税人以各种税收优惠而形成的收入损失或放弃的收入。可见，税收支出是政府的一种间接性支出，是政府将纳税人的一部分收入无偿转移给补贴领受者。与财政补贴不同的是，一般财政补贴下纳税人与补贴领受者不一定一致。而在税收支出下，补贴领受者就是纳税人。从其发挥的作用看，又可分为照顾性税收支出和刺激性税收支出。

(一)照顾性税收支出

照顾性税收支出主要是针对纳税人由于客观原因在生产经营上发生临时困难而无力纳税所采取的照顾性措施，其目的在于扶持国家希望发展的亏损或微利企业以及外贸企业，以保持国民经济各部门发展的基本平衡。

(二)刺激性税收支出

刺激性税收支出主要是指用来改善资源配置、提高经济效率的特殊减免规定，其目的是为了正确引导产业结构、产品结构、进出口结构以及市场供求，促进纳税人开发新产品、新技术以

及安排劳动就业等。刺激性税收支出既可以针对特定的纳税人，不论其经营业务的性质如何，都可以依法得到优惠照顾；又可以针对特定的征税对象，从行业产品的性质考虑，不论经营者是什么性质的纳税人，都可以享受优惠待遇。

二、税收支出的特点

税收支出既有与直接支出相同的地方，也有自己的特点。

税收支出与直接支出的共同点是：

(1)性质相同。从微观上看，财政预算将一定的资金安排出去以后，并不要求返还，也不像银行贷款那样要求支付利息，而是无偿的。

(2)效果相同。两者的结果都是使受益人的财力增加，而国家财力直接减少。

(3)目的相同。它们的共同目的都是为了发展经济、发展社会。直接支出是用来满足国家必要的经费，是为了实现国家职能；而税收支出的功能则主要是用来调节经济、调节生产，从而发展经济、发展社会。

(4)对财政收支平衡的影响相同。在其他条件不变的前提下，税收支出的多寡直接影响税收收入的量，从而制约预算收入，也就是说，税收支出从“收”的方面影响财政收支平衡；而在预算收入一定的条件下，直接支出的多寡从“支”的方面决定了财政收支是否能够平衡。

税收支出又不完全等同于直接支出，有着自己的特点：

(1)时效性。税收支出与受益人的相关程度很高，纳税人本身直接受益，无时间滞后效果；而直接支出具有财政政策的内在滞后效果。另外，税收支出是一种激励措施，只能作为短期可使用的工具，若其激励对象与手段长久不变，则必然会在资源调配与所得分配的公平上产生若干扭曲现象，反而有损国民经济的均衡成长。

(2)广泛性。税收的触角无所不在，凡是有经济活动的地方就有税收的存在。通常，地方财政管的只是地方预算内的活动，跟税收的作用范围相比要狭窄得多，也就是说，税收作用的范围要广得多。所以，不论是什么地域，不论是哪种经济形式，不论是中央企业还是地方企业，只要是纳税义务人，就有可能得到税收优惠。有税收收入的存在，就有税收支出的客观性；由于有税收收入的广泛性，因而有税收支出的广泛性。

(3)间接性。通常财政支出需要按照法律规定的程序编制预算，经立法机关批准后才能付诸实施，是政府用已实现的财政收入进行的一种直接支出，因而有实际的支出程序，是看得见、摸得着的；而税收支出不一定编列正规预算，而是表现为纳税人对政府财政收入的一种“坐支”，对政府来说，它没有实际的支出程序，是一种看不见、摸不着、隐蔽的间接财政支出。

(4)弹性。税收要像弹簧一样具有伸缩性，能随着经济情况的变化而变化。经济作用于税收，税收又反作用于经济，起缓冲作用，从而保持经济的稳定发展。在一定的经济条件下，税收支出是影响税收收入的一个重要因素，税收支出与税收收入是反向运动的。基于税收支出的弹性，在处理具体问题时，可以区分不同情况分别对待。

三、税收支出的形式

与税收支出定义的确定相比，税收支出项目的确定要复杂得多。就刺激经济活动和调节社会生活的税收支出而言，其手段大致有以下几种：

(一)税收豁免

税收豁免是指在一定时期内通过对纳税人的某些所得项目或所得来源不予征税，或对某些活动不列入征税范围等，以豁免其税收负担。至于豁免期和豁免税收项目，应视当时的经济环境和政策而定。最常见的税收豁免包括免除关税与货物税和免除所得税。免除关税与货物税可以使企业降低成本，增强市场竞争能力。免除所得税一方面可以增加新投资的利润，使企业更快地收回所投资本，减少投资风险，以刺激投资；另一方面，可以促进社会政策的顺利实施，以稳定社会正常的生活秩序。

(二)纳税扣除

纳税扣除是指准许企业把一些合乎规定的特殊支出，以一定的比率或全部从应税所得中扣除，以减轻其税收负担。在累进税制下，纳税人的所得越高，这种扣除的实际价值就越大。这是因为在比率扣除条件下，纳税人的所得额越大，其扣除额就越多；就某些纳税人来说，由于在其所得中扣除了一部分数额，使得实际适用税率降低，从而降低了其纳税税率。

(三)税收抵免

税收抵免是指允许纳税人从其某种合乎奖励规定的支出中以一定比率从其应纳税额中扣除，以减轻其税收负担。税收抵免可以分为限额抵免和全额抵免，限额抵免是指税务机关不允许其抵免额超过其应纳税额，全额抵免是指税务机关允许其抵免额超过应纳税额。在西方国家，税收抵免的形式多种多样，其中主要的两种形式是投资抵免和国外税收抵免。投资抵免是指政府对符合规定的新增固定资产投资，可以从其当年应纳所得税额中扣除相当于新增投资设备某一比率的税额，以减轻其税负，促进资本形成并增强经济增长的潜力。国外税收抵免常见于国际税收业务中，即纳税人在居住国汇总计算国外的收入所得税时准予扣除其在国外已纳税款。

(四)优惠税率

优惠税率是对符合国家规定的企业或征税对象适用较低的税率，其适用范围可根据实际需要予以调整。优惠税率可以是有期限的优惠，也可以是长期优惠。一般来说，长期优惠税率的鼓励程度大于有期限的优惠税率，尤其是那些需要巨额投资且获利较迟的企业，常常可以从长期优惠税率中得到较大的利益。在实践中，优惠税率的表现形式很多，如规定较一般税率为低的税率政策或实行纳税限额政策等。

(五)盈亏相抵

盈亏相抵是指准许企业以某一年度的亏损抵消以后年度的盈余，以减少其以后年度的已纳税款；或者冲抵以前年度的盈余，申请退还以前年度已缴纳的部分税款。一般而言，抵消或冲抵前后年度的盈余，都有一定的时间限制。由于盈亏相抵方式可以使亏损企业按照规定从以前或以后年度的盈余中得到补偿，所以对具有高度冒险性的投资有相当大的刺激效果。当然，盈亏相抵是以企业发生亏损为前提的，并且就其应用范围来说，盈亏相抵通常只能适用于所得税方面。

(六)退税

退税是指国家按规定对纳税人已纳税款的退还，包括多征误征的税款、按规定提取的地方附加及代征手续费等方面的退税。但作为税式支出形式的退税是指优惠退税，是国家鼓励纳税人从事或扩大某种经济活动而给予的税款退还，包括出口退税和再投资退税。出口退税是国家为了鼓励出口而给予的税款退还；再投资退税是为了鼓励投资者将分得的利润进行再投资而退还纳税人再投资部分已纳的部分或全部税款。

(七)延期纳税

延期纳税又称税负延迟缴纳，是指允许纳税人对那些符合规定的税收，延迟缴纳或分期缴纳应负担的税额。延期纳税可适用于各种税的缴纳，其通常应用于税额较大的税收。延期纳税等于纳税人得到了一笔金额相当于已纳税款的无息贷款，可以在一定程度上帮助纳税人解决财务上的暂时困难。同时，延期纳税对政府来说负担也比较轻微，只是损失了已纳税款的利息而已。

(八)加速折旧

加速折旧是指在固定资产使用年限的初期多提折旧，后期少提折旧。加速折旧可以在固定资产的使用年限内早一些得到补偿。加速折旧是一种特殊的税式支出形式，虽然它可以在固定资产使用年限的初期多提折旧，但折旧累计总额不可能超过资产的可折旧成本，所以其总折旧额并不会比一般折旧高。由于折旧是一项费用，折旧额越大，企业的应纳税所得越少，税负越轻，所以，对于企业而言，虽然总税负不变，但税负前轻后重也相当于企业得到了一笔无息贷款；对政府而言，也损失了一部分收入的"时间价值"。因此，加速折旧同延期纳税一样，都是税收支出的特殊形式。

小结

● 转移性支出由社会保险支出和财政补贴构成。它体现的是政府的非市场性再分配活动。在财政支出总额中，转移性支出所占的比重越大，财政活动对收入分配的直接影响就越大。

● 由于转移性支出具有单方面和无偿性的特征，一般来说，西方很多学者把它与税收相对照，称之为"负所得税"。

● 社会保险支出是转移性支出的重点，它与社会保险制度紧密相连，各国的社会保险制度不同，相应的社会保险支出安排也就存在较大差别。但是，在现代社会下的任何社会制度的任何国家，社会保险支出都是社会公共需要的重要组成部分。

● 社会保险资金的筹集方式，从理论上说，有现收现付制、完全基金制和部分基金制。政府举办社会保险事业，需要有财政的介入。

● 财政补贴总是与相对价格的变动有直接的联系，它发挥着矫正价格机制导致的利益不平衡的作用。但作为弥补市场缺陷的一种手段，财政补贴的使用有很大的局限性。

● 税收支出是政府的一种间接性支出，是政府将纳税人的一部分收入无偿转移给补贴领受者。

● 我国现今的社会保险制度由基本项目和辅助项目组成。织就社会保险的安全网，"老有所养、病有所医、失有所补"。

● 我国财政补贴的现状及改革。

拓展阅读篇目

1. 郭志刚:《重新认识中国的人口形势》，载《国际经济评论》，2012(1)。
2. 郭志刚:《六普结果表明以往人口估计和预测严重失误》，载《中国人口科学》，2011(6)。
3. 朱幼棣:《大国医改》，世界图书出版社，2001。

思考与应用

一、关键词

转移性支出　负所得税　社会保险制度　逆向选择　社会救济　社会保险　社会福利　社会优抚　现收现付制　完全基金制　财政补贴　税收支出　税收豁免

二、思考题

1. 转移性支出对经济有何影响?
2. 政府为何要干预社会保险?
3. 社会保险包括哪些内容?各方面内容的特点是什么?
4. 社会保险基金的筹集模式有哪些?
5. 财政补贴的作用是什么?
6. 简述税收支出的概念以及提出这一概念的意义。
7. 简述我国的社会保险制度。

案例

探寻国外如何养老之德国①

据联合国有关机构调查预计,到2050年,60岁以上的老龄人口总数将近20亿,占总人口的比例为21%,而且世界上老年人的数目将在历史上首次超过年轻人(15岁以下)的数目。

德国是养老保险的发源地,也是世界上第一个以比较完备的立法确立社会保险制度的国家,其起源可以追溯到19世纪末德国首相俾斯麦时期,1889年颁布的《伤残和老年保险法》也是世界上第一部养老保险法律。

经过100多年的演变和发展,德国最终形成了强调政府、社会、雇主、个人共同担负责任、权利义务相统一的社会保险制度。目前,德国的养老保险体制主要由三大支柱组成,即法定养老保险、企业养老保险及私人养老保险。这三者所支付养老金的比例大约分别为70%、20%和10%。养老保险最低的保险时间为5年,未达到此年限的投保人到退休时将无法领取养老金。德国的法定退休年龄为65岁,满65岁可领取通常的养老金。投保时间较长(35年以上)的残疾人可于60岁领取全额养老金。其他人员提前领取养老金,每提前1年,养老金打折3.6%。

严重的人口老龄化和居高不下的失业率,使德国现收现付的养老金运行模式已经面临危机,成为国家财政的沉重负担。为了缓解这种状况,德国政府对养老保险进行了一系列改革。改革内容包括:

提高退休年龄。德国现行养老保险法律是2005年新修订的《老年和伤残保险法》,决定从2012年起开始逐步将国家法定退休年龄提高至67岁。

改革养老形式。在德国,进入"专业护理老人院"是老人们最普遍的一种选择。这些养老院拥有世界一流的硬件设备和人员管理方式。不过近年来,德国兴起了一种名为"老年之家"的互助养老方式。一些害怕孤独又不愿意去养老院的老人们自发组建自己的小天地,在"老年之家"中,成员共同分担家务,互相帮助,一起参加社会活动,让老人们远离孤独,也体会到家的温馨。

此外,德国一些社会团体和地方政府也探索出包括"多代屋"在内的多种互助养老模式。这种方式不仅有助于开发老年人潜力,还有助于促进代际交流。如里德林根的"乐龄合作社",不仅老年人可以加入,年轻人也可以加入。参加者可以选择小时工资,也可以把服务小时存在合作社,用于日后获得同样时间的免费服务。这种做法既鼓励老人互助和自立,也吸引了年轻人参与其中,通过服务老人为自己未来的养老做准备。

[**要求**]

阅读以上材料,思考德国的养老制度改革对我国有何启示。

① 《当代健康报》,2017年2月16日。

第六章 财政收入规模与结构分析

本章提要

本章重点介绍财政收入的含义、功能、分类，并对影响财政收入规模的因素、财政收入规模的增长变化趋势、财政收入的构成和非税收入进行分析，同时对我国当前财政收入的实际现状、我国财政收入规模发展变化的特殊性和一般规律，以及财政收入结构的调整和优化的现实意义等相关问题进行讨论。

第一节 财政收入概论

一、财政收入的含义

根据公共财政理论，财政收入又称为预算收入，是指政府为履行其职能、实施公共政策和提供公共物品与服务需要而筹集的一切资金的总和。它有两层含义：一是指财政活动的过程，即政府取得财政收入的活动，以及借助这一活动介入国民收入分配的过程；二是指财政活动的结果，即政府为履行职能需要筹集的一切资金的总和。它包括几个方面的含义：

(1)财政收入的实质是政府占有的一部分社会产品，这种占有可以采用价值形态，也可以采用实物形态。

(2)财政收入的主体是政府。

(3)财政收入的目的是满足政府实现其职能的需要。

(4)财政收入的依据主要是国家权力。

(5)财政收入可以理解为一个过程，作为一个过程，它和财政支出在时间上继起、在空间上并存。

二、财政收入的功能

财政收入是政府财政活动的重要组成部分，主要具有以下三个方面的功能：

(一)财政收入是财政支出的前提

就财政分配而言，它是收入与支出的统一过程，财政支出是财政收入的目的，财政收入则是财政支出的前提和保证。一般情况下，收入的数量决定着支出的规模，收入多才能支出多。因此，只有在发展生产的基础上积累资金，才能够为更多的财政支出创造前提。

在财政资金的循环中，包括资金筹集阶段和资金使用阶段，筹集资金是运用资金的前提，只有通过税收、公债等各种形式把资金集中起来，才能实现资金的运用，满足各方面的需要。因此，财政收入是财政支出的前提，是政府各项职能得以实现的物质保证。

(二)财政收入是政府重要的宏观调控手段

政府的宏观调控主要是通过财政政策和货币政策来进行的，而财政收入是财政政策的重要组成部分，是调节经济的重要杠杆。现代市场经济国家普遍运用税收、公债等手段调节资源在公共部门和私人部门、公共物品和私人产品之间的配置结构，从而促进整个社会资源的合理配置和充分利用，调节收入和财富在社会成员之间的分配结构，促进收入分配趋于合理，维护社会稳定。

(三)财政收入是政府理财的重要环节

政府财政活动包括创造收入源泉、获取财政收入和进行财政支出三个环节，财政收入环节设计得好与不好，直接影响到收入源泉。如果财政收入设计合理，就可能做到取财而不伤财；相反，如果设计得不好，违背了效率和公平原则，那就只是单纯的“敛财”，会造成生产停滞甚至倒退的严重后果，这显然是与政府公共财政的职能相悖的。

三、组织财政收入的原则

组织财政收入不仅关系到社会经济发展和人民生活水平的提高，也关系到正确处理国家、企业和个人三者之间和中央与地方两级之间的利益关系，还关系到不同对象的合理负担问题。为了处理好这些关系，在组织财政收入时，必须掌握好以下几项原则：

(一)发展经济、广辟财源原则

经济对财政具有决定作用，经济发展为财政提供分配对象，是财政分配的基础。从世界各国经济实践来看，越是发达国家，其可观的经济效益、充裕的财源越能为其财政提供更多的收入。

(二)兼顾三者和两级利益原则

所谓兼顾三者(国家、企业和个人)利益，是指财政在处理国民收入分配并相应取得自身收入的过程中，不能只顾财政收入的取得，还应将必要的财力留给企业和个人，以调动和发挥它们的积极性。

所谓兼顾中央与地方两级利益，是指国家财政在处理国民收入分配并相应取得自身收入的过程中，应该同时兼顾中央财政和地方财政的利益关系。按照目前的财政管理体制，我国的国家财政是分别由中央预算和地方总预算构成的两级财政。两级财政有各自的具体职能，也形成各自的利益关系，因此，在组织财政收入时应兼顾中央与地方的两级利益关系。当前，我国主要是根据各级政府财力与事权相匹配的原则，规范我国中央与地方政府间的收入分配关系，以充分调动中央和地方两个积极性。

(三)区别对待、合理负担原则

区别对待原则是对不同地区、不同部门之间在组织财政收入时负担上轻重不同，征收制度上繁简不同。

我国幅员辽阔，各地的自然禀赋、经济条件有一定差别，因此，在地区间要实行区别对待、合理负担的原则。同时，各经济部门在国民经济中处于不同地位，对国计民生具有不同作用。各企业生产的产品不同，行业的收入水平又受价格、自然资源、地理位置、运输条件、技术装备等条件的影响，因此，国家在组织财政收入时按纳税人收入的多少，采取不同的征收比例，实行负担能力强的多负担，负担能力弱的少负担。此原则通常通过采取不同的征税范围、不同的税率、减免税等方式来实现。[①]

实行区别对待、合理负担原则，是实现地区、企业公平竞争的需要，也是保证国家财力的需要。

---

① 《中华人民共和国预算法(2014年修正)》第五条。

四、财政收入的分类

2015年1月1日，我国新《预算法》施行。根据新《预算法》规定："预算包括一般公共预算、政府性基金预算、国有资本经营预算、社会保险基金预算。"因为确定编制四种预算，自然就有四类财政收入，即一般公共预算收入、政府性基金预算收入、国有资本经营预算收入、社会保险基金预算收入。因此，我国财政收入也有狭义和广义两种口径的区分。狭义的财政收入仅指一般公共预算收入，简称为公共预算收入；广义的财政收入是指四类预算收入的总和，一般称为全口径财政收入。

我国财政收入主要是按收入形式分类。现行《政府收支分类科目》①中四种预算的"收入分类科目"共列出的类级科目②有：税收收入、非税收入、债务收入、转移性收入、社会保险基金收入。

(1)税收收入款级科目中列举了我国现行的税种，包括增值税、消费税、企业所得税、个人所得税、资源税、城市维护建设税、房产税、印花税、城镇土地使用税、土地增值税、车船税、船舶吨税、车辆购置税、关税、耕地占用税、契税、烟叶税、环境保护税、其他税收收入。

(2)非税收入款级科目中共列举了专项收入、行政事业性收费收入、罚没收入、国有资本经营收入、国有资源(资产)有偿使用收入、捐赠收入、政府住房基金收入、政府性基金收入、专项债券对应项目专项收入、其他收入。

(3)债务收入款级科目中列举了中央政府债务收入、地方政府债务收入。

(4)转移性收入款级科目中共列举了返还性收入、一般性转移支付收入、专项转移支付收入、上解收入、上年结余收入、调入资金、债务转贷收入、接受其他地区援助收入、动用预算稳定调节基金。

(5)社会保险基金收入款级科目中共列举了企业职工基本养老保险基金收入、失业保险基金收入、职工基本医疗保险基金收入、工伤保险基金收入、生育保险基金收入、城乡居民基本养老保险基金收入、机关事业单位基本养老保险基金收入、城乡居民基本医疗保险基金收入、其他社会保险基金收入。

专栏6—1　　　　我国的非税收入及管理情况

政府非税收入(简称非税收入)，是指除税收以外，由各级国家机关、事业单位、代行政府职能的社会团体及其他组织依法利用国家权力、政府信誉、国有资源(资产)所有者权益等取得的各项收入，包括行政事业性收费收入、政府性基金收入、罚没收入、国有资源(资产)有偿使用收入、国有资本收益、彩票公益金收入、特许经营收入、中央银行收入、以政府名义接受的捐赠收入、主管部门集中收入、政府收入的利息收入以及其他非税收入十二类[不包括社会保险费、住房公积金(指计入缴存人个人账户部分)]③。各类非税收入的取得依据有所不同。

长期以来，相对于税收管理，我国非税收入管理比较薄弱，如非税收入概念和管理范围不够明确、大量资金未纳入预算管理等，没有形成一套规范有序的管理制度。2000年，我国实施了以部门预算、国库集中收付和政府采购为主要内容的预算管理制度改革，将预算外资金统一纳入部门预算管理和国库单一账户体系。2001年，国务院办公厅转发《财政部关于深化"收支

① 详见《2019年政府收支分类科目》(财政部，2018年7月20日印发)。
② 我国国家预算收支科目按收支范围的大小一般分为类、款、项、目、节五级。
③ 详见《政府非税收入管理办法》(财税〔2016〕33号)。

两条线”改革进一步加强财政管理意见的通知》，首次正式提出非税收入的概念。2004 年，财政部印发《关于加强政府非税收入管理的通知》，明确了非税收入管理范围，初步构建了非税收入管理的制度体系。2011 年，财政部门会同有关部门积极采取措施，不断加大非税收入管理力度，着力加强制度建设，将各级政府所有非税收入全部纳入预算管理。2016 年 3 月 15 日，财政部发布《政府非税收入管理办法》，明确非税收入是政府财政收入的重要组成部分，应当纳入财政预算管理并全部上缴国库。非税收入实行分类分级管理，根据非税收入的不同类别和特点，制定与分类相适应的管理制度。鼓励各地区探索和建立符合本地实际的非税收入管理制度。各级财政部门是非税收入的主管部门，各级财政部门应当完善非税收入管理工作机制，建立健全非税收入管理系统和统计报告制度。

2016 年，纳入公共财政预算管理的非税收入 29 198 亿元，政府性基金预算收入 46 619 亿元，全国国有资本经营预算收入 2 602 亿元。

专栏 6—2　　预算内收入与预算外收入

按财政收入的管理方式不同，可以将财政收入分为预算内财政收入和预算外财政收入。

预算内财政收入是指根据国家财政制度规定纳入国家预算管理范围内的财政收入。国家预算也就是政府的收支预算，每个国家都会根据自己的实际情况，编制出科学合理的年度预算计划，而预算收入的征收部门必须依法及时、足额征收预算收入。

预算外收入主要是指国家机关、事业单位和社会团体为履行或代行政府职能，依据国家法律、法规和具有法律效力的规章而收取、提取和安排使用的未纳入国家预算管理的各种财政性资金。预算外资金来源于政府职能，具体单位只是在“履行或代行政府职能”时为政府收取的“未纳入国家预算管理的各种财政性资金”。所以，预算外资金是国家财政性资金，不是部门和单位自有资金，必须纳入财政管理。

我国预算外收入的发展经历了由少到多、又通过清理整顿逐步减少的过程，可以划分为几个特点比较鲜明的时期：

一、1950～1978 年：预算外收入从萌芽到粗具规模

中华人民共和国成立初期，由于当时特定的历史条件，我国国民经济出现了严重的困难。为了应对和扭转这种局面，国家采取一系列有力措施，其中在财政领域实行了高度集中的统收统支体制，因此，当时的预算外收入微乎其微，绝大部分财政收入都被纳入了预算内管理，只有少量的税收附加和为数不多的专项收入为预算外收入处理。1951 年 8 月，政务院颁布《预算决算暂行条例》，加上前后几个关于政府预算的法律文件，使我国的预算体制粗具规模。“文革”期间，由于各项规章制度和财经纪律受到严重破坏，预算外收入迅速膨胀。

二、1979～1992 年：预算外收入迅速膨胀

这一时期由于我国开始实行对外开放政策，国家对经济体制领域进行了重大调整。为了加快经济建设的步伐，进一步调动企业和地方的生产积极性，逐步下放经济自主权，同时国家对预算外资金管理也采取相对灵活的方式，增加预算外资金的项目，特别是 1986 年国发〔1986〕44 号文件的发布，正式确认了预算外资金的概念，事实上形成了预算外资金的合法化，为这一时期预算外资金的迅速膨胀打下了基础。在大部分时期，预算外收入的增速均超过财政收入的增速。预算外资金游离于监管之外，成为政府调控经济的一个重要障碍。1990 年和 1992 年两年，我国预算外收入更是出现了超过财政收入的惊人纪录。

三、1993 年至今：预算外收入管理逐步规范

1993年，中共中央办公厅、国务院办公厅转发了财政部《关于对行政性收费、罚没收入实行预算管理的规定》，将83项行政收费项目纳入财政预算。为了进一步加强预算外收入管理，1996年国务院发布了《关于加强预算外资金管理的决定》，指出："预算外资金是国家财政性资金，实行收支两条线管理。"自此，国家逐步明确了对预算外收入要实行"收支两条线"管理。这次调整是我国对预算外收入管理指导思想的重大变化，第一次明确了预算外收入的所有权归国家、调控权归政府、管理权归财政，自此，长时间困扰中国政府的围绕预算外资金的各种关系得以理清，为彻底解决预算外收入这个顽疾打下了坚实的基础。

四、预算外收入的终结

诚然，预算外收入在解决政府机关财政紧缺尤其是地方政府财政缺口方面发挥过非常重要的作用，但毋庸讳言，预算外收入作为游离于国家预算管理外的一支庞大的资金力量，也曾给国家的宏观调控制造了不少麻烦。同时，也正是预算外收入的实际存在，为少数地方政府机构的乱收费提供了一种制度外便利。虽然我国对预算外收入的管理可以说一直是高度重视的，并且也取得一定的成绩，但是整体来看，国家对预算外收入的管理的效果是差强人意的。因此，为了杜绝预算外收入的负面影响，在国务院的支持下，财政部于2010年6月颁布了《关于将按预算外资金管理的收入纳入预算管理的通知》(财预〔2010〕88号)，规定自2011年1月1日起，中央各部门各单位的全部预算外收入纳入预算管理，收入全额上缴国库，支出通过公共财政预算或政府性基金预算安排。地方各级财政部门要按照国务院规定，自2011年1月1日起将全部预算外收支纳入预算管理，相应修订《政府收支分类科目》，取消全部预算外收支科目。至此，预算外收入彻底被纳入预算内，预算外收入的历史终结。

第二节　财政收入规模的影响因素及我国的实证分析

一、财政收入规模的衡量

(一)财政收入规模的含义

财政收入规模是指一定时间内(通常为一年)一个国家财政收入的总体水平。通常用绝对数额，如财政收入总额(R)，或用相对数如财政收入占国内生产总值的比重(R/GDP)来表示。

财政收入规模是衡量一个国家财力和政府职能范围的重要指标，它表明该国政府在社会经济生活中职能范围的大小。合理的财政收入规模，无论是对经济的发展、人民生活水平的提高还是对政府职能的实现，都具有非常重要的作用。因此，各国政府都致力于对财政收入规模的研究，以确定合理的财政收入规模。并且，无论哪个国家都把保证财政收入持续稳定增长作为政府的主要财政目标。

(二)财政收入规模的衡量指标

财政收入规模的衡量指标可以是绝对规模指标，也可以是相对规模指标。

绝对规模指标是指一定时期内一个国家财政收入的实际数量，即财政总收入。相对规模指标是通过将财政收入与其他有关的社会和经济指标相比而得，归纳起来有以下几个：

(1)财政收入占国民收入的比重；

(2)中央财政收入占财政总收入的比重；

(3)财政收入占GDP或GNP的比重；

(4)税收收入占 GDP 或 GNP 的比重。

其中,财政收入占 GDP 的比重是衡量一国财政收入规模的基本指标,其他衡量指标都可以由这个基本指标推导出来。在 GDP 一定的情况下,财政收入占 GDP 的比重越大,表明在整个社会资源配置中政府配置的份额扩大,市场配置的份额缩小,从而引起社会资源在公共物品和私人产品之间配置结构的变化;反之亦然。

(三)财政收入占 GDP 比重的合理界定

合理界定财政收入占 GDP 的比重具有重要意义。然而,合理界定这一比重又很复杂、困难。通常有以下两种方法可用于合理界定财政收入占 GDP 的比重:

1. 经验数据法

即根据历史上各个年代、各个时期财政收入占 GDP 的比例,及其与经济发展之间的关系,然后再根据当前经济条件的变化,同时参考国外的相关数据和经验,确定一个合理的比例。应当注意,运用这一方法时,必须首先分析相关的客观条件及因素的变化,而不能简单地用历史数据去生搬硬套。

2. 要素分析法

即通过分析影响剩余产品率和财政集中率的各个因素,以确定财政收入占 GDP 的比重。进一步说,运用这一方法时,可以主要根据政府履行其社会管理、经济建设等职能对财政支出的需要并将两者相加,就能大致地确定财政收入占 GDP 比重的适度界限。在一国政府职能处于转换时期时,该方法较为合适。

(四)财政收入规模的预测

财政收入规模的预测是指对一个国家或地区在未来一个时期可能组织的财政收入做出预计和测算。财政收入规模的预测包括短期(年度)预测和中长期预测,它们分别是编制年度政府预算和中长期财政规划的重要基础。

进行财政收入规模预测主要采用经验预测法,即根据以往财政收入和相关经济指标的关系,在对未来时期的经济增长做出预测的基础上综合考虑各种因素,对财政收入可能达到的规模做出预测。在具体进行预测时,要么先进行单项收入预测然后综合汇总,要么建立预测模型直接进行综合预测,或者将这两种方法同时结合运用。

二、影响财政收入规模水平的主要经济因素

影响财政收入规模变化的因素是多方面的。一般而言,各种影响因素的作用效果大多会是综合性的,但我们也应该注意到,有些因素可能对绝对规模的影响更大一点,有些因素可能对相对规模的影响更大一点。

(一)经济发展水平和生产技术水平

从历史上看,保证财政收入持续稳定增长始终是世界各国的主要财政目标,而在财政赤字笼罩世界的现代社会,谋求财政收入增长更为各国政府所重视。但是,财政收入规模多大,财政收入增长速度多快,不是以政府的主观意愿为转移的,而是由经济、政治、社会以及历史文化传统等多种因素综合决定的,但从根本上说,首先还是受经济条件的制约和影响。这里所讲的经济因素,既是决定一个国家长远的财政收入规模的基本因素,也是影响当一个国家的财政收入规模稳定在一定的水平上时而在一定区间内上下波动的主要因素。这些因素包括经济发展水平、生产技术水平、收入分配体制和价格水平等,其中最主要的是经济发展水平和生产技术水平。

1. 经济发展水平

经济发展水平从总体上反映着一个国家社会产品的丰富程度和经济效益的高低，它对财政收入规模的影响是一个根本性因素，表现为基础性的制约。

经济发展水平与财政收入的关系问题，也就是经济和财政的关系问题。两者的关系表现为经济决定财政，财政影响经济。经济发展水平高，社会产品丰富，其净值——国民生产总值就多，一般而言，则该国的财政收入总额较大，占国民生产总值的比重也较高。当然，一个国家的财政收入规模还受其他各种主、客观因素的影响，但有一点是清楚的，就是经济发展水平对财政收入的影响表现为基础性的制约，两者之间存在源与流、根与叶的关系，源远则流长，根深则叶茂。

从世界各国的现实状况考察，发达国家财政收入绝对额和相对额都高于发展中国家，而在发展中国家，中等收入国家又大多高于低收入国家，绝对额如此，相对数亦是如此(见表6－1)。再从几个发达国家的历史发展的纵向比较来看，英、法、美三国1880年全部财政收入只相当于国民生产总值的10%左右，到20世纪80年代已上升为20%～40%。1995年，23个发达国家的平均财政收入占GDP的比重为39%，29个中等收入国家为26%，12个低收入国家为20.7%。上述资料证明了一个我们曾反复强调的财政原理：经济决定财政，没有经济不发达而财源可以丰裕的。

表6－1　各国中央政府财政收入占GDP的比重(2010年)

国　别	人均GDP(美元)	中央政府财政收入占GDP的比重(%)
低收入国家	518	13.4
其中：孟加拉国	758	9.7
柬埔寨	786	11.5
老挝	1 141	14.5
中等收入国家	3 913	18.7
其中：菲律宾	2 130	13.4
泰国	5 075	19.0
韩国	22 087	21.0
高收入国家	39 310	23.7
其中：英国	38 710	34.9
法国	40 703	43.2
德国	41 786	27.9
荷兰	50 338	38.8

资料来源：《国际统计年鉴(2017)》[年鉴中契合表中数据，近几年数据最全的即为2010年，故选取2010年的数据]。

2. 生产技术水平

生产技术水平也是影响财政收入规模的重要因素，但生产技术水平是内含于经济发展水平之中的，因为一定的经济发展水平总是与一定的生产技术水平相适应，较高的经济发展水平往往是以较高的生产技术水平为支柱。所以，对生产技术水平制约财政收入规模的分析，事实上是对经济发展水平制约财政收入规模的研究的深化。简单地说，生产技术水平是指生产中采用先进技术的程度，又可称之为技术进步。

技术进步对财政收入规模的影响表现在两个方面：一是技术进步可以促进经济发展，增加财政收入，技术进步越快，社会产品和国民收入的增加也较快，财政收入的增长就有了可靠的保障；二是技术进步可以降低物耗比例，增加产品的附加值，而财政收入的主要来源从产品价值构成看就是产品附加值。因此，技术进步对财政收入的影响更为直接和明显。促进技术进步、提高经济效益是增加财政收入的首要的有效途径，在我国更是如此。

据测算，技术进步对财政收入增长的贡献是其他因素的 2.8 倍，它所创造的国民收入每百元可提供 50 元财政收入，而其他因素仅为 13 元。因此，促进技术进步、降低原材料消耗、提高经济效益是增加财政收入的有效途径。

(二)分配政策和分配制度

国民收入分配政策和制度决定 GDP 在国家、企业和居民个人之间的分割比例，是影响财政收入规模的又一个重要因素。分配政策和分配制度包括工资制度、税收制度、国有企业利润分配制度等。在国家财政分配规模既定的条件下，财政分配是否合理、使用是否得当，直接影响着财政分配的效益，而财政分配的效益又影响着经济发展的速度，经济发展的速度又制约着财政收入的增长。分配政策和分配制度对财政收入规模的影响主要表现在两个方面：一是收入分配政策决定着剩余产品价值占整个社会产品价值的比例，进而决定财政分配对象的大小；二是分配政策决定财政集中资金的比例。

经济发展水平是分配的客观条件，而在客观条件既定的条件下，还存在通过分配进行调节的可能性。所以，在不同的国家(即使经济发展水平是相同的)和一个国家的不同时期，财政收入规模也是不同的。分配体制和政治体制的集权和分权关系有直接的联系，比如，英、法两国的财政收入规模之所以较高，是由于政治体制倾向于集权；瑞典等北欧国家的财政收入规模之所以最高，是因为这些国家由政府包办的社会福利范围最大；而美国的财政收入规模之所以相对较低，是因为美国实行联邦制，政治体制倾向于分权，而且政府拨付的社会福利费水平较低。

我国在改革开放初期财政收入占 GDP 的比重出现逐年下滑的趋势，直接原因是经济转轨过程中 GDP 分配格局的急剧变化。据有关部门统计，从最终收入分配格局分析，政府收入所占的比重，1978 年为 31.3%，到 1994 年下降为 12.0%，下降了 19.3 个百分点；企业收入所占的比重，1978 年为 18.2%，1994 年为 21.5%，上升了 3.3 个百分点；个人收入所占的比重，1978 年为 50.5%，1994 年为 66.5%，上升了 16 个百分点。当时 GDP 分配格局变化的显著特征是向居民个人倾斜，而改革初期的这种倾斜带有补偿性质。过去在计划经济体制下，分配模式是“先扣除，后分配”，实行低工资、低收入制度。当时，财政收入占 GDP 的比重最高年份曾高达 39.3%(1960 年)。变化是从 1979 年开始的，当年同时采取三大措施，即大幅度提高农副产品价格，提高职工工资水平，对企业减税让利。三大措施的实施对财政收入产生了巨大影响，1979 年、1980 年的财政收入平均只增长 1.2%，财政收入占 GDP 的比重急剧下降。1980 年比 1978 年下降了 5.6 个百分点，是下降幅度最大的一年。此后继续实行减税让利政策，财政收入占 GDP 的比重继续下滑。1993 年中央采取整顿措施，在提高经济效益的基础上整顿市场秩序，调整分配格局，适当提高财政收入占国民收入的比重，才使财政收入占 GDP 的比重相对稳定，到 1996 年开始停止下滑，1997 年开始回升。迄今为止，也基本处于稳中有升的态势。

(三)价格因素

财政收入是一定量的货币收入,而且是在一定的价格体系下形成的,又是按一定时点的现价计算的。所以,由于价格变动引起的GDP分配的变化也是影响财政收入增减的一个不容忽视的因素。针对我国一度出现物价上涨幅度较大的情况,学术界曾讨论财政收入的"虚增"或名义增长而实际负增长的问题,它实际上就是指由物价上涨导致的财政收入的"贬值"现象。在计划经济时期,由于国家制定价格,即国家对价格进行管制,价格长期不变,也比较稳定,价格对财政收入的影响问题并未引起人们的关注。实行市场经济体制以来,国家放开了价格,价格随供求关系经常发生波动,特别是从20世纪80年代以来,我国还发生了几次比较严重的通货膨胀,即物价持续地大幅度上涨,人们开始关注价格变化对财政收入的影响。

价格对财政收入规模的影响是:产品和劳务的价格上涨会导致名义财政收入(即不考虑物价变动,以当年物价水平来表示的财政收入)增加。在市场经济条件下,价格总水平一般呈上升趋势,一定范围内的上涨是正常现象,但是,价格总水平持续地、大幅度地上涨就是通货膨胀。随着价格总水平的上升而财政收入同比例地增长,则表现为财政收入的"虚增",即名义增长而实际并无增长。在现实经济生活中,价格分配对财政收入的影响可能出现各种不同的情况。我国物价对财政收入的影响突出地表现在通货膨胀时期。在分析中,可以通过GDP的平减价格指数消除价格对财政收入的影响,求出名义财政收入增长率,并与实际财政收入增长率对比,见图6—1。

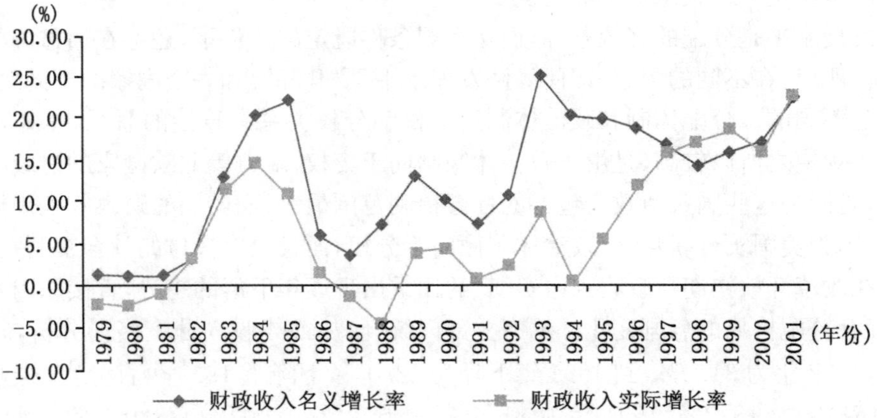

图6—1 财政收入名义增长率和实际增长率的对比

计算公式是:

$$GDP平减价格指数=\frac{名义\ GDP(按当年价格计算)}{实际\ GDP(按不变价格计算)}$$

(注:GDP平减价格指数又称GDP缩减指数,是指没有扣除物价变动的GDP增长率与剔除物价变动的GDP增长率之差。它的计算基础比CPI广泛得多,涉及全部商品和服务,除消费外,还包括生产资料和资本、进出口商品和劳务等。因此,这一指数能够更加准确地反映一般物价水平的走向。经济专家们之所以关注GDP平减指数,还因为与投资相关的价格水平在这一指标中具有更高的权重。例如,我国2004年GDP平减指数上涨6.9%,高出CPI涨幅3个百分点,说明投资价格的上涨远远高于消费价格的上涨。)

$$实际财政收入=\frac{名义财政收入}{GDP平减价格指数}$$

在市场经济条件下，价格总水平一般呈上升趋势，因此，财政收入也会以大致相等的比例增长，这是名义增长，而实际并无增长（见表6－2）。

表6－2　　我国物价上涨率和财政收入增长率的对比　　单位：%

年　份	零售物价上涨率	财政收入增长率
1984	2.8	20.2
1985	8.8	22.0
1986	6.0	5.8
1987	7.3	3.6
1988	18.5	7.2
1989	17.8	13.1

注：表中零售物价上涨率的价格和财政收入的价格依据是不可比的。这里只反映二者对比的趋势，其中财政收入增长率不包括国内外债务。

资料来源：孔淑红、安玉华：《公共财政学》，对外经济贸易大学出版社，2003。

从表6－2中可以看出，物价上涨对财政收入的影响有以下几种不同情况：

（1）财政收入增长率高于物价上涨率，表现为财政收入的实际增长，如1984年和1985年。

（2）财政收入增长率低于物价上涨率，表现为财政收入的名义增长，实际为负增长，如1987年、1988年和1989年。

（3）财政收入增长率大致等于物价上涨率，表现为财政收入只有名义增长，而实际不增不减，如1986年。

只有在物价上涨形成名义增长而无实际增长的情况下，财政收入的增长才是通过价格再分配机制实现的。

决定价格对财政收入影响的另一个因素是税收制度中主体税制的实际税率。如果是以累进所得税为主体的税制，纳税人适用的税率会随着名义收入增长而提高，即出现所谓的“档次爬升”效应，会随着名义收入下降而降低档次，从而财政在价格再分配中所得份额将有所增减。如果实行的是以比例税率的流转税为主体的税制，就意味着税收收入的增长率等同于物价上涨率，财政收入只有名义增长而不会有实际增长。如果实行的是定额税，在这种税制下，税收收入的增长总要低于物价上涨率，所以，财政收入即使有名义增长，实际也必然是下降的。我国现行税制是以比例税率的流转税为主，同时曾经对所得税的主要部分——国有企业所得税实行承包制，大体相当于定额税。因此，某些年份在物价大幅度上涨的情况下财政收入出现名义上的正增长而实际上负增长的情况，这与实行的税制有极大关系。

另外，价格总水平的变动往往是和产品比价的变动同时发生的，而产品比价关系变动以另一种形式影响财政收入。产品比价关系变动之所以会影响财政收入，源于两个原因：一是产品比价变动会引起货币收入在企业、部门和个人各经济主体之间的转移，形成GDP的再分配，使财源分布结构发生变化；二是财政收入在企业、部门和个人之间的分布呈非均衡状态，或者说，各经济主体上缴财政的税收比例是不同的。这样，产品比价变化导致财源分布结构改变时，相关企业、部门和个人上缴的税收就会有增有减，而增减的综合结果就是对财政收入的最终影响。

(四)政府职能范围

财政分配的主要目的是为了实现国家政府职能的各种需要,因此,政府职能范围是决定财政收入规模的直接因素。一般来说,政府职能范围越大,需要的财政支出和财政收入的规模也就越大。

以资本主义国家的历史发展为例,在自由市场经济时期,以亚当·斯密为代表的西方古典经济学家崇尚市场这一"看不见的手"的力量,认为市场能够有效配置资源,反对政府干预经济,倡导自由竞争,极力要求缩小政府活动的范围。因此,政府的职能范围被限制在较小的范围内,主要是防止外来侵略和维持国内秩序等,在这段时期,财政收入规模是很小的。进入垄断市场经济发展阶段以后,特别是20世纪30年代,西方国家爆发了空前严重的经济危机,从而宣告了自由放任的古典经济理论的破产,促使以凯恩斯为代表的经济学家日益重视对宏观经济总量进行分析,主张政府对经济的大规模干预。随着政府职能范围的扩大,财政收入规模也呈现出上升趋势。

(五)税收制度与征管水平

在经济增长水平、政府分配政策和价格水平等既定的前提下,税收制度的设计与税收征收管理的水平也对财政收入规模有较大影响。前面各项因素只是为财政收入准备了潜在的源泉,而现实的收入规模如何还取决于具体的征收制度和征管成效,即能否实现应收尽收,最大限度地减少收入的流失,并做到保护财源、创造财源。

所谓税收流失,是指各类税收行为主体,以违反现行税法或违背现行税法的立法精神的手段,导致实际征收入库的税收收入少于按照税法规定的标准计算的应征税收额的各种行为和现象。税收收入的流失在世界各国都是一个普遍现象,差别只在于程度的不同。但相比之下,发达国家的法制比较健全,其税收征收管理机制尤其是监督机制设计缜密,纳税人偷逃税款的行为一旦败露,不仅面临着经济上的严重损失,在政治上、个人信用上也会身败名裂。因此,巨大的成本风险客观上有助于阻止税收的流失。在我国,仅据国家统计局测算数据,1994年全国应缴而未缴的税款就超过1 000亿元,至少相当于税收总额的20%;2004年全国税收流失额至少4 500亿元,税收流失率在15%左右。另据国情专家胡鞍钢的保守估计,当前我国的税收流失约在3 850亿~4 450亿元之间。总之,从各种渠道的信息来看,目前我国税收流失情况十分严重。

寻找税收收入流失的原因,有纳税人主观上的故意,但同时也要认识到,税收制度的某些缺陷以及税收征管的某些障碍在客观上也为税收收入的流失创造了条件。所谓制度缺陷,是指税收制度设计过程中由于主、客观原因的影响,使得制度本身与税源状况和纳税人的实际能力不尽一致,从而导致该收的税不能应收尽收。

此外,税收流失的问题与我国的税收征管水平也有密切的关系。20世纪90年代中后期以来,在财政体制改革进行的同时,我国税收征管工作进行了大力改进,其成效十分显著。从1997年开始,我国逐步建立了"以申报纳税和优化服务为基础,以计算机网络为依托,集中征收,重点稽查"的税收征管新模式。此后,在每年连续增收的1 000多亿元税金当中,直接来自加强税收征管效果的部分占有较高的比重。例如,1999年,通过打击走私,关税收入猛增800多亿元,占当年税收增量的50%以上;2001年,强化税收征管增加的收入近700亿元,约占全年税收增量的26%。应该注意的是,随着税收征管制度的规范化和征管技术条件的不断成熟,税收征管因素对税收收入影响的弹性将会大大降低。

三、我国财政收入增长变化趋势的实证分析

(一)总体评估

本书第三章曾对我国财政支出规模的发展变化趋势进行了分析，而财政收入规模增长变化趋势与财政支出规模的发展变化趋势基本上是一致的，那么，为什么还要分析财政收入的增长变化趋势呢？这是因为：首先，我国一向执行以收定支的方针，显然财政收入对财政支出有较强的制约作用，有必要对财政收支的增长变化趋势进行对比分析；其次，如果说财政支出是直接表示政府活动的规模，财政收入则主要是反映企业和居民对政府活动经费的负担水平，也就是从多角度分析政府活动规模；再次，当前我国的财政收入形式还不够规范，财政收入只是预算内收入，财政收入之外还有预算外收入和制度外收入，所以也有必要专门阐述这个问题。我国财政收入增长变化趋势见图 6—2。

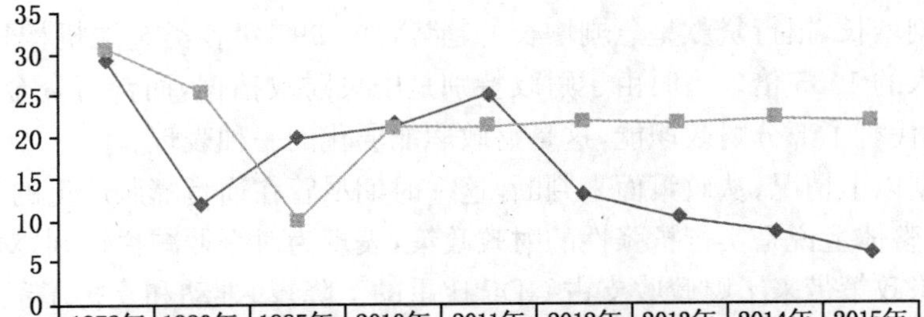

	1978年	1980年	1995年	2010年	2011年	2012年	2013年	2014年	2015年
比上年增长(%)	29.5	12.0	19.6	21.3	25.0	12.9	10.2	8.6	5.8
占GDP的比重(%)	30.5	25.3	9.9	21.2	21.2	21.7	21.7	22.1	21.9

资料来源：公共财政收入的增长率数据来自《中国财政年鉴(2015)》，GDP 是国家统计局按新核算方法修订的数据。

图 6—2　我国公共财政收入的增长率及所占 GDP 比重的变化趋势

图 6—2 显示了我国财政收入增长率和财政收入占 GDP 比重的变动趋势，从总体上说，可以分为三个阶段：改革开放初期、经济高速增长时期和经济发展新常态时期。

前两个时期二者的变动趋势是相同的，即先降后升。财政收入的增长率由 1978 年的 29.5%降为 1995 年的 19.6%，17 年间下降了 9.9 个百分点，而财政收入占 GDP 的比重由 1978 年的 30.5%降为 1995 年的 9.9%，下降幅度更大，17 年间下降了 20.6 个百分点。从 1996 年开始回升，财政收入的增长率到 2010 年回升到 21.3%，财政收入占 GDP 的比重到 2010 年回升到 21.2%。到经济发展进入新常态时期，则呈现出新的变动趋势，即财政收入的增长率趋于下降，但由于财政收入的增长率是与 GDP 增长率相伴下降的，因而财政收入占 GDP 的比重仍维持基本稳定。

财政收入的增长率和财政收入占 GDP 的比重是国民经济的两项重要综合指标，是国民经济发展的“晴雨表”，两项指标的动态变化趋势综合地体现了我国经济体制改革的历史和政府政策的效应。因此，下面我们将对各个时期两项指标的动态进行必要的具体分析，从中可以得出诸多有益的经验教训。

(二)1978～1995 年间财政收入占 GDP 的比重逐年下降的原因及其经济影响

这一时期的财政形势呈现出以下四个特点：

(1)从预算内财政收支(即现行的公共财政收支)来看，由于财政收入的增长慢于 GDP 的

增长,同时财政支出的增长快于财政收入的增长,在收支安排上,左支右绌,顾此失彼,政府一直为财力分散和财力短缺所困扰,导致财政赤字和债务规模不断加大。

(2)从财政与各部门的关系来看,由于财政收入拮据,难以满足各部门正常的公共需要,特别是不能满足各部门的公共投资,于是各部门另辟蹊径,纷纷出台各种收费和基金项目,预算外资金以及随之而来的制度外资金迅速膨胀。政府资金被分散化了,国家预算的统一性被肢解了,各部门代替了财政职能,特别是代替了财政的资源配置职能。如1995年预算内投资只占全社会固定资产投资的3%,可以说基本上丧失了财政对固定资产投资规模和结构的调控作用。

(3)从中央与地方财政的关系来看,由于长期实行财政包干制,财政收入增量向地方倾斜,中央可支配收入占全部财政收入的比重不断下降。分税制改革后,由于达到中央集中财力的预期目标尚待时日,中央财政在预算内资金的调控上也显得软弱无力。

(4)从财政与银行的关系来看,在财政收入占GDP比重逐年下降的同时,居民储蓄和企业存款急剧增长,银行贷款呈急剧增长的趋势,如1995年各类金融机构贷款增长额相当于当年财政收入的1.55倍。当时由于财政特别是中央财政拮据,而银行资金充裕,于是银行扩展业务领域,代替了部分财政职能,这是财政职能弱化的一种表现。

根据以上情况,从政策面来判断,这一时期尽管在通货膨胀严重的年份也曾提出过紧缩政策,但从整体上说是实行扩张性的财政政策,表现为对企业减税让利,对居民提高其收入水平。这种扩张政策带来了财政收支占GDP比重的下降,却推动和支持了经济改革和经济增长,可以认为是财政为经济改革和经济增长付出的必要的成本和代价,不过这也带来了通货膨胀。从财政部门与主管部门之间以及中央与地方之间的关系来看,则是实行分权政策,而且是横向与纵向同时并举的"双向"分权政策,表现为预算外收入、制度外收入的膨胀和中央财政收入占全部财政收入的比重下降。从财政与银行的关系来看,似乎是"双松"政策,但财政的"松"是虚,是被动的,而货币政策的"松"是实,是主动的,可以说是货币政策独木撑天。把三种判断结合起来看,政策的结果是:财政对企业的减税让利,企业本身并没有得到多大实惠,其中一部分被主管部门通过收费和基金的形式拿走了,另一部分则通过工资、福利以及其他各种渠道转移到个人手里,而企业资金的缺口则要由银行发放无约束的贷款来满足。从这个意义上说,这个时期的财政政策,是一种缺乏明确整体目标的扩张性财政政策。因为财政收支特别是中央财政收支规模过小,支出结构僵化,左支右绌,调节的空间或弹性很小,充其量主要是满足"吃饭"的需要,甚至有的年份连"吃饭"都满足不了,而当时国民经济发展的快速增长的主要目标基本上是让位给货币政策独家承担了。货币政策在增长与稳定之间倾斜于增长,实现了快速增长,却带来了严重的通货膨胀。

(三)"九五"至"十一五"时期实现财政收支良性循环的历史过程

1994年实行工商税制改革和分税制改革,1998年实行积极的财政政策,推动了财政收支的大幅增长,并导向良性循环。国家财政走向良性循环的一个重要标志是财政支出的大幅增长。第三章在分析财政支出规模增长变化趋势时曾表明,我国改革开放后,财政支出占GDP的比重多年呈逐年下降趋势,直到"九五"以后才崭露头角,开始回升,走过一个类似"V"形的途径。应当看到,这种增长形势是在经济增长率下滑、物价低迷的条件下实现的,可以说是我国财政在发展过程中的历史性突破。同过去多年财政收支增长缓慢时期对比而言,它的历史性意义在于说明只有具备适度财政支出的规模,才能使国家财政摆脱左支右绌的"困境",提供优化支出结构、保证重点的较大空间,才能确立财政在社会主义市场经济下的应有地位,充分发挥财政在市场经济下应有的职能,也才能在当前形势下拉动社会需求,推动经济增长,并带来财政收入的大幅增长。

通过进一步分析可以看到,此阶段财政支出的增长来自两个方面:一是来自1994年的工商税制改革和分税制改革带来的以税收为主的财政收入的大幅增长,二是来自以增发国债为主要措施的积极的财政政策对财政支出的增长起了加速作用(见表6—3)。

表6—3　　我国财政支出增长的来源　　单位:亿元,%

年份	财政支出增长额(1)	财政收入增长额			财政赤字增减额(由国债弥补)		
		绝对数	增长率	占(1)的比重	绝对数	增长率	占(1)的比重
1996	1 113.83	1 165.79	18.7	104.66	−51.96	−8.94	−4.66
1997	1 296.01	1 243.15	16.8	95.92	52.86	9.98	4.08
1998	1 564.62	1 224.81	14.2	78.28	339.81	58.34	21.72
1999	2 389.49	1 568.13	15.9	65.63	821.36	89.06	34.37
2000	2 698.83	1 951.15	17.0	72.30	747.68	42.88	27.70
2001	3 016.08	2 990.81	22.3	99.16	25.27	1.01	0.84
2002	3 150.57	2 517.60	15.4	79.91	632.97	25.15	20.09
2003	2 596.80	2 811.61	14.9	108.27	−214.81	−6.82	−8.27
2004	3 836.94	4 681.22	21.6	122.00	−844.28	−28.77	−22.00
2005	5 443.39	5 252.82	19.9	96.50	190.57	9.12	3.50
2006	6 492.45	7 110.91	22.5	109.53	−618.46	27.11	−1.82
2007	9 358.62	12 561.58	32.4	134.22	−3 202.96	−192.66	−34.22
2008	12 811.31	10 008.57	19.5	78.12	2 802.74	181.95	21.88
2009	13 707.27	7 187.95	11.7	52.40	6 519.32	516.46	23.37
2010	13 574.23	14 583.21	21.0	107.00	−1 008.98	−12.97	−7.43
2011	19 737.63	20 772.92	25.0	105.25	−1 035.29	−20.66	−5.25

资料来源:根据中华人民共和国国家统计局《中国统计年鉴(2012)》相关数据整理编制。

这种加速作用体现在增发国债本身直接增加了支出,还带动了银行贷款和地方、部门资金用于生产性支出,加强基础设施建设,保持了适度的经济增长率,而且为经济持续增长培育了自主性增长动力,从而也为通过加强征管使税收快速增长提供了经济基础。税收增长和增发国债是实施积极的财政政策的两个车轮,二者共同支撑着财政支出的增长。自1998年实行积极的财政政策,增发国债在其中起了特别重要的作用。而财政支出的增长又为优化支出结构、提高支出效益提供了较大的空间:增发国债保证了公共投资支出的增长,税收增长则保证了重点公共支出的增长。于是,财政收入和国债的增长带来了财政支出的增长,财政支出的增长支持了经济增长,经济增长又为财政收入的增长和国债增长提供了经济基础,形成了财政与经济以及财政收支之间的良性循环(见图6—3)。

回顾这段历史,可以说,1994年的分税制改革基本上是成功的,实施积极的财政政策在当时不仅克服了亚洲金融危机,而且带来了财政与经济的良性循环,这是我国经济改革和发展过

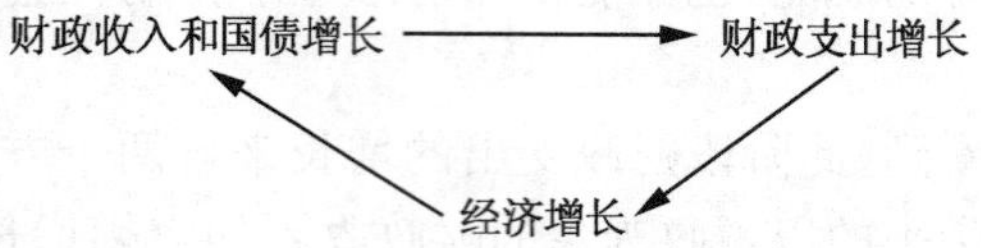

图 6—3 财政收支良性循环图

程中值得研究和思考的一段过程。

(四)"十二五"时期公共财政收支形势出现新的变化

如前所述,进入"十二五"时期,国际方面受到国际金融危机和世界经济复苏艰难的冲击。国内方面"三期叠加"影响凸显,结构性矛盾凸出,经济发展开始进入新常态。

经济发展新常态是我国经济发展阶段性特征的必然反映,是不以人们的意志为转移的必然趋势,必须主动适应、把握、引导经济发展新常态。在经济发展新常态下,经济发展面临较大的下行压力,GDP 增长率开始下滑,进入中高速增长常态。财政收入状况是经济发展的"晴雨表",随着经济增速的下滑,财政收入增速回落,由于加大了减税降费力度,财政收入的增幅被进一步拉低。如图 6－2 所示,从 2012 年开始公共财政收入的增长率开始下滑,而 2012～2014 年三年由于公共财政收入的增长率总体略高于按现价计算的 GDP 增长率,公共财政收入占 GDP 的比重维持基本稳定的状态;但 2015 年公共财政收入的增长率为 5.8%,已经低于当年 6.9%的 GDP 增长率,于是财政收入占 GDP 的比重也随之下滑到 21.9%。2016 年,财政收入的增长率继续下滑到 4.5%,财政收入占 GDP 的比重继续下滑到 20.7%,如果持续下去,则必将加剧财政收支不平衡的矛盾。

财政是国家治理的基础和支柱,科学的财政体制是优化资源配置、维护市场统一、促进社会公平、实现国家长治久安的制度保障。2016 年 12 月,中共中央政治局在分析 2017 年经济工作的会议上提出"稳中求进工作总基调是我们治国理政的重要原则",因此,财政工作必须主动适应经济发展新常态,精心谋划用好我国经济的巨大韧性、潜力和回旋余地,加快财政改革进度,依法增加收入,采取有效措施,应对并缓解收支失衡的矛盾。

四、我国当前财政收入规模水平的分析和评估

(一)我国财政收入规模水平

如何评估一个国家的财政收入规模的高低?如同评估财政支出规模一样,一个国家的财政收入规模取决于政治、经济、社会以及各国的历史文化传统和特殊国情等多种因素,这就是为什么各国的财政收入规模水平各不相同,而且差距很大。所以,没有一个统一的和绝对的标准,也不可能有一个精确的模型来测算每个国家的财政收入规模的合理水平,一般还只能是采取本国自身的纵向比较和同外国的横向比较的方法,分析财政收入规模的发展趋势。作为合理确定财政收入规模的参考值,最终仍然需要根据本国的国情通过政治程序来确定。

分析我国财政收入规模水平需要从狭义财政收入和广义财政收入两种不同的口径来考察。我们先来分析狭义财政收入(即公共财政收入)规模目前已达到的水平。从上面的分析可知,我国改革开放后预算内财政收入规模的变化经历了一个逐年下降而后又逐年回升的历程。财政收入占 GDP 的比重从 1978 年的 31.1%下降到 1995 年的 10.3%,而后回升到 2010 年的 20.7%。从我国自身的纵向比较来看,目前财政的集中度明显低于计划经济时期的水平。

我国改革开放前实行的是计划经济体制,国民收入分配实行统收统支体制,根据当时的实

践曾总结出“2、3、4”的比例关系，即积累占国民收入的比重为20%，财政收入占国民收入的比重为30%，基建支出占财政支出的比重为40%。由于当时实行统收统支体制，财政收入占GDP的比重较高，所以市场化改革以后有所下降是必然的，也是理所当然的，那么，目前已经回升到超过20%的水平，是否还要继续上升？是否应当稳定下来？或者说什么水平才是社会主义市场经济体制下的合理水平？这是我国当前社会各界十分关注的有关国计民生的一个问题，也是需要认真思考和研究并通过经济改革和发展的实践来做出决策的一个重要战略性问题。从国际横向比较来看，若干国家财政收入占GDP的比重分别为（IMF《世界经济展望》2013年4月发布）：2013年法国为52.89%，意大利为48.20%，德国为44.37%，加拿大为37.97%，俄罗斯为36.16%，巴西为36.97%，美国为32.93%，日本为31.57%，韩国为23.33%，中国为22.06%。按狭义财政收入口径进行比较，目前我国仍处于偏低水平，明显低于主要发达国家，与发展中国家基本持平。

但是，按狭义财政收入口径进行国际比较，存在着明显的口径上的差异，是不可比的。所以，进行国际比较应当采取国际货币基金组织定义的全口径财政收入，为此，在公共预算收入之外，起码还要加入政府性基金收入、社会保险收入，即按全口径财政收入进行国际比较。按三项收入合计计算占GDP的比重2010年已达34.6%，2013年上升为40.3%，2015年合计占35%。这说明，按全口径财政收入来估算和衡量，当前我国财政收入规模水平已经接近甚至超出财政收入规模水平比较低的发达国家美国的水平，明显高于发展中国家的平均水平。由此可以判断，我国当前的财政收入规模已经不存在继续提高的空间。因此，思考和研究符合我同实际的适度的财政收入规模水平，并采取有效的调节措施，已经提到战略性安排的议事日程。

（二）合理调节财政收入规模的基本政策思路

1. 正确理解和处理政府与市场的关系，是合理调节财政收入规模的前提

从现实生活看，我国目前的经济发展水平、当前社会经济发展方针以及长远社会经济发展战略，是合理确定我国财政收入规模的直接因素。我国仍是一个发展中国家，是一个人口众多的大国，人均收入已经达到中等收入国家水平，目前又处于奔向全面小康的快速发展时期，因而我国财政收入规模适当高于发展中国家的平均水平是必要和可能的。但是，我国实行社会主义市场经济体制，要求更大程度地发挥市场在资源配置中的决定性作用，而正确处理政府与市场在资源配置中的关系又是关键，为此必须继续完善国家宏观调控体系，加快政府职能的转变，切实把政府经济管理职能转到为市场主体服务和创造良好发展环境上来。因此，从完善市场经济体制的角度思考，我国的财政收入规模又不宜过大，对目前过快的财政收入增长速度应适当加以调节，使财政收入规模控制在适度的空间。

2. 实行兼顾“以支定收”和“以收定支”的方针

我国从古至今一向存在所谓“以收定支”还是“以支定收”的争论，这种争论犹如蛋生鸡还是鸡生蛋的争论一样，不会有任何结论，也无助于解决合理的财政收入规模问题。其实，收与支是矛盾统一的两个方面，不存在谁决定谁的问题，而是相互制约、相互牵动的关系，以支定收或以收定支不是绝对的，二者都是一定时期和一定条件下的政策性问题。比如，计划经济时期，一切都取决于统一的计划，所以执行以收定支、略有结余的方针，在预算安排上不允许打赤字，是不可置疑的。改革开放以后，进入由计划经济体制向市场经济体制的转轨时期，经济体制转轨时期的一个核心问题是要调整好政府与市场的关系，在此基础上应根据政府职能的转交先确定财政支出应有的规模，而后再确定税收的负担水平；当税收制度和税收征管走向法制化和规范化而且税收收入相对稳定之后，税收收入规模则反过来制约财政支出规模。目前，我

国已经到了应用税收收入规模来制约财政支出增长的发展阶段。

3. 公共财政收入是全口径财政收入中不可置疑的部分

近年来，大家十分关注每年财政收入的同比增长高于GDP的增长这个现象，却很少注意到，由于多种原因，公共财政收入占GDP的比重并没有很大的提高，如2007年为20.6%、2010年为21.2%、2013年为21.7%、2014年为21.8%、2015年为21.9%。公共财政收入是当前全口径财政收入中的基本部分，应当是没有任何质疑的部分。一是公共财政收入是当前政府提供公共物品的基本保障，近年来支出结构不断优化，公共财政收入主要是用于教育、卫生、社会保障以及新农村建设支出的增长，今后仍然需要持续增长；二是公共财政收入也是国防经费的基本保证，我国财政支出中国防费用仅占8%左右，占GDP的比重不到2%，在当前的国际形势下，难道还能削减吗？这也是不宜指责公共财政收支过高的一个重要理由；三是大家都看到，近年来大地震、大旱、大涝、泥石流等自然灾害频发，这些灾害必须由财政来补偿，没有足够的预算储备将如何应对？另外，公共财政收入是当前政府收入中法制化、规范化程度最高的，透明度也是最高的，是不可置疑的。如果说我国全口径财政收入偏高还是可以讨论的，而质疑公共财政收入过高则是不符合事实的，或者说是一种误解，对决策也是不利的。我国公共财政支出中唯有一个项目占总支出的比重偏高，即行政管理支出，主要是一般公共服务支出，可以考虑实行零增长政策。因此，评估我国当前的公共财政收入规模水平，似乎应当有这样一种共识：从总体上判断是不高的，但鉴于我国政府性基金规模较大，公共财政收入也不宜过快增长。

4. 继续坚持有增有减的结构性调整的税收政策

减税政策是进行经济调节的一种重要手段，也是供给侧结构性改革的一项重要措施，这是毫无疑问的。但是，过去定位为结构性减税政策，如今不再提结构性减税，似乎是实行全面减税政策了。我们认为这是一种误解，其实仍然是在实行结构性减税政策。首先，我国的减税政策是在税制改革前提下的减税，是通过"营改增"减税，同时改革和完善直接税，当前税收的首要问题是改革，而不是全面减税。其次，减税是供给侧结构性改革的一种措施，但不是唯一的措施。供给侧结构性改革的主要措施是去产能、去库存、去供给、降成本、补短板，减税不过是和这些主要措施相配合的一项措施，且不是全面减税。应当指出，根据目前的政治经济形势不适于也不可能实行全面减税政策，最佳途径是在进行税制改革的同时对税负进行有增有减的结构性调整，比如，通过"营改增"减税的同时，必须加快直接税改革，增加直接税，并通过税基和税率的调整达到合理控制税收收入增长的目标。

5. 坚定地实行税费改革，坚决取缔滥收费，控制政府性基金收入的增长

提出减税的政策主张，似乎这里的"税"包含了收费，是指全口径的财政收入。这种主张混淆了"税"和"收费"两种性质截然不同的财政收入。公共财政收入是政府全面统筹安排的收入，而政府性基金则是一种由中央和地方各部门掌握的定向的专款专用的收入，因而当前控制财政收入规模的主要途径不是减税，而应当是减费。我国政府性基金的数额较大而管理薄弱，特别是没有立法依据。如今政府性基金已经纳入国家预算管理，首先要完善政府性基金预算的编制和执行，加强预算管理；其次要继续进行税费改革，清理整顿政府性基金，严禁屡禁不止的滥收费，确保税基，保证税收的合理增长。目前土地出让收入构成基金的大头，要完善并严格执行土地政策，制止土地出让收入的非正常增长。

6. 调节财政收入规模的有效手段

调节财政收入规模的有效手段是随时观测财政收入增长弹性系数和增长边际倾向指标的

变化，应当根据增长弹性系数和增长边际倾向显示的动向及时采取适当的措施加以调节。

财政收入规模是以财政收入占GDP的比重来表示的，而每年的财政收入规模是由财政收入增长弹性系数和增长边际倾向决定的（见表6－4）。

$$财政收入弹性系数=\frac{财政收入增长率}{国内生产总值增长率}$$

$$财政收入增长边际倾向=\frac{财政收入增加额}{国内生产总值增加额}\times 100\%$$

表6－4　我国财政收入增长弹性和边际倾向

年　份	财政收入弹性(系数)	财政收入增长边际倾向(%)	财政收入占GDP的比重(%)
1979	0.10	3.0	28.2
1980	0.10	2.8	25.5
1985	0.88	20.0	22.2
1990	1.03	16.2	15.7
1995	0.75	9.7	10.3
2000	1.60	21.0	13.5
2001	2.12	28.6	14.9
2005	1.41	21.0	17.3
2006	1.53	22.7	18.8
2007	1.83	25.4	20.6
2008	1.07	20.7	20.0
2009	1.39	27.2	20.1
2010	1.06	24.2	20.7
2011	1.41	29.1	22.0
2012	1.23	26.2	21.7
2013	1.00	21.8	21.7
2014	1.06	26.9	21.8
2015	1.21	26.4	22.1
2016	0.61	13.5	21.5
2017	0.72	15.5	20.9

注：此表中的“财政收入”为狭义的财政收入，即一般公共预算收入。

资料来源：根据《中国统计年鉴(2018)》相关数据整理而成。

从表6－4中可以看出一般公共预算收入增长弹性系数和增长边际倾向与财政收入占GDP比重的关系。财政收入增长在一定的时期内总是存在一定的正常增长空间，但不同年份却可能存在较大的波动，而弹性系数和边际增长倾向则可以显示波动的程度和趋向。总的来说，增长弹性系数和增长边际倾向与财政收入占GDP的比重呈正向关系。1979年，增长弹性和增长边际倾向陡降，财政收入占GDP的比重下降了2.9个百分点；1980年又下降了2.7个百分点；1995年以前，弹性系数基本小于1，财政收入占GDP的比重持续下降；1996年以后，增长弹性系数和增长边际倾向持续上升，财政收入占GDP的比重也持续上升。因此，财政收入增长弹性系数和增长边际倾向既是财政收入占GDP比重变动趋势的反映，也是调控该比重的有效手段。例如，按照全口径财政收入计算，2010年的财政收入增长弹性系数为1.74，财政收入边际增长倾向为60.2%，这显示全口径财政收入增长率是GDP增长率的1.74倍，GDP增长的60%多被财政收入所吸取，明显说明这是财政收入超常增长的年份，就应当及时采取适当的措施加以调节。

第三节　财政收入构成和非税收入分析

一、我国财政收入构成分析

(一)我国公共预算收入的构成——税收收入与非税收入

本章第一节介绍财政收入分类的内容曾说明，按新的《政府收支分类科目》"收入分类科目"中列出的类级科目有税收收入、非税收入、债务收入、转移性收入、社会保险基金收入，而非税收入款级科目中列举了专项收入、行政事业性收费收入、罚没收入、国有资本经营收入、国有资源(资产)有偿使用收入、捐赠收入、政府住房基金收入、政府性基金收入、专项债券对应项目专项收入、其他收入10项内容。其中，政府性基金收入和国有资本经营收入也已编制独立预算，其他非税收入则属于一般公共预算的内容；也就是说，我国的非税收入按管理方式不同也分为公共预算内和公共预算外两部分，而我国一般公共预算收入是由税收和非税收入两种形式组成的，税收是主要形式，非税收入是辅助形式。在本书中，税收作为一个主要的财政收入范畴将设置多章详细加以阐述，但非税收入是税收不能替代的，具有本身的特殊性质和特殊作用，有必要进行专门的分析。这里我们首先分析公共预算中的非税收入，而后再专门分析政府性基金收入。

世界各国没有政府性基金收入这个收入项目，但国家预算经常性收入中也含有收费收入，通称为使用费。表6—5是世界各类国家经常性收入中收费所占比重，表6—6是我国公共财政收入中非税收入所占比重，两表显示的资料可作为分析的参考。

表6—5　　世界各类国家收费占经常性收入的比重

国　别	经常性收入	收费所占比重(%)
低收入国家		
印度(1998年)	29 491.0亿卢比	22.0
越南(2000年)	787 500.0亿盾	15.7
中等收入国家		
俄罗斯(2000年)	27 592.8亿卢布	16.9
泰国(1999年)	8 001.8亿泰铢	13.6
巴西(1998年)	3 275.5亿雷亚尔	17.1
韩国(1997年)	907 400.0亿韩元	13.6

续表

国　别	经常性收入	收费所占比重(%)
高收入国家		
美国(1999年)	32 535.0亿美元	19.7
德国(1998年)	17 020.8亿德国马克	17.2
法国(1997年)	39 328.0亿法郎	9.1
英国(1998年)	3 406.7亿英镑	8.5

资料来源:引自郭庆旺、赵志耘:《财政学》,中国人民大学出版社,2002。

表6—6　　我国公共财政中非税收入占公共财政收入的比重

年　份	非税收入合计(亿元)	占公共财政收入的比重(%)
2007	5 699.8	10.9
2008	7 106.6	11.9
2009	8 966.7	13.1
2010	9 890.7	11.9
2011	14 135.0	13.6
2012	16 639.2	14.2
2013	18 678.9	14.5
2014	21 194.7	15.1
2015	27 347.0	18.0
2016	29 244.2	18.3
2017	28 222.9	16.4

资料来源:根据《中国统计年鉴(2008—2018)》相关数据整理而成。

对照表6—5和表6—6,可以对我国公共财政收入内收费占公共财政收入的比重进行横向对比分析。表6—5显示,世界各国的经常性财政收入无一例外的都是以税收为主,但收费也占据一定的比例。从表6—5显示的资料很难寻求使用费所占比重的一般规律,看来主要是取决于各国的国情和财政体制的差异。从高收入国家的比较来看,体制差异的特征比较明显。其中前两个国家都是联邦制国家,财政体制倾向于分权,所以使用费比重较大,而英、法两国财政体制倾向于集权,所以使用费比重较小。该表显示的资料,作为分析我国使用费比重的横向参照是有价值的。

将表6—5同表6—6对比可以看出,我国预算内收费在财政收入中所占的比重一般低于世界各国水平。但是,加上列为公共财政收入外的政府性基金收入,可以看到,我国包括公共财政内和公共财政外收费的全部收费占财政收入的比重则大大高于世界各国的水平,这是目前我国财政收入和财政体制的一个重大特点,即公共财政内收费的比重较小,收费主要在公共财政外,因此,在财政管理上清理整顿并严格控制公共财政外收费的增长,加强规范化、法制化,是我国财政管理的一项重要任务。

(二)政府收费的性质和特殊作用

研究税收与收费的关系,有必要对收费的性质和特殊作用做出说明。

1. 收费的性质

从理论上说，政府收费主要是使用费(user charges)。按世界银行有关文件的说法，使用费是指为交换公共部门所提供特殊商品和服务而进行的支付。此外，政府收费还有少量的其他收费，如罚没收入和捐赠收入等。使用费实际上是政府模拟私人物品的定价方式收取的公共物品的价格，以便回收提供特殊商品和服务的全部或部分成本。使用费模拟市场价格但又不同于市场价格，因为政府对公共物品定价不能采取利润最大化原则，所以使用费一般不能全部弥补提供特殊商品和服务的成本。收费有时与税收难以截然区分，因为有时一项收入既可以采取税收形式也可以采取收费形式，如使用公路可以收取公路费，也可以征收燃油税。但二者也确实存在着差别，主要表现在四个方面：一是税收与政府提供的商品和服务没有直接联系，税收收入一般不规定特定用途，由政府统筹安排使用，而收费与政府提供的特定商品和服务有直接联系，专项收入专项使用。二是税收是作为政府一般的筹资手段，而收费往往是作为部门和地方特定用途的筹资手段。三是税收收入是政府的主要收入，必须纳入预算内统筹使用，而收费则可以有所不同，全国性收费一般纳入预算内，部门性收费或地方性收费可以作为预算外收入，按预算程序管理，形成政府性基金或由部门和地方自收自支。四是一般而言，税收的法治性和规范性强，有利于立法监督和行政管理，而收费的法治性和规范性相对较差，容易诱发滥收费现象，因而法治性不强的发展中国家应避免收费项目过多，并力求加强管理。

2. 收费的特殊作用

既然税收与收费难以截然区分，那么政府为什么要采取收费形式呢？这首先是因为收取使用费在弥补市场失灵方面，如矫正私人物品的外部效应上有特殊的作用。比如，假定某一工厂对周围的环境带来污染而又没有采取治理措施，那么它的私人成本将小于社会成本，获取额外利润，政府使用费可以定在等于甚至高于额外利润水平上，从而就可以运用经济手段迫使企业治理污染，或者政府运用这笔使用费来治理污染。其次，收取使用费有利于提高公共物品的配置效率。使用费遵循的是受益原则，谁受益谁支付，合情合理，同时吸收了价格机制的优点，至少要支付相当于成本水平的使用费，显示了提供特殊商品和服务的价格信息，有利于避免公共物品的过度需求，提高公共物品的配置效率。那么在某一项收入可以采取税收形式也可以采取收费形式的情况下，如何合理选择呢？这可以根据政策目标和效率原则进行抉择。比如，如果公路使用费不是在全国统一征收，即有的公路收取使用费，有的公路不收取使用费，就会产生车主选择不收费的公路，甚至绕道而行，在这种情况下，则选择征收燃油税更有效率；如果财政收入奉行受益原则，则选择使用费更为公平；如果奉行支付能力原则，则选择燃油税更为公平；如果为了防止诱发滥收费现象，无疑多采取税收形式更为恰当；等等。

二、政府性基金收入和国有土地使用权出让收入分析

(一)政府性基金收入

政府性基金是国家通过向社会征收以及出让土地、发行彩票等方式取得收入，专项用于支持特定基础设施建设和社会事业发展支出的一种基金。政府性基金收入按收入归属划分，分为中央收入、地方收入以及中央与地方共享收入。2017 年，纳入政府性基金预算管理的财政资金共 33 项，属于中央收入的有铁路建设基金、民航发展基金、旅游发展基金、大中型水库移民后期扶持基金、三峡水库库区基金、中央特别国债经营基金财务收入、核电站乏燃料处理处置基金、可再生能源电价附加、船舶油污损害赔偿基金、废弃电器电子产品处理处置基金、烟草企业上缴专项收入 11 项；属于地方收入的有海南省高等级公路车辆通行附加费、散装水泥专

项资金、新型墙体材料专项基金、新菜地开发建设基金、城市公用事业附加、国有土地使用权出让收入、国有土地收益基金、农业土地开发资金、城市基础设施配套费、小型水库移民扶助基金、车辆通行费、污水处理费 12 项;属于中央与地方共享收入的有农网还贷资金、港口建设费、国家电影事业发展专项资金、新增建设用地土地有偿使用费、南水北调工程基金、彩票公益金、国家重大水利工程建设基金、大中型水库库区基金、彩票发行机构和销售机构业务费、其他政府性基金收入 10 项。

政府性基金按照支出用途可分为以下 7 类:(1)用于交通基础设施建设,包括铁路建设基金、民航发展基金、港口建设费、农网还贷资金、海南省高等级公路车辆通行附加费、车辆通行费安排的支出 6 项。(2)用于水利建设,包括南水北调工程基金和国家重大水利工程建设基金 2 项。(3)用于城市维护建设,包括国有土地收益基金、城市基础设施配套费、城市公用事业附加、国有土地使用权出让收入、农业土地开发资金、新菜地开发建设基金、新增建设用地土地有偿使用费安排的支出 7 项。(4)用于教育、文化、体育等社会事业发展,包括旅游发展基金、地方教育附加、国家电影事业发展专项资金、彩票公益金安排的支出 4 项。(5)用于移民和社会保障,包括大中型水库移民后期扶持基金、大中型水库库区基金、小型水库移民扶助基金、三峡水库库区基金 4 项。(6)用于生态环境建设,包括船舶油污损害赔偿基金、新型墙体材料专项基金、废弃电器电子产品处理基金、污水处理费、散装水泥专项资金 5 项。(7)用于其他方面,包括核电站乏燃料处理处置基金、中央特别国债经营基金财务支出、烟草企业上缴专项收入、可再生能源电价附加收入安排的支出和其他政府性基金支出 5 项。

政府性基金的管理方式是在一般公共预算之外编制政府性基金收支预算,构成政府预算体系的重要组成部分。政府性基金收支预算的管理原则是"以收定支、专款专用、结余结转使用"。基金支出根据基金收入情况安排,自求平衡,不编制赤字预算。当年基金预算收入不足的,可使用以前年度结余资金安排支出;当年基金预算收入超出预算支出的,结余资金结转下年继续安排使用。各项基金按规定用途安排,不得调剂使用。编制政府性基金预算,对于提高政府预算的统一性和完整性,增强预算的约束力和透明度,更好地接受人大和社会监督,具有十分重要的意义。2009 年,财政部按照全国人大和国务院的要求,制定并印发了《关于进一步完善政府性基金预算编制的工作方案》,明确了完善基金预算编制的主要目标和任务,并抓紧组织实施,逐项落实各项任务措施。此后,财政部不断加大改革力度,政府性基金预算编制有较大程度的改进和提高,取得了明显的成效。一是提高了预算完整性。在往年编制中央基金预算的基础上,新增编制了全国和地方基金预算,更加全面地反映了基金收支总量、结构和管理活动。二是细化了预算编制内容,更加细致地反映了基金收支的具体情况,中央基金支出预算全部编列到项级科目,并细化到具体支出项目,落实具体事项。三是提高了预算的准确性。根据经济形势变化、政策调整等因素,准确预测基金收入。按照"以收定支、专款专用"和"收支平衡、结余结转下年安排使用"的原则,合理安排基金支出,充分论证项目支出,保证项目可执行,提高基金收支预算编制的真实性、准确性。四是增强了预算透明度。在全国预算草案中增加了对每项基金征收使用政策的说明,使人大代表和社会各界充分了解预算数据的政策含义。在 2010 年全国人民代表大会后,首次将基金收支预算向社会公布,让社会了解和监督预算执行,此后逐年形成规范。

"十二五"期间,财政部认真总结基金预算编制经验,进一步完善基金预算制度,不断提高基金预算编制和管理水平。一是控制基金规模。按照"正税清费"原则,清理到期的基金项目,结合资源税改革,研究用资源税取代或吸收相关基金项目,依法从严审批设立新的基金项目,严格控制基金规模。二是完善预算编制。按照科学化、精细化管理要求，进一步细化各项基金预算的收支科目，增强预算的约束力；推动相关部门建立健全基金预算支出项目库，做好具体支出项目的各项前期准备工作，提高基金预算的准确性；加强对补助地方资金的预算监督，严格控制代编预算和预留待分配资金规模，提高基金预算的规范性和透明度。三是推进与其他预算的相互协调。

2012年，全国政府性基金收入为37 534.90亿元，相当于当年财政收入的24%，同比下降9.3%，主要是国有土地使用权出让收入减少较多。加上2011年结转收入822.21亿元，2012年全国政府性基金收入总量为38 357.11亿元。主要基金收入项目执行情况是：国有土地使用权出让收入为28 892.3亿元（含中央新增建设用地土地有偿使用费和中央统筹地方的农田水利建设资金），下降13.7%，主要是受房地产调控政策影响，土地出让合同成交价款减少；车辆通行费收入为1 196.47亿元，下降0.5%，主要是受地方逐步取消政府还贷二级公路收费等因素影响；地方教育附加收入为936.74亿元，增长36.1%，主要是为了支持教育事业发展，各地按规定陆续开征该项基金；城市基础设施配套费收入为884.06亿元，增长3.1%；彩票公益金收入为738.34亿元，增长17.4%，主要是彩票销售收入持续快速增长；铁路建设基金收入为622.5亿元，下降3.9%，主要是受经济增速放缓影响，铁路货运周转量下降；水利建设基金收入为406.09亿元，增长21.2%，主要是各地按规定调整和完善该基金筹集政策，进一步拓宽基金来源渠道。

2012年，全国政府性基金支出为36 330.87亿元，同比下降9.1%，主要受国有土地使用权出让收入下降影响；国有土地使用权出让收入安排的支出为28 608.46亿元，下降13.8%，其中，征地拆迁补偿等成本性开支为22 881.84亿元（占国有土地使用权出让支出总额的80%），农业土地开发整理和农村基础设施建设等支出为1 560.75亿元，教育支出为291.41亿元，农田水利建设支出为231.06亿元，保障性安居工程支出为594.2亿元，城市建设支出为3 049.2亿元。

但是，2013年全国政府性基金收入为36 756.15亿元，2014年全国政府性基金收入为47 309.23亿元，2015年全国政府性基金收入为48 873.38亿元，年均增速16%，且其中国有土地使用权出让金收入2014年、2015年又开始快速增长。因此，为了进一步规范管理政府性基金、降低企业包括个人的税费负担，也为了进一步提高政府的公信力，使政府在经济管理过程中能够以更加公开、公正、透明的方式来处理经济方面的事务，国务院要求进一步清理规范政府性基金。于是，2016年1月29日，按照国务院的决策部署，财政部会同有关部门研究制定了《清理规范政府性基金方案》。此时政府性基金已从2000年的327项减少到28项。经过这一次的清理规范，基金项目由28项减少到23项。据测算，2016年将减轻企业和个人负担约260亿元。而保留下来的基金项目，则从以下几个方面进行规范管理[①]：

“第一，建立目录清单制度，将包括项目名称、设立依据、征收标准、征收期限等信息公布出来，让大家监督。目录清单之外的，不管是以什么名义出现的基金，企业、个人均有权拒绝缴纳。今后若相关政府性基金政策作出调整，都会在目录清单上及时更新，这样大家就可以非常清晰地知道有多少种、怎么征、征多少、用在什么地方。

第二，加强监督检查，及时发现和查处乱收费的行为。通过设立电子邮箱、网络平台等多

---

① 《政府性基金如何清理规范——财政部副部长史耀斌就有关热点问题答记者问》，中央政府门户网站，http://www.gov.cn，2016－01－30，来源：经济日报。

种方式，完善举报和查处机制。如果企业或者是个人发现有乱收费的现象，可以通过这几种方式及时反映，财政部将会同有关部门及时查处和处罚乱收费、乱收基金的单位和个人。

第三，加强政府性基金和一般公共预算收入的统筹使用，政府性基金收入的使用和政府一般预算收入的使用在管理上、在公开透明上、在预决算的公开上都等同起来，可以非常清晰地了解收的这些钱做了哪些事情。

第四，引入第三方评估，加强基金使用效益的绩效评价。依据第三方评估得出的结论，政府可以作出判断，是保留或者取消，还是作出必要的调整，进一步完善相关政策。我们想达到的效果，一方面是要减轻企业的负担，另一方面主要还是规范政府的行为，使政府治理经济的过程、方式、能力能够更加公开、透明，同时也使财政性资金管理纳入统一、规范的轨道上来。”

专栏6－3　　财政部通知取消和调整部分政府性基金

（《经济日报》北京　2017年3月17日讯）财政部17日发布《关于取消、调整部分政府性基金有关政策的通知》（财税〔2017〕18号），明确表示，为切实减轻企业负担，促进实体经济发展，经国务院批准，取消、调整部分政府性基金有关政策，自4月1日起执行。

根据通知，取消城市公用事业附加和新型墙体材料专项基金。以前年度欠缴或预缴的上述政府性基金，相关执收单位应当足额征收或及时清算，并按照财政部门规定的渠道全额上缴国库或多退少补。

通知明确，对残疾人就业保障金征收政策进行调整，扩大残疾人就业保障金免征范围。将残疾人就业保障金免征范围，由自工商注册登记之日起3年内，在职职工总数20人（含）以下小微企业调整为在职职工总数30人（含）以下的企业。调整免征范围后，工商注册登记未满3年、在职职工总数30人（含）以下的企业，可在剩余时期内按规定免征残疾人就业保障金。与此同时，设置残疾人就业保障金征收标准上限。用人单位在职职工年平均工资未超过当地社会平均工资（用人单位所在地统计部门公布的上年度城镇单位就业人员平均工资）3倍（含）的，按用人单位在职职工年平均工资计征残疾人就业保障金；超过当地社会平均工资3倍以上的，按当地社会平均工资3倍计征残疾人就业保障金。

财政部明确，“十三五”期间，省、自治区、直辖市人民政府可以结合当地经济发展水平、相关公共事业和设施保障状况、社会承受能力等因素，自主决定免征、停征或减征地方水利建设基金、地方水库移民扶持基金。

（二）国有土地使用权出让收入

土地出让收入是市县人民政府依据《中华人民共和国土地管理法》《中华人民共和国城市房地产管理法》等有关法律法规和国家有关政策规定，以土地所有者身份出让国有土地使用权所取得的收入，主要是以招标、拍卖、挂牌和协议方式出让土地取得的收入，也包括向改变土地使用条件的土地使用者依法收取的收入、划拨土地时依法收取的拆迁安置等成本性的收入、依法出租土地的租金收入等。土地出让收入构成政府性基金收入的主体，2010年土地出让收入为29 397亿元，同比增长106.4%，占政府性基金收入的81.4%；2012年土地出让收入为28 892.3亿元，占政府性基金收入的77%。可见，土地出让收入的大幅增长，是政府性基金收入以及全口径财政收入过快增长的主要因素。

2007年之前，土地出让收入先纳入预算外专户管理，再将扣除征地补偿和拆迁费用以及土地开发支出等成本性支出后的余额缴入地方国库，纳入地方政府性基金预算管理。2007

年，国家对土地出让收入管理制度进行了改革，将全部土地出让收入缴入地方国库，纳入地方政府性基金预算，实行"收支两条线"管理，与一般预算分开核算，专款专用。按现行政策规定，土地出让收入缴入国库后，市县财政部门先分别按规定比例计提国有土地收益基金和农业土地开发资金，缴纳新增建设用地土地有偿使用费，余下的部分统称为国有土地使用权出让金。其中，计提的国有土地收益基金专项用于市县土地收购储备，包括土地补偿费、安置补助费、地上附着物和青苗补偿费、拆迁补偿费以及前期土地开发支出，计提比例由省级人民政府确定。计提的农业土地开发资金(其中省级最高可以集中30%)，专项用于农业土地开发，具体使用范围包括土地整理和复垦、宜农未利用地开发、基本农田建设以及改善农业生产条件等方面的土地开发。新增建设用地土地有偿使用费是国务院或省级人民政府在批准将农用地、未利用地转为建设用地时，向取得新增建设用地的市县人民政府收取的收入，由市县人民政府从土地出让收入中按规定标准向中央和省级缴纳。新增建设用地土地有偿使用费实行中央和省两级3∶7分成，专项用于耕地开发、土地整理、基本农田建设和保护支出。国有土地使用权出让金主要用于征地拆迁补偿、土地开发、城乡基础设施建设、城镇廉租住房保障等支出。综合起来看，政府明确规定土地出让收入的使用范围包括10个方面：(1)征地和拆迁补偿支出，包括土地补偿费、安置补助费、地上附着物和青苗补偿费、拆迁补偿费；(2)土地开发支出，包括与前期土地开发相关的道路、供水、供电、供气、排水、通信、照明、土地平整等基础设施建设支出，以及与前期土地开发相关的银行贷款本息等支出；(3)补助被征地农民社会保障等支出；(4)农村基础设施建设支出，包括用于农村饮水、环境、卫生、教育以及文化等基础设施建设支出；(5)农业土地开发支出；(6)城市建设支出，包括城市道路、桥梁、公共绿地、公共厕所、消防设施等基础设施建设；(7)耕地开发、土地整理、基本农田建设和保护支出；(8)城镇廉租住房保障支出；(9)土地出让业务支出；(10)破产或改制国有企业土地出让收入用于职工安置等支出，如图6—4所示：

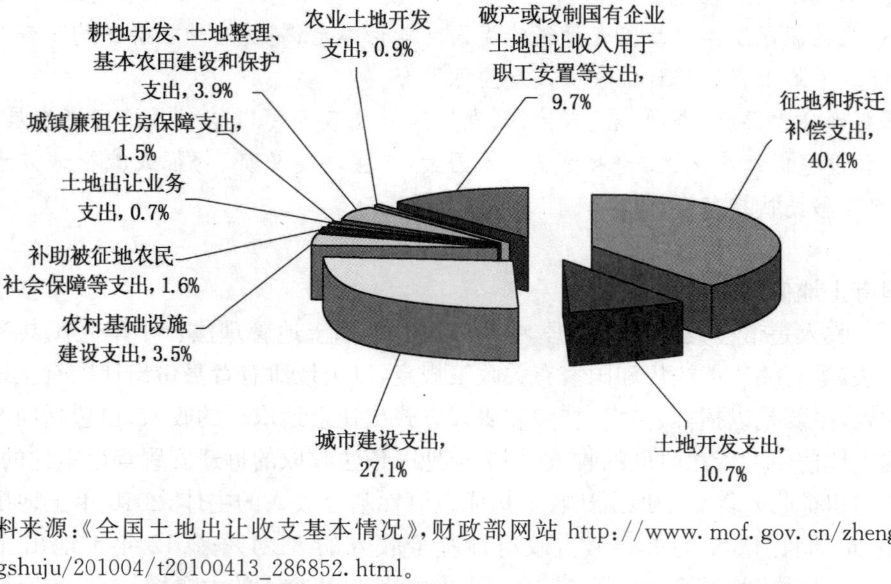

资料来源：《全国土地出让收支基本情况》，财政部网站 http://www.mof.gov.cn/zhengwuxinxi/caizhengshuju/201004/t20100413_286852.html。

图6—4 我国2009年全国土地出让收支结构图

近年土地出让收入增长较快，社会媒体将地方财政过分依赖土地出让收入的现象称为"土地财政”。“土地财政”这个词体现出明显的贬义，有人则从土地管理制度改革的角度，认为土地财政的弊端越来越明显，理应退出历史舞台。当然，土地管理制度的进一步改革是应当探讨的，但当前还是应该在现行管理制度的前提下对土地出让收入进行实事求是的分析。

我国现行的土地制度是土地国有制和集体所有制，私人不得买卖，政府是国有土地的代表者并兼土地经营者，有偿转让使用权。土地出让收入是政府转让土地使用权所取得的收入，因而土地出让收入纳入国库，构成财政收入的一项收入是天经地义的事情。政府向房地产业提供土地，促进房地产业的发展并带动经济的增长，创造良好的政绩，而且可以增加政府收入，这是应当肯定的。土地是一种不可再生的资源，我国人口众多，土地稀缺，土地问题的核心是旺盛的需求与有限供给的矛盾，我国能够出让的土地的量是限定的，所以土地一旦投入市场，必然长期是卖方市场的一种特殊商品，需求过旺，价格趋高，而且随着土地需求的日益增长，价格上升也是必然的，这个矛盾不是什么管理制度所能改变的。当前出让土地主要是采取“招拍挂”方式[国土资源部 2006 年 5 月 31 日发布《招标拍卖挂牌出让国有土地使用权规范(试行)》(国土资发〔2006〕114 号)，明确界定招标拍卖挂牌出让国有土地使用权内涵：招标出让国有土地使用权，是指市、县国土资源管理部门发布招标公告或者发出投标邀请书，邀请特定或者不特定的法人、自然人和其他组织参加国有土地使用权投标，根据投标结果确定土地使用者的行为。拍卖出让国有土地使用权，是指市、县国土资源管理部门发布拍卖公告，由竞买人在指定时间、地点进行公开竞价，根据出价结果确定土地使用者的行为。挂牌出让国有土地使用权，是指市、县国土资源管理部门发布挂牌公告，按公告规定的期限将拟出让宗地的交易条件在指定的土地交易场所挂牌公布，接受竞买人的报价申请并更新挂牌价格，根据挂牌期限截止时的出价结果或现场竞价结果确定土地使用者的行为]，80%以上的土地出让收入来自“招拍挂”。而土地拍卖价格是竞拍形成的，甚至形成“地王”抢拍，说明土地价格虽高，开发商还是有利可图的，如果拍卖市场是公开、公正和透明的，拍卖程序是正常的，那么从市场供求关系的角度看也是无可非议的。

近年土地出让收入增长较快是多种原因形成的，其中起决定作用的是两个原因：一是土地供应规模加大，如 2010 年国土管理部门审核批准的土地供应量比上年大幅度增加，总量达到 42.82 万公顷，同比增长 34.2%，这是土地出让收入大幅增长的基础性原因。二是以“招拍挂”形式提供的商业用地和商品房用地的比重增大，出让价格升高，以“招拍挂”形式出让的土地达 25.7 万公顷，占土地供应总面积的 60%，出让土地的收入达到 2.6 万亿元，占全部土地出让收入的 88%。显然，土地供应是因，土地出让收入是果，所以，问题的核心不在于为什么土地出让收入增长得那么快，而在于应当从执行国家政策的角度考察是否符合国家土地管理政策。

我国土地资源总量丰富但人均贫乏，随着人口的增加和经济的发展，土地资源供需矛盾日趋尖锐，形势严峻。一方面，我国耕地面积大量减少，土地退化；另一方面，土地利用粗放，利用率与产出率低，浪费土地的情况十分严重。因此，党中央、国务院提出了以世界上最严格的措施管理土地的方针，将“十分珍惜、合理利用土地和切实保护耕地”立为我国的基本国策，明确写进了《中华人民共和国土地管理法》。科学、合理地利用土地资源，确保我国人民生活和生产对土地特别是耕地的需求，是我国实现可持续发展的基础。居民住房的土地供应是必需的，但供应土地的量是有限的，土地供应政策是以有限的土地供应实现居者有其屋的总目标。土地出让收入既是一项财政收入，也是一个重要的政策杠杆，而某些地方政府往往为了创造高政绩，违背土地管理政策，把增加土地出让收入作为主要目标。比如，在城市，热衷于商品房的开发，忽视普通老百姓住房的保障，因为保障性住房采取划拨办法，只收取一部分土地出让的成本和转移性费用,拿不到那么多的收入。开发商囤积倒卖土地,而建保障房的用地却无保证,投入的资金短缺,如2009年全国土地出让支出12 327亿元中仅有1.5%(185亿元)用于廉租住房建设;在农村,征购土地没有给予足够的补偿,廉价征购,高价卖出,最近又出现了以耕地增减挂钩的名义展开撤村增地的举动,都是严重损害农民切身利益的违纪行为。为什么"招拍挂"成交价格那么高?因为土地供应有限,更主要是因为需求过旺,有那些由银行充分供应资金的大垄断企业参与和操纵,因此必须严格执行大型国有企业退出土地市场的方针,一手从农民那里廉价得到土地,另一手又高价卖给开发商,而宽马路、大广场又表现出自己的所谓政绩,这又同官员的考核制度有关。这里所说的官员考核制度,据我们理解,正是政府违规行为和政策偏差的根源。因此,必须责令各地方政府严格执行国家土地政策,严格执行有关土地出让以及土地出让收入使用的规定,制止为了创造"政绩"而肆意出让土地来攫取财政收入的短期行为。

专栏6—4　　我国"土地财政"的形成与发展

"土地财政"笼统地说就是地方政府利用手中的对土地事实上的所有权和管理权,通过收取土地出让金和与土地有关的税费来补充地方政府的财政收入的过程。"土地财政"是我国特有的一种财政现象,它与1994年的财政改革不无关系。当年的财政改革所形成的"财权向上,事权向下"的财政体制格局,直接的后果是地方财政收入在总财政收入中的比例下降的同时财政支出却上升,这种状态使得地方政府不得不自己想办法解决财政资金的不足问题,于是地方政府利用手中所掌握的大量土地资源,通过所谓市场化的运作来盘活土地的同时,"土地财政"也就应运而生,开始"土地财政"只是少数地方政府的"试探性"行为,但随着中央政府的默许和强大的示范效应,"土地财政"在我国一发而不可收,各地方政府纷纷打起了土地的主意,直接的表现就是全国范围内的土地出让金收入呈急剧上升态势,甚至有取代地方财政之势,于是被一些学者直接称为地方的"第二财政"。

表6—7是我国近几年土地出让金收入情况,其中,地方财政收入数据全部来源于国家统计局《中国统计年鉴》,土地出让金收入中2011年、2013年的数据来源于《2011年中国国土资源公报》,2012年、2014年的数据来源于财政部公布的"2012年全国土地出让收支情况"以及"2014年全国土地出让收支情况"中的数据,2015—2017年的数据来源于国家统计局《中国统计年鉴(2016～2018)》。

表6—7　　我国土地出让金与地方财政收入比较

年　份	土地出让金收入(万亿元)	同期地方财政收入(万亿元)	占同期地方财政收入的比重(%)
2011	3.15	5.25	60.0
2012	2.89	6.11	47.3
2013	4.20	6.90	60.9
2014	4.29	7.58	56.6
2015	3.08	8.30	37.1
2016	3.56	8.72	40.8
2017	5.0	9.15	54.6

从表6—7中我们可以看出,土地出让金收入在近十年来的地方财政收入中所占的比重是

非常高的,“第二财政”的说法实至名归!

小结

● 财政收入又称为预算收入,是指政府为履行其职能、实施公共政策和提供公共物品与服务需要而筹集的一切资金的总和。

● 我国财政收入有狭义和广义两种口径的区分。狭义财政收入仅指一般公共预算收入,简称为公共预算收入;广义财政收入是指四类预算收入的总和,一般称为全口径财政收入,即一般公共预算收入、政府性基金预算收入、国有资本经营预算收入、社会保险基金预算收入。

● 财政收入规模的衡量指标有绝对规模指标和相对规模指标。财政收入占GDP的比重是衡量一国财政收入规模的基本指标。

● 影响财政收入规模的因素有经济发展水平和生产技术水平、分配政策和分配制度、价格因素、政府职能范围、税收制度设计与征管水平等几个方面。

● 我国财政收入增长变化趋势的实证分析。当前调整和优化财政收入结构的途径。

● 我国公共预算收入的构成——税收收入与非税收入。政府收费的性质和特殊作用。

● 我国政府性基金收入和国有土地使用权出让收入分析。

拓展阅读篇目

1.[美]理查德・A. 马斯格雷夫、佩吉・B. 马斯格雷夫:《财政理论与实践》(第五版),邓子基、邓力平(译校),中国财政经济出版社,2003。

2. 中华人民共和国财政部制定:《2019年政府收支分类科目》,中国财政经济出版社,2018。

3. 齐守印、王朝才:《非税收入规范化管理研究》,经济科学出版社,2009。

4. 胡海生:《中国土地财政收入影响因素和政策改革研究》,中国财政经济出版社,2017。

5. Fisher. R. C. State and Local Public Finance, 4th ed . Oxford: Routledge, 2015.

6. Balley. S. J. Local Government Economics: Principles and Practice . London: Macmillan Press Ltd, 1999.

思考与应用

一、关键词

财政收入　按财政收入形式分类　狭义财政收入　广义财政收入　使用费　政府性基金收入　国有土地使用权出让收入

二、思考题

1. 什么是财政收入的规模?它受哪些因素制约?
2. 分析我国财政收入增长变化的趋势。
3. 分析和评估我国当前的财政收入规模水平。阐述合理调节财政收入规模的基本思路。
4. 为什么说经济发展水平和技术进步对财政收入规模起决定作用?
5. 如何判断我国自改革开放以来分配体制和分配格局变化对财政收入增长趋势的影响?
6. 如何分析价格与财政收入的关系?
7. 思考公共财政收入中收费不同于税收的性质和特殊作用。
8. 如何评价“土地财政”问题。

案例

中国财政收入规模[①]

财政收入规模决定了财政政策作用的空间，是分析财政相关问题的基础。中国的财政收入规模或者说宏观税负，近年来已经成为社会关注的焦点问题。一方面，舆论普遍认为"国富民穷"，即国民收入分配中财政收入过高，由此提出需要大力减税；另一方面，以地方政府为代表，各级财政似乎总是"差钱"，教育、医疗、养老等民生性支出尚欠账颇多，如要进一步增加投入，甚至还需增加政府财力。因此，关于当前财政收入规模是否适度的讨论，关系到"十二五"时期财税改革以及财政政策的整体走向，迫切需要回答。

"十二五"时期的财政收入规模展望

当前中国并不存在大幅减税的现实基础。为此，展望"十二五"时期全口径财政收入规模，我们以维持当前财政收入整体框架基本稳定为前提。在全口径财政收入中，税收收入的增长与经济增速关系密切，我们对此专门讨论。

(1)税收收入能否维持以往的高速增长。中国在"十五"以来长期存在税收增长速度远超 GDP 增长速度的现象，引起了社会的广泛关注。这种趋势是否还将继续下去？这是判断"十二五"时期税收收入增长前景的一个关键。

作出这一判断的前提是理解税收高速增长的原因。官方最初给予的解释是经济增长、政策调整和加强监管"三因素论"，并对三个因素进行了相应的分解，即经济增长因素占 50%，政策调整和加强监管各占 25%。后来又提出物价上涨、统计口径、结构差异、累进税率、外贸进出口对 GDP 和税收增长的影响差异等因素，成为"多因素论"。显然，这些解释都具有很强的解释力，但并没有指出中国的特殊因素所在。高培勇在区分法定税负与实征税负的基础上指出，理解中国税收目前的高速增长应当追溯到 1994 年税制改革的背景。当时，宏观经济过热、税收征收率偏低是现实的国情，而增加政府财政收入是改革的重要目标。这三个因素的结合就迫使在进行税制设计时必须预留出很大的"征管空间"；也就是说，需事先建构一个法定税负较高的税制框架。由此随着税收征管水平的提高，使得中国税收走上了持续高速增长的轨道。这一解释的一个推论是，未来随着征管空间越来越小，税收增速与 GDP 的名义增速之间的差距将越来越小。

从现实数据来看，中国税收增速的变动与名义 GDP 增速的变动基本保持一致的趋势，税收增速与 GDP 的名义增速之间的差距也确实越来越小。税制改革自 1994 年开始启动，在 1994～1996 年间税收增速实际上低于 GDP 的名义增速。值得注意的是，1997 年中国开始遭遇亚洲金融危机，但此后一直到 2002 年税收增速都高于名义 GDP 增速。在这段时间内，税收增速年均达到 16.9%，高出 GDP 年均增速约 7.7%，并且两者之差在 2001 年高达 11.1%。这背后的原因有两点：一是随着新税制的不断完善，征管的力度越来越大；二是在亚洲金融危机期间，中国政府提出了增加税收的目标。自 2003 年开始，新一轮高速增长期间税收增速同样远高于名义 GDP 增速。但延续到 2008 年、2009 年，税收增速与 GDP 增速的差异越来越小。

以同样经历过高速增长的日本、韩国的历史经验来看，其在高速增长时期同样存在税收增速长期高于 GDP 增速的现象。但在经济增速趋缓之后，其税收增速也逐渐平缓，且与 GDP 增速逐渐接近(高培勇等，2010)。由此看来，如果我国的经济增速也逐渐趋缓，则税收增速远超 GDP 增速的现象也可能逐渐消失。

基于对中国过去税收高速增长背后原因的分析以及日本、韩国的历史经验，我们可以推断，随着征管空间越来越小，未来中国税收增速继续远高于名义 GDP 增速的现象不会持续下去。由此在总体上判断，"十二五"时期中国税收收入的增长还会保持略高于 GDP 的增长速度，但难以维持以往的超高速增长势头。其主要原因是征管空间改善余地不大，而经济增长速度也可能不会像以往那样高。按照相关机构对"十二五"时期经济增速的展望，这一期间中国的不变价格 GDP 增速将在 8%～9%之间，名义增速将在 10%左右。基于对这一经济增长速度的预测，我们判断"十二五"时期税收收入的整体增速将在 10%～15%之间，个别年份之间的增

---

① 中国社科院财贸所课题组：《中国财政收入规模：演变与展望》，载《经济学动态》，2011(3)。

速有所波动，但波动性相对于历史情况将有所减缓。

(2)其他财政收入来源的展望。如果以全口径财政收入来衡量，按照历史数据，税收收入只占其中的55%左右。其余的还包括社保缴费、土地出让金、其他类政府性基金、预算外资金、纳入一般预算管理的非税收入。由于这一部分财政性资金的影响因素较多，因而判断其在“十二五”时期的增长趋势相对复杂。

依据1998～2009年的历史数据，由于中国不断将以往的预算外资金纳入一般预算管理。纳入一般预算管理的非税收入占一般预算收入的比重不断增大，从1998年的不到9%上升到2008年的接近12%。在2009年，出于确保财政收入增长的需要，中国纳入一般预算管理的非税收入增速非常快，使得其比重进一步提升。在“十二五”时期，由于税收收入增长形势稳定，2009年的特殊因素不复存在，预计现有纳入一般预算管理的非税收入增长不会如此迅速。然而，随着中国财政管理以及预算改革的逐步深化，可以预期将有更多的预算外资金和政府性基金(不包含土地出让金)会纳入一般预算管理，因此可以预计“十二五”时期纳入一般预算管理的非税收入比重将会有较大幅度的提高。纳入一般预算管理的非税收入比重上升，加上税收收入比重的缓慢上升，将会使得一般预算财政收入占GDP的比重在“十二五”时期逐步上升，预计将会接近25%左右。

与一般预算财政收入占GDP比重上升相对应，预算外资金以及政府性基金(不包括土地出让金)的比重将会进一步下降。在1998～2009年期间，预算外资金以及政府性基金占全口径财政收入的比重已经有大幅下降，从1998年的29%下降到2009年的10%，其主要原因是越来越多的资金被纳入一般预算管理。预计在“十二五”期间，随着改革的深化，这部分财政资金占全口径财政收入的比重将会有较大回落，逐步接近5%。

土地出让金的增长趋势在过去几年受到全社会的高度关注，从历史数据来看波动较大。其背后的原因是土地出让金的高低受土地出让市场的影响，而后者又受到经济形势、宏观经济调控政策、房地产市场形势等多方面因素的影响。这些因素都复杂多变，难以提前预判。从目前的政策走向来看，城镇化将作为未来扩大内需的重要战略，这有利于进一步提高土地出让金收入。总体上看，如果“十二五”时期房地产市场进一步升温，而政府的调控政策不能进一步落实，则土地出让金的收入将会进一步上升，其占全口径财政收入的比重将有可能接近20%；反之，如果房地产市场形势恶化，或者相关调控政策发挥实际作用，则土地有偿使用收入占全口径财政收入的比重将有可能在2009年的基础上回落，接近于2008年的11%。

在“十二五”时期大力发展社会保障事业，已经成为社会各界的共识。由于中国的主要社会保障项目都采取了社保缴费的形式，由此可以预计：随着社保缴费覆盖人群越来越广，社保缴费占全口径财政收入的比重将会稳步上升。在1998～2009年间，社保缴费占全口径财政收入的比重稳步从9%上升到13%。“十二五”时期这一增长趋势有望继续维持，初步预计到“十二五”期末，社保缴费占全口径财政收入的比重有望达到15%。

综合以上分析，可以预期，在“十二五”时期，主要由于部分预算外资金和政府性基金纳入预算管理，加上一般税收收入的缓慢增长，一般预算收入占GDP的比重将会稳步上升，有望达到25%。至于全口径财政收入占GDP的比重，其变化趋势将会受土地出让金变化趋势的较大影响。如果土地市场继续升温或者维持现有趋势，加上社保缴费的稳步增长，则全口径财政收入占GDP的比重有可能突破35%。如果土地出让金增长趋势出现回落，则全口径财政收入占GDP的比重有可能维持在现有的31%左右。

[要求]

认真阅读以上内容，结合所学知识，试比较文中对“十二五”时期的财政收入规模展望与“十二五”时期财政收入规模实际情况的异同，并讨论其原因，同时，进一步分析我国当前增加财政收入的合理途径。

第七章 税收原理

本章提要

本章从税收的基本概念入手，主要介绍税收制度的基本要素和税收的主要分类，对税负分配、税收原则和税负转嫁等问题进行了分析，并就如何通过税收制度的优化设计以最经济合理的方式取得既定的税收收入问题进行了讨论。

第一节 税收的产生、概念和本质特征

税收是财政收入的一种最重要的形式，因此，财政产生的历史前提必然也是税收产生的历史前提，这是毫无疑问的。但是，财政的产生不一定等于同时产生税收，税收产生的历史条件还必须做具体分析。

一、税收的起源和发展

税收是一个历史的范畴，是人类社会发展到一定历史阶段的产物，是国家、剩余产品和私有制产生以后所出现的一种特定分配形式。只有了解税收产生的历史过程和引起这一历史过程的根本原因，找出税收与这些原因之间的内在联系，才能把握税收的发展变化规律，深刻地认识税收的本质，系统地研究现代税收的各种问题。

（一）税收产生的一般前提条件①

税收产生以后，经历了几个不同的社会形态，必然有其存在和发展的共同客观前提和条件。

1. 剩余产品是税收产生和存在的物质前提

剩余产品是相对于必要产品而言的，它是全社会一定时期的总产品扣除补偿经济活动中的物化劳动耗费和活劳动耗费以后的剩余部分。需要指出的是，剩余产品只是税收产生和存在的一个前提条件，并不是剩余产品一出现就引致税收的产生。从历史发展看，剩余产品存在的历史是远早于税收的，税收的产生还需要其他决定性条件。

2. 经常化的公共需要是税收产生和存在的社会前提

税收作为一种分配形式和分配手段，本质上是以满足公共需要为目的的。社会公共需要是早在原始社会中期就已经存在的一种人类社会的客观需要。原始社会的基本单位是氏族组织。随着氏族组织的发展和剩余产品的存在，逐渐出现了生产活动以外的共同利益和公共事务。其中，部分属于社会职能部分，属于宗教职能，如调节氏族部落之间的纠纷、宣战和媾和、

① 杨秀琴：《国家税收》，中国人民大学出版社，1995。

举行宗教仪式以及水利灌溉等。这些公共事务，有的直接属于集体劳动的组成部分，有的必须从共同劳动成果中拿出一部分来专门满足这种需要。当这种公共需要成为经常化时，客观上就要求相应分配要从满足生产和生活的分配中分离出来，成为独立的分配。当然，也如分析上述剩余产品的条件一样，经常化的公共需要也只是税收产生和存在的一个社会前提，并不是说有了经常性的公共需要的存在一定同时决定税收的存在。

3. 独立经济利益主体的存在是税收产生和存在的经济前提

税收产生和存在的决定性条件之一是社会成员作为利益主体的经济利益的独立化。从历史上看，具有独立经济利益的利益主体不外乎两种情况：一是财产所有者，包括私有和局部性的集体所有；二是生产资料所有权与经营权分离条件下的经营者。即使财产是社会公有，在所有权与经营权分离的条件下，经营者也是独立的经济利益主体，也可以占有和支配一定份额的生产成果。

利益主体的经济利益独立化是税收产生和存在的决定性条件之一。问题很明显，如果社会没有分解为许多具有独立经济利益的经济主体，生产资料共同占有、共同生产、共同消费，那么，社会总需要和实现这种需要的客观条件及其再生产也就不会分为内部和外部，从而也不会有内部分配和外部分配的划分，当然更不会有税收。同时指出，独立经济利益主体(个体家庭)是在原始社会中期就已经出现的，并不是随之就产生税收。在强制性的社会公共权力产生之前，如上所述，满足公共需要的分配不是税收形式，而是其他形式。税收的产生和存在，最后还要取决于强制性的社会公共权力——国家的产生。

4. 强制性的公共权力是税收产生和存在的上层条件

税收的本质特征之一对具体纳税人来说是非直接的偿还，这决定了税收分配必须有超越于所有者权力的政治权力的介入。征税权是以强制性的公共权力为后盾的。

由单纯的社会职能机关转变为国家是一个历史过程。国家出现以后，政治权力就与一般的社会公共权力结合在一起，并以社会代表的名义实行阶级统治。国家化的社会公共权力有一整套强制机关，包括武装人员、监狱、法庭等。这种强制性的公共权力的存在为税收的产生和存在提供了最后的决定性条件。一方面，社会公共权力国家化所派生出来的“公共需要”是庞大的和经常的，需要税收这种规范的分配来满足；另一方面，也是最重要的方面，这种公共权力为税收的存在提供了可能的条件，即强制性的征税权。

(二)税收产生的历史过程

非洲尼罗河流域是世界文明的一个发源地，早在公元前 4000 年，随着社会贫富的分化和阶级矛盾的发展，埃及逐渐由民族部落转化为奴隶制国家，进入了古王国时期。埃及土地的最高所有权名义上属于专制君主法老，公社农民使用土地则要通过公社及州的管理机构向法老缴纳租税和为国家服役。以后，随着私有财产制和商品经济的发展，古老的农村公社进一步遭到破坏，农民丧失土地，穷人沦为债务奴隶。据记载，公元前 8 世纪后半期，埃及第 24 王朝法老勃克霍里斯为了保持纳税和服役的自由民数量，曾下令禁止将无力还债的埃及人变为奴隶。

在西亚，另一个世界文明的发源地两河流域，在公元前 3000 多年乌鲁克文明和捷姆迭特·那色文明时期，随着阶级的产生和阶级矛盾的发展，在巴比伦尼亚地区先后出现了十几个城市国家，称为苏美乐城邦。在苏美乐城邦经济中，神庙大经济占主要地位，占有了城邦中可灌溉土地的 1/4～1/2；除了神庙所有土地外，其余为农村村社土地，分配给各家族，可以买卖，村社农民则须向国家纳税、服路役(修建宫殿、寺庙和水利工程)。

在古代希腊，公元前 8～6 世纪，希腊奴隶制城邦逐渐形成。氏族内部产生了明显的阶级分化，出现了贵族与平民，原来建立在氏族部落组织基础上的农村公社或氏族公社土地所有制逐渐被分割成私有财产。公元前594年，雅典梭伦改革的一个重要内容就是把公民按照他们的地产和收入分为4个阶级。500、300及150袋谷物为前三个阶级最低限度的收入额，只有他们才能担任一切官职，地产少于上述数目或完全没有地产的人则不能担任官职。这样，随着氏族制度的消失和国家公共权力的建立，在雅典不仅出现了按土地收获量缴纳的土地税，而且还凭借海上霸权向海上同盟国收取贡金。

在古罗马，从"王政"时代起，就开始了从氏族制度向国家的过渡时期。"王政"时代的罗马，由于铁器工具的普遍使用，社会生产力得到了迅速发展，手工业从农业中分离出来，商品交换也有了初步发展，财富积累不断增加，家长制的家庭逐渐从氏族中分化出来，某些富有家庭利用自己的权势，侵占公有土地和属于氏族的其他财物，并且开始占有和使用奴隶，久之他们便成为贵族，贫困破产的家族沦为"被保护人"。同时，出现了另一个阶层——平民，他们虽有人身自由，但无氏族成员的权利，特别是无权分得"公地"，但要为城市公社纳税与服兵役。公元前6世纪，罗马平民的人数已超过贵族。罗马的工商业大多由平民经营，税收的很大一部分来自平民，而且据说在罗马"王政"后期，伊达拉里亚人统治时期就有了赋税制度。

(三)我国税收的产生和发展

1. 我国古代税收的产生

我国古代税收起源于古代的田赋制度。我国历史上第一个奴隶制国家——夏王朝实行"井田制"的土地制度，在"井田制"下，土地的所有权属于国君所有，但又并非由君主直接经营，而是大部分赐给诸侯作为他们的俸禄，诸侯们要从这些"公田"的收获物中拿出一部分以"贡"的形式缴纳给国君作为财政收入。

到了商代，在"井田制"的基础上，实行"助"，即"借民力而耕之"，助耕公田上的收获物要上缴给国家，成为国王的租税收入。

到了周代，土地课征制度改为"彻"法，即在原井田内打通公田和私田的界限，将全部土地分给平民耕种，收取农产品后，提取("彻")一定的数额交给王室。

"贡""助""彻"等形式从一定意义上说已经含有税收的某些特征，可以说是我国税收的雏形。

到了春秋时代，我国奴隶社会开始向封建社会过渡，生产力进一步得到发展，私田迅速发展，奴隶社会的经济基础——"井田制"开始瓦解。公元前594年，鲁国宣布实行"初税亩"，即不论公田和私田，一律按田亩课征田赋。初税亩的历史意义在于：首次以法律形式承认土地私有制的合法性，表明我国税收脱离租税不分的雏形阶段，一种新的、适合封建生产关系需要的国家赋税制度开始形成。

2. 我国税收制度的演变

(1)封建社会税收。

以公元前594年鲁国实行"初税亩"为标志，中国社会从奴隶社会向封建社会过渡，以土地面积为依据定量征税，也标志着税收由雏形阶段向成熟阶段过渡。

在我国漫长的封建社会发展过程中，税收也经历了一个相当漫长的发展过程，但从课税对象看，主要是土地和人丁，即对耕地征收的土地税(如田赋)和对人丁征收的人头税(如口赋)是我国古代封建社会的主要税收。直到清代初期实行"摊丁入亩"，将丁银摊入地亩合并征收，完成了赋役合并即人头税归入财产税的过程。

我国封建社会除了上述按土地和人丁课征的赋税外，伴随商业和手工业的发展，被称为杂税的各种工商税收也日益增多，如盐税、牙税等，但税额在税收总额中还不占主要地位。

(2)半封建、半殖民地旧中国税收。

这一时期税收的主要特征如下：首先，税负沉重，不断加重旧税，最显著地体现在田赋和盐税上；开征新税，以关税和厘金最显著。其次，国家部分征税权力和税款支配权力丧失。这一时期，帝国主义强制清政府以税收作为赔款的担保，使中国关税由自主独立变成"协定关税"，并进而夺取中国海关的行政管理权和关税的支配权。

(3)社会主义国家税收。

中华人民共和国成立以来，随着国家政治、经济形势的发展，我国税收制度从建立到发展大致经历了三个历史时期，基本上顺应了从传统的计划经济向有计划的商品经济以及向社会主义市场经济体制发展的要求。第一个时期，从中华人民共和国成立到 1978 年，即建立新中国的税收制度及调整、简并税收制度的时期；第二个时期，从 1979 年到 1993 年，即两步"利改税"及税制全面发展时期；第三个时期，自 1994 年以来，按照建立社会主义市场经济体制的要求全面改革税收制度时期。

我国税收也出现了许多新的特点：①税收、收费等多种分配形式并存，但以税收作为主要的分配手段和财政收入形式；②税种较多，征税对象以流转额、所得额为主，财产、资源和特定目的为辅；③税收主要来源于工业和第三产业；④税收优惠较多，但也存在一定的偷逃税现象；⑤税收法制化管理正逐步加强。

新形势下我国税收作为一种调整利益关系的重要杠杆，不断科学地融合税收的经济属性与政治属性，既克服过去长期单纯强调税收的政治属性，又克服近年来过于强调税收在促进经济总量增长方面能动作用的"税收万能论"，倡导"科学税收观"，从只重局部发展到整体全面发展，使税收不断地促进先进生产力的发展。

二、税收的概念

税收是最早出现的一个财政范畴，它随着国家的产生而产生。在社会发展的不同历史阶段，税收始终存在，并且随着经济社会的发展，其作用显得日益重要。

税收的概念，古今中外有不同的表述。不同的表述不仅反映不同时代的历史背景和时代观念，也反映了表述者的立场观点和学术思想。就税收的概念而言，西方有代表性的学术观点主要有"公需说""利益说""交换说""义务说""社会政策说"等；我国税收学界关于税收概念的表述存在着"分配论""手段论""收入论""活动论""关系论"等几种观点。

我们对税收的定义表述如下：税收是国家为满足公共需要，凭借公共权力，按照法律所规定的标准和程序强制地、无偿地、定量地取得财政收入的基本形式，它体现政府与纳税人之间以法律为准绳结成的特殊分配关系。

对税收本质的理解，应包含以下几个层次的含义：

1. 税收征税的目的是为了实现国家职能(或是满足社会公共需要)

税收的一个本质属性是为实现国家职能服务的，国家取得税收收入的最终目的就是为实现本国的国家职能提供充足的资金保证。从发展趋势看，随着国家职能的演变，税收征税的目的更多意义上是为了满足社会公共需要。

2. 税收征税的主体是国家

在税收分配关系中，国家始终是占据主体地位的一方，纳税人总是居于从属及被决定的地位。征税的过程就是国家进行的集中性分配，也是国家对社会产品初次分配后的一次再分配。

各项税收法规的制定和修改都是国家意志的体现，从制度上决定了国家在税收分配中的主体地位。

3. 税收征税的主要依据是国家政治权力

社会产品的分配和交换是不一样的。交换只要遵循等价交换的原则，就可以进行了。而分配的结果会发生社会产品所有权或支配权的单方面转移，一方有所得，则另一方就会有所失。这就决定了社会产品分配的实现要依据一定的权力。凭借财产权利，即生产资料占有权而进行的分配，是社会再生产中的一般分配，是以生产资料占有为前提的。税收不同于这种一般的分配形式，是一种特殊的分配形式，之所以特殊，就在于税收是凭借国家政治权力来实现分配的。国家征税不受所有权的限制，对不同所有者普遍适用。

4. 税收缴纳的形式是实物或者货币

从古至今，税收的缴纳形式无非是实物或者货币。从这个角度来看，税收的物质形态就是实物或货币，只不过作为税收的实物或货币，是国家用特殊方式取得的。所以，我们也可以说，税收是国家用特殊方式取得的实物或货币。

税收最早是以实物形式缴纳的，如英国的羊毛税、法国的兽皮税、瑞士的麻布税、北美的牦牛税，我国古代所谓的"布缕之征，粟米之征"。从税收发展的历史过程来看，税收缴纳形式的发展经历了以下过程：实物缴纳—实物和货币两者兼有缴纳—货币缴纳。税收缴纳形式的发展过程是税收从低级向高级发展的过程。

5. 税收是国家取得财政收入的一种重要手段

从最直观的角度来看，税收就是国家的一种财政收入，或者说是国家取得财政收入的一种工具、一种手段。国家为了维持其正常活动，实现其职能，需要耗费大量的物质资料，必须采取一定的方式来取得财政收入。国家取得财政收入的形式虽然多种多样，但税收自身的特点决定了税收是国家的一种重要的财政收入。所以，税收在不同的历史时期、在不同的国家，都是普遍存在的，并且在国家财政收入中占有重要的地位。

三、税收的特征

税收作为一种凭借国家政治权力进行的特殊分配，必然具有其自身鲜明的特征。税收同国家取得财政收入的其他方式相比，具有三个特征，即强制性、无偿性和固定性。这也就是人们通常说的税收"三性"。这三个特征是税收本身所固有的，是一切社会形态下税收的共性。

（一）税收的"三性"

1. 税收的强制性

税收的强制性，指的是征税凭借国家政治权力，通常颁布法令实施，任何单位和个人都不得违抗。在对社会产品的分配过程中，存在着两种权力：所有者权力和国家政治权力。前者依据对生产资料和劳动力的所有权取得收入，后者凭借政治权力占有收入。国家运用税收参与分配，就意味着政治权力凌驾于所有权之上，而这种分配之所以能够实现，正是因为它依据的是政治权力，而且依法征收，任何形式的抗税行为都构成违法行为。税收的强制性是税收作为一种财政范畴的前提条件，也是国家满足社会公共需要的必要保证。恩格斯曾经指出："纳税原则本质上是纯共产主义的原则，因为一切国家的征税权利都是从所谓国家所有制来的。的确，或者是私有制神圣不可侵犯，这样就没有什么国家所有制，而国家也就无权征税；或者是国家有这种权力，这样私有制就不是神圣不可侵犯的，国家所有制就高于私有制，而国家也就成了真正的主人。”[①]这表明在征税过程中，国家所有制是高于一切的，征税是以社会产品最初归属于不同所有者为前提，又是以否定不同所有者对社会产品占有的不可侵犯性为条件。也就是说，征税中的强制性不是绝对的，当企业和个人明了征税的目的并增强纳税观念以后，强制性则可能转化为自愿性；同时，强制性是以国家法律为依据的，政府依法征税，公民依法纳税，公民具有监督政府执行税法和税收使用情况的权力。我国人民自古以来就有“皇粮国税”的观念，社会主义制度则为实现这种可能性提供了制度前提。

2. 税收的无偿性

税收的无偿性，是指国家征税以后，税款即为国家所有，不再直接归还纳税人，也不需要对纳税人付出任何代价。税收的这种无偿性，同国家债务所具有的偿还性是不同的。但必须指出，税收的无偿性与税收的强制性是相对的。因为针对具体的纳税人来说，纳税后并未获得任何报酬，从这个意义上说，税收是不具有偿还性或返还性的。但若从财政活动的整体来考察，税收的无偿性与财政支出的无偿性是并存的，这里又反映出有偿性的一面。特别是在社会主义条件下，税收具有马克思所说的“从一个处于私人地位的生产者身上扣除的一切，又会直接或间接地用来为处于社会成员地位的这个生产者谋福利”[②]的性质，即通常所说的“取之于民，用之于民”。不过，每个纳税人和他从税收使用中享受的利益并不是对称的。税收的无偿性的特征是与其他财政收入形式相比较而得出的，从这个意义上说，税收无偿性的概括是准确的、科学的，也是有理论意义和实际意义的。

3. 税收的固定性

税收的固定性，指的是征税前就以法律的形式规定了征税对象以及统一的比例或数额，并只能按预定的标准征税。这种固定性主要表现在国家通过法律，把对什么征税、对谁征税和征多少税，在征税之前就固定下来。税收的固定性既包括时间上的连续性，又包括征收比例的限度性。国家通过制定法律来征税，法律的特点是一经制定就要保持它的相对稳定性，不能“朝令夕改”。国家通过法律形式规定了征收范围和比例，在一段时期内相对稳定，纳税人就要依法纳税。税收的固定性也包括时间上的连续性，它区别于一次性的临时摊派以及对违法行为的罚款没收等。税收通过法律规定了征收比例，使其具有限度性，对纳税人来说比较容易接受，对税务机关来说也有征税的尺度，便于征纳双方共同遵守。当然，对税收的固定性也不能绝对化，以为标准一定，永不更改。随着社会经济条件的变化，课税标准的改动是必然的，因为唯此才能使税收制度更为合理和科学。所以，税收的固定性实质上是指征税有一定的标准，而这个标准具有相对的稳定性。

税收在征收上的强制性、缴纳上的无偿性、在征收范围和比例上的固定性，是税收的三个形式特征，即“三性”。税收的“三性”可集中概括为税收的权威性。维护和强化税收的权威性，是我国当前税收征管中的一个重要课题。随着我国改革开放政策的实施，税收的作用在广度和深度上不断扩大，税收工作在经济生活中的地位日益提高，税收制度经过一系列改革已步入新的轨道，税收作为一个经济范畴和经济运行机制中不可缺少的经济手段已开始深入人心，为社会各阶层所熟悉和关注。但是，当前税收作用的潜在能量在建设小康社会和构建和谐社会中还没有充分发挥出来。这一事实在现实生活中有种种表现，诸如：依法治税和依法纳税的观念淡薄，擅自减免、偷漏税甚至抗税等现象仍然存在；税务机构和税务人员缺乏应有的威慑力

---

① 马克思、恩格斯：《马克思恩格斯全集》第 2 卷，人民出版社，1957。
② 马克思、恩格斯：《马克思恩格斯全集》第 19 卷，人民出版社，1957。

量,殴打和辱骂税管人员的行为时有发生;税务人员内部也存在弄权渎职和贪赃枉法的不正之风;税收制度还不够完善,税收在社会主义市场经济中的调节作用仍不能正常发挥;等等。以上种种现象说明,从理论上阐明税收在社会主义市场经济中的地位和作用,指明税收的“三性”,加强税收的规范化和法制化,仍是当前征管工作的一项重要任务,而集中到一点,就是必须维护和强化税收的权威性。从根本上说,税收的权威性源于国家政权的权威性。马克思曾指出:“废除捐税的背后就是废除国家。”①从这个意义上说,无视税收的权威,就是无视国家法律的权威,就是无视国家政权的权威。

(二)税收和其他财政收入形式的区别

第六章里我们已经比较过税收与政府性收费的区别,故这里主要比较税收与其他财政收入形式的区别。

1. 税收与国债(国家信用)的区别

国家信用是国家以债务人的身份,通过发行公债筹集财政收入的一种形式。与税收相比,发行公债必须按约定的期限归还并支付利息,不具有无偿性。而且,税收是国家依照税法规定依率计征,保证了财政收入的稳定和均衡。而发行公债,债权人必须自愿,债权人与债务人双方必须平等互利,必要时通过协商达成一致,当然不可能像税收那样具有强制性和固定性。

2. 税收与罚没收入的区别

罚没收入是对违章、违规行为实施的一种经济处罚,罚没收入比税收具有更明显的强制性和无偿性,是财政收入的一种特殊形式。与税收相比,罚没收入缺乏固定性,具有定向性、一次性的特征,对取得的财政收入缺乏稳定、可靠的保证。

3. 税收与财政发行的区别

财政发行是国家利用货币发行权,以弥补财政赤字为目的而增加货币发行、筹集财政收入的一种形式。税收与财政发行同样具有明显的区别:税收是对现有社会产品在国家和纳税人之间的分配,不改变社会产品的价值总量,而财政发行必然会使被分配的名义价值量发生虚增;税收和财政发行都会引起商品物价的变动,但税收对物价的影响是局部和结构性的,而财政发行对物价的影响则是全局的、普遍性的,由于增发的货币没有相应的社会产品作基础,容易出现盲目膨胀的趋势,其结果必然导致货币贬值、物价上涨和社会经济生活紊乱。

第二节 税收要素与税收分类

一、税收要素

税收要素包括课税对象、纳税人和税率等,是税法构成要素的组成部分。税法是税收制度的核心,在税法中,不仅要规定对谁征、对什么东西征、征多少,而且还要规定征纳的程序和征管的方法。虽然税法设计的内容很多、范围很广,世界各国由于社会制度和经济条件的不同,税法内容也大不相同,但是,税法都是由一些共同的要素构成的。这些要素包括课税对象、纳税人、税率、纳税环节、纳税期限、减免税等,其中,课税对象、纳税人和税率是最重要的三大基本要素,它们旨在解决税收的三个最基本问题,即对什么征税、由谁纳税以及征多少税。

(一)纳税人

纳税人又称纳税主体,是指税法规定的直接负有纳税义务的单位和个人。对纳税人的规

① 马克思、恩格斯:《马克思恩格斯全集》第7卷,人民出版社,1959。

定解决了对谁征税或者谁应该交税的问题。

1. 自然人和法人

国家税法规定的纳税人可以是自然人,也可以是法人。自然人是在法律上作为一个权利与义务主体的普通人,他们以个人身份来承担法律所规定的纳税义务,一般是指公民或居民个人,如月工资达到应税所得额的我国公民,就是个人所得税的纳税人。法人是具有民事权利能力和民事行为能力,依法独立享有民事权利和承担民事义务的社会组织,主要是各类企业,如我国国有企业、集体企业和私人企业等都是企业所得税的纳税人。法人相对于自然人而言,是社会组织在法律上的人格化。

与纳税人有联系的一个概念是负税人。纳税人和负税人的区别在于:负税人是指最终负担税款的单位和个人,它与纳税人有时是一致的(如所得税),如在税负不能转嫁的条件下;有时是分离的(如流转税),如在税负可以转嫁的条件下。税法中并没有对负税人的规定,国家在制定税法时,只规定由谁负责缴纳税款,并不规定税款最终由谁负担,但我们在考虑税收政策和设计税收制度时必须认真研究税收负担问题。

2. 扣缴义务人

扣缴义务人是税法规定的,在其经营活动中负有代扣税款并向国库缴纳义务的单位和个人。税务机关按规定给扣缴义务人代扣手续费,同时,扣缴义务人必须按税法规定代扣税款,并按规定期限缴库,否则,依税法规定要受法律制裁。国家一般在收入分散、纳税人分散时采用源泉控制的征收方法,在税法上明确规定扣缴义务人,以保证国家财政收入,防止偷漏税,简化纳税手续。

(二)课税对象

课税对象又称征税对象、税收客体,它是指税法规定的征税的目的物,指对什么东西或行为征税,是征税的根据。每一种税都必须明确对什么征税,每种税的课税对象都不会完全一致。课税对象是一种税区别于另一种税的主要标志。在现代社会,国家的课税对象主要包括所得、商品和财产三大类,国家的税制往往也是以对应于这三类课税对象的所得税、商品税和财产税为主体。

在学习课税对象时,我们还应注意一些与课税对象有关的概念。

1. 税目

税目是课税对象的具体项目或课税对象的具体划分。税目规定了一个税种的征税范围,反映了征税的广度。一般来说,一个课税对象往往包括多个税目,如关税就有近百个税目,当然也有的课税对象是十分简单的,不再划分税目。税目的划分可以使纳税人更透彻地了解税收制度,也可以使国家灵活地运用税收调节经济,如对各个税目规定不同的税率,就是调节经济的方式之一。

2. 税基

税基又称课税基础、计税依据,是源于西方的一个概念,指建立某种税或一种税制的经济基础或依据,是课税对象的计量单位和征收标准,是课税对象在量上的具体化,能解决征税的计算问题。税基直接影响着税额的大小,在税率一定的情况下,税基的大小决定着税收数额的大小。另外,税基也影响着税率的具体形式。一般来说,当以实物量为税基时,通常采用定额税率的形式;当以价值量为税基时,则采用从价定率的形式。

税基不同于课税对象,如商品课税的对象是商品,但其税基则是厂家的销售收入或消费者的货币支出。它也不同于税源,税源总是以收入的形式存在着,但税基却可能是支出。税基、课税对象、税源在一定情况下可能是一致的，但这三个概念在含义上的差别是明显的。税基选择是税制设计的重要内容，它包括两个方面的问题：其一是以什么为税基。现代税收理论认为以收益、财产为税基是合理的，但也有一种观点认为以支出为税基更为科学。其二是税基的宽窄问题。税基宽则税源厚、税款多，但也会造成较大的副作用；税基窄则税源薄、税款少，但对经济的不利影响也较小。正确界定税基是保证税收作用充分发挥的必要条件。如果仅从税基宽窄角度考虑问题，税基大体相当于征税范围，即征税广度。

3. 税源

税源是税收收入的经济来源，即各种税收收入的最终出处。税源归根结底是物质生产部门劳动者创造的国民收入。当然，每种税收都有其各自的经济来源，即国民收入分配中形成的企业或个人的各种收入，如企业所得税的税源是企业的经营利润；个人所得税的税源是个人取得的各种收入；等等。税源与课税对象有时是一致的，如各种所得税，征税对象是纳税人的纯收入，税源也是纳税人的纯收入。但有的税种，税源与课税对象并不一致，如房产税，征税对象是房屋，而税源则是房产的收益或房产所有人的收入。税法上并不明确规定税源，但分析课税对象与税源的关系，对我们研究税收的调节作用以及税收的负担是很重要的。

(三)税率

税率是税额与课税对象数量之间的比例，即税额/征税对象数量。税率是计算税额的尺度，反映征税的深度。在税基一定的前提下，税收的负担程度和国家课税的程度主要体现在税率上。税率越高，纳税人的税收负担越重。因此，税率的高低直接关系到国家的财政收入和纳税人的负担水平，是国家税收政策的具体体现，是税收制度的中心环节和核心要素。

税率有名义税率和实际税率之分。名义税率就是税法规定的税率，是应纳税额与课税对象的比例，即应纳税额/征税对象数量。实际税率是实纳税额与实际课税对象的比例，即实纳税额/实际征税对象数量。在实际征税中，由于计税依据、减免税、税率制度等不同原因，纳税人实纳税额和应纳税额会不一致，实际课税对象数量与税法规定的课税对象数量也会不一致，实际税率也就会与名义税率不一致。在税法上并没有实际税率的规定，但实际税率反映了纳税人的实际负担率，真实反映了纳税人的负担，我们在研究税收政策、制定税收制度时应注意到名义税率与实际税率的差别。

我国现行的法定税率可分为以下三种：

1. 定额税率

定额税率或称固定税额，是按课税对象的一定计量单位直接规定一个固定的税额，而不规定征收比例。定额税率在计算上更为便利，而且由于采用从量计征办法，不受价格变动的影响。但是，由于它是一个固定的数额，随着税基规模的增大，纳税的比例变小，故税率具有累退的性质。它的缺点是负担不尽合理，因此只适用于特殊的税种，如我国的资源税、车船税等。

2. 比例税率

比例税率是应征税额与课税对象数量为等比关系。这种税率不因征税对象数量多少而变化，即对同一课税对象，不论其数额大小，统一按一个比例征收的税制。在具体运用上，比例税率又可进一步分为：

(1)单一比例税率，即一个税种只规定一个税率，如企业所得税采用的税率为25%。

(2)差别比例税率，即一个税种规定不同比率的比例税率。按使用范围，可分为产品差别比例税率、行业差别比例税率和地区差别比例税率。

(3)幅度比例税率，指国家只规定最低税率和最高税率，各地可以因地制宜在此幅度内自由确定一个比例税率。

比例税率计算简便，并且不论征税对象大小，只规定一个比率的税率，有利于税收征管，也不妨碍流转额的扩大，可调动纳税人的生产积极性，适合于对商品流转额的征收。但是，用比例税率调节收入的效果不太理想，且有悖于量能纳税的原则，还显示出累退的性质。

3. 累进税率

累进税率是随征税对象数额的增大而提高的税率，即按征税对象数额大小划分为若干等级，每个等级由低到高规定不同的税率，征税对象数额越大，对应的税率越高。累进税率对于调节纳税人收入有着特殊的作用，所以各种所得税一般都采用累进税率。

根据计算方法的不同，累进税率又可分为两类：

(1)第一类是全额累进税率，即将课税对象的全部数额按照与之相适应等级的累进税率征税。全额累进税率实际上是按征税对象数额的大小，分等级规定的一种差别比例税率，它的名义税率与实际税率一般是相等的。全额累进税率在调节收入方面较之比例税率要合理，但是使用全额累进税率，在两个级距的临界部位会出现税额增加超过应税所得额增加的现象，使税收负担极不合理。这个问题可以用超额累进税率来解决。

(2)第二类是超额累进税率，即把征税对象划分为若干等级，对每个等级部分分别规定相应的税率，分别计算税额，各级税额之和为应纳税额。由此看来，一定数量的征税对象可以同时适用几个等级部分的税率。超额累进税率的“超”字是指征税对象数额超过某一等级时，仅就超过部分按高一级税率计算征税。

全额累进税率与超额累进税率都是按照量能纳税的原则设计的，但两者又有不同的特点。其一，全额累进税率的累进程度高，超额累进税率的累进程度低，在税率级次和比例相同时，前者的负担重，后者的负担轻；其二，在所得额级距的临界点处，全额累进税率会出现税额增长超过所得额增长的不合理情况，超额累进税率则不存在这种问题；其三，全额累进税率计算简便，超额累进税率计算复杂。为了更清楚地说明两者的差异，试以表 7—1 为例进行比较。

表 7—1　　全额累进税率与超额累进税率的比较

税　级	税率(%)	适用全额累进税率的应税所得(元)	适用超额累进税率的应税所得(元)	全额累进税额(元)	超额累进税额(元)
25 000 元以下	20	25 000	25 000	5 000	5 000
25 001～50 000 元	30	50 000	25 000	15 000	7 500
50 001～75 000 元	40	75 000	25 000	30 000	10 000
75 001～100 000 元	50	100 000	25 000	50 000	12 500
		100 000	100 000	50 000	35 000

从表 7—1 中可以看出两种税率在累进程度上的差异和计算方法上的不同。进一步分析，若该纳税人的应税所得为 25 001 元，按照全额累进税率应纳税 7 500.3 元(25 001×30%)，而当应税所得为 25 000 元时，仅需纳税 5 000 元(25 000×20%)，即应税所得额增长 1 元，税额却增长 2 500.3 元。同一笔应税所得 25 001 元，如按超额累进税率计算，则纳税额为：25 000×20%＋1×30%＝5 000.3(元)。正因为全额累进税率具有上述缺点，故在实际税制中很少应用，而一般实行超额累进税率。

应当指出，比例税率、定额税率、累进税率都是法律上的税率形式，即税法中可能采用的税率。若从经济分析的角度考察税率，则有另外的种类或形式，主要包括名义税率、实际税率、边际税率、平均税率等。名义税率和实际税率前面已经讨论过。就边际税率、平均税率而言，边际税率本来是指按照边际效用相等原则设计的一种理论化税率模式，其主要功能是使社会福利牺牲最小，实质上是按照纳税人收益多寡分等级课税的税率。由于累进税率大体上符合边际税率的设计原则，因此，西方国家在经济分析中往往就是指累进税率。平均税率是实纳税额与课税对象的比例，它往往低于边际税率，比较两者之间的差额，是分析税率设计是否合理、税制是否科学的主要方法。一般来说，平均税率接近于实际税率，而边际税率类似于名义税率。

我们还应当了解税率的特殊形式：

(1)附加，是在正税之外附加征收的一部分税款，主要是满足发展地方经济的需要。

(2)加成，是在依率计征税额的基础上再征收一定成数的税款。加成是对高收入的一种限制。

上述税法的三个要素，是税收的基本要素。纳税人和课税对象规定了对谁征税、对什么征税，确定了征税范围，体现着征税的广度。税率规定了征税的数量，即征多少税，体现着征税的深度，是税收负担的中心环节。这三个要素可以称为税收的三大要素。

(四)税收能力和税收努力

税率是衡量一国的税收水平或税收规模大小的指标，它的大小除了受一国人均收入水平、分配政策和分配制度等因素影响外，在理论上，对政府支出的需要、非税收资金来源(包括借债和货币创造等)的可用性和利用意愿是很重要的决定因素。所有这些因素在一定程度上也可以用税收能力和税收努力这两个概念来概括。

1. 税收能力

简单来说，税收能力(tax capacity)是指应当能征收上来的税收数额。它包括两种能力：一是纳税人的纳税能力，简称为纳税能力；二是政府的征税能力，简称为征税能力。纳税能力主要取决于一国的人均收入水平，征税能力主要取决于税务管理效率。而税务管理效率又取决于税务人员的人数、技能、敬业精神以及纳税人的合作情况。

2. 税收努力

税收努力(tax effort)是指税务当局征收全部法定应纳税额的程度，或者说是税收能力被利用的程度。税收努力决定了潜在的税收能力中有多大比例能转变为实际的税收收入。因此，税收努力是一个相对概念。一般来说，税收努力取决于两类因素：一是税制的完善程度，二是税务部门的征收管理水平。

(五)减税、免税

减税、免税是税法中对某些特殊情况给予减少或免除税负的一种规定。减税是对应征税款减征其中一部分，免税是对应征税款全部予以免征。按照具体内容划分，可分为政策性减免税和照顾困难减免税；按照时间划分，可分为长期减免税和定期减免税。

减税、免税把税收的严肃性和必要的灵活性正确结合起来，有利于贯彻国家的税收政策，有利于因地制宜、因事制宜地处理税收方面的特殊情况。但是，对减税和免税要严格控制，严格执行减免税的审批权限，不能随意减免。

起征点与免征额是与减、免税有关的两个概念。

起征点是税法规定对征税对象开始征税的数额。征税对象数额未达到起征点的不征税，达到或超过起征点的就其全部数额征税。规定起征点是为了免除收入较少的纳税人的税收负担，缩小征税面，贯彻合理负担的政策。

免征额是税法规定的征税对象中免予征税的数额。免征额部分不征税，只对超过免征额的部分征税。规定免征额是为了照顾纳税人的最低需要。例如，我国现行个人所得税就有免征额的规定，其中对工资薪金的征税，免征额为 3 500 元。

起征点与免征额的区别如下：

(1)当纳税人的收入恰好达到起征点时，就要征税；当纳税人的收入恰好与免征额相同时，则不征税。

(2)当纳税人的收入超过起征点时，按其收入全额征税；当纳税人的收入超过免征额时，则只对超过的部分征税。两者相比，享受免征额的纳税人比享受起征点的纳税人税负轻。

(3)起征点照顾的是一部分低收入纳税人，免征额则可以照顾应税范围内的所有纳税人。

(六)纳税环节

所谓纳税环节，就是对处于运动之中的征税对象，选定应该缴纳税款的环节，一般指的是在商品流转过程中应该缴纳税款的环节。商品从生产到消费要经过许多流转环节，在商品流转环节中，可以选定一个或几个环节缴纳税款。一个税种只在一个流转环节征税的，称为“一次课征制”。一次课征制税源集中，可以避免重复征税；一个税种在商品流转环节中选择两个环节征税的，称为“二次课征制”；一个税种在商品流转各个环节多次征税，称为“多次课征制”。纳税环节的确定，根据纯收入在各个流转环节的分布状况而定；要符合不同经济部门和不同产品的经营特点，有利于经济发展；要有利于保证国家的财政收入；要便于征收管理和监督。

(七)纳税期限

纳税期限是纳税人向国家缴纳税款的法定期限。各种税法都明确规定了税款的缴纳期限。纳税期限是税收固定性特征的重要体现。税收的固定性不仅表现在税法预先规定了征税的数量，而且还表现在明确规定了缴纳税款的期限。

规定纳税期限，一般应考虑国民经济各部门的生产经营特点、各种不同征税对象的性质、纳税人发生纳税义务的特殊情况，以及纳税人应纳税款的多少等因素，既要有利于保证国家财政收入及时、稳定入库，又要有利于税务机关管理和方便纳税人纳税。我国现行各种税制规定的纳税期限大致有按天缴纳、按月缴纳、按年缴纳、按次缴纳等几种形式。

确定纳税期限包括两方面的含义：一是确定结算应纳税款的期限。这个结算期限，由税务机关根据应纳税款的多少逐户核定，一般分为 1 天、3 天、5 天、10 天、15 天、1 个月等几种。二是确定缴纳税款的期限。应纳税款到了结算期限，纳税人需要有计算税款和办理手续的时间。一般规定按 1 个月结算纳税的，税款应在期满后 7 天缴纳；其余的均在结算满 5 天内缴纳。

二、税收分类

税收分类是对税种的归类，它根据税制构成的基本要素和基本特征，将性质或特征相同或相近的税种归为一类，以区别于其他税种。由于世界各国普遍实行复税制，各个国家的税收种类都较多，每种税都有各自的特性，税种之间存在一定的区别和联系，因此，对各个不同税种从不同的角度进行分类研究具有重要意义。由于研究的目的和分析的角度不同，税收分类可以有各种不同的依据，也就有不同的分类方法。在我国主要可以分为：

(一)按课税对象的性质分类

这是最基本的一种分类方法。我国现行税种按课税对象的性质可以分为五大类，即商品课税、所得课税、资源课税、财产课税和行为课税。

西方市场经济国家的税收按课税对象的不同一般归并为三类：一是所得课税，包括个人所得税、公司所得税、社会保险税、资本利得税、超额利润税、房地产收益税等；二是财产课税，包括一般财产税、个别财产税、遗产税、赠与税、净值税、土地税和房地产税等；三是商品（劳务）课税，包括销售（营业税）、国内产品税、关税、增值税、消费税等。

（二）按计税依据分类

按计税依据，可分为从价税和从量税。从价税是以征税对象的价格为依据，按一定比例计征的税种，如增值税、营业税、关税等。从量税是以征税对象的数量（重量、面积、件数）为依据，规定固定税额计征的税种，如资源税、车船使用税、土地使用税等。从价税在一般情况下，征税对象价高则税多，价低则税少，便于纳税人加强经济核算，努力降低消耗和贯彻合理负担的原则，但是，在某些情况下，它不利于促进企业改进商品包装，因为改进商品包装而价格提高后，税额也会增加；从量税则有利于鼓励改进商品包装，计算也比较简单。但是，如果不分类定税或者分类过粗，税负则不公平；而分类过细，又会使制定税额的工作过于繁琐。

（三）按税收收入的归属权分类

按照税收收入的归属权，可分为中央税、地方税、中央和地方共享税。在我国，税收的管理和使用权属于中央的税种称为中央税，税收的管理和使用权属于地方的税种称为地方税，税收的管理和使用权属于中央和地方共享的税种则称为中央和地方共享税。地方税主要指收入划归地方的税种，立法权限不划归地方，还是集中在中央政府。有些国家不仅把地方税一类的税种的收入划归地方，而且连同这些税的立法权也一起划给了地方。如美国，除了进口关税这一类税必须由中央联邦政府统一征收外，地方政府也有权立法征收多种税。

划为中央税的应是税源集中、收入较大的税种；划为地方税的税种应是税源分散、与地方经济利益联系紧密的税种；划为共享税的应是那些既能兼顾各方面经济利益，又有利于调动地方组织收入积极性的税种。划分中央税、地方税和共享税，有利于按税种确定分级财政体制，使中央和地方都有固定的收入来源，是国家财政、税收管理体制的一项重要内容。

（四）按税负是否转嫁分类

按税负是否转嫁，可分为直接税和间接税。直接税是由纳税人直接负担，不易转嫁的税种，如所得税、财产税等；间接税是纳税人能将税负转嫁给他人负担的税种，主要是对商品征收的各种税，如销售税、消费税、增值税等。这是西方国家普遍实行的税收分类方法。但税负最终能否转嫁，还要依据商品的性质、供求的弹性、物价与成本的变动以及税率的形式等一系列复杂的因素，才能得到具体的确定。

直接税和间接税的区分在税收效应分析中具有重要的意义，在学术上存在不同的观点和表述。比如，18 世纪法国重农学派代表人物魁奈基于其只有农业能够生产“纯产品”的学说，提出课征于土地的税是直接税，其他税均属间接税。19 世纪，英国经济学家约翰·斯图亚特·穆勒提出以租税立法时预期税负是否转嫁为标准来区分直接税和间接税。在布坎南与弗劳尔斯合著的《公共财政》一书中，直接税和间接税的划分是以纳税人是否是负税人为标准来进行的，即直接税是对作为税收的最终负担者的个人征收的，间接税则是对并不作为税收的最终负担者的那些人征收的。[①] 胡代光先生认为，所谓直接税，意指直接向个人或厂商征收的税款，这种税收不能从原来的纳税人那里被转移到最终消费者身上；间接税是对商品和劳务所缴纳的税，这种税可由最初的纳税人将其转嫁给已纳税商品和劳务的最终消费者。[②] 曹立瀛在

① 布坎南、弗劳尔斯：《公共财政》，中国财政经济出版社，1991。
② 胡代光、周安军：《当代国外学者论市场经济》，商务印书馆，1995。

《西方财政理论与政策》一书中，总结了区分直接税与间接税的三种主要学说：(1)以税负归宿为区分标准的德国学说，从课税方法着眼，以立法预期的税负转嫁性为标准，则直接税是预期不转嫁的税，间接税是预期转嫁的税。(2)以登录簿册为区分标准的法国学说，从课税客体着眼，以课税对象能否预先确定记录为标准，则直接税是能将预先确定的课税对象(如财产、利润、收入等)登记入册，并据册一次或陆续课征的税，如财产税中的不动产税；间接税是对不能预先确定的、偶发的课税对象(行为)课征的税，如商品税中的销售税。(3)以负税能力为区分标准的意大利学说，从课税主体着眼，以纳税人负担能力为标准，则直接税是考虑纳税人的持续负税能力而课征的税，如所得税和财产税；间接税是考虑纳税人的一时性负税能力而课征的税，如消费税。①

(五)按税收与价格的关系分类

按照这一标准，税收可以分为价内税和价外税两类。价内税是指商品价格内包含税款，也就是说，税款是商品价格的组成部分，而不是价外附加，如现行的消费税、营业税等。价外税是指税款是商品价格的外延，而不是商品价格的组成部分，它是相对于价内税而言的，如现行的增值税。两者的区别是：一是商品价格内包含税款，税款的大小直接制约商品价格；二是商品价格内不含税款，税款只是商品价格的附加。无论是价内税还是价外税，税款的最终负担者都是消费者。

这种分类便于理解不同课税方法对经济的不同影响。与价内税让消费者难以将税金从商品价格中区分开来相比，商品价格与税金分离的价外税形式让消费者更容易感到税收的存在。西方一些国家，如美国，在零售环节征收的消费税便是价外税。中国1994年推行的增值税制度规定，零售环节前的各环节实行价外税形式，而为了照顾中国消费者的习惯，在零售环节改为价内税形式。对消费者来说，价内税和价外税是形式上的不同，但形式的差异却带给消费者对税收负担的不同感觉。

(六)OECD对税收种类的划分

OECD的年度财政统计手册把成员国征收的税收分为六类：

第一类，所得税，包括对所得、利润和资本利得的课税；

第二类，社会保险税，包括对雇员、雇主及自营人员的课税；

第三类，薪金及人员税；

第四类，财产税，包括对不动产、财富、遗产和赠与的课税；

第五类，商品与劳务税，包括产品税、销售税、增值税、消费税等，也包括对商品(劳务)进出口课征的关税；

第六类，其他税收。

(七)其他分类方法

1. 实物税和货币税

按税收缴纳形式，可分为实物税和货币税。实物税是以实物形式缴纳的税种，货币税是以货币形式缴纳的税种。税收最早是以实物形式缴纳的，随着商品货币经济的发展，以货币缴纳形式的税也出现了。在一个相当漫长的历史过程中，税收的缴纳形式是实物和货币两者兼有。近代世界各国，都已普遍实行了货币税。

2. 一般税和目的税

---

① 曹立瀛：《西方财政理论与政策》，中国财政经济出版社，1995。

按照税收用途,可分为一般税和目的税。一般税,又称普通税,是用于国家一般经费,没有专门用途的税,这种税的收入由国家统一支配使用。目的税,又称特别税,是具有专门用途的税。如美国的社会保险税,是专门用于社会福利、救济的;日本的地方道路税,是专门用于地方政府修建公路的;我国的城市维护建设税也属于目的税。

3. 定率税和配赋税

按照税款的确定方法,可分为定率税和配赋税。定率税是国家事先在税法中按照征税对象规定固定税率计征的税种;配赋税是国家采取分摊税款办法征收的税种,即国家对某种税只规定应征税款总额,然后按照纳税人或征税对象进行分摊,所以又称为摊派税。我国明朝末年的杂税"练饷"就属于配赋税。它首先确定全国课征总额为 734 万余两税银,然后按照田亩数进行分摊,规定每亩田应缴税银一分。配赋法是一种落后的征收方法,在近代各国税制中,它已基本上由定率税所替代。定率税可使税收负担相对固定,有利于促进生产,方便纳税人;可以强化法制,依率计征,有利于坚持依法办事,防止弊端滋生。

第三节　税收原则

一、税收原则的含义

税收原则是国家制定税收政策、建立税收制度应遵循的理论准则和行为规范。它规定的是政府对什么征税(课税对象)、征收多少(课税规模)、怎样征税(课税方式和方法),它既是政府在设计税制、税收立法过程中所应遵循的理论准则,也是税法实施的行为规范,同时还是评价税收制度优劣、考核税务行政管理状况的基本标准。制定科学的税收原则,始终是设计税收制度的核心问题。在不同的国家、不同的历史发展时期、不同的社会经济条件下,税收的原则是不同的。税收原则是在具体的社会经济、历史条件下根据客观需要从实践中总结、概括出来的,其发展演变既可反映经济理论和财政思想的演变过程,更能反映出各个历史阶段的时代要求。

税收原则的思想萌芽可以追溯到很早以前。例如,在中国先秦时期,就已提出平均税负的朴素思想,对土地划分等级分别征税;春秋时代的政治家管仲则更明确地提出"相地而衰征"的税收原则,按照土地的肥沃程度来确定税负的轻重。西方则在 16、17 世纪的重商主义时期就已提出了比较明确的税收原则,如亚当·斯密著名的"赋税四原则"。而在现代财政学中,通常把税收原则归结为公平和效率两大原则。

二、古典税收原则

在西方,税收原则长期以来一直为理论界所关注,许多学者提出了较为详尽的税收原则。亚当·斯密和瓦格纳的税收原则独树一帜,其对中国现阶段税收原则的确立有一定的借鉴作用。从历史上看,首先比较明确地提出课税原则的有英国重商主义前期的财政学家托马斯·霍布斯、英国重商主义后期的经济学家威廉·配第和詹姆斯·斯图亚特·穆勒、德国后官房学派(即新官房学派)代表经济学家尤斯蒂等。其中,又以威廉·配第和尤斯蒂的课税原则较为具体。威廉·配第最早提出"税收原则"一词,他是 17 世纪英国古典政治经济学的创始人,在其代表作《赋税论》和《政治算术》中提出了"公平""确定""简便""节省"的赋税四原则。18 世纪中叶,德国的尤斯蒂在其代表作《财政学体系》《租税及岁出论》中提出了租税课征的六个原则。英国古典政治经济学家亚当·斯密继承和发展了威廉·配第的赋税四原则，并将税收原则提到理论高度加以阐述，更加系统地提出了“平等”“确实”“便利”“最少征收费用”的著名的赋税四原则。19世纪，德国财政学家瓦格纳主张运用财政税收政策为实现社会政策目标服务，以调和社会矛盾，与此相适应，比较系统、具体地提出了建立税制的财政政策原则、国民经济原则、社会公平原则和税务行政原则，具体有九条，称为“四项九端原则”。

（一）亚当·斯密的税收四原则

亚当·斯密（1723—1790）是第一个系统地阐述税收原则，并将之提升到理论高度的学者，他提出了著名的赋税四原则。亚当·斯密的税收原则一直在西方税收理论中占有相当重要的地位。

1. 平等原则

亚当·斯密认为，国民应尽可能按照各自的纳税能力来承担政府开支所需要的收入。

2. 确实原则

即课税要以较稳定、严肃的法律为依据，形成确实的税基、税率，固定的纳税日期和纳税方法等，这些都必须明确告知纳税人。

3. 便利原则

各种赋税完纳的日期以及完纳的方法，应当最大限度地给予纳税人便利。

4. 最少征收费用原则

此原则又称为节约原则，是指在征税过程中，尽量减少不必要的费用与支出，目的是使税收征收成本最小化。

（二）瓦格纳的税收“四项九端原则”

德国经济学家瓦格纳（1835—1917）在其代表作《财政学原理》等书中，提出了自己的税收原则。他将税收原则归纳为四大项、九小点，即“四项九端原则”。

1. 财政政策原则

即国家征税的主要目的是组织公共收入，满足支出需要，所以，收入的来源必须充分又有弹性。此原则细分为收入充分原则和收入弹性原则。

2. 国民经济原则

即政府征税不应该阻碍国民经济的发展，避免危及税源。税收征收应该尽可能地有助于资本的形成和发展。此原则又细分为慎选税源原则和慎选税种原则。

3. 社会公平原则

即税收负担应普遍和平等地分配给社会各阶层，要通过政府征税矫正社会财富分配不均的情况，从而缓和阶级矛盾，达到运用税收政策实现社会改革的目的。此原则又细分为普遍原则和平等原则。

4. 税务行政原则

即税法的制定和执行应当便于纳税人履行纳税义务。此原则又细分为确实原则、便利原则和最小费用原则。

三、现代税收原则

效率和公平是现代财政理论中强调的两个重要的税收原则。税收效率原则包括经济效率和行政效率两方面的含义，而税收公平原则可以从经济公平和社会公平两个方面来理解。除此之外，还有稳定原则。

(一)税收的效率原则

税收效率原则可分为税收的经济效率原则和税收本身的效率原则。从资源配置的角度讲,税收要有利于资源的有效配置,使社会从可用资源的利用中获得最大利益,有利于经济效益的提高和宏观经济稳定增长。从税务行政的角度讲,税收制度必须简便,征纳双方的费用包括征税的行政管理费用和纳税人的从属费用都要节省。

1. 税收的经济效率原则是指税收政策和制度的实施,应该有利于经济的有效运行

其衡量标准是考察税收对资源配置的影响,使税收额外负担最小化和额外收益最大化,即政府征税使社会所付出的代价应以征税额为限,不能造成额外负担,或尽可能使税收的额外负担最小。

2. 税收本身的效率是指是否以最小的税收成本取得了最大的税收收入

这一效率原则主要是考察税务行政管理方面的效率状况。衡量税收本身效率的标准,是税收成本占税收收入的比重。也就是说,包含税收成本的税收名义收入,与扣除税收成本的税收实际收入的差距是否最小。

税收成本是指在税收征纳过程中所发生的各类费用。征税活动的存在形成了税务部门这样一个重要的公共部门,与其他一切公共部门一样,税务部门的征收活动也有成本,也必须是有效率的。狭义的税收成本专指税收的征收费用,即税务机关为征税而花费的行政管理费用,包括税务机关工作人员的工资和奖金、办公设备、征税过程中支出的费用和推行税收管理改革而付出的费用等。广义的税收成本除税务机关征税的行政管理费用外,还包括纳税人按照税法规定在纳税过程中所支出的费用,如纳税人申报税收方面的时间和交通费用,因填写纳税申报表而雇用会计师的费用,公司为个人代缴税款所花费用,以及纳税人为逃避纳税所花费的时间、精力、金钱和违反税法受到的惩罚等。税收本身的效率原则要求政府在税务管理上费用最小,同时也使纳税人的执行费用最小,这就要求税收管理制度的设计要尽量给征收人和纳税人方便,因此,提高税收本身效率的首要途径是简化税制,使征收人易于掌握,纳税人易于理解,同时减少纳税人企图逃税的机会。此外,还要有高效率的税务管理,运用现代化的征收手段,防止税务人员贪污舞弊,以节约征收费用。

综上所述,税收制度的设计应讲求效率,必须在税务行政、资源利用、经济运转的效应三个方面尽可能讲求效率,以促进经济的稳定与发展。这包括两层含义:

一是要尽量缩小纳税人的超额负担。在征税过程中,会给纳税人造成诸多负担。首先,会给纳税人造成相当于征税数额的负担;其次,征税会影响纳税人的经济活动,在一定程度上干扰纳税人的生产决策和消费决策,给纳税人和整个经济的运行造成征税数额之外的负担。效率原则就是要求给纳税人带来的超额负担缩小到最低限度,使税收活动尽量减少对经济运行的干扰,从而提高经济效率。

二是要尽量降低征收费用。在征税过程中,税务部门要支出税务人员工资,要耗费办公费等各种相关费用,称之为“税务行政费用”;对纳税人来讲,纳税人围绕如何纳税、纳多少税,要花费大量的人力、财力,称之为“执行费用”。税收效率原则要求征纳双方花费的费用尽量小,从而增加税收的实际收入数量。

(二)税收的公平原则

公平历来都是设计税制必须考虑的重要原则,而受益原则和纳税能力原则是公认的税收总额在所有社会成员之间公平、合理地分配必须坚持的原则。

1. 根据受益原则分配税收负担

衡量税收是否公平主要有“能力说”和“利益说”两种主张。受益原则强调纳税人的税收负担的大小，应根据个人从政府提供的服务中所享受到利益的多少来确定。也就是说，个人承担税收的数量应该与他从公共支出中的得益相联系。从政府提供的公共物品中获得利益多的，多缴纳税收；从政府提供的公共物品中获得利益少的，少缴纳税收。

税收利益说遭到反对的原因在于难以测量个人从国防、警察、教育等各项公共支出中获得利益的多少。此外，社会对弱势群体给予的经济援助也难以根据利益说来解释。由于大部分税收收入不能根据某一受益基础而产生，因此，根据纳税能力来设计税收负担的分摊能力说受到推崇。

2. 根据纳税能力原则分配税收负担

纳税能力原则要求根据纳税能力来确定税收总额在社会成员之间分配的比例。在此原则下，税收与纳税人的能力有关，而不再与公共支出发生联系。

根据纳税能力，税收公平包括横向公平和纵向公平两方面的含义。横向公平指的是纳税能力相同的，缴纳同样的税收；纵向公平指的是能力不同的，缴纳不同的税收，能力大者多纳税，能力小者少纳税。横向公平和纵向公平的含义容易理解，但要实施却并非易事。很难找到合适的标准来对人与人之间的纳税能力进行判断和比较。健康状况、受教育程度、家庭负担以及个人嗜好等因素，都可能将看似福利水平相同的人置于不同的境况。

衡量纳税能力的标准有客观标准和主观标准两种学说。客观标准说提出以所得、财产、消费等几项测量标准。20 世纪以来，多数学者认为用收入作为衡量标准最能说明纳税能力的大小。主观标准说是以纳税所感受的牺牲程度为标准来测量，因为对纳税人来说，纳税是经济上的牺牲，会减少享受或满足。征税若能使各类纳税人都作出同等牺牲，就符合公平原则。

(三)税收的稳定原则

税收稳定原则是指在经济发展的波动过程中运用税收的经济杠杆作用，引导经济趋于稳定。具体来说，税收可以通过两个方面来达到经济稳定：

1.“内在稳定器”作用

它是指税收制度本身所具有的内在稳定机制。它不需要政府随时做出判断和采取措施，就能收到自行稳定经济的效果，主要是税收随经济的增长、衰退而自动增减，从而减轻经济周期的波动，即在经济的繁荣时期，税款收入因税基(所得额与销售额)的增长而上升。税收的自动增长会使经济扩张趋于缓慢；在经济萧条时期，税款收入因所得与销售的减少而自动下降，税收的自动减少会使经济活动的收缩趋于缓慢。所以，即使在经济上涨或低落时期税率不变，税款收入的自动增减在某种程度上也使经济自动趋于稳定。

2.“相机抉择”作用

它是指政府根据经济运行的不同状况，相应采取灵活多变的税收措施，以消除经济波动，谋求既无失业又无通货膨胀的稳定增长。总的来看，当经济不景气时，应实行减税政策，以鼓励投资，稳定就业水平；当经济过度繁荣时，则应提高税率，防止私人资金过度投资，爆发危机。

西方学者提出的现代税收原则，主要基于凯恩斯主义的经济学说和社会经济福利学派的经济思想。公平原则是对社会正义原则的发展，效率原则和稳定原则是对国民经济原则的发展。公平和效率是社会经济福利的两项准则，以它们作为评价税制的标准，是美国当代著名财政学家马斯格雷夫的主张；稳定原则则主要基于凯恩斯强化国家干预经济的思想。这些原则对西方税收制度的发展以及经济的稳定发展起到了一定的促进作用。

四、税收设计原则的发展趋向

20世纪80年代以来，随着世界性税收制度改革潮流的涌现，税收制度设计原则的侧重点发生了很大变化，总的发展趋势是：第一，在税收公平与效率原则的权衡上，由侧重公平转向突出效率；第二，在税收公平原则的贯彻上，由偏重纵向公平转向追求横向公平；第三，在税收效率原则的贯彻上，由注重经济效率转向经济与本身效率并重；第四，在税收的经济效率原则上，由主张全面干预转向适度干预。

公平和效率是相互排斥的，一般不可同时兼得，税制的设计势必要在公平和效率之间进行选择和权衡。

五、我国社会主义市场经济实践中的税收原则

根据我国税收工作的具体情况，税收原则大致可概括为公平和效率两大原则。

(一)公平原则

税收公平只是一种相对的公平，它包含两个层次：税负公平、机会均等。所谓税负公平，是指纳税人的税收负担要与其收入相适应。这必须考虑到以下两点：一是具有同样纳税条件的纳税人应当缴纳相同的税额，即横向公平；二是具有不同纳税条件的纳税人应承担不同的税额，即税收的纵向公平。所谓机会均等，是基于竞争的原则，通过税收杠杆的作用，力求改善不平等的竞争环境，鼓励企业在同一起跑线上展开竞争，以达到社会经济有秩序发展的目标。

要实现公平税负，就要做到普遍征税、量能负担，使税收有效地起到调节作用；要做到税负公平，就要做到统一税政、集中税权，保证税法执行上的严肃性和一致性；要实现机会均等，就必须贯彻国民待遇原则，实现真正的公平竞争。

(二)效率原则

税收的效率主要通过税收的经济成本来衡量。税收的经济成本包括两方面的内容：一是直接征税成本，指税务机关为获得一定数量的税收收入而付出的代价，即税收征管过程中发生的一切费用。二是指纳税人所支付的除税款以外的从属费用和额外负担，在其他条件不变的情况下，税收的经济成本越大，税收效率就越低。由于其中直接征税成本占很大的比重，所以，提高征税效率，关键是强化征税管理、节省征税费用，这需要做到以下几点：首先，要提高税收征管的现代化程度。其次，要改进管理形式，实现征管要素的最佳结合。在征管机构的设置、征管形式的确定以及征收方式的选择等问题上，都要充分考虑征管成本这个因素。最后，要健全征管成本制度，精兵简政、精打细算、节约开支。

(三)税收公平与效率的选择

就具体的税种或税收政策而言，公平与效率两者会有矛盾和冲突。因为公平原则强调量能负担，可能干扰生产和消费决策，影响经济发展，破坏税收效率；而效率原则强调税收应尽量避免对经济产生干扰，实现资源有效配置和经济增长，这就有可能拉开贫富之间的差距，从而破坏公平原则。例如，商品课税可以通过各类奖限政策促进合理配置资源和发展生产，一般认为是有效率的，但由于它背离了量能纳税的原则，有时会造成纳税人的苦乐不均，通常又被认为是不公平的。又如，所得课税具有负担合理、课征公平的优点，但它距离经济运转过程较远，很难直接调节生产和流通，具有效率不高的缺点。

就整个税制或税收总政策而言，税收的公平与效率是密切相关的。从总体上讲，税收的公平与效率是互相促进、互为条件的统一体。首先，效率是公平的前提。如果税收活动阻碍了经

济发展，影响了GDP的增长，尽管是公平的，但也是没有意义的。因为税收作为一种分配手段是以丰裕的社会产品为基础的，而没有效率的公平便成了无本之木。所以，真正的公平必须融合了效率的要求，必须是有效率的公平。其次，公平是效率的必要条件。尽管公平必须以效率为前提，但失去了公平的税收也不会是高效率的。因为税收不公平必然会挫伤企业和个人的积极性，甚至还会导致社会矛盾，从而使社会生产缺少动力和活力，自然也就无效率可言。因此，真正的税收效率必须体现公平的要求，必须是大体公平的。

只有同时兼顾公平与效率两个方面的税制才是最好的税制。但就具体的税种来说，往往不是低效率、高公平，就是高效率、低公平，高效率、高公平的最优结合是少有的。就某一具体的税收政策来说，往往不是以效率为主导，就是以公平为核心，两者并重，并不一定是理想状态。仅就某一个税种来说，可能是以公平或以效率为主的，但作为税种集合的税制，通过各税种的互相补充，完全有可能组成一个公平与效率兼备的好的税制。不过，有些国家从本国国情出发或为了实现特定的政治、经济目标，在建设本国税制时实行以公平或效率某一方面作为侧重点的税收政策，从而形成效率型税制或公平型税制，这样的税制往往更具实践价值。例如，发展中国家实行"效率型"税制比实行"兼顾型"税制更能促进本国经济腾飞，发达国家实行"公平型"税制更有益于社会安定。

总之，把税制的设计同本国具体情况和长远发展战略结合起来，显然是对公平与效率两者更深层次和更高层次的兼顾。处理好公平与效率之间的关系，对一国经济的发展、社会的安定具有重要意义。

第四节　税收的经济效应分析

一、税收经济效应的含义

所谓税收经济效应，是指纳税人因国家课税而在其经济选择或经济行为方面做出的反应；或者从另一个角度说，是指国家课税对消费者的选择以至于生产者决策的影响，也就是通常所说的税收的调节作用。简言之，即政府征税会通过影响纳税人收入水平和消费结构对福利水平产生影响。

二、税收经济效应的表现

（一）税收的收入效应与替代效应

税收的经济效应主要表现为收入效应和替代效应两个方面，各个税种对经济的影响都可以分解成这两种效应；或者说，税收对相关经济变量的影响都可以从这两个方面进行分析，如可以从这两个方面分析课税对纳税人在商品购买、劳动投入以及储蓄和投资等多方面的影响。这里仅以课税对商品购买的影响为例。

1. 税收的收入效应

收入效应是指政府课税造成纳税人可支配收入减少，从而使纳税人减少了商品的购买量和降低了消费水平。收入效应是因征税使纳税人的购买力减少，但不改变商品（或经济活动）的相对价格而产生的效应。收入效应仅说明资源从纳税人转移给政府，不发生超额负担，也不导致经济无效率。以图7—1来说明税收的收入效应。

图7—1的水平轴和垂直轴分别计量食品和衣物两种商品的数量。假定纳税人的收入是

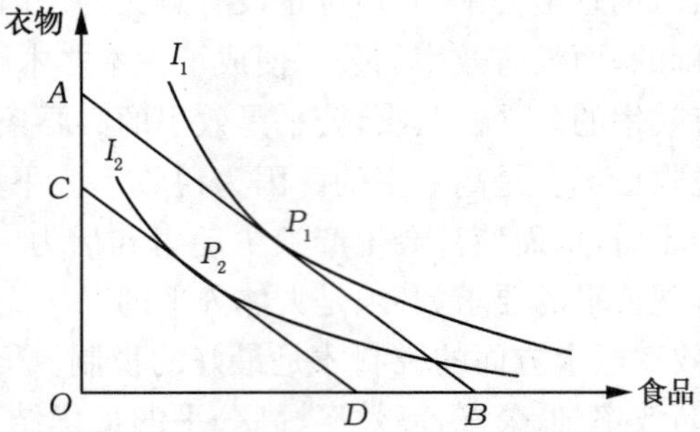

图 7—1 税收的收入效应

固定的，而且全部收入用于购买食品和衣物，两种商品的价格也是不变的，则将纳税人购买两种商品的数量组合连成一条直线，即图中的 AB 线，此时纳税人对衣物和食品的需要都可以得到满足。纳税人的消费偏好可以由一组无差异曲线来表示，每条曲线表示个人得到同等满足程度下在两种商品之间选择不同组合的轨迹。由于边际效应随数量递减，因此，无差异曲线呈下凹状。AB 线与无数的无差异曲线相遇，但只与其中一条相切，即图中的 I_1，切点为 P_1。在这一切点 P_1 上，纳税人以其限定的收入购买两种商品所得到的效用或满足程度最大，即用于衣物的支出为 P_1 与轴线的垂直距离乘以衣物的价格，用于食品的支出为 P_1 与轴线的水平距离乘以食品价格。

若政府决定对纳税人课征一次性税收（如个人所得税），税款相当于 AC 乘以衣物价格或 BD 乘以食品价格，那么，该纳税人购买两种商品的组合线由 AB 移至 CD。CD 与另一条无差异曲线 I_2 相切，切点为 P_2。在这一切点上，纳税人以其税后收入购买两种商品所得到的效用或满足程度最大，即用于衣物的支出为 P_2 与轴线的垂直距离乘以衣物价格，用于食品的支出为 P_2 与轴线的水平距离乘以食品价格。

由以上分析可以看出，由于政府课征一次性税收而使纳税人购买商品的最佳选择点由 P_1 移至 P_2，这说明在政府课税后对纳税人的影响表现为因收入水平下降从而减少商品购买量或降低消费水平，而不改变购买两种商品的数量组合。

2. 税收的替代效应

替代效应是当税收影响商品（或经济活动）的相对价格时，导致纳税人以一种商品或经济行为替代另一种商品或经济行为而产生的效应。替代效应的结果是使纳税人的福利水平降低，这种福利损失是扣除政府税收后的净损失，所以是税收的超额负担。

替代效应对纳税人在商品购买方面的影响，表现为当政府对不同的商品实行征税或不征税、重税或轻税的区别对待时，会影响商品的相对价格，使纳税人减少征税或重税商品的购买量，增加无税或轻税商品的购买量，即以无税或轻税商品替代征税或重税商品。以图 7—2 来说明税收的替代效应。

仍假定政府不征税或征税前纳税人购买两种商品的组合线为 AB，最佳选择点仍为 P_1。现假定只对食品征税，税款为 BE 乘以食品价格，对衣物不征税。在这种情况下，该纳税人会减少食品的购买量，购买两种商品的组合线便由 AB 移至 AE，与其相切的无差异曲线则为 I_3，切点为 P_3。在这一切点上，纳税人以税后收入购买商品所得效用或满足程度最大，即用于衣物的支出为 P_3 与轴线的垂直距离乘以衣物价格，用于食品的支出为 P_3 与轴线的水平距离乘以食品价格。

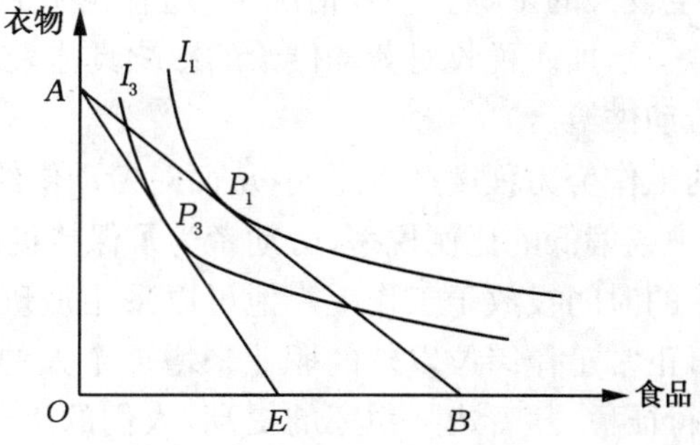

图 7—2　税收的替代效应

由此可见,由于政府对食品征税而对衣物不征税,改变了纳税人购买商品的选择,其最佳点由 P_1 移至 P_3,这意味着纳税人减少了食品的购买量,相对增加衣物的购买量,从而改变了购买两种商品的数量组合,也使消费者的满足程度下降。

但我们应当注意,税收的替代效应并不是对于任何商品都有同样的效果,其效果还要受到商品需求弹性的约束。一般而言,对需求弹性较低的商品征税,税收的替代效应并不明显;对需求弹性较高的商品征税,税收的替代效应会比较明显。例如,对于食盐等生活必需品征税,纳税人并不会因为食盐的价格升高就放弃或减少对食盐的购买,从而税收的消费替代效应就不能明显地显现出来。

(二)税收对家庭决策的影响

就微观层面而言,政府向纳税人征税会对个人以及家庭各方面的决策产生影响。政府对企业进行征税,企业一般会通过税收转嫁的方式将其应该负担的税款转移给消费者,因而对个人以及家庭的各种决策直接或间接地产生影响;政府对个人的所得及行为进行征税,更是会直接影响到个人及家庭的各项决策。

1. 对消费需求的影响

政府无论是对企业征税,还是对消费者的收入及财富进行征税,都会影响到消费者的消费需求。(1)企业缴纳税收以后,不管是哪一种税种,都可以通过税收负担转嫁的方式将其税收转移给他人负担,尤其是当企业所生产的商品供不应求的时候,就可以采用税收负担前转的方式,最终将税收转嫁给消费者负担。这样,消费者在进行自己的消费决策的时候,可能会因为所需要消费的商品价格过高而使自己的消费行为趋于慎重,由此可能会在一定程度上抑制自己的消费需求。(2)政府对消费者的财产和收入进行征税,消费者的可支配收入会因此而减少,消费欲望因可支配收入的减少而趋弱,消费支出会因此而减少。(3)税收对消费的影响也同样表现在对消费品的替代效应上。一方面,政府如果对某消费品征税,对其他消费品不征税或少征税,那么,消费者就会选择消费其他的消费品来代替高税的消费品;另一方面,如果政府对消费者用于未来消费的收入进行征税,意味着消费者税后收益的减少,这相当于将收入留到未来消费的支出比现期消费的支出更多,这样,消费者将更倾向于以现期消费来替代未来消费;另外,如果政府降低对消费者现期收入的税收负担水平,同时对储蓄的收益进行征税,这意味着政府在鼓励消费,因此,消费者的现期消费需求会趋于旺盛。

2. 对劳动供给的影响

政府对个人纳税人的所得及其他收入征税,都会对劳动供给产生影响。由于征税使劳动者税后收入降低,因此,税收具有在低工资时减少劳动供给、高工资时增加劳动供给的效应。

税率变动对劳动供给将产生较大的影响。一般情况下，随着税率的提高，劳动供给会减少；而随着税率的降低，劳动供给会增加。税收对劳动供给的影响具体表现在以下两个方面：

(1)税收会影响现期劳动供给。

首先，税收对劳动者的工作努力程度产生影响，从而对劳动供给产生影响。如对个人的收入或各项所得实行负担适中或偏低的比例税率，劳动者为了保持税前的收入状况，因此会放弃更多的闲暇时间，而将更多的时间投放于工作上。他可以采用加班加点的方式来延长原来的工作时间，也可以采用从事正常工作岗位以外的职业来增加个人的收入水平。如果对个人的劳动所得采用累进税率进行征税，随着边际税率的提高，人们的工作努力程度将逐步减弱，劳动供给也将逐步减少。其次，税收对家庭成员的劳动供给决策也将产生影响。如果政府向劳动者征税以后产生的是收入效应，那么家庭里的第一劳动力不仅将更加努力地工作，增加劳动工作时间，而且家庭的其他成员也将可能放弃原来不工作的选择，而变成家庭的第二、第三劳动力。比如，为了增加税后工资收入，家庭中的丈夫将增加工作时数，原来从事家务活动的妻子也可能会走出家庭，选择有劳动报酬的工作。当然，如果政府征税以后产生的是替代效应，那么，不仅家庭的第一劳动力将选择更多的闲暇代替更加努力的工作，而且家庭的第二劳动力将可能放弃有劳动报酬的工作而回到家庭之中。

(2)税收会影响未来劳动供给。

政府对个人的劳动所得征税，对未来劳动供给的影响主要表现在劳动者对自己退休时间的确定上。如果政府征税后出现的是税收的收入效应，那么劳动者可能会推迟自己的退休时间，使劳动时间得以延长，劳动供给就会增加；如果政府征税以后出现的是替代效应，劳动者就可能选择提前退休，劳动供给由此将减少。

当然，税收仅仅是影响劳动供给的重要因素之一，至于说劳动者是选择更加努力地工作从而增加劳动供给，还是选择更多的闲暇从而使劳动供给减少，还会受到其他经济和非经济因素的影响。例如，当收入达到一定水平后，税收对劳动供给的影响是有限的；再如，有的职业收入即使免税，从业者也将选择更多的工作时间。

(3)我国的实际情况。

由于我国是一个劳动力供给十分充裕的大国，目前又处于经济转轨时期，劳动力供需状况具有一定的特殊性，因而要结合我国的实际情况来看待关于税收对劳动供给影响的理论对我国的实际意义。就我国的现实情况而言，可以说税收几乎不影响劳动供给，而且个人所得税在短期内也不会成为主体税种，因此我国目前和今后相当长的时期内需要解决的不是如何增加劳动供给，而是如何消化劳动力过剩问题。就业问题的解决不仅需要增加劳动总需求，而且需要调整劳动需求结构，以增加就业岗位和就业机会。目前严峻的就业形势，尤其是下岗职工再就业和高等院校毕业生就业难问题，主要是结构性失业造成的，一方面有闲置的劳动力，另一方面有空闲的岗位却无人问津或有人不能胜任。解决结构性失业、提高就业率，需要从三个方面入手：一是调整和改变人们的就业观念；二是从提高劳动力素质和技能入手改变劳动供给结构；三是调整需求结构，在重视科技进步的同时，不可忽视能够容纳较多劳动力的劳动密集型产业和部门，甚至必要时可以考虑给予一定的税收优惠。

3. 对储蓄的影响

政府对消费者征收的所有税种都将对储蓄产生影响。因为纳税总是意味着个人可支配收入的减少，在当期消费水平不变的情况下，个人可用于储蓄的收入将随之减少。

(1)对个人来说，可支配收入是用于现期消费还是用于未来消费(即储蓄)，必须要在两者之间进行选择。如果政府对个人的储蓄或投资收益进行征税，这给个人或家庭提供的信号是：为了将来的消费而进行储蓄所带来的经济利益，比目前的消费要低。因为选择储蓄不仅要付出长时期抑制消费需求的时间代价，而且还要支付收益税，使消费者节约的经济利益降低。在这种情况下，个人用于储蓄的资金必然会减少。当然，如果政府对个人的储蓄或投资所带来的收益实行免税，同时对消费品征收消费税，那么个人的储蓄水平将会因此而提高。

(2)社会保险税的开征对个人的储蓄将产生很大的影响。尽管社会保险税的征税对象包括个人的工资，纳税后会使个人的税后收入减少，但是，社会保险税的征收为个人的未来生活以及其他方面的支付需要提供了保障，个人将在很大程度上依赖于社会保障来代替自己出于生命周期的预防动机(如养老)和谨慎动机(如疾病)而进行的储蓄。

(3)如果政府对遗产或赠与的财产进行征税，那么，个人出于遗产动机(即为给子女或其他财产继承人留下遗产而储蓄)的储蓄资金也将会减少，尤其是当遗产税和赠与税的税率很高时，这种储蓄资金的减少将更为明显。

(4)我国的实际情况。近年来，我国家庭储蓄增长速度很快，目前城乡居民储蓄存款余额已接近 50 万亿元。就我国的情况而言，税收对储蓄的影响并不明显，这说明人们对储蓄的态度还取决于税收以外的诸多因素，如居民对未来消费的预期、其他投资渠道等，因此，应该适当地运用税收杠杆促进储蓄向投资转化。在这方面，我国曾有很多成功的案例。如 1994 年借鉴新加坡经验，开始推行住房公积金制度，公积金缴费免征所得税；2000 年中国人民银行推出教育储蓄，并免征利息税；证券投资基金试点以来，基金分红暂免征所得税的政策一直延续至今。表面上看，税收优惠政策会减少政府的即期收入，但实际上，随着居民投资的发展，资本市场日益繁荣，居民金融资产不断升值，反过来能够促进远期消费向即期消费转化，从而推动经济增长和政府财力的不断增强。

4. 对投资组合的影响

家庭的全部所得扣除了消费以后，将主要用于各种形式的投资(或储蓄)。对所有的投资者而言，投资的目的就是为了带来更多的收益。收益的高低与风险成正比，风险越大，收益越高；风险越小，收益就越低。收益与风险问题是投资的核心问题。为了使自己的可投资资金带来更多的净收益，投资者往往要对资产进行投资组合，以期在控制风险的前提下增加收益。在进行投资决策的时候，投资者必须考虑众多影响因素，其中税收是影响投资者承担投资风险的重要因素之一。

从理论上说，任何投资品种都带有风险，且风险具有不确定性。尽管有人将货币看作是收益为零的无风险资产，但如果考虑到产品的价格具有不确定性这一现实，货币也同样存在着风险。政府对投资者的投资活动进行征税，税收不仅影响各种资产的收益，而且也会影响其风险程度。对投资者的资产投资组合所带来的收益和承担的风险可能直接产生影响的政府税收的税种主要是财产税、所得税和资本利得税(在我国还包括证券交易中的印花税)。总体来看，对投资所得、财产以及投资行为进行征税，会使投资者的整体收益减少，同时在一定程度上加大了投资的风险。但由于针对不同类型的投资，政府的税收政策可能会有所不同，因此，执行中的税收政策将直接影响投资者的投资组合。如果政府对不同的投资资产按不同的税种进行征税，而且不同税种的税收负担和具体的税收条款存在一定的差异，那么，轻税负或存在税收减免(或税收抵免)的投资品种往往能够吸引投资者投入更多的资金，因为这种做法意味着政府承担了一部分投资者的投资风险，从而使投资者能够在控制其他各种系统及非系统风险的前提下带来更多的投资收益；如果政府对投资品种征收较重的税收，将使投资者在承担其他各种不确定风险的同时还需承担政府的税收风险，从而使投资的风险加大、收益减少，降低高风险投资品种的投资资金比例也就是很自然的事情。

（三）税收对企业决策的影响

从各国实施中的税制来看，企业几乎在生产活动的各个环节都须缴纳税收，因此，对企业决策产生影响的税收种类也是各种各样的。

1. 企业生产要素组合的替代效应

企业的生产要素主要由三部分构成：劳动力、劳动手段（即设备）和劳动对象（即原材料）。对于不同的生产要素，政府的税收政策有所不同。目前世界上很多国家的做法是，政府对劳动者往往征收工薪税，以便为社会保障制度的执行提供资金来源，而对设备和原材料一般不征税（当然，这两种生产要素作为上游企业的产品，自然已经由上游企业缴纳了相应的税款）。有的国家为了鼓励投资，还采取了投资的税收优惠政策，如对设备实行加速折旧等。这种税收制度的执行，意味着企业的劳动力成本较其他生产要素成本在提高，其结果可能刺激企业以技术劳动来代替非技术劳动，即企业会多增加机器设备的投入，同时减少对劳动者的雇用数量，从而降低企业的整体成本。如果一国的劳动力成本很低，同时又无需向政府缴纳社会保险税，那么，企业可能更倾向于雇用更多的劳动力，追加在劳动密集型行业上的投资规模。税收对生产要素组合的替代效应还表现在其他方面。例如，如果政府对企业的进口设备或原材料征收各种各样的税收（进口关税、各种流转税以及涉及的财产税、行为税等），企业就会选择国内的生产要素来代替进口的生产要素，尤其是当国产和进口的生产要素的技术含量、生产性能差距不大时，更是如此。

2. 对企业投资方向的影响

一般情况下，企业投资方向往往受利润最大化的引导，由此而决定的投资结构可能与政府确定的投资结构和产业结构出现偏差，从而导致国民经济投资的整体效应与预期效应不一致。为此，政府可以通过税收政策来对企业的投资方向进行引导。例如，我国通过对固定资产投资方向调节税的实施（为了与扩大内需的积极财政政策相适应，我国政府已决定从 2001 年年初暂停征收此税），以税率的高低或税收的减免来调节企业的投资方向。为吸引资金投向某些急需发展的行业，除了免征固定资产投资方向调节税以外，在流转税和所得税上也给予众多的税收优惠。同样，为了限制某些行业的投资，政府也采用加重税收负担的方式来抑制这些行业的投资。影响企业投资方向以及投资期限的税收因素不仅仅是指现在的税率，还包括投资者对未来税收负担的预期。如果投资者预期的税收优惠将增加，那么企业可能会推迟投资的时间，直到增加的税收优惠生效为止；如果预期的税收优惠将减少，则企业会提前投资。

3. 对企业融资策略的影响

融资策略是企业决策的重要方面。以最低的成本筹集到企业生产所需要的资金量，这就是最佳的融资策略。政府的税收在企业融资策略的确定上也会产生一定的影响。

如果企业发现了一个利润率很高的投资项目，其投资收益率将比借款的利息率高得多，那么，采用负债筹资方式（包括申请贷款和发行企业债券）是很合适的，因为这笔投资资金将通过财务杠杆作用使企业（或公司）投资者的收益大幅增加。尽管对该企业的债权人来说，其得到利息收益将缴纳所得税（企业所得税或个人所得税），但由于债务人的资金投资收益率很高，足以支付较高的债务利息，因此，债权人在缴纳了所得税之后依然能够得到较高的利息收益。但是，如果企业投资项目的预期收益率与借款利息（即筹资成本）之间差距不大，那么，采用借款的方式融资是不太明智的，因为包含所得税的利息如果提高，企业将难以承受；而降低利息水平，又将面临筹资困难的风险。

此外，比较公司的股权融资和债券融资方式，债券融资的成本可以在税前扣除，而股权融资的成本则不免税，成本更高。因此，从降低成本角度考虑，公司更倾向于债券融资。

4. 对公司分配政策的影响

从理论上说，政府的个人所得税政策将对公司的利润分配政策产生影响。如前所述，公司的税后利润如果作为税后留利不分配，那么将不再缴纳所得税；但如果公司的税后利润作为红利发放给公司股东，那么作为个人投资者的股东将缴纳个人所得税，而作为法人单位的股东却免税，因为这笔投资收益在原来的公司已经缴纳了企业所得税，再缴纳企业所得税就会出现重复征税问题。这种做法公平与否我们暂且不论。由于股份公司相当多的股东都是个人股东，由于税收的原因，分红必然减少股东的投资收益。如果将税后利润留在公司进行投资，尤其是当预期的投资收益率很高的时候，公司股票的价格将会提高，股东因未分红而少得的收益不仅完全可以通过股票的升值得到补偿，而且还会由此带来更多的收益。因此，税后利润不分配并不一定使股东利益受损。

当然，以上关于税收对公司分配政策的影响仅仅是一种理论上的分析，现实中的情况并非完全如此，很多公司通常给股东发放红利，这是由其他因素决定的。定期分配红利可以满足长期投资者的需要，因为这些投资者往往靠固定发放的红利来安排自己的生活或其他计划。另外，定期发放红利可以给投资者提供一个企业生产活动正常、经营作风稳健、财务状况良好的信号，以维护股东的投资信心。

三、税收的中性问题

（一）税收超额负担或无谓负担(excess burden or dead burden)

税收超额负担是哈伯格运用马歇尔的基数效用理论作为基础理论提出的，所以称为马歇尔—哈伯格超额负担理论。这种理论使用了消费者剩余和生产者剩余的概念，并以消费者剩余的大小作为衡量消费者在消费某种商品时获得净福利的多少。

如果在征税过程中没有浪费现象，政府取得的税收收入应该等于人们福利的减少，但实际上常常出现税收收入少于福利减少的现象。税收收入与福利减少之间的差额，就是税收的超额负担。因此，超额负担又称为福利成本或无谓损失，是指政府税收导致纳税人的福利损失大于政府税收收入，从而形成税外负担，引起效率损失。额外负担是指以下两类负担：一类是资源配置方面的额外负担。政府的征税过程将减少私人部门支出，增加政府支出。如果这一过程导致的私人经济利益损失大于因征税而增加的社会经济利益，就产生了资源配置方面的税收额外负担。另一类是市场运行方面的额外负担。税收会对纳税人的经济行为产生各种影响，如果由于征税，干扰了私人消费和生产的正常决策，就产生了市场运行方面的税收额外负担。产生这些方面的额外负担，说明经济处于无效率或低效率的状态。

税收中性和税收超额负担相关，或者说，税收中性就是针对税收超额负担而提出的。税收超额负担是指政府通过征税将社会资源从纳税人转向政府部门的转移过程中给纳税人造成了相当于纳税税款以外的负担。超额负担主要表现在两个方面：一是国家征税一方面减少纳税人的支出，另一方面增加政府部门的支出，若因征税而导致纳税人的经济利益损失大于因征税而增加的社会经济效益，则发生在资源配置方面的超额负担；二是由于征税改变了商品的相对价格，对纳税人的消费和生产行为产生不良影响，则发生经济运行方面的超额负担。税收理论认为，税收的超额负担会降低税收的效率，而减少税收的超额负担从而提高税收效率的重要途径在于尽可能保持税收的中性原则。一般而言，所得课税只产生收入效应，对市场的干预程度较小，商品课税也因税种和税率的设置不同而有所不同，如避免重复课税的税种和税率档次较少，对市场的干预程度也较轻。

(二)税收中性的含义

所谓税收中性(neutrality)，是指政府课税不扭曲市场机制的正常运行，或者说，不影响私人部门原有的资源配置状况；如果政府课税改变了消费者以获取最大效用为目的的消费行为，或改变了生产者以获取最大利润为目的的市场行为，就会改变私人部门原来(税前)的资源配置状况，这种改变就被视为税收的非中性。

税收中性包括两种含义：一是国家征税使社会所付出的代价以税款为限，尽可能不给纳税人或社会带来其他的额外损失或负担；二是国家征税应避免对市场经济正常运行的干扰，特别是不能使税收超越市场机制而成为资源配置的决定因素。2013 年 2 月发布 OECD 的《国际增值税/商品与服务税指引》(草案整合稿)中明确提出了中性原则所包含的内容，其核心是"增值税是一种最终消费税，除最后环节的消费者外均可对进项税进行抵扣，确保税收中性"。只要国家征税，就必然对商品购买、劳动投入以及储蓄和投资等诸多方面产生不同程度的影响，在现实生活中保持完全税收中性是不可能的。因此，提出税收中性原则的实践意义在于尽量减少税收对市场经济正常运行的干扰，使市场机制在资源配置中发挥基础性作用，在这个前提下，掌握好税收超额负担的量和度，有效地发挥税收的调节作用，使税收机制与市场机制两者取得最优的结合。

应当指出，体现税收的中性原则，并不意味着取消或忽视税收对经济的调节作用，一般是将增值税视为一种中性税收，我国 1994 年税制改革也体现了税收中性原则。但增值税也不是一种纯中性税收，理由如下：(1)增值税本身也不是完全中性的。从理论上说，商品课税的税负最终是由消费者负担的，但从实际情况来看，税负即使不构成产品成本，也是由企业首先垫支的。所以，政府课税以后，作为直接纳税人的企业必定想方设法把税负转嫁出去。但税负的转嫁不是一厢情愿的，而是与价格的浮动相联系，并由产品的供求弹性来决定。由于不同商品的供求弹性不同，因而税负转嫁的条件也就不同，这就势必影响商品的相对价格，从而影响消费者的选择和生产者的决策。从这个意义上说，增值税就失去了中性作用和对资源配置的调节作用。(2)增值税的中性化是以单一税率为前提的，世界上多数国家的增值税都是设置 2～3 个税率，不同的税率体现了税收的调节作用。我国增值税设置两档税率，其中低档税率为 13%，体现了对居民生活基本用品和农业生产资料的鼓励作用。(3)我国 1994 年税制改革当时实行的是生产型增值税，税基中包括固定资产投资，目的是防止投资膨胀，这也体现了对投资的调节作用。(4)全面推行增值税实行普遍征收的同时，世界各国一般都选择若干商品再征收一道按不同产品设置不同税率的消费税。我国在全面推行增值税的同时征收消费税，实行特殊调节，这是新税制中发挥税收调节产业结构的主要税种和措施。

应当强调的是，税收效应或税收对经济及经济结构的调节作用是毋庸置疑的。但是，在社会主义市场经济体制下，对资源配置起基础性作用的是市场和价格，税收必须是在使市场起基础性作用的前提下发挥调节作用。

第五节　税负的转嫁与归宿

国家每年都要获得大量的税收收入，这些税是谁负担的呢？是最初的纳税人，还是最终的负担者?这就需要分析税负的转嫁与归宿问题。

一、税负转嫁与归宿的含义

税负转嫁是指纳税人将其缴纳的税款,通过各种途径全部或部分地转移给他人负担的经济过程和经济现象。其含义包括:

(1)纳税人是唯一的税负转嫁主体。税负转嫁是纳税人作为主体为实现自身利益最大化的一种主动的有意识行为。

(2)价格变动是税负转嫁的基本途径。国家征税后,纳税人或提高商品、要素的供给价格,或压低商品、要素的购买价格,或两者并用,借以转嫁税负,除此之外,别无他法。

(3)税负转嫁是经济利益的再分配。纳税人与赋税人一定程度的分离是税负转嫁的必然结果。

税负转嫁是一种经济现象,这种经济现象可能发生,也可能不发生。西方经济学家对税负转嫁问题研究较早,最早是由英国重商主义学者托马斯·曼在《英国得自对外贸易的财富》一书中提出的。

税负归宿是指税收负担的最后承受者,即税负的最终落脚点。税负归宿有法定归宿和经济归宿之分。法定归宿是税法上规定的应纳税款的承担者。经济归宿是指税收负担的最后承担者。税负从法定归宿过渡到经济归宿,可能不需要转嫁,即法定归宿就是经济归宿,也可能要经过一次或多次转嫁后才能完成。税负的法定归宿始终只有一个,而经济归宿却可能不止一个。

税收活动的全过程,即从税收课征到税负的最终落实,一般要经过三个环节:税收冲击、税负转嫁和税负归宿。这三个环节是一个连续的过程。所谓税收冲击,是指国家征税会对纳税人产生的税收冲击。税收活动过程以税收冲击为起点,国家对纳税人征税,一部分国民收入从纳税人手中转移到国家手中,纳税人的利益受到税收冲击,他就会想方设法将税负转嫁出去,如果顺利的话,这一税负就会转移到别人身上。这一过程反复进行的结果,就造成了纳税人与负税人的不一致,使纳税人所缴纳税款的最终负担落在负税人身上,找到了最终负担点,这就是税负归宿。显然,这三个环节中的关键是税负转嫁。税负转嫁是归宿前的一种运动,是一个对税收负担进行再分配的过程,是通过一次或多次的转移,把税负分配到最终负担者身上的过程;税负归宿是税负转嫁的结果,是税收负担再分配的结果;而税收冲击则是税收活动全过程的起点。

税收冲击、税负转嫁、税负归宿三者共同反映了税收负担变化的全过程,其中,税收冲击是起点,经过转嫁,税负到达终点,即归宿。

二、税负转嫁的方式

税负转嫁的方式主要有前转、后转、混转、消转、税收资本化等,其中,前转和后转是税负转嫁的两种最基本的方式。

1. 前转

前转也称顺转,是指纳税人在经济交易过程中按照课税商品的流转方向,通过提高价格的办法,将所纳税款向前转移给商品或要素的购买者,即由卖方向买方转嫁。

前转是税收转嫁的最典型和最普遍的形式。一般来说,前转既可以一次完成,也可以多次完成,通过多次才能完成的前转称为复前转。如果加价的额度等于税款,则商品售出后即实现了充分的转嫁；如果加价的额度大于税款，则不仅实现了税负转嫁，纳税人还可以得到额外的利润，称之为超额转嫁；如果加价的额度小于税款，则纳税人自身仍要负担部分税收，称之为不完全转嫁。

2. 后转

后转又称逆转，税收转嫁之所以表现为后转，一般是因为市场供求条件不允许纳税人以提高商品售价的办法前转给买方，而改为向后转嫁给上一环节的生产者或经营者。例如，某批发商纳税之后，由于商品价格下跌，税负不能通过提高价格顺利前转给零售商。所以，批发商只好请求厂商降低价格，税负因此而向后转嫁给厂商。一般来说，后转既可以一次完成，也可以多次完成，通过多次才能完成的后转称为复后转。

3. 混转

混转又称为散转，指纳税人所应承担的税负，一部分向前转嫁，一部分向后转嫁，使税收分散给许多人负担。例如，零售商应纳税款无法全部通过产品价格的提高转嫁给消费者，他就会将一部分税负后转给批发商，使消费者和批发商各承担一部分税负。

4. 消转

消转又称转化，是指纳税人无法将税负前转、后转的情况下，依靠自己的努力，提高劳动生产率，扩大生产规模，降低生产成本，使由于承担税负而造成的损失在新增利润中得到抵补，这种形式是纳税人自己把税负“消化”掉了，故被称为消转。消转按消化税负的方式来分，又可分为积极消转和消极消转。积极消转是指纳税人受到税收冲击后，通过改良生产技术、降低生产成本、提高生产效率等科学、合理的方式来增加利润，从而将税负损失抵补掉。消极消转则是指纳税人在受到税收冲击后，运用压低工人的工资、延长劳动时间、增加劳动强度、使用劣质材料和偷工减料等不合理手段来增加利润，以消除税收负担。

5. 税收资本化

税收资本化又称资本还原或税收偿本，它是税负转嫁的一种特殊形式，是指应税物品（主要是土地、房屋等具有长期收益的资本品）在交易时，买主将物品可预见的未来应纳税款，按一定的贴现率折算为现值，从所购物品价格中做一次性的扣除。此后，税款名义上虽由买主按期纳税，实际上税款已经由卖主负担。因此，税收资本化是后转的一种特殊形式。

如果政府向资本品的收益征税，那么，在这项资本品出售时，买主会将以后应纳的税款折成现值，从所购资本品价值中预先扣除，从而使资本品的价格下降，税收实际上将由资本所有者负担。此后，名义上虽由买主按期付税，实际上税款是由卖主负担的。税收资本化是将累次应纳税款做一次性转嫁。

假设某一资本品在各年末能够产生长期收益流 $R_1, R_2, \cdots, R_n$，那么，其现值的计算公式为：

$$PV=\frac{R_1}{1+r_1}+\frac{R_2}{(1+r_2)^2}+\cdots+\frac{R_n}{(1+r_n)^n}=\sum_{i=1}^{n}\frac{R_i}{(1+r_i)^i}$$

式中，r_i 为各年的利率，即贴现率。

该资本品在出售时，买方所能接受的价格即为 PV。假设政府每年向资本收益征税 T_i，则资本现值变为：

$$PV'=\frac{R_1-T_1}{1+r_1}+\frac{R_2-T_2}{(1+r_2)^2}+\cdots+\frac{R_n-T_n}{(1+r_n)^n}=\sum_{i=1}^{n}\frac{R_i-T_i}{(1+r_i)^i}$$

这时，买方为购买这一资本品愿意支付的价格也下降为 PV'，从而他以后应纳的税收一次性转嫁给了卖方。价格的降幅即税收转嫁总量为：

$$PV - PV' = \sum_{i=1}^{n} \frac{T_i}{(1+r_i)^i}$$

三、税负转嫁的条件

从主观上讲，纳税人都存在税负转嫁的愿望。但能否进行税负转嫁，还要看是否具备进行税负转嫁的条件。价格可以自由变动是必要条件，因为税负转嫁是通过价格变动实现的。在此前提条件下，纳税人是否进行税负转嫁和税负转嫁的程度还受以下因素的制约：

(一)课税对象的性质

商品课税较易转嫁，所得课税一般不能转嫁。税负转嫁的最主要方式是变动商品的价格。因此，以商品为课税对象，与商品价格关系密切的增值税、消费税、关税等比较容易转嫁是显而易见的，而与商品及商品价格关系不密切或距离较远的所得课税往往难以转嫁。如对个人财产和劳动所得课征的税收一般只能降低个人的消费水平，无法转嫁出去，对各类企业课征的法人所得税尽管存在转嫁的渠道，如提高本公司的商品售价，降低或延迟增长雇员的工资或者劳动强度，以及降低股息和红利等，但这些渠道并不畅通，或者会受到企业雇员和股东的强烈反对，或者受制于社会供求关系变化情况，都难以实现。

(二)商品的供求弹性

供给弹性较大、需求弹性较小的商品的课税较易转嫁，供给弹性较小、需求弹性较大的商品的课税不易转嫁。

所谓商品的需求弹性，是指商品的需求量的变化相对于商品价格的变化的反应程度，即价格的上升或下降的一定比率，引起需求量减少或增加的比率。需求弹性一般为负值，当某种商品的需求弹性系数的绝对值大于1时，我们认为此商品的需求有弹性；当某种商品的需求弹性系数的绝对值小于1时，我们认为此商品的需求缺乏弹性。从商品需求弹性与税负转嫁的关系看，商品的需求弹性越小，越容易转嫁(前转)；商品的需求弹性越大，越不容易转嫁(前转)。

商品被课税后，其价格将因此而升高，如果商品的需求弹性很小，则商品价格的升高并不能对商品的需求造成很大的影响，商品的需求也不会因此而产生较大程度的减少，这样，商品价格升高的效应大部分将由消费者负担，而生产者则没有承担因课税而带来的负面效应。商品的需求弹性为0时，是这种情况的极端表现。所谓商品的需求弹性为0，是指商品的需求并不会因为价格的变动而变动的情况。在这种情况下，如果对某种商品课税，该种商品的生产者为了维护自己的利益而提高商品的售价，将增加的税收负担转嫁给商品消费者。由于价格的提高并未引起商品销售量的任何反应，从而价格稳定在生产者确定的水准。商品课税前后的价格差异等于单位商品被课征的税款，商品的生产者所获得的产品销售毛利润就会与课税前没有什么变化，成功地将税收负担转嫁给了消费者。

相反，商品的需求弹性较大时，税收负担就不容易成功转嫁。由于课税引起商品价格的升高，如果商品的需求弹性较大，则商品价格的升高会使商品需求大幅度地下降，而需求的大幅度下降必然会使商品售价产生回落。这样，商品价格就不能维持在生产者确定的水准从而使得课税导致的负面效应大部分由生产者负担。商品需求完全有弹性，是这种情况的极端表现。所谓商品需求完全有弹性，是指商品的价格稍有变化，消费者就会放弃对此种商品的消费，转而购买该商品的替代品。在这种情况下，对某种商品课税后，该种商品的生产者为了维护自己的利益，希望通过提高商品售价的办法将增加的税收负担转嫁给商品消费者。但由于价格稍有提高就会使得商品销售量骤减为0,从而得不偿失,因此不得不将商品价格维持在课税前的价格水准。此时,商品的生产者所获得的产品销售毛利润就会比课税前有所减少,减少的数额恰好等于对此种商品课征的税收;生产者完全承担了税收负担,消费者并未因对商品课税而产生任何影响,税负转嫁未能实现。

所谓商品的供给弹性,是指商品的供给量的变化相对于商品价格的变化的反应程度,即价格的上升或下降的一定比率,引起供给量减少或增加的比率。供给弹性主要有五种情况:(1)当某种商品的供给弹性系数大于1时,我们认为此商品的供给富有弹性;(2)当某种商品的供给弹性系数小于1时,我们认为此商品的供给缺乏弹性;(3)当某种商品的供给弹性系数等于0时,我们认为此商品的供给无弹性;(4)当某种商品的供给弹性系数等于1时,我们认为此商品的供给为单位供给弹性;(5)当某种商品的供给弹性系数趋于无穷大时,我们认为此商品的供给有无限弹性。从商品供给弹性与税负转嫁的关系看,供给弹性越小,越不易转嫁(前转);商品的供给弹性越大,越容易转嫁(前转)。

商品被课税后,生产者的利润必然会下降,如果商品的供给弹性很小,则生产者利润的下降并不能对商品的供给造成很大的影响,商品的供给不会因此而产生较大程度的下降,这样,税收的效应大部分将由生产者来负担,消费者则没有承担因课税而带来的负面效应。商品的供给弹性为0时,是这种情况的极端表现。所谓商品的供给弹性为0(商品供给无弹性),是指商品的供给总是固定不变的,并不会因价格的变动而变动的情况。在这种情况下,如果对某种商品课税,该种商品的生产者为了维护自己的利益,希望通过提高商品售价的办法将增加的税收负担转嫁给商品消费者。但由于价格的提高会使商品的需求下降,而无法达到均衡状态,因此不得不将商品价格维持在课税前的价格水准,以此来维持需求和供给的均衡。此时,商品的生产者所获得的产品销售毛利润就会比课税前有所减少,减少的数额恰好等于对此种商品课征的税收;生产者完全承担了税收负担,消费者并未因对商品的课税而产生任何影响,税负转嫁未能实现。

相反,商品的供给弹性较大时,税收负担就容易成功转嫁。由于课税引发了生产者销售利润的下降,如果商品的供给弹性较大,则销售利润的下降会使商品供给大幅度地下降,而供给的大幅度下降必然会使商品售价大幅度上升,这样,商品价格就不能维持在课税前的水准从而使得课税导致的负面效应大部分由消费者负担。商品供给完全有弹性(供给弹性系数趋向于无穷大),是这种情况的极端表现。所谓商品供给完全有弹性,是指商品的价格稍有变化,生产者就会放弃此种商品的生产,转而投资其他商品或其他行业。在这种情况下,对某种商品课税后,生产者面对由课税引起的相对价格下降的情况反应强烈,会大幅度减少其供应量。由于供应量骤减,反而使得价格上涨,则将增加的税收负担转嫁给商品消费者。商品课税前后的价格差异等于单位商品被课征的税款,商品生产者所获得的产品销售毛利润就会与课税前没有什么变化,从而成功地将税收负担转嫁给消费者。

从上面的分析中,我们可以得出这样的结论:税负转嫁与商品需求弹性成反比,需求弹性越大,税负越容易向生产者方向转化,需求弹性越小,税负越容易向消费者方向转化;而与商品供给弹性成正比,供给弹性越大,税负越容易向消费者方向转化,供给弹性越小,税负越容易向生产者方向转化。最终,税负的转嫁取决于商品供给弹性和需求弹性的对比。在商品供给弹性大于商品需求弹性的情况下,税负更多地趋向于向消费者转嫁;在商品供给弹性小于商品需求弹性的情况下,税负更多地趋向于向生产者转嫁。

(三)课税范围的大小

课税范围宽广的商品较易转嫁,课税范围狭窄的商品难以转嫁。税负转嫁必然引起商品价格的升高,若另外的商品可以替代加价的商品,消费者往往会转而代之,从而使税负转嫁失效。但若一种税收课税范围很广,甚至波及同类商品的全部,消费者无法找到价格不变的替代品时,只好承受税负转嫁的损失。

(四)生产者谋求利润的目标对税负转嫁的关系

企业经营都以谋求尽可能多的利润为活动目标,税负转嫁显然也是为这一目标服务的。但是,在某些特定环境下,两者也会发生矛盾。如为了全部转嫁税负,必须把商品售价提高到一定水平,而售价提高就会影响销量,进而影响经营总利润。此时,经营者必须比较税负转嫁所得与商品销量减少的损失,若后者大于前者,则经营者宁愿负担一部分税款以保证商品销量。这类情况在竞争性商品税负转嫁中有所表现,而竞争性商品要根据市场供求状况调整价格,提价转稼税负的能力较弱;但在独占性商品税负转嫁中更为常见,因为垄断性商品在较大的市场范围内有独占性,生产者和经营者基本上掌握价格的控制权,提价转嫁税负的能力强。

四、我国的税负转嫁

(一)我国的税负转嫁客观存在

在我国是否存在税负转嫁,是我国税收理论界长期争论的一个热点问题。自从我国社会主义市场经济机制确立以后,较多的学者认为,在我国现阶段市场经济条件下,税负转嫁是客观存在的,其主要理由在于:其一,经济利益机制驱使企业产生税负转嫁的动机;其二,自由价格为税负转嫁提供了条件;其三,税负转嫁是政府间接调控的重要手段。总之,随着改革开放的深化,我国的经济体制模式逐步由计划体制过渡到市场体制,而无论是资本主义市场经济还是社会主义市场经济,只要是在市场经济条件下,税负转嫁就是不可避免的,这是一种不以人们的意志为转移的客观经济存在。因此,对税负转嫁问题不能回避和忽视,应当正视并认真对待,自觉地加以掌握和运用,利用它的积极作用,限制和防止它的消极作用。

(二)有关税负转嫁的政策性问题

1. 税负转嫁的意义

我国税制是以商品课税为主体的,而税负转嫁又主要发生在商品课税领域,因此,深入地研究税负转嫁的机理,具有特殊重要的实践意义和理论意义。税负转嫁是税负的再分配,也就是物质利益的再分配,消费者会因税负转嫁而增加负担,商品的生产者和经营者会因税负转嫁而改变在竞争中的地位。例如,对价格放开的生活必需品课以重税,由于需求弹性小,即使物价上涨,消费者也不能不购买,纳税人很容易把税负转嫁给消费者,增加消费者负担;对供不应求的商品加税,既可以限制消费,又不会妨碍生产的增长;对供过于求的商品加税,由于价格难以上涨,税负不易转嫁,可以限制生产,但不利于鼓励消费;等等。

2. 税负转嫁与制定税收政策及设计税收制度有密切关系

假如原定的税收政策和税收制度是合理的,既有利于资源优化配置,又符合公平原则,但税负转嫁可能改变预定的税负分配格局,抵消税收的经济调节作用或导致税负不公平。因此,在制定税收政策和设计税收制度时,必须充分考虑各类商品的供求状况和价格趋势,并合理选择税种、税率以及课征范围。

3. 税负转嫁会强化纳税人逃税的动机,应强化税收征管工作

即当税负转嫁不易实现时,纳税人极有可能转向逃税来取代税负转嫁,破坏税收的严肃

性，削弱纳税人依法纳税的自觉性。所以，税务机关在防止任意转嫁税负的同时还必须采取经济手段、法律手段和行政手段，加强税收征管工作。

4. 自然垄断行业的税负转嫁处于优势，应加强对这些行业的价格管理

垄断分为自然垄断和人为垄断两大类。国家通过支持和鼓励竞争，可以消除或限制人为垄断，但对自然垄断则不能完全靠市场竞争来消除。由于自然垄断具有规模越大、效益越高的特征，在市场经济条件下，若国家不进行适当干预，自然垄断行业（如电力、天然气、煤气、供水、通信和运输等行业）就会通过减产提价来获得超额利润。对于自然垄断行业，不少市场经济国家也都曾实行国有和公营，或对私有企业实施不同程度的国家干预。在市场经济条件下，自然垄断行业既要引入一定的市场调节，又不能像一般竞争行业那样主要靠市场调节。所以，对这些行业在遵循供求规律的前提下，政府有必要在价格方面实施一定程度的干预和控制，才能有效地控制该类企业为减轻税收负担而进行不正当的税负转嫁。

5. 提高所得课税比重，缩小税收转嫁的范围和空间

我国税负中商品税的比重偏大，而所得税的比重偏低。从税制改革的方向来看，提高所得税的比重既有利于强化税收的调节作用，也有利于缩小税收转嫁的范围和空间，缓解税收转嫁的负面效应。

6. 实行价外税，有利于增强商品课税税负归宿的透明度

价内税与价外税的征纳税额是一样的，只是价格形式不同。价内税的税收是作为价格的组成部分，表现为含税价格；价外税的税收是作为价格的附加，价格与税收分离，表现为不含税价格。从现实生活来看，消费者购买商品的时候，价内税的税款是和价格同时支付，而价外税的税款是单独支付，所以，价内税是价税合一，淡化了税负最终归宿的透明度，混淆了纳税人与负税人的区别，同时也会使价格信号失真，模糊价格与税收的不同功能。实行价外税，是将税款和价格分开，使纳税人与实际税负人分离，有利于增强税负最终归宿的透明度，有利于培养公民的纳税意识，也有利于更好地发挥税收和价格两个经济杠杆调节经济的作用。总结我国五十多年商品课税征收的经验，借鉴世界上一些国家采用价外税的成功做法，为了避免引起大的波动，使企业和消费者逐步习惯，可先同步公布按含税价征税和按不含税价征税的两种税率，逐步过渡到完全以不含税价征税。

第六节　税收负担分析

一、税收经济负担的基本含义

（一）宏观税收负担

根据国际货币基金组织（IMF）和经济合作与发展组织（OECD）的定义，宏观税负是指一定时期一个国家或地区的税收总量与经济总量的比例，一般用一个国家特定时期内税收总收入占当期国内生产总值（GDP）的比重来反映，它是衡量一个国家总体税收负担水平的重要指标。

为了对世界各国的宏观税负有一个比较客观的认识，本书选取部分发达国家和发展中国家，将其宏观税负与我国进行比较（分别见表7－2和表7－3）[①]。

---

① 陈旭东：《国际比较视角下中国宏观税负水平客观分析》，《现代财经》，2012(3)。

表 7—2 **1995～2010 年发达工业化国家宏观税负水平** 单位:%

国家＼年份	1995	2000	2001	2002	2003	2004	2005	2006	2007	2008	2009	2010
加拿大	35.6	35.6	34.8	33.7	33.7	33.6	33.4	33.5	33.3	32.3	32.0	31.0
美国	27.9	29.9	28.8	26.5	25.9	26.1	27.5	28.2	28.3	26.1	24.1	24.8
澳大利亚	28.8	31.1	29.6	30.5	30.6	31.1	30.8	30.6	30.8	27.1	25.9	n. a.
日本	26.8	27.0	27.3	26.2	25.7	26.3	27.4	28.0	28.3	28.1	26.9	n. a.
法国	42.9	44.4	44.0	43.4	43.2	43.5	43.9	44.0	43.5	43.2	42.4	42.9
德国	37.2	37.2	36.1	35.4	35.5	34.8	34.8	35.6	36.2	37.0	37.3	36.3
意大利	40.1	42.3	42.0	41.4	41.8	41.0	40.8	42.3	43.5	43.3	43.4	43.0
英国	34.0	36.4	36.1	34.6	34.3	34.9	35.8	36.6	36.1	35.7	34.3	35.0
平均值	34.2	35.5	34.8	34.0	33.8	33.9	34.3	34.9	35.0	34.1	33.3	35.5
中国	9.9	12.7	14.0	14.7	14.7	15.1	15.6	16.1	17.2	17.3	17.5	18.4

注:表中中国的宏观税负＝全国税收总收入/GDP,其中,全国税收总收入包括税务部门征收的国内税收收入和海关征收的关税、船舶吨税、代征的进口货物增值税和消费税,以及财政或地税部门征收的耕地占用税和契税,并扣除了出口退税,为全国税收净收入。数据均来源于《中国统计年鉴(2010)》。

资料来源:Revenue Statistics 1965～2009[R]. OECD Publishing,2010,其中 2010 年为预测值。

根据表 7—2 可知,1995～2010 年期间,上述发达工业化国家的平均宏观税负水平在最低值为 33.8%和最高值为 35.5%的区间内波动,其中法国在 2000 年的税负高达 44.4%。而我国的平均宏观税负水平处于 9.9%～18.4%的区间内,与发达工业化国家相比,整体偏低。从发展趋势来看,发达工业化国家的平均宏观税负比较稳定,保持在 34%左右的水平,这与发达国家经济增长稳定、税制较为成熟有关。而我国的宏观税负则一直呈逐渐稳步上升的趋势,反映了我国的经济增长与税制的不断完善。

表 7—3 **1995～2010 年发展中国家宏观税负水平** 单位:%

国家＼年份	1995	2000	2001	2002	2003	2004	2005	2006	2007	2008	2009	2010
匈牙利	41.3	38.0	38.1	37.9	37.6	37.6	37.3	37.1	39.5	40.2	39.9	37.6
冰岛	31.2	37.2	35.4	35.3	36.7	38.0	40.6	41.5	40.9	36.8	33.9	36.3
墨西哥	15.2	16.9	17.1	16.5	17.4	17.1	18.1	18.3	18.0	21.0	17.4	18.7
波兰	36.2	32.8	32.6	33.1	32.6	31.7	33.0	34.0	34.9	34.3	31.8	n. a.
土耳其	16.8	24.2	26.1	24.6	25.9	24.1	24.3	24.5	23.7	24.2	24.6	26.0
平均值	28.1	29.8	29.9	29.5	30.0	29.7	30.7	31.1	31.4	31.3	29.5	30.0
中国	9.9	12.7	14.0	14.7	14.7	15.1	15.6	16.1	17.2	17.3	17.5	18.4

资料来源:同表 7—2。

根据表 7—3 可知,1995～2010 年期间,上述发展中国家的平均宏观税负水平在最低值为 28.1%和最高值为 31.4%的区间范围内波动,其中冰岛的宏观税负在 2006 年高达 41.5%。虽然同为发展中国家,但我国的宏观税负与这些国家相比依然偏低。与我国税负最为接近的墨西哥,近十年(2000～2010 年)的平均水平也达到 17.86%,高出我国 2.1 个百分点。从发展趋势来看,发展中国家的宏观税负水平与我国相似,均呈现稳步增长的态势,从1995年的最低水平28.1%逐步提升到2010年的30%(最高为2007年的31.4%)。

2009年3月,美国财经杂志《福布斯》发布了全球“税负痛苦指数”(Tax Misery Index),由于在这一指数排名中,中国大陆地区在所列的50个国家或地区中“税负痛苦”程度位居第二位;世界银行与普华永道联合发布的2007年版《经营》报告也认为“中国总税率高达77%”,从而引起了社会各界对中国宏观税负问题的持续广泛关注。其实,从国际比较来看,当前我国的宏观税负水平并不算高。按照IMF统计口径测算,2015年我国的宏观税负为30.1%,低于世界38.8%的平均水平,明显低于发达国家42.8%的平均水平。①

宏观税负水平不仅与经济水平、财政收支结构有关,还与纳税者的主观感受、宏观经济管理模式和经济运行状况有关。由于各国宏观经济管理模式、财税体制和结构不同,宏观税负的合理水平并没有固定值,不能通过简单的纵向和横向比较就得出结论,也很难仅根据收入水平就确定税收负担率是否过高,在经济发展的过程中,对公共物品的需求数量和质量都会发生变化,最优税收负担率也在变化之中。

专栏7—1　　宏观税负主要测算方法

测算宏观税负,目前主要有五种方法,相应地也就有五种口径的宏观税负。②

一是小口径宏观税负。它等于税收收入占同期国内生产总值的比重。

二是经济合作与发展组织口径的宏观税负。它等于包括了社会保障缴款的净税收收入占同期国内生产总值的比重。

三是中口径宏观税负。它等于财政收入占同期国内生产总值的比重。

四是大口径宏观税负。它等于全部政府收入占同期国内生产总值的比重。

五是美国《福布斯》杂志使用的宏观税负评价方法。自2005年中国纳入《福布斯》全球税负痛苦指数评选体系以来,排名一直靠前,2009年仅次于法国,排第二位。该杂志的评价方法是选取各国的企业所得税、个人所得税、增值税或销售税、财产税、雇员的社会保障税(费)和企业的社会保障税(费)六个税种的最高名义税负,简单相加(我国分别是25%、45%、17%、0、49%和23%)得出中国2008年的税负痛苦指数是159%。这种宏观税负评价方法不尽科学。首先,它选取的是每个税种的最高名义税负,而个人所得税和企业所得税都是超额累进税率,而且还存在费用和成本的扣减。其次,它没有考虑到每个税种占该国总税收收入的比重,间接税权重过小。发达国家主要以直接税为主,该方法选取的六个税种中有五个属于直接税,只有增值税或销售税属于间接税,比较接近发达国家的税负结构。我国的税负结构是以间接税为主,如个人所得税在我国税收收入中仅占7%。再次,我国雇员和企业的社会保障收入属于费而不是税的范畴,在不少省市都不具有强制征收的性质。分析我国的宏观税负如果采用不同的方法,得出的结论可能会完全不同。

目前,采用小口径和OECD口径分析宏观税负者(以实务部门为主)认为,我国的宏观税负不高,还有进一步提升的空间,但由于近几年我国宏观税负增长速度较快,所以与其他国家的宏观税负差异明显缩小。采用大口径分析宏观税负者(以理论部门为主)认为,大口径的宏观税负计算方法能够全面地反映政府集中财力的程度和国民的负担水平。我国的宏观税负已

---

① 李艳:《减税与税制改革协调并进的政策建议》,《中国财政》,2016(20)。

② 熊鹭:《中国宏观税负剖析》,《中国金融》,2010(24)。

超过发展中国家平均水平，接近发达国家平均水平，但还未达到高福利国家平均水平，建议进一步清费立税，减少制度外收入，规范政府收入来源。成熟市场经济国家政府收入一般就是预算内收入，预算内收入主要就是税收收入，而不存在纳入政府预算管理的政府性基金、预算外收入和制度外收入。因此，成熟市场经济国家的税收收入大体可以反映全部政府收入，从这个角度看，西方发达国家的税收收入/GDP与我国的全部政府收入/GDP是大致可比的。

但是若要全面、真实地反映政府集中财力的程度和国民的负担水平，则还应该看到政府集中财力的工具不仅包括征税，收费、制度外收入，还包括发债。用这种口径计算得出的结论与前面五种口径计算得出的结论可能又会不同。因此，进行宏观税负分析，采用哪种口径并不重要，关键是逻辑上具有一致性，纵向和横向上具有可比性。

(二)微观税收负担

微观税收负担是指具体纳税人所承受的税收负担，具体纳税人可能是企业，也可能是自然人。企业税收负担是指企业缴纳税款与其相关税源的比例关系，它反映企业一定时期从事某种生产经营活动所承受税收负担的状况，从中可以揭示企业经济活动与税收的关系、企业税收相关政策执行情况以及该企业税务主管机关的征收管理情况。

企业的税收负担可以从税收的名义负担和税收的实际负担两个方面进行分析。

从我国税收总量来看，80%以上是由企业负担的。在我国现行的税制中，流转税和所得税是主体税种，而流转税的主体税种——增值税的税率为17%，从名义税率看，在世界各国同类税种的税收负担中居中等位置(目前世界上各国增值税的税率在15%～20%)。

从全球来看，我国企业的税负水平偏高。世界银行数据显示，2015年我国企业的总税率(应缴税费金额占商业利润的百分比)为67.8%，全球排名第19位，比世界平均水平高出27个百分点。从综合衡量企业税费负担的生产税净额来看，2014年我国生产税净额占GDP的比重为16.8%，分别高出欧元区(10.2%)、德国(11.2%)、瑞典(11.5%)、加拿大(3.9%)和俄罗斯(16.1%)等国家和地区6.6、5.6、5.3、12.9和0.7个百分点。小微企业税负较高的问题尤为突出。北京国家会计学院完成的《中小企业税收发展报告》显示，2007～2012年我国中小型企业聚集的创业板企业的综合税负从40%大幅上升至71%，特别是2010年后增长更快。国家发改委经济研究所对1 643户企业的典型调查显示，微型企业税收负担大约是大型企业的2.5～3.6倍。此外，自身转嫁能力弱、财务制度不完善以及缺乏合理的税务规划等因素，进一步加重了小微企业的税负。税收竞争是国际竞争的重要组成部分。在当前我国劳动力成本优势逐渐弱化的背景下，较高的税费负担成为企业提高投资能力和国际竞争力的掣肘之一，影响国家的整体竞争力。

由于企业税收负担受经济结构、税收政策和征管强弱三大主要因素的影响，企业平均税负只能给出整体税负水平。要分析税负的更多信息，可从以下几个方面做更细致的分类比较，从而得出客观、科学的结论：

1. 地区税负差异

地区间的企业税收负担水平由于受经济结构的影响，税负差异较大。这种差异是地区经济结构的体现，并不意味着税赋不公。地区企业平均税负水平较高，主要体现为经济结构所决定的税收贡献较大，而不应简单地视为税赋不公。

2. 行业税负差异

由于行业间的市场环境不同，适用税收政策不同，行业间的税负差异可能会很大。分析不同行业间的税负差异，其意义就在于为税收政策的调整、有效促进税收经济杠杆的作用提供参考依据。

3. 企业经济类型税负差异

不同经济类型的企业，受其规模和市场竞争地位的制约，只能介入其有优势的领域发展。这种市场规则的约束会对不同经济类型企业的税负水平产生一定的影响。分析不同类型企业的税负差异，可以为税收政策调整、利用税收经济杠杆改善市场竞争环境提供参考依据。

二、判断税收经济负担轻重的一般标准

在不同的国家以及同一个国家的不同时期，税收占一国 GDP 的比重及企业的税收负担存在着较大的差异。税收的经济负担究竟为多少比较恰当，并不存在一个统一的量的标准，各国可根据自己的具体情况确定一个合理的税收负担水平。所谓合理的税收负担，从定量的角度看，是指应征税款与税基之间的恰当比例；从定性的角度看，是指国家的征税标准以及实际的征税额取决于纳税人的税收负担能力或经济产出量。结合我国的实际情况，可从以下几个方面来判断税收负担合理与否：

(一)税收收入的增长是否与经济增长协调、同步

税收最终来自经济，只要经济处于不断增长之中，税源就会不断扩大，税收会随着经济的发展而始终处于增长中。从理论上来说，如果一国业已存在一个非常合理的税制结构，那么税收规模的增长速度与经济总量指标增长速度之间的合理关系应该是：税收收入增长相对于 GDP 增长的弹性值等于 1。但由于各国税制存在较大的差别，且税制的完善程度不一，因此，税收收入的增长弹性也存在着较大的差异。在大多数西方国家，由于累进的所得税等直接税作为税制中的主体税种，随着生产和经济的发展，直接税的征税对象趋于扩大，税收收入的增长有可能超过 GDP 的增速。因此，西方国家税收收入增长的弹性值一般会大于 1；而在我国，这个弹性值通常小于 1，其主要原因在于：一方面，我国目前的主体税主要是流转税，而流转税又是以增值税为主，增值税的征税对象是新创造的价值；另一方面，我国现在的经济增长方式仍是以高投入、外延扩张为主，国民收入的增长幅度尤其是利润的增长幅度往往低于产值的增幅；再者，我国目前 GDP 中有相当部分属于无税产值或低税产值（根据典型调查的结果，这种产值约占到 GDP 的 15%），期末 GDP 中增加的库存部分也不能提供税收。几个因素综合作用的结果是我国税收收入的增长弹性自然就小于 1。

(二)税收收入能否满足政府正常开支的需要

政府正常支出额的多少是由政府的职能决定的。如果说财政收入主要来自税收，那么，政府所执行的职能越多，对税收的需要量就越大；反过来，税收总量的大小又对政府职能执行的范围和程度产生影响，当税收收入不足以满足政府执行正常职能对资金的需求时，政府可能采取其他筹资方式，如发行国债，也可能采取精简机构、裁减人员的方式。

政府的支出是否合理与正常，可以从宏观总量上进行把握。政府的支出增长必须要与经济发展水平相适应，与税收收入的增长幅度相适应。如果政府的支出增长率连续地高于经济增长率和税收收入的增长率，那么，政府支出的范围和数量显然存在着过广过大的问题。其结果可能是连续、巨额的财政赤字，或者是过重的税收经济负担，都不利于经济的长期稳定发展。如果政府的支出增长率在低于经济增长率的同时，却高于税收的增长率，那么有可能是由于税收的经济负担过轻造成的。

(三)税收能否保证政府尤其是中央政府宏观调控之需

政府干预经济、对经济活动进行宏观控制,是现代社会各国所共有的一个特点,而财力是政府调控经济活动的保证。如果财政收入主要来自税收,那么税收收入必须要能够满足政府调节经济之需。在现实的经济生活中,如果存在着政府对宏观经济调节不力或调节作用受到来自微观经济主体的抑制而难以发挥等问题,这就可能意味着政府财力比较薄弱,税收的经济负担较低。

(四)税收是否影响企业的正常积累

税收收入主要是由各类企业缴纳的。在我国税收收入总额中,来自企业缴纳的税收占到80%左右。企业要扩大经营规模,必须要有相当的自有资金的投入,而企业的自有资金(积累)又主要来自税后利润。因此,合适的税收经济负担既能保证政府执行各种职能对财力的需要,又不能影响企业正常的积累,抑制企业的发展后劲,给企业带来过重的负担。如果政府制定和实施的税制使企业普遍感到不堪重负、积累能力趋弱,那么,这种税制所造成的税收经济负担毫无疑问是过重了,其结果不仅不利于经济的健康发展,而且对税源造成了破坏,政府的税收收入最终反而减少。

目前,我国税收负担的一个突出矛盾是:一方面,税收占GDP的比重不是很高;另一方面,企业的负担很重。对微观经济主体来说,不仅要负担政府法定的税收,还需要承担政府职能的一部分,即企业办社会。尽管近年来社会保障制度的框架在我国城镇地区已经基本上建立起来,但由于历史遗留问题尚未解决,老企业还不得不在一定程度上承担起政府应该承担的责任。而且,企业负担的非税收政府收入项目繁多。与此相反的另一种行为是,各“条条”和“块块”为了扶持本行业和本地区经济的发展,往往随意地对企业的税负进行减免,再加上税收征管中存在的诸多漏洞以及纳税人较严重的偷漏税问题,导致相当多的一部分该入库的税收因此而流失,也在一定程度上降低了税收占GDP的比重。

三、确定合理的税收经济负担

(一)税收经济负担的深层次原因

以上分析仅是造成宏观税收负担低、微观税收负担重的表面原因,导致这一矛盾产生的更深层原因在于以下几个方面:

1. 在改革的过程中,国民收入分配开始向企业和个人倾斜,但政府职能转变滞后,导致各级政府支出过多,为弥补资金缺口,不得不多方面筹资,从而又加重了企业的负担。同时,政府与企业之间的分配关系未能从根本上理顺,企业与主管部门和地方政府之间的行政隶属关系依然存在。这就为主管部门和地方政府随意加重企业负担提供了一个有利的外部环境。

2. 我国的经济发展一直未能摆脱产值速度型的增长模式,过多地看重产值和规模,而投资的经济效益却不能同步实现,使很多投资项目效益极低,甚至不能产生效益。利润是税收的最终来源,经济效益是决定税收收入水平和税收负担水平的根本因素,企业的经济效益低下、亏损面居高不下,在很大程度上制约着税收收入的增长。

(3)税制本身的不完善以及偷漏税问题的存在,也是导致税收宏观负担偏低的重要原因。我国目前的主体税种是流转税。从其他国家的经验来看,随着经济的发展和人们收入水平及消费水平的提高,来自所得税的税收收入应不断地提高。但实际上,目前我国来自个人所得税的税收比重较低,由于税制及税收征管方面存在漏洞,导致应征而未征的个人所得税数量巨大。在企业所得税方面,随意对内资企业和外资企业实施的减免税,降低了所得税对税收总量的贡献，普遍存在的偷漏税行为又加剧了税款的流失。

(二)确定合理的税收经济负担的措施

确定合理的税收经济负担，不仅对微观经济主体的积累增加起到激励作用，有利于企业对资源的配置，而且有助于政府加强对经济进行宏观控制的力度，使政府的经济职能得到更充分的发挥，避免各种不合理、不合法的政府行为的产生。具体措施大致有以下几个方面：

1. 按照市场经济体制的基本框架，转变政府职能

其重要方面是政企分开。政府经济职能的发挥主要限于对经济的宏观控制方面。与此相应，政府机构要大大精简，以便控制财政的行政经费支出，为降低企业某些税种的名义税率提供一个良好的条件。同时，将各级政府的财权与事权真正地结合起来，使各级政府在发挥自己正常职能的时候有充分的财力保证，避免地方政府和主管部门因财力不足而随意地向微观经济主体进行乱筹资的行为发生。

2. 彻底改变目前企业税收负担以及名目繁多、不计其数的各种非税收负担这种分配混乱的状况

可以考虑对现行税制的主体税种和不同税源的税收负担做适当的调整，如针对微观经济主体的所得、收入、财富增加较快的现实情况，可加强对所得税的征收；对一些名义税率较重的税种，其税收负担可适当地进行下调；也可适时开征新的税种，如社会保障税、遗产税、赠与税等。对企业的非税收负担进行彻底的清理，不合法、不合理的企业收费项目坚决予以取消，合理和需要的基金及收费项目实行“费改税”，进行规范化管理，也使企业的负担合法与透明，以便各类微观经济主体和权力执行机构对政府的筹资行为进行更好的监督。

第七节　税收与经济发展

一、税收与经济发展关系的理论视角

税收与经济发展之间存在着密切的关系，这是不争的事实，但关于税收对经济发展的作用，不同的学派从各自的角度出发有着不同的解释和看法。

早在18世纪的自由资本主义时代，以亚当·斯密为代表的古典经济学家认为，社会的中心问题是增加社会财富，但不需要政府干预，税收不过是为了维持“廉价政府”而取得收入的手段。斯密甚至认为，一切税收都是减少社会各阶层收入，影响资本积累，或直接减少投资资本，是妨碍资本主义经济发展的因素，因而主张“税不重(zhòng)征”。19世纪下半叶20世纪初，自由资本主义向垄断资本主义转变，出现了资本的积聚和集中，贫富的两极分化加剧，阶级矛盾激化。在这种形势下，以阿道夫·瓦格纳为代表的社会政策学派，一方面，反对自由主义经济政策，承认国家具有干预经济的作用；另一方面，谋求矫正收入分配不公的社会问题。他明确指出，从社会政策的意义来看，赋税不仅是满足财政的需要，同时也出于纠正和调整国民所得的分配和国民财产的分配的目的。也就是说，瓦格纳突破了税收仅仅是财政收入手段的传统观点，认为税收也是一种经济调节手段，因而主张扩大消费税，对奢侈品和财产的课税要重于对劳动所得的课税，同时对劳动所得实行累进税制，以缩小正在扩大的收入分配差距。20世纪30年代，资本主义经济遭到空前的大危机，熨平经济的周期波动并促进经济增长成为经济学界最关注的问题，于是爆发了“凯恩斯革命”。凯恩斯学派认为，资本主义经济危机的根源在于有效需求不足，主张政府干预，实施需求管理政策，而且以财政政策为主要手段。美国经

济学家汉森认为，税收是调节经济、避免经济危机、保持经济发展的有效手段，并预言“税收的变动是调节经济短期波动的很有效的武器，在将来，反商业循环措施的税率的调节，也许将取代利率变动过去所占的地位。”[①]萨缪尔森强调税收既是经济本身的“自动稳定器”，又是政府可运用的稳定经济的“人为稳定器”。进入20世纪70年代，美国经济出现了前所未有的经济停滞和通货膨胀并存的“滞胀”现象，而凯恩斯主义在“滞胀”面前束手无策，于是，凯恩斯主义威信扫地，反对凯恩斯主义的供给学派应运而生。供给学派认为，需求管理政策不能解决经济的“滞胀”，只有从资本和劳动力投入的数量和质量及其使用效率着手，才能恢复经济的活力，因而主张实行“供给管理政策”，而主要载体则是减税政策。

二、供给学派的税收观点

(一)供给学派关于税收观点的三个基本命题

西方经济学将供给学派的税收观点归结为三个基本命题。

1. 高边际税率会降低人们的工作积极性，而低边际税率会提高人们的工作积极性

边际税率是指增加的收入中要向政府纳税的数额所占的比例，比如，当你增加100元收入时，要向政府纳税50元，则边际税率为50元。从劳动供给的角度看，如果边际税率过高，就会降低劳动者的税后工资率，人们就会选择不工作、少工作或不努力工作，即减少劳动供给；如果实行低边际税率，就可以增强人们的工作积极性，从而增加劳动供给。从劳动需求的角度看，如果边际税率过高，企业会因为纳税后从劳动赚得的收益减少，就会减少劳动需求；如果实行低边际税率，企业就会增加劳动需求。因此，供给学派认为，降低边际税率可以增加劳动的供给和需求，从而增加税后总供给。

2. 高边际税率会阻碍投资、减少资本存量，而低边际税率会鼓励投资、增加资本存量

这里所说的投资包括物质投资和人力投资。因为过高的边际税率会降低税后的投资收益，自然会影响人们的投资积极性，会根据边际税率的情况酌情减少投资；反之，降低边际税率则会增强人们的投资积极性。因此，供给学派认为，降低边际税率可以刺激投资增加，从而增加税后总供给。

3. 边际税率的高低和税收收入的多少不一定朝同一方向变化，甚至可能朝反方向变化

供给学派认为，高边际税率助长地下“黑色经济”泛滥，助长纳税人逃税的动机，反而会减少税收收入；降低边际税率，会使纳税人心安理得地纳税，从而增加税收收入。

(二)拉弗曲线

1. 原理介绍

供给学派的三个基本命题可以从供给学派的代表人物拉弗设计的“拉弗曲线”得到说明。拉弗曲线是说明税率与税收收入和经济增长之间函数关系的一条曲线(见图7—3)。拉弗认为，从政府税收来看，决定税收收入总额的因素不只是税率的高低，还要看税基(国民收入)的大小。较高的宏观税负水平即提高税率不一定都会使税收收入增加，有时反而会减少税收收入。因为税率过高，税收负担加重，经济主体活动的积极性受到限制，削弱劳动和资金的投入量，会造成生产下降的趋势。拉弗曲线说明了税率与税收收入(或GDP)之间的函数关系(见图7—3)。

① [美]阿尔文·哈维·汉森:《经济政策与充分就业》，上海人民出版社，1951。

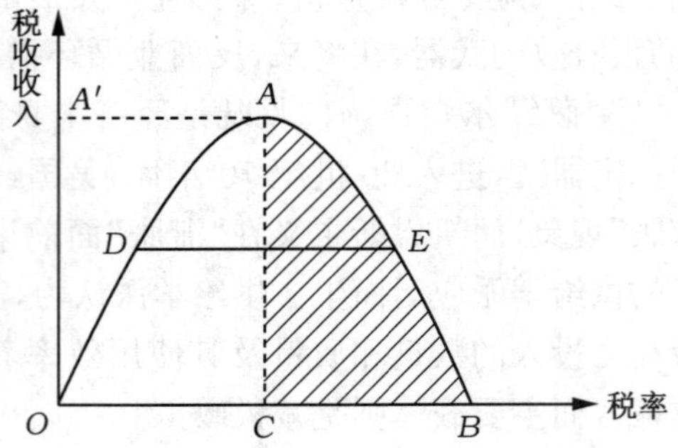

图 7—3 拉弗曲线

在图 7—3 中，横轴代表税率，纵轴代表税收收入。税率从原点开始为 0，然后逐级增加至 B 点时为 100%；税收收入从原点向上计算，随着税率的变化而变化。税收收入与税率的函数关系呈抛物线 OAB 状态，随着税率逐步提高，税收收入也随之增加。税率提高至 OC 时，税收收入达到峰值，即 OA'；税率超过 OC，税收收入反而减少；税率达到 OB（100%）时，税收收入将因无人从事工作和投资而降为零。拉弗把 CAB 区域，即图中的阴影部分，称为课税的“禁区”。当税率进入禁区后，税率越高，税收收入越少。供给学派认为，20 世纪 80 年代初，美国的税率就处在“禁区”，要恢复经济增长势头，就必须降低边际税率。因此，美国推行了以减税为核心的税制改革，并且带动了世界范围内的大规模税制改革浪潮。

拉弗曲线说明了税率与税收及经济增长之间的一般关系，具有至少四个方面的经济含义：

(1)高税率不一定能够取得高收入，高收入也不必然要求高税率，两者之间没有必然的相关性。高税率会挫伤微观经济主体的积极性，削弱生产者和经营者的活力，直接导致经济停滞或倒退。

(2)普遍实行高税率往往导致对减免税等税收优惠的依赖，一是造成对税制完整性、稳定性的冲击，二是容易产生课税的不公平现象。

(3)在同样的收入水平上可以适用两种税率，如图中的 D 点和 E 点处于等收入线上，但是体现的税收负担却不一样。D 点的低税负能够刺激劳动力、生产要素和资本投入，从而刺激经济发展，扩大税基，形成良性循环。

(4)既然税率和税收收入、经济增长存在着相关性，那么必然存在一个最优税率，即 OC，这为确定合理、高效的宏观税负提供了理论依据。

2. 对拉弗曲线的评价

(1)拉弗曲线的合理性。

拉弗曲线是在供给学派较为客观地分析了资本主义经济存在的滞胀现象后，继承古典经济学的某些合理成分，强调供给决定需求，反对国家对经济生活的过多干预，提出的减税的基本理论依据，使其理论和政策主张具有一定的合理性。

①它创造性地进行了税率与税收之间的相关性考察，用简明的抛物曲线形象地揭示出两者之间具有辩证作用的关系，即“高税率未必带来高税收”，而这一点以前往往被直观、机械的思维所忽视。

②它将税率视为影响总产出的决定性因素，同时认为税率变化导致的要素供给变化最终决定了总产出等宏观经济变量，因而从微观经济因素的角度为宏观经济控制提供了新的思路。

③它将抽象的经济原理引入了一个可以操作、可以量化分析的领域。通过对收入和税率两者数据的估计,可以最终找到一个最佳税率。

(2)拉弗曲线的局限性。

所有经济理论都同时具有时效性与相对性,并不能"放之四海而皆准",因此,拉弗曲线的相关理论也具有一定的局限性,特别是在研究其对具有极为特殊国情的中国经济的适用性问题上更应加以注意。

①拉弗曲线本身有理论缺陷。在高度总量化的经济中,生产要素供给弹性的不确定性使其微观经济分析的基础并不稳固;影响税收收入的因素很多,拉弗曲线只使用单一变量,过分强调税率使其对众多的宏观经济变量缺乏考虑。所以,仅就经济理论自身而言,它既不成熟,也不完善,只能作为解决具体的经济问题而提出的特定方法。正是由于这些原因,因此,当供应学派的某些经济学家在20世纪80年代极度夸大减税政策的万能效应时,就不得不在现实面前碰壁了。在美国进行的减税改革,并没有完全地实现设想中美国经济的乐观前景。事实上,它在缓解美国经济滞胀危机的同时也付出了高额赤字的沉重代价。

②这是我国特殊的市场体制和政府职能所决定的。我国目前还处在建设社会主义市场经济的初级阶段,经济体制面临复杂的转轨问题:一方面,市场调节尚不完善,存在各种经济信号失灵、失真的问题,需要政府的诸多干预和引导;另一方面,政府调控经济的方式尚未完全从计划经济中转变过来,存在管得过多、过死的问题,需要尽快促进市场发育、成长。由于我国与经济发达、市场机制完善、宏观调控手段完备的西方国家有着极大的差别,因此,简单地利用拉弗曲线,认为我们处于税收的禁区,盲目削弱政府对经济的干预力度,过度夸大市场的作用,只会使经济混乱失控。

③拉弗曲线的理论含义强调的是以所得税税率为调节器,刺激总供给的微观经济因素。而我国目前税制与西方国家有很大差别,所得税还不是税收的主体。因此,不论从形式上还是内容上,照搬照抄都是毫无意义的。

从1984年开始,国际货币基金组织进行了一项题为《供应学派的税收政策与发展中国家的相关性》的课题研究,结果显示,尽管拉弗曲线对发展中国家经济存在一定的指导意义,但供应学派从拉弗曲线中总结出来的政策建议对发展中国家经济的作用却是负面的或效果不明显的。

3. 拉弗曲线对我国的借鉴意义

尽管存在一些现实性的局限,但拉弗曲线对我国现阶段的经济改革还是有可贵的借鉴之处的。

首先,拉弗曲线强调税收对经济调控的重要作用,税收政策的适当与否不仅直接关系着政府收入,而且严重影响着经济中的相对价格。我们以前在制定税收制度和税收政策时,较少对课税效果进行严谨、周密的经济分析,导致原有税制不能适应市场经济公平竞争、中性、规范、实事求是的客观要求。1994年进行新税制改革时,在这些方面做了重大改进,采取的一系列措施都是在原则上与刺激总供给的微观经济因素相一致的。同时,拉弗曲线揭示了税率与税收额之间的辩证作用关系,这也是我国税收改革目标模式——"降低税率,扩大税基,统一税种"的理论基础。

其次,拉弗曲线也引导我们对市场调节与宏观调控的相互关系做深层次的思考。事实证明,一国经济要持续稳定地发展,必须具备两个方面的条件:一方面是积极调动微观经济的活力,另一方面是对经济进行合理而有效的宏观调控。拉弗曲线提出的背景是在美国滞胀危机的时期,在凯恩斯主义的指导下过度干预了经济,导致宏观管理扼制了微观经济因素的活力,因此，供应学派主张减税，从而使微观经济复苏，通过宏观管理“微观化”“间接化”的手段，使政府对社会经济总量的调节更有效。而我国在走向市场经济的过程中，对于市场调节和宏观调控在度的把握上还有很长的路要走。

(三)马斯顿的经验分析

世界银行经济学家凯思·马斯顿选择了20世纪70年代具有可比性的20个国家的经验数据，对宏观税率(指税收收入占GDP的比重)的高低对经济增长率的影响进行了实证分析，基本结论是：较低的宏观税率对提高本国的经济增长率具有积极的促进作用。

从选择的20个样本国家来看，低税负国家的国内生产总值的实际增长率高于高税负国家，低税样本国家的国内生产总值非加权平均年增长率为7.3%，而高税样本国家仅为1.1%。低税样本国家中的每一个成员国，其经济增长也都超过了高税样本国家中经济发展最快的国家，见表7—4。

表7—4　样本国家宏观税率与经济增长率的对比

样本国家	人均收入(按1979年美元计算)	税收收入占GDP的比重(%)	1970～1979年GDP实际增长率(%)
马拉维(低税)	200～300	11.8	6.3
扎伊尔(高税)		21.5	−0.7
喀麦隆(低税)	500～600	15.1	5.4
利比里亚(高税)		21.2	1.8
泰国(低税)	500～600	11.7	7.7
赞比亚(高税)		22.7	1.5
巴拉圭(低税)	700～1 100	10.3	8.3
秘鲁(高税)		14.4	3.1
毛里求斯(低税)	1 100～1 300	18.6	8.2
牙买加(高税)		23.8	−0.9
韩国(低税)	1 400～1 700	14.2	10.3
智利(高税)		22.4	1.9
巴西(低税)	1 700～2 100	17.1	8.7
乌拉圭(高税)		20.0	2.5
新加坡(低税)	1 800～5 950	16.2	8.3
新西兰(高税)		27.5	2.4
西班牙(低税)	4 300～6 350	19.1	4.4
英国(高税)		30.4	2.1
日本(低税)	8 800～11 950	10.6	5.2
瑞典(高税)		30.9	2.0

资料来源：Marsden. K. Links between Taxes and Economic Growth：Some Empirical，World Bank Staff Working Papers，No. 605，1983，P. 3，P. 5.

宏观税率作为一种政策变量，对经济增长率的影响可以利用回归分析来研究。马斯顿就20世纪70年代20个样本国家的平均宏观税率进行了回归分析。回归分析结果表明：低收入国家的税收变量系数是－0.57，考虑到投资和劳动力增长后的税收变量系数是－0.30，而高收入国家的税收变量系数分别为－0.34和－0.08。这表明，宏观税率提高对经济增长的消极影响在低收入国家比在高收入国家要严重得多。

从上述分析可以看出，低税收比率促进经济增长，主要是通过两个机制来实现的：一是较低的宏观税率可以导致较高的要素收益率，而较高的收益率会刺激这些生产要素的总供给，从而提高总产出水平。二是低税收国家的各种税收刺激，将使资源从低生产率的部门或经济活动转移到高生产率的部门或经济活动，从而提高资源使用的整体效率。

三、减税政策评析

(一)对供给学派税收主张的理论争议

供给学派在理论上强调供给对国民产出的作用，在政策上则强调政府在调节供给方面发挥作用，特别是突出了减税政策。供给学派的减税主张一提出，就受到了当时美国总统里根和英国首相撒切尔夫人的青睐，在西方国家曾掀起一股减税的浪潮。但是，有些经济学家对供给学派所说的减税效应提出了怀疑，指出供给学派关于减税会增加劳动供给的学说是以劳动供给与劳动者税后工资收入正相关为前提的，而税后工资收入的增加，一方面可以通过替代效应使劳动供给增加，另一方面又会通过收入效应使劳动供给减少，因此，减税即使能增加劳动供给，其作用也是微乎其微的。减税虽然会增加私人储蓄和投资，但同时也会减少财政收入，从而减少财政支出和政府投资，否则就会增加财政赤字。所以，只有当减税所增加的私人投资大于相应减少的政府投资时，才能增加社会总投资。而且，由于税收乘数小于财政支出乘数，因而等额减税和减少财政支出，乘数效应是下降的。

应当明确，凯恩斯学派和供给学派在对待减税问题上的主张是相同的，两者的差别是：前者的减税主张是从需求效应出发，主张降低个人所得税的平均税率，目标是刺激广大低收入者的消费需求；后者则是从供给效应出发，主张降低个人所得税的边际税率，目标是刺激高收入者的投资供给。因此，许多经济学家认为，减税既会影响需求，也会影响供给，在短期内影响需求是主要的，而影响供给的作用是微小的。从长期来看，减税对供给的影响则较大，既可以提高产出水平，也可以抑制通货膨胀。

(二)减税政策的现实选择与运用

进入21世纪以来，随着经济全球化的加快发展，各国纷纷推出了减税计划和方案，调低税负，形成了新一轮世界性的减税趋势和潮流。这些国家包括：(1)美国。美国前总统布什把大规模减税作为其经济政策的核心，就职不到20天即向国会提出了10年减税1.6万亿美元的计划(后来国会将其缩减为1.35万亿美元)，主要是降低税率和增加税收减免。这是美国20年来最为庞大的减税计划。“9・11”事件后，布什政府又进一步加快了减税计划的实行。(2)加拿大。2000年10月18日，加拿大宣布了历史上最大的减税计划，减税总额近1 000亿加元，减税内容包括全面降低个人所得税税率，增加生计扣除和降低公司所得税税率。(3)德国。1999年，德国颁布全面减税方案，分步实施，个人所得税和公司所得税的税率都有大幅度降低。(4)法国。法国以税高闻名，但进入21世纪以来也开始大幅度降税。在2000年减税800亿法郎的基础上，又从2001年到2003年再减税1 200亿法郎，除了降低个人所得税和公司所得税税率外，还降低了增值税的标准税率。除以上国家外，英国、意大利、澳大利亚、比利时、瑞典、俄罗斯、荷兰、葡萄牙、罗马尼亚、印度、巴基斯坦、沙特、以色列、印度尼西亚、马来西亚、希腊、捷克等国家也纷纷采取了一些减税措施。

之所以出现这种形势，其原因主要有：第一，应对经济全球化带来的国际竞争的加剧，通过减税提高本国企业的国际竞争力；第二，针对世界性的经济增速减缓和滑坡，把减税作为刺激需求和扩大投资的重要手段；第三，税收理论也在不断更新。在经济全球化加速发展的新形势下，主张减少政府和税收对经济的干预、实行税收中性原则的呼声和理论在增强。

但是，减税政策也并非一剂万能的灵丹妙药。从实施减税政策的实践来考察，美国最具有典型意义。美国自 20 世纪 30 年代大危机以来曾多次实行减税政策，但减税政策有的取得了成功，有的则归于失败。

因此，对减税政策进行具体分析和运用，对市场经济国家财政政策的抉择和实施有重要的借鉴意义。对减税政策进行现实选择和运用必须审时度势，适应当时的具体条件，并需要相关政策的有效配合，才能取得预期效果。

小结

- 税收是公共物品的价格。强制性、无偿性和固定性是它的形式特征。
- 税制要素包括纳税人、征税对象(课税对象)、税率、纳税环节、纳税期限、减税、免税等，可用不同标准对税收进行分类。
- 现代税收原则为效率原则、公平原则和稳定原则。
- 税收效应体现在收入效应和替代效应上。政府课税若不扭曲市场机制的正常运行，或者说，不影响私人部门原有的资源配置状况，那么税收就保持了中性。若政府课税给纳税人或社会带来其他的额外损失或负担，就产生了税收的超额负担。
- 税负转嫁是指纳税人将其缴纳的税款，通过购入或卖出商品价格的变动，将全部或部分税收转移给他人负担的经济过程。税负归宿是指税收负担的最后承受者，即税负的最终落脚点。
- 税收负担可分为宏观税收负担和微观税收负担。前者主要研究国家当年的课税总额与社会产出总量之间的对比关系，后者主要研究企业或个人的税负水平。
- 拉弗曲线的基本原理、合理性、局限性及对我国的借鉴意义。
- 减税政策评析。

拓展阅读篇目

1. [英]亚当・斯密：《国民财富的性质和原因的研究》，商务印书馆，1972。
2. [英]李嘉图：《政治经济学及赋税原理》，商务印书馆，1997。
3. 杨秀琴：《国家税收》，中国人民大学出版社，1995。
4. 马克思、恩格斯：《马克思恩格斯全集》，第 2 卷，第 7 卷，第 19 卷，人民出版社，1957。
5. 布坎南、弗劳尔斯：《公共财政》，中国财政经济出版社，1991。
6. 曹立瀛：《西方财政理论与政策》，中国财政经济出版社，1995。
7. [美]阿尔文・哈维・汉森：《经济政策与充分就业》，上海人民出版社，1951。
8. 毛程连、庄序莹：《西方财政思想史》，经济科学出版社，2003。
9. 赵梦涵：《新中国财政税收史论纲》，经济科学出版社，2002。
10. 伯纳德・萨拉尼耶：《税收经济学》，中国人民大学出版社，2005。
11. 袁振宇：《税收经济学》，中国人民大学出版社，1995。

12. 郭庆旺、苑新丽、夏文丽:《当代西方税收学》,东北财经大学出版社,1994。
13. 平新乔:《财政原理与比较财政制度》,上海三联出版社,上海人民出版社,1995。

思考与应用

一、关键词

税收的强制性　税收的固定性　税收的无偿性　纳税人　课税对象　课税标准　比例税率　累进税率　起征点和免征额　税收基础　商品课税　所得课税　财产课税　直接税与间接税　从量税与从价税　价内税与价外税　前转　后转　混转　拉弗曲线　税收的收入效应　税收的替代效应

二、思考题

1. 说明税收定义、税收特征及常见的税收术语。
2. 税收如何进行分类?
3. 如何衡量税收负担水平?
4. 什么是税负转嫁?常见的税负转嫁方式有哪几种?
5. 影响税负转嫁的条件有哪些?
6. 我国在税制建设上应选择什么样的税收原则?
7. 什么是税收的收入效应和替代效应?它对经济生活有什么影响?
8. 简述税收中性和超额负担。
9. 评述“拉弗曲线”及分析其对我国的借鉴意义。
10. 试评析减税政策。

案例

减税降费,更大的效应在于稳预期①

2019年的减税降费将会呈现哪些特点?减税费和稳增长之间如何实现平衡?

全国政协委员、中国财政科学研究院院长刘尚希在接受《中国新闻周刊》专访时指出,2019年的减税政策,不但要实现扩内需、降成本的效应,更要针对稳预期发力,让企业拥有长远的预期,增加长期的投入,激活微观主体的活力。

从特惠式减税到普惠式减税,从税基式减税到税率式减税

《中国新闻周刊》:2018年减税降费任务能够超额完成,其原因是什么?

刘尚希:2018年,中国实行积极的财政政策,按照党中央、国务院的决策部署,积极的财政政策的一个重要方面就是减税降费。

减税降费包括两方面内容:减税和降费。其中,降费既包括行政事业的降费,也包括社保的降费,两者差异较大,但整体来说都涉及企业负担问题。

2018年,中国的减税远远超过预期,是因为中央根据经济形势的变化作出调整,加大了减税的力度;而到2019年,减税的力度还会更大,这也是考虑到经济下行的压力所作出的决策,既是稳增长的需要,也是转型升级、培育新动能的需要。

《中国新闻周刊》:和以往相比,今年的减税政策,将呈现出怎样的特点?

刘尚希:我认为有四个特点:一是减税力度会更大。关于这一点,政策信号已经很清晰了,党和国家领导

---

① 节选自《中国新闻周刊》第8期,2019年3月7日,记者:贺斌。

人都已多次强调,要加大减税降费力度,市场对此也已经有了预期。

二是减税方式上也会更加完善。一方面,从特惠式减税转向普惠式减税,实际上在2018年底已经呈现出来这种苗头;另一方面,从税基式减税转向税率式减税。过去主要通过税基提供优惠政策,往往都有3年、5年的期限,而通过降低税率来减税,则是一种更具有确定性的方式,透明度更高。

三是能更有效地引导预期,改善预期。因为通过普惠式减税和税率式减税,确定性程度更高,税率下调一般需要通过法律程序,往往结合税制的改革和完善,带来的减税没有期限,大家的预期就更加稳定。从这一点来说,今年的减税和2018年的减税相比,更加符合中央的"六稳"要求,特别是在稳预期方面。

四是减税效率更具有综合性。以前的减税效应多集中在扩内需、降成本上,今年的减税政策更加针对稳预期,不但产生稳预期的效应,同时具有扩内需、降成本的效应,这也是2019年减税政策的一个重大特点。

《中国新闻周刊》:长期以来,中国的税制改革都以"简税制、宽税基、低税率、严征管"为目标,在"宽税基"和"低税率"之间,应如何平衡?

刘尚希:我们常说,"低税率""宽税基",宽税基意味着过去一些零打碎敲的优惠政策要减少,在税基上不能过多地做文章,否则税基就会碎片化。现在我们的优惠政策太多了,优惠政策往往就是在税基上做文章,将税基缩小一些,在税率不变的情况下,减税力度能有多大?相信不是专业人士很难算清楚。所以从整个社会心理的角度来说,通过降低税率减税,社会的满足感和获得感会更大。

而且,通过缩小税基来减税,可能在三五年期限内是有效的,过了期限就不知道该怎么走了,对于企业来说就没有预期,在投资、研发等方面也就不能做长期打算。所以,要实现长期稳预期,就必须从税基转向税率上做文章。

此外,从国际惯例来看,评价一个国家的税负,也是以税率,而非以税基为指标。高税率会增加税负的痛苦指数,如果能转向税率式减税,降低中国税负的痛苦指数和在世界的排名,也有利于引导舆论,创造良好的营商环境。

所以,我们的减税方式将更多从税基转向税率,针对税基的优惠政策要清理整顿,让税基更加完整,这样一来,税收收入的减少幅度也就不会像预期那么大。

需要强调的是,税基取决于两方面:一是税收制度的规定,二是经济自身的发展。经济发展了,蛋糕做大了,税基也就扩大了。当然,做大蛋糕只是从理论上增加了潜在的税基,真正要扩大税基,还需要通过税收制度规定,通过征税的对象来确定。通过对优惠政策的清理整顿,使税基更宽广,企业的负担就会被摊薄,企业也更容易承受。

《中国新闻周刊》:具体到2019年,在减税政策上会有哪些着力点?

刘尚希:如果说2018年减税的主要着力点是个人所得税,以及对小微企业的减税方面,那么在2019年,我认为着力点主要在增值税和企业所得税上。因为去年已经在个人所得税上做了文章,企业所得税方面,今年可能会有所考虑。

增值税已经全覆盖,和制造业的关联更紧密,因为目前增值税有三档税率,制造业多适用高档税率,服务业则多适用低档税率。因此,对增值税税率进行调整,对于制造业而言,肯定有更大更直接的助力作用,可以帮助制造业转型升级,摆脱当前的困境。现在很多的资源、人才、资金都流出制造业,对中国世界工厂地位的稳定和制造业的创新发展都是不利的。

因此,从政策角度,如何通过适度降低增值税的税率来实现减税,既能达到稳预期、扩内需、降成本的效应,同时也能精准定向制造业,为制造业提供一个更好的环境,促使制造业能得到更好的发展。

《中国新闻周刊》:增值税三档变两档的建议,过去业内一直在提,现在是否已经有了突破性的进展?

刘尚希:增值税三档变两档是一个方向,迟早要做的,目前2019年的具体方案还没有出来,但可以肯定的是,增值税税率肯定要适度下调。

因为增值税是中国最大的税种,减税的着力点自然是要放在最大的税种上来考虑。而增值税税率的最高档恰恰是落在制造业,所以只要针对最大的税种,针对增值税的最高一档税率进行调整,毫无疑问,将会为制造业带来最大的政策效果。

也就是说,既有稳预期、扩内需、降成本的总量的宏观效应,实际上,还有发挥结构性政策作用的效应。因为中央经济工作会议强调要“发挥结构性政策的作用”，所以今年的减税政策也会在此发力，促进产业结构的调整，特别是对制造业会有明显的效果。

做好稳预期，是财税改革顺利推进的关键

《中国新闻周刊》：对于政府而言，同样需要在财政收入上稳预期，在你看来，如何在减税和增收之间获得一个平衡？

刘尚希：的确，现在面临新的形势，经济下行会带来减收，减税实际上也会带来减收，社保降费同样会带来减收，这些都会给财政带来支出压力。因为原有一些刚性的社会性支出，比如教育、医疗、社保等支出很难减少，如此一来，收支缺口就会扩大，在这种情况下，不得不适度扩大赤字，提高赤字率，债务也就要适度地增加。

但是综合来看，适度地提高赤字率，扩大债务，风险是可控的。因为我们对风险要综合考虑，对财政来说，虽然财政风险扩大了，但由此化解了其他公共性风险，比如经济下行的风险。所以，在财政的风险和其他公共性的风险之间要有一个权衡，这也是制定财政政策的基本原理。

也就是说，不能仅看财政自身平衡的问题，否则可能财政风险小了，但其他公共风险大了，尤其是经济领域的公共风险大了，而在经济下行趋势下，税基、税源都在收缩，反过来又会增大财政风险。所以怎样为培育新动能发挥财政的作用，通过积极的财政政策去实现中央提出的“六稳”，兼顾短期和长远，结合总量和结构，不仅财政可持续，同时经济社会的发展也要可持续，公共风险大了，经济社会发展不可持续；财政风险大了，财政也不可持续，这都不是我们希望看到的。

要做到可持续，实际上就要对各种各样的公共风险和财政风险进行综合平衡，在计划经济时代，我们有四大平衡，比如外汇收支平衡、信贷收支平衡、财政收支平衡、物资供求平衡。现在在新时代、新条件下，主要的平衡应是风险的平衡，我认为这是至关重要的。如果公共风险大，就适当地加大一点财政风险去化解，财政政策的力度就要更大一些；如果公共风险小，那么财政力度就可以降下来，财政风险就会变小，两者之间平衡就都能实现，不仅实现经济社会的整体可持续，同时也能实现财政自身的可持续。

《中国新闻周刊》：但是，财政自身的风险该如何化解？

刘尚希：财政风险疏解的主要途径有三点：一是财政管理，二是财政绩效，三是财政收支缺口。以财政绩效为例，绩效提高了，一块钱变成两块钱花，相当于省了一半的钱，风险自然减小了。

通过化解风险，经济发展的动力更足，新动能更大，意味着税源更多，财政收入就能增长。即使实行减税，降低税率，但在扩大税基的情况下，财政收入扩大了，财政风险就降低了。

当然，在民生保障和改善方面，也应该给老百姓一个预期，要和经济发展水平相适应，而非超经济发展水平去搞高福利，否则可能出现类似西方国家的福利危机，实际上，这也是风险的平衡。

所以，财政问题非常复杂，财政财政，不光有“财”，还有“政”，这个“政”包括“政权”“政治”和“政策”。“财”和“政”紧密关联，而“财”本身就是和经济联系在一起的，“政”是和老百姓联系在一起的，只有老百姓认可，政治才能稳定，这也是财政政策制定的逻辑和方向。

［**要求**］

认真阅读以上内容，结合所学知识，试分析应当如何理解“从特惠式减税到普惠式减税，从税基式减税到税率式减税”的含义？如何在减税和增收之间获得平衡？减税和财政自身的风险化解有何内在联系？

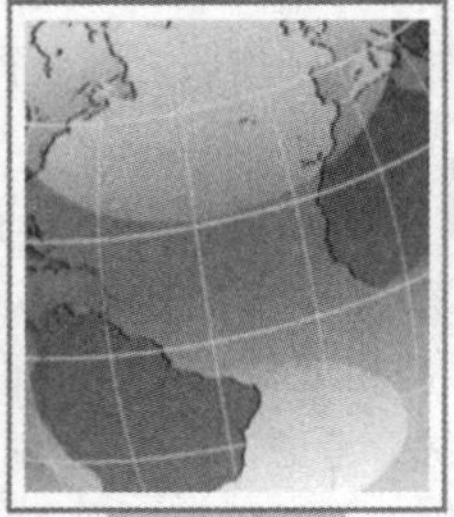

第八章 税收制度

本章提要

税收制度是规范国家征税和纳税人纳税的法律规范。本章从税收制度的概念入手，介绍了税收制度的发展及我国税收制度的演进过程，系统地阐述了商品课税、所得课税、资源课税、财产课税及其他税种的相关内容。

第一节 税收制度及其发展

税收制度是税务部门的工作章程和法律依据，同时也是纳税人履行纳税义务的法定准则。对谁征税，征多少税，如何征税，都是由税收制度加以规范的。税收制度是否科学、合理，直接关系到税收职能发挥的功效。

一、税收制度的概念

税收制度简称税制，一般是指国家通过立法程序规定的各种税收法令和征收管理办法的总称，它有狭义和广义之分。狭义的税制是指各种税的基本法律制度，体现的是税收的征纳关系；广义的税制是指包括各种税收法律法规、条例、实施细则、征收管理办法及国家机关之间因税收管理发生的各种关系。

对税收制度的概念，应从以下几个方面深入认识：

(一)税收制度是税收本质的体现

税收是国家凭借政治权力对社会剩余产品进行分配的一种特定分配关系。税收凭借的是国家的政治权力，税收制度是国家通过立法程序加以确定的，因此，从税种开征到变更直到废止，都需要经过专门的立法部门通过严格的法律程序，任何其他单位和个人都无权开征、停征、变更、废止税收制度，也不得任意制定与税法相抵触的文件、规章。任何人违背税法都将受到法律的制裁。税收的本质又在于税收所体现出来的特定的分配关系，通过课税，微观经济主体之间的资源配置发生了变化。而税收制度通过设计税类、设置税种、规定税率、划定计税范围等一系列活动，使国家和微观经济主体的分配关系通过法律法规的形式确定下来，从而使税收的本质以具体的形式体现出来。

(二)税收制度是税收职能实现的保障

税收职能是税收内在的、固有的职责和功能，要使税收职能成为现实，就必须依赖具体的税收制度。税收的调节职能和监督管理职能的实现，也同样需要税收制度的保障。建立完善、科学、合理的税收制度，对征纳税款的具体环节要素进行明确的规定，才能够满足政府管理公共事务的需要，保证税收职能和税收作用的实现。

(三)税收制度是征纳双方的依据

税收制度是国家以法律形式确定的关于税收的法规和制度的总称，它是国家及纳税人依法征税和纳税的行为准则和法律依据。税收制度规范征纳双方的权利和义务，明确规定征什么税、对谁征、征多少、何时征。征纳双方都应依照税收制度行事，纳税人应根据税制规定缴纳税收，不偷税、逃税、漏税；同时，征纳机关也应根据税法的规定及时、足额地征收税收。税收制度的目的是保障国家利益和纳税人的合法权益，维护正常的税收秩序，保证国家的财政收入。

二、税制模式

(一)税制模式的概念

税制模式又称为税制结构模式，是一个国家在一定的社会经济环境下为实现政府职能，按照效率和公平原则，合理设置税种、选择税源、安排税率而形成的主次分明、相互配合、协调一致的税收体系。它包括四个方面的内容：

1. 不同税类之间的地位及相互关系

按不同的标准，可将数目众多的税种分为不同的税类，各税类在税制中和税收分配中的地位不同，因此，税制模式首先表明的是一国税制由哪些税类构成，各税类的地位、作用和相互关系。

2. 同一税类和不同税类的各个税种之间的关系

不同的税种具有不同的功能，在整个税收制度中处于不同的地位，但各税种之间具有一定的关联。税种之间的这种关联关系一方面表现为同一税类内部各税种之间的关系，如主辅地位、职责分工和衔接等；另一方面表现为不同税类的税种之间的相互配合与协调，以体现税种的整体功能。

3. 税制要素的组合关系

尽管在制定税法时对所有的税种，都要规定诸如课税对象、纳税人、税率等方面的内容，但不同税种在这些方面的规定是不同的，各税种的区别正是由于这些税制要素规定不同所决定的，并且由此决定了税种功能的差异。税制要素的不同组合和选择方式，就会形成不同的税制结构。

4. 税收征管层次与税种组合

税收征管层次是指各地区、部门之间的税类、税种的组合协调，包括中央与地方之间，各地区、各部门之间税类、税种如何组合协调等。

总的来说，税制模式描述的是税收制度的总体框架及其状态，这种描述具有高度的概括性和整体性，反映税收制度的总体特征。税制模式不仅仅表明一国税制由哪些基本税种构成、分为几类，哪类税或哪个税种是主体税，哪类税或哪个税种是辅助税，并且这种总体特征的描述还表明了税制结构的功能、税收的活动方向以及活动范围等重要内容。

(二)税制模式的类型

税制模式可以分为单一税制模式和复合税制模式两种类型，在一个税收管辖权范围内，只征收一种税的税制称为单一税制，同时征收两种及两种以上税种的税制称为复合税制。

1. 单一税制模式

单一税制是指一个国家的税制由一个或少数几个税种组成，如单一土地税。单一税制并没有在哪个国家真正实施过，只是在理论上不断出现这种主张。单一税制的理论主张较多，有单一消费税、单一土地税、单一财产税、单一所得税等。这些单一税制论都与不同时期的政治主张、经济学说相呼应,其理论依据及其经济基础各有差异。

2. 复合税制模式

复合税制是指一个国家的税制由多个税种组成税收体系,它表现为多种税同时并存、相互配合,共同组成一个完整的税收体系。复合税制是世界各国普遍采用的税制,其主要原因是这种税制符合经济运行的要求。

复合税制中的各类税所起的作用和所处的地位不尽相同,有的处于辅助地位,有的处于主导地位,在一国税制中处于主导地位的税种称为主体税种。在各个历史时期,不同国家所选择的主体税种有所不同。

复合税制的优点在于:首先,相对于单一税制而言,复合税制的覆盖面大、税源充裕,可以有效地保证政府财政收入的需要;其次,复合税制可以兼顾各种税收原则,促进社会公平和经济的发展;再次,复合税制税种较多,弹性较大,能够互补,能适应经济的波动和政府需要的变动。当然,在复合税制中,也并不是税种越多越好,税种过多,负担沉重,且分布不均,容易导致税收的公平性较差,也使征税成本提高。因此,复合税制是一种比较科学的税收制度。应当注意的是,复合税制也不是一出现就很完备,既有它的历史发展过程,又有它的完善条件或标准。

从世界各国的税收实践看,由于单一税制缺乏弹性,难以有效发挥筹集财政收入和调节经济的功能,所以,并没有哪一个国家真正实行单一税制,世界各国普遍实行复合税制。

三、税制结构

(一)税制结构的概念

税制结构是指一国各税种的总体安排,是一个国家一定历史时期税收制度的总体格局和内部构造。合理的税制结构能促进税收制度的效率、公平以及财政目标协调一致地实现。一般而言,只有在复合税制类型条件下,才有税制结构问题。在税制结构中,由于不同税种的相对重要性差异很大,因而形成了不同的税制模式。税制模式是指在一国的税制结构中以哪类税作为主体税种。税制结构特别是其中的主体税种(税制模式),决定着税制系统的总体功能。

主体税种是普遍征收的、在全部税收收入中所占比重较大、决定税收体系的性质和主要功能的税种。税收体系的财政职能、调节职能主要通过主体税种来实现。

辅助税种是作为主体税种某一方面的补充起特殊调节作用的税种,往往为实现某一特定情况下国家的社会经济政策目标而设置。

(二)税制结构的决定因素

综观世界各国税制结构的历史演变和现状,决定税制结构的主要因素可以概括为经济发展水平、征收管理能力、财政支出结构、税收政策目标以及周边国家示范效应等。

1. 经济发展水平

经济发展水平越高(低),人均收入越高(低),所得税和社会保障税的收入占税收收入总额的比重越高(低)。这在很大程度上说明了为什么工业化国家以所得税为主,而大多数发展中国家以商品税为主的原因。

2. 征收管理能力

会计制度越完善,征收管理手段越先进,诚信纳税程度越高,所得税的收入比重越高;相比之下,商品税的收入比重在发展中国家比较高,其中一个重要原因是商品课税在管理上要比所得课税更容易些。

3. 财政支出结构

财政支出结构对税制结构的影响，主要体现在专税专用的情况下，如果某项财政支出的需求较大且所占份额较高，那么，为此融资的相应税种的收入比重也会随之较高。最典型的例子就是社会保障税。

4. 税收政策目标

理论上一般认为，间接税比所得税更有利于经济增长，而所得税比间接税更有利于公平收入分配。所以，旨在促进经济增长的发展中国家，一般采用的是以间接税为主的税制结构；旨在公平收入分配的发达国家，一般采用的是以所得税和社会保障税为主的税制结构。

5. 周边国家示范效应

一国的税制结构在一定程度上也受周边国家税制结构的影响，这种示范效应涉及资本、劳动力、商品在周边国家间的流动。

(三)税制结构的演变

综观人类社会经济发展的历史，税制结构的演变过程是以简单的直接税为主的税制结构，发展到以间接税为主的税制结构，再发展到以发达的直接税为主的税制结构。

1. 以简单的直接税为主体税种的税制阶段

在奴隶社会和封建社会，由于当时社会生产力水平低下，自给自足的自然经济占统治地位，社会财富主要表现为房屋、车、马、土地等十分简单的形式，并有较强的个人归属性，所以，当时的税收必然是以人或人拥有的财物为课税对象而征收，如土地税、房屋税、车马税、人头税等，这些税自然成为税制的主体，人们将这时期的税收称为古老的直接税。早期的直接税非常简单，大多按课税对象的外部标志来规定税额。比如，对人课征的人头税按人口课征，而且规定相等的税额；对财产课征的房屋税等均按数量定额征收。

2. 以间接税为主体税种的税制阶段

进入封建社会末期，商品经济逐步发展，商品生产与交换日益发展，古老的直接税逐渐让位于以商品流转额为征税对象的间接税制。尤其到了资本主义社会，社会财富表现为“庞大的商品堆积”，商品课税也得到了空前的发展，成为主体税类。早期的间接税的课税范围较窄，如我国古代的“关市之赋”、盐税、茶税和西方国家的市场税等，一般只在有市场活动的地点或对参与交换的产品课征。后来在商品经济发展浪潮的推动下，间接税才逐步演化为包括销售税、产品税、消费税、增值税等的现代税收体系。

3. 以现代直接税为主体税种的税制阶段

19 世纪后半叶，由于资本主义经济的高度发展，社会财富不断增长，带来了所得额稳定上升的丰富税源，所以，大多数资本主义国家开始转向以所得税为主体税种，以消费税、财产税、行为税为辅助税种的税收制度。与古老的直接税相比，现代所得税具有许多优点，如税源充足、富有弹性、税收负担合理、对经济没有直接阻碍等，从而较好地满足了国家财政收入和进行收入分配的需要，起到了调节经济和收入差距、促进公平的作用。20 世纪中期以后，除法国以外，在发达资本主义国家的财政收入中，直接税的收入已经超过了间接税。例如，美国的公司所得税和个人所得税约占税收总收入的 80％。

4. 各国税制结构的趋同态势

随着世界各国经济的发展、经济一体化进程的加快，各国税制结构表现出缓慢趋同态势。就经济比较发达国家（主要是 OECD 国家）的税制结构来看，多数国家的所得税收入比重稍有下降，而商品和服务税的收入比重在提高。而发展中国家税制结构的变化趋势是所得税收入比重缓慢提高，间接税收入比重有所下降。

(四)我国现行税制结构分析[①]

我国现行税制结构是1994年以后,遵循"统一税法、公平税负、简化税制、合理分权,理顺分配关系,保证财政收入"的指导思想,对原有的税制进行全面的、结构性的改革,不断完善建立起来的。基于我国国情,为实现财政收入充足和宏观调控有力的双重目标,针对征纳双方的管理水平,我国初步建立了以流转税和所得税为主体、资源税类和财产税类辅助配合的复合型税制结构体系。

以流转税和所得税为主体的税制运行实践表明,流转额由于税基广泛、税源充裕、征收简便,在税收收入中占有绝对优势,而随着经济发展、企业经营效益和居民收入水平的提高,所得税收入也在逐年提高。因此,我国现行的税制结构体系适应了我国的经济发展水平和税源结构状况,对保障我国财政收入的跨越性增长和经济社会协调发展起到了重要作用,整体运行是积极健康的。但是,随着我国改革的不断深入、经济社会的发展、国际化趋势的变化,我国现行税制结构也存在一些问题,主要表现在:首先,主体税种结构失衡,调控功能亟待完善。在总体税制结构中,流转税为主体税种,所得税比重过小。主体税种结构不平衡,不仅不利于主体税种的互相协调,更不利于发挥所得税的调控作用。高流转税使企业面临税收压力,同时也导致国家出口退税负担重等问题。而且,主体税种对产业发展和收入分配的经济调控功能无法充分发挥,亟待加强和完善。其次,企业所得税偏高,个人所得税较低。2001年以来,个人所得税总额不断增长,但比重一直在7%左右[②],这一比重不利于发挥税收的收入调节功能。而且,从总体上看,所得税特别是个人所得税制度已经不适应客观情况的变化,使得个人所得税作为调节贫富最有力武器的作用没有充分得到发挥。再者,其他税种也存在不少缺陷。其他税种一般占全部税收的比例不到10%,近几年略微提高,但是2007年也仅为13.1%。现今,对经济可持续发展和调节社会收入分配意义重大的一些税种比较缺乏,如社会保障税、环境税、证券交易税等还没有开始征收。我国当前税制结构体系不健全,影响着其应有的税收收入与调控功能的充分发挥。由此可见,税制的调整和完善还有很长的路要走。

如前文所述,经济决定税收,税收反过来又为经济发展服务。税制结构必然随着经济的发展而发展,也必然随着经济体制的逐步完善做相应的优化调整。随着经济全球化进程的加快,我国经济的增长方式、运行质量、产业结构等都将发生深刻变革,在此情况下,优化我国税制结构的关键在于借鉴先进国家税制改革的实践,按照科学发展观的要求,根据WTO相关税收规则以及十六届三中全会提出的"简税制,宽税基,低税率,严征管"方针,围绕完善社会主义市场经济体制和全面建设小康社会的任务,结合我国的税收实际,合理地设置各类税种,优化和完善我国的税制结构,从而形成一个相互协调、相互补充的税制结构体系,以充分发挥税收对经济的调节作用。

我国税制结构的优化整合,就是要实现税制结构的国际化、市场化、合理化和法制化。

1. 税制结构整合的国际化

为适应经济全球化的要求,目前世界上大多数市场经济国家的通行做法是建立以增值税、所得税和社会保障税为主体税种的税制结构,而我国现行以流转税和所得税双主体的复合型税种模式一直处于"跛足"状态,并且各主体税种在很多方面不适应经济全球化的要求。为适应经济全球化的趋势,我国应尽快规范各税种,适当降低流转税的比重,提高所得税的比重,开

① 顾全根:《经济全球化背景下的我国税制结构优化整合》,《商业时代》(原名《商业经济研究》),2007年第35期。
② 张树:《我国税制结构分析及优化初探》,《时代经贸》,2008年第12期。

征社会保障税，逐步建立以流转税和所得税并重的税制结构，使之满足我国市场经济体制的内在要求，并与国际惯例接轨。

2. 税制结构的市场化

经济全球化要求市场在全球资源配置中发挥基础性作用，要求商品、资金、技术、劳动力等要素在全球范围内自由流动，这就要求各国税收制度设计实现“中性化”，以充分消除阻碍生产要素全球流动的税收障碍。但实践证明，由于市场自身存在的缺陷，很难实现各种要素资源的最优配置，这就需要政府利用税收杠杆来矫正市场的缺陷，弥补市场机制的不足。因此，税制结构的整合必须与市场机制有效配合，在市场机制有效作用的领域，税制要努力保持“中性”，不扭曲或尽量少扭曲市场机制功能，以加速经济的发展；而在市场机制失效或低效的领域，税制应充分发挥其调控功能，解决市场失灵和调节乏力的问题。

3. 税制结构的合理化

19 世纪 80 年代以来，出现了世界性的减税趋势，西方国家把减税作为增强本国企业竞争力、刺激经济复苏和增长的主要手段。为顺应国际经济形势，在税制结构的整合中，要通过税收结构的调整，形成合理的税收负担水平，降低企业的名义税率及隐性税负(即费)，为企业发展营造一个良好的外部经济环境，以有效激发纳税人投资或消费的积极性，促进经济快速发展。

4. 税制结构的法制化

要求按照 WTO 相关税收规则，全面清理现行税收法律法规，统一规范税收政策，逐步完善税收征管法，提高税法的透明度和法治水平。以严明的税收法律作为依据，督促征税人依法治税、诚信纳税，营造诚信的税收环境。

四、税制改革

(一)税制改革的基本理论

1. 税制改革的概念

税制改革是通过税制设计和税制结构的边际改变来增进社会福利的过程。税制改革有很多形式，既有税率、纳税档次、起征点或免征额的升降和税基的变化，又有新税种的出台和旧税种的废弃，还有税种搭配组合的变化。

2. 改革税制的主要原因

如果一国现行税制存在下列全部或部分问题，税制改革就成为必要：(1)现行税制试图实现的目标太多，而没有一个目标能得到有效实现；(2)现行税制虽然包含全部主要税种，但因存在部分纳税人或特殊利益集团独享税收减免规定，其税基长期被严重侵蚀；(3)单个税种的税率数目繁多，导致相同纳税人的税收待遇不一致；(4)现行税制不能实现再分配目标；(5)税收制度向经济行为主体发出的信号，与政府其他经济政策发出的信号相反或与政府公布的经济目标背道而驰；(6)本国的税收制度与其他国家的税收制度很不协调，严重抑制了本国的出口，甚至开始阻碍外国直接投资或促使资本外逃；(7)税制结构一直没有根据经济的结构变化或纳税人的特征变化而相应调整；(8)现行税制对相同的税基课征多种税，同时还存在着许多繁琐的小税种，大量耗用了本来就有限的征管能力；(9)税法变得非常复杂，各项规定始终含混不清，无法使纳税人甚至是诚实的纳税人最大限度地履行纳税义务。

3. 成功的税制改革的评价标准

成功的税制改革的评价标准是：(1)税制改革在多大程度上实现了政府确立的目标。(2)

税制改革的可持续性。税制改革本身也许无可挑剔，但如果改革迅速逆转，这项改革就不能说是成功的。(3)税制改革产生合意的或不合意的副产品的程度。这些副产品是指税制改革所产生的可能预测到也可能没有预测到的主要影响。

4. 成功的税制改革的条件

成功的税制改革的条件是：(1)税制改革领导者勇往直前的精神；(2)最高行政首脑的大力支持；(3)密切配合的相关措施，包括集中专门人才、立法的起草与制定政策一体化、宣传教育与指导；(4)稳定的宏观经济背景；(5)发展中国家还需要克服三个约束条件，即预算约束、其他经济政策约束、管理能力约束。

(二)我国 1994 年的税制改革

1. 1994 年税制改革的主要原因

1994 年税制改革的主要原因是：(1)税负不均，不利于不同所有制、不同地区、不同企业和产品之间的公平竞争；(2)国家和企业的分配关系和分配形式很不规范，国家除向企业征税外，还向企业征收能源交通重点建设基金和预算调节基金，地方政府和主管部门征集各种形式的基金和管理费，优惠政策也名目繁多；(3)税收调控的范围和力度不能适应生产要素全面进入市场的进度，对资金市场和房地产市场的调节十分薄弱，还远远没有到位；(4)地方税收体系不健全，规模过小，收入和管理权限的划分不尽合理，不利于完善中央财政与地方财政的分配体制；(5)内外资企业仍实行两套税制，矛盾日渐突出；(6)税收征管制度不够科学，征管手段落后，税收流失现象较为严重。

2. 1994 年税制改革的总体指导思想

1994 年税制改革的总体指导思想是：统一税法，公平税负，简化税制，合理分权，理顺分配关系，建立符合社会主义市场经济要求的税收体系。

3. 税制改革遵循的基本原则

税制改革遵循的基本原则是：(1)加强税收的宏观调控功能。主要调整税种布局，确定合理的税率，理顺国家、企业、个人的分配关系，适度提高财政收入占国内生产总值的比重。同时，合理划分中央税种和地方税种，为理顺中央与地方分配关系创造条件。(2)公平税负，促进公平竞争。主要是统一企业所得税，完善流转税，改变按不同所有制、不同地区设置税种和税率，并使各类企业之间的税负大体公平，为平等竞争创造条件。(3)发挥税收对个人收入和地区发展的调节作用，使个人收入分配保持合理差距，促进地区协调发展，实现共同富裕。(4)贯彻国家的产业政策，有利于经济结构的合理调整，促进国民经济的持续、快速、健康发展。(5)简化、规范税制。主要是取消与经济发展不相适应的税种，合并重复的税种，开征必要的新税种。(6)保持原有的税负总水平，既不增加企业总体税负，又不减少国家财政收入，但一些地方、部门、企业以及个人的利益发生结构性的变化是不可避免的，因为税制改革理应是利益关系和分配格局的调整。(7)严格控制优惠减免，规定除税法、税收条例所列的减税、免税项目外，在执行中不准随意减税、免税。

4. 1994 年税制改革的主要内容

1994 年税制改革主要涉及四个方面的内容：(1)全面改革流转税。以实行规范化的增值税为核心，相应设置消费税、营业税，建立新的流转税课税体系，对外资企业停止征收原工商统一税，实行新的流转税制。(2)对内资企业实行统一的企业所得税。取消原来分别设置的国有企业所得税、国有企业调节税、集体企业所得税和私营企业所得税，同时，国有企业不再执行企业承包上缴所得税的包干制。(3)统一个人所得税。取消原个人收入调节税和城乡个体工商业户所得税，对个人收入和个体工商户的生产经营所得统一实行修订后的《个人所得税法》。(4)调整、撤并和开征其他一些税种。例如，调整资源税、城市维护建设税和城镇土地使用税；取消集市交易税、牲畜交易税、烧油特别税、奖金税和工资调节税；开征土地增值税、证券交易印花税；盐税并入资源税，特别消费税并入消费税。[①]

改革之后的我国税制，税种设置由原来的37个减少为23个，初步实现了税制的简化、规范、高效和统一。经过1994年的税制改革，税种设置由原来的32个简化为23个，计有增值税、消费税、营业税、资源税、城镇土地使用税、企业所得税、外商投资企业和外国企业所得税、个人所得税、固定资产投资方向调节税(2001年年初已停征)、筵席税、城市维护建设税、土地增值税、车辆购置税、耕地占用税、房产税、城市房地产税、车船使用税、车船使用牌照税、印花税、屠宰税、契税、农业税、牧业税、关税。这23个税种组成了我国的税制体系，对于调动各方面的积极性，发展经济，具有十分重要的意义。

5.1994年税制改革实施中暴露出的问题

1994年税制改革对于完善我国市场经济体制、带动我国经济发展，起到了十分积极的作用，但在实施过程中也暴露出一些问题，亟待解决和完善。

(1)流转税的问题。

①增值税的问题。我国此阶段的增值税依然是生产型的增值税，即购入固定资产所含的进项税不能抵扣。这样，实际上造成了对固定资产的重复征税，企业税收负担较重。增值税一般纳税人和小规模纳税人负担不公平，从实际税负上比较，小规模纳税人的税负偏重。另外，虚开、伪造增值税专用发票，以骗取出口退税的情况还比较严重。

②消费税的问题。此时我国的消费税是低效率的，甚至是不合理的。有些消费税征收对象如汽车、首饰品等，都是国家鼓励消费的项目或是对于内需有带动作用的项目。西方国家征收消费税，是对其所得税主体税种的补充，起到限制消费的作用，我国则相反，对于消费具有阻碍作用。而对一些需要限制消费的产品，如引起环境污染问题的产品等，却没有开立相应的税目。

③关税的问题。随着我国加入WTO，关税税率问题成为其他国家关注的焦点之一。直到2005年，我国关税水平都没有达到世贸组织对其成员国的要求(即要求发展中国家的平均关税水平为10%)。关税水平仍然偏高，在一定程度上妨碍了国际贸易的发展，同时也不符合公平原则，进出口货物税负水平相差较大。

(2)所得税的问题。

①企业所得税的问题。当时的企业所得税是内外有别的两套税制，对于国内企业适用企业所得税的规定，而对于外商投资企业和外国企业适用外商投资企业和外国企业所得税的规定，一方面，两种企业适用不同的抵扣、加速折旧等规定；另一方面，又对外企实行大量的税收优惠。这样不符合税收的公平原则，也不符合WTO的规则。同时，企业所得税税率偏高，我国国有企业特别是大中型企业承担着相对最高的所得税税负，不利于企业的发展。

②个人所得税的问题。当时我国实行分类税制，分类项目多达11项，计税方法较复杂。比如，工薪所得实行的是总收入减去固定的扣除部分再纳税，固定扣除部分包括医疗、社会保险、住房公积金等，扣除额是800元，北京、上海为1 000元，广州为1 260元等。在贫困地区，800元已经算是高收入了，而对于一些大中城市，根据当时我国社会经济形势的发展变化，尤

① 《中国税制改革30年回顾与展望》，国家税务总局网站，2008年12月23日。

其是城市居民生活消费水平的总体提高、物价的回升，以及货币化分房与职工医疗保障改革的相继启动，800元的扣除额就显得过低，工薪阶层税收负担相对较重。

(3)财产税的问题。

我国采用的是个别财产税，主要税种有房产税、城市房地产税、城镇土地使用税、车船使用税、车船使用牌照税、契税等。

当时我国的财产税制在以下方面存在着明显不足：一是财产课税范围窄、税种少、收入规模小。据统计，全国财产税收入约占税收总收入的2.04%，约占地方税收入的4.12%。由于所占比重过低，导致其职能弱化，难以充分发挥调节功能作用。二是内、外两套财产税制，既增加了征管难度，又不符合世贸组织要求的统一、公平、公正的原则。三是计税依据不合理、不规范。四是财产评估制度、财产登记制度和财产税收政策不健全，税收征管不严，部门协作配合不够，税款流失现象较为严重。五是个别税种设置重叠，税基交叉，存在重复征税之嫌。

(4)其他问题。

我国经济的发展对税制建设提出了更高的要求。除了1994年税制改革已经出台的税种需要不断完善外，还要根据市场经济的发展开立一些新税种，以符合客观经济运行的需要。另外，应该加快清理各种税收优惠，形成稳定、高效的税收体系。

(三)我国进入21世纪以来税收政策的调整及改革趋势

1994年税制改革后至2000年期间，国务院陆续改革了农业特产农业税制度，修改了契税暂行条例，发布了车辆购置税暂行条例，全国人民代表大会常务委员会修改了个人所得税法，并从2000年开始进行农村税费改革的试点，暂停征收固定资产投资方向调节税。

2013年11月12日，党的十八届三中全会通过的《中共中央关于全面深化改革若干重大问题的决定》，将财政界定为国家治理的基础和重要支柱，将建立科学的财税体制提到关乎实现国家长治久安的高度。《中共中央关于全面深化改革若干重大问题的决定》指出：深化税收制度改革，完善地方税系，逐步提高直接税的比重。推进增值税改革，适当简化税率。调整消费税征收范围、环节、税率，把高能耗、高污染产品及部分高档消费品纳入征税范围。逐步建立综合与分类相结合的个人所得税制。加快房地产税立法并适时推进改革，加快资源税改革，推动环境保护费改税。按照统一税制、公平税负、促进公平竞争的原则，加强对税收优惠特别是地域税收优惠政策的规范管理。税收优惠政策统一由专门的税收法律法规规定，清理规范税收优惠政策，完善国税、地税征管体制。

进入21世纪以来，为了适应建立比较完善的社会主义市场经济体制的需要，我国分步实施了以下重大税制改革：

1. 逐步推行农村税费改革

2005年，全国人民代表大会常务委员会决定从2006年起取消农业税；2005～2006年，国务院先后取消了牧业税和屠宰税，对过去征收农业特产农业税的烟叶产品改征烟叶税。

2. 完善货物和劳务税制

2001年，开征了车辆购置税。2003年，国务院公布了新的关税条例。2008年，国务院修订了《增值税暂行条例》《消费税暂行条例》和《营业税暂行条例》。2011年11月，出台《营业税改征增值税试点方案》，并于2012年开始“营改增”试点。自2016年5月1日起，中国全面实施“营改增”，营业税退出历史舞台，增值税制度更加规范。这是自1994年分税制改革以来，财税体制的又一次深刻变革。

3. 完善所得税制

2007年,全国人民代表大会将过去对内资企业和外资企业分别征收的企业所得税合并为统一的企业所得税。2005～2018年,全国人民代表大会常务委员会先后五次修改了个人所得税法;2018年的个人所得税制改革成为1994年以来我国在个人所得税领域实施的意义最为重大的一次改革,实现了个人所得税从分类征收到综合征收的第一步,将大幅降低居民税收负担,实现从普惠制改革到定点减负的转变,是我国个人所得税向现代税制转换的良好开端。

4. 完善财产税制

2006～2008年,国务院先后将车船使用税与车船使用牌照税合并为车船税,修改了《城镇土地使用税暂行条例》和《耕地占用税暂行条例》。此外,经国务院批准,财政部、国家税务总局陆续调整了原油、天然气、煤炭、盐、大理石、铜矿石和磷矿石等若干资源产品的资源税税额标准。2011年9月,国务院决定修改《中华人民共和国资源税暂行条例》,调整了资源税税目和税率;2016年5月10日,财政部和国家税务总局发布《关于全面推进资源税改革的通知》,决定自7月1日起全面推进资源税改革,全面推开从价计征方式。

此外,调整了证券(股票)交易印花税的税率和纳税人,将船舶吨税重新纳入财政预算管理,取消了筵席税,不再提及开征遗产税和证券交易税。

5. 开征环境保护税,建设绿色税制体系

2016年12月25日,第十二届全国人大常委会第25次会议审议通过了《中华人民共和国环境保护税法》,自2018年1月1日起正式施行。

通过这些改革,中国的税制进一步简化、规范,税负更加公平,宏观调控作用增强,在促进经济持续快速增长的基础上实现了税收收入的连年大幅度增长。展望未来,中国将继续改革、完善税制,在优化主体税种的同时还应进一步改革和完善辅助税种。

应当指出,全面深化改革所设定的税收制度体系,目前还仍是目标体系,实现这个目标不是一朝一夕可以完成的,因而我国当前的税收制度仍旧是改革进程中的税收制度。

另外,除了税种方面的改进外,我国还需要进一步改革税收优惠办法。税收优惠是税收调节经济的常用措施,也是刺激投资和需求的有效手段;我国现行的优惠办法基本上是在计划经济或短缺经济的环境下建立的,其特点是优惠目的照顾性、对象地区性和手段单一性。要改变优惠机制,变普遍照顾为有选择的特定优惠,变区域导向为产业导向,变直接减免为主为间接优惠为主。同时,要进一步加强税收法制建设,加快地方税改革步伐,扩大地方政府的税收管理权限,使我国的税制结构真正适应社会主义市场经济体制运行的要求。

第二节 商品课税

一、商品课税的概念和特点

商品课税又称流转税,是指以商品和劳务的流转额为课税对象的税种的统称。古今中外,商品税在各国税收中占有十分重要的地位,并且曾经是或正是许多国家的主要税收来源。就我国现行税制而言,包括增值税、营业税、消费税、土地增值税、关税以及一些地方性的对工业和商业企业征收的税种。商品课税是我国现行税制结构中的主体税类,近年来,我国财政收入的一半以上都来自商品课税。

如上所述,商品课税是以商品和劳务为征税对象的一类税。这里的"商品"是指市场流通中的各种产品以及劳务市场中各种非商品的服务性活动,即通常我们所讲的商品流转额和非

商品流转额(劳务营业额),因此,在我国习惯上称商品课税为流转税。与其他税类相比,商品课税具有以下几个方面的特点:

1. 课征普遍

现代社会是市场经济或商品经济,商品是生产、交换、分配、消费的对象,是社会生产成果最普遍的表现形式,因此,以商品为课税对象,无疑课税范围最广。正因为商品课税对象的普遍性,使得商品课税税源充足,保证了国家财政收入的充裕。

2. 以商品或非商品的流转额为计税依据,非常灵活

商品流转额是指商品销售的收入额,非商品流转额是指交通运输、邮电通信以及各种服务行业的营业收入。由于以商品流转额为课税依据,因此,在税率既定的前提下,税额的多少只取决于流转额,即毛收入,而与成本和费用水平无关。

商品课税的计税依据是商品和非商品的流转额,因此,在具体设计税制时,可以选择所有商品和服务进行征税,也可以选择部分商品和服务进行征税;可以选择商品流通的所有环节进行征税,也可以选择其中某一个或几个环节进行征税;可以选择商品或劳务流转总额进行征税,也可以选择课税对象的增值额进行征税;等等。这种灵活性,有利于国家或政府通过商品课税对经济进行有效调节。

3. 实行比例税率,计征简便

除少数税种实行定额税率外(如消费税中的黏土、砂石以及未列举名称的其他非金属矿产品等采用从量定额征收),商品课税一般在税率的制定上大部分税种都按比例计征,并以流转额为计税依据,不需要核算成本和盈利水平,计税、征税都十分简便。另外,商品课税的纳税人为企业,数量较少,相对容易计征和管理。并且,政府还可以通过不同的比例税率对经济进行必要的干预。

4. 商品税的税负容易转嫁

由于商品课税是在商品流转环节课税的,纳税人可将其承担的税负通过前转或后转的方式转嫁给商品的购买者或生产要素的供应者,因此,纳税人并不一定承担真实的税负。

5. 税收负担具有累退性和隐蔽性

由于商品课税主要采用比例税率,而不论负税人的收入状况如何,均负担同比例的税收,因此,往往是收入越多,税收实际负担越少,从而具有累退性。正因为商品课税的税负比所得税、财产税容易转嫁,因此,其税负也较隐蔽。具体表现为:纳税人将商品课税加入价格,对于消费者来说直接感觉是商品或劳务价格的提高,比较容易接受,而不像所得税和财产税那样是对其收入的直接扣除。同时,由于商品课税税负并不算太高,对消费者来说,也能够承受。所以,推行商品课税制度比推行所得税和财产税制度容易得多,尤其是在税制不健全的国家更是如此。

商品课税具有以下两个方面的主要功能:

(1)可以稳定、便利地取得财政收入,是收入功能较强的一个税类。商品课税可以随着经济增长而自然增长,不受纳税人经营状况的影响,收入比较稳定。

(2)由于流转税一般可以转嫁并最终以消费领域为税负归宿,所以,可以起到抑制消费、增加储蓄和投资的作用。

正如上述所指出的,由于商品课税与商品价格相联系,在国内会干扰市场运行并形成分配不公,在国家间会阻碍资金、劳动力和商品的自由竞争和流动。所以,商品课税是特征鲜明、功能突出、缺陷也明显的一个税类。在税收实践中,必须扬其长而避其短,这也正是我国商品课

税制度建设中应遵循的基本原则。

二、商品课税的类型

合理地对商品课税进行分类是正确设计商品课税制度的基础，根据商品课税的特点，可以从以下几个方面进行分类：

1. 按征税范围分类，可将商品课税分为大范围的商品税和小范围的商品税

如果将一切商品和劳务（包括生产性和消费性）都列为征税对象，可以说是大范围的商品税；如果只将消费性的商品和劳务（既可以是全部消费性的商品和劳务，也可以是一部分消费性的商品和劳务）列为征税对象，可以说是小范围的商品税。

2. 按征税环节分类，可将商品课税分为单环节征税和多环节征税

前者是在商品流转过程中选择其中一个环节征税，如有些国家开征的制造销售税、批发营业税、零售营业税等；后者是在商品流转过程中选择多个环节征税，如我国现行的增值税。

3. 按计税方式分类，可将商品课税分为从价税和从量税

前者是指以商品和劳务的价格为计税依据，如我国现行的增值税、营业税、关税等；后者是指以商品和劳务的数量为计税依据，如我国现行对部分消费品开征的消费税。

4. 按征税地点分类，可将商品课税分为国内商品税和国境商品税

前者是指对在本国生产、销售和消费的商品和劳务征收的商品税；后者是指在国境对进出口商品征收的商品税，如现行的关税。

三、商品税制结构

尽管各国对商品课税类型差别很大，但如果从其结构上来考察，有以下三种模式：

（一）流转税税制

这种税制结构税种单一、征管简单、征收范围广，一般是多环节和全额征收。虽然它能保证财政收入的充足和稳定，但由于多环节和全额征收，容易导致重复征税，不利于经济发展。目前，除了一些发展中国家继续采用外，其他国家一般均不采用（注：被销售税或营业税取代）或进行了较大改进。

（二）销售税和消费税结合制

销售税包括货物税、烟税、酒税、营业税等。其特点是：全额征收，征税范围比流转税略小，选择在生产、批发或零售环节对商品普遍征税，并选择单一或差别比例税率征收，主要发挥商品税的收入功能。与此同时，为了加大对商品和消费的调节力度，不少国家在征收销售税的基础上再征收一道消费税，从而形成销售税与消费税相结合的商品课税制度。这种结合又可分为两种情况：一是并行征收，即大多数商品征收销售税，少数商品征收消费税；二是交叉征收，即所有商品征收销售税，在征收销售税的基础上，再选择少数商品征收消费税。目前大多数国家采用交叉征收这种做法。

（三）增值税和消费税结合制

由于流转税和销售税全额征收容易导致重复征税，不利于社会化大生产和专业化分工，因此，目前世界各国正在推广增值税这一税种。增值税作为一般商品税，在生产、批发、零售各个环节，按增值额对商品普遍征税，选择单一或差别比例税率征收，发挥商品的收入功能。然而，由于增值税征管比较复杂，加之征收增值税后会导致政府财政收入总额较征收之前有所减少，所以，为了调节消费和增加财政收入的需要，消费税同样有存在的必要，在生产、零售环节，选

择少数商品，按差别税率从价或从量课征，发挥消费税的调节功能。不少国家将增值税与消费税进行结合，如我国现行的增值税和消费税结合制。

四、我国商品课税的主要税种

(一)增值税

1. 增值税的概念和特点

增值税是以增值额为征收对象而征收的一种税，这是增值税的一般概念。增值税于1954年首创于法国，其后便在世界各国迅速推开，现在已成为许多国家广泛采用的一个国际性税种。

增值额是企业生产商品过程中新创造的价值，相当于商品价值中扣除生产中消耗的生产资料价值C之后的余额，即$V+M$部分。具体到一个生产单位，增值额是指这个单位的商品销售收入或劳务收入扣除外购商品价值后的余额。

就一个产品来讲，增值额是生产经营各环节的增值额之和，相当于产品最终的销售收入。

例如，某产品生产经营各环节的增值额与该产品的最终销售额如表8－1所示。

表8－1　某产品生产经营各环节的增值额与销售额　单位：元

生产环节	增值额	销售额
原材料生产环节	30	30
产成品生产环节	40	70
批发环节	20	90
零售环节	10	100
合　计	100	290

由上所述，增值税与其他流转税比较，具有以下特点：

(1)税基广，具有征税的普遍性和连续性。增值税以增值额为课税对象，凡是实现价值增值的领域，都可以对生产经营活动实行普遍征税。从横向看，可以覆盖到农业、工业、商业和服务业；从纵向看，生产、批发、零售各环节可逐级课征。

(2)可以避免重复征税。就纳税环节而言，增值税实行多环节征税。一种商品在生产经营过程中不论经过多少环节，每个环节都要按增值额征税，即道道征税，但从计税依据看，增值税虽然多环节征税，但它是以每个环节企业新创造的价值，即$V+M$部分为计税依据的。所以，它不存在重复征税问题。

(3)可以有效地避免偷漏税。由于增值税实行的是凭专用发票注明税款抵扣制度，一般情况下，纳税人能否取得购买货物或劳务已付税款的抵扣权，取决于他能否提供购买货物或劳务时已付增值税的有效凭证——通常是指注明增值税税额的专用发票，这样，下一环节纳税人会对上一环节纳税人的情况自动审计，使各相关企业在纳税上相互监督，可以有效减少偷漏税现象。

(4)有利于实行彻底的出口退税。为了使本国产品在国际市场上增加竞争力，一般国家对出口商品普遍实行退税政策，使出口产品以不含税的价格进入国际市场。由于流转税条件下税负取决于流转环节的多少，产品到出口时经历了多少环节，以及每道环节的实际税负很难准确计算，从而使退税时出现困难，如果退税不足，就会影响产品在国际市场上的竞争力；如果退税过多,既影响了国家的财政收入,也容易引起向别国倾销商品的嫌疑,产生贸易摩擦。而实行增值税,由于出口产品的最终价值乘以税率,就可以计算出出口产品的增值税额,从而一次将全部税款正确无误地退还企业,使出口产品以不含税的价格进入国际市场,有利于本国商品和劳务公平地参与国际竞争。

(5)增值税对经济活动具有中性效应。一种经济手段具有中性效应,是指手段的运作对微观主体经营行为的影响较小。增值税的中性效应表现为:一是应税商品在任何一个流转环节上的负担不受商品流转环节多少的影响。这样,企业就不会因为增值税而改变其既定的生产经营方式选择。二是增值税对绝大多数商品和劳务采用同一比例税率,实行等比负担,它同传统间接税的差别税率相比,其税收的干预、诱导能力大大弱化,这在一定意义上有利于发挥市场机制对资源配置的主导作用。因此,增值税是中性税种,按针对增值额、多环节、税率相对单一的原则征收,减少了税收对经济的干预,可以从根本上解决因纳税人所在产业和部门不同等因素而发生的税负不公,对纳税人生产经营决策的影响较小。如果实行消费型的增值税,还有利于鼓励投资。

2. 增值税的类型

在理论上,增值税是以增值额为计税依据,增值额是商品销售额或经营收入额扣除规定的购进货物额的余额。

规定的购进货物又称非增值项目,是指从其他纳税人处购入的货物,包括:(1)非固定资产项目,如外购原材料、燃料、零部件、包装物等;(2)固定资产项目,如厂房、机器、设备等。

在各国税法中,在对货物和劳务普遍征收增值税的前提下,各国都允许扣除流动资产,但对固定资产的扣除则有所不同,致使增值额的构成有所不同,从而形成以下三种类型的增值税:

(1)生产型增值税。采用生产型增值税不允许扣除固定资产价款,即以销售收入扣除购进流动资产价款后的余额为其计税依据。就国民经济整体而言,计税依据相当于国民生产总值(GNP),故称为生产型增值税。生产型增值税的基本特征是税基较宽,易于取得财政收入;对资本有机构成低的行业或企业和劳动密集型生产有利,所以,经济不发达国家大多采用生产型增值税。但是,生产型增值税由于税基中含有折旧,因而存在重复征税问题,同时也不具有刺激投资的功效。

(2)收入型增值税。采用收入型增值税只允许扣除当期应计入产品成本的固定资产折旧,即以销售收入扣除购进流动资产价款以及资本品折旧后的余额为其计税依据,就国民经济整体而言,其课税依据相当于国民收入($V+M$),故称为收入型增值税。其特点是:第一,不存在重复征税;第二,征税过程相对复杂,在采取购进扣税法时,需要将固定资产已纳税款(进项税款)在固定资产使用期内进行分摊;第三,与生产型增值税相比,较有利于投资。

(3)消费型增值税。采用消费型增值税准许一次全部抵扣当期购进的用于生产应税产品的固定资产价款,这意味着不仅对企业购进的原材料不征税,而且对其购进固定资产部分也不征税,即从整个社会来说,对生产资料不征税,只对消费资料征税,故称为消费型增值税。其特点是:第一,不存在重复征税;第二,与收入型增值税相比,更加有利于抑制消费、鼓励投资,有利于加速设备更新、推动技术进步;第三,消费型增值税的税基较窄,在提供财政收入方面不如前面两种类型的潜力大,而且容易引起税收收入的波动。

为了更好地了解三种类型增值税之间计税依据的差别,下面举例说明。

例1　某化工厂在纳税期限内发生如下业务:货物销售额为150万元,外购原材料等流动资产价款为30万元,外购机器设备等固定资产价款为90万元,当期计入成本的折旧费为9万元。当期不同类型增值税的计税依据各不相同,如表8—2所示。

表8—2　　不同类型增值税的计税依据

增值税类型	允许扣除的外购流动资产价款	允许扣除的外购固定资产价款	允许扣除的外购资产价款的总和	计税依据
生产型	30	0	30	120
收入型	30	9	39	111
消费型	30	90	120	30

例2　某企业2008年购进固定资产1 000万元,进项税款170万元,固定资产使用期为5年。

若采用收入型增值税,销项税款每年为250万元,购买原材料进项税款每年为30万元,则企业每年应纳税额为(250—34—30)186(万元),总共纳税为(186×5)930(万元)。

若采用消费型增值税,则2008年企业纳税为(250—170—30)50(万元);以后4年,每年各纳税为(250—30)220(万元),总共纳税为(50+220×4)930(万元)。

消费型增值税对企业更有利,更有利于投资,按上例,企业得到的额外好处是享受了财政提供的1年期、2年期、3年期和4年期的无息贷款各34万元。

在上例中,收入型增值税的税收流为186万元、186万元、186万元、186万元、186万元,现值大;消费型增值税的税收流为50万元、220万元、220万元、220万元、220万元,现值小。

经济发达国家为了鼓励投资,加速固定资产更新,一般采用消费型增值税或收入型增值税,发展中国家一般采用生产型增值税。目前世界上140多个实行增值税的国家或地区中,绝大多数国家或地区实行消费型增值税。

3. 增值税的计税方法

根据增值税的基本原理,增值税的计税方法可以分为加法、减法和扣税法。

(1)加法。

加法是指纳税人在一定时期内生产经营活动中新增加的价值额逐项相加,求出增值额,并据以计算应纳增值税额的方法。计算公式为:

增值额=增值项目金额之和=工资+利息+租金+利润+其他增值项目金额

应纳增值税额=增值额×增值税税率

(2)减法。

减法也称扣额法,是指以纳税人的销售额减去生产经营过程中外购的非增值项目金额后的余额为增值额,据以计算应纳增值税额的方法。计算公式为:

增值额=销售收入—非增值项目(即外购项目)金额

应纳增值税额=增值额×增值税税率

(3)扣税法。

扣税法也称购进扣税法,是指从本期销项税额中减去本期购入的法定扣除项目已纳税金(税法中称为进项税额)来计算应纳增值税额的方法。计算公式为:

应纳增值税额=本期销项税额—本期进项税额

在实行增值税的国家中采用较多的是第三种方法,即扣税法。

4. 我国增值税制改革历程

我国于1979年下半年开始增值税的试点工作。1982年，财政部制定《增值税暂行办法》，在机器机械、农业机具、自行车、电风扇等行业实行。1984年工商税制改革，国务院颁布了《增值税条例(草案)》，增值税的征税范围扩大为12种产品，标志着增值税正式成为我国的一个税种。之后，增值税的征收范围不断扩大。

1994年税制改革进一步扩大了增值税的征税范围，1993年12月13日国务院颁布《增值税暂行条例》，从1994年开始施行，内外资企业统一，成为我国的主体税种。

1994年税制改革以来，我国一直实行生产型增值税。不过在实施过程中出现了越来越多的问题，弊病越来越突出。

(1)首先，固定资产购进的进项税额不予抵扣而进入成本，导致进项税额抵扣不彻底，重复征税问题依然存在，这一点与增值税实施的初衷是相违背的，也不利于固定资产比重较高的基础产业和高科技产业的发展。这是生产型增值税的最大弊病。固定资产的更新，决定了一个企业直至一个国家的生产力发展水平。并且，在科学技术不断发展的今天，固定资产的更新换代也更迅速、频繁，且价值不菲。要想跟上先进水平，就必须适时更新设备，也就需要越来越多的资金投入。生产型增值税恰恰阻碍了设备的更新。为了短期的“较大的税基”，不惜以降低整个社会的生产发展速度和水平为代价，这确实有点“舍本逐末”。

(2)生产型增值税不利于纳税人的固定资产更新和促进科学技术进步。现行增值税属于生产型增值税，购进固定资产不得抵扣增值税，抑制了纳税人的资本性投入，进而影响纳税人的固定资产更新速度，而与此相应的科技发展就受到了制约。

国际上征收增值税的国家的税率大体在8%～20%之间，将我国实行的生产型增值税17%的税率换算为消费型增值税税率约为23%，远高于世界平均水平。

(3)生产型增值税对价格的形成产生扭曲。从理论上讲，相同应税货物的最终售价相同，其增值税税负也是相同的。但是，由于用于应税项目的固定资产进项税额不得抵扣，导致产品成本中所含税金由于生产组织形式的不同而出现差异，这样，同种产品即使售价相同，其最终的总税负也不一定是相同的。这就使产品价格形成的正常机制遭到破坏，从而对价格形成产生扭曲。

(4)一般纳税人与小规模纳税人的划分，影响了部分小型企业的生产活动正常运行。现行增值税税制将纳税人分为一般纳税人和小规模纳税人，并适用不同的税率。在实际操作中，出现了以下两个方面的问题：一是小规模纳税人税负较重，当时设计6%的税率时，只考虑与一般纳税人大体相当的税负水平，但这一税率对一些小企业生产、经营活动的客观要求显然偏高。因此，在实践中不得不实行定户定额征收，也就出现了一对一的谈判，结果造成国家税收的流失。二是由于小规模纳税人的进项税不得抵扣，因此，只好允许其进入成本，一旦一般纳税人购买小规模纳税人的半成品，势必造成税负的转移和一般纳税人抵扣不足，从而影响到一般纳税人的生产经营活动。

(5)出口退税率高低不一，出口彻底退税受到影响，不利于我国商品与进口产品进行竞争。由于增值税制度规定了不同的税率和对不同行业、不同企业、不同产品的减免税优惠，所以，虽然原则上规定对出口产品适用零税率，但在实际操作过程中，由于存在按增值税规定税率征税不足问题，只好采取不同的出口退税率，并且一度对不同的产品降低出口退税率，导致出口货物国际竞争力下降，限制了出口规模的扩大。而且，这也导致进口产品税负比本国产品的实际税负低，不利于我国商品与进口产品之间进行竞争。这种对本国产品的“非国民待遇”是不公平的。

增值税的最大特点和功能是就一种商品和劳务从生产到流通全过程多道课征中采取道道扣税制度，从而消除重复征税，避免对市场的干扰，充分体现税收中性特征。然而，1994 年实行的生产型增值税并没有覆盖全行业，未覆盖的行业仍实行营业税，是一种不完全的增值税。因此，为了体现增值税的特点和功能，必须适时进一步完善和改革。第一步，"增值税转型"改革，即将生产型增值税改为消费型增值税；第二步，"扩围"改革，即"营改增"改革，将转型后的消费型增值税延伸到全行业，取代营业税，并推向全国。

①"增值税转型"改革。

所谓增值税转型，是指从生产型增值税转变为消费型增值税。在全面推行增值税转型改革之前，为推动改革成功，从 2004 年 7 月 1 日起，我国对东北地区的 8 个行业首先实施增值税转型试点。从 2007 年 7 月 1 日起，对中部地区 26 个城市的 8 个行业实施试点。从 2008 年 7 月 1 日起，内蒙古自治区东部五个盟市和四川汶川地震受灾严重地区也开始实行试点。除四川汶川地震受灾严重地区外，试点改革的主要内容是允许一般纳税人购进固定资产进项税额从销项税额中抵扣。为减少对财政收入的影响，对应抵扣的增值税采取了退税的方式，当期应退的税额不得超过当期新增增值税税额，不足抵扣的部分结转下期继续抵扣(以下简称增量抵扣办法)，年终如果财政收入状况允许，再采取全国统一的常规办法(由纳税人直接向税务机关申报抵扣，当期应纳增值税额不足抵扣的部分再结转下期抵扣)计算退税，不再按增量抵扣办法控制。据统计，截至 2007 年年底，东北和中部转型试点地区新增设备进项税额总计 244 亿元，累计抵减欠缴增值税额和退给企业增值税额 186 亿元。在以上试点工作的基础上，2008 年 11 月 5 日，国务院第 34 次常务会议修订通过新的《中华人民共和国增值税暂行条例》，决定自 2009 年 1 月 1 日起在全国范围内实施增值税转型改革。

自 2009 年 1 月 1 日起，我国开始实施修订后的《中华人民共和国增值税暂行条例》，在全国推开增值税转型改革，改革的核心是在企业计算应交增值税时允许扣除购入机器设备所含的增值税。《中华人民共和国增值税暂行条例》做出如下五个方面的修订：(1)允许抵扣固定资产进项税额，即实现增值税由生产型向消费型的转换。(2)为堵塞因转型可能会带来的一些税收漏洞，修订后的《中华人民共和国增值税暂行条例》规定，与企业技术更新无关且容易混为个人消费的自用消费品(如小汽车、游艇等)所含的进项税额，不得予以抵扣。(3)降低小规模纳税人的征收率。修订前的《中华人民共和国增值税暂行条例》规定，小规模纳税人的征收率为 6%，从 1998 年起已经将小规模纳税人划分为工业和商业两类，征收率分别为 6%和 4%。考虑到增值税转型改革后一般纳税人的增值税负担水平总体降低，为了平衡小规模纳税人与一般纳税人之间的税负水平，对小规模纳税人不再设置工业和商业两档征收率，将征收率统一降至 3%。(4)将一些现行增值税政策体现到修订后的《中华人民共和国增值税暂行条例》中，主要是补充了有关农产品和运输费用扣除率，对增值税一般纳税人进行资格认定等规定，取消了对来料加工、来件装配和补偿贸易所需进口设备的免税规定。(5)根据税收征管实践，为了方便纳税人纳税申报，提高纳税服务水平，缓解征收大厅的申报压力，将纳税申报期限从 10 日延长至 15 日，明确了对境外纳税人如何确定扣缴义务人，扣缴义务发生时间、扣缴地点和扣缴期限的规定。

②"营改增"改革。

在进行增值税转型改革后，增值税制仍存在征税范围不规范、征收和抵扣链条不完整的问题。原增值税征税范围规定是在中华人民共和国境内销售货物或提供加工、修理修配劳务以及进口货物，而销售不动产、转让无形资产以及除加工、修理修配以外的其他劳务不在增值税征税范围之内，仍征收营业税，形成了不同行业分别属于不同的流转税征收区域，从制度上人为地造成增值税抵扣链条割裂，划分范围复杂，税负失衡，也加大了征管难度。因此在进行增值税转型改革后进一步“扩围”即进行“营改增”改革，是增值税全面改革的必然选择。从增值税理论角度来说，增值税必须兼备征税范围广泛和统一的特点，才能保证税负公平，有效发挥增值税本身具有的增加税收收入和税收中性的功能；增值税征税范围覆盖经济活动的各个领域，才能形成一个连接紧密、环环紧扣的链条以及链条中的各个环节形成足额抵扣的相互稽核、相互制约的机制。彻底的增值税征税范围应包括所有创造和实现增值额的领域，从横向看，应包括采矿业、制造业、建筑业、能源交通运输业、商业和劳务等各行各业，甚至应将与生产经营和人民生活都有一定关联度的行业如金融保险、邮政电信最终也纳入增值税的征税范围；从纵向看，应涵盖原材料、加工、批发、零售、仓储等所有环节。

国务院决定从 2012 年 1 月 1 日起开展“营改增”的试点，随后财政部、国家税务总局印发了《营业税改征增值税试点方案》。“营改增”改革的基本指导思想是建立健全有利于科学发展的税收制度，促进经济结构调整，支持现代服务业发展。基本原则是统筹设计，分步实施，科学设计，稳步推进；规范税制，合理负担，合理设置税制要素，改革试点行业总体税负不增加或略有下降，基本消除重复征税；全面协调，平稳过渡，建立健全适应第三产业发展的增值税管理体系，确保改革试点有序运行。2012 年 1 月 1 日，在上海市试点拉开改革的大幕，确定试点的行业范围为交通运输业和部分现代服务业，即所谓“1＋6”（交通运输业和六个现代服务业）；在 2012 年 9 月以后，相继又推广到包括上海在内的九个省市；2013 年 8 月扩大到全国；自 2014 年 1 月 1 日起，在全国开展铁路运输和邮政业“营改增”试点；自 2014 年 6 月 1 日起，又在全国开展电信业“营改增”试点。至此，试点行业已覆盖交通运输、邮政、电信业三大行业及研发和技术服务、信息技术服务、文化创意服务、物流辅助服务、有形动产租赁服务、鉴证咨询服务、广播影视服务七个现代服务业，即所谓“3＋7”。随着试点行业范围的逐步扩大，增值税抵扣链条日趋完整，重复征税问题得到进一步缓解。所以，2014 年以来“营改增”改革鲜明的特点是“双扩围”：试点地区由局部扩大到全国，试点行业由“1＋6”扩大到“3＋7”，而最终将扩展到全行业。

2016 年 5 月 1 日起全面继续实施“营改增”，建筑业、房地产业、金融业和生活性服务业这四大行业被纳入“营改增”的范围，标志着在我国长期实行的营业税正式“谢幕”。

“营改增”改革是一项立足当前、着眼长远的重大决策，对全面深化财税体制改革、推动经济结构调整和经济发展方式转变具有重大战略意义。首先是税制本身的完善。1994 年的财税体制改革初步构建了适应社会主义市场经济体制的财税制度框架，并形成增值税主要对货物征收、营业税主要对服务征收以及消费税对部分货物进行调节的新的商品课税制度，对有效组织收入、促进经济发展发挥了重要作用。但随着社会分工的细化，重复征税的问题越来越突出，“营改增”改革实际上是 1994 年税制改革的后续改革。“营改增”改革打通了增值税抵扣链条，解决了服务业和制造业税制不统一问题，重复征税成为历史，税收中性原则得以更好地体现，从而使我国整个税制更趋完善。其次，“营改增”改革为实行结构性减税政策提供了前提和空间，有利于减轻企业负担。“营改增”改革由于消除了重复征税，因而可减轻税负，同时调整了税率，即在增值税 17％标准税率和 13％低税率的基础上，新增 11％和 6％两档低税率（租赁有形动产等适用 17％的税率，交通运输业、建筑业等适用 11％的税率，其他部分现代服务业适用 6％的税率），也是减轻税负的措施。再次，“营改增”改革是财税体制改革的“重头戏”，对整体财税体制改革“牵一发而动全身”。我国的营业税是地方税的主要税种，是地方财政收入的主要来源，取消营业税必然改变中央与地方之间和各地方之间原来的收入分配格局，那么地方减少的收入如何弥补，增值税如何再分配，这就要求加快地方税体系建设的步伐，并按中央和地方财力与事权相匹配的原则推进财政体制改革，因此，“营改增”改革会倒逼整体税制和财政体制加快改革。最后，“营改增”改革是我国主动适应经济发展新常态的一种体现，有利于促进经济发展方式的转变。从经济社会发展层次上看，“营改增”改革有利于促进经济结构调整，有利于促进服务业特别是现代服务业的发展，有利于促进制造业主辅分离和转型升级，从而推动经济结构的调整和优化；从企业层面看，“营改增”改革更充分地体现了税收中性原则，可以更好地发挥市场对配置资源的决定性作用，增强企业发展活力，促进企业改进经营方式，提高管理水平，提高经济增长的质量和效益。

我国增值税由国家税务局负责征收管理（进口环节的增值税由海关代为征收管理），所得收入由中央政府与地方政府共享，是中央政府财政收入最主要的来源，也是地方政府税收收入的主要来源之一。自 1993 年以来，增值税就一直高居各税之首，平均占我国税收收入总额的 30%左右，是我国的第一大税种。2016 年，国内增值税实现收入 40 712.08 亿元，占税收总收入的比重为 31.2%。

5. 我国现行增值税法

(1)征税范围。

最新的《中华人民共和国增值税暂行条例》(1993 年 12 月 13 日中华人民共和国国务院令第 134 号公布，2008 年 11 月 5 日国务院第 34 次常务会议修订通过，根据 2016 年 2 月 6 日《国务院关于修改部分行政法规的决定》第一次修订，根据 2017 年 11 月 19 日《国务院关于废止〈中华人民共和国营业税暂行条例〉和修改〈中华人民共和国增值税暂行条例〉的决定》第二次修订)中规定的增值税的征收范围为：在中华人民共和国境内销售货物或者加工、修理修配劳务(以下简称劳务)，销售服务、无形资产、不动产以及进口货物。

(2)纳税人。

在中华人民共和国境内销售货物或者加工、修理修配劳务(以下简称劳务)，销售服务、无形资产、不动产以及进口货物的单位和个人，为增值税的纳税人。

(3)税率。

增值税税率原采取一档基本税率 17%和一档低税率 13%的模式。如前所述，“营改增”改革后调整了税率，即在增值税 17%标准税率和 13%低税率的基础上，新增 11%和 6%两档低税率(租赁有形动产等适用 17%的税率，交通运输业、建筑业等适用 11%的税率，其他部分现代服务业适用 6%的税率)。

随着改革的深化，为了进一步简并增值税税率，2017 年 4 月 28 日，财政部、国家税务总局出台《关于简并增值税税率有关政策的通知》(财税〔2017〕37 号)，规定自 2017 年 7 月 1 日起简并增值税税率结构，取消 13%的增值税税率。

2018 年 4 月 4 日，财政部、税务总局进一步出台《关于调整增值税税率的通知》(财税〔2018〕32 号)，将现行的增值税税率从 17%、11%、6%三档税率调整为 16%、10%、6%。

2019 年 3 月 20 日，财政部、税务总局、海关总署联合发布《关于深化增值税改革有关政策的公告》(财政部、税务总局、海关总署公告 2019 年第 39 号)，公告明确，从 2019 年 4 月 1 日起，增值税一般纳税人(以下简称纳税人)发生增值税应税销售行为或者进口货物，原适用 16%税率的，税率调整为 13%；原适用 10%税率的，税率调整为 9%。此外，纳税人购进农产品，原适用 10%扣除率的，扣除率调整为 9%。纳税人购进用于生产或者委托加工 13%税率货物的农产品，按照10%的扣除率计算进项税额。根据公告，从2019年4月1日起，原适用16%税率且出口退税率为16%的出口货物劳务，出口退税率调整为13%；原适用10%税率且出口退税率为10%的出口货物、跨境应税行为，出口退税率调整为9%。同时，适用13%税率的境外旅客购物离境退税物品，退税率为11%；适用9%税率的境外旅客购物离境退税物品，退税率为8%。

(4)增值税实行价外计税办法。

增值税在生产和批发环节实行以不含税价计税方式，但在零售环节出售商品和对消费者提供劳务时，不再分别注明价格和税金。

我国增值税长期实行的基本税率(17%)是在原有的产品税、增值税和营业税的基础上转换而来的。原来的产品税、增值税和营业税都是实行价内税，即价税合一，以含税价格作为计税依据。现行的增值税则实行价外税，即将原来含税价格中的价和税分开，并以不含税价格作为计税依据，在零售环节以前各环节销售商品时，专用发票上要求分别填写税金和不含税金的价格。据测算，商品价格中税款所占的比重平均在14.5%左右，即100元的商品原来价格中大约包含14.5元的税款。现在增值税实行价外税，计税价格要剔除税款，变为85.5元。但是，按照总体保持原税负的要求，国家要从85.5元的计税依据中征收到14.5元的税款，所以，原来平均14.5%的价内税率要换算成价外税率，即$14.5\div85.5\times100\%=17\%$。这样就把原来的含税价格分解为不含税价格和增值税税款两部分。因此，由于实行价外计税方法，实行17%的基本税率，从国民经济整体来看，仍保持原来的总体税负水平，更不意味着在原含税价格(100元)之外另加17%的税金。在零售环节，消费者购买商品自用，已不存在税款抵扣问题，为了照顾我国广大消费者的心理习惯，零售环节的价、税仍实行合一的办法。

(5)一般纳税人应纳税额的计算(不含进口)。

应纳税额的计算公式如下：

$$应纳税额=当期销项税额-当期进项税额$$

①销项税额是纳税人销售货物或者应税劳务，按照销售额和适用税率计算并向购买方收取的增值税额。销项税额的计算公式如下：

$$销项税额=销售额\times税率$$

公式中的销售额是不含税销售额。若纳税人销售货物或提供应税劳务给消费者或小规模纳税人，因只能采用销售额和销项税款合并定价方法，价格为含税价格，应当按照以下公式计算不含增值税的销售额：

$$不含增值税的销售额=\frac{含增值税的销售额}{1+增值税适用税率}$$

②进项税额是纳税人购进货物或者接受应税劳务(以下简称购进货物或者应税劳务)支付或者负担的增值税额。

下列进项税额准予从销项税额中抵扣：

A. 从销售方取得的增值税专用发票上注明的增值税额。

B. 从海关取得的海关进口增值税专用缴款书上注明的增值税额。

C. 购进农产品，除取得增值税专用发票或者海关进口增值税专用缴款书外，按照农产品收购发票或者销售发票上注明的农产品买价和13%的扣除率计算的进项税额。进项税额的计算公式如下：

$$进项税额=买价\times扣除率$$

D. 购进或者销售货物以及在生产经营过程中支付运输费用的，按照运输费用结算单据上注明的运输费用金额和7%的扣除率计算的进项税额。进项税额的计算公式如下：

进项税额＝运输费用金额×扣除率

(6)进口货物应纳税额的计算。

纳税人进口货物，按照组成计税价格和适用税率计算应纳税额。组成计税价格和应纳税额的计算公式如下：

组成计税价格＝关税完税价格＋关税＋消费税

应纳税额＝组成计税价格×税率

对于进口货物不允许扣除进项税款，是因为按照国际通行做法，各国对出口货物实行零税率，该货物在出口环节已实行退税。

(7)小规模纳税人应纳税额的计算。

所谓小规模纳税人，是指年销售收入小于规定数额，并且会计核算不健全，不能按规定报送有关税务资料的增值税纳税人。小规模纳税人销售货物或者应税劳务，实行按照销售额和征收率计算应纳税额的简易办法，并不得抵扣进项税额。

增值税小规模纳税人标准为年应征增值税销售额500万元(含)以下。符合一般纳税人条件的纳税人应当向主管税务机关申请一般纳税人资格登记，未申请办理一般纳税人资格登记手续的，应按销售额依照增值税税率计算应纳税额，不得抵扣进项税额，也不得使用增值税专用发票(含税控机动车销售统一发票)。一经登记为一般纳税人后，不得转为小规模纳税人。

近年来，我国不断加大对增值税小规模纳税人的税收优惠力度，逐步将其免税标准提高至月销售额3万元。2019年1月17日，按照财政部、税务总局《关于实施小微企业普惠性税收减免政策的通知》(财税〔2019〕13号)的规定，小规模纳税人的增值税免税标准直接由月销售额3万元提高到10万元。

小规模纳税人购进货物，不得向对方索取专用发票；销售货物，未经允许不得使用专用发票。不享有税款抵扣权，应纳税额采用简便计税方法，计算公式如下：

应纳税额＝销售额×征收率

若销售收入为含税销售额，则：

$$销售额=\frac{含税销售额}{1+征收率}$$

小规模纳税人增值税的征收率为3%。征收率的调整由国务院决定。

6. 增值税应纳税额计算举例

例3 设某一棉纺厂2008年7月发生下列业务：

(1)外购业务。

向农民购进棉花，买价30 000元；从县棉花公司购进棉花60 000元，发票注明进项税额7 800元；从小规模纳税人购进零配件，发票由主管国家税务机关代开，价款500元，注明进项税额30元；购进煤炭价款10 000元，支付运费800元，专用发票注明进项税额1 300元；本月生产用电18 000元，专用发票注明进项税额3 060元；购进织布机价款100 000元，发票注明进项税款17 000元。

(2)销售业务。

销售棉纱10吨，价款200 000元，销项税额34 000元；销售印染布，价税合并收取70 200元。

试根据上述资料计算该厂7月份应纳增值税税额。

计算过程如下：

销项税额＝当期销售额×税率

＝34 000＋70 200÷(1＋17％)×17％＝44 200(元)

进项税额＝30 000×13％＋7 800＋30＋1 300＋800×7％＋3 060＝16 146(元)

购进的织布机系固定资产，增值税转型前不得计算进项税额，转型后可以抵扣。而增值税转型后进项税额为：

进项税额＝30 000×13％＋7 800＋30＋1 300＋800×7％＋3 060＋17 000＝33 146(元)

(3)应纳增值税。

应纳增值税＝当期销项税额－当期进项税额

＝44 200－16 146＝28 054(元)

而增值税转型后应纳增值税税额为：

应纳增值税＝44 200－33 146＝11 054(元)

例4　某电器专卖公司为增值税一般纳税人，2018年9月份销售给某宾馆300台空调机，每台价格为3 400元，当月购进材料一批，取得的增值税专用发票上注明的税额为51 200元。请计算该公司当月应缴纳的增值税额。

计算过程如下：

销项税额＝当期销售额×税率

＝(300×3 400)÷(1＋16％)×16％＝140 690(元)

应纳增值税＝当期销项税额－当期进项税额

＝140 690－51 200＝89 490(元)

(二)消费税

1. 消费税的概念和特点

消费税是对特定的消费品和消费行为在特定的环节征收的、以消费物品或消费行为为课税对象的一种税。根据消费税的课税对象和范围，消费税有广义和狭义之分。广义的消费税是指一般消费税，其征税范围包括对一切消费商品和消费行为征收的消费税，税种主要有消费税、关税、对消费品征收的增值税、对消费行为征收的营业税等；狭义的消费税是指特定商品消费税或称个别消费税，主要是对选择消费品征收的消费税、烟税、酒税、汽油税、盐税、特定行为消费税等。通常人们所说的消费税是指狭义的消费税。

我国在1994年税制改革中新设立了消费税这一税种，凡是从事生产和进口应税消费品的单位和个人均为消费税的纳税人。现行的消费税也是狭义上的消费税，是在对商品普遍征收增值税的基础上，选择少数消费品再征收消费税，其目的主要是调节消费结构、引导消费方向和保证国家财政收入。这一做法也是向流转税模式的国际惯例靠拢的一个步骤。

我国税法规定，消费税是对在我国境内从事生产、进口和委托加工应税消费品的单位和个人就其应税消费品的销售额或销售数量征收的一种税。它对于保证国家财政收入、调节消费行为、体现国家经济政策等都具有十分重要的作用。目前，世界上已有120多个国家和地区开征了此类税。1993年底，为使税制适应市场经济体制的需要，国务院正式颁布了《中华人民共和国消费税暂行条例》，并于1994年1月1日起实施，决定在增值税普遍征收的基础上再对部分消费品征收消费税，以贯彻国家产业政策和消费政策。但随着我国经济的快速发展，消费税制逐渐出现了一些问题：一是征税范围偏窄，不利于在更大范围内发挥消费税的调节作用；二是原来确定的某些属于高档消费品的产品，这些年已经逐渐具有大众消费的特征；三是有些应税品目的税率结构与国内产业结构、消费水平和消费结构的变化不相适应；四是消费税促进节约资源和环境保护的作用有待加强。因此，财政部、国家税务总局于 2006 年 3 月 21 日联合下发通知，自 2006 年 4 月 1 日起，对我国现行消费税的税目、税率及相关政策进行了部分调整。2008 年 11 月 5 日，国务院第 34 次常务会议修订通过新的《中华人民共和国增值税暂行条例》，决定自 2009 年 1 月 1 日起在全国范围内实施增值税转型改革。同时，为保持增值税、消费税相关政策和征管措施之间的有效衔接，对消费税条例进行了相应的修改。在消费税方面，与增值税条例相衔接，将纳税申报期限从 10 日延长至 15 日，对消费税的纳税地点等规定进行了调整。《中华人民共和国消费税暂行条例》在 2008 年 11 月 5 日国务院第 34 次常务会议上修订通过，自 2009 年 1 月 1 日起施行。

2014 年 11 月，财政部、国家税务总局发出通知，决定自 2014 年 11 月 29 日起上调成品油消费税，通知称，自 11 月 29 日起调整成品油等部分产品的消费税，其中，汽油消费税单位税额提高 0.12 元/升，柴油消费税提高 0.14 元/升，调整后，汽、柴油消费税将为每升 1.12 元和每升 0.94 元；自 12 月 1 日起停止征收成品油价格调节基金，取消汽车轮胎消费税等 4 项消费税。这是自 2009 年成品油税费改革后首度调整成品油消费税。近年来我国经济发展与资源环境的矛盾日益突出，节能减排工作任务艰巨。随着机动车保有量的快速增长，耗油量急剧增加，燃油污染也日益严重。目前，我国相当一部分城市受到较大范围、较长时间的严重雾霾天气困扰。适当提高成品油消费税，不仅可以促进大气污染的治理，减少污染物排放，合理引导消费需求，促进石油资源节约利用，而且有利于促进新能源产业的发展。

消费税由国家税务局负责征收管理（进口环节的消费税由海关代为征收管理），所得收入归中央政府所有，是中央政府财政收入的主要来源之一。2016 年，国内消费税实现收入 10 217.23 亿元，占税收总收入的比重为 7.8%。

与其他税种相比，消费税具有以下特点：

(1)消费税是选择性的商品税。从消费税的征税范围来看，同增值税相比，消费税并不是对所有商品课税，而且也不是对所有消费品和消费行为征税。其征税对象是根据一国政策调节的需要，对部分消费品和部分消费行为征税。一般来说，在各国税制中，采用列举法对应税消费品或消费行为进行确定，凡是税法列举的征税；反之，凡是税法未列举的，则不征税。

(2)消费税实行价内税。消费税与增值税相比，比较突出的特点是实行价内税，也就是将消费税税款包含在销售价格之中，因此，其征收也是根据消费品的价格定率或定额征收。

(3)征收环节具有单一性。消费税按产品设计税率，故只在生产、流通或消费的某一环节一次征收，而不是道道课征。

(4)税率具有差别性。消费税一般采用比例税率和定额税率，而且是区别不同税目规定差别税率。与此相适应，其计税方法也有从价税和从量税两种，并且从量课税是消费税计税方法的独特之处。

(5)一般没有减免规定。消费税开征本身就是为了对特殊消费品和消费行为进行特殊调节，征税范围窄，不会影响居民的基本生活，所以没有必要实行减免税。

(6)消费税属于典型的间接税，税负具有转嫁性。由于消费税的课税对象是部分消费品和消费行为，而不是对购买消费品本人征税，纳税人主要是生产、销售消费品的人，我国现行制度规定只在生产环节征税；纳税人将所纳消费税通过加价的办法转移给购买该消费品或消费行为的消费者。因为消费税选择消费品和消费行为作为课税对象，更多的是向消费品制造商或消费品经营者而不是向消费者征税，但税额往往内含于消费品价格之中或作为消费品价格的附加，最终由消费者负担。

2. 消费税的类型

根据消费税征税范围的大小，一般可以将消费税分为以下三种类型：

(1)有限型消费税。

该类消费税的征税范围较小，课税对象主要包括传统的一些消费品，税目不多，一般在20种以下。该类消费税的消费商品主要有烟类、酒类、石油类、车辆等消费品，消费行为主要是一些典型的娱乐活动。

(2)中间型消费税。

该类消费税的征税范围较小，税目一般在20～30种之间。除上述所列的一些消费品之外，还包括粮食制品、乳制品、纺织品、日用消费品、奢侈消费品，以及一般服务如保险、金融、运输等。

(3)延伸型消费税。

该类消费税的征税范围较广，税目也较多，一些国家甚至达到100种以上。该类消费税的征税范围除了上述两类所包括的范围外，还有一些生产性消费品，如水泥、钢材、铝制品等，都列为消费税的课税对象。

由于消费税属于补充性税种，因此，其征税范围大小主要取决于国家实行何种商品课税体系。根据我国的实际情况，增值税和营业税作为商品课税的主要税种，而消费税只能作为补充性税种存在，所以，目前我国选择的消费税属于中间型消费税。现行消费税税目的选择出于以下几个方面的考虑：一是税制改革后税负下降较多的产品；二是非生活必需品中的一些高档、奢侈消费品，如珠宝玉石、高档手表等；三是寓禁于征的消费品，如烟、酒类消费品等；四是一些资源性消费品，如成品油、木制一次性筷子、实木地板等。

3. 消费税的计税方法

(1)从价定率计算应纳税额的方法。

生产并销售应税消费品的计税方法。纳税人销售应税消费品时适用的计算公式为：

应纳税额＝应税消费品的销售额×适用税率

由于消费税是价内税，因此，其计税依据——销售额中不含增值税税额，包含消费税税额。

(2)从量定额计算应纳税额的方法。

实行从量定额征收办法的应税消费品只有啤酒、黄酒、汽油和柴油4种，计税方法比较简单，计税依据是应税消费品的数量。计算公式如下：

应纳税额＝应税消费品数量×单位税额

4. 我国消费税的基本内容

(1)纳税人。指在中华人民共和国境内从事生产、委托加工和进口应税消费品的单位和个人，以及国务院确定的销售应税消费品的其他单位和个人。

(2)征税范围。指在中华人民共和国境内生产、委托加工和进口的应税消费品，具体包括5类、14种消费品：

①过度消费会对人类健康、生态环境造成危害的特殊消费品，包括烟、酒、鞭炮焰火；

②奢侈品、非生活必需品，包括贵重首饰及珠宝玉石、化妆品、高尔夫球及球具、高档手表；

③高能耗及高档消费品，包括小汽车、摩托车、游艇；

④不可再生和替代的资源类消费品，包括成品油、木制一次性筷子、实木地板；

⑤具有一定财政意义的消费品，如汽车轮胎。

(3)税率。消费税依据应税消费品的具体情况分别采用比例税率、定额税率和复合税率(即比例税率、定额税率同时采用)。

消费税实行从价定率、从量定额，或者从价定率和从量定额复合计税(以下简称复合计税)的办法计算应纳税额。应纳税额的计算公式如下：

实行从价定率办法计算的应纳税额＝销售额×比例税率

实行从量定额办法计算的应纳税额＝销售数量×定额税率

实行复合计税办法计算的应纳税额＝销售额×比例税率＋销售数量×定额税率

消费税对调节消费、治理污染以及保证国家财政收入起着重要作用，在深化财税体制改革的过程中，仍然需要按照党的十八届三中全会的要求对消费税进行必要的调整，主要精神是调整征税范围、环节、税率。消费税改革首先是要扩围，基本原则是“三高”即高耗能、高污染和高档消费品都要纳入消费税的征税范围。总的目标是发挥消费税的调节作用，具体体现就是节能减排，引导消费行为，同时促进分配公平。还要对消费税的征收环节进行调整完善，有的在生产环节征收，以后可能要调整为在销售环节征收。税率可能也要进行适当的调整，比如烟的税率就曾进行过调整，按照世界卫生组织的建议，烟税还要再提高，其他消费品的税率也需要进行相应的调整。今后消费税改革要遵循的调整思路是：征税范围要调整到位，税率要调整得合适，要调整好征税环节。

(三)营业税

营业税是对提供应税劳务、转让无形资产或销售不动产的单位和个人，就其营业额征收的一种税。营业税是商品课税中的一个重要税种，与其他商品课税相比，具有以下特点：

(1)征收范围广泛。营业税与增值税平行征收，征收范围覆盖增值税征收范围之外的所有经营业务。考虑到各类经营业务的盈利水平高低不同，对不同的经营行业分别设立税目、税率，一个行业一个税率，实行行业差别比例税率。

(2)平均税率低。《中华人民共和国营业税暂行条例》规定，营业税除娱乐业外，其他税目按3%或5%两档税率征税，税率差距不大。由于营业税所涉及的行业都与人们的生活紧密相关，所以税率较低。

(3)计算简便，便于征管。营业税以营业收入全额为计税依据，实行比例税率，税率档次少，具有明显的行业界限，便于计算和征收。

营业税分别由国家税务局和地方税务局负责征收管理，所得收入由中央政府与地方政府共享(其中，铁道部、各银行总行、各保险公司总公司集中缴纳的部分归中央政府，其余部分归地方政府)。营业税是地方政府税收收入最主要的来源。

营业税共设置了9个征税项目：(1)交通运输业。征税范围包括陆路、水路、航空、管道运输及装卸搬运。(2)建筑业。征税范围包括建筑、安装、修缮、装饰及其他工程作业。(3)邮电通信业。征税范围包括邮政、电报、电话、报刊发行等。(4)文化体育业。征税范围包括文化活动、艺术表演、体育比赛等。(5)金融保险业。征税范围包括金融保险、典当等。(6)服务业。征税范围包括代理业、旅店业、饮食业、旅游业、仓储业、租赁业、广告业及其他服务业。(7)转让无形资产。征税范围包括转让土地使用权、专利权、非专利技术、商标权、著作权、商誉等。(8)销售不动产。征税范围包括销售建筑物及其他土地附着物。(9)娱乐业。征税范围包括歌厅、舞厅、卡拉OK歌舞厅、音乐茶座、台球、高尔夫球、保龄球、游艺等。凡从事上述经营活动的单位和个人均为营业税的纳税人。

营业税根据不同行业设置不同的税率，分为3档税率：交通运输业、建筑业、邮电通信业、文化体育业税率为3%；服务业、转让无形资产、销售不动产税率为5%；金融保险业自1997年1月1日至2000年12月31日止，统一执行8%的税率，从2001年起，每年下调1个百分点，分3年将金融保险业的税率从8%降低到5%；夜总会、歌厅、舞厅、射击、狩猎、跑马、游戏、高尔夫球、保龄球、台球、游艺、电子游戏厅等娱乐业一律按20%的税率征收。营业税应纳税额的一般计算公式为：

应纳税额＝营业额(销售额)×税率

2009年1月1日开始实施修订后的《中华人民共和国增值税暂行条例》，这次修订连带对《中华人民共和国营业税暂行条例》进行了修订。修订内容有：(1)调整了纳税地点的表述方式。为了解决在实际执行中一些应税劳务的发生地难以确定的问题，考虑到大多数应税劳务的发生地与机构所在地是一致的，而且有些应税劳务的纳税地点现行政策已经规定为机构所在地，将营业税纳税人提供应税劳务的纳税地点由按劳务发生地原则确定调整为按机构所在地或者居住地原则确定。(2)删除了转贷业务差额征税的规定。这一规定在实际执行中仅适用于外汇转贷业务，造成外汇转贷与人民币转贷之间的政策不平衡，因此，删除了这一规定。(3)考虑到营业税各税目的具体征税范围难以列举全面，删除了《中华人民共和国营业税暂行条例》所附的税目税率表中征税范围一栏，具体范围由财政部和国家税务总局规定。(4)与《中华人民共和国增值税暂行条例》衔接，将纳税申报期限从10日延长至15日，进一步明确了对境外纳税人如何确定扣缴义务人、扣缴义务发生时间、扣缴地点和扣缴期限的规定。

1994年的税制改革采取划分增值税与营业税的征税范围、两税并行征收的制度。这种制度既使我国增值税的覆盖面偏窄，限制了增值税作用的发挥，同时又使两种税的征税范围难以划分清楚，由此而带来了一系列矛盾。营业税存在的问题突出地表现在交通运输业和建筑业上。按照“营改增”之前的税制，交通运输业属于营业税的课征范围，增值税纳税人购入运输劳务无法取得增值税专用发票，因而造成增值税抵扣链条的中断。为了避免纳税人因进货成本结构不同而形成的税负畸轻畸重的问题，又规定购进货物(不包括固定资产)和销售货物所付运输费用准予按运费金额的7%抵扣进项税额。这样，从国家征税方面看，运输企业只缴纳了3%的营业税，而允许购入运输劳务的企业按运费金额的7%抵扣进项税额，征少扣多，使国家税收蒙受损失；同时，税法规定的以增值税专用发票作为抵扣凭证的制度，又另外规定一个扣除率，使增值税进项税额的确定方法不够规范。建筑业也存在类似的问题。建筑业购入的原材料，基本上是从增值税纳税人那里购进的，而建筑业课征营业税，原材料中所含的已征增值税得不到抵扣，要全额缴纳营业税，破坏了增值税环环相扣的完整性；建筑业中的安装、装饰修缮劳务与增值税中的加工、修理修配劳务经营性质相似，但由于适用税种不同，形成税收负担相差悬殊，有失税收公平。

通过上述分析可以看出，营业税存在的问题是和增值税征税范围过窄以及两税的征税范围划分不清相联系的。因此，扩大增值税征税范围是必然的趋势，自2016年5月1日实现了行业全国性增值税的“扩围”，经法律程序批准全面推开“营改增”试点后，原来实行营业税的服务业领域统一征收增值税，《营业税暂行条例》实际已停止执行。为巩固和扩大营改增大幅减税成果，必须修改相应法规，并重新以法规形式确定下来。

2017年10月30日，国务院常务会议通过《国务院关于废止〈中华人民共和国营业税暂行条例〉和修改〈中华人民共和国增值税暂行条例〉的决定(草案)》，推动“营改增”改革成果法治化，全面取消营业税，调整完善增值税征税范围，将销售服务、无形资产、不动产的单位和个人规定为增值税纳税人，并明确相应的税率。根据13%这一档增值税率已取消的情况，将销售或进口粮食、图书、饲料等货物的税率由13%降至11%，这标志着实施60多年的营业税正式退出历史舞台。

(四)关税

1. 关税的概念

关税是指主权国家对进出口国境或关境的货物或物品征收的一种税。国境即一国主权所管辖的境域，包括领土、领海和领空；关境是指海关征收关税的境域。当一国境内设有自由贸易港、自由贸易区或出口加工区时，国境的范围大于关境；当几个国家组成关税同盟时，国境的范围小于关境；在国境与关境不一致时，以关境为准。概念中所涉及的货物指的是贸易性商品，物品指的是非贸易性商品。

关税既是国家调节进出口贸易、保护国内产业的重要手段，也是财政收入的一项重要来源。因此，世界各国都十分重视对关税的建设。

2. 关税的分类

(1)按照通过关境的货物和物品的流向为标准，关税可分为：

①进口关税，指对流入关境或国境的货物和物品征收的一种税，是当今世界各国最主要的一种关税。国家通常通过征收进口关税，达到限制进口和增加财政收入的目的。

②出口关税，指对流出关境或国境的货物和物品征收的一种税。目前仍征收出口关税的主要是一些经济不发达的国家，征收的目的一般是为了增加本国的财政收入或限制本国稀缺产品或资源输出。

③过境关税，指一国对于通过其关境运往别的国家的外国货物所征收的关税，其目的是为了取得财政收入。但由于过境关税妨碍了商品流通、国际贸易和交通运输业的发展，目前只有极少数国家征收。

(2)按照征税的目的为标准，关税可分为：

①财政关税，又称收入关税，是以增加国家的财政收入为主要目的而征收的关税。财政关税一般税率较低，通常选择大量进口的消费品、非生活必需品和国内不能生产且没有替代品的消费品征收。

②保护关税，主要体现在进口关税上，通过加重进口商品的税负以削弱外国商品在国内市场的竞争力，从而达到保护民族产业的目的。

③自由贸易关税，是以促进国家自由贸易为目的征收的关税，主要是采取低税率的做法弱化关税的作用，消除国家间的贸易障碍，鼓励全球贸易自由化。该税大多由经济实力雄厚的发达国家所采用。

(3)按照对进口货物输出国的差别待遇，关税可分为：

①加重关税，又称歧视性关税，是国家为了加强关税的保护作用，在征收一般关税以外加征的临时进口附加税，主要有反倾销税、反补贴税和报复关税。反倾销税是为了抵制外国商品的倾销，而对外国出口商以低于正常价值的价格向本国倾销的进口货物按较高的税率征收的一种附加税。反补贴税是对享受过出口补贴的外国进口货物征收的相当于补贴额的进口附加税。报复关税则是当本国的出口货物在某国受到歧视或不利待遇时，对从该国输入的货物也相应地加重征税的一种临时附加税。

②优惠关税，是对来自特定受惠国的进口货物采用比普通税率低的税率征收的一类关税。与优惠关税相联系的一个概念是“最惠国待遇”，它实际上是优惠关税的一种。其含义是，缔约

国一方承诺现在和将来给予第三国的一切优惠、特权和豁免,也将同样给予缔约国的另一方。

3. 我国现行关税政策与关税税法的基本内容

(1)我国的关税政策。

关税政策是国家在一定历史时期运用关税手段达到预期目的的行为准则。不同国家在不同时期的关税政策是不一样的,这主要取决于当时的政治、经济、外贸、外交以及产业发展政策等多种因素。我国关税的总政策原则是贯彻国家的对外开放政策,体现鼓励出口和扩大必需品的进口,保护与促进国民经济的发展,保证国家的关税收入。关税的上述总政策原则可细分为以下 6 项,即关税的具体政策原则:

①对进口国家建设和人民生活必需,而国内又不能生产或供应不足的动、植物良种、肥料、饲料、药剂、精密仪器仪表、关键机器设备和粮食等,制定低税率或免税。

②对原料、材料的进口税率,一般比半成品或成品低,特别是受自然条件制约、国内生产短期不能迅速发展的原料和材料,其税率应更低。

③对国内不能生产的或质量未过关的机械设备和仪器仪表的零件、部件的进口税率,应比整机低。

④对国内已能生产和非国计民生必需的物品,应制定较高的税率。

⑤对符合国家产业政策,需要扶持、鼓励发展的幼稚工业,为了给予适当的保护,对其相应的产品应制定较高的税率。

⑥对绝大多数出口货物不征出口税,但对国内资源有限或国际市场容量有限,而竞争性较强的货物,以及需要限制出口的极少数原料、材料和半制成品,必要时可以征收适当的出口税。

以上 6 项政策的基本精神,除继续体现保护国内工农业生产的原则之外,还重在进一步贯彻对外开放方针,充分、灵活地运用关税杠杆,不再是单纯地防范,而是积极地促进、扩大必需品的进口,鼓励货物出口,限制国内外差价大、国内已能满足需要的产品进口,以利于对外贸易和国内经济建设的发展。

(2)我国现行关税的基本内容。

我国加入世贸组织后,对我国的原关税政策提出了新的要求,包括:大幅度削减关税税率;逐步取消进口许可证、配额以及外汇管制、技术检验标准等非关税措施,清理关税减免政策,建立符合 WTO 要求的关税保护制度;取消被禁止的出口补贴,亏损商品只能通过汇率调整和出口退税的方法获得补偿。我国现行的《中华人民共和国进出口关税条例》是国务院于 2003 年 11 月 23 日公布,从 2004 年 1 月 1 日起实施的(后根据需要,分别于 2011 年 1 月 8 日、2013 年 12 月 7 日和 2016 年 2 月 6 日进行了修改)。关税由海关总署负责征收管理,所得收入归中央政府所有,是中央政府财政收入的主要来源之一。2016 年关税实现收入 2 603.75 亿元,占税收总收入的比重为 2.0%。

①征税范围。进出我国国境的货物和物品。其中,货物是指贸易性进出口商品;物品包括入境旅客随身携带的行李和物品、个人邮递入境的物品、各种运输工具上的服务人员携带进口的自用物品、馈赠物品,以及以其他方式进入国境的个人物品。

②纳税人。关税的纳税人包括进口中国准许进口的货物的收货人、出口中国准许出口的货物的发货人和中国准许进境物品的所有人,他们分别应当依法缴纳进口关税和出口关税。从中国境外采购进口的原产于中国境内的货物,也应当缴纳进口关税。

③税率。关税的税率分为进口税率和出口税率两部分。根据不同货物和不同国家,采取差别比例税率。进口关税设置最惠国税率、协定税率、特惠税率、普通税率、关税配额税率等税

率。对进口货物在一定期限内可以实行暂定税率。出口关税设置出口税率，对于出口货物在一定期限内也可以实行暂定税率。

中国的进口关税税率主要使用最惠国税率，并通过差别税率体现国家的经济、外贸政策。近年来，为了进一步落实有关税收和产业政策，适应科学技术进步和加强进出口管理的需要，在符合世界海关组织《商品名称及编码协调制度》列目原则的前提下，对我国进出口税则中的税目进行了适当增减，另外，也删除了个别产品的税目。经过调整，我国2018年进出口税则税目总数由2008年的7 758个增至8 549个。为了适应国内产业发展和进出口管理需要，中国的进口关税税率水平逐步降低，截至2008年底，我国已经基本履行完毕加入世贸组织的降税承诺。

中国加入世界贸易组织十多年来，全面履行加入世界贸易组织的承诺，不断降低进口产品关税税率，取消所有不符合世界贸易组织规则的进口配额、许可证等非关税措施，中国关税总水平由15.3%降至7.5%，达到并超过了世界贸易组织对发展中国家的要求。根据世界贸易组织数据，2015年中国贸易加权平均关税税率已降至4.4%，明显低于韩国、印度、印度尼西亚等新兴经济体和发展中国家，已接近美国(2.4%)、欧盟(3%)和澳大利亚(4%)的水平。

第三节 所得课税

一、所得课税的概念和特点

所得课税是对所有以所得额为课税对象的税种的总称。所得税是世界各国普遍实行的税种。目前我国开征的所得税主要有企业所得税、个人所得税、土地增值税等税种。

与其他税类相比，所得课税具有以下几个方面的特点：

1. 税负相对公平

所得课税以纳税人的所得为计征依据，并实行多所得多征、少所得少征的累进计税办法，合乎量能课税原则。同时，所得税常规定起征点、免征额及扣除项目，照顾低收入者，从而不影响纳税人的基本生活。

所得课税是以所得额为课税对象，向所得额的获得者课征的税类。所得额是指企业或个人在一定时期内从全社会的国民收入总额中通过各种方式分配到的那部分份额。所得税是直接税，纳税人本身就是税收负担的直接承担者。

2. 税负不易转嫁，不影响商品的相对价格

所得税以纳税人的总收入减去准予扣除项目后的应税所得额为课税对象，纳税人就是负税人，税负一般不能转嫁，而且征税环节单一，只要不存在两个以上课税主体，一般不会出现重复征税。所得税的应税所得额不构成商品价格的追加，一般不会影响商品的相对价格。

3. 有利于维护国家的经济权益

在国际经济交往与合作不断扩大的现代社会，跨国投资与经营的情况十分普遍，必然会出现跨国所得。对跨国所得征税是主权国家应有的权益，这就需要利用所得税可以跨国征税的天然属性，参与纳税人跨国所得的分配，维护本国的经济权益。

4. 税源广泛，税收有弹性

凡是从事生产经营活动取得的收益，就要缴纳所得税，所以，其税源广泛。另外，所得税来源于经济资源的利用和剩余产品的增加，不仅税源可靠，而且可以根据国家的需要灵活调整，

以适应政府支出的增减，有利于实现税收政策的目标。

5. 计税方法复杂，征管难度大

由于所得税以应纳税所得额为计税依据，纳税人所得额的多少又直接取决于其产品或劳务的价格、成本、费用等许多因素，计税同成本费用挂钩决定了所得税计税方法复杂，征管难度大。而且，个人所得税纳税户多、税额小、税源分散，加上累进税率计算繁琐，计税复杂，征收成本较高。

所得课税的主要功能有以下三个方面：

(1)收入功能。

所得税税源可靠稳定，是国家筹措资金的重要手段。

(2)促进社会公平分配的功能。

所得税是一种有效的再分配手段，可以通过累进课征缩小社会贫富和企业之间实际收入水平的差距，可以通过减税、免税对有特殊困难的纳税人给予种种照顾，从而缓解社会矛盾，保持社会安宁。所以，所得税是实现社会公平分配的有效杠杆。

(3)稳定经济的功能。

由于所得税的弹性较大，因而政府可以根据社会总供给和总需求的平衡关系灵活调整税负水平，抑制经济波动：当经济增长速度过快，总需求过旺时，提高所得税税负水平；当经济处于萧条时期，社会总需求萎缩时，降低所得税税负水平。由于所得税一般实行累进税率，当经济过热、社会总需求过大时，企业和个人的所得会大幅度增加，原来按较低税率纳税的人要改按较高税率纳税，税收收入会自然增加，从而可以抑制纳税人的投资和消费冲动，维持经济稳定；反之，当经济萧条、纳税人收入下降时，适用税率自动下降，又可以刺激投资和消费，促进经济复苏。具有这种功能的所得税被称为“内在稳定器”和“人为稳定器”。所得税内在的稳定功能在以所得税为主的西方发达国家构成国家财政政策的核心内容。

所得税作为促进社会公平分配和稳定经济的杠杆，在当今社会备受重视，并成为各国社会政策和经济政策的主要传导工具，但它也存在以下缺陷：

(1)所得税的开征及其财源受企业利润水平和人均收入水平的制约；

(2)所得税的累进课税方法会在一定程度上压抑纳税人的生产和工作积极性的充分发挥；

(3)计征管理也比较复杂，需要较高的税务管理水平，在发展中国家广泛推行往往遇到困难。另外，有一种观点认为，同商品课税相比，所得课税的经济调节功能较弱，不易有效地体现政府的经济政策。

我国的所得税也具有其自身的特点：一是我国一向以商品课税为主，所得课税居于次要地位；二是西方发达国家的所得课税以个人所得税为主，而我国当前仍以企业所得税为主，但个人所得税的地位和作用也已经受到重视，正在显露头角。因此，目前我国所得税的功能仍然相对较弱，但随着市场经济的发展和经济改革的深化，可以预期，所得课税的功能将逐步得到运用和发挥。

二、所得税的类型

(一)分类所得税

分类所得税是对纳税人的各种应纳税所得分为若干类别，不同类别(或来源)的所得适用不同的税率，分别课征所得税。例如，可把应税所得分为薪金报酬所得、服务报酬所得、利息所得、财产出租所得、营利所得等，根据这些所得类别，分别规定高低不等的税率，依率计征。分类所得税一般采用比例税率，并以课源法征收。这种税制的优点是征收简便、税源易控，可有效防止逃税行为；其缺点是不能按纳税能力原则课征。这种税制首创于英国，但目前实行纯粹分类所得税的国家已不多见。

（二）综合所得税

综合所得税是对纳税人个人的各种应税所得（如工薪收入、利息、股息、财产所得等）综合征收。这种税制大多采用累进税率，并以申报法征收。其优点是能够量能课税、公平税负。但这种税制需要纳税人纳税意识强、服从程度高，征收机关的征管手段先进、工作效率高。综合所得税最先出现于德国，现为世界各国普遍采用。

（三）分类综合所得税

分类综合所得税是把分类所得税与综合所得税综合起来，采用并行征收制。先按分类所得税课征，然后再对个人全年总所得超过规定数额以上的部分进行综合加总，另按累进税率计税。这种税制既能量能课税，又使征收简便，不失为一种较好的选择。

三、我国现行所得课税的主要税种

综观各国所得税的课税体系，主要包括企业所得税、个人所得税、社会保障税。我国现行所得税主要包括企业所得税和个人所得税。

（一）企业所得税

1. 企业所得税的概念

企业所得税是对在我国境内的企业（包括外商投资企业和外国企业）就其生产经营所得和其他所得征收的一种税。1994 年税制改革中，在合并原国营企业所得税、集体企业所得税和私营企业所得税的基础上，通过不断改革，我国形成了一套内资企业适用《中华人民共和国企业所得税暂行条例》、外资企业适用《中华人民共和国外商投资企业和外国企业所得税法》的企业所得税制度。

1994 年企业所得税制度的实施，在组织财政收入、促进经济增长、进行宏观调控等方面产生了积极效果。企业所得税作为我国税收收入的主体税种之一，随着我国国民经济的快速发展和企业经济效益的不断提高，企业所得税收入也取得了较快的增长。据统计，2006 年，全国企业所得税收入达到了 7 080.9 亿元，占当年全国税收总额的 19.9%[①]，已成为仅次于增值税的第二大税种。在为国家财政创收的同时，企业所得税作为国家宏观调控的一种重要手段，也促进了我国产业结构的调整和经济的平稳增长。尤其是自 20 世纪 80 年代改革开放以来，为吸引外资、发展经济，对外资企业采取了有别于内资企业的税收政策，这项政策的实施对改革开放、吸引外资、促进经济发展发挥了重要作用。截至 2006 年底，全国累计批准外资企业 59.4 万户，实际引用外资 6 919 亿美元。2006 年，外资企业缴纳各类税款 7 950 亿元，占全国税收总额的 21.12%。[②] 但是，此时内资、外资企业所得税制度在执行中也暴露出一些问题，已经不能适应新的形势要求：一是内资、外资企业所得税税收政策差异较大，在税收优惠、税前扣除等政策上，存在对外资企业偏松、内资企业偏紧的问题，企业要求统一税收待遇、公平竞争的呼声较高。我国自改革开放以来，内、外资企业一直实行两种不同的所得税法规。两种税制之间由于名义税率和优惠待遇的不同，形成实际税收负担率存在较大的差异，内资企业大体为

① 刘佐：《中国税制概览》，经济科学出版社，2008。
② 於鼎丞、魏朗：《中国税制》，暨南大学出版社，2008。

25%,而外资企业仅有11%左右,在统一的市场下使内资企业长期处于非公平竞争的地位。二是此时的企业所得税优惠政策存在较大漏洞,导致一些企业有空子可钻,造成国家税款的流失。例如,一些内资企业采取将资金转移到境外再投资境内的"返程投资"方式,就是为了能够享受外资企业的所得税优惠。三是自内资税法、外资税法实施十多年来,我国经济社会情况和国际经济融合等都发生了很大变化,需要针对新情况及时完善制度和修订法律条款。尤其是我国加入WTO以后,按照WTO规则的非歧视原则统一内、外资企业所得税法,即实行"两税合一"已经成为税制改革中的一项迫切任务。因此,经过多年的酝酿和论证,2007年3月16日,第十届全国人民代表大会第五次会议通过了《中华人民共和国企业所得税法》,终于实现了内、外资企业所得税统一征收,向法人所得税改革迈出了最关键的一步。自2008年1月1日起,《中华人民共和国外商投资企业和外国企业所得税法》废止,内、外资企业统一适用《中华人民共和国企业所得税法》,后根据2017年2月24日第十二届全国人民代表大会常务委员会第二十六次会议《关于修改〈中华人民共和国企业所得税法〉的决定》修正。现行《中华人民共和国企业所得税法》是2018年12月29日第十三届全国人民代表大会常务委员会第七次会议通过、第十三届全国人民代表大会常务委员会第七次会议决定修改。

我国企业所得税分别由国家税务局和地方税务局负责征收管理,所得收入由中央政府与地方政府共享,是中央政府和地方政府税收收入的主要来源之一。现行企业所得税是国家参与企业利润分配并调节其收益水平的一个关键性税种,体现国家与企业的分配关系,也是正确处理国家、集体、个人三者利益关系的重要手段。2016年企业所得税实现收入28 851.36亿元,占税收总收入的比重为22.1%。

2. 企业所得税的纳税人

(1)纳税人的一般规定。

在中华人民共和国境内,企业和其他取得收入的组织(以下统称企业)为企业所得税的纳税人,依照《中华人民共和国企业所得税法》的规定缴纳企业所得税。

个人独资企业、合伙企业不适用《中华人民共和国企业所得税法》。

(2)企业分为居民企业和非居民企业。

居民企业,是指依法在中国境内成立,或者依照外国(地区)法律成立但实际管理机构在中国境内的企业。

所称非居民企业,是指依照外国(地区)法律成立且实际管理机构不在中国境内,但在中国境内设立机构、场所的,或者在中国境内未设立机构、场所,但有来源于中国境内所得的企业。

3. 企业所得税的征税对象和征税范围

居民企业应当就其来源于中国境内、境外的所得缴纳企业所得税。

非居民企业在中国境内设立机构、场所的,应当就其所设机构、场所取得的来源于中国境内的所得,以及发生在中国境外但与其所设机构、场所有实际联系的所得,缴纳企业所得税。

非居民企业在中国境内未设立机构、场所的,或者虽设立机构、场所但取得的所得与其所设机构、场所没有实际联系的,应当就其来源于中国境内的所得缴纳企业所得税。

4. 企业所得税的税率

企业所得税的税率为25%。

非居民企业在中国境内未设立机构、场所的,或者虽设立机构、场所但取得的所得与其所设机构、场所没有实际联系的,就其来源于中国境内取得的所得缴纳企业所得税,适用税率为20%。

5. 应纳税所得额的确定

企业所得税的应纳税所得额是计算所得税的依据。企业每一纳税年度的收入总额,减除不征税收入、免税收入、各项扣除以及允许弥补的以前年度亏损后的余额,为应纳税所得额。计算公式为:

应纳税所得额＝收入总额－准予扣除项目金额

应纳税所得额＝收入总额－不征税收入－免税收入－各项扣除－弥补以前年度的亏损

6. 企业所得税的税收优惠政策

企业所得税的税收优惠是指国家根据经济和社会发展的需要,在一定期限内对特定的企业、项目和地区的纳税人应缴纳的企业所得税,给予减征或免征的一种照顾和鼓励措施。税收优惠政策具有很强的政策导向作用,正确制定并运用这种措施,可以更好地发挥税收的调节功能。

(1)国家对重点扶持和鼓励发展的产业和项目,给予企业所得税优惠。

(2)企业的下列收入为免税收入:

①国债利息收入;

②符合条件的居民企业之间的股息、红利等权益性投资收益;

③在中国境内设立机构、场所的非居民企业从居民企业取得的与该机构、场所有实际联系的股息、红利等权益性投资收益;

④符合条件的非营利组织的收入。

(3)企业的下列所得,可以免征、减征企业所得税:

①从事农、林、牧、渔业项目的所得;

②从事国家重点扶持的公共基础设施项目投资经营的所得;

③从事符合条件的环境保护、节能节水项目的所得;

④符合条件的技术转让所得;

⑤非居民企业在中国境内未设立机构、场所的,或者虽设立机构、场所但取得的所得与其所设机构、场所没有实际联系的,来源于中国境内的所得。

(4)符合条件的小型微利企业,减按20%的税率征收企业所得税。

国家需要重点扶持的高新技术企业,减按15%的税率征收企业所得税。

(5)民族自治地方的自治机关对本民族自治地方的企业应缴纳的企业所得税中属于地方分享的部分,可以决定减征或者免征。自治州、自治县决定减征或者免征的,须报省、自治区、直辖市人民政府批准。

(6)企业的下列支出,可以在计算应纳税所得额时加计扣除:

①开发新技术、新产品、新工艺发生的研究开发费用;

②安置残疾人员及国家鼓励安置的其他就业人员所支付的工资。

(7)创业投资企业从事国家需要重点扶持和鼓励的创业投资,可以按投资额的一定比例抵扣应纳税所得额。

(8)企业的固定资产由于技术进步等原因,确需加速折旧的,可以缩短折旧年限或者采取加速折旧的方法。

(9)企业综合利用资源,生产符合国家产业政策规定的产品所取得的收入,可以在计算应纳税所得额时减计收入。

(10)企业购置用于环境保护、节能节水、安全生产等专用设备的投资额,可以按一定比例实行税额抵免。

(11)根据国民经济和社会发展的需要，或者由于突发事件等原因对企业经营活动产生重大影响的，国务院可以制定企业所得税专项优惠政策，报全国人民代表大会常务委员会备案。

7. 应纳企业所得税税额的计算

应纳企业所得税税额是企业依照税法规定应向国家缴纳的税款。应纳税额的计算公式为：

应纳税额＝应纳税所得额×适用税率－减免税额－抵免税额

其中，减免税额和抵免税额是指依照企业所得税法和国务院的税收优惠规定减征、免征和抵免的应纳税额。

应纳税所得额＝会计利润±调整项目

例 5 某居民企业 2019 年主营业务收入 5 000 万元、营业外收入 80 万元，与收入配比的成本 4 100 万元，全年发生管理费用、销售费用和财务费用共计 700 万元，营业外支出 60 万元(其中，符合规定的公益性捐赠支出 50 万元)，上年度经核定结转的亏损额 30 万元。计算本年度该企业应缴纳企业所得税税额。

计算过程如下：

①会计利润＝5 000＋80－4 100－700－60＝220(万元)

②公益性捐赠扣除限额＝220×12%＝26.4(万元)，税前准予扣除的捐赠支出是 26.4 万元。

③应纳企业所得税＝(220＋50－26.4－30)×25%＝53.4(万元)

例 6 某小型企业不能正确核算收入总额，2019 年发生成本费用 180 万元，税务机关核定的应税所得率为 10%。计算该年企业应缴纳企业所得税税额。

计算过程如下：

①应纳税所得额＝成本费用支出额÷(1－应税所得率)×应税所得率＝180÷(1－10%)×10%＝20(万元)

②应纳所得税额＝应纳税所得额×适用税率＝20×25%＝5(万元)

(二)个人所得税

1. 个人所得税的概念

个人所得税是对个人劳动和非劳动所得征收的一种税。个人所得税最早于 1799 年在英国创立，目前世界上已有 140 多个国家或地区开征了这一税种，并且在许多国家的财政收入中占有重要地位。它是国家调节个人收入、缓解个人收入差距过分悬殊的矛盾的重要手段，体现了国家与个人之间的分配关系。在西方经济发达国家，个人所得税占税收收入总额的比例很高。如在美国，大约有 80%的个人是个人所得税的纳税人，个人所得税在国家财政收入中约占 60%～65%，而公司所得税仅占 5%～7%。在发展中国家，个人所得税占税收收入总额的比例相差较大，但平均值一般在 10%以上。

我国个人所得税分别由国家税务局和地方税务局负责征收管理，所得收入由中央政府与地方政府共享，是中央政府和地方政府税收收入的主要来源之一。我国于 1980 年开征个人所得税，征收额仅为 16 万元，而目前个人所得税已经成为我国仅次于增值税、企业所得税的第三大税种，在筹集财政收入、调节收入分配方面发挥着重要作用。2016 年个人所得税实现收入 10 088.98 亿元，占税收总收入的比重为 7.7%。2017 年全国个税收入 11 966 亿元，占税收总收入约 8.3%。

2. 我国个人所得税制的特点

1980 年 9 月 10 日，中国第五届全国人民代表大会第三次会议通过《中华人民共和国个人所得税法》，即日公布施行。2018 年 8 月 31 日，第十三届全国人民代表大会常务委员会第五次会议对该法作了第七次修正，自 2019 年 1 月 1 日起施行。2018 年 10 月 1 日至 12 月 31 日期间，纳税人实际取得的工资、薪金所得，减除费用统一按照 5 000 元/月执行，并执行新的税率表（见表 8—3）。

表 8—3　　2018 年 10 月 1 日至 12 月 31 日期间工资、薪金适用个人所得税税率表

级数	全月应纳税所得额	税率（%）	速算扣除数
1	不超过 3 000 元的	3	0
2	超过 3 000 元至 12 000 元的部分	10	210
3	超过 12 000 元至 25 000 元的部分	20	1 410
4	超过 25 000 元至 35 000 元的部分	25	2 660
5	超过 35 000 元至 55 000 元的部分	30	4 410
6	超过 55 000 元至 80 000 元的部分	35	7 160
7	超过 80 000 元的部分	45	15 160

专栏 8—1　　个人所得税法修正案草案公开征求意见结束

【发布日期】 2011 年 5 月 31 日 【来源】经济日报

记者从全国人大常委会办公厅获悉，个人所得税法修正案草案公开征求意见活动将于 31 日 24 时截止。中国人大网公开征求意见系统自 4 月 25 日启动以来，收到意见 23 万多条，创全国人大立法史上单项立法意见数之最。

据了解，全国人大常委会工作机构将对网上意见和通过其他方式提出的意见进行认真的梳理和分析，供全国人大常委会再次审议时参考。

个人所得税法的这次修改，受到公众极高的关注。中国人大网个税法修正案草案征求意见系统启动的第一天就收到 10 万多条意见。此前，创造全国人大立法征求意见数量之最的是劳动合同法草案，一个多月的公开征求意见期间共收到 19 万余条意见。

为了充分体现科学立法、民主立法的精神，全国人大有关部门在个税法修正案草案向社会公开征求意见期间，还召开了两次座谈会，分别邀请了 11 位专家和 16 位公众代表就草案充分发表意见，他们的意见主要集中在该不该提高免征额，要不要进一步调整税率结构以及如何加强税收监管等更好地发挥个税调节收入分配作用等方面。

据了解，将于 6 月中下旬召开的十一届全国人大常委会第二十一次会议有可能再次审议个税法修正案草案。

如专栏 8—1 所述，我国个人所得税法的修订一向备受社会关注。自 2018 年 6 月 29 日至 2018 年 7 月 28 日个人所得税法修正案草案向社会征求意见结束，一个月内征到逾 13 万条意见，体现出立法与民意的积极互动，也展现出立法者对民意的尊重。

个人所得税法第七次修正前，我国的个人所得税具有以下几个主要特点：

(1)实行分类征收。世界各国的个人所得税制一般有分类所得税制、综合所得税制和混合所得税制三种类型。我国现行的个人所得税采用分类所得税制，即将个人取得的各种所得划分为11类，分别适用不同的费用扣除标准和不同的税率及优惠办法。分类征收可以广泛采用源泉扣缴办法，方便征纳双方堵塞漏洞，同时还可以对不同的所得实行不同的征税办法，便于体现国家的政策。

(2)累进税率与比例税率并用。分类所得税制一般采用比例税率，而综合所得税制通常采用累进税率。我国现行的个人所得税利用两种税率的优点，即累进税率体现公平，比例税率体现效率；累进税率调节收入水平，比例税率实现普遍纳税，将其适当地运用到个人所得税制中。对工资、薪金所得，个体工商户的生产、经营所得，对企事业单位的承包、承租经营所得，采用累进税率，实现量能负担。对劳务报酬、稿酬等其他所得，采用比例税率，实现等比负担。

(3)有助于实现社会公平。一般认为所得是衡量纳税能力较好的标准，因此，征收个人所得税符合纳税能力原则。随着经济的高速发展，社会中贫富悬殊问题十分突出，对所得按累进税率征税，可减轻社会分配不公的程度，缓和社会矛盾，符合税收的公平原则。

(4)个人所得税具有自动稳定的功能。由于个人所得税采用累进税率，在经济繁荣时期，税收增加的速度超过个人所得增加的速度，可以自动遏制通货膨胀；反之，在经济萧条时期，税收减少的速度比个人收入降低的速度还要快，可以阻止紧缩的趋势，这样就能起到自动稳定的作用。

(5)采取源泉扣缴和自行申报两种征收办法。我国现行个人所得税法规定，纳税人应纳的税额分别采取由支付单位源泉扣缴和纳税人自行申报两种办法。对于凡是可以在应税所得的支付环节扣缴个人所得税的，均由支付单位在支付时实行源泉扣缴。对于没有扣缴义务人或者在两处或两处以上取得工资、薪金所得以及不便于扣缴的情况，采取由纳税人自行申报纳税的办法。

而现行的《中华人民共和国个人所得税法》则出现了新的变化，建立了综合与分类相结合的税制。

根据财政部部长刘昆于2018年6月19日在第十三届全国人民代表大会常务委员会第三次会议上所作的《关于〈中华人民共和国个人所得税法修正案(草案)〉的说明》(全文如下)：

个人所得税是目前我国仅次于增值税、企业所得税的第三大税种，在筹集财政收入、调节收入分配方面发挥着重要作用。党中央、国务院高度重视推进个人所得税改革工作。习近平总书记指出，财政是国家治理的基础和重要支柱，科学的财税体制是优化资源配置、维护市场统一、促进社会公平、实现国家长治久安的制度保障，要深化税收制度改革，逐步建立综合与分类相结合的个人所得税制。李克强总理在2018年政府工作报告中提出，改革个人所得税，提高个人所得税起征点，增加子女教育、大病医疗等专项费用扣除，合理减负，鼓励人民群众通过劳动增加收入、迈向富裕。

为贯彻落实党中央、国务院决策部署，财政部、税务总局会同有关部门抓紧研究起草了《中华人民共和国个人所得税法修正案(草案送审稿)》。草案已经国务院同意，现说明如下：

一、修改的总体思路

这次修改个人所得税法，旨在落实党中央、国务院关于个人所得税改革的决策部署，依法保障个人所得税改革顺利实施。修改工作坚持突出重点，对现行个人所得税法不适应改革需要的内容进行修改，补充、完善、保障改革实施所需内容。对其他内容，原则上不作修改。

二、修改的主要内容

(一)完善有关纳税人的规定

现行个人所得税法规定了两类纳税人:一是在中国境内有住所,或者无住所而在境内居住满一年的个人,从中国境内和境外取得的所得,缴纳个人所得税;二是在中国境内无住所又不居住,或者无住所而在境内居住不满一年的个人,从中国境内取得的所得,缴纳个人所得税。从国际惯例看,一般将个人所得税纳税人分为居民个人和非居民个人两类,两类纳税人在纳税义务和征税方式上均有所区别。现行个人所得税法规定的两类纳税人实质上是居民个人和非居民个人,但没有明确作出概念上的分类。为适应个人所得税改革对两类纳税人在征税方式等方面的不同要求,便于税法和有关税收协定的贯彻执行,草案借鉴国际惯例,明确引入了居民个人和非居民个人的概念,并将在中国境内居住的时间这一判定居民个人和非居民个人的标准,由现行的是否满 1 年调整为是否满 183 天,以更好地行使税收管辖权,维护国家税收权益。(第一条)

(二)对部分劳动性所得实行综合征税

现行个人所得税法采用分类征税方式,将应税所得分为 11 类,实行不同的征税办法。按照"逐步建立综合与分类相结合的个人所得税制"的要求,结合当前的征管能力和配套条件等实际情况,草案将工资、薪金所得,劳务报酬所得,稿酬所得,特许权使用费所得 4 项劳动性所得(以下称综合所得)纳入综合征税范围,适用统一的超额累进税率。居民个人按年合并计算个人所得税,非居民个人按月或者按次分项计算个人所得税。同时,适当简并应税所得分类,将"个体工商户的生产、经营所得"调整为"经营所得",不再保留"对企事业单位的承包经营、承租经营所得",该项所得根据具体情况,分别并入综合所得或者经营所得。对经营所得,利息、股息、红利所得,财产租赁所得,财产转让所得,偶然所得以及其他所得,仍采用分类征税方式,按照规定分别计算个人所得税。

(三)优化调整税率结构

一是综合所得税率。以现行工资、薪金所得税率(3%至 45%的 7 级超额累进税率)为基础,将按月计算应纳税所得额调整为按年计算,并优化调整部分税率的级距。具体是:扩大 3%、10%、20%三档低税率的级距,3%税率的级距扩大一倍,现行税率为 10%的部分所得的税率降为 3%;大幅扩大 10%税率的级距,现行税率为 20%的所得,以及现行税率为 25%的部分所得的税率降为 10%;现行税率为 25%的部分所得的税率降为 20%;相应缩小 25%税率的级距,30%、35%、45%这三档较高税率的级距保持不变。

二是经营所得税率。以现行个体工商户的生产、经营所得和对企事业单位的承包经营、承租经营所得税率为基础,保持 5%至 35%的 5 级税率不变,适当调整各档税率的级距,其中最高档税率级距下限从 10 万元提高至 50 万元。(第三条、第十七条)

(四)提高综合所得基本减除费用标准

按照现行个人所得税法,工资、薪金所得的基本减除费用标准为 3 500 元/月,劳务报酬所得、稿酬所得、特许权使用费所得,每次收入不超过 4 000 元的,减除费用 800 元;4 000 元以上的,减除 20%的费用。草案将上述综合所得的基本减除费用标准提高到 5 000 元/月(6 万元/年)。这一标准综合考虑了人民群众消费支出水平增长等各方面因素,并体现了一定的前瞻性。按此标准并结合税率结构调整测算,取得工资、薪金等综合所得的纳税人,总体上税负都有不同程度的下降,特别是中等以下收入群体税负下降明显,有利于增加居民收入、增强消费能力。该标准对于在中国境内无住所而在中国境内取得工资、薪金所得的纳税人和在中国境内有住所而在中国境外取得工资、薪金所得的纳税人统一适用，不再保留专门的附加减除费用（1 300 元/月）。（第五条）

（五）设立专项附加扣除

草案在提高综合所得基本减除费用标准，明确现行的个人基本养老保险、基本医疗保险、失业保险、住房公积金等专项扣除项目以及依法确定的其他扣除项目继续执行的同时，增加规定子女教育支出、继续教育支出、大病医疗支出、住房贷款利息和住房租金等与人民群众生活密切相关的专项附加扣除。专项附加扣除考虑了个人负担的差异性，更符合个人所得税的基本原理，有利于税制公平。（第五条）

（六）增加反避税条款

目前，个人运用各种手段逃避个人所得税的现象时有发生。为了堵塞税收漏洞，维护国家税收权益，草案参照企业所得税法有关反避税规定，针对个人不按独立交易原则转让财产、在境外避税地避税、实施不合理商业安排获取不当税收利益等避税行为，赋予税务机关按合理方法进行纳税调整的权力。规定税务机关作出纳税调整，需要补征税款的，应当补征税款，并依法加收利息。（第六条）

此外，为保障个人所得税改革的顺利实施，草案还明确了非居民个人征税办法，并进一步健全了与个人所得税改革相适应的税收征管制度。

也有专家指出新个人所得税法还有一大亮点在于：加强了部门间信息共享，强化了协税护税机制。

新个税法首次在立法层面要求各个部门协同分享纳税人涉税信息：公安、人民银行、金融监督管理等相关部门应当协助税务机关确认纳税人的身份、金融账户信息；教育、卫生、医疗保障、民政、人力资源社会保障、住房城乡建设、公安、人民银行、金融监督管理等相关部门应当向税务机关提供纳税人子女教育、继续教育、大病医疗、住房贷款利息、住房租金、赡养老人等专项附加扣除信息。

此外，在本次个税法修订中，还将目前实际税收征管中的“先缴税后办理股权和不动产转让登记”制度安排上升到法律层面，并明确提出要将纳税人、扣缴义务人遵守《中华人民共和国个人所得税法》的情况纳入信用信息系统。

3. 个人所得税的课税对象

（1）工资、薪金所得，是指个人因任职或者受雇取得的工资、薪金、奖金、年终加薪、劳动分红、津贴、补贴以及与任职或者受雇有关的其他所得。

（2）劳务报酬所得，指个人从事劳务取得的所得，包括从事设计、装潢、安装、制图、化验、测试、医疗、法律、会计、咨询、讲学、新闻、广播、翻译、审稿、书画、雕刻、影视、录音、录像、演出、表演、广告、展览、技术服务、介绍服务、经纪服务、代办服务以及其他劳务取得的所得。

（3）稿酬所得，是指个人因其作品以图书、报刊形式出版、发表而取得的所得。

（4）特许权使用费所得，是指个人提供专利权、商标权、著作权、非专利技术以及其他特许权的使用权取得的所得。提供著作权的使用权取得的所得，不包括稿酬所得。

（5）经营所得，是指：

①个人通过在中国境内注册登记的个体工商户、个人独资企业、合伙企业从事生产、经营活动取得的所得；

②个人依法取得执照，从事办学、医疗、咨询以及其他有偿服务活动取得的所得；

③个人承包、承租、转包、转租取得的所得；

④个人从事其他生产、经营活动取得的所得。

(6)利息、股息、红利所得，是指个人拥有债权、股权等而取得的利息、股息、红利性质的所得。

(7)财产租赁所得，是指个人出租不动产、土地使用权、机器设备、车船以及其他财产而取得的所得。

(8)财产转让所得，是指个人转让有价证券、股权、合伙企业中的财产份额、不动产、土地使用权、机器设备、车船以及其他财产取得的所得。

(9)偶然所得，是指个人得奖、中奖、中彩以及其他偶然性质的所得。

个人取得的所得，难以界定应纳税所得项目的，由主管税务机关确定。

4. 个人所得税的纳税人

(1)居民纳税人，是指在中国境内有住所或者无住所而在中国境内居住满 183 天的个人。所谓“在中国境内有住所的个人”，是指因户籍、家庭、经济利益关系而在中国境内习惯性居住的个人。所谓“在中国境内居住满 183 天”，是指在一个纳税年度(即公历 1 月 1 日起至 12 月 31 日止，下同)内，在中国境内居住满 183 天。

居民纳税人负有无限纳税义务。其所取得的应纳税所得，无论是来源于中国境内还是来源于中国境外任何地方，都要在中国缴纳个人所得税。

(2)非居民纳税人，是指在中国境内无住所又不居住或无住所而在一个纳税年度内在中国境内居住不满 183 天的个人。

非居民纳税人承担有限纳税义务，仅就其从中国境内取得的所得，向中国缴纳个人所得税。

5. 个人所得税的税率

(1) 综合所得，适用 3%至 45%的超额累进税率(见表 8－4)。

表 8－4　　个人所得税税率表(综合所得适用税率表)

级　数	全年应纳税所得额	税率(%)	速算扣除数
1	不超过 36 000 元的	3	0
2	超过 36 000 元至 144 000 元的部分	10	210
3	超过 144 000 元至 300 000 元的部分	20	1 410
4	超过 300 000 元至 420 000 元的部分	25	2 660
5	超过 420 000 元至 660 000 元的部分	30	4 410
6	超过 660 000 元至 960 000 元的部分	35	7 160
7	超过 960 000 元的部分	45	15 160

注：①本表所称全年应纳税所得额是指依照《中华人民共和国个人所得税法》第六条的规定，居民个人取得综合所得以每一纳税年度收入额减除费用六万元以及专项扣除、专项附加扣除和依法确定的其他扣除后的余额。

②非居民个人取得工资、薪金所得，劳务报酬所得，稿酬所得和特许权使用费所得，依照本表按月换算后计算应纳税额。

资料来源：国家税务总局网站《中华人民共和国个人所得税法》附件 1。

(2)经营所得，适用5%至35%的超额累进税率(见表8—5)。

表8—5　经营所得适用税率表

级　数	全年应纳税所得额	税率(%)	速算扣除数
1	不超过30 000元的	5	0
2	超过30 000元至90 000元的部分	10	1 500
3	超过90 000元至300 000元的部分	20	10 500
4	超过300 000元至500 000元的部分	30	40 500
5	超过500 000元的部分	35	65 500

注：本表所称全年应纳税所得额是指依照《中华人民共和国个人所得税法》第六条的规定，以每一纳税年度的收入总额减除成本、费用以及损失后的余额。

资料来源：国家税务总局网站《中华人民共和国个人所得税法》附件2。

(3)利息、股息、红利所得，财产租赁所得，财产转让所得和偶然所得，适用比例税率，税率为20%。

6. 个人所得税的应纳税所得额的计算

个人所得税应纳税额的计算公式为：

应纳税额＝应纳税所得额×适用税率

适用累进税率、有速算扣除数的计算公式为：

应纳税额＝全部应纳税所得额×适用税率－速算扣除数[①]

(1)居民个人的综合所得，以每一纳税年度的收入额减除费用6万元以及专项扣除、专项附加扣除和依法确定的其他扣除后的余额，为应纳税所得额。

(2)非居民个人的工资、薪金所得，以每月收入额减除费用5 000元后的余额为应纳税所得额；劳务报酬所得、稿酬所得、特许权使用费所得，以每次收入额为应纳税所得额。

(3)经营所得，以每一纳税年度的收入总额减除成本、费用以及损失后的余额，为应纳税所得额。

(4)财产租赁所得，每次收入不超过4 000元的，减除费用800元；4 000元以上的，减除20%的费用，其余额为应纳税所得额。

(5)财产转让所得，以转让财产的收入额减除财产原值和合理费用后的余额，为应纳税所得额。

(6)利息、股息、红利所得和偶然所得，以每次收入额为应纳税所得额。

劳务报酬所得、稿酬所得、特许权使用费所得以收入减除20%的费用后的余额为收入额。稿酬所得的收入额减按70%计算。

个人将其所得对教育、扶贫、济困等公益慈善事业进行捐赠，捐赠额未超过纳税人申报的应纳税所得额30%的部分，可以从其应纳税所得额中扣除；国务院规定对公益慈善事业捐赠实行全额税前扣除的，从其规定。

① 速算扣除数是实行超额累进税率时简化计算税额使用的一个数据，是按全额累进税率计算的税额和按超额累进税率计算的税额相减后的差额。在级距和税率既定的条件下，它是一个常数。速算扣除数可采用下列公式求得：本级速算扣除数＝上一级最高课税对象数额×(本级税率－上一级税率)＋上一级速算扣除数。

实行超额累进税率简化计算税额的公式是：应征税额＝计税金额×按全额累进适用税率－速算扣除数。

本条第一款第一项规定的专项扣除，包括居民个人按照国家规定的范围和标准缴纳的基本养老保险、基本医疗保险、失业保险等社会保险费和住房公积金等；专项附加扣除，包括子女教育、继续教育、大病医疗、住房贷款利息或者住房租金、赡养老人等支出，具体范围、标准和实施步骤由国务院确定，并报全国人民代表大会常务委员会备案。

专栏 8—2　　六大专项附加，如何抵扣个税？——暂行办法 20 日开始公开征求意见

【发布日期】 2018 年 10 月 21 日 【来源】 人民日报

10 月 20 日，财政部、国家税务总局网站公布《个人所得税专项附加扣除暂行办法(征求意见稿)》，向社会公开征求意见。征求意见截止日期为 11 月 4 日。完成相关程序后，暂行办法将依法于 2019 年 1 月 1 日起实施。

2019 年个税改革力度很大，在提高起征点的同时，还首次增加了子女教育、继续教育、大病医疗、住房贷款利息或住房租金，以及赡养老人等专项附加扣除。由于改革方案内容多、涉及面广，所以个税改革在实施上分两步走：10 月 1 日起，个税起征点由原来的 3 500 元上调至 5 000 元，很多人都已享受到改革红利；个税专项附加扣除则自 2019 年 1 月 1 日起实施。

这些专项附加如何抵扣，个人能够减轻多少税负，备受社会关注。此次暂行办法征求意见稿，明确了六大专项扣除的原则和标准，相关专家对此进行了解读。

子女教育、赡养老人等支出，均可抵扣个税

根据暂行办法，个税专项附加扣除遵循公平合理、简便易行、切实减负、改善民生的原则。具体扣除标准如下：

子女教育：纳税人的子女接受学前教育和学历教育的相关支出，按照每个子女每年 12 000 元(每月 1 000 元)的标准定额扣除。

继续教育：纳税人接受学历或非学历继续教育的支出，在规定期间可按每年 4 800 元或 3 600 元定额扣除。

大病医疗：纳税人在一个纳税年度内发生的自付医药费用超过 1.5 万元部分，可在每年 6 万元限额内据实扣除。

住房贷款利息：纳税人本人或配偶发生的首套住房贷款利息支出，可按每月 1 000 元标准定额扣除。

住房租金：纳税人本人及配偶在纳税人的主要工作城市没有住房，而在主要工作城市租赁住房发生的租金支出，可根据承租住房所在城市的不同，按每月 800 元到 1 200 元定额扣除。

赡养老人：纳税人赡养 60 岁(含)以上父母的，按照每月 2 000 元标准定额扣除。

“从这些专项附加扣除的标准来看，一个总的基调就是‘宽’，较好地遵循了公平合理、切实减负、改善民生的原则。”中国财政科学研究院研究员孙钢认为，个税改革扣除涉及几亿人，每个人的具体情况又不一样，怎么抵扣、抵扣多少是很大的难题。从操作层面看，方案尽量把复杂问题简单化，让老百姓看得明白，税务部门实施起来简便易行。

“上面 6 项扣除中，只有住房租金的扣除标准是分区域的，其他几项扣除全国都是一个标准，这样就大大降低了操作难度。”北京大学教授刘怡表示，特别是对子女教育，抵扣范围从学前教育一直到博士研究生教育，子女从 3 岁到 30 岁的教育差不多都涵盖了，这个力度还是很大的。

假设月入 2 万元享受 4 项附加扣除，个税可降七成

很多中年人上有老下有小，中间还有房贷，他们可以享受的专项附加扣除不止一项。那么，如果一个人同时享受几项扣除，加起来能省多少税呢？

专家算了这样一笔账：对大多数人来说，大病医疗并非日常支出，这个可以先刨除在外。剩下的5项扣除中，贷款利息和住房租金只能选其一，这两个专项扣除是不能同时享受的。所以，可以同时享受的大致是4项：子女教育、继续教育、住房租金或房贷利息、赡养老人。

假设这位纳税人的月工资为2万元（不考虑“三险一金”），个税改革前起征点是3 500元，他每月应缴纳个人所得税3 120元。

今年10月1日以后取得工资，按每月5 000元基本减除费用标准和调整后的税率表计算，应缴纳个人所得税1 590元，税负降低了近50%。

2019年1月1日后取得工资，每月再享受4项专项附加扣除：子女教育专项附加扣除1 000元，继续教育专项附加扣除400元，住房租金专项附加扣除1 200元，赡养老人专项附加扣除2 000元，共计扣除4 600元。也就是说，这位纳税人的工资在扣除5 000元起征点后还要再扣除4 600元，剩下的钱才缴纳个税。这样，他每月应缴纳的税款为830元，比10月份又省了760元的税。

“月入2万元，个税改革前每月应缴个税3 120元，改革后提高起征点加上4项附加扣除，可少纳税2 290元，税负水平降低73.40%。这样一个减税力度，老百姓是能够切实感觉到的。”西南财经大学经济与管理研究院院长甘犁说，当然减税幅度是因人而异的，要看个人的工资收入和能够享受多少附加扣除。总体上，家庭负担越重的人可享受的扣除就越多。

根据民生支出变化，将适时调整扣除范围和标准

“个税改革关系百姓切身利益，广大群众都特别关心，也提出了很多好建议和‘金点子’，为解决难题支招。方案出台后再次公开向社会征求意见，体现了开门立法的精神。”

中南财经政法大学教授许建国说，此次暂行办法在制定时财税部门采取了无方案征求意见的方式，广泛听取了全国各地专家、学者、群众代表的意见，他本人也在湖北参加了座谈会，对此感触很深。

“从税收征管层面看，暂行办法的一大特点是信任纳税人、方便纳税人。”许建国表示，纳税人首次享受专项附加扣除，需要提交相关信息，包括纳税人本人、配偶、未成年子女、被赡养老人等个人身份信息。提交的渠道有两个：既可以提交给扣缴义务人，也可以直接提交给税务机关，充分考虑到方便纳税人和保护隐私问题。

“大规模的个税专项附加扣除，以及纳税人自行申报缴税，对税收征管来说都是头一回，还有许多地方需要完善和磨合，对此大家也要有心理准备。”孙钢说，专项附加扣除牵涉的环节很多，将来个人申报时网络会不会“塞车”、信息提交能不能成功、退税是不是及时到账等，很多都是在实施过程中逐步完善的。只有在大家的理解、配合和支持下，个税改革的红利才能更好地释放，让更多的纳税人受益。

实施专项附加扣除政策既是个税改革亮点，也是难点。为此，2018年10月20日起，财政部、国家税务总局会同有关部门起草的《个人所得税专项附加扣除暂行办法（征求意见稿）》在两部门官网开始为期两周向全社会公开征求意见（一并公开征求意见的还有《中华人民共和国个人所得税法实施条例（修订草案征求意见稿）》）。

此次公开征求意见旨在广泛听取社会公众的意见，更好地回应人民群众的期盼。暂行办法出台前，相关部门已经以无方案征求意见方式广泛听取了全国各地专家、学者、“两会”代表委员和群众代表的意见。

暂行办法向社会公开征求意见后将依法于2019年1月1日起实施。

同时，按照暂行办法规定，专项附加扣除标准并非一成不变，将随着教育、住房、医疗等民生支出变化情况适时调整。

7. 个人所得税应纳税额计算举例

2018年10月1日至2018年12月31日，是新的个人所得税法的过渡期。修改后的个人所得税法将从2019年1月1日起施行。2018年10月1日至12月31日期间，对纳税人取得的工资、薪金所得，按5 000元/月的基本减除费用进行扣除。

例7 工程师陈某2018年11月的工资收入(扣除“三险一金”)为18 000元，11月份除工资收入外，另有三笔收入：一是一次性取得稿费3 800元，二是取得了某单位发给的顾问咨询费20 000元，三是投资分红收入2 000元。计算该工程师11月份共需缴纳多少个人所得税?

计算过程如下：

工资、奖金应纳税额＝(18 000－5 000)×20％－1 410＝1 190(元)

稿费应纳税额＝(3 800－800)×20％×(1－30％)＝420(元)

投资分红收入应纳税额＝2 000×20％＝400(元)

特许权使用费应纳税额＝20 000×(1－20％)×20％＝3 200(元)

共需缴纳个人所得税总额＝1 190＋420＋400＋3 200＝5 210(元)

8. 个人所得税的征收管理

个人所得税的纳税办法有自行申报纳税和代扣代缴两种。根据《个人所得税法》及其实施条例和《税收征收管理法》及其实施细则的有关规定，国家税务总局分别制定并下发了《个人所得税代扣代缴暂行办法》(自1995年4月1日起执行)和《个人所得税自行申报纳税暂行办法》(自1995年5月1日起执行)。两个暂行办法分别对各自的纳税义务人、纳税期限、申报方式及申报地点等做了明确规定。后为了加强个人所得税征收管理，完善个人所得税自行纳税申报制度，维护纳税人的合法权益，根据《中华人民共和国个人所得税法》及其实施条例、《中华人民共和国税收征收管理法》及其实施细则和税收有关规定，国家税务总局于2007年制定了《个人所得税自行纳税申报办法(试行)》。

(1)自行申报纳税。

自行申报纳税是由纳税人自行在规定的纳税期限内向税务机关申报取得的应税所得项目和数额，如实填写个人所得税纳税申报表，并按照税法的规定计算应纳税额，据此缴纳个人所得税的一种方法。

①自行申报纳税的纳税义务人。

纳税义务人有下列情形之一的，应当按照规定到主管税务机关办理纳税申报：

A. 年所得12万元以上的；

B. 从中国境内两处或者两处以上取得工资、薪金所得的；

C. 从中国境外取得所得的；

D. 取得应纳税所得，没有扣缴义务人的；

E. 国务院规定的其他情形。

第一项年所得12万元以上的纳税人，无论取得的各项所得是否已足额缴纳了个人所得税，均应当按照本办法的规定，于纳税年度终了后向主管税务机关办理纳税申报。

②自行申报纳税的期限。

除特殊情况外，纳税人应在取得应纳税所得额的次月15日内向主管税务机关申报所得并缴纳税款。纳税期限的最后一日如是法定休假日的，次日为期限的最后一日。

年所得12万元以上的纳税义务人，在年度终了后3个月内到主管税务机关办理纳税申报。

③自行申报纳税的申报方式。

纳税人可以由本人或委托他人或采用邮寄方式在规定的申报期限内申报纳税。邮寄申报纳税的，以寄出地的邮戳日期为实际申报日期。纳税人确有困难，不能按期办理纳税申报的，经主管税务机关核准，可以延期申报。

(2)代扣代缴。

代扣代缴是指按照税法规定负有扣缴义务的单位或者个人在向个人支付应纳税所得时应计算应纳税额，从其所得中扣出并上缴国库，同时向税务机关报送个人所得税报告表。这种方法有利于控制税源，防止漏税和逃税。

①扣缴义务人和代扣代缴的范围。

A. 凡支付个人应纳税所得的企业(公司)、事业单位、机关、社团组织、军队、驻华机构、个体户等单位或者个人，为个人所得税的扣缴义务人。这里所说的驻华机构，不包括外国驻华使馆、领事馆和联合国及其他依法持有外交特权和豁免权的国际组织驻华机构。我国税法规定对这些机构的人员所得免征个人所得税。

B. 代扣代缴的范围。扣缴义务人向个人支付下列所得，应代扣代缴个人所得税：工资、薪金所得；对企事业单位的承包经营、承租经营所得；劳务报酬所得；稿酬所得；特许权使用费所得；利息、股息、红利所得；财产租赁所得；财产转让所得；偶然所得；经国务院财政部门确定征税的其他所得。

②代扣代缴期限。

A. 扣缴义务人每月所扣的税款，应当在次月15日内上缴国库，并向主管税务机关报送扣缴个人所得税报告表、代扣代收缴款凭证，以及包括每一个纳税人姓名、单位、职务、收入、税款等内容的支付收入明细表和税务机关要求报送的其他资料。

B. 扣缴义务人违反上述规定不报送或者报送虚假纳税资料的，一经查实，其未在支付个人收入明细表中反映的向个人支付的款项，在计算扣缴义务人应纳税所得额时，不得作为成本费用扣除。

C. 扣缴义务人因有特殊困难不能按期报送扣缴个人所得税报告表及其他有关资料的，经县级税务机关批准，可以延期申报。

第四节 资源课税、财产课税及其他税种

一、资源课税和财产课税的一般特征

人类的财富有两类：一类是大自然赐予的各种资源，如土地、河流、矿山等；另一类是人类经过劳动，利用已有资源创造出的社会财产，如房屋、机器设备、股票、证券等。两类财富有时是难以截然分开的，如土地，既是一种自然资源，又是一种社会财富，而且两类财富具有某些相同或类似的性质，与此相适应，对两类财富的课税也具有某些相同的特点和作用。

资源课税和财产课税的特征可以归纳为以下几点：

1. 课税比较公平

个人拥有财产的多寡往往可以反映他的纳税能力，对财产课税符合量能纳税原则。企业或个人占用的国家资源有多和少、有和无的差别，有质量高低的差别，而这种差别又会直接影响纳税人的收益水平，课税可以调节纳税人的级差收入，也合乎受益纳税原则。

2. 具有促进社会节约的效能

对财产的课税可以促进社会资源合理配置，限制挥霍和浪费。对资源的课税可以促进自然资源的合理开发和使用，防止资源的无效损耗。

3. 课税不普遍，且弹性较差

这是财产课税和资源课税固有的缺陷。无论是财产课税还是资源课税，都只能选择征税，不可能遍及所有财产和资源，因而征税范围较窄。同时，由于财产和资源的生成和增长需要较长时间，速度较慢，弹性较差，因此，财产课税和资源课税都不可能作为一个国家的主要税种，一般是作为地方税种。

二、资源课税

(一)资源课税的概念

资源课税是对在我国境内开发和利用自然资源及生产盐的单位和个人，为调节因资源生成和开发条件差异而形成的级差收入，就其销售数量征收的一种税。

我国资源税分别由国家税务局和地方税务局负责征收管理，所得收入由中央政府与地方政府共享。

《中华人民共和国资源税暂行条例》于 1993 年 12 月 25 日中华人民共和国国务院令第 139 号发布，根据 2011 年 9 月 30 日发布的《国务院关于修改〈中华人民共和国资源税暂行条例〉的决定》进行了修订。2016 年 5 月 10 日财政部和国家税务总局发布《关于全面推进资源税改革的通知》，决定自 2016 年 7 月 1 日起全面推进资源税改革，全面推开从价计征方式。

2017 年，我国资源税收入 1 353 亿元，同比增长 42.3%，占税收总收入的比重为 0.9%。

(二)资源课税的特点

1. 征税范围仅限于矿产资源

资源的含义十分广泛，包括矿产资源、动物资源、植物资源、海洋资源等。现行资源税主要选择对矿产资源征税，采取列举税目的办法进行征收。

2. 主要依据级差收入状况设计税收负担

根据各矿山的资源级差状况，对资源条件好、开采条件优越、资源级差收入大的，确定较高税率；对资源条件差、开采条件恶劣、资源级差收入小的，确定较低税率。

3. 采用从价定率或从量定额征收方法

我国现行的资源税按资源品种的不同和资源状况及开采条件的差异，确定不同的单位税率及税额，以从价计征为主、从量计征为辅。

(三)资源税税目税率幅度表

资源税税目税率幅度表见表 8－6。

表 8—6 资源税税目税率幅度表

序号	税目		征税对象	税率幅度
1	金属矿	铁矿	精矿	1%～6%
2		金矿	金锭	1%～4%
3		铜矿	精矿	2%～8%
4		铝土矿	原矿	3%～9%
5		铅锌矿	精矿	2%～6%
6		镍矿	精矿	2%～6%
7		锡矿	精矿	2%～6%
8		未列举名称的其他金属矿产品	原矿或精矿	税率不超过 20%
9	非金属矿	石墨	精矿	3%～10%
10		硅藻土	精矿	1%～6%
11		高岭土	原矿	1%～6%
12		萤石	精矿	1%～6%
13		石灰石	原矿	1%～6%
14		硫铁矿	精矿	1%～6%
15		磷矿	原矿	3%～8%
16		氯化钾	精矿	3%～8%
17		硫酸钾	精矿	6%～12%
18		井矿盐	氯化钠初级产品	1%～6%
19		湖盐	氯化钠初级产品	1%～6%
20		提取地下卤水晒制的盐	氯化钠初级产品	3%～15%
21		煤层(成)气	原矿	1%～2%
22		黏土、砂石	原矿	每吨或立方米 0.1～5 元
23		未列举名称的其他非金属矿产品	原矿或精矿	从量税率每吨或立方米不超过 30 元;从价税率不超过 20%
24	海盐		氯化钠初级产品	1%～5%

注:(1)铝土矿包括耐火级矾土、研磨级矾土等高铝黏土。(2)氯化钠初级产品是指井矿盐、湖盐原盐、提取地下卤水晒制的盐和海盐原盐,包括固体和液体形态的初级产品。(3)海盐是指海水晒制的盐,不包括提取地下卤水晒制的盐。

资料来源:国家税务总局网站《关于全面推进资源税改革的通知》财税〔2016〕53 号附件。

三、财产课税

(一)财产课税的概念

财产税是以一定的财产额为对象,向拥有或转让财产的纳税人课征的一种税。在各国的税收体系中,财产税一直是地方政府财政收入的主要来源。多数国家征收财产税,以其作为所得课税和商品课税的补充。

（二）财产课税的特点

与其他税类相比，财产课税具有以下特点：

1. 税负不易转嫁

财产课税中的大多数税种具有直接税的性质，税负由纳税人直接承担，难以转嫁。

2. 符合纳税能力原则，课税比较公平

财产税实行有财产者纳税、无财产者不纳税、财产多者多纳税、财产少者少纳税的征税原则，这适合社会成员的纳税能力，也较为公平。

3. 课税具有选择性

因财产种类繁多，加上一些财产又容易转移和隐匿，所以，各国通常只选择土地、房屋等一些容易控制和管理的财产征税。

4. 税收弹性较小

财产税对财产价值征税，一般情况下，财产价值不易发生变动，因此，财产税收不易随着财政需要而变动。

（三）财产课税的类型

财产税种类繁多，按不同标准可以进行不同的分类。

1. 根据经济合作与发展组织（OECD）拟订的国际税收协定范本的标准

根据经济合作与发展组织（OECD）拟订的国际税收协定范本的标准，财产税大体分为三类：(1)不动产税，指对让渡土地、房屋等不动产的使用权所取得的收益进行课征的税类，如土地税、房屋税等；(2)财产转让税，指对出售和转让资产取得的收益所征收的税，如遗产税、赠与税等；(3)财产净值税，或称财富税，是根据财产价值对财产的产权人或使用人课征的税。

2. 根据征税范围的不同

根据征税范围的不同，可以分为：(1)一般财产税，也称综合财产税，是就某一时点纳税人所有的一切财产综合课税；(2)特别财产税，是就纳税人所有的某一类或某几类财产分别课征，包括财产性质的土地税和收益性质的土地税；(3)财产转让税，是就发生转让的财产课税。

（四）一般财产税

一般财产税是以财产所有者某一时点所拥有的全部财产价值为课税对象，实行综合课征，税率多采用比例税率，其纳税人主要是个人，也有的国家对公司法人课税。一般财产税以美国最具代表性，财产税在美国基本属于地方税种，各地税率高低不等，最低税率在3%以下，最高税率超过10%。

（五）特别财产税

特别财产税是对特别选定的纳税人所拥有的某些财产分别课征，主要有土地税、房产税等。

1. 土地税

土地税是以土地为课税对象的税收，是世界各国比较普遍的一种特别财产税。虽然各国土地税的具体税名各异，但根据税基不同，大致可以分为以下两类：

一类是财产性质的土地税，以土地的数量或价值为税基。具体税种有实行从量计征的地亩税以及从价计征的地价税。地亩税以土地的单位面积为课税依据，即规定每单位面积土地的税额；地价税是以土地的单位价值为课税依据，应税土地的价值必须经过征收部门估算核定。目前世界各国普遍采用的是地价税，除我国台湾1987年前曾征收过地亩税外，其他国家和地区很少采用。

另一类是收益性质的土地税，以土地的收益额（或所得额）为税基，又可以分为两种：一种是以土地每年的总收入减除生产费用、管理费用后的总收入为税基，按比例税率计税，其费用采用定率扣除方法；另一种是对转让所有权或使用权的土地，以土地销售价与进价之间的差额，或租赁的实际收入为计税依据，在有些国家被称为土地增值税。

2. 房产税

房产税是对房屋及有关建筑物课征的税收。由于房屋与土地关系密切，难以单独估价，因此，许多国家是同土地合并课征房地产税，单独课征房产税的国家不多。财产税性质的房产税是以房屋的数量或价值为课税标准，按规定税率征收的一种税。早期的房产税是从量计征，多以房屋明显的外部标志为课税依据，不易漏征，也简便易行，但从量税也有不能确切反映纳税人能力的弱点，所以，现代房产税普遍实行从价计征，即以房屋的账面价值或市场价值作为课税依据。2011 年 1 月 27 日，国务院召开常务会议，同意在部分城市进行对个人住房征收房产税改革试点，具体征收办法由试点省（自治区、直辖市）人民政府从实际出发制定研究部署。1 月 28 日，上海和重庆正式实施个人住房房产税。

（六）财产转让税

财产转让税是对发生转让的财产课征的一种税收，主要包括遗产税和赠与税两个税种。

1. 遗产税

遗产税是对死者留下的遗产征税，在国外有时也叫死亡税。目前全世界大约有 2/3 的国家开征遗产税。我国 1950 年颁布的《全国税收实施要则》中也确定要开征遗产税，以后由于种种原因未开征。改革开放以后，我国公民个人拥有的财产数量增加，开征遗产税的条件日益成熟，所以，开征遗产税已被列入税收改革的议事日程中。

遗产税具有以下功能：(1)比较符合纳税能力原则，对遗产和赠与财产加以调节，有利于削弱社会财富贫富不均的现象，防止贫富过分悬殊。(2)促进投资和储蓄，限制奢侈性消费。对财产征税，尤其对不动产、高级消费品征税，有利于鼓励投资；对遗产征税有利于限制不劳而获造成的奢侈性消费，培养勤俭的社会风尚。(3)通过遗产税的减免税优惠政策，鼓励公民向社会、慈善事业捐赠。

2. 赠与税

赠与税是以赠送的财产价值为课税对象而向赠与人或受赠人征收的一种税，它是遗产税的补充税种。凡课征遗产税的国家，大多同时课征赠与税，两者相配合，以防止纳税人逃避税收，确保财产转让税税源不致流失。

与遗产税课征制度相配合，各国的赠与税也分为总赠与税和分赠与税两种。总赠与税又称赠与人税，是对财产赠与人一定时期内赠与他人财产的总额课征的制度；分赠与税又称受赠人税，是对受赠人一定时期内所获得的受赠财产总额课征的制度。

专栏 8—3　　开征环境保护税，建设绿色税制体系

2016 年 12 月 25 日，第十二届全国人大常委会第 25 次会议审议通过了《中华人民共和国环境保护税法》，自 2018 年 1 月 1 日起正式施行。

环境保护税虽然是一个新税种，但源于排污收费制度。此前我国于 1979 年颁布的《中华人民共和国环境保护法（试行）》确立了排污收费制度，1982 年国务院发布《征收排污费暂行办法》，标志着排污收费制度正式建立。环境保护税的开征意味着我国之前施行 38 年的排污费制度退出了历史舞台。实行环保"费改税",由原来相对弹性的"费"改为更为刚性的"税"。实行环境保护费改税,是落实党中央、国务院决策部署的重要举措,有利于提高纳税人的环保意识和遵从度,强化企业治污减排责任。

作为被寄予厚望的环境税而言,环境保护税应该是一个系列税种,而不只是一个单一税种。并且,我们也不能将环保重担全部压在环境保护税之上。环境保护税还只是将排污费改为税,征收范围较为狭窄,不能覆盖全部污染行为,而能够促进环境保护的税种本来就不止环境保护税一种。因此,从完善税收在环境保护中的作用目标入手,需要优化"绿色"税制,并最终形成"绿色"税系,从而让环境保护税和消费税以及其他可以促进环境保护的税种形成合力,构建促进经济结构调整、发展方式转变的绿色税制体系,提高全社会环境保护意识,推进生态文明建设和绿色发展,助力实现建设美丽中国的总目标。

小结

● 税收制度是指国家通过立法程序规定的各种税收法令和征收管理办法的总称。

● 税制模式分为单一税制模式和复合税制模式。复合税制是世界各国普遍采用的税制。

● 就经济比较发达国家的税制结构来看,多数国家的所得税收入比重稍有下降,商品和服务税的收入比重在提高。而发展中国家的税制结构变化趋势是所得税收入比重缓慢提高,间接税收入比重有所下降。

● 我国自 2009 年以来的重要税制改革内容。

● 商品课税是以商品和劳务为征税对象的一类税。就我国现行税制而言,包括增值税、营业税、消费税、关税等。

● 所得课税是对所有以所得额为课税对象的税种的总称。所得税是世界各国普遍实行的税种。目前我国开征的所得税主要有企业所得税、个人所得税、土地增值税等税种。

● 资源课税是以各种自然资源及其级差收入为课税对象的一种税种。

● 财产税是以一定的财产额为对象,向拥有或转让财产的纳税人课征的一种税。根据征税范围的不同,又可以分为一般财产税、特别财产税和财产转让税。

拓展阅读篇目

1. 刘佐:《中国税制概览》(第 11～22 版,2008～2018 年),经济科学出版社,2008～2018。

2.《世界税制现状与趋势》课题组:《世界税制现状与趋势(2017)》,中国税务出版社,2018。

3. 马蔡琛:《变革世界中的当代中国税制改革》,经济科学出版社,2017。

4. 高培勇:《财税体制改革与国家治理现代化》,社会科学文献出版社,2014。

5. 高培勇:《1994 年的财税改革:20 年进程评估与未来 10 年展望》,中国财政经济出版社,2014。

6. 贾康等:《大国税改:中国如何应对美国减税》,中信出版社,2018。

7. 中国注册会计师协会:《税法》,中国财政经济出版社,2009～2018。

8. 期刊:《财政研究》《税务研究》《财贸经济》《中国税务报》等。

9. 国家税务总局网站。

思考与应用

一、关键词

税收制度 商品课税 所得课税 消费税 营业税 资源税 遗产税 增值税 个人所得税 公司所得税 社会保险税 财产税

二、思考题

1. 试述税收制度的一般发展过程。
2. 简述进一步完善我国税收制度改革的思路。
3. 简述商品课税的概念和一般特征。
4. 简述所得课税的一般特征和功能。
5. 增值税类型有哪些？各类型之间的区别是什么？
6. 简述我国"营改增"改革。
7. 论述我国个人所得税改革的特点、主要内容和意义。

三、计算题

要求掌握基本公式,会计算简单的应纳个人所得税、应纳增值税税额。

案例

个税的费用扣除标准该怎么定①

并非扣除额定得越高,个人所得税对收入分配的调节作用就越大。要发挥个人所得税对收入分配的调节作用,要让个人所得税成为低税率、中扣除、广税基、收支联、贫者用的专项税收。随着我国收入分配差距的进一步扩大,近几年人们对通过个人所得税调节收入分配的期望值迅速上升,个人所得税综合费用扣除标准(以下简称扣除标准)成为备受关注的焦点。大多数人认为,要实现个人所得税对收入分配的调节功能,这个扣除标准定得越高越好,因为这样才能使富人纳税多、穷人纳税少。法律和政策方面也迎合了这种普遍看法,多次提高了扣除标准,从 800 元提到 1 600 元,没有多久又提高到 2 000 元。这种认识、做法是否正确？应当怎样确定中国个人所得税工薪所得综合费用扣除标准？这些问题需要理性思考、系统解答。

一、个人所得税的综合费用扣除应当包括费用扣除和生计扣除

所得税不同于流转税,所得税是对纳税人一定时期获得的净收入课税。因此,从严格意义上讲,个人所得税也应当像企业所得税那样,具体规定各种可扣除成本费用项目和数额。从个人所得税的特点看,可扣除成本费用具体包括两个方面的内容:一是为获得应税收入而支付的必要的成本费用(以下简称费用扣除);二是赡养纳税人本人及其家庭成员的最低生活费用(以下简称生计扣除)。

费用扣除方面需要考虑两方面的问题:其一,可扣除的费用应是与应税收入有关的费用,可称为直接费用;其二,可扣除的费用虽与获取应税收入没有直接联系,但要么属于获取应税收入所必需的开支,要么属于法定和社会公德所提倡的开支,可称为间接费用。间接费用具体包括住房贷款利息、地方直接税、不作抵免处理的外国税收、意外事故损失、医疗费用、慈善捐款、特定的杂项费用、教育费用等。

在我国目前的国情下,对直接费用可不予考虑,因为获得工薪收入的直接成本费用主要是从家庭到上班地点的交通费用。由于难以区分是个人目的还是工作目的,可按照英国的做法,全部作为个人目的,不专门列

① 杨斌:《个税的费用扣除标准该怎么定》,《中国财经报》,2008 年 10 月 9 日。

举扣除项目，而是在生计扣除中一并考虑。至于进修、培训、出差等费用在不少单位不仅完全由公费开支，而且还带有福利性质(如出差兼有公费旅游性质)，对企业而言已经在成本中列支，如果还作为个人所得税费用扣除，会产生重复扣除问题；对公务单位而言，这些开支是由税收支付，更不能扣除。

对间接费用，各国的做法只是允许扣除一个定额或应税所得的一定比例，扣除的程度取决于政策考虑。我国目前的国情是经济体制还在不断改革变动之中，情况差别很大加上纳税人众多，分项列举扣除范围、数额或比例存在管理上的困难(例如难以识别凭据真假)。因此，目前宜采取全国一个定额的办法，以后经济发展了、社会诚信度提高了、管理手段更加先进了，再逐步从一个定额发展为更加适合具体情况的多个定额，最后到列举具体项目规定扣除政策。

这样看来，确定我国个人所得税综合扣除标准的核心问题在于如何确定间接费用的具体内容和定额、生计扣除额，在确定之后将二者相加，就得出当年的综合费用扣除额。

二、确定工薪所得综合费用扣除标准应遵循的原则

确定个人所得税综合费用扣除标准，首先当然要依据个人所得税的基本原理，体现公平和效率原则，充分吸收西方国家的经验，但在我国确定个人所得税综合费用扣除标准，要比西方发达国家考虑更多的因素。除考虑个人所得税原理外，还要注意以城乡差别为主要特征的多元经济状态、个人所得税的功能定位和模式、中国现实文化下特殊社会环境和立法司法的习惯。总之，要遵循下列原则：

1. 以人为本并促进公益原则

这个原则主要适用于间接费用内容和定额的确定，它包含三个层面的内涵：

首先，个人所得税综合费用扣除不仅要保证纳税人的简单再生产(通过生计扣除)，而且要保证纳税人在更高层次上进行人本身的再生产，就是要体现关怀纳税人健康、进一步发挥潜能的政策精神，具体说要允许一定额度的医疗费用扣除、教育费用扣除。医疗费用扣除额按医药费用超过社会保险支付部分的一定比例确定，医药费用以中等发展水平地区中等收入水准的工薪所得纳税人及其平均赡养人员的平均医疗费用开支为依据。教育费用扣除额包括家人义务教育自己支付的学杂费的一定比例、纳税人的培训费超过公费支付部分一定的比例，与从事职业无关的教育培训费用不能扣除，可扣除额依据通过抽样调查统计获得的全国数据确定。这里应当指出的是，医疗费用、教育费用允许税前扣除只是体现国家的一种人文关怀，与全额报销概念是不同的。在扣除的制度安排中，纳税人获得的实际好处只是与税率相应的一定比例，而不是扣除额的全部。假定可扣除额为100元(已经是实际开支的一定比例)，适用税率为10%，那么，纳税人获得的实际利益只是10元。

其次，个人所得税综合费用扣除要体现鼓励公益事业发展的政策导向，应当允许纳税人对公益事业捐赠一定的比例在税前扣除。如果纳税人缴纳税收也是维持政府、支持公共利益的话，并且个人所得税如果作为中央税，地方税体系中如果包括对个人课征的房地产税(物业税)、个人所得税附征(或地方个人所得税)，那么，地方直接税应当允许在税前扣除，一方面减少重复课税，另一方面也建立起中央税和地方税之间的联动机制，有利于税收管理。

再次，体现国家和纳税人相互支持精神。在纳税人有纳税能力的情况下，踊跃纳税支持国家；在纳税人背负债务或遭受灾害无纳税能力或纳税能力降低的情况下，国家给予扶持。形成这种关系也是税收公平原则的重要体现，因此，个人所得税综合费用扣除应当包括住房(限于普通住房)贷款利息的一定比例、灾害损失超过保险支付部分的一定比例。

间接费用的具体定额可根据上述内容和有关统计数据，考虑政策鼓励的程度和财政承受能力，通过测算确定。在扣除方法上，最终目标是按真实凭据分项扣除，但目前及今后相当长时期里，宜采用定额办法，即全国确定一个平均定额。

2. 最低生活费用不纳税原则

这是确定生计扣除额的原则。生计扣除的目的是让纳税人在缴纳个人所得税前留足维持本人及家庭成员的基本生活需要的收入，理论上讲是为了维持纳税人的简单再生产，而超过基本需要的收入部分均视为具有纳税能力，可根据能力大小贡献一部分收入给社会，用于公共产品的提供。因此，综合费用扣除中生计扣除额的确定应当以维持纳税人本人及家庭成员的最低生活费用为基础依据，而不能以平均收入、某一阶层的最高收入、平均消费支出为依据。在西方发达国家确定最低生活费用相对比较容易，可参照社会公认的最低生活保障水平确定，因为这些国家社会经济发展较为平衡，地区差别、城乡差别不是很大。但我国地区差别、城乡差别、各阶层收入差别还很大，特别是还有很大一部分群众温饱不能保证，最低生活保障水平（以下简称低保）在城市和农村也不一样，农村低保或城市低保因各地经济发展水平和财政实力差异也存在很大的差异，因此，难以简单地将一个地方的农村低保或城市低保或它们的平均水平作为确定最低生活费用的依据，而需要依据统计数据进行分析和选择。

目前我国比较权威的关于家庭收入和消费情况的统计数据当属《中国统计年鉴》提供的数据。《中国统计年鉴》分农村和城市家庭，按抽样调查的数据和国际统计惯例，做出了七个类别的划分，即最低收入家庭、低收入家庭、中等偏下收入家庭、中等收入家庭、中等偏上收入家庭、高收入家庭、最高收入家庭，并每年提供变动的数据。这样，从原则上就要考虑 14 种情况。但是，我国城乡差别很大，在消费支出水平上，农村高收入家庭与城市低收入家庭差不多；在农村还有大量的群众温饱不能保证，需要国家通过“低保”解决他们的生存需要问题，因此，农村最低收入家庭或低收入家庭的消费水平是很低的，位于生存性保障水平，不应当作为确定生计扣除的依据。确定最低生活费用标准时，应当以农村中等收入户的生活消费支出为起点。

3. 发挥个人所得税财政功能和调节功能的双重作用

生计扣除额的确定还与个人所得税的功能地位有关。个人所得税具有两大功能：一是作为获得财政收入的一个手段，可称之为财政性功能；二是作为调节收入分配的杠杆，可称之为调节性功能。如果个人所得税主要承担财政性功能，那么，其生计扣除额可定得低一些，让具有纳税能力的多数工薪阶层人士成为纳税人。如果个人所得税主要承担对高收入者的调节作用，那么应当将生计扣除额定得高一些，使多数工薪所得者不被征税。按照《中国统计年鉴》关于家庭分层的标准，可有以下几种选择：

第一种选择，个人所得税定位以财政功能为主，课税范围覆盖城市中等偏下收入家庭及以上（即排除一般农户和城市低收入家庭），按 2004 年的数据（下同）月生计扣除额可定为 700 元。

第二种选择，个人所得税定位为履行财政和调节双重功能，课税范围覆盖城市中等收入家庭及以上，月生计扣除额可设定为 900 元。

第三种选择，个人所得税定位为履行调节和财政双重功能，课税范围覆盖城市中等偏上收入家庭及以上，月生计扣除额可设定为 1 100 元。

第四种选择，个人所得税定位为以履行调节功能为主兼顾财政功能，课税主要针对城市高收入家庭及以上，月生计扣除额可设定为 1 400 元。

第五种选择，个人所得税定位为以履行调节功能为主，课税主要针对城市最高收入家庭及以上，月生计扣除额可设定为 1 800 元。

第六种选择，个人所得税定位为特别税种，课税主要针对少数收入特高的阶层，月生计扣除额可设定为 3 000 元。20 世纪 80 年代创设个人所得税初始，主要针对外籍在华工作的高薪人士，属于第六种选择。目前费用扣除标准确定为月 2 000 元，表明个人所得税功能定位为城市最高收入及以上家庭。

三、对收入分配有调节作用的个人所得税：低税率、中扣除、广税基、收支联、贫者用

当前我国社会经济生活的焦点问题之一就是收入分配拉大，出现一定程度的两极分化，人们期望通过个人所得税实施调节。但是不是综合费用扣除标准定得越高，越能实现对高收入的调节作用？回答是否定的。

首先，实证表明，即使在美国这样个人所得税法很系统、征收管理很细致、自觉纳税程度相对很高、法的制度规定与实行结果相对比较一致的社会中，个人所得税对收入分配的调节，从局部均衡分析看，作用微小，从一般均衡分析看往往出现相反的效应。最优所得税理论也表明，对最高收入阶层征收高税，会产生严重的福利损失，最终使需要更多就业机会的低收入群体遭受损失。在中国目前制度、管理和征税很不普遍的情况下，个人所得税对收入分配的调节作用实际上无从谈起。

其次，即使个人所得税对收入分配有微小的调节作用，也是要建立在个人所得税收入能够被正确分配和使用的基础之上。个人所得税本身对收入分配的调节作用很有限。不考虑收取上来的个人所得税的财政支出方向，就说不清调节的实际效应。如果富人缴税、富人使用，那么，个人所得税的调节作用就不仅是空话，而且还因为征税成本而产生副作用。综合费用扣除标准不断提高的结果将多数人排除在个人所得税的纳税范围内，看上去个税只对高收入家庭课征，能够“劫富”，但“劫富”若不能“济贫”，只是“劫富济富”，不仅没有调节，还徒增征收成本和额外负担。个人所得税发挥调节作用的具体效应应该是“劫富济贫”“劫富者个体、眼前之利益济其长远得益”“劫贫济更贫”“劫贫之个体、眼前之利益济贫之长远、整体之得利”(如收一点税专用于教育，就是牺牲眼前消费而换取长远得利)。由此看来，个人所得税要发挥调节作用，必须与财政支出联系起来考虑。如果制度安排周到，降低综合费用扣除标准更能起到调节作用。

因此，并非扣除额定得越高，个人所得税对收入分配的调节作用就越大。要发挥个人所得税对收入分配的调节作用，要让个人所得税成为低税率、中扣除、广税基、收支联、贫者用的专项税收。

低税率，就是减少税率档次和最高边际税率，扩大5%这一档税率的适用范围，让多数纳税人不论获得什么类型的收入，均按5%税率源泉课征，不做任何扣除。如果纳税人要求获得扣除，就要申报并汇总收入，适用超额累进税率并给予标准扣除。最高税率降为25%(与企业所得税相同)。

中扣除，即标准生计扣除以中等城市的中上等收入家庭的平均支出为依据确定；标准费用扣除额按中等城市的工薪阶层家庭的间接费用开支的一定比例确定，慈善捐款按实扣除。

广税基，即实行低税率以后，纳税人负担不重，纳税不心疼，源泉课税普遍推广，偷漏税显著减少，征税成本显著降低，收入不仅不会减少，还有增加。

收支联，就是将个人所得税作为专项支出用于提供某项或某几项关系民生的必要公共产品，而不是用于办公楼建设、公车购买等一般公共开支。这样收支挂钩，可在更大范围内调节收入分配，实现福利增进的目标；也有利于培养公民纳税(承担义务)、关心税款使用(履行民主职责)的现代民主意识；便于税制的进一步改革，逐步提高所得税比重，降低间接税比重，减少以间接税为主体的税制结构的效率损失，同时有利于增加财政透明度。个人所得税的公平，根本上还不是税率高低或征税与否问题，而是征税以后税款用在何处的问题。如果税款真正体现“取之于民、用之于民”，只要税率适度，征税广一点不会有大碍，而且还会因为调节了收入分配，改善了公共设施和社会环境，出现和谐社会的局面，起到有益的作用。

贫者用，就是当前或今后相当长的历史时期里，作为专项支出的个人所得税应当主要用于低收入家庭。着眼于最广大人民群众的根本和长远利益，有利于构建和谐社会。例如，一部分可作为中央义务教育基金，对达不到国家标准的中小学给予专项补助；一部分可作为高等教育助学基金，对贫困家庭子女上大学者给予助学津贴或贷款。这样，通过义务教育阶段的条件公平和高等教育阶段的延期缴费，使贫困家庭也充满信心，使更多的人口受到良好的教育，这就在很大程度上实现了构建和谐社会的目标，而且将人口大国转变成人力资源大国，全面激发中国优势。

[要求]

认真阅读以上内容，对比我国当前个人所得税改革内容，试比较文中主要改革建议和《个人所得税专项附加扣除暂行办法》的异同，并分析应当如何有效发挥个人所得税的实际作用。

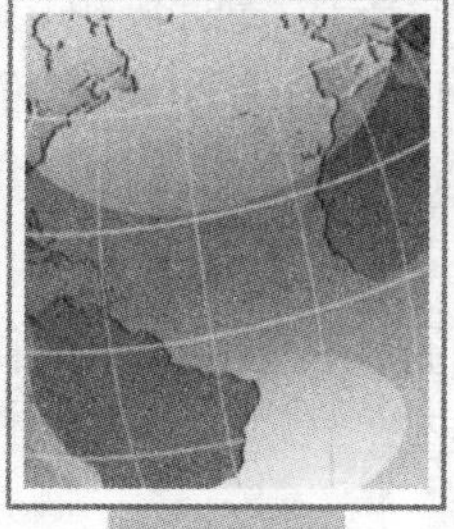

第九章 国 债

本章提要

本章将系统地介绍国债和国债管理。本章在对国债基本原理阐述的基础上重点介绍国债负担、国债的经济效应,并对我国的国债制度做了较为全面的介绍,分析了中国地方政府的债务问题。

第一节 国债概述

一、国债的概念

国债又称国家公债,是国家以其信用为基础,通过向社会筹集资金所形成的债务,或者可以界定为政府为筹集财政资金而向投资者出具的、承诺在一定时期支付利息和到期偿还本金的债务凭证。由于国债的发行主体是国家,所以它具有最高的信用度,被公认为是最安全的投资工具。

国债是国家信用的主要形式。中央政府发行国债的目的往往是弥补国家财政赤字、为一些耗资巨大的建设项目以及某些特殊经济政策乃至为战争筹措资金。由于国债以政府的税收作为还本付息的保证,因此风险小、流动性强,利率也较其他债券低。

我国的国债一般是指财政部代表中央政府发行的国家公债,由国家财政信用做担保,信用非常高,历来有“金边债券”之称。稳健型投资者喜欢投资国债。

国债是债的一种特殊形式,同一般债权债务关系相比,它具有以下特点:

从法律关系主体来看:国债的债权人既可以是国内外的公民、法人或其他组织,也可以是某一国家或地区的政府以及国际金融组织,而债务人一般只能是国家。

从法律关系的性质来看:国债法律关系的发生、变更和消灭较多地体现了国家单方面的意志。尽管与其他财政法律关系相比,国债法律关系属平等型法律关系,但与一般债权债务关系相比,则体现出一定的隶属性,这在国家内债法律关系中表现得更加明显。

从法律关系实现来看:国债属信用等级最高、安全性最好的债权债务关系。

二、国债的分类

(一)按举借债务方式不同,国债可分为国家债券和国家借款

国家债券是通过发行债券形成的国债法律关系,是国家内债的主要形式。

国家借款是按照一定的程序和形式,由借贷双方共同协商,签订协议或合同,形成国债法律关系。国家借款是国家外债的主要形式,包括外国政府贷款、国际金融组织贷款和国际商业

组织贷款等。

(二)按偿还期限不同,国债可分为定期国债和不定期国债

定期国债是指国家发行的严格规定有还本付息期限的国债。定期国债按还债期长短,又可分为短期国债、中期国债和长期国债。短期国债通常是指期限在1年以内的国债,中期国债一般是指期限在1年以上10年以下的国债(我国中期国债的期限在5年以内),长期国债是指期限在10年以上的国债(我国长期国债的期限在5年以上)。

不定期国债是指国家发行的不规定还本付息期限的国债。这类国债的持有人可按期获得利息,但没有要求清偿债务的权利。例如,英国曾发行的永久性国债即属此类。

(三)按发行地域不同,国债可分为国家内债和国家外债

国家内债是指在国内发行的国债,其债权人多为本国公民、法人或其他组织,还本付息均以本国货币支付。

国家外债是指国家在国外举借的债,包括在国际市场上发行的国债和向外国政府、国际组织及其他非政府性组织的借款等。国家外债可经双方约定,以债权国、债务国或第三国货币筹集并还本付息。

(四)按发行性质不同,国债可分为自由国债和强制国债

自由国债又称任意国债,是指由国家发行的,由公民、法人或其他组织自愿认购的国债。它是当代各国发行国债普遍采用的形式,易于为购买者所接受。

强制国债是国家凭借其政治权力,按照规定的标准,强制公民、法人或其他组织购买的国债。这类国债一般是在战争时期或财政经济出现异常困难或为推行特定的政策、实现特定目标时采用。

(五)按用途不同,国债可分为赤字国债、建设国债和特种国债

赤字国债是指用于弥补财政赤字的国债。在实行复式预算制度的国家,纳入经常预算的国债属赤字国债。

建设国债是指用于增加国家对经济领域投资的国债。在实行复式预算制度的国家,纳入资本(投资)预算的国债属建设国债。

特种国债是指为实施某种特殊政策在特定范围内或为特定用途而发行的国债。

(六)按是否可以流通,国债可分为上市国债和不上市国债

上市国债也称可交易国债,是指可在证券交易场所自由买卖的国债。

不上市国债也称不可交易国债,是指不能自由买卖的国债。这类国债一般期限较长,利率较高,大多采取记名方式发行。

(七)按发行主体,国债可分为中央政府公债和地方政府公债

中央政府公债即国债,是中央政府为筹集财政资金而举借的一种债务。

地方政府公债即地方政府及地方公共机构举借债务。

三、国债的性质与功能

(一)国债的性质

国债是以国家财政承担还本付息为前提条件,通过借款或发行有价证券的方式向国内外筹集资金的信用行为,其实质是中央政府在国内外发行债券或向外国政府和金融机构借款所形成的债务。国债的这种本质特征,决定了国债是一种特殊的借贷行为和特定的财政范畴。具体地说,国债具有双重属性或特性。

1. 国债是一种特殊信用——国家信用

之所以说国债是一种特殊信用,是因为:(1)国债不同于商业信用、银行信用、民间信用、消费信用等市场信用。国债是以国家为主体的借贷行为,它以国家作为还本付息保障,其风险小于市场主体之间发生的信用行为。(2)国债作为一种特殊信用,表现在国债的发行能吸收社会上的闲置资本或低效运行资金。当国债通过商业银行发行时,银行得到国债,政府从银行得到一笔存款,虽然银行会减少部分资金,但银行可通过债券抵押从中央银行得到贷款而不缩小贷放能力。可见,国债运行不仅扩大了银行投资收益,而且通过国债券的抵押,制造出新的借贷资本。(3)国债创造借贷资本的能力比市场私人借贷大得多。由于私人借贷风险大于国债信用,加之私人信用规模小于国家信用,因此,私人信用工具向商业银行的抵押贷款以及商业银行将这些信用工具向中央银行再贴现所取得的资金要小于国债抵押贷款或再贴现取得资金的比例。所以,国债运动所创造的信用扩张能力要大于市场主体借贷行为所产生的信用扩张能力。

2. 国债是一个特殊财政范畴

说其特殊,是因为它是组织财政收入的一种特殊形式,是在国家运用税收等分配形式所取得的财政收入不能满足国家职能实现需要情况下的一种特殊财政筹资形式。政府举债增加财政收入并不改变资金所有权,只是在一定时期内取得资金支配权、使用权,以弥补财政缺口或实现宏观经济目标。因此,国债是不同于税收的一种取得财政收入的特殊财政范畴。

国债作为一个特殊财政范畴,它与税收是有本质区别的,主要表现为:(1)税收是国家为实现其职能,凭借政治权力,依靠法律预先规定的标准,强制、无偿、固定地取得财政收入的一种手段。它具有强制性、无偿性和固定性,其中无偿性是核心,固定性是基础,强制性是保障,三者缺一不可。而国债则是以国家为债务人,以国家财政承担还本付息为条件,通过借款或发行有价证券等方式向社会或国外政府、国际金融组织筹集资金的信用行为。有偿性和自愿性是国债运动的基本特点,即国债到期须由国家还本付息。值得注意的是,国债的发行是非强制性的,是政府与认购国债的主体之间完全自愿的交易。(2)税收的归宿与国债负担的归宿在时期上是不同的。税收负担一般落在最终对政府提供资金的个人与机构身上。当政府发行国债获取财政资金时,认购国债者自愿向政府提供资金,为的是在未来得到利息和债权支付,并不是为了在当期获得政府支出项目的好处。因此,国债负担落在发行国债后的纳税人身上。

(二)国债的财政功能

1. 弥补财政赤字

弥补财政赤字是国债的最基本功能。就一般情况而言,造成政府财政赤字大体上有经济衰退、自然灾害、政策扩张等原因。政府财政赤字一旦发生,就必须想办法予以弥补。在市场经济体制下,其弥补的方式主要有三种措施,即增加税收、增发货币和举借国债。

第一种方式不仅不能迅速筹集大量的资金,而且重税会影响生产者的生产积极性,进而会使国民经济趋于收缩,税基减少,赤字有可能会更大。

第二种方式会大幅增加社会的货币供应量,因而会导致剧烈的通货膨胀,并打乱整个国民经济的运行秩序。

第三种方式是最可行的办法,因为发行国债筹资仅是社会资金使用权的暂时转移,在正常情况下,一般不会导致剧烈的通货膨胀,同时还可迅速、灵活和有效地弥补财政赤字,所以,举借国债是当今世界各国政府作为弥补财政赤字的一种最基本也是最通用的方式。

2. 对财政预算进行季节性资金余缺的调剂

利用国债,政府还可以灵活调剂财政收支过程中所发生的季节性资金余缺。政府财政收入在1年中往往不是以均衡的速率流入国库的,而财政支出则以较为均衡的速率进行。这就意味着即使从全年来说政府财政预算是平衡的,在个别月份也会发生相当的赤字。为保证政府职能的履行,许多国家都会把发行期限在1年之内(一般几个月,最长不超过52周)的短期国债作为一种季节性的资金调剂手段,以求解决暂时的资金不平衡。

3. 对经济运行进行宏观调控

一国的经济运行不可能都永远处在稳定和不断增长的状态之下。相反,由于受种种因素的影响,如宏观政策的失误、国际经济的影响等,经济运行常常会偏离人们期望的理想轨道,从而出现经济过度膨胀(通货膨胀严重)和经济萎缩(通货紧缩)现象,这时候,政府必须采取相应的政策措施进行经济干预,以使经济运行重新回到较理想或预期的轨道。自凯恩斯宏观经济理论建立以来,运用经济政策对宏观经济运行进行调控已成为普遍现象,其中国债扮演着十分重要的角色。这也使得国债的宏观调控功能逐渐成为国债的主要功能。

4. 筹集建设资金

国债既具有弥补财政赤字的功能,又具有筹集建设资金的功能。在现实生活中,可以从不同角度加以区分。比如,我国历史上财政支出中经济建设资金占50%左右,由于固定资产投资支出的绝对数和比重都较大,如果不发行国债,则势必要压缩固定资产投资支出,从这个角度讲,发行国债具有明显的筹集建设资金的功能。有的国家则从法律上或在发行时对两种不同功能做出明确的规定。例如,我国以前发行的国库券没有明确规定目的和用途,但从1987年开始,发行了重点建设债券和重点企业建设债券(其中包括电力债券、钢铁债券、石油化工债券和有色金属债券);又如,日本在法律上将国债明确分为两种:一是建设公债,二是赤字公债。

第二节 国债制度

一、国债的发行

国债的发行是指国债售出或由投资者认购的过程。它是国债运行的起点和基础环节,涉及国债的发行价格和发行方式两个问题。

(一)国债的发行价格

国债的发行价格是指国债的首次出售价格或购买价格。国债的发行价格不一定就是面值,它可以高于、低于、等于面值。按照国债发行价格与面值之间的关系,国债的发行价格可以分为平价发行、折价发行和溢价发行。

1. 平价发行

平价发行就是国债按票面值出售,认购者按照各种票面值支付认购金,政府按票面值取得收入,到期亦按票面值还本。

平价发行的前提条件如下:一是市场利率要与国债发行利率大体一致。如果市场利率高于国债利率,按票面值出售便无法找到认购者或承购者;市场利率低于国债利率,按票面值出售,政府财政也将遭受不应有的损失;唯有市场利率与国债利率大体一致,国债既能顺利地发售出去,又不致增加国库负担。二是政府的信用必须良好。只有政府的信用良好,认购者才愿意按票面值认购,国债的发行才能获得足够的保障。市场利率与国债利率大体一致,除非利率处在政府监管之下,否则,在市场条件下,两者会经常出现不一致。因此,平价发行在发达的金融市场上是不多见的。

2. 折价发行

折价发行就是国债以低于票面值的价格出售，即认购者按低于票面值的价格购进，政府按这一折价取得收入，到期仍按票面值还本。

采取折价发行的原因是由于国债票面利率低于市场利率，为了弥补认购者因此而遭受的损失，以折价形式作为补偿，或者是由于发行任务较重，为了吸引、鼓励认购国债，以折价的形式给予额外收益补贴，以保证国债顺利发行。

3. 溢价发行

溢价发行就是国债以超过票面值的价格出售，认购者按高于票面值的价格购进，政府按这一溢价取得收入，到期按票面值还本。

溢价发行有利于增加国家财政收入，但在正常情况下是难以推行的。只有在国债票面利率高于市场利率，其所得足以补偿溢价发行的差价条件下，认购者认为有利可图，溢价发行才能顺利进行；或者在预期市场利率下降的情况下，为了减少国家财政偿还利息的支出，采取溢价发行，可以提前取得差价收入来缓解未来的利息负担。

另外，除上述三种发行价格方式外，还有国债的贴现发行方式。所谓国债的贴现发行，就是按贴现利率计算出贴现利息，用票面金额扣除贴现利息后的国债发行方式。国债到期时，按票面金额兑付，不再计算利息。贴现发行虽然也是以低于票面金额的价格出售国债，但它不等于折价发行。折价发行按票面金额兑取本金时还要取得利息，发行时的折价只是作为损失的补偿或者额外收益；贴现发行则只按照票面金额兑付，发行时的折价是政府提前支付的利息。

(二)国债的发行方式

1. 公募法

公募法又称直接发行法，是指国家向社会公众募集国债的办法。公募法又分为直接公募法和间接公募法。直接公募法即由财政部门直接承担发行国债的责任，不通过中介机构直接向众多投资者公开募集国债，发行的费用和损失全部由国库承担。间接公募法又称委托募集法，是指依据约定的条件，由中介机构(例如银行)代理国家承担国债发行的责任，通过金融系统向公众募集国债。

直接发行法具有广泛吸收社会闲置资金的优点，但有销售时间长、政府不能很快取得大量资金的缺点。

2. 私募法

私募法是指不向社会公众公开募集，而是对某些特别机构发行国债的方法。根据应募者与政府之间的关系，又可以进一步分为银行承受法和特别发行法。

3. 包销法

包销法又称金融机构承受法，是指政府待发行的国债统一售予金融机构，再由金融机构自行发售的办法。

包销法与间接公募法不同。间接公募法是金融机构只代理发行权和发行事务，受政府的指导和监督，最终由政府负责。包销法是国债发行权的转让，即政府将国债发行数额、发行价格、发行费用等条件与金融机构协商，先由金融机构将国债全部承购下来，再转向社会销售；如果不能把全部国债转售出去，则其余额由金融机构自己购买。

包销法的特点：一是国债由金融机构承受，政府不再干预，金融机构可以自主执行发行权和发行事务；二是国债收入可以提前入库，政府可以及时使用。但该发行方式也有缺点，主要表现在如果金融机构不能把国债全部推销出去，自身承担的国债过多，就会导致货币供给大量增加，助长信用膨胀。

4. 公卖法

公卖法是指国家政府委托经纪人在证券交易所出售国债的方法。这种方法类似于直接发行法，不同之处在于：采用直接发行法时，国债价格由国家确定并固定不变；而公卖法下的国债价格由证券市场的供求关系决定，并且是被动的。

公卖法的优点是可以使政府从证券市场上吸收游资，同时政府又可以根据财政需要，适时决定在证券市场上推销国债取得资金。其缺点是国债的发行受资金市场的限制，有时会影响国债的发行计划与数量。

5. 交付法

交付法是指政府在支付经费或偿还债务时，对交付对象或债权人不付现金，而以国债顶替，或支付部分现金、搭配部分国债的发行方法。

6. 强制摊派法

强制摊派法是指国家在发行国债时按地区、部门、企事业单位分配发行数额，并要求保证完成任务的一种发行方法。因此，摊派法带有一定的强制性。

二、国债的偿还

国债的偿还是指国家依照信用契约，对到期国债支付本金和利息的过程，它是国债运行的终点。

国债偿还制度主要分为自由偿还和强制偿还两种。所谓自由偿还，是指政府对国债的偿还不受法规或契约的制约，可随时自由决定偿还国债的一种制度。这种偿还制度的优点是政府可选择在财政和经济上处于最有利的时机偿还国债。但这种制度却存在致命的缺点：国债偿还既然是自由的，可凭政府意志进行，就很容易导致国债累积起来，使往后的偿付更加困难，财政还本付息的负担和压力更重。所谓强制偿还，是指国债的偿还日期、数额、场所、方法以及其他各种偿债条件，必须依照法律或契约的规定执行，国家不得自由变动。强制偿还制度的优点是：按约偿还，可以提高国债的信誉，使人们踊跃购买国债。

（一）国债偿还的方式

1. 分期逐步偿还法

分期逐步偿还法是指政府将国债分为若干份，对一种国债规定几个还本期，直到国债到期时，本金全部偿清。由于这种偿还方法是政府向国债持有者偿还，不通过市场，所以又称为直接偿还法。其优点是严格遵守信用契约；缺点是偿还期固定，政府机动性小。

2. 到期一次偿还法

到期一次偿还法即实行在国债到期日按票面额一次全部偿清。

3. 市场购销偿还法

市场购销偿还法又称收买偿还法，是指政府按市场价格在证券市场上收购国债的方法。由于国债偿还通过市场完成，故也称市场偿还法。其优点是偿还成本较低，操作简单，并可体现政府的经济政策；缺点是背离了国债偿还期限的信用契约。

4. 以新替旧偿还法

以新替旧偿还法即通过发行新国债来兑换到期的旧国债。

(二)国债偿还的资金来源

国家偿还国债本息,必须要有一定的资金来源。一般来说,国家偿债资金的来源主要有预算列支、发新债偿旧债、偿债基金以及财政盈余四种形式。

1. 通过预算列支

政府将每年的国债偿还数额作为财政支出的一个项目列入当年的支出预算,由正常的财政收入保证国债的偿还。由于税收是经常性预算收入的主要来源,以当期税收偿还到期国债,所以,从来源上看,国债是变相的税收、延期的税收。

偿债资金以经常性预算收入为来源,较为稳定、可靠。但因各年应偿债务量的不同,会出现经常性预算收入用于偿债资金部分起伏较大的现象,从而影响经常性支出的稳定性。

2. 设立偿债基金

政府预算设置专项基金用于偿还国债,每年从财政收入中拨付专款设立基金,专门用于偿还国债。

偿债基金的基本思想最初是由英国人瓦尔波于18世纪提出的。1716年,英国开始设立减债基金。1796年,英国首相威廉·皮特根据理查德·普莱士关于"国家应当以单利息借款,以复利息放债"的建议,进一步修订了减债基金制度。其做法是:国库每年拨出一部分资金,用于收买政府债券,债券如未到期,买回后仍计利息,利息收入亦并入减债基金中,直到把公债买完为止。由于皮特试行减债基金,所以也称为"皮特减债基金"。

3. 发新债偿旧债

政府通过发行新债券,作为偿还旧债的资金来源。其实质是债务期限的延长。采用以旧换新,可以推迟偿债时间和偿债负担,暂时度过偿债高峰。但从本质上讲,这不是一种偿债资金筹集方式和国债偿还方式,其副作用极大。

4. 动用财政盈余

在预算执行结果有盈余时,动用这种盈余来偿付当年到期国债的本息。如果一国预算盈余多,用预算盈余偿还国债的能力就强;反之,就无力偿债。从当今世界各国预算收支状况看,预算支出不断增加,赤字年份多于盈余年份,已难以用此法筹集偿债资金,很难依此法按期偿还国债。

三、国债利率

国债是以信用关系为纽带,以借贷方式作为筹措财政收入的方法。其特征:一是要还本,二是要付利息,而付息的多少取决于国债利率。因此,国债利率的选择与确定是国债制度建设的核心环节。

国债利率的选择与确定,关系到国债能否顺利发行,还关系到国家的偿还负担和偿还能力。一般来说,国债利率越高,发行也就越容易,但利率升高意味着政府需要支付的利息增加。因此,利率的选定要考虑发行的需要,也要兼顾偿还的可能。根据市场经济运行的要求,国债利率的确定需要依据市场利率、政府信用能力、社会资金的供求状况、国债期限的长短等而定。

(一)市场利率的高低

市场利率一般指金融市场上各种金融工具的平均利率水平。国债利率水平的确定必须以金融市场利率水平为基础。因为国民在认购国债时,首先考虑可支配收入是用于储蓄还是用于购买国债及其他投资,其权衡及决策依据是收益及其风险性。若国债利率过低,社会闲置资金就会转向银行储蓄或其他投资,影响国债发行;反之,就会促进国债发行。国债作为一种金融工具和投资工具在金融市场上占有重要地位，这使得国债利率成为一种具有代表性的市场利率，即基准利率。

（二）政府信用状况

政府信用状况是影响国债发行利率的另一个重要因素，一般而言，国家信用的保证性强于私人信用。尽管市场利率在很大程度上受制于国债利率，但两者并非完全一致，这是因为国债是一种特殊的信用形式，政府的信用状况与国债的发行利率呈反方向变化。如果政府信用差，国债利率则应高于市场利率；反之，国债利率则应低于市场利率。如果国债利率的设计与政府的信用状况相背离，结果或是在政府信用欠佳时调低国债利率而使发行困难，或是在政府信用良好时调高国债利率而额外加重政府的利息负担。

（三）社会资金的供求状况

国债的发行还受到社会资金供求状况的影响。国债利率应当反映资金供求的关系，一般来说，在社会资金供给量充裕、闲置资金较多时，国债利率应从低设计；相反，社会资金需求旺盛、供给匮乏时，国债利率应从高设计。如果在设计国债利率时忽视了社会资金供给量这一重要因素，在资金匮乏时设计低国债利率，而在资金充裕时设计高国债利率，结果不是对国债发行不利，就是增大了筹资成本。

（四）国债期限的长短

一般来讲，国债利率的高低与其期限的长短呈同方向变化：期限较长的投资者负担的投资风险较大，因此，长期国债利率较高；短期投资者负担的市场风险较小，因此，短期国债利率较低；而中期国债利率应介于上述两者之间。但当国债利率的设计服从于宏观调控政策时，国债利率有可能与期限相背离。

（五）计息形式及利息支付的方式

单利率、复利率和贴现率对投资者的实际收益水平和政府财政的筹资成本有着不同的影响，到期一次付息和分期付息对投资者实际收益水平和政府财政的筹资成本也有着不同的影响。在实际收益水平已定的情况下，按单利率计息的票面利率应高于按复利率计息的票面利率，到期一次付息的票面利率应高于分期付息的票面利率。

目前，我国国债的付息方式分为以下三种：(1)附有票面利率，到期一次还本付息；(2)附有票面利率，定期付息一次；(3)低于面值发行，但到期时以面值偿还。从实践看，在国债到期以前，付息方式(1)和(3)没有每年给投资者支付利息，因此，这两种国债被称为零息国债；付息方式(2)每年给投资者支付利息，因此，这种国债被称为附息国债。

四、国债市场

证券市场是有价证券交易的场所。国债是一种有价证券，国债市场是国债交易的场所，是证券市场的重要组成部分，即证券市场中进行国债交易的场所。

国债市场按照交易的层次可分为两个部分：一是国债发行市场，二是国债流通市场。国债发行市场是指国债发行场所，又称国债一级市场或初级市场，是国债交易的初始环节，一般是政府与证券承销机构如银行、其他金融机构、证券经纪人之间的交易。国债的流通市场又称国债二级市场，是国债交易的第二阶段，包括证券交易所交易和场外交易两大类。

国债市场一般具有两个方面的功能：一是实现国债的发行与偿还；二是调节社会资金的流动或运行，使社会资金配置更趋合理。在当代，发达国家的国债是通过国债市场发行的，并有相当部分是通过国债市场偿还的。

第三节 国债的负担与效应

一、国债负担

国债负担是指发行政府债务给各相关方造成的利益损失和政府因负债所承受的经济压力。国债负担既包括国民经济整体负担,也包括不同利益主体的个体负担;既包括同一时期的政府债务负担,也包括不同时期的政府债务负担。

从各国国债的实践看,国债负担主要表现在以下几个方面:

(一)认购者负担

国债作为认购者收入使用权的让渡,这种让渡是将认购者现实的购买力或可自由支配的收入变为在一定时期内让渡使用权给国家的行为。对认购者来说,对他的经济行为会产生一定的影响,所以,国债发行必须考虑认购者的实际负担能力。事实上,认购者的承受能力,就是保障认购者基本生活支出后的可支配收入的收益率和安全性。在保障基本生活支出这个大前提下,国债收益率越高,认购者的负担能力越强;反之,则负担能力下降。

(二)国家负担

国家借债是有偿的,到期要还本付息,尽管国家借债时获得了经济收益,但偿债却体现为一种支出,借债的过程也就是国债负担的形成过程,所以,政府借债要考虑偿还能力,只能量力而行。

(三)纳税人负担

不论国债筹资使用方向如何、效益高低,还债的收入来源最终还是税收,即国家债务最终是由纳税人和部分国债资金的投资收益负担的,其中主要是由纳税人负担。马克思所说的国债是一种延期的税收,就是指国债与税收的这种关系。当然,在现代普遍实行"以新债还旧债"的国债制度下,虽然可以不需要增加当前税收来偿还国债,但持续"以新债还旧债",就会不断增加债务余额。

(四)社会经济负担

就整个社会经济大系统而言,若国债改善了经济运行环境,推进了市场运行效率,就可以认为国债不构成负担,或者说零负担;反之,若造成了市场效率损失以及"挤出效应",国债就给整个社会经济带来负担,并且这种负担不能简单地予以衡量。

(五)代际负担

国债不仅形成一种当前的社会负担,而且在一定条件下还会向后推移,形成代际负担。也就是说,由于有些国债的偿还期较长,连年以新债还旧债并不断扩大债务规模,就会形成这一代人借的债转化为下一代甚至几代人负担的问题。如果转移债务的同时为后代人创造了更多的财富或奠定了创造财富的基础,这种债务负担的转移在某种意义上被认为是正常的;如果国债收入被用于当前的消费,或者使用效率低下,留给后代人的只有净债务,那么,债务转移必将极大地影响后代人的生产和生活,这是一种愧对子孙的短期行为。

二、国债的限度

国债的限度一般是指国家债务规模的最高额度或指国债适度规模问题。国债的限度源于国债的负担。由于国债会形成一种社会负担,因而必须有一定的限度。

表示国债绝对规模的指标有三个：一是历年累积债务的总规模，二是当年发行的国债总额，三是当年到期需还本付息的债务总额。对国债总规模的控制是防止债务危机的重要环节，而控制当年发行额和到期偿还额，特别是严格控制未偿还的国债余额，是控制国债规模失控的主要手段。

表示国债相对规模的指标也有三个：一是国债负担率。由于国债的应债来源，从国民经济总体看就是GDP，所以，国债规模通常用当年国债发行额或国债余额占GDP的比重来表示，称为国债负担率。二是居民个人的国债负担率。从个别应债主体看，则以当年发行额占应债主体的收入水平的比重来表示，如居民个人的国债负担率，可以当年国债发行额占居民收入扣除消费支出和其他投资后的居民储蓄的比例来表示。三是政府(财政)偿债能力。国债规模还受政府偿债能力的制约。中央政府用于还本付息的来源是中央政府的财政收入，但在"以新债还旧债"的情况下，当年的债务负担只是支付到期利息。所以，表示中央政府国债当年偿债能力的指标是当年付息额占当年中央财政收入的比重，或采用当年国债发行额占中央财政支出的比重，前一指标直接表示政府的偿还能力，后一指标表示中央支出对债务的依赖程度，称为债务依存度。

衡量国债适度规模的主要指标是国债负担率。欧盟的《马斯特里赫特条约》规定的标准为60%。一般来说，国债负担率最多不能超过当年GDP的45%。而衡量政府偿债能力的指标通常是偿债率和国债依存度。国债的使用效益是影响国债规模的决定因素。

专栏9—1　　国债危机

国债危机是指在国债规模过度膨胀，投资者对该国的经济前景和国家税收期望降低，使得国债融资成本大幅度增加，造成政府无力对国债还本付息或必须延期还本付息的现象。国债危机在2011年大规模爆发，有欧债危机、美债危机、希腊国债危机等。国债危机甚至可以直接导致一个国家破产。

国债危机的本质是高赤字之下的主权信用危机。当这个危机爆发到一定阶段的时候可能会出现主权违约，即一国不能偿付其国家债务时发生的违约。传统的主权债务违约的解决方式主要有两种：一种是违约国家向世界银行或者国际货币基金组织等借款；另外一种是与债权国就债务利率、还债时间和本金进行商讨。

三、国债的经济效应

(一)国债的资产效应

分析国债的经济效应，从短期的观点看，主要是分析国债的收入效应或流量效应；但是，如果研究国债的长期效应，则不能仅限于国债的流量效应，还必须分析国债存量对资产的影响。也就是说，国债发行量的变化不仅影响国民收入，而且影响居民所持有资产的变化，这就是所谓的国债的资产效应。

政府运用税收和借债为支出筹集资金是否存在差别的问题，最终可以归结为这样一个问题：居民是否把自己持有的政府债券当作其财富的一部分？如果消费者将债券仅仅看作是延期的税收，那么，这些债券不能作为总财富的一部分；如果消费者认为当前发债和未来的税收并没有直接的联系，或者更可能的是认为这些债券根本不需要用税收来偿还(如借新债还旧债)，那么，这些债券会被看作是总消费函数中总财富的一部分。在国民收入决定分析的模型中，总消费函数起着至关重要的作用，而总消费函数通常被表述为可支配的总收入和总财富的函数，也就是消费将随着收入和财富的增加而增加，当人们持有债券而增加消费时，说明国债具有资产效应。

正因为国债具有资产效应，所以，国债在经济增长中具有稳定功能。由于国债的增加比税收的增加更能够提高居民持有的资产，一方面，人们心中感到富有了而可能增加消费；另一方面，人们的劳动意愿可能随之下降而减少储蓄。因此，发行国债在经济萧条时具有扩大消费的功能，而经济繁荣时具有抑制消费的功能，而且人们持有资产是为了预防萧条，所以，经济萧条时效应更大，经济繁荣时效应相对较小。此外，国债利息的支付也具有稳定的作用。在萧条时期，税收收入减少，尤其是实行累进税制，税收减少的趋势更加明显，这时国债利息支付保持在一定水平上，对消费需求会起维持作用。在经济繁荣时期，税收收入会比国民收入增长更快，而国债利息支付是一定的，这又会起到抑制消费需求的作用。

国债的资产效应和"国债错觉"的概念相联系。"国债错觉"是指国债持有者在持有国债时认为自己的财富增加了，由此可能增加自己的消费需求，因此，国债积累与消费的增加相联系。有人对国债错觉在现实中是否存在持置疑态度，但一般国债理论都承认国债错觉的存在并以此为前提展开分析。从对未来的预期来看，由于税收制度的变更或由于通货膨胀可能出现减免情况，也可能出现相反的情况，但根据实践经验判断，发生前一种情况的概率要更高一些：征税融资构成纳税人的当前负担，国债融资则构成纳税人的未来负担，对大多数人来说，也会选择未来负担。

（二）国债的需求效应

根据凯恩斯主义的观点，国债融资增加政府支出，并通过支出的乘数效应增加总需求，或通过将储蓄转化为投资，并通过投资的乘数效应，推动经济的增长。

国债对总需求的影响有两种不同的情形：一种情形是叠加在原有总需求之上增加总需求，另一种情形是在原有总需求内部只改变总需求结构，而不增加总需求。至于究竟属于哪一种情形，主要取决于不同的应债主体即不同的应债资金来源，需要进行具体分析，才能做出判断。

1. 中央银行购买国债

中央银行购买国债，即债务货币化。中央银行购买国债，银行持有国债账户增加，同时财政国库存款账户增加，财政用国债支付时，则形成企业存款和居民储蓄（或手持现金），商业银行存款增加。由此推理可知，中央银行购买国债将导致银行准备金增加从而增加基础货币，对总需求发挥扩张作用，构成通货膨胀因素。所以，一般而言，中央银行购买国债是叠加在原有总需求之上扩张总需求。当然，这种扩张效应也不是绝对的。随着经济的增长，货币需求必然增加，从而要求增加货币供给，而在每年增加的基础货币中必然有一部分是适应经济增长而增加的基础货币，如果在这个限度内购买国债，就不一定会发生通货膨胀。

2. 商业银行或居民个人购买国债

商业银行或居民个人购买国债则与中央银行购买国债的情形不同。商业银行或居民个人购买国债，一般来说只是购买力的转移或替代，不会产生增加货币供给从而扩张总需求的效应。因为购买国债时表现为商业银行在中央银行准备金的减少或居民个人在商业银行储蓄存款的减少，而当财政支用时，又会表现为商业银行准备金的恢复或居民储蓄存款的恢复，货币供给规模不变；变化的只是商业银行拥有的资金暂时转为财政使用，或将居民储蓄通过国债转化为投资，也就是购买力或资金使用权的转移或替代，从而不产生扩张总需求的效应。如果在经济繁荣时期，由于资金供求紧张，发行国债会带动利率上升，可能对民间投资产生"排挤"效应，不利于民间投资的增长；如果在经济萧条时期，实际上则是商业银行暂时闲置的资金转由财政使用，将居民储蓄转化为投资，弥补了储蓄与投资之间的缺口，这样不但可以推动经济的增长，而且有利于提高商业银行的效益。

(三)国债的供给效应

发行国债作为一种扩张政策，当运用于治理周期性衰退时，主要注重其短期需求效应，刺激需求，拉动经济增长。但实际上，国债不仅具有需求效应，而且同时具有供给效应，即增加供给总量和改善供给结构。事实上，需求与供给是一个问题的两个方面，两者是相互伴生不可分割的。比如，国债收入用于投资，自然会增加投资需求，这是不言而喻的，但用于投资，也必然提供供给，而且由于投资领域的不同，也就同时改变了供给结构。至于需求自动创造供给或供给自动创造需求的说法，如果分开说，都有片面之嫌。因为，在市场经济下，需求与供给是互动的。当供求失衡时，如供给大于需求或需求大于供给，不是市场本身的原因，而是一种制度性问题，即属于"市场失灵"，这就需要政府参与解决。而政府发行国债，就是政府宏观政策中用来调节总需求与总供给平衡的一种重要手段。

如果政府发行国债是用于投资，而且主要是用于生产性投资，同时，既然是政府投资，又是用于那些具有非排他性、非竞争性或具有"外部效应"的提供"公共物品"领域的投资，其中的首选是基础设施投资，还有高新技术投资、风险投资、农业投资、教育投资等，这些投资既增加了有效供给，也改善了供给结构，这也就是国债的供给效应。

四、西方经济学家关于国债观点评述

(一)理论上的观点

理论上西方经济学家关于国债的观点大致可以分为三种：新古典学派、凯恩斯学派和李嘉图学派，其核心观点依次可以称之为国债有害论、国债有益论和国债中性论。三个学派的根本分歧在于各自信奉的哲学思想，以及在此基础上的假设不同。

新古典学派信奉自由主义哲学思想，认为管得少的政府才是最好的政府。基本假设个人的消费决策建立在一生效用最大化基础上，按照市场利率借款，个人生命周期是有限的，市场永远出清。

凯恩斯学派认为，明智管理是现代民主社会之魂，主张通过政府干预纠正市场失灵，基本假设是存在闲置资源和个人都是短视的且受流动性约束。

李嘉图学派信奉自由主义哲学思想，认为国债仅是延迟税收。基本假设是：人是完全理性的，个人的消费决策取决于预算收入约束且有"利他主义"的遗产动机。

这三个学派都不能完美地揭示现实，但都在某一方面对现实做出了比较成功的解释。一个人认为国债是好是坏无关紧要，主要取决于你按哪一种学派的研究范式进行研究。

(二)当前关于国债问题的主流观点

(1)从宏观的角度看，内债既不像私债一样会成为明显负担，也不像外债一样会将资源转移出去。

(2)对于一个国家整体而言，国债真正的负担只表现在两个方面：举借国债会降低一国国民总储蓄进而妨碍资本的形成；将来为偿还国债而征税会产生额外的经济负担。

(3)国债的增加至少在短期内会增加总需求。在存在失业的情况下，这会诱发更多的消费，引致更多的投资，这样总产出和就业就会提高，同时为将来留下更多的资本存量。

(4)由于存在挤出效应，从长期来看，国债增加会促使人们增加消费，相应的储蓄就会减少，资本存量也会减少。资本存量减少在长期内会减少一国的总产量，在均衡的状态下消费也会被减少。

(5)国债用作资本性的支出是合理的。因为它是把这些支出在各代人之间公平、合理分担的一个工具。

第四节 中国的国债

一、中国国债的种类

我国的国债包括内债和外债。从外债来看,主要是指从国际性金融机构、外国政府、外国金融机构等获得的以外币计值的贷款。

内债从债券形式来看,我国发行的国债可分为以下几类:

(一)记账式国债

记账式国债又称无纸化国债,即不需要印制券面及凭证,而是利用账户通过电脑系统完成国债发行、交易及兑付的全过程。记账式国债可以记名、挂失,安全性较好,而且发行成本低,发行时间短,发行效率较高,交易手续简便,已被越来越多的投资者所接受。由于记账式国债的发行、交易特点,主要是针对金融意识较强的个人投资者以及有现金管理需求的机构投资者进行资产保值、增值的要求而设计的国债品种,因而其固有的市场功能得到了比较好的发挥,已经成为世界各国政府债券市场的主要形式。

我国从1994年推出记账式国债这一品种。

(二)凭证式国债

凭证式国债类似于国外的储蓄债券,是针对个人投资者中带有储蓄性质的这部分资金的特点设计的一种国债,安全性较好,具有购买、保管、兑现方便等特点。

凭证式国债从1994年开始发行,以填具"中华人民共和国凭证式国债收款凭证"(凭证上记载购买人姓名、发行利率、购买金额等内容)的形式记录债权。凭证式国债通过各银行储蓄网点和财政部门国债服务部,主要面向城乡居民个人及社会其他投资者发行,从投资者购买之日起开始计息,可以记名、可以挂失,但不能上市流通。投资者购买凭证式国债后如需变现,可以到原购买网点提前兑取,除偿还本金外,还可按实际持有天数及相应的利率档次计付利息。对于提前兑取的凭证式国债,经办网点还可以二次卖出。

(三)无记名国债

无记名国债为实物国债,以实物券面(券面上印有发行年度、券面金额等内容)的形式记录债权,是我国发行历史最长的一种国债。发行时通过各银行储蓄网点、财政部门国债服务部以及国债经营机构的营业网点面向社会公开销售,投资者也可以利用证券账户委托证券经营机构在证券交易所场内购买。无记名国债从发行之日起开始计息,不记名、不挂失,可以上市流通。发行期结束后,若需进行交易,则可以直接到国债经营机构按其柜台挂牌价格买卖,也可以利用证券账户委托证券经营机构在证券交易所场内买卖。

(四)电子储蓄国债

电子储蓄国债是我国财政部面向境内中国公民储蓄类资金发行的、以电子方式记录债权的不可流通人民币债券。2006年,财政部和中国人民银行联合颁布了《储蓄国债(电子式)代销试点管理办法(试行)》,从2006年开始发行储蓄国债(电子式)。

储蓄国债(电子式)具有以下几个特点:一是针对个人投资者。认购对象仅限境内中国公民,不向机构投资者发行,同时设立了单个账户单期购买上限,充分考虑并保护了个人投资者特别是中小投资者的利益。二是不可流通性。采用实名制,不可流通转让。三是采用电子方式记录债权。有专门的计算机系统记录和管理投资人的债权,免去了投资者保管纸质债权凭证的麻烦,债权查询方便。四是收益安全、稳定。由财政部发行并负责还本付息,票面利率在发行时就已确定(不随市场利率或者储蓄利率的变化而变化),免缴利息税,适合低风险偏好的投资者。五是鼓励持有到期。储蓄国债(电子式)设有最低持有期限,在持满最低期限后方可办理提前兑取,并被扣除部分利息,同时要支付相应的手续费。六是手续简化。省去了兑付手续,本金或者利息到期直接转入投资者资金账户。七是付息方式较为多样。设计了按年支付利息的品种,适合个人投资者存本取息的投资习惯。

随着国债市场投资条件和环境的改善,财政部从 1998 年开始停止了实物国债的发行,这就从根本上杜绝了假券产生的源头,有效避免了利用国债代保管单等凭证进行资金拆借或者恶意诈骗行为,并节省了大笔国债印制、调运、保管和销毁费用。目前,我国国债种类为记账式国债、凭证式国债和电子储蓄国债三类,为进一步加强国债管理提供了便利条件。

二、中国国债的规模

从国债的绝对规模来看,无论是从当年国债发行额、国债余额还是国债还本付息额,中国的国债基本上都是逐年递增的。而从相对规模来看,情况有所不同。

(一)国债依存度

国债依存度即当年国债发行额与当年财政支出(含还本付息支出)之比。国债依存度又细分为国家财政债务依存度和中央财政债务依存度。国际上公认的安全线为:国家财政债务依存度不超过 20%,中央财政债务依存度不超过 30%。在我国,考察中央财政的债务依存度更有现实意义,因为我国国债长期以来都是由中央政府发行、掌握和使用。2015 年新预算法实施之后,地方政府才真正能够发行债券。地方政府发行债券,举债规模必须由国务院报请全国人大或全国人大常委会批准。新预算法规定,经国务院批准的省、自治区、直辖市预算中必需的建设投资的部分资金,可以在国务院确定的限额内,通过发行地方政府债券以举借债务的方式筹措。

国债依存度这一指标主要反映一个国家财政支出有多少是依靠发行国债来实现的。当国债的发行量过大、债务依存度过高时,表明财政支出过分依赖债务收入,财政处于脆弱的状态,并对财政的未来发展构成潜在的威胁。因此,债务依存度是衡量国债规模是否合理的一个重要指标。

表 9—1　　我国的国债依存度

年　份	财政支出(亿元)	国债收入(亿元)	国债依存度(%)
2010	89 874.16	19 778.30	22.01
2011	109 247.79	17 100.00	15.65
2012	125 952.97	16 154.20	12.83
2013	140 212.10	15 544.01	11.09
2014	151 785.56	21 120.60	13.91
2015	175 877.77	54 908.00	31.22

续表

年　份	财政支出(亿元)	国债收入(亿元)	国债依存度(%)
2016	187 755.21	29 457.69	15.69
2017	203 085.49	39 000.00	19.20

资料来源:国家统计局官网,http://www.stats.gov.cn。

从表 9－1 中可以看出,我国的国债依存度除 2015 年超出了 30%的安全线以外,其他年份的国债依存度均在安全线以内。2015 年国债依存度超出 30%的安全线的主要原因是我国实施的积极的财政政策,另外,当年我国加强推行储蓄国债的发行也导致当年国债发行规模大幅度增加。

(二)国债负担率

国债负担率即当年国债余额与当年国内生产总值之比。国债负担率是从国民经济的全局和总体的角度来考虑和把握国债的数量界限,是衡量一个国家国债规模的宏观指标,不仅揭示一国国债负担情况,也反映国债规模的增长与国内生产总值增长的相互关系。一般认为,国债负担率不能超过 45%,《马斯特里赫特条约》规定的比率更高一些,为 60%。经济发达国家承受的比例可能高一些,发展中国家的比例相对低一些。表 9－2 为中国的国债负担率。

表 9－2　　中国的国债负担率

年　份	GDP(亿元)	国债余额(亿元)	国债负担率(%)
2010	401 202.0	67 548.11	16.84
2011	473 104.0	72 044.51	15.23
2012	519 470.1	77 565.70	14.93
2013	568 845.2	86 746.91	15.25
2014	643 974.0	95 655.45	14.85
2015	685 505.8	106 599.59	15.55
2016	737 074.0	120 066.75	16.23
2017	818 461.0	134 770.15	16.47

资料来源:国家统计局官网,http://www.stats.gov.cn。

从表 9－2 来看,我国的国债负担率远低于 60%的国际警戒线,国债的发行还存在着较大的空间。同时,还应看到,我国还有一定的隐性赤字和债务,仍要注重防范财政风险,促进财政经济高质量的发展。

(三)偿债率

偿债率即当年的国债还本付息额与当年的财政收入之比。关于这一指标,国际上公认的安全线是 8%～10%。美国、日本、法国、英国等发达国家基本在安全线内。表 9－3 为我国的偿债率。

表 9－3　　我国的偿债率

年　份	财政收入(亿元)	国债还本付息额(亿元)	偿债率(%)
2010	83 101.51	12 382.125	14.9

续表

年　份	财政收入(亿元)	国债还本付息额(亿元)	偿债率(%)
2011	103 874.43	13 462.13	12.96
2012	117 253.52	11 643.27	9.93
2013	129 209.64	10 814.85	8.37
2014	140 370.03	12 549.08	8.94
2015	152 269.23	13 902.18	9.13
2016	159 604.97	22 488.34	14.09

资料来源：国家统计局官网，http://www.stats.gov.cn。

从表9—3来看，我国的偿债率与国际安全线相比有些偏高，2010年以来，我国国债偿债率呈"V"字形散点分布，多数年份的偿债率已经超过安全范围，这说明我国国债的偿债压力较大，存在诸多潜在风险，应注意财政债务风险的防控，合理安排财政收支，做好预算平衡管理工作。

三、中国国债的发行与偿还

(一)中国国债的发行

在我国，国债的发行方式几经变迁。20世纪80年代，采用行政分配的方式，摊派发行国债。到了20世纪90年代初，便改为承购包销，主要用于不可流通的凭证式国债。时至今日，发行方式主要有直接发行、承购包销发行和招标发行。总的变化趋势是不断趋向低成本、高效率的发行方式，逐步走向规范化与市场化。

1. 直接发行

直接发行方式是财政部直接向投资者销售国债，包括三种情况：一是各级财政部门和代理机构直接销售国债；二是20世纪80年代采用的行政摊派方式；三是定向发售，是指定向养老保险基金、失业保险基金、金融机构等特定机构发行国债的方式，主要用于国家重点建设债券、财政债券、特种国债等品种。

2. 承购包销

承购包销方式始于1991年，主要用于不可流通的凭证式国债，它是由各地的国债承销机构(商业银行)组成承销团，通过与财政部签订承销协议来决定发行条件、承销费用和承销商的义务，因而是带有一定市场因素的发行方式。

3. 招标发行

招标发行是指通过招标的方式来确定国债的承销商和发行条件。根据发行对象的不同，招标发行又可分为缴款期招标、价格招标、收益率招标三种形式。

(1)缴款期招标。

缴款期招标是指在国债的票面利率和发行价格已经确定的条件下，按照承销机构向财政部缴款的先后顺序获得中标权利，直至满足预定发行额为止。缴款期招标并非一种完全意义上的市场化发行方式。

(2)价格招标。

价格招标主要用于贴现国债的发行，按照投标人所报买价自高向低的顺序中标，直至满足预定发行额为止。如果中标规则为“荷兰式”,那么,中标的承销机构都以相同价格(所有中标价格中的最低价格)来认购中标的国债数额;而如果中标规则为“美国式”,那么,承销机构分别以其各自的出价来认购中标数额。

(3)收益率招标。

收益率招标主要用于付息国债的发行,它同样可分为“荷兰式”招标和“美国式”招标两种形式,原理与上述价格招标相似。

招标发行将市场竞争机制引入国债发行过程,从而能反映出承销商对利率走势的预期和社会资金的供求状况,推动了国债发行利率及整个利率体系的市场化进程。此外,招标发行还有利于缩短发行时间,促进国债一、二级市场之间的衔接。基于这些优点,招标发行已成为我国国债发行体制改革的主要方向。

在发行价格方面,在国债发行初期,曾经出现过折价发行的情况,当前除贴现国债以外,均按照面值发行。

(二)中国国债的偿还

从偿还方式来看,国债的偿还有分期逐步偿还、抽签轮次偿还、到期一次偿还、市场购销偿还、以新替旧偿还五种方式。例如:1981～1984年,采取分期逐步偿还法;1985年以后,采取本金与利息期满后一次还本付息。

抽签偿还法是指在国债偿还期内分年度确定一定的偿还比例,由政府按国债券号码抽签对号,如约偿付本息,直到偿还期结束,全部国债中签偿清为止的一种方式。

我国国债偿债资金来源于预算列支、借新债还旧债、偿债基金。通过建立偿债基金,为偿还债务提供了一个稳定的资金来源,可以平衡各年度还债负担,起到均衡偿还的作用。

四、中国国债的利率

由于国债是以国家信用做担保的,国家信用高于其他主体的信用,而且国债的流动性也高于其他金融工具,因此,从理论上来说,国债利率应该低于同期其他金融工具的利率,但是在我国情况并非如此。主要原因有三个:一是从风险的角度来看,我国的银行存款和国债基本没有差别;二是我国国债的二级市场还不够发达;三是我国居民习惯于银行存款。

20世纪80年代初期,我国发行国库券时,国库券的票面利率低于同期银行存款利率,但是,因为公众对国债不熟悉,导致国债发行困难。在之后相当长的一段时期内,我国发行的国债利率一直高于同期银行存款利率,整体来讲,中国国债的利率水平低于人民币贷款利率而稍高于存款利率。

自1981年起,基本上参照银行存款利率而定,对单位和个人执行不同的利率。1989年后,我国提高了国库券利率,且对单位和个人执行同一利率,同时根据不同性质、不同期限分别确定国债的利率。1995年8月,首次试用国债招标发行,使国债向市场化迈出了重大的一步,国债利率也较过去更接近市场。1999年10月,国债发行开始采用市场招标形式,从而实现了国债发行利率的市场化。

在2005年第二期记账式国债招标中,期限为1年的短期国债最终中标利率锁定在2.122%,低于同期银行存款收益率2.25%。这是中国国债利率首次低于同期银行存款利率,在之后所发行的国债中,国债利率逐渐趋于合理。

专栏 9—2　　外债

根据国际货币基金组织和世界银行的定义，外债是特定的时间内，一国居民对非居民承担的具有契约性偿还责任的负债，不包括直接投资和企业资本。根据我国国家外汇管理局的定义，外债是中国境内的机关、团体、企业、事业单位、金融机构或者其他机构对中国境外的国际金融组织、外国政府、金融机构、企业或者其他机构用外国货币承担的具有契约性偿还义务的全部债务。衡量外债是否适度的指标主要有：(1)偿债率，即当年还本付息额与当年外汇收入总额的百分比，控制指标为20%；(2)债务率，指一国外债余额占当年出口外汇收入的百分比，控制指标为100%；(3)负债率，指一国外债余额占国内生产总值的比例，控制指标为10%。

第五节　地方政府债务

一、地方政府债务的概念和分类

(一)地方政府债务的概念

地方政府债务，也称地方公债，简称地方债，是指有财政收入的地方政府根据信用原则、以承担还本付息责任为前提而筹集资金的一种信用方式，是一种特殊的财政活动。根据范畴不同，地方债有狭义和广义之分。狭义的地方债是指地方政府为筹措财政收入，通过债券市场发行的债务，其收入列入地方政府预算，由地方政府安排调度；广义的地方债是指地方公共部门(包括地方政府及其相关部门、地方投融资平台公司等)通过借款、提供担保、回购等信用支持而形成的债务。

(二)地方政府债务的分类

对于地方政府债务的分类问题，从法律责任和发生的可能性两个角度将政府债务分为四种。

从法律责任角度，分为显性债务和隐性债务。显性债务一般包括外国政府与国际金融组织的贷款、国债转贷资金、农业综合开发借款、解决地方金融风险专项借款、拖欠工资、国有粮食企业亏损新老挂账、拖欠企业离退休人员基本养老金等，除了明确的负债外常表现为未支付的应付支出；隐性债务包括地方政府担保债务、担保的外债、地方金融机构的呆坏账、社会保障资金缺口等。

从发生的可能性角度，分为直接债务和或有债务。考虑到中国地方政府承担的各种责任，将中国地方政府债务分为政府负有直接偿债责任的显性债务、政府负有担保责任的显性或有债务、政府负有最终托底责任的隐性或有债务。

二、中国地方政府性债务的发展历程

中华人民共和国成立至今，伴随着我国公债的发展，地方公债的产生与发展大致经历了以下几个阶段：

(一)中华人民共和国成立初期的地方公债(1949～1958年)

中华人民共和国成立初期，国家经济建设任务繁重。在计划经济体制下，国家实行了高度集中、统收统支的财政体制，各地财权和事权集中由中央控制和支配。而当时在解放战争还未完全结束的情况下，国家的财政支出大部分用于国防，不能全面支撑各地区的经济发展。这段时期，我国共发行过两种地方公债：一是1950年前东北人民政府发行的“东北生产建设折实公债”,目的是为了筹措生产建设资金,用于东北地区的生产投资;二是 50 年代末 60 年代初,部分地方政府根据 1958 年 6 月 5 日国家公布的《中华人民共和国地方经济建设公债条例》,结合本地区实际,不同程度地发行了“地方经济建设公债”,作为筹集建设资金的一种辅助手段。地方公债的发行,为地方政府开辟了新的财源,有力地支持了地方经济的建设。

随着我国计划经济体制的相对成熟,中央高度集权,国家已基本能够通过利润、税收、银行三种途径集中社会资金和财力。在国内外环境的影响下,政府公债在 1968 年还清之后暂时退出历史舞台。

(二)改革开放初期的地方公债(1978～1992 年)

改革开放初期,为了克服国内经济建设资本严重不足的困难,我国开始恢复举借公债。1981 年公布的《中华人民共和国国库券条例》中的第二条规定:国库券主要向国有企业、集体所有制企业、企业主管部门和地方政府分配发行。机关、团体、部队、事业单位和农村富裕的社队可以适当认购,个人也可以自愿认购。但此时认购的国库券并不是地方公债,只是规定地方和个人可以认购的权利,发行公债所得资金仍然由国家管理,地方政府没有支配权。1978～1992 年,中央实行分级管理的体制,财政上“放权让利”,分配关系从中央向地方倾斜。在这种体制下,地方的积极性得以调动,很多地方政府为了筹集资金,都出现过不同程度的举债。

(三)禁止发行阶段(1993～2008 年)

1993 年开始,中央政府对我国的财政体制进行了改革,相关财经法律法规逐步完善。1993 年 4 月,国务院颁布《关于坚决制止乱集资和加强债券发行管理的通知》,要求“不得发行或变相发行地方政府债券”。1994 年全国人大颁布的《中华人民共和国预算法》于 1995 年 1 月 1 日起正式施行,其中规定:除法律和国务院另有规定外,地方政府不得发行地方政府债券。但事实上,地方政府自行举借现象却十分普遍,出现了替代性的“准地方公债”,即与地方政府关系密切的企业发行的债券,用于城市经济建设,主要是城市基础设施建设,表面上是企业债券,其实质为地方公债。

1998～1999 年,我国为应对东南亚金融危机,实施积极的财政政策,曾将部分由中央财政发行的国债资金转贷给地方政府用于地方的建设项目,转贷给地方的国债资金还本付息责任由地方政府承担。此外,作为地方政府举借债务的重要工具——地方投融资平台开始形成并发展起来。

(四)代发代还阶段(2009～2010 年)

2008 年的美国金融危机使国际经济环境遭到了巨大破坏,我国经济也受到了严重影响。为了有效应对国际金融危机,保持经济的平稳发展,2009 年,经国务院批准同意,以省、自治区、直辖市和计划单列市政府为发行和偿还主体,由财政部代理发行并代办还本付息和支付发行费,发行了可流通记账式地方政府债券。同时,为了管理地方债券的发行,财政部制定了一系列规章制度,对地方政府债券的发行、使用监督进行了规范,并根据各地区的实际情况、资金需求确定了发行规模。与此同时,这一阶段的地方投融资平台在数量和贷款规模上都有了更为迅速的发展。

(五)自发代还试点阶段(2011～2013 年)

2011 年,财政部颁布了《2011 年地方政府自行发债试点办法》,在上海、广州、深圳、浙江展开了地方政府发债的试点。2013 年,地方政府自行发债试点范围进一步扩大,由 4 个省市增至 6 个省市,赋予了江苏省和山东省自行发债权,这一系列举动意味着地方债券市场已逐步放开。同时从实际情况看,地方债券的发行对于应对金融危机、保持地方经济稳定发展等方面都起到了积极的作用。

(六)自发自还阶段(2014年至今)

2014年,国务院批准浙江、上海等10个省市试点地方政府债券“自发自还”,规模为1 092亿元。2015年1月1日起实施的新《中华人民共和国预算法》第三十五条规定:“经国务院批准的省、自治区、直辖市的预算中必需的建设投资的部分资金,可以在国务院确定的限额内,通过发行地方政府债券举借债务的方式筹措。”地方政府债券由此进入自发自还新阶段。

三、中国地方政府债务的治理

(一)中国地方政府债务监管体系存在的问题

1. 地方政府变相举债融资加大监管难度

部分地方政府通过非正常渠道,不断创新融资手段,通过委托贷款、融资租赁、违规贷款、公益性资产虚增,这种隐性债务具有很强的隐蔽性,很难监管。随着政府投资项目的增加和时间的推移,这种隐性债务会逐渐转化为显性债务,给国家经济安全和社会稳定带来巨大隐患。部分地方政府部门依靠项目承包人垫支,而这种欠付垫支款理应进入各地方政府部门的财政收支预算,而部分地方政府却并未这样处理。

2. 地方政府债务责任追究制度缺失

2014年修正的《预算法》虽然已经强调要建立责任追究制度,且由财政部门对地方债务实施监管,部分地方政府也曾出台过一些细则,但落实不足。

3. 地方政府债务的偿还对土地出让收入的依赖严重

随着城镇化进程的推进,仅靠地方政府的税收收入和转移支付,难以完全满足基础设施投资的资金需求,以土地出让收入作为保证,向银行或其他金融机构举债成为地方政府为基础设施融资的一种重要手段。地方政府首先通过举债资金建设城市,而城市基础设施的完善又可以进一步提高土地价值,再通过土地出让偿还债务,这已成为许多地方政府“经营城市”的基本思路。随着中国经济进入新常态,同时由于征地和拆迁补偿、土地开发支出、补助被征地农民支出等成本性支出提高,地方政府出让土地的净收益已呈下降趋势,致使这种以土地收入为保障的银行贷款正面临越来越大的风险。

(二)中国地方政府债务的治理

1. 规范地方政府债务监管

一是加强对政府性债务资金使用的监管。各地方政府应该根据上级部门的相关规定,并结合本地区经济的发展状况,制定符合本地区的债务管理细则,并确保细则实施的可操作性。加强对本级地方政府债务的运行管理,明确偿债主体,动态监管债务资金的运行过程。制订政府债务资金的收支计划和偿债计划。各地方政府要监督下属单位严格按照举债计划和项目进展情况使用举债资金,在督促其提升债务资金使用效率的同时还应督促其及时并足额按计划偿还债务。

二是规范地方政府性债务申报审批制度。各地方政府及所属部门的举债单位每年年末应该将下一年度的资金需求计划、举借计划、偿还计划等材料报同级财政部门审核,财政部门对接收的申报材料的真实性应做尽职调查与核实,并结合举债申报单位往年的收入支出情况,给出具体的债务初审意见。债务审批主管部门再根据初审意见进行材料复核,对无债务初审意见的,债务审批主管部门应该拒绝审批,涉及建设项目的,项目主管部门应该不予立项,招投标管理机构应该不予招标。

三是完善地方政府性债务责任追究制度。关于政府性债务责任追究制度,不论是中央政府还是地方政府都应该对相关文件进一步细化,强化其可操作性。地方政府及其所属部门或单位在使用债务资金进行投资时应建立严格的债务投资决策责任制,明确项目投资决策人的偿债责任及违约追责措施。对整个投资项目要真正落实"谁举债,谁负责",且整个项目从可行性研究和确定,到设计、施工、生产准备、投入生产的全过程要明确各方责任。项目完成后,建议由上级审计机构对投资项目进行严格审计。对过度举债造成资金浪费与损失、对虚报和瞒报材料恶意套取债务资金,以及因工作失职而造成项目失败引起无法按期还本付息的,应该对有关责任人进行追责。

2. 防范地方政府债务风险

一是建立地方政府性债务风险预警机制。财政部根据各地区一般债务、专项债务、或有债务等情况,测算债务率、新增债务率、偿债率、逾期债务率等指标,评估各地区债务风险状况,对债务高风险地区进行风险预警。列入风险预警范围的债务高风险地区,要积极采取措施,逐步降低风险。债务风险相对较低的地区,要合理控制债务余额的规模和增长速度。

二是建立债务风险应急处置机制。要硬化预算约束,防范道德风险,地方政府对其举借的债务负有偿还责任,中央政府实行不救助原则。各级政府要制定应急处置预案,建立责任追究机制。地方政府出现偿债困难时,要通过控制项目规模、压缩公用经费、处置存量资产等方式,多渠道筹集资金偿还债务。地方政府难以自行偿还债务时,要及时上报,本级和上级政府要启动债务风险应急处置预案和责任追究机制,切实化解债务风险,并追究相关人员的责任。

三是严肃财经纪律。建立对违法违规融资和违规使用政府性债务资金的惩罚机制,加大对地方政府性债务管理的监督检查力度。地方政府及其所属部门不得在预算之外违法违规举借债务,不得以支持公益性事业发展的名义举借债务用于经常性支出或楼堂馆所建设,不得挪用债务资金或改变既定资金用途;对企业的注资、财政补贴等行为必须依法合规,不得违法为任何单位和个人的债务以任何方式提供担保;不得违规干预金融机构等正常的经营活动,不得强制金融机构等提供政府性融资。地方政府要进一步规范土地出让管理,坚决制止违法违规出让土地及融资行为。

小结

- 国债是一种特殊的借贷行为和特定的财政范畴。
- 国债是国家信用的主要形式。由于国债以中央政府的税收作为还本付息的保证,因此风险小、流动性强,利率也较其他债券低。
- 国债产生于古代社会,是随着国家的发展而出现的一个财政分配范畴。作为财政范畴,国债的出现比税收要晚。国债的产生与国家职能的扩展密切相关,并以社会经济的发展以及信用制度的发展为前提。
- 国债具有弥补财政赤字、对财政预算进行季节性资金余缺的调剂、对国民经济运行进行宏观调控、筹集建设资金等功能。
- 国债的发行是国债运行的起点和基础环节,它涉及国债发行价格和发行方法两个问题。国债偿还是国债运行的终点。国债利率的选择与确定则是国债制度建设的核心环节。
- 国债负担是指发行政府债务给各相关方造成的利益损失和政府因负债所承受的经济压力。
- 国债必须有一定的限度。表示国债绝对规模的指标有历年累积债务的总规模(国债余额)、当年发行国债总额和当年到期还本付息的债务总额;表示国债相对规模的指标有国债负担率、债务依存度(国债依存度)和偿债率。

- 国债具有的经济效应：资产效应、需求效应和供给效应。
- 我国的国债负担率远低于60%的国际警戒线，国债的发行还存在着较大的空间。
- 我国地方政府债务。

拓展阅读篇目

1. 邓子基，张馨，王开国：《公债经济学：公债历史、现状与理论分析》，中国财政经济出版社，1990。

2. 高培勇：《中国财税体制改革30年研究》，经济管理出版社，2008。

3. 财政部财政科学研究所课题组：《中国政府债券市场存在的问题及政策建议》，载《经济研究参考》，2012(19)。

4. 袁东：《公共债务与经济增长》，中国发展出版社，2000。

5. 白海娜：《政府或有负债：影响政府稳定的潜在风险》，中国财政经济出版社，2003。

6. 郑春荣：《中国地方政府债务的规范发展研究》，格致出版社，2016。

7. 李霁友：《新常态下地方政府债务问题研究》，科学出版社，2018。

思考与应用

一、关键词

国债　国债制度　凭证式国债　记账式国债　国债市场　国债　依存度　国债负担率　偿债率　国债效应　地方政府债务　或有债务　隐性债务

二、思考题

1. 如何理解国债的政策功能？
2. 试述我国国债市场的现状及其有待完善的问题。
3. 国债规模的指标有哪些？如何控制国债规模？
4. 试述国债效应。
5. 如何评价我国的国债规模？应采取怎样的对策？
6. 试述我国地方政府债务情况及其治理。

案　例

中华人民共和国财政部公告2016年第24号①

2016年凭证式国债发行工作即将开始，现将2016年凭证式国债发行等有关事宜公告如下：

一、凭证式国债为记名国债，记名方式采用实名制，可以挂失，但不能更名，不能流通转让。

二、凭证式国债在发行期内通过2015～2017年储蓄国债承销团成员（以下简称承销团成员，名单详见附件），按面值面向个人发行，发行面值以100元为单位。承销团成员应向投资者提供“中华人民共和国凭证式国债收款凭证”。

三、投资者购买的凭证式国债从购买之日开始计息，到期一次还本付息，不计复利，逾期兑付不加计利息。各期凭证式国债发行公告日至发行结束日，如遇中国人民银行调整金融机构人民币存款基准利率等情况，需调整当期凭证式国债利率时，发行利率及提前兑取分档利率的调整情况另行通知。

---

① 中华人民共和国财政部网站，http://www.mof.gov.cn。

四、投资者购买凭证式国债后，可到原购买国债的承销团成员办理提前兑取、质押贷款。投资者办理提前兑取，按当期国债实际持有时间和相应的利率档次计息，同时需按提前兑取本金的1‰向承销团成员支付手续费。

附件：2015～2017年储蓄国债承销团成员名单

中华人民共和国财政部
2016年2月28日

［要求］

从以上公告来看，国债发行的要素包括哪些？凭证式国债的特点是什么？

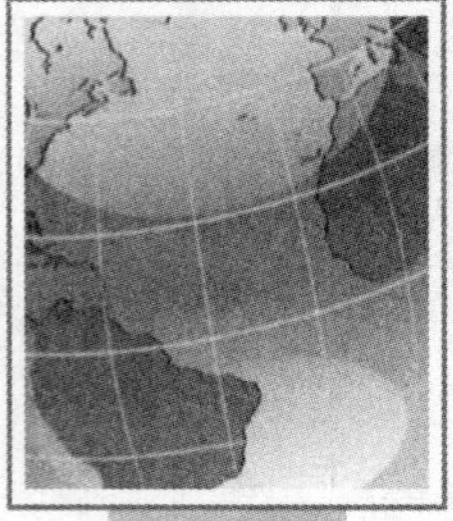

第十章 政府预算

本章提要

本章主要介绍政府预算及预算管理体制，将系统地介绍政府预算的基本概念、运作方式及预算管理体制，重点阐述政府预算的内涵和分类、我国政府预算体系和中国分税制改革，并就如何完善中央和地方财政事权与支出责任，充分发挥中央与地方的积极性做进一步探讨。

第一节　政府预算概述

一、政府预算的概念

政府预算是指经法定程序审核批准的、具有法律效力的政府年度财政收支计划。从形式上看，政府预算就是按一定的标准将财政收入和支出分门别类地列入特定的表格；但从内容来看，政府预算的编制反映政府对财政收支的计划安排，预算的执行是财政收支的筹措和使用过程，决算则是政府预算执行的总结。通过政府预算，可以使人们清楚地了解政府的财政活动，看出政府在一个财政年度内的收支状况，因此，也可以说，政府预算就是一张反映政府在财政上收入和支出的简要会计报表。由于现代政府参与经济的程度日益加深，财政除满足政府原有的日常开支需要之外，逐渐演变成为政府调节和干预经济的一项重要手段，因此，政府预算的实质是反映政府对宏观经济的态度，政府在经济领域中活动的范围、方向和国家政策。同时，政府预算要经过国家权力机构的审批方能生效，因此，预算又是政府的重要立法文件，体现国家权力机构和全体公民对政府财政活动的制约与监督。

新《预算法》总则规定，国家实行一级政府一级预算，全国预算由中央预算和地方预算组成，地方预算由各省、自治区、直辖市总预算组成，地方各级总预算由本级预算和汇总的下一级总预算组成。国家预算实行复式预算，包括一般公共预算（简称公共预算）、政府性基金预算、国有资本经营预算、社会保险基金预算。四种预算应当保持完整、独立，后三种预算应当与一般公共预算相衔接。

二、政府预算的起源

从形式上来看，古今中外，政府都有预算。我国古代政府预算据孙翊刚先生考察，最早可追溯到三代时期[①]，并由古代的上计制度逐渐演化而来。秦汉时期，在地方与各郡县均设有专门管理郡国财政的官吏和负责预算、决算的上计吏。此后，由于战争的纷扰和政治的动荡，政

① 孙翊刚：《中国财政史》，中国社会科学出版社，2003。

府预算有所松弛，但是，据史籍记载，到隋文帝时是有政府预算编制的。① 唐朝时据《唐六典》所记，预算的编制是从县一级开始，最后到户部汇总成全国的预算。此后，历朝均有或繁或简的预算制度，但政府预算被看成是明确而具体的国家制度加以制定并被执行是在清末。光绪三十四年(1908 年)，清政府颁布了《清理财政章程》，规定在户部之下设清理财政处，职责之一是审核中央和地方的预、决算报告，汇编国家预算；各省清理财政局主要是拟订该省收支章程，造送该省预、决算报告册。宣统二年(1910 年)正月，拟订《预算册式及例言》，规定以每年正月初一到十二月底为一个预算年度。但此时的清政府已处于风雨飘摇之中，预算制度最终也没有发挥作用。北洋政府时期，在清政府预算制度的基础上，于 1914 年公布了《会计条例》，对国家的预算制度做了进一步的规定，并在最初几年也得到了很好的执行。但从 1920 年以后，由于国内战争频繁，导致军费急剧膨胀，加之中央和地方之间关系的微妙变化，这一时期，政府虽然从法律上对预算做了制度规定，但未能得到切实有效的执行。②

现代意义上的政府预算最初产生于英国，《大宪章》第一次规定了政府征税(兵役税、协助税)的权力必须征得议会机关的认可才行，即“非赞同毋纳税”原则，这对今后各国财政实践的发展有着极为重要的影响。其后，英国社会经过长时间的与君主及其政府的斗争，逐步将这一原则扩大到所有的财政权上，最终形成现代政府预算制度。20 世纪初，预算制度发展的重心从英国转向美国，进而影响到全世界范围。

三、政府预算的分类

政府预算的分类，是政府预算制度发展的结果。因为任何事物的发展路径总是从低级到高级演进的，预算制度也不例外。最初的政府预算十分简单，一般仅仅将政府的收支数字填入一个特定预算表格即可，因此很难谈得上对政府预算进行分类。但是，随着社会经济生活和财政活动逐步复杂化，政府预算逐步形成了包括多种形式和内容的复杂系统。因此，对政府预算进行科学、合理的分类，以便进一步认识政府预算，就成为一种必要。

基于不同角度和目的，研究者将政府预算分成多种形式。

(一)根据政府预算编制形式的不同，可分为单式预算和复式预算

单式预算是一种传统的预算组织形式，它是在一个预算年度内将全部的财政收入与支出汇集编入单一的总预算内，用一张预算表来反映政府的全部财政收入，使人们能够清楚地了解政府的财政收支情况。复式预算是指在一个预算年度内政府将全部的财政收支计划通过两个或两个以上的预算表格来反映，典型的做法是把政府预算分成经常预算和资本预算。经常预算以税收为主要收入来源，以维持公共部门正常运转或保障人们基本生活所必需的支出为主要支出对象；资本预算以国债为主要收入来源，用于购买或生产使用年限在一年以上的耐用品所需支出。复式预算的优点在于使人们对预算安排和预算分析提供了便捷，但它的缺点也是显而易见的，编制和实施这种预算比较复杂。

(二)根据政府预算安排财政收支的依据不同，可分为增量预算和零基预算

增量预算是指财政收支计划指标在制定时考虑到以前财政年度的基础，并结合新的财政年度的经济发展情况加以调整后确定的。这种预算安排方法是逐项确定支出预算，以各项支出上年度的支出数为依据，以人员经费的保障为重点。增量预算的初衷是控制支出规模，但是

---

① 隋文帝时，有司称：“用处常出，纳处常入。”转引自孙翊刚：《中国财政史》。

② 1925 年，北洋政府根据当时财政部的预算账册和各种途径的调查统计结果，甚至出现了追编 1920～1925 年间各年度预算的荒谬事情，转引自孙翊刚：《中国财政史》。

最终结果则可能是平均分配资金，难以保证重点，导致支出规模的日益膨胀。零基预算是在编制当年的财政收支计划时只以当年的社会经济发展的预测为依据，不考虑以前的财政收支状况。零基预算的明显优点是有利于优化支出结构，提高预算效率，控制预算规模，但要求具备科学的预测和评估方法以及统一的标准，否则也可能失败。

(三)根据预算编制的主体不同，可分为中央预算和地方预算

一般来讲，有一级政府就应该有相应的一级政府预算。现代社会大多数国家都实行多级预算。从总体上来说，人们一般将这种多级的政府预算分为中央预算和地方预算两种形式。中央预算是指中央政府为了实现中央政府的职能而编制的财政收支计划，它由中央各单位的部门预算组成，包括地方上缴的收入数额和中央对地方的支出数额。地方预算是指由地方各级政府预算组成的，包括本级各部门的预算、上级对下级政府税收返还和转移支付、向上级政府上解收入等。

除此以外，还有按照预算涵盖的时间，将政府预算分为年度预算和中长期预算，以及按照预算的法律效力，将政府预算分为正式预算、临时预算和追加预算等。

四、政府预算的原则

政府预算的原则是指政府在关于预算立法、预算的编制和执行时应遵循的指导思想，也就是制订政府财政收支计划的方针。如前所述，政府预算是政府的重要立法文件，体现国家权力机构和全体公民对政府财政活动的制约与监督。因此，政府预算活动不仅要体现和遵循经济活动规律，同时也要符合现代民主政治活动的基本原则。时至今日，影响较大并为世界大多数国家所接受的原则主要有以下几条：

(一)公开性原则

由于政府预算反映政府在财政领域的活动范围、方向和政策，与全体公民的切身利益息息相关，也可以说是政治活动在经济领域的表现，因此，政府预算及其执行情况就必须符合现代政治活动的基本规则，采取一定的形式公之于众，让民众了解并监督财政状况。

(二)可靠性原则

政府预算是一项重要的法律文件，是国家未来一定时期财政活动的基本计划，而这种计划能否得到有效执行，首先取决于预算的可靠性。因此，每一收支项目的数字必须运用科学的方法，依靠充分、确实的材料，并总结出规律性，进行计算，不能任意编造。

(三)完整性原则

该列入政府预算的一切财政收支都要反映在预算中，不得打埋伏、做假账，国家允许的预算外收支，可以另编预算外收支预算，也应在国家预算中有所反映。

(四)统一性原则

政府预算是连同地方各级预算和中央预算组成的统一的政府预算。它是用类似会计科目的方法将未来一定时期中央和地方各级政府的财政活动规范起来，虽然从实际运作的表面来看，似乎各级财政活动各行其是，但从内容来看，为了保证整个财政活动的连续性和整体协调性，中央和地方各级预算必须要有统一的预算科目，并且每一个科目都要严格按统一的口径、程序计算和填列；否则，整个政府预算活动将会陷入混乱状态。

(五)年度性原则

任何一个政府预算的编制和实现都要有时间上的界定，即所谓预算年度。它是指财政收支起讫的有效期限，通常为1年。目前世界各国普遍采用的预算年度有两种：一是历年制预算年度，即从每年1月1日起至同年12月31日止，我国即实行历年制预算年度；二是跨年度预算年度，即从每年某月某日开始至次年某月某日止，中间间隔12个月，但却跨越了两个年度，如美国的预算年度是从每年的10月1日开始，到次年的9月30日止。所谓预算年度原则，是指政府必须按照法定的预算年度编制政府预算，这一预算要反映全年的财政收支活动，同时不允许将不属于本年度财政收支的内容列入本年度的政府预算之中。

五、我国政府预算体系

党的十六大以来，我国加快推进政府预算体系建设，进一步健全了公共财政预算制度，完善了政府性基金预算管理，探索建立了国有资本经营预算制度，汇总试编了社会保险基金预算，全面取消了预算外资金，将所有政府性收入纳入预算管理，构建起新时期的政府预算体系。

根据我国新《预算法》第五条确定，目前，完整的政府预算体系包括一般公共预算、政府性基金预算、国有资本经营预算、社会保险基金预算。从理论上讲，政府各类收入反映政府以行政权力和国有资产所有者身份集中的社会资源的规模和份额，不论其规模和份额大小，都应纳入政府预算体系管理。我国完整的政府预算体系包括一般公共预算、政府性基金预算、国有资本经营预算和社会保险基金预算四项。然而，四项预算之间既相对独立，又有机衔接。

一般公共预算是指政府凭借国家政治权力，以社会管理者的身份筹集以税收为主体的财政收入，用于保障和改善民生、维持国家行政职能正常运转、保障国家安全等方面的收支预算。

政府性基金预算是指政府通过向社会征收基金、收费，以及出让土地、发行彩票等方式取得收入，专项用于支持特定基础设施建设和社会事业发展等方面的收支预算。

国有资本经营预算是国家以所有者身份依法取得国有资本收益，并对所得收益进行分配而发生的各项收支预算。

社会保险基金预算是对社会保险缴款，一般公共预算安排和其他方式筹集的资金专门用于社会保险的收支预算。

专栏10－1　　新《预算法》实施回顾

新《预算法》总结了财税改革二十年来的实践经验，在立法宗旨、预算和决算原则等方面有了很大的突破，在诸多方面也取得了创新，如充实了全口径预决算体系、规范了转移支付的制度、健全了地方政府债务管理制度、加大了预算公开的透明度等，同时对以往不够完善的方面加大了调整力度，如预决算编制更加科学、监督及其法律责任更加具体到位等。

为配合新《预算法》的实施，政府相关部门做了大量的工作，并取得了以下进展：

(一)强化了监督，使政府预算更加公开、透明

各级人大常委会屡次到财政局、审计局调研，提出建议和意见，并且逐步开始分批组织人大常委会组成人员和各级政府、财政、审计部门相关人员参加新《预算法》的培训和学习，并针对监督深度不够、政府债务未列入全面监督、预算管理体制不完善、预算公开透明不够等问题进行认真的研究和讨论。经过一年的努力，预算透明度有所加强，各级政府对一些敏感的支出(如政府采购、“三公”经费等)信息加强了披露。

(二)预算范围得到了扩大

实施一年后，尽管离全口径预算管理的目标还远，但相比过去预算范围得到了扩大。以2016年两会上财政部提交的相关和预决算草案为例，相比过去的年份预决算草案，在全口径的预算编制方面，取得了较大进展；在专项转移支付方面，财政部不仅提供了项目预算，同时也提交了地区预算草案。而且，在人代会之前提请财经预算审查时，有关部门还提交了中央公共投资项目预算。

(三)各种预算的统筹力度得到加大

自2015年起，11项政府性基金被转入一般公共预算，其中包括地方教育附加等；同时在政府性基金结转中，把超过30%以上的部分全部调入一般公共预算。

(四)跨年度预算平衡机制已初步建立

由新《预算法》规定可知，审核年度预算时，重点由原来的收支平衡转移到支出政策上。同时，国家为了使财政持续下去，建立了跨年度弥补超预算赤字的机制；与此同时，也实行中期财政规划管理。国家财政2015年8月基本完成2016～2018年部门中期财政规划的相关准备工作；同时，一些省级地方政府正往这个方向发展，这实际上正呼应了新《预算法》建立跨年度平衡机制的要求。

(五)转移支付制度得以改革

一般性转移支付的比例有所提高，专项转移支付受到严格控制，加强对一些革命老区、民族和边境地区转移支付的力度。2015年中央对地方专项转移支付项目减少至100个左右，力争到2020年一般性转移支付的比例达到60%以上；同时，革命老区、民族和边境偏远地区转移支付增长12.1%。

(六)地方债管理得到规范

各级政府全面清理了政府性存量债务，对存量资金进行清理盘活，顺利推进地方性政府债券自发自还试点，将收回闲置沉淀资金统筹用于扶贫、教育和科技方面。

第二节　政府预算过程

新《预算法》第31条规定："各级政府、各部门、各单位应当按照国务院规定的时间编制预算草案。"且在第36条规定："各级政府、各部门、各单位应当依照本法规定，将所有政府收入全部列入预算，不得隐瞒、少列。"

一、政府预算的编制和审批

(一)政府预算的编制

各个国家因政治制度的不同，政府预算的编制也有所差别，总的来说，政府预算总共有三个程序：(1)政府最高行政机关发起预算编制号召并下达预算编制指导方针；(2)政府各部门具体负责本部门的预算编制；(3)财政部门最后汇总形成全国政府预算草案。

我国政府预算一般要经过以下几个程序[①]：(1)国务院下达编制下一年度政府预算草案指示，提出编制预算的原则和要求；(2)中央各部门根据国务院的指示和财政部的部署，结合本部门的具体情况，提出编制本部门预算草案的要求，具体布置所属各单位编制预算草案；(3)省、自治区和直辖市政府根据国务院的指示和财政部的部署，结合本地区的具体情况，提出本行政区域编制预算草案的要求；(4)县级以上地方各级政府财政部门审核本级各部门的预算草案，编制本级政府预算草案，汇编本级总预算草案，经本级政府审定后，按照规定期限报上一级政

① 详细程序可参阅《中华人民共和国预算法实施条例》第24～31条的相关内容。

府;(5)财政部审核中央各部门的预算草案,编制中央预算草案,汇总地方预算草案,汇编中央和地方预算草案。

政府预算分为总预算和单位预算两部分。单位预算由各主管部门及所属单位编制;总预算由财政部门在各主管部门单位预算的基础上汇总编制。为了能够较好地结合各地区、各部门的具体情况,保证政府预算收支的综合平衡,政府预算编制一般采用自上而下和自下而上相结合的方法进行。中央各部门和各省、自治区、直辖市根据中央下达的预算收支控制指标,按照统一规定的预算表格和编制预算的要求,结合本地区和本部门的经济发展情况,编制本部门、本地区的年度预算草案,上报财政部审查汇总。财政部对这些草案进行审核汇总,编制成政府预算草案,并附上文字说明,报送国务院。经国务院核准后,提请全国人民代表大会审查批准。

中央部门预算采取自下而上的编制方式,编制程序实行"二上二下"的基本流程。一是中央部门编报部门预算建议数,简称"一上"。编报部门预算要从基层预算单位编起,层层汇总,由一级预算单位审核汇编成部门预算建议数,上报财政部门。二是财政部下达部门预算控制数,简称"一下"。财政部对各中央部门上报的预算建议数审核、平衡后,汇总成中央本级预算初步方案报国务院,经批准后向各中央部门下达预算控制限额。三是中央部门上报部门预算,简称"二上"。各中央部门根据财政部下达的预算控制限额,编制部门预算草案上报财政部。四是财政部批复部门预算,简称"二下"。财政部在对各中央部门上报的预算草案审核后,汇总成中央本级预算草案和部门预算草案,报经国务院审批后,提交全国人民代表大会审议,并在人代会批准预算草案后一个月内向中央部门批复预算,各中央部门应在财政部批复本部门预算之日起 15 日内批复所属各单位的预算,并负责具体执行。地方政府部门预算编制程序与中央政府相同。

(二)预算审批

预算的初步审查。国务院财政部门应当在每年全国人民代表大会会议举行的 45 日前,将中央预算草案的初步方案提交全国人民代表大会财政经济委员会进行初步审查。省、自治区、直辖市政府财政部门应当在本级人民代表大会会议举行的 30 日前,将本级预算草案的初步方案提交本级人民代表大会有关专门委员会进行初步审查。设区的市、自治州政府财政部门应当在本级人民代表大会会议举行的 30 日前,将本级预算草案的初步方案提交本级人民代表大会有关专门委员会进行初步审查,或者送交本级人民代表大会常务委员会有关工作机构征求意见。县、自治县、不设区的市、市辖区政府应当在本级人民代表大会会议举行的 30 日前,将本级预算草案的初步方案提交本级人民代表大会常务委员会进行初步审查。

预算的审查和批准。国务院在全国人民代表大会举行会议时向大会作关于中央和地方预算草案的报告。中央预算由全国人民代表大会审查和批准。地方各级政府在本级人民代表大会举行会议时向大会作关于总预算草案的报告。地方各级政府预算由本级人民代表大会审查和批准。

在《预算法》中,明确规定了审查批准中央预算草案和地方预算草案的一般程序:(1)初步审查。各级政府机关要在本级人民代表大会会议举行的一个月前,提交给本级人民代表大会相关机构进行初步审查。(2)审查批准。各级政府应在本级人民代表大会举行会议期间,向大会做关于本级总预算草案的报告。中央预算由全国人民代表大会审查和批准,地方各级政府预算由本级人民代表大会审查和批准。[①]

二、预算执行

预算执行是指各级政府预算经过审查批准以后进入实际实施和执行阶段。根据新《预算法》的规定："各级预算由本级政府组织执行，具体工作由本级政府财政部门负责。各部门、各单位是本部门、本单位的预算执行主体，负责本部门、本单位的预算执行，并对执行结果负责。"

预算年度开始后，各级预算草案在本级人民代表大会批准前可以安排下列支出：上一年度结转的支出；参照上一年同期的预算支出数额安排必须支付的本年度部门基本支出、项目支出，以及对下级政府的转移性支出；法律规定必须履行支付义务的支出，以及用于自然灾害等突发事件处理的支出。预算经本级人民代表大会批准后，按照批准的预算执行。

预算收入征收部门和单位必须依照法律、行政法规的规定，及时、足额征收应征的预算收入。不得违反法律、行政法规规定，多征、提前征收或者减征、免征、缓征应征的预算收入，不得截留、占用或者挪用预算收入。政府的全部收入应当上缴国库，任何部门、单位和个人不得截留、占用、挪用或者拖欠。

各级政府财政部门必须依照法律、行政法规和国务院财政部门的规定，及时、足额地拨付预算支出资金，加强对预算支出的管理和监督。各级政府、各部门、各单位的支出必须按照预算执行，不得虚假列支，而且要对预算支出情况开展绩效评价。

在预算执行过程中，需要根据国民经济的发展情况不断地、及时地组织调整预算执行中的平衡，这就是预算调整。预算调整是指经全国人民代表大会批准的中央预算和经地方各级人民代表大会批准的本级预算，在执行中因特殊情况需要增加支出或者减少收入，使原批准的收支平衡的预算的总支出超过总收入，或者使原批准的预算中举借债务的数额增加的部分变更。各级政府对于必须进行的预算调整，应当编制预算调整方案。预算调整方案需要说明预算调整的理由、项目和数额。经批准的预算调整方案，各级政府需严格执行。

预算调整的方式主要有以下几种：

(1)动用预备费。各级预备费的动用，一般应经政府批准，控制在下半年使用。

(2)预算的追加、追减。即在原核定的预算以外增加收入或支出和在原核定的预算以内减少收入或支出。执行前需向上级财政部门提出报告，经审查后，转报国务院或同级政府批准。

(3)科目流用。科目流用是指经人民代表大会批准的本级政府预算科目之间调入或调出资金而形成的预算资金再分配。

(4)预算划转。预算划转是指在预算执行过程中因行政区划和事业单位隶属关系的变更，必须同时改变其预算隶属的关系，将原预算划归新的领导部门或接管单位。

三、政府决算

政府决算是指经过法定程序批准的年度预算执行结果的会计报告，也是政府对预算执行情况的总结。决算草案由各级政府、各部门、各单位在每一预算年度终了后按照国务院规定的时间编制。编制决算草案的具体事项，由国务院财政部门部署。编制决算草案，必须符合法律、行政法规，做到收支真实、数额准确、内容完整、报送及时。决算草案应当与预算相对应，按预算数、调整预算数、决算数分别列出。一般公共预算支出应当按其功能分类编列到项，按其

① 详细内容可参阅《中华人民共和国预算法》第38～42条的相关内容。

经济性质分类编列到款。各部门对所属各单位的决算草案，应当审核并汇总编制本部门的决算草案，在规定的期限内报本级政府财政部门审核。各级政府财政部门对本级各部门决算草案审核后发现有不符合法律、行政法规规定的，有权予以纠正。

通过决算的编制，可以知道本年度政府预算执行情况、财政收支情况，也可以为政府制定经济政策提供参考和依据，提高今后的预算编制水平。

政府决算的编制通常采取自下而上的方法，先是由基层单位编制决算，并报送上级主管部门，然后汇编成部门总决算，上报同级财政部门，最后，财政部根据地方总决算和中央决算汇总编制政府决算。

国务院财政部门编制中央决算草案，经国务院审计部门审计后，报国务院审定，由国务院提请全国人民代表大会常务委员会审查和批准。县级以上地方各级政府财政部门编制本级决算草案，经本级政府审计部门审计后，报本级政府审定，由本级政府提请本级人民代表大会常务委员会审查和批准。乡、民族乡、镇政府编制本级决算草案，提请本级人民代表大会审查和批准。

第三节 我国预算管理制度建设

一、我国预算管理制度建设的历史回顾

中华人民共和国成立以来，我国政府预算管理制度建设经历了以下四个阶段：

(一)预算管理体制的形成和建立阶段(1949～1951年)

1949年12月27日，政务院发出《关于1949年财政决算及1950年财政预算编制的指示》，要求各级政府和中央直属企业部门编制1949年的财政收支决算和1950年的预算，按规定的时间编制上报，并明确规定政府预算实行历年制，即从公历1月1日起至12月31日止为一个预算年度，同时规定了预算编制的具体方法和要求。① 此后，随着1950年颁布的《关于统一国家财政经济工作的决定》《关于统一管理1950年度财政收支的决定》，以及1951年8月政务院颁布的《预算决算暂行条例》等各种预算法规的颁布和实施，我国政府预算管理体制初步建立起来。

这一时期的预算管理体制从总体上来讲还相对粗糙和简单，因为当时还没有建立国家权力机关——全国人民代表大会，也就谈不上政府预算要向人大报告并接受人大的审议和监督等现代政府预算程序了。因此，也有的学者据此认为，真正的财政预算制度的建立是在政府预算向全国人民代表大会报告的1955年。但我们认为，从我国政府预算的实践来看，为了真实而全面地考察我国政府预算，应该还是要以1951年为标准；否则，人为忽视1955年之前政府预算实际运行的现实，对于全面认识我国政府预算的过程来看是不客观的，况且，这一期间关于政府预算的各项法规和制度对此后的政府预算管理制度产生了重大而深远的影响。

(二)预算管理体制长期相对稳定阶段(1952～1992年)

这个时期可分为1978年前后两个时期。1978年以前基本上是在计划经济基础上围绕集权与分权展开，在实际运作中，由于受到宏观计划的影响，政府预算的"预算"功能不全，基本上是预算跟着计划走，预算形式采用单一预算，编制原则上贯彻国民经济综合平衡原则，长期沿

① 赵梦涵:《新中国财政税收史论纲》，经济科学出版社，2002:57～58。

用基数法编制预算，预算编制程序上采用自下而上和自上而下、上下结合、逐级汇总的方法，预算编制透明度不高。1978年以后一直到20世纪90年代初期，由于受到国家改革开放调动地方大力建设的积极性，预算管理体制配合财政分级包干政策，也体现出分级包干的特点。国家调整了中央与地方的财政关系、政府和企业之间的财务关系，这一方面打破了过去统得过死的局面，大大调动了地方和企业发展经济的积极性，但另一方面也带来了不可避免的弊端，导致这一时期地方预算外收入迅速膨胀，中央预算收入占财政收入的比重逐年下降，影响了中央财政在宏观经济活动中的能力，同时，“小金库”遍地开花，“乱收费、乱罚款、乱摊派”屡禁不止，社会集团消费膨胀，经济秩序和财经纪律混乱。

(三)预算管理体制初步改革阶段(1992～1998年)

这一时期，先是1993年开始实行分税制改革，使我国财政收入制度向市场经济方向迈出了实质性一步。通过分税制改革，基本上构建了与市场经济体制相适应的财政预算收入制度框架。1994年3月22日，八届全国人大二次会议通过《预算法》，代替了先前的《国家预算管理条例》，加强了国家预算管理制度的法律性。1995年11月2日，又通过了《预算法实施条例》，增加了预算管理制度的可操作性，一改过去的单式预算为复式预算，实施新的预算会计制度。

(四)预算管理体制深化改革阶段(1998年至今)

自此，我国现代预算管理制度改革正式启动，围绕编制部门预算、深化“收支两条线”管理改革、改进政府收支科目分类、实施国库集中收付制度、推行政府采购制度和建设“金财工程”[①]等方面展开。1999年12月，九届人大十三次会议通过了《关于加强中央预算审查监督的决定》，就预算编制、超预算收入使用的监督、不同预算科目之间资金的调剂使用以及预算外资金的管理等问题作出了详细的说明。2014年，全国人大常委会修改了《预算法》，国务院印发了《国务院关于深化预算管理制度改革的决定》。新《预算法》的出台是国家法律制度建设的一项重要成果，更是财政制度建设具有里程碑意义的一件大事，标志着我国加快建立全面、规范、公开、透明的现代预算制度迈出了坚实的一步。

二、我国预算管理制度改革的主要内容

(一)部门预算改革

部门预算是相对于传统预算按支出性质编制而采取按财政支出的部门和单位编制的一种预算管理方式。传统上，一个部门或单位所需要的经费往往按其性质被划分为多种(如行政、教育、基建等)，这些被同一个单位使用的财政资金却又按其性质被财政部门内部不同的职能部门管理，这样一来，看起来是专门管理的财政资金在管理上往往各行其是，在使用上却是一家使用。这导致实际上管理的混乱和使用监督上的空白，甚至会出现财政部门不知道一个部门到底能拿到多少钱，而财政资金的使用部门负责人也不知道本单位从财政部门拿了多少钱的局面。因此，实行部门预算在所难免。实行部门预算就是将原来本部门所需的各种性质的财政资金综合为统一平衡的部门预算，按统一的部门预算上报预算，财政部按部门口径，统一审核批复，划拨资金。实行部门预算是国际上的通行做法。我国在计划经济时期以及改革开

① 1999年下半年，财政部开始建立“政府财政管理信息系统”(简称GFMIS)，并于2001年开始试点。2002年初，国务院将“政府财政管理信息系统”定名为“金财工程”，并将其列为国家电子政务十二个重点工程之一。“金财工程”是利用先进的信息网络技术，支撑预算管理、国库集中收付以及财政经济景气预测等核心业务的政府财政综合管理信息系统。“金财工程”的规划建设期为2003年至2008年，按照“试点先行、稳步推进”的原则，分两期建设。

放以后相当长时间内(1999 年河北省编制出第一本部门预算之前)没有部门预算。这种情况使得财政部门不知道一个部门到底从财政拿走了多少资金,不知道部门财政资金使用的整体情况,使得有限的财政资源难以达到优化配置。

(二)国库集中收付制度改革

所谓国库集中收付制度,是指对财政资金实行集中收缴和支付的制度,由于其核心是通过国库单一账户对现金进行集中管理,所以,这种制度又称为国库单一账户制度。我国过去的国库支付是一种分散的支付制度,这种制度缺乏严格的预算约束和监督,容易出现腐败情况,同时也容易造成财政资金的沉淀,不利于发挥资金的使用效率。而国库集中收付制度能够很好地避免以上诸多缺陷,被西方国家财政实践证明是很有效的一种制度。我国自 1999 年以来就开始推动这项工作,考虑到中国国情,我国国库集中收付制度改革实行"两步走"方针,即第一步先实行集中支付制度,具体来说,就是在资金管理上对预算资金的运行过程实行全面的监控,改变以往预算资金拨付给各单位分账户保存的方式,而由财政部门开设统一的账户,各单位在统一账户下设立分类账户集中管理;在资金使用上,各单位根据自身的需要,可以在批准的预算项目和额度内自行决定商品和劳务的购买,财政部门原则上直接向商品和劳务的出售单位集中支付货款。第二步再实行国库集中收付制度。

国库集中收付制度是世界上多数经济体普遍实行的国库资金管理制度,已形成了一套成熟的做法与规则,其优越性显而易见。未来,伴随着国库集中收付电子化改革的推进,公务卡制度的日趋完善,会促进预算单位财务信息更加阳光化,财政部门的监管更加高效。

(三)政府采购制度

政府采购制度是以公开招标、投标为主要方式选择供货商,从国内外市场为政府部门或所属机构购买商品或劳务的一种制度。1998 年以后,我国政府采购工作开始逐步推进。2003 年,《政府采购法》正式出台和实施,政府采购工作进一步走向规范,政府采购规模也不断扩大。

我国先后颁布了《政府采购管理暂行办法》《政府采购招标投标管理暂行办法》和《政府采购合同监督暂行办法》等规章制度,对政府采购的范围、管理机构、采购模式、采购资金拨付以及采购监督等有关问题做出明确规定,并对中介组织准入政府采购市场的条件、程序,以及政府采购资金预算单列和支付形式等做出了原则性规定。此后,全国大部分省份都出台了政府采购地方法规。2003 年《政府采购法》的出台实施,使我国政府采购真正走向法律规范的轨道;同时,建立了以财政部门为中心的政府采购管理体制和一系列政府采购运行机制和制度,使政府采购有序进行、逐步规范。

我国的政府采购制度经过十多年的快速发展,已经成为国家对经济进行宏观调控,有效贯彻财政、货币和产业政策的重要手段。近些年来,政府采购政策功能实施取得了重大突破,初步实现了由单一管理目标向政策目标的转变,政府采购范围和规模不断扩大,经济效益和社会效益大幅增高。据财政部公布的数据显示:2014 年全国政府采购规模为 17 305.34 亿元,比上年增加 924.24 亿元,增长 5.6%。而在 10 年前,全国政府采购金额仅 1 600 亿元。然而,在我国政府采购不断扩大的同时,存在的问题也在不断地凸显,在制度完善、执行力度、监管职能、人员素质等方面还有很长的路要走,这就要求我们不断完善符合我国国情的政府采购制度,使其成为政府采购顺利实施的重要保障。

(四)"收支两条线"管理

"收支两条线"管理是针对预算外资金管理的一项改革,其核心内容是将财政性收支(原预算外收支属于财政性收支)纳入预算管理范围,形成完整、统一的各级预算,提高法制化管理和监督水平。

从收入方面看，主要是收缴分离，规范预算外收入并减少各部门和单位的资金占压。对合理、合法的预算外收入，不再自收自缴，实行收缴分离，纳入预算或实行财政专户管理。取消现行各执收单位自行开设和管理的各类预算外资金过渡收入账户，改为由财政部门委托的代理银行开设预算外资金财政汇缴专户，该账户只用于预算外收入的收缴，不得用于执收单位的支出。从支出方面看，主要是收支脱钩，即执收单位的收费和罚没收入不再与其支出安排挂钩，单独编制支出预算，交由财政部门审批。因此，"收支两条线"改革的目标，就是全面掌握预算外收支的情况，真实反映部门和单位的财务收支全貌，编制完整、可靠的部门预算和政府采购计划，为编制综合预算提供基础条件，从而逐步淡化以致取消预算外资金，实行预算内外统一核算和统一管理。

(五)公务卡制度

公务卡是指预算单位工作人员持有的、主要用于日常公务支出和财务报销业务的信用卡。2007 年 7 月，我国正式实行公务卡制度改革，对公务消费由公务卡取代现金支付结算，利用"刷卡支付，消费有痕"的特点，使公务消费置于阳光之下，财政部门能够掌握所有通过公务卡支付报销的明细信息，并可通过监控系统实时监控公务卡公务支出活动，加强了财政财务管理。财政部 2011 年 12 月 9 日发布《关于实施中央预算单位公务卡强制结算目录的通知》，并要求从 2012 年 1 月 1 日起，中央预算单位公务接待、物业管理费、差旅费、水电费等 16 项均纳入公务卡强制结算项目。通过推行公务卡制度，建立财政部门和金融部门的联动，扩大了国库资金集中支付信息系统的范围，实现了对财政资金的监控，对保证预算资金安全、提高预算执行效果、预防和控制腐败起着积极的作用。

专栏 10－2　　关于"三公"经费的公开

"三公"消费，指政府部门人员因公出国(境)经费、公务车购置及运行费、公务招待费产生的消费。"三公"消费早已成为一种普遍的现象，并引起社会广泛关注。无论是从财政管理体制的民主化、现代化角度来说，还是从财政管理的效率提高角度来说，以及从与发达国家的国际接轨来说，"三公"经费的公开势在必行。因此，2011 年 11 月 21 日，国务院法制办公室公布《机关事务管理条例(征求意见稿)》，明确要求，"县级以上人民政府应当将公务接待费、公务用车购置和运行费、因公出国(境)费纳入预算管理，严格控制公务接待费、公务用车购置和运行费、因公出国(境)费在机关运行经费预算总额中的规模和比例"。此条例出台以后，大多数中央国家机关先后公布了自己的"三公"经费，但地方的积极性有待提高，为此，2012 年 4 月国务院总理温家宝主持国务院常务会议，再次要求地方公布"三公"经费。随着新《预算法》的实施，政府应当在保证日常工作顺利进行的前提下崇尚廉洁之风、节俭之风，尽量减少"三公"经费的支出，并依靠透明、科学的"三公"经费管理，强化社会监督的作用，来确保舆论导向正确。

第四节　政府预算管理体制

一、政府预算管理体制的含义

政府预算管理体制是指在特定的行政体制下通过一定的方式调节政府间财力分配的基本制度。具体地说，它是国家在中央与地方及地方各级政府之间，划分财政收支范围和预算管理权限的一项根本制度。

政府预算管理体制是国民经济管理体制的重要组成部分，也是政府预算制度的一个重要组成部分。作为处理政府财权财力划分的一项制度，政府预算管理制度属于上层建筑范畴，它反映着特定经济基础的要求并由其所规范和界定着财政的一切活动，它由财政分配关系所决定，必须与各个特定时期的财政分配关系相适应。

二、我国政府预算管理体制的变迁

目前，公认的划分政府预算管理体制的主要标志是各级预算管理主体的独立性，按照这个标准，我国政府预算管理体制主要经历了以下四种类型：

（一）统收统支体制

中华人民共和国成立初期，由于迫切需要迅速恢复国民经济，当时中央政府暂时采取了这种高度集中的预算管理体制，其特征是全国各地的主要收入统一上缴中央金库，地方一切开支均需要经中央核准，统一拨付，只给地方留下少许机动财力。随着社会主义建设的全面展开，1953年，国家逐步放弃了这种体制。

（二）统一领导、分级管理体制

我国1953～1978年实行的是统一领导、分级管理体制。主要做法是由中央核定地方收支指标，全部收入分为各级固定收入和比例分成收入，凡收大于支的地方上缴收入，凡支大于收的地方由中央补助。中央预算另设专门拨款，由中央集中支配。

（三）划分收支、分级包干体制

1980年，我国开始实行这种财政包干体制，它相对原来的体制有重大突破，主要表现在地方预算初步成为责、权、利相结合的相对独立的一级预算主体。具体做法是，经过几次调整，1988年形成了对不同地区实行的6种包干方法：收入递增包干、总额分成、总额分成加增长分成、上解额递增包干、定额包干、定额补助。财政包干体制的主要特征是，在总额分成的基础上，对增收或超收部分加大地方的留成比例，鼓励地方增收的积极性，保证全国财政收入不断增长。但是，随着经济体制改革的深化，这一体制的弊端也日益明显地暴露出来：第一，由于增量向地方倾斜，中央收入占全部收入的比例日益下降；第二，地方收入增多，都热衷于利润大、见效快的加工工业投资，加剧了经济过热现象；第三，一方面重复建设严重，另一方面形成了对经济发展的“瓶颈”制约；第四，地区间贫富差距拉大；第五，各地区的包干方法多种多样，缺乏规范性。因此，财政管理体制改革势在必行，改革的方向就是建立分级分税预算管理体制。

（四）分级分税预算管理体制①

分级分税预算管理体制是市场经济条件下政府普遍实行的财政管理体制。它的主要特征在于规范化和法制化，长期相对稳定，地方预算构成独立的预算主体。我国于1994年进行的分税制改革就是借鉴这种分级分税预算体制，初步形成了具有中国特色的多级预算体制。

分级分税政府预算管理体制可归纳为以下几个要点：

（1）一级政权，一级预算主体，各级预算相对独立，自求平衡。

（2）在明确市场经济政府职能边界的前提下划分各级政府的职责范围，在此基础上划分各级预算支出的职责范围。

---

① 这种预算体制是市场经济国家普遍实行的一种做法，在西方被称为财政联邦主义。当然，一个国家的财政体制归根结底要受到一国政治体制的约束，但是，这里的财政联邦主义不是专指联邦制国家的财政体制，而是指那种含有多级财政体制的概念。

(3)各级预算之间的收入划分实行分税制。

(4)中央对地方的预算调节实行转移支付制度。

(5)分级预算体制整体而言是相对稳定的,但集权与分权的关系及其相应的调节方法可以经常调整。

三、我国分税制改革

根据党的十四届三中全会的决定,为了进一步理顺中央与地方的财政分配,更好地发挥国家财政的职能作用,增强中央的宏观调控能力,促进社会主义市场经济体制的建立和国民经济持续、快速、健康发展,国务院决定,从 1994 年 1 月 1 日起改革原有地方财政包干体制,对各省、自治区、直辖市以及计划单列市实行分税制财政管理体制。

(一)中央与地方的事权和支出划分

根据中央与地方政府事权的划分,中央财政主要承担国家安全、外交和中央国家机关运转所需经费,调整国民经济结构、协调地区发展、实施宏观调控所必需的支出,以及由中央直接管理的事业发展支出,具体包括:中央统管的基础建设投资,中央直属企业的技术改造和新产品试制费,地质勘探费,由中央财政安排的支农支出,国防费,武警经费,外交和援外支出,中央级行政管理费,由中央负担的国内外债务的还本付息支出,以及中央本级负担的公检法支出和文化、教育、卫生、科学等各项事业费支出。地方财政主要承担本地区政权机关运转所需支出以及本地区经济、事业发展所需支出,包括地方统筹的基本建设投资,地方企业的技术改造和新产品试制经费,支农支出,城市维护建设经费,地方文化、教育、卫生等各项事业费和行政管理费,公检法支出,部分武警经费,民兵事业费,价格补贴支出以及其他支出。

(二)中央与地方的收入划分

根据事权的划分,将税种分为中央收入税、地方收入税和中央地方共享税。将维护国家权益,实施宏观调控所必需的税种划分为中央税;将同经济发展直接相关的主要税种划分为中央和地方共享税;将适合地方征管的税种划分为地方税,并充实地方税税种,增加地方税收入。

根据国务院关于实行分税制财政管理体制的规定,我国的税收收入分为中央政府固定收入、地方政府固定收入和中央政府与地方政府共享收入。

(1)中央政府固定收入包括消费税、海关代征消费税和增值税、关税、中央企业所得税等。

(2)地方政府固定收入包括地方企业所得税、房产税、车船使用税、城镇土地使用税、耕地占用税、契税、土地增值税、国有土地有偿使用收入等。

(3)中央政府与地方政府共享收入,主要包括:

①增值税:海关代征的部分归中央政府;其余部分中央政府分享,从 2016 年 5 月 1 日起全面实行"营改增",中央和地方的分配比例改为按 5∶5 分配。

②企业所得税:铁路运输企业、国有邮政企业、中国工商银行股份有限公司、中国银行股份有限公司、中国建设银行股份有限公司、中国农业银行股份有限公司、国家开发银行、中国农业发展银行、中国进出口银行、中央汇金投资有限责任公司、中国建银投资有限责任公司、中国石油天然气股份有限公司、中国石油化工股份有限公司和海洋石油、天然气企业缴纳的部分归中央政府;其余部分中央政府分享 60%,地方政府分享 40%。

③个人所得税:中央政府分享 60%,地方政府分享 40%。

④资源税:海洋石油企业缴纳的部分归中央政府,其余部分归地方政府。

⑤印花税:股票交易印花税收入的 97%归中央政府,其余的 3%和其他印花税收入归地方

政府。

⑥城市维护建设税:铁道部、各银行总行、各保险公司总公司集中缴纳的部分归中央政府,其余部分归地方政府。

(三)中央财政对地方的转移支付制度

转移支付制度是分级预算体制的重要组成部分。在分级预算管理体制下,预算主体间的收支规模经常会出现不对称的情况,转移支付制度就是均衡各级预算主体间收支规模不对称的预算调节制度。转移支付的模式主要有三种:一是以中央政府向地方拨款为主的纵向转移,二是地区间的横向转移,三是纵向与横向转移的混合,其中以纵向转移支付为主。

实行分税制后,中央财政收入增加,占全国财政收入的比重也有了一定程度的提高。同时,由于是重新划分了中央与地方的收入方式,如原来属于地方支出收入的消费税的全部和增值税的绝大部分被划给了中央,如果不采取相应的补救措施,就会增加改革的阻力,同时也必定加大原本就不平衡的区域经济发展趋势。为此,中央采取"维持存量、调整增量"的方针,制定了中央对地方税收的返还制度,加上原有的中央补助、地方上缴及有关结算事项的规定,结合在一起,形成了中央对地方的转移支付制度。由于我国人口众多、面积大加之各地区发展极不均衡,采取规范化统一的转移支付制度在实际操作上难以施行,因此,在这项制度的改革之初就设计了一条渐进的、符合中国国情的思路,具体就是先期实行过渡办法,再逐渐走向正轨。先期做法是:中央每年从财政增收的部分中拿出一定的比例支援"老、少、边、穷"地区建设,调节这些地区的公共服务水平,具体的转移支付标准主要考虑当地的标准收支差额;1999 年,国家又推出了"低保"、最低工资等一系列提高低收入者的收入政策,并适时进行调整,加大转移支付的力度;同时,为了配合国家西部大开发战略的实施,从 2000 年起,国家一方面通过预算安排,另一方面通过增值税返还,加大了对民族地区的转移支付。自 2002 年起,这种过渡办法不再沿用,代之以一般性转移支付结合专项转移支付。一般性转移支付主要解决基本公共服务均等化问题,是国家正在加大结构调整的主要方向,需要进一步科学化与规范化。专项转移支付主要解决外部性、中央和地方共同支出责任以及实现中央特定的目标等问题,是我国财政转移支付制度改革的重要部分,需要进一步清理与整合。

四、现行分税制存在的问题

我国推行分税制财政体制已有二十余年,其改革成效主要表现在两个方面:一是按照市场经济下的分权原则,划分各级政府的职责,初步规范了中央与地方的财政分配关系;二是较大幅度地提高了中央财政占全部财政收入的比重,增加了全国性基础设施和公共工程投入,加大了对西部地区和部分贫困地区的财政转移支付力度。但是,分税制还有许多不尽如人意之处,需要继续深化改革。

(一)分税制缺乏完整的法律体系保障

当今世界,市场经济国家普遍选择了分税制,并通常在宪法中加以确认,以明确中央和地方各级政府的事权划分等内容,在宪法层面对一国分税制提供保障。另一方面,其他相关法律根据宪法的内容又对分税制做了具体规定,为分税制顺利运行提供完整程序。然而,我国 1994 年实施的分税制至今尚未构建形式完备、内容规范的法律体系。

(二)中央和地方政府间事权与支出责任不相适应

在中央和地方的关系中,事权是建立科学、规范和权责一致的财政管理体制之核心。由此可见,正确地划分中央和地方政府的事权是确保政府公共职能有效发挥的重要前提。然而,我国现行的分税制度只对中央和地方政府间的事权划分作了粗略、宏观的界定，缺少具体的规定。事权模糊不清难以确定，相应的中央和地方支出责任出现交叉、错位现象，造成各级政府的财权划分缺乏科学依据。

（三）地方税收体系难以形成

"营改增"在全国范围内的实施，势必造成地方税收减少，加大地方财政困难。营业税的逐渐削减使得我国地方税体系缺乏对地方财力具有决定性且稳定性的主体税种，大部分税源规模小且收入不稳，个别税种形同虚设，不能保证地方政府实现行政职能的需要。

（四）财政转移支付结构上的问题

在基于特殊历史背景设立的分税制财政体制下，地方政府收支责任严重错配，需要通过转移支付弥补财力缺口，实现经济发展的基本任务。然而目前我国转移支付的分配标准尚未形成严密和公平的体系，这导致了"跑部进钱"、不合理分配等实际问题。

财政转移支付结构的问题对我国财政制度的执行和经济效果的影响巨大。首先，由于一般性转移支付金额及比例过低，致使地方政府并不能拥有足够的资金完成所需的公共服务支出，弱化了财政转移支付的功能，从而不能达到均衡地区间基本财力的目的。其次，因过多的专项转移支付而产生的使用随意和使用不透明等问题，导致了专项转移支付的人为决定因素更加严重，易滋生腐败。再次，专项转移支付的政策性和专属性可以看作是中央政府宏观调控的一种手段。如果专项转移支付金额过多，易产生效用不明显和扰乱市场竞争机制的危害。另外，财政转移支付结构的不平衡导致了中央下拨资金使用效率的下降。由于目前一般性转移支付金额较低，其全部金额并不能满足地方政府提供公共服务所需。若地方政府欲满足地方所需，势必使专项转移支付向所需领域倾斜。因使具有专项转移支付功能的资金以一般性转移支付的形式使用，混淆了一般性转移支付和专项转移支付的划分界限，模糊了二者的功能，更降低了中央财政资金的使用效率。

五、分税制的制度完善措施

（一）建立健全法律体系

一种制度的能否有效实施很大程度上取决于背后有无法律的保障，作为我国现阶段重要改革对象的分税制，如果没有一套完善、健全的法律体系来保证其运行，再完美的制度设计也只能是纸上谈兵。首先，宪法应明确规定税收法定主义。在新一轮的财政体制改革下一定要坚决摒弃行政法规反客为主的立法行为，即便对行政机关进行授权也要在严格的法律条文范围内，否则立法应视为无效。其次，提高我国法律的层次，根据是否适应社会发展的需要，将现行的各项暂行条例升级为法律法规，对税收各相关事项以立法的形式加以确定，加强法律约束力。再次，我国地方根本不存在所谓财权，更谈不上事权与财权相匹配，因此地方丧失了自主调节税收的能动性、灵动性，是不利于地方政府为社会提供公共产品的。

（二）事权与支出责任相适应

党的十八届三中全会通过的《中共中央关于全面深化改革若干重大问题的决定》（以下简称《决定》）关于财税体制改革有了新提法，即"事权和支出责任相适应"。《决定》的新提法为新一轮财政税收体制改革指明了方向，即在法治的框架下，首先应重新确定之前混乱的中央与地方事权关系；其次是在确定事权的基础上划分支出责任；再次是根据支出责任对应具体的财权。事权是否能明确、清晰地划分，是各级政府能否理顺财政关系的基础，也是深化财政税收改革的开端，从国际经验来看，只有对政府间事权进行科学、明晰的划分，才能实现事权与支出责任相适应,提高税收的使用效率。

(三)重视地方税收体系建设

首先要赋予地方一定程度的税收立法权。我国幅员辽阔,各地区经济发展差距很大,同地区税源差距大,为适应不同地区的不同需求,应当赋予地方税收立法权,但是地方的立法权限不能超出中央法律规定的范围,同时必须报请上级政府备案。其次,要以发展的眼光看待目前税种划分的合理性与否,在"营改增"背景下,积极考虑后营业税时代我国的税制改革,如开征房地产税,扩大消费税的征收范围,以及资源税、环境税的开征问题。再次,培养地方主体税种。党的十八届三中全会决议提到"加快房地产税的立法进程"。由于房地产税具备宽税基,其作为不动产相对固定的特点,房地产税的征收在一定程度上能弥补"营改增"后地方财力上留下的空白。同时,我国房地产税的确立并非一蹴而就,为了弥补地方的财政收入损失,保证地方事权与财力相匹配,可以采取一些过渡办法,如提高增值税的地方分配比例等方式,待房地产税逐渐成形,能够成为地方税的支柱来源,共享部分再相应地减少。

(四)构建科学、合理的财政转移支付结构

逐步增加一般性转移支付的资金和比例,建立以一般性转移支付为主并稳定增长的转移支付机制。对均衡性转移支付和老少边穷地区的财力支持增大,着重弥补地区间的财力差异。通过对转移支付标准的要求,准确地对一般性转移支付和专项转移支付进行配比,优化我国财政转移支付的结构。具体来讲,科学地设置和选取转移支付的测算因素;综合考虑老少边穷地区和发展落后地区的实际情况,统筹做好差异标准处理;要求选取能够真实地代表地方所需的标准;注重标准数据采集的可操作性,将数据的主观因素降到最低,尽量选取不能认为操作的客观变量。同时,可以采取项目法或因素法相结合的方式进行资金分配。对于国家政策性项目设立的专项转移支付,主要采取项目法。对拥有地域管理信息优势的项目,主要采取因素法,按照科学的公式进行分配。

小结

- 政府预算的概念、分类和原则。
- 目前,完整的政府预算体系包括一般公共预算、政府性基金预算、国有资本经营预算、社会保险基金预算。
- 我国政府预算编制程序一般是自上而下和自下而上相结合,即"两上两下"的程序。
- 《预算法》规定:"各级预算由本级政府组织执行,具体工作由本级政府财政部门负责。"
- 政府决算是政府对预算执行情况的总结。
- 我国预算管理制度改革从预算的编制、执行和监督等方面展开,包括编制部门预算、国库集中收付制度改革、政府采购制度和收支两条线管理等。
- 分税制改革是我国预算管理体制改革的重点内容。

拓展阅读篇目

1. 阿尔伯特·C. 海迪等:《公共预算经典(第二卷)——现代预算之路》(第3版),苟燕楠、董静译,上海财经大学出版社,2006。

2. 刘剑文:《财税法学前沿问题研究:法治视野下的预算法修改》,法律出版社,2014。

3. 贾康、苏明:《部门预算编制问题研究》,经济科学出版社,2004。

4. 姚彤:《新〈预算法〉解读》,东南大学出版社,2015。
5. 白彦锋:《中期预算改革与我国现代财政制度构建》,中国财政经济出版社,2015。
6. 李炳鉴、王元强:《政府预算概论》,南开大学出版社,2006。

思考与应用

一、关键词

政府预算　部门预算　收支两条线　管理预算　管理制度　国库集中收付　制度预算　管理体制　分税制　转移支付制度

二、思考题

1. 试述政府预算的原则。
2. 简述预算编制的过程。
3. 简述政府预算的分类形式。
4. 试论述我国预算管理体制的历史变迁过程。
5. 试论述我国预算管理制度的改革。
6. 试述我国分税制改革,并运用所学知识加以评价。
7. 中国的政府间财政关系未来应如何调整?

案例 1

广东深化预算编制执行监督管理改革①

2018 年,广东深化省级预算编制执行监督管理改革,通过部门权责配置和财政管理重心"两转变"、项目审批事项和预算执行流程"两精简",实现各方积极性和资金使用效益"两提高"。

2017 年 5 月,广东省出台《关于深化省级预算编制执行监督管理改革的意见》,以"依法依规、简政放权、绩效导向、风险防控"为原则,以预算管理"放管服"改革为抓手,推出了以"三个两"为核心的五项改革举措。

一是聚焦厘清部门职责,优化预算管理各环节权责划分。将部门权责配置从预算管理权责交叉转变为权责明晰、各负其责,明确主管部门预算执行的主体责任,并推动财政部门管理重心从全流程预算管控转变为聚焦预算编制和监管,突出主责主业,负责具体组织总预算执行,不直接参与具体项目的审批等事务。

二是聚焦科学编制预算,提高预算的精准性和权威性。做实做细部门项目库,申请列入预算的原则上提前一年入库,提高年初预算到位率;加强全口径政府预算统筹,集中财力办大事;推进预算编制标准化建设,健全预算支出定额标准体系,推动预算编制有标准可循;全面实行绩效目标审核,加强对支出和政策预期绩效研判,提高预算编制的精准性;健全预算安排与绩效目标、资金使用效果、审计整改结果挂钩的激励约束机制,坚决撤销无效资金、削减低效资金。

三是聚焦提升支出效率,精简审批环节和流程。精简项目审批事项和流程,主管部门独立负责项目审批事项,财政部门不再直接参与;推广"大专项+任务清单"模式,尽可能下放给市县或用款单位自行审批具体项目;优化预算执行流程,全面推进国库集中支付电子化管理,改进政府采购流程,精简基建项目财政资金拨付程序。

四是聚焦规范预算执行,严格预算调整调剂程序。严格执行省人大批准的预算,未经法定程序不得调整,

① 中国财经报网,2019 年 1 月 8 日。

年中出台的新增财政支出的政策措施原则上列入以后年度预算安排，确需当年支出的，优先在本部门预算和跨部门相关资金中统筹解决；严格控制预算调剂，确需调剂的，省业务主管部门应在预算法和财政部门规定的范围内办理，调剂金额达到该项支出总额的10%及以上的，报分管省领导审批，达到总额的20%及以上的，经分管省领导和分管财政部门的省领导审核后，报省政府主要领导同志审批。

五是聚焦提高资金效益，强化绩效监管和风险防控。全面实施绩效管理，推动绩效管理贯穿预算编制、执行和监督环节；严格审计监督，对直接负责资金分配使用的省业务主管部门和市县进行审计监督；加强内控管理，确保市县和用款单位对下放具体项目审批权的资金"接得住""管得好"；加强信息手段监管，依托"数字政府"建设全省一体化信息平台，实现全省预算管理动态联网监督。

据了解，改革实施半年多以来，广东各级财政和预算单位管财用财理念与预算管理方式发生了深刻转变，有效提升了政府行政效率效能与财政资金使用效益，改革"牵一发而动全身"的效应逐步显现。

据悉，下一步，广东将全面推进预算编制执行监督管理改革在全省的落地实施；做实全省"一盘棋"的工作机制，横向上，建立部门与财政高效协同的财政资源优化配置机制；纵向上，建立全省统一的预算管理标准规范体系、全省统一的信息管理平台和全省目标一致的财政资金优化配置机制。同时，找准科学编制预算的抓手，健全预算编制标准规范，加强项目库管理，开展重大项目评审，完善支出标准体系建设，实行预算执行情况与预算编制挂钩；全面统筹预算资金、债券资金和各类政府资产资源，构建大财政大预算大债务格局；推进全面实施预算绩效管理，建立全方位、全过程、全覆盖的预算绩效管理体系。

［要求］

认真阅读以上内容，结合相关理论知识，分析如何全面推行我国预算编制执行监督管理改革。

案例2

美国的财权划分方式：财源共享和分率计征①

美国实行联邦制，政府机构分联邦、州、地方三个层次，各级政府都有明确的事权、财权，实行分别立法、财源共享和分率计征的财权划分方式。美国联邦、州、地方三级政府都有各自相对独立的税收体系，享受各自的税种设置、税率设计、税款征收管理的权利。三级政府各自行使归属于本级政府的税收立法权、司法权及执行权，这使得美国形成了统一的联邦税收制度及有差别的州和地方税收制度并存的格局。各级政府都有一些属于自身的税种，且各级政府都有自己的主体税种。联邦政府的主要税种有个人所得税、公司所得税、社会保险税、国内消费税、遗产税、关税和赠与税，其中以个人所得税为主体税种；州政府的主体税种有销售税、州的个人所得税、公司所得税、消费税等，其中以销售税为主体税种；地方政府的主要税种有财产税、地方政府的销售税、个人所得税等，其中以财产税为主体税种。各级政府也同时采用共享税源、税率分享的形式来划分税收收入。

由于事权划分清晰，使美国各级政府财权明晰化与各级财政的独立性具备了前提条件。美国的这种同源课税、财源分享的划分财政收入方式，在世界各国的财政体制中具有其独立性，对我国政府间财权的划分有很大启示。也就是说，我国政府间财权划分方式的改革和完善，既要以事权划分的清晰为前提，又要以法制的健全、税制的完善为基础。

［要求］

请结合美国各级政府财权与事权的划分特点，说明与我国的财权划分方式的不同。

---

① 《西部财会》，2014(5)。

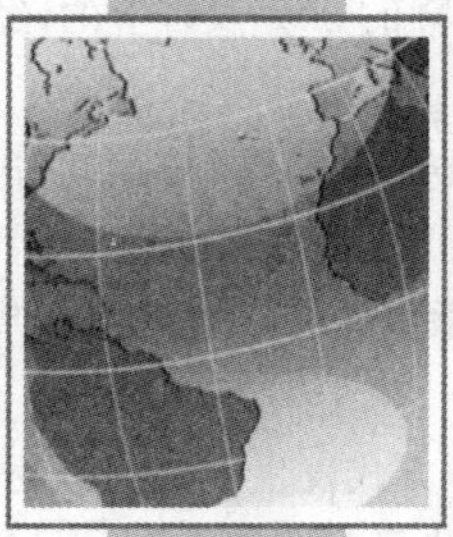

第十一章 财政平衡

本章提要

本章主要介绍财政平衡和财政赤字。本章的重点和难点在于财政平衡概念的理解、财政平衡与社会总供求平衡之间的关系以及财政赤字对经济的影响。

第一节　财政平衡与财政赤字

一、财政平衡概念的理解

总体上讲,任何一个国家的所有财政活动大体上最后都可以归纳为财政的收入和支出,这样一来,就存在收入和支出之间在量上的对比关系,按照国际惯例,将一个财政年度内的财政收支之间的关系称之为财政平衡问题。这种关系不外乎三种结果:一是收大于支,有结余;二是支大于收,有逆差,即赤字;三是收支相等。通过上一章的学习,我们知道,政府预算作为一种会计报表,它的收与支永远都是恒等的,但作为预算运行的实际结果,会存在结余或逆差的现象。当然,从理论上讲,财政平衡是会存在的,但从实际运行的结果来看,几乎是不存在的。特别是自凯恩斯主义经济学盛行以来,世界各国年年有结余的国家为数很少,财政赤字是一种世界性经济现象,预算逆差则成为一种常态。

对财政平衡问题的理解,历来有许多不同的看法,从一开始追求在一个财政年度内的绝对平衡,到现在甚至可以允许长时间的财政赤字。从中可以看出,无论是在理论研究还是在实际操作领域,对财政平衡问题的看法都产生了很大的转变。对此,不能孤立地看待财政平衡问题,应该将财政政策、财政政策目标和国家的宏观经济发展目标联系起来用全局的观点来看待这个问题。从这个意义上来说,财政盈余也好,财政赤字也好,都是手段,都是为了实现国家的某种宏观经济目标而设立的。因此,要把握财政平衡问题,应该考虑到以下几个方面:

1. 财政平衡是相对的,而不是绝对的

无论是从一个国家财政收支的实际运行过程来看,还是从一个国家宏观经济的运行周期来看,我们知道,要想得到一个绝对的财政平衡是不可能的。所谓平衡,不过是某个时点上的暂时平衡,只是一种偶然的现象,经常不是收大于支,就是支大于收。对于一个国家来说,由于影响财政平衡的因素非常多(如宏观经济的运行周期、国家的发展战略、税收等情况),我们认为,略有结余或赤字都可视为基本平衡,两者都是财政平衡的表现形式,因此,财政平衡追求的目标是基本平衡或大体的平衡。

2. 对于财政平衡要有动态平衡的观点,不能局限于静态平衡

静态平衡只考虑一个财政年度内的绝对财政收支对比状况。而动态平衡则要引进时间因素，考虑前后年度之间的联系和衔接，研究未来财政收支的发展趋势，研究经济周期对财政的影响以及财政对经济周期的调节作用，以求得一个时期的内在平衡。实际上，在静态平衡中就包含着动态平衡的因素，因为平衡毕竟是某一时点上出现的瞬时现象，或者是在平衡表上的形式表现。例如，动用财政结余的当年，虽然在统计上表现为赤字，但如果结合有结余的年份一起动态地看，财政收支仍是平衡的；在一个财政年度内也是如此，有时可能收大于支，有时可能支大于收，即平衡不断被打破，又不断达到新的平衡。

3. 将财政平衡分为中央预算平衡和地方预算平衡考察

在财政体制改革、中央和地方都是一级独立的财政主体的情况下，应该将财政平衡分为中央预算平衡和地方预算平衡来加以考察；否则，从总体上来考察财政平衡，可能会掩盖中央或地方的财政具体情况。比如，1979 年以来出现的财政赤字主要是中央财政赤字，地方财政除少数年份出现赤字外，多数年份均为结余，而地方的结余有可能抵补中央财政的赤字。也就是说，中央财政实际存在的赤字可能比国家公布的财政赤字要大得多，这就会影响一个国家的总体财政与宏观经济政策的设计和实施。

4. 要区分真实平衡和虚假平衡

所谓虚假平衡，是指假平衡而真赤字的情况。这种虚假平衡曾经在我国出现过，主要表现为隐性债务和或有债务形成的“财政性挂账”。比如，目前我国的社会保障支出实际上就构成了隐性财政赤字，减少了当年的财政赤字。虚假财政平衡危害较大，它在实际存在赤字的情况下会使人误认为财政状况良好，从而导致决策上的失误。

二、财政平衡的计算方法

一般来讲，根据是否将债务收支作为正常的财政收支，可以有两种计算财政平衡的口径：

硬赤字(结余)＝(经常性收入＋债务收入)－(经常性支出＋债务支出)

软赤字(结余)＝经常性收入－经常性支出

这两种方法的主要区别在于是否将债务收支计入经常收支之中。用第一种方法仍然收不抵支而形成的差额，称为财政硬赤字；用第二种计算方法收支相抵形成的差额，称为财政软赤字。①

我国自 1953～1993 年都基本上采用第一种方法计算财政平衡。1994～1999 年的财政平衡公式(不含公债收支)为：

财政盈余或赤字＝经常收入－(经常支出＋投资支出)

2000 年开始的财政平衡公式(仅含公债付息支出)为：

财政盈余或赤字＝经常收入－(经常支出＋投资支出＋公债利息支出)

这种计算方法也是市场经济国家通行的做法和国际惯例。

1994 年实行分税制以后，存在着两种不同口径的财政赤字：一种是国家财政收支的差额，我们称之为“收支差额”；另一种是中央财政收入与支出合计的差额，称之为“中央财政赤字”。

① 国际货币基金组织编制的《政府财政统计年鉴》计算财政赤字或结余的口径为：财政赤字或结余＝(总收入＋无条件赠款)－(总支出＋净增贷款)。其中，总收入包括税收收入和非税收收入(不含债务收入)，无条件赠款包括各国政府赠款、本国其他各级政府赠款和国际组织赠款。总支出包括行政、国防、文教卫生、社会福利、经济服务、国债利息、购置固定资产和购买存货、土地和无形资产及资本转让等支出，净增贷款是指在本期对国内其他各级政府、国内金融机构、国内非金融公共企业的贷款和对国外贷款减去各项贷款的还款。

三、财政赤字

财政赤字通常是指在一个财政年度内财政支出大于财政收入的差额情况。从概念上说，财政赤字有预算赤字、决算赤字和赤字政策。预算赤字是指在编制预算时就存在收不抵支的情况。预算有赤字，不代表预算执行的结果也一定有赤字。因为在预算执行过程中可以通过采取增收节支的措施，实现收支的平衡。决算赤字是指在预算执行过程中出现新的减收增支的因素而导致赤字。预算赤字或决算赤字的出现，从指导思想上来说，并不是有意识地安排赤字，也并非在每一个财政年度都出现，只是由于经济生活中的一些矛盾一时难以解决而导致的个别现象。赤字政策则完全不同。赤字政策是指国家有意识地用赤字来调节经济的一种政策，即通过财政赤字来扩大政府支出的规模，刺激社会有效需求的增长。它的主要标志是连年的巨额赤字。

从赤字产生的经济背景和原因来讲，可以将赤字分为结构性赤字和周期性赤字。结构性赤字是指在已给定的充分就业水平条件下的赤字，这种赤字是由政府的财政政策的变量决定的，假定在充分就业条件下，如果总需求不足即经济中还存在没有被利用的资源，根据凯恩斯主义的主张，此时政府扩大需求(赤字政策)会直接引致总需求的增加。比如，我国自 20 世纪 90 年代中期以后，国民经济陷入总需求不足的状态，此时，政府通过兴建三峡水库、高速公路等许多公共工程来扩大总需求，导致那一段时期我国的赤字规模较大。周期性赤字是由经济周期波动决定的，它是由于经济自身内在的周期性波动形成的。

四、我国的财政赤字

自中华人民共和国成立以来，我国一直坚持“收支平衡、略有结余”的方针，按当时的统计口径，从 1950 年到 1978 年，我国有 10 年发生过财政赤字；而从 1978 年至 2018 年，除了 1978 年、1981 年、1985 年、2007 年外，按照现行口径计算，每年都有财政赤字(见表 11—1)。

表 11—1　　1978～2018 年我国财政收支情况　　单位:亿元

年　份	财政收入	财政支出	财政赤字	GDP 总量	财政赤字占 GDP 的比重(%)
1978	1 132.26	1 122.09	10.17	3 678.7	0.28
1979	1 146.38	1 281.79	−135.41	4 100.5	3.30
1980	1 159.93	1 228.83	−68.90	4 587.6	1.50
1981	1 175.79	1 138.41	37.38	4 935.8	0.76
1982	1 212.33	1 229.98	−17.65	5 373.4	0.33
1983	1 366.95	1 409.52	−42.57	6 020.9	0.71
1984	1 642.86	1 701.02	−58.16	7 278.5	0.80
1985	2 004.82	2 004.25	0.57	9 098.9	0.01
1986	2 122.01	2 204.91	−82.90	10 376.2	0.80
1987	2 199.35	2 262.18	−62.83	12 174.6	0.52
1988	2 357.24	2 491.21	−133.97	15 180.4	0.88
1989	2 664.90	2 823.78	−158.88	17 179.7	0.92

续表

年　份	财政收入	财政支出	财政赤字	GDP 总量	财政赤字占 GDP 的比重(%)
1990	2 937.10	3 083.59	−146.49	18 872.9	0.78
1991	3 149.48	3 386.62	−237.14	22 005.6	1.08
1992	3 483.37	3 742.20	−258.83	27 194.5	0.95
1993	4 348.95	4 642.30	−293.35	35 673.2	0.82
1994	5 218.10	5 792.62	−574.52	48 637.5	1.18
1995	6 242.20	6 823.72	−581.52	61 339.9	0.95
1996	7 407.99	7 937.6	−529.6	71 813.6	0.74
1997	8 651.14	9 233.6	−582.4	79 715.0	0.73
1998	9 875.95	10 798.2	−922.2	85 195.5	1.08
1999	11 444.08	13 187.7	−1 743.6	90 564.4	1.93
2000	13 395.23	15 886.5	−2 491.3	100 280.1	2.48
2001	16 386.04	18 902.6	−2 516.5	110 863.1	2.27
2002	18 903.64	22 053.2	−3 149.5	121 717.4	2.59
2003	21 715.25	24 650.0	−2 934.7	137 422.0	2.14
2004	26 396.47	28 486.9	−2 090.4	161 840.2	1.29
2005	31 649.29	33 930.3	−2 281.0	187 318.9	1.22
2006	38 760.20	40 422.7	−1 662.5	219 438.5	0.76
2007	51 321.78	49 781.4	1 540.4	270 232.3	0.57
2008	61 330.35	62 592.7	−1 262.3	319 515.5	0.40
2009	68 518.30	76 299.9	−7 781.6	349 081.4	2.23
2010	83 101.51	89 874.2	−6 772.7	413 030.3	1.64
2011	103 874.43	109 247.8	−5 373.4	489 300.6	1.10
2012	117 253.52	125 952.97	−8 699.45	540 367.4	1.61
2013	129 209.64	140 212.10	−11 002.46	595 244.4	1.85
2014	140 370.03	151 785.56	−11 415.53	643 974.0	1.78
2015	152 269.23	175 877.77	−23 608.54	689 052.1	3.43
2016	159 552	187 841	−28 289	744 127	3.80
2017	172 567	203 330	−30 763	827 122	3.72
2018	183 352	220 906	−37 554	900 309	4.17

注:(1)表中数据来源于国家统计局。其中,“财政赤字”栏中,负数表示财政赤字,正数表示财政盈余。

(2)在国家财政收支中,价格补贴 1985 年以前冲减财政收入,1986 年以后列为财政支出。为了可比,本表将 1985 年以前冲减财政收入的价格补贴改列在财政支出中。

(3)财政收入中不包括国内外债务收入。

(4)从 2000 年起,财政支出中包括国内外债务付息支出。

我国始终注重处理好保持经济平稳较快发展、调整经济结构和管理通胀预期的关系，增强宏观政策的前瞻性、科学性、有效性，注意把握好政策的取向、力度和重点。在国际金融危机冲击最严重时，果断实施积极的财政政策和适度宽松的货币政策，综合运用多种财政政策工具，增加政府支出，实行结构性减税；在财政政策运用上，坚持统筹兼顾，注重综合平衡。很多国家都使用财政赤字率，即财政赤字占 GDP 的比重这个指标来衡量本国的财政状况。在国际上，财政赤字占 GDP 的比重是通用的衡量一个国家的财政状况的重要指标。2017 年中国赤字规模为 30 763 亿元(赤字率为 3.72%)，2018 年这一规模为 37 554 亿元，赤字率为 4.17%，为历史最高。

专栏 11—1　财政部澄清关于 2016 年全国一般公共预算赤字“超标”说法之误

财政部有关负责人就 2016 年财政赤字有关问题进行了说明：2016 年全国一般公共预算收入 159 552 亿元，全国一般公共预算支出 187 841 亿元，差额 28 289 亿元，比全国人大批准的财政赤字目标 21 800 亿元多 6 489 亿元，即为当年全国财政调入预算稳定调节基金和其他预算资金以及动用的结转结余资金，其中主要是地方各级财政部门按照国务院关于盘活存量资金的要求和预算管理制度的规定，加大结转结余资金使用力度的结果，没有增加地方政府债务，赤字与预算持平。

此前，有媒体报道，根据财政部公布的 2016 年我国财政收支状况，2016 年度全国一般公共预算出现了约为 2.81 万亿元的财政赤字，比全国人大会议上通过的 2.18 万亿元的财政赤字目标超出了 6 000 多亿元。

对此，财政部有关负责人解释道：财政赤字不是一般公共预算收入与一般公共预算支出简单相减得出的结果，还要考虑使用预算稳定调节基金、从政府性基金预算和国有资本经营预算调入资金、动用结转结余资金等因素(这些资金实际来源于以前年度财政收入，不能再重复列入一般公共预算收入)。考虑以上因素后，我国财政赤字的计算公式为：

财政赤字＝(全国一般公共预算收入＋调入预算稳定调节基金和其他预算资金＋动用结转结余资金)－(全国一般公共预算支出＋补充预算稳定调节基金＋结转下年支出的资金)

以 2015 年为例，全国一般公共预算收入为 152 269 亿元，全国一般公共预算支出为 175 878 亿元。如果简单地将两者相减，则差额为 23 609 亿元，比当年全国人大批准的财政赤字目标 16 200 亿元多 7 409 亿元。按照公式计算，全国一般公共预算收入，加上调入预算稳定调节基金 1 000 亿元、动用结转结余及调入资金 7 236 亿元，收入总量为 160 505 亿元；全国一般公共预算支出，加上补充预算稳定调节基金 827 亿元，支出总量为 176 705 亿元。收入总量减去支出总量，全国财政赤字 16 200 亿元。2016 年的情况与之同理。

资料来源：《中国财经报》，发布时间：2017-02-03。

国际上，第二次世界大战后在凯恩斯主义政府干预国家经济的影响下，财政赤字成为一种国际趋势，特别是近年来欧美陷入次贷或主权债务危机以来，各国纷纷加入量化宽松货币政策(QE)行列，财政赤字规模不断扩大。表 11—2 是美国 1978 年以来的财政赤字情况。

表 11－2　　美国 1978～2014 年财政赤字情况　　单位:亿美元

年份	收入	支出	财政赤字	GDP 总量	财政赤字率
1978	3 996	4 588	－592	23 566	－0.025 12
1979	4 633	5 040	－407	26 321	－0.015 46
1980	5 171	5 909	－738	28 625	－0.025 78
1981	5 993	6 782	－789	32 110	－0.024 57
1982	6 178	7 457	－1 279	33 450	－0.038 24
1983	6 006	8 084	－2 078	36 381	－0.057 12
1984	6 664	8 518	－1 854	40 407	－0.045 88
1985	7 340	9 463	－2 123	43 467	－0.048 84
1986	7 692	9 904	－2 212	45 902	－0.048 19
1987	8 543	10 041	－1 498	48 702	－0.030 76
1988	9 092	10 644	－1 552	52 526	－0.029 55
1989	9 911	11 437	－1 526	56 577	－0.026 97
1990	10 320	12 530	－2 210	59 796	－0.036 96
1991	10 550	13 242	－2 692	61 740	－0.043 6
1992	10 912	13 815	－2 903	65 393	－0.044 39
1993	11 543	14 094	－2 551	68 787	－0.037 09
1994	12 586	14 618	－2 032	73 088	－0.027 8
1995	13 519	15 157	－1 638	76 641	－0.021 37
1996	14 531	15 605	－1 074	81 002	－0.013 26
1997	15 792	16 011	－219	86 085	－0.002 54
1998	17 217	16 525	692	90 892	0.007 613
1999	18 275	17 018	1 257	96 606	0.013 012
2000	20 252	17 890	2 362	102 848	0.022 966
2001	19 911	18 628	1 283	106 218	0.012 079
2002	18 531	20 190	－1 659	109 775	－0.015 11
2003	17 823	21 599	－3 776	115 107	－0.032 8
2004	18 801	22 928	－4 127	122 749	－0.033 62
2005	21 536	24 720	－3 184	130 937	－0.024 32
2006	24 069	26 551	－2 482	138 559	－0.017 91
2007	25 680	27 287	－1 607	144 776	－0.011 1
2008	25 240	29 825	－4 585	147 186	－0.031 15
2009	21 050	35 177	－14 127	144 187	－0.097 98
2010	21 627	34 571	－12 944	149 644	－0.086 5
2011	23 035	36 031	－12 996	155 179	－0.083 75

续表

年份	收入	支出	财政赤字	GDP 总量	财政赤字率
2012	24 502	35 372	−10 870	161 632	−0.067 25
2013	27 751	34 546	−6 795	167 681	−0.040 52
2014	30 691	38 796	−8 105	174 189	−0.046 53

数据来源：根据 1978～2015 年国际统计年鉴数据计算整理所得。

2008 年经济危机以来，美国的财政赤字率居高不下，一直维持在 3%以上，究其原因，主要是与美国应对全球性经济危机、实行赤字财政政策有密切关系。特别是 2009 年财政赤字率高达 9.7%，2010 年、2011 年赤字率也在 8%以上，随后经济逐渐复苏，财政赤字率逐渐下降，2012 年赤字率为 6.7%，到 2013 年、2014 年，财政赤字率进一步回落，降至 4%左右。

第二节　财政平衡与社会总供求平衡

一、财政平衡与社会总供求平衡

任何一个国家的宏观经济，从最终来看都表现为：一方面，生产者出售商品，向市场提供有形物质产品和无形劳务，形成供给；另一方面，人们又将其所得用于各自特定用途的消费支出，形成市场需求。因此，将一个国家全社会范围内的所有供给加总就是社会总供给，而将所有需求加总则会形成总需求。宏观经济学的基本理论告诉我们，当一个社会的总供给与总需求平衡时，该社会生产和消费达到最佳状态，但是现实告诉我们，在国民经济运行中，不论是过去的计划经济还是现在的社会主义市场经济，都会经常出现总供求的失衡状态。

在国民经济核算中，总供求有如下恒等式：

$$C(\text{消费})+S(\text{储蓄})+T(\text{税收})+M(\text{进口})=C(\text{消费})+I(\text{投资})+G(\text{政府支出})+X(\text{出口}) \tag{1}$$

这个恒等式可以理解为：不论经济处于何种状态，在一个特定的时期内，作为总供给的收入流量总是等于作为总需求的支出流量。

进一步，我们可以将(1)式变形为：

$$G-T=(S-I)+(M-X) \tag{2}$$

在(2)式中，$G-T$ 表示预算收支平衡状况。显然，当 $G>T$ 时，表现为政府财政赤字；当 $G<T$ 时，表现为政府财政盈余。进一步，如果不考虑开放经济情况，而只考虑一个封闭的经济体系(即没有国际贸易，$M-X=0$)情况下，(2)式又可以演变为：

$$G-T=S-I \tag{3}$$

即：

财政赤字≡储蓄、投资账户盈余

(3)式告诉我们，在一个封闭的经济体中，一个部门的财政赤字正是另一个部门的财政盈余。也就是说，政府的赤字必须要由非政府部门来埋单才可以抵消，从这个意义上我们可以得出一个结论：就整个社会来讲，财政盈余和赤字只是社会资金在政府部门和非政府部门之间的此涨彼消，它不会给总需求造成扩张的效果。但是，如果赤字的总额超过了储蓄、投资账户盈余的话，也就是说，社会上已经没有闲散的资金来满足财政需求的话，赤字的增加就会造成总需求的扩张。

因此，我们认为，财政收支的变动会影响社会总供给与总需求的对比状况。这说明，当社会总供需出现不平衡时，我们可以通过改变财政收支以调节社会总供需状况。在封闭经济的条件下，总需求中的消费需求、投资需求和政府购买，从收入支出的角度来看，它是一种支出，所以，这里的总支出相当于总需求，即 $AE=C+I+G$，而产出相当于收入，即总收入 $NI=Y=C+S+T$。我们知道，当总供给等于总需求时，国民经济达到均衡（未必是充分就业时的均衡水平），也就是漏出必须等于注入。总支出相当于漏出，总收入相当于注入。因此，从收入支出的角度，当总支出等于总收入，即 $AE=NI$ 时，国民收入达到均衡，这时，国民收入就取决于总支出水平。这时，可运用财政政策抑制或刺激总需求，使之不仅实现均衡的国民收入，且可以达到充分就业时均衡的国民收入，其政策运用的效果是通过财政乘数来反映的。细分起来，可以将财政乘数分为政府购买乘数、转移支付乘数、税收乘数和平衡预算乘数等。[①]

当然，如果我们将条件放大到开放经济模型中，财政赤字不单单由国内结余资源加以弥补，还可以运用国际资源加以弥补，那么情况将会复杂化，这时，财政赤字对经济的影响也趋于复杂。条件许可的话，一个国家甚至可以长期实行赤字政策而对宏观经济不会造成太大的妨碍，如美国。

二、财政平衡对社会总供求平衡的影响

财政收入分别来源于当年的国内生产总值和后面即将论述的国际资金收支差额。在财政收支平衡的情况下，财政支出与财政收入相抵部分所形成的购买力，已包括在国内生产总值和国际资金收支差额之中，在计算总需求时，不应再考虑这项因素。在财政收支不平衡的情况下，当出现财政结余时，说明通过财政收入集中起来的货币购买力没有完全支用出去，财政支出小于财政收入的部分减少了对最终产品的需求，它是计算社会总需求的抵消项目。当出现财政赤字时，财政支出超过财政收入的部分增加了对最终产品的需求，成为社会总需求的组成部分。因此，财政收支差额会从不同的方面影响社会总供需的平衡。

下面，我们可以用总需求—总供给模型来分析财政与社会总供求之间的经济逻辑。

（一）总需求曲线

总需求曲线表示在满足投资等于储蓄、货币供给等于货币需求条件下（即产品市场的均衡和货币市场的均衡）国民经济价格水平和国民收入之间的关系曲线。在不考虑国际收支的前提下，社会总需求 AD 由消费需求 C、投资需求 I 和政府支出 G 三部分组成，即 $AD=C+I+G$。[②]

在凯恩斯看来，总需求曲线 AD 是一条向下倾斜的曲线，如图 11－1 所示。

结合总需求公式，我们可以看出，消费、投资和政府支出三个因素中的任何一个因素发生变化，都会引起总需求曲线的移动。其中，在其他因素不变的情况下，政府支出 G 扩大必然会导致总需求 AD 的扩张；反之，总需求 AD 会受到抑制。

---

① 这里，仅以政府购买乘数为例来加以说明。政府购买乘数是指政府购买的变动对收入变动的倍增作用，我们用 K_G 表示政府购买数。在考虑政府购买支出 G 的经济系统中，国民收入 $Y=C$（消费）$+I$（投资）$+G$（政府购买支出）。假设投资 I 是一固定值，则 $Y=C(Y)+I+G$，两边微分：$dY=dC/dY\cdot dY+dG$。其中，$dC/dY=b$（边际消费倾向），得：$K_G=dY/dG=1/(1-b)$，这时的政府购买乘数为 $1/(1-b)$。现假设增加政府购买支出 50 亿元，边际消费倾向为 0.9，在其他条件不变的情况下，产出将增加 $dY=K_G\cdot dG$，这时的政府购买乘数 $K_G=1/(1-b)=1/(1-0.9)=10$。所以，产出增加 $dY=10\times 50=500$（亿元）。

② 其中，消费需求 C 是国民收入和税收 T 的函数，即 $C=C(Y,T)$；投资需求是利率 R 的函数，即 $I=I(R)$。这样一来社会总需求 $AD=C(Y,T)+I(R)+G$。

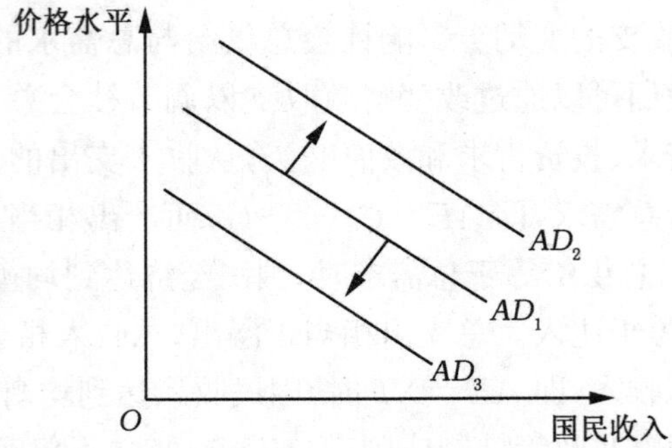

图 11—1　总需求曲线

(二)总供给曲线

总供给曲线是表示在其他条件不变时国民经济价格水平与国民收入之间的关系曲线。同样,在不考虑国际收支的前提下,社会总供给 AS 由消费 C、储蓄 S 和税收 T 三部分构成,即 $AS=C+S+T$。①

一般来说,总供给曲线有三种形式,即古典总供给曲线、传统凯恩斯主义总供给曲线和现代凯恩斯主义总供给曲线,分别如图 11—2、图 11—3、图 11—4 所示。

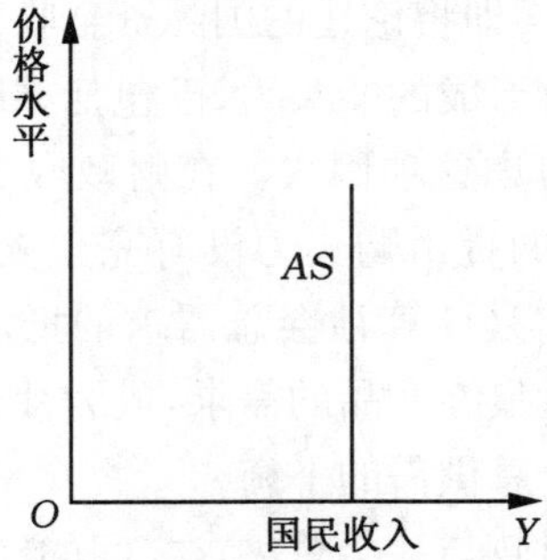

图 11—2　古典总供给曲线

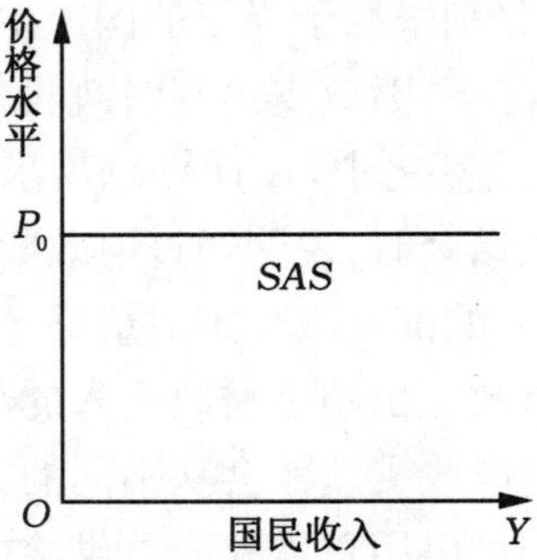

图 11—3　传统凯恩斯主义总供给曲线

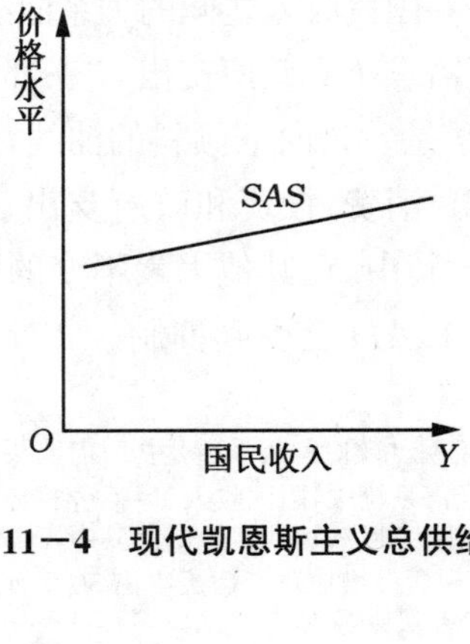

图 11—4　现代凯恩斯主义总供给曲线

① 其中,C 与上文的含义一样,S 是收入的函数,即 $S=S(Y)$,则社会总供给函数可以表示为:$AS=C(Y,T)+S(Y)+T$。

依据古典总供给曲线，价格水平对社会总产出不发生影响，长期中实际产出量由潜在产出决定；而传统凯恩斯主义总供给曲线之所以是一条平行于横坐标的直线，其理由在于价格水平的调整会对国民产出产生明显影响，之所以出现这种情况，主要是由于社会存在垄断性竞争和大量失业以及社会资源闲置，扩张性的财政政策不会导致价格上涨而表现为社会产出的增加；现代凯恩斯主义对传统凯恩斯主义总供给曲线做了修正，他们认为在达到充分就业的产量之前，产量的增加会导致生产成本的略微提高，因此，总供给曲线是一条略微向上倾斜的曲线。

后来，人们结合以上三种情况，将这三种情况综合到一张图上，如图11－5所示，即在开始阶段，由于社会上存在大量闲置的资源，产出量的增加不会导致价格水平的上升，接着 AS 曲线比较平坦而富有弹性，价格水平会随着产出量的提高稍微提高，这说明在价格水平比较低的情况下，整个社会存在生产能力过剩的情况，普遍开工不足，价格水平的一个微小的提高就会引起社会产出的大幅度增加，但到后期，由于社会资源已接近充分利用，此时，价格水平的增加很难对生产起到有效的刺激作用，甚至表现为社会产出对价格水平的变动缺乏弹性。同时，由于技术创新等因素的刺激，会导致社会投资增加，相应地会提高生产能力，这样会使整个供给曲线向右下方移动，此时，产出会对价格水平的反应能力增加；相反，如果投入的价格水平过高，会使社会的生产能力缩小，在图上表现为整条 AS 曲线向左上方移动，产出对价格水平变动缺乏弹性。

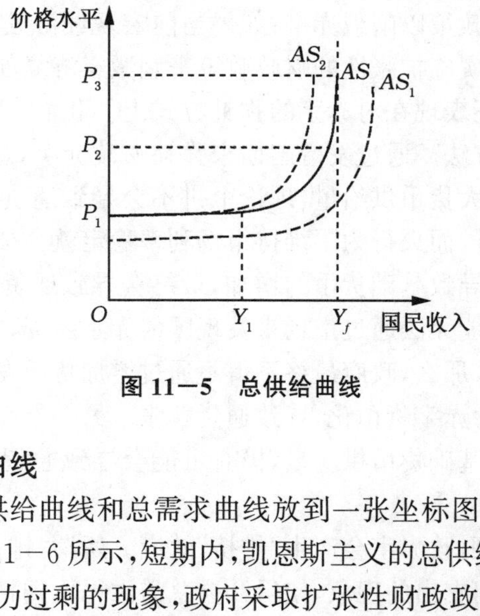

图11－5 总供给曲线

(三)总供给—总需求曲线

如果我们将上面的总供给曲线和总需求曲线放到一张坐标图中，则会得到总供给—总需求（$AS-AD$）模型。如图11－6所示，短期内，凯恩斯主义的总供给曲线为向右上方平缓倾斜的曲线，社会上存在生产能力过剩的现象，政府采取扩张性财政政策来刺激总需求是有效的，表现在图中就是总需求曲线由 AD_1 向右上方移动到 AD_2，表现为价格水平的微小变动换来总产出从 Y_1 移到 Y_2 的巨大变动。这样，扩大总需求既可以使社会生产能力得到充分利用，又可以增加就业机会。此时，国民收入的增加主要取决于总需求水平，这也就成为第二次世界大战后扩张性财政政策的理论依据。但是，在长期中，社会的生产能力基本被充分利用，此时再采取扩张性的财政政策来扩大总需求，不仅不会带来总需求的增加，反而会引起严重的通货膨胀。如图所示，总需求从 AD_3 移到 AD_4，总产出没有增加，反而是价格水平明显移动，此时，扩张性的财政政策是失效的。

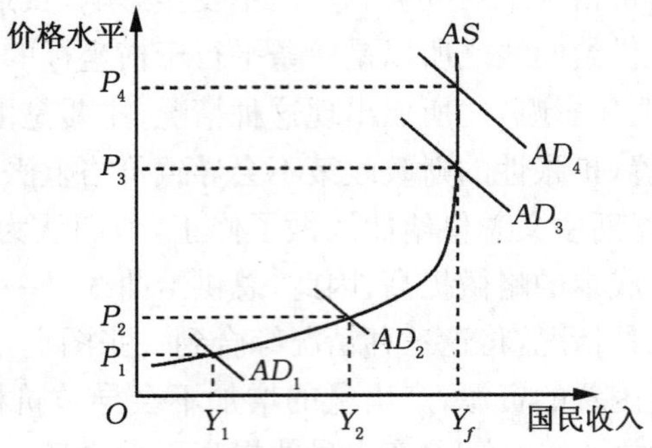

图 11—6 总供给—总需求模型

三、财政赤字的经济影响

通过前面的学习，我们知道，由于形成财政赤字的因素众多，一国的财政赤字有的时候是不可避免的，有的时候是自然形成的结果(如周期性赤字)，有的时候认为是被迫形成的(如结构性赤字)。认识并判断财政赤字的主要形成原因，对政府的财政政策决策具有重要的指导意义。如果当前宏观经济处于充分就业并且存在通胀压力，我们就可以断定这种赤字是结构性的，应该实施紧缩性的财政政策以削减赤字；如果当前宏观经济处于衰退阶段，那么即使导致短期内赤字的扩大，也应该实施扩张性的财政政策来刺激经济复苏。

财政赤字的经济影响还表现在对赤字的弥补方式上。我们知道，债务融资和货币融资是弥补财政赤字的两种基本方法。通过发行国债来弥补财政赤字，从总体上来说只是使资金在不同部门之间转移，不会扩大货币供给量，理论上讲不会导致通货膨胀的出现。但是，债务融资可能会推动市场利率上升，而央行为了维持市场利率稳定就会被迫买进国债，这样就将赤字债务化演变为赤字货币化，导致基础货币的增加，最终会导致通货膨胀。同时，在国债市场不发达的发展中国家，政府可能无法通过市场来发现国债赤字融资，或者是由于国债规模原本就已经比较大，国债的信誉低，那么，政府最终不得不通过增加货币发行量或向中央银行借款，结果也将使赤字债务化转变为赤字货币化，导致通货膨胀。另一方面，通过货币融资弥补财政赤字，从表面上看直接增加了基础货币供应量，极有可能会导致通货膨胀，但是否现实地导致通货膨胀，还要进行具体分析。

从财政赤字本身来讲，财政赤字会产生“排挤”效应。所谓“排挤”效应，是指由于赤字增加了政府支出从而挤出了民间支出的现象，使得社会总需求得不到相应的提高，最终导致政府应对宏观经济衰退的赤字政策的效果大打折扣。因此，在运用财政政策来扩张经济时，要考虑到这种“排挤”效应。

小结

● 介绍了财政平衡的一般概念。告诉我们财政平衡不是一个绝对的概念，而要将它与社会总平衡综合起来辩证考虑。根据是否将债务收支作为正常的财政收支，可以有两种计算财政平衡的口径，即硬赤字(结余)和软赤字(结余)。

● 财政赤字通常是指在一个财政年度内财政支出大于财政收入的差额情况。从概念上说，财政赤字有预算赤字、决算赤字和赤字政策。

● 近年来,我国的赤字规模占 GDP 的比重在 3%左右,是比较稳妥的。

● 财政收支差额会从不同方面影响社会总供需的平衡。可以用总需求—总供给模型分析财政与社会总供求之间的经济逻辑。

● 财政赤字是现代政府在财政领域里经常遇到的问题,对于财政赤字问题,关键是要将它放在整个宏观经济中加以考虑,对于不同状态下的宏观经济背景,财政赤字的影响是不同的。

拓展阅读篇目

1. 黄恒学:《公共经济学(第 1 版)》,北京大学出版社,2002。

2.[加]约翰·利奇:《公共经济学教程》,孔晏,朱萍译,上海财经大学出社,2005。

3. 王燕武:《扩大内需的财政政策选择: 供给管理型财政政策》,经济科学出版社,2014。

思考与应用

一、关键词

财政平衡　财政赤字　预算赤字　决算赤字　硬赤字　软赤字　财政赤字率　赤字政策　排挤效应

二、思考题

1. 什么是财政平衡?
2. 为什么说财政平衡是相对的而不是绝对的?
3. 什么是财政赤字?
4. 试论述财政平衡与总量平衡的关系。
5. 试述财政赤字与发行国债之间的关系。
6. 试述财政赤字的经济影响。

案例

美国财政赤字问题对其国内经济的不利影响

根据美国财政部 2018 年 10 月 16 日公布的最新数据,美国国债的两大持有者中国和日本在 8 月份减少了债券的持有量。不过,中国仍是美国国债的最大外国持有者,其次是日本。

外国投资者不断减持美国国债会形成挤出效应而给美国经济带来巨大影响。

特朗普在 2017 年推出了大型减税政策。这种政策将会继续不利于美国的财政收支,减税政策虽然在短期内有刺激经济的作用,但从长期来看财政收支的不佳会阻碍经济的增长。

与日本人不同,美国人似乎不留“隔夜钱”。大型减税政策促使部分美国企业加大了设备投资,美国的股价也持续高涨,渲染了减税政策的作用。然而,这种刺激效果可能非常短暂而无法长期保持,正如美国一些经济学家在美国主流媒体上所指出的那样,减税政策并没有真正地带来生产和雇用的增加,这也是以往美国自身经验已经说明的事实。六年前,美国堪萨斯州也实施了大型减税政策,结果当地的雇用虽然有所增加但依然比不上美国的平均增长水平,而由于税收的减少,州政府不得不大幅度削减教育和医保方面的预算,给当地居民的生活带来了很大的不便。

本来美国的共和党一直主张小政府主义,消灭财政赤字是他们的金科玉律。当年小布什总统因为实施减税政策和阿富汗战争扩大了政府的财政赤字后,也设定了在短期内解决财政赤字的政策目标。但是,现在,共和党的传统似乎没有得以体现,特朗普在今年的预算咨文中去掉了解决财政赤字的目标。这可能会把财政赤字问题作为政治遗产留给以后的政府。这样,在减税和扩大军工投入的政策下,美国政府的财政赤字将会连年扩大,据美国《财富》杂志网站报道,当地时间2018年4月9日,美国国会预算办公室(CBO)发布报告称,到2020财年,美国政府财政赤字将超过1万亿美元(约合人民币6.3万亿元)。国际货币基金组织更是警告说,如果美国不采取解决财政赤字的措施,那么到2023年美国的财政赤字占GDP之比将超过欧洲赤字大国意大利。

可以预见,为了填补财政赤字的窟窿,美国政府将会越来越依赖美国国债的发行。由于现在美国国债有一半左右为外国所持有,增发的国债很少影响到美国国内的投资。但是,如果外国投资家减持美国国债,那么美国经济将受打击。虽然美国政府现在还不担心美国国债没人接盘,但从美国财政部公布的信息来看,不仅中国和日本都减持美债,而且外国投资者总体持有美债总额也呈现下降趋势。虽然现在这种降幅很小,也可以说是处在技术性调整阶段,但是,"以美国第一"的保护主义破坏了现有的国际秩序,已经影响了世界经济的发展。而保护主义贸易政策无疑也会让美国的消费者承担更多的成本。这些都将使外国投资家对投资美国国债越来越踌躇。

如果外国投资家大幅度减持美国国债,那么就需要美国国内的投资家来接手填补,这样就意味着相关挤出效应将会更加显现,即政府通过国债的发行占用过多的社会财富,从而压缩了美国民间的投资。本来特朗普的减税政策是想促进对美国国内的投资,但这种挤出效应却会压缩民间的投资能力。从长期的角度来看,美国持续减税政策不仅很难达到所希望的效果,而且还会带来更多的负面作用。同时,如果国际上对美国国债的需求减少,就会增加美国国内的融资成本,影响民间投资。所以,包括国际货币基金组织在内的很多机构都已经调低了对明年美国经济增长率的预期。

资料来源:《21世纪经济报道》,2018年10月24日。

[**要求**]

认真阅读以上内容,结合所学知识,试评价美国财政赤字如何影响其经济,并解释财政赤字的"挤出效应"。

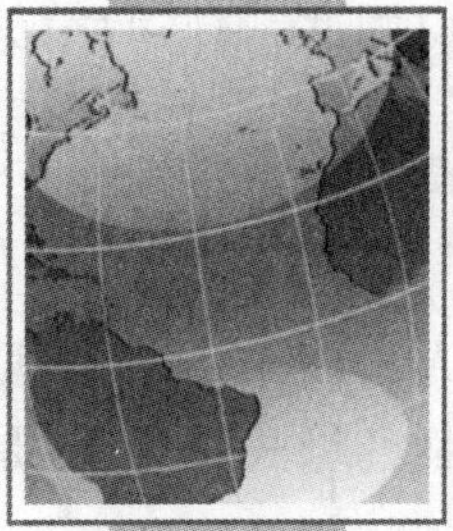

第十二章 财政政策

本章提要

本章主要介绍财政政策的一般理论，重点介绍财政政策的种类、工具以及财政政策和货币政策的搭配等问题，并简要介绍近年来我国财政政策的演变与当前宏观经济背景下的财政政策运用。

第一节 财政政策的含义与分类

一、财政政策的含义

财政政策，一般是指一国为实现一定的经济目标而调整财政收支规模和收支平衡的指导原则及相应的措施，具体体现在收入、支出、预算平衡和国家债务等各个方面。因此，财政政策是一个由支出政策、税收政策、预算平衡政策、国债政策等构成的一个完整的体系。

在市场经济体制下，政府通过运用各种财政政策工具来改变财政收支的总量和结构，并使财政政策与货币政策相互配合，从而调节宏观经济总量和结构，实现一定的宏观经济目标。

财政政策是国家宏观经济政策的重要组成部分，是政府实施宏观调控的手段。财政政策主要通过税收、财政补贴、国债、收入分配和转移支付等手段对经济运行进行调节，是政府进行反经济周期调节、熨平经济波动的重要工具，也是财政有效履行配置资源、公平分配和稳定经济等职能的主要手段。

财政政策对一国宏观经济调控的重要作用，在资本主义世界经济大萧条和凯恩斯主义出现以前还不是很明显，这是因为政府的宏观调控作为一种经济制度，在之前的经济管理中还未被引起足够的重视。直到20世纪30年代，资本主义世界出现了前所未有的经济大萧条，市场机制的自我调节功能不能使西方各国的经济走出大萧条，于是，政府的宏观调控作为弥补市场失灵的替代品被广泛地引入。1933年3月，罗斯福就任美国总统，他上台后即开始实行国家积极干预的政策，也就是被后人所称的“罗斯福新政”，其内容主要是运用财政政策刺激经济回升。“罗斯福新政”的成功实施解救了当时的美国资本主义制度，也挽救了世界资本主义体系，而“罗斯福新政”的理论基石——凯恩斯主义经济学也应运而生。

二、财政政策目标

设计一个财政政策首先遇到的问题就是设定政策目标，财政政策作为政府运用国家财力调节宏观经济运行的手段，是国家宏观经济政策的有机组成部分，所以，财政政策目标确立的基准是一国的宏观经济政策目标。一国的宏观经济政策目标通常有四个，即经济增长、充分就业、物价稳定和国际收支平衡。但是，财政政策目标并不可能完全等同于宏观经济政策目标，因为经济政策目标的实现手段有多种，财政政策只是其中之一。

财政政策是国家宏观调控的重要手段，也是履行政府职能的基本工具，因此，财政政策的目标至少应该包括经济稳定和社会发展两个方面。也就是说，财政政策目标既要追求经济增长，也要追求社会的全面进步。为此，本书将财政政策目标归纳为以下几个方面：

(一)经济增长

经济增长，通常是指在一个较长的时间跨度上一个国家人均产出(或人均收入)水平的持续增加。经济增长率的高低体现了一个国家或地区在一定时期内经济总量的增长速度，也是衡量一个国家或地区总体经济实力增长速度的标志。

只有经济增长才能保证社会的稳定和发展，才能满足社会大众的消费需求。但经济增长应该是适度的，适合我国国情和发展的需要，不能以拼资源、拼消耗的方式追求经济的过度增长，要保证经济发展的活力，促进我国经济发展方式的转变，实现经济发展的长效机制。

政府通过财政政策维持宏观经济的平衡，同时促进经济增长。通过财政收支的调整对国民经济活动的总量进行有效的调节，最终以不同的方式和程度影响社会总供给和总需求的变化。例如，就财政支出方面来看，无论是投资性支出还是消费性支出，在短期内都会形成社会总需求的一部分。因此，财政支出总量的扩张会增加社会总需求，反之，社会总需求的增加也会刺激社会总供给的增加。就财政收入方面来看，国家增加或减少税收可以影响企业和个人的可支配收入，因而影响总需求，同时也间接影响总供给。

(二)充分就业

充分就业从理论上说意味着一国的资源配置处于相对合理的状态，也意味着宏观经济处于稳定运行状态。但由于经济结构和产品结构变化等原因，在经济中总是存在一定的摩擦性失业、季节性失业、结构性失业和周期性失业等。摩擦性失业是指由于信息不畅，在短期内社会中总有一部分人处于寻找工作的状态。结构性失业是指劳动力的供给与需求在职业、技能、地区分布等方面的长期不匹配所引起的失业。季节性失业是指某些行业的生产和因季节性变化而对劳动力产生的间歇性需求不足造成的失业。周期性失业是指由于社会总需求不足导致生产萎缩而造成的失业。因此，充分就业并不等于全部就业，而是仍然存在一定的失业。

充分就业一般是指将失业率维持在社会可以接受的水平。在不同国家和不同时期具有不同的自然失业率的具体数值，各国政府可以依据具体情况来确定本国特定时期是否实现了充分就业。以美国这个现代市场经济最为发达的国家为例，20 世纪 50、60 年代的自然失业率为 3.5%～4.5%；20 世纪 70 年代的自然失业率为 4.5%～5.5%；20 世纪 80 年代的自然失业率为 5.5%～6.5%。

如果财政政策将稳定经济的目标定为充分就业，那么，政策手段就应通过减税和增加支出来增加劳动需求和劳动的有效供给。为了提高就业率，政府可通过减税和增加支出，刺激厂商投资和鼓励自主创业，以增加劳动需求，极大地减少周期性失业。同时，政府还可通过增加支出来保证劳动的有效供给，主要是提供免费的培训和就业引导，提高劳动者素质，使技能和岗位相适应，减少结构性失业；或者通过增强社会服务、提供就业信息等手段以解决摩擦性失业问题。

(三)物价稳定

物价水平是否稳定是衡量一国宏观经济运行是否正常的重要指标，它是指一般物价水平在一定时期内保持基本稳定，避免过度的通货膨胀和通货紧缩。衡量一国是否出现了通货膨胀，一般要综合考虑消费物价指数、生产价格指数和国内生产总值平减指数等几个指标。而最常用的指标是消费物价指数(CPI)，即居民消费物价指数，是反映与居民生活有关的产品及劳务的价格变动的指标。

通货膨胀会引起收入和财富的再分配，不利于固定收入者、货币财富持有者、债权人和纳税人；通货膨胀还会改变商品的相对价格从而扭曲资源配置，甚至会加剧社会的不公平；通货紧缩会挫伤企业的投资积极性，降低经济效率。因此，政府需要综合利用财政收入政策和财政支出政策来保持价格水平稳定。在采取财政措施时，必须首先弄清导致通货膨胀或通货紧缩的原因：如果是由于需求过旺或需求不足造成的，则需要调整投资性支出或通过税收控制工资的增长幅度；如果是由结构性摩擦造成的，则必须从调整经济结构入手。

(四)收入的合理分配

促进收入分配公平是市场经济条件下政府的一项重要职能，同时收入分配公平也是社会主义市场经济的内在要求。因此，收入的合理分配也就成为财政政策的目标之一。

在市场经济框架内，财政政策具有调节收入分配的各种有利条件。政府既可以通过税收介入国内生产总值的分配过程，也可以通过转移支付将从高收入者那里筹集的收入分配给那些需要救济的低收入者，还可以通过建立完善的社会保障体系来促进收入的合理分配。例如，税负转嫁是在政府初次分配的基础上通过市场机制的作用进而对税负的再分配。

(五)社会生活质量逐步提高

财政政策的目标不能仅仅局限于经济总量的增长，而应该同时注重社会的进步与发展。发展和增长是不同的概念，发展比增长的含义要广，不仅意味着产出的增长，还包括随着产出增长而带来的产出与收入结构的变化以及经济条件、政治条件和文化条件的改变。简言之，发展是通过物质生产的不断增长来满足人们日益增长的物质文化需要，需要的满足程度不仅取决于个人消费需求的实现，而且取决于社会公共需要的实现。这种社会公共需要的满足综合地表现为社会生活质量的提高。

为了实现这一目标，需要借助财政支出和政府公共投资来提供足够的、高质量的社会公共物品。例如，需要进一步优化财政支出结构和增加政府公共投资来加强基础科研的研究；促进教育事业的发展，提升国民素质和社会文明程度；支持环境保护和生态建设，走可持续发展之路；还需要通过转移支付来完善社会保障体系的建设等。

三、财政政策的分类

(一)根据财政政策在调节国民经济总量方面的不同功能，可以分为扩张性财政政策、紧缩性财政政策和中性财政政策

1. 扩张性财政政策

扩张性财政政策也称“松”的财政政策，是指通过财政收支规模的变动来扩大社会总需求的措施，从而使总需求与总供给的差额缩小，以达到宏观经济平衡的目标。扩张性财政政策有时也称为赤字性财政政策，这是因为当政府推行扩张性财政政策时，一般会使当年预算支出大于预算收入，形成财政赤字。当然，政府预算出现了财政赤字，并不意味着实行了扩张性财政政策。例如，当经济衰退时，一方面税收收入减少，另一方面社会保障支出增加，从而导致政府预算赤字。

当社会总需求不足、社会总供给过剩、社会生产能力闲置以及出现通货紧缩时，可以采用扩张性财政政策，其主要手段是增加财政支出和投资规模，同时减少税收。政府扩大财政支出会直接对社会总需求产生扩张作用，因为政府支出本身就是社会总需求的一部分；降低个人所得税可以增加居民个人的可支配收入，从而有利于增加个人的消费支出。

2. 紧缩性财政政策

紧缩性财政政策也称“紧”的财政政策，是指通过财政收支规模的变动来抑制社会总需求的措施，从而使总需求与总供给的差额缩小，以达到宏观经济平衡的目标。紧缩性财政政策有时也称为盈余性财政政策，这是因为当政府推行紧缩性财政政策时，会有意识地使当年预算收入大于预算支出，形成财政盈余。

紧缩性财政政策适宜在社会总需求膨胀、社会供给相对不足、经济增长过热以及出现通货膨胀时实施，其主要手段是减少财政支出和投资规模，同时增加税收。政府减少财政支出会直接对社会总需求产生紧缩作用；增加税收可以降低居民个人的可支配收入，从而抑制消费支出。

3. 中性财政政策

中性财政政策也称均衡性的财政政策，是指对社会总需求既不产生扩张作用又不产生紧缩作用的财政政策。实施中性财政政策要力求使财政收支保持平衡，从而对社会总需求的影响保持中性，以维持社会总供求的基本平衡。但是，预算收支平衡并不等于中性财政政策，因为通过支出结构的调整和税收政策的调整，同样可以对经济发挥调节作用。

(二)根据财政政策的作用机制不同，财政政策分为自动稳定的财政政策和相机抉择的财政政策

1. 自动稳定的财政政策

自动稳定的财政政策是指当经济发生波动时能自动调节社会总供求关系，稳定经济增长，从而熨平经济波动的财政政策。这种财政政策在自行发挥调节作用的过程中不需要政府的干预就可以对宏观经济产生控制效果。最典型的两个自动稳定的财政政策是税收和政府的转移支付。

(1)税收的自动稳定性。

税收体系中的企业所得税和累进的个人所得税，对经济活动水平的变化反应相当敏感。例如，经济高涨时，个人收入增加得越多，其累进所得税的边际税率就越高，所得税税额相应增加，社会需求相应减少，从而对总需求起到一定的抑制功能；反之，经济萧条时，个人收入水平下降，其累进所得税的边际税率就下降，所得税税额随之下降，此时如果政府预算支出保持不变，就会产生预算赤字，其作用类似于前面所说的赤字政策，可以对社会需求产生维持或相对扩大的作用，从而抑制经济的衰退。

(2)政府的转移支付。

对个人的转移支付计划是普通的自动稳定器。转移支付是由政府提供给个人的维持最低必要生活水平的救济金，当经济高涨时，居民收入水平提高，转移支付数额自动减少；反之，如果经济出现衰退，申请救济的居民增加，则转移支付数额相应地增加。

2. 相机抉择的财政政策

相机抉择的财政政策是指需要政府的干预才能对经济产生调节作用，实现宏观调控目标的财政政策。一般来说，这种政策需要政府根据具体的经济形势，采取不同的财政措施来实现，这是政府利用自身财力有意识干预经济运行的行为。相机抉择的财政政策主要包括汲水政策和补偿政策。

(1)汲水政策。

汲水政策是指在经济萧条时靠付出一定数额的公共投资使经济自动恢复其活力的政策。它属于临时应急的短期财政政策，时滞较短，效应呈现快。汲水政策有四个特点：第一，汲水政策是一种诱导经济景气复苏的政策，是以经济本身所具有的自发恢复能力为前提的治理萧条政策。第二，汲水政策的载体是公共投资，以扩大公共投资规模作为启动民间投资活跃的手段。第三，财政支出规模是有限的，不进行超额的支出，只要使民间投资恢复活力即可。第四，汲水政策是一种短期的财政政策，随着经济萧条的消失而不复存在。

(2)补偿政策。

补偿政策是指政府充分利用各种财政税收手段，实施财政政策的反周期调节，以达到经济稳定的目的。在经济繁荣时期，为了减少通货膨胀因素，政府可以通过增收减支等政策，抑制过剩需求；而在经济萧条时期，为了减少通货紧缩因素，政府又可以通过增支减收等政策来刺激消费和投资需求，从而增加社会总需求。

不论是汲水政策还是补偿政策，都是政府对经济进行干预的政策，基本操作都是反经济周期性波动的，即在经济高涨时采取措施进行抑制，而在经济衰退时进行刺激。但是，二者也有明显的区别：第一，汲水政策只是借助公共投资以补偿民间投资的减退，是医治经济萧条的处方；而补偿政策是一种全面的干预政策，它不仅在使经济从萧条走向繁荣中得到应用，而且还可用于控制经济过度繁荣。第二，汲水政策的实现工具只有公共投资，而补偿政策的载体不仅包括公共投资，还有所得税、消费税、转移支付、财政补偿等。第三，汲水政策的公共投资不能是超额的，而补偿政策的财政收支可以超额增长。第四，汲水政策的调节对象是民间投资，而补偿政策的调节对象是社会经济的有效需求。

在我国实施的积极财政政策中，1998 年的财政政策属于典型的汲水政策，其载体是国债投资；1999 年后的财政政策则属于补偿政策，是一种全面干预的政策，其载体不仅包括公共投资，还有税收、转移支付、财政补贴等。

第二节　财政政策工具与财政政策乘数

一、财政政策工具

财政政策工具是指财政政策主体所选择的用于达到政策目标的各种财政手段。财政政策工具以政府预算政策为核心，利用国家预算、公债、政府收入、政府支出等工具，通过影响财政预算收支平衡的对比关系，最终实现财政政策目标。各种财政政策工具既是相对独立的，又是统一的。财政政策工具首先影响社会收入的分配，通过改变收入分配的结构，对社会总需求产生影响，进而实现财政政策目标。但是，在某一时期内，究竟如何运用这些财政政策工具，则取决于整个经济的运行状态以及所要达到的政策目标。

(一)税收

税收具有强制性、无偿性和固定性的特征，因此，税收在作为财政政策工具发挥作用时，对社会经济的影响力具有法律做保障的权威性。税收的作用机制主要通过控制社会资金的流动，对社会供求总量和结构都有直接或间接的影响。税收的具体调节作用，主要通过税率的确定、税负分配以及税收优惠和税收惩罚体现出来。

首先，税率的确定。一般来说，政府提高税率，可以相应减少企业和个人的收入，使更多的收入从民间部门流向政府部门，进而对私人部门的经济起到收缩的作用，最终抑制民间部门的需求。如果降低税率,会对私人部门的经济起到扩张的作用,使得经济主体的税后实际收入增加,因而刺激它们扩大生产经营规模,追加投资。因此,在需求不足时,可以采取减税来抑制经济衰退;而在需求过旺时,可以采取增税来抑制通货膨胀。所以,税率在调节社会经济中具有非常重要的作用。

其次,税负的分配。一方面,由政府部门来进行,即主要通过税种的选择和制定不同的税率来实现,使税收负担在社会不同行业、不同产品、不同地区和不同纳税人中进行分配。另一方面,通过市场活动来进行,即通过税负转嫁来实现。税负转嫁是在政府初次分配的基础上通过市场机制的作用进而对税负进行再分配。纳税人可能通过前转、后转的方式把他的税收负担转嫁给其他商品的购买者,或者转嫁给向他提供货物或者原材料的供给者。税负转嫁的结果,使得纳税人名义上的税收负担和他实际上的税收负担是不同的。这两个方面的税负分配,对于收入的变动、相应的个人与企业的生产经营活动以及各经济主体的行为,均会产生重大影响。

再次,税收的优惠和税收的惩罚。税收优惠与税收惩罚主要是在政府征税的基础上,为了特殊的需要而采取的鼓励性措施或惩罚性措施。税收优惠措施大多表现为减少税收负担。它可以通过减税,直接规定减税税额、减税比率或者提高起征点或者规定应税收入中的免征额等来实现。比如,加速折旧可以使纳税人应税收入的部分以折旧的方式摊销到产品成本中去,进而减少了利润、减少了缴纳所得税的计税基数。与税收优惠措施相反的就是税收的惩罚性措施。例如,报复性地提高关税或者重复征税,国内居民在征税时再加成或者附加,以及征收滞纳金等。通过税收的优惠性措施和惩罚性措施,可以起到优化资源配置、调节产业结构和促进经济发展等作用。税收的优惠和税收的惩罚在实际运用中要有一定的法律依据,不能有任意性,否则就会破坏税收的权威性。

(二)国债

国债是一个特殊的财政范畴,又是一个特殊的金融范畴。国债是以国家为主体来发行债券的经济行为,因此,从债务人是政府这个角度来说,它属于财政的范畴;但是,国债和其他财政政策工具有一个最大的区别,即国债本身是一种信用工具,是一种债权债务行为,其基本特征是还本付息,因此,它又属于金融的范畴。国债最初的功能是弥补财政赤字,但是,随着现代信用制度的逐步完善,国债已成为调节货币供求、协调财政和金融关系的重要政策手段。国债对经济的调节作用主要体现在三种效应上。

第一,排挤效应,即国债的发行,使民间的消费资金和投资资金相应减少,从而对民间消费和投资起到一定的抑制和调节作用。在产生排挤效应的同时,发行国债意味着购买力从民间转移到政府。从购买国债的主体来看,主要有居民、企业和银行,那么,相应地可以把国债的资金来源分为消费资金和投资资金。但要注意,居民是消费者,同时也是投资者,如果居民用手中的现金购买国债,则此时国债资金来源是消费资金;如果居民用储蓄存款购买国债,则国债资金来源是投资资金。企业和银行购买国债,则大部分可看作是投资资金。因此,发行国债使消费资金和投资资金减少,也意味着社会总需求的减少。但是,政府使用国债资金,又意味着社会总需求的扩大,因此,发行国债将使民间部门的购买力向政府部门转移。此时,如果政府将国债资金用于经济建设,则会影响相关投资品的需求和结构;如果将国债资金用于行政事业支出,则会影响相关消费品的需求和结构,最终重新调整了需求结构,优化了资源配置。

第二,货币效应,即通过中央银行在国债二级市场上进行国债的买卖活动,可以相应地调节货币供应量。中央银行买卖国债的直接影响对象是基础货币,当中央银行买入国债时,相当于投放了基础货币，会引起货币供给量的增加；反之，当中央银行卖出国债时，基础货币减少，会引起货币供给量的减少。从这个意义上来讲，国债既是一个财政政策工具，又是一个货币政策工具。

第三，收入效应，即国债到期的还本付息实际上来自社会公众税收的缴纳，或者来自新债的发行，因此，国债实际上是一种社会财富在一般纳税人和国债持有人之间进行收入的转移分配。国债的发行是面向全社会公开进行的，人人都可以购买国债，从而享有利息收益。这样，国债对社会经济的作用可以通过国债的规模、持有人结构、期限结构、国债利率变动等综合反映出来。例如，当经济萧条、社会总需求不足时，政府可以通过调低国债的发行利率，带动金融市场上利率水平下降，人们会抛售手中的债券而持有货币，投资需求相应地会增加；当经济繁荣时，政府通过调高国债的发行利率，推动金融市场利率上升，人们会大量购买国债，而不进行消费和投资，从而抑制总需求。

（三）公共支出

公共支出按经济性质可以分为购买性支出和转移性支出，作为一项财政政策的工具，是实现合理配置资源和稳定经济的一个重要手段。

购买性支出是政府用于购买商品和服务的支出，包括购买日常政务活动所需的或用于国家投资所需的商品和服务的活动。购买性支出的作用机制在于：该部分支出是社会总需求的一部分，因此，政府购买性支出的规模和结构能够直接或间接地影响社会总需求的总量和结构。如前一节所述，在经济繁荣时期，政府可以减少购买性支出，从而抑制过剩的社会总需求；而在经济萧条时期，政府又可以通过增加购买性支出来刺激消费和投资需求，从而使社会需求增加。

转移性支出是政府资金无偿的、单方面的转移，主要有财政补贴、社会保障支出、补助支出、捐赠支出和债务利息支出等。转移性支出主要是直接影响收入分配，其作用机制与增减税收的作用机制相反。财政如果增加对个人的补助，可以直接增加其可支配收入，对企业的补贴则可增加其投资需求，进而刺激社会总需求。因此，在经济繁荣时期，政府会减少转移性支出，从而抑制社会总需求过快增长；而在经济萧条时期，政府又会增加转移性支出来维持或者刺激消费和投资需求，从而使社会总需求增加。

（四）政府公共投资

政府公共投资是指财政直接用于资本性项目的建设性支出。在市场经济条件下，政府所选择的投资性项目主要是那些具有自然垄断特征、外部效应大、产业关联度高、具有示范和诱导作用的公共设施、基础性产业以及新兴的高科技主导产业。政府公共投资是国家宏观经济调控的必要手段，在社会投资和资源配置中起重要的宏观导向作用。政府公共投资可以弥补市场失灵，协调全社会的重大投资比例关系，进而推动经济发展和结构优化。

当社会投资量呈扩张势头、通货膨胀趋势严重时，政府投资主体通过减少投资量，缓解投资膨胀；当经济不景气、社会投资低迷时，政府投资主体采取增加投资量的途径，扩大社会需求，推动经济发展。

目前，政府公共投资是稳增长、调结构、实施供给侧结构改革的重要手段。

二、财政政策乘数

财政政策乘数用来研究财政收支变化对国民收入的影响，具体包括税收乘数、政府转移支付乘数、政府购买支出乘数和平衡预算乘数。

可以根据宏观经济学中的国民收入决定理论来推导财政政策的乘数。在三部门经济中，国民收入的决定公式为：

$$Y=C+I+G \tag{1}$$

式中，Y 代表国民收入，C 代表消费支出，I 代表私人投资支出，G 代表政府购买性支出。其中又有：

$$C=Ca+b(Y-T+TR) \tag{2}$$

式中，Ca 代表消费函数中的常数，也就是自主消费，它是在短期中即使人们没有收入也要消费的部分；b 代表边际消费倾向；T 代表定量税；TR 代表政府的转移支付。$Y-T+TR$ 代表个人可支配收入。

将(2)式代入(1)式，可得：

$$Y=Ca+b(Y-T+TR)+I+G \tag{3}$$

整理后，得到均衡收入水平方程为：

$$Y=\frac{1}{1-b}(Ca-bT+bTR+I+G) \tag{4}$$

(一)税收乘数

税收乘数是指收入变动与引起这种变动的税收变动的比率。根据(4)式，可求得税收乘数为：

$$K_T=\frac{\Delta Y}{\Delta T}=\frac{-b}{1-b}$$

由于税收增加会减少社会总需求，进而减少国民收入，故 K_T 为负数。

(二)政府转移支付乘数

政府转移支付乘数是指收入变动与引起这种变动的政府转移支付变动的比率。根据(4)式，可求得政府转移支付乘数为：

$$K_{TR}=\frac{\Delta Y}{\Delta TR}=\frac{b}{1-b}$$

由于政府转移支付会增加人们的可支配收入，进而消费会增加，国民收入也增加，故 K_{TR} 为正数。注意，政府转移支付乘数和税收乘数相同，但符号相反。

(三)政府购买支出乘数

政府购买支出乘数是指收入变动与引起这种变动的政府购买支出变动的比率。根据(4)式，可求得政府购买支出乘数为：

$$K_G=\frac{\Delta Y}{\Delta G}=\frac{1}{1-b}$$

政府购买支出是社会总需求的一部分，因此，政府购买支出增加会引起国民收入增加，故 K_G 为正数。

(四)平衡预算乘数

平衡预算乘数是指政府收入和支出同时以相等数量增加或减少时国民收入变动与政府收支变动的比率。用 ΔY 代表政府支出和税收各增加同一数量时国民收入的变动量，则：

$$\Delta Y=K_G\Delta G+K_T\Delta T=\frac{1}{1-b}\Delta G+\frac{-b}{1-b}\Delta T$$

由于假定 $\Delta G=\Delta T$，因此：

$$\Delta Y=\frac{1}{1-b}\Delta G+\frac{-b}{1-b}\Delta G=\frac{1-b}{1-b}\Delta G=\Delta G=\Delta T$$

于是：

$$K_b=\frac{\Delta Y}{\Delta G}=\frac{\Delta Y}{\Delta T}=\frac{1-b}{1-b}=1$$

由上式可知，平衡预算乘数为1。

三、财政政策的传导机制

在市场经济条件下，财政政策的实施存在着从政策工具到政策目标的转变过程，这一过程需要特定的媒介使政策系统与经济环境进行信息交流，并通过传导媒介的作用，把政策工具变量最终转化为政策目标变量（即实现期望值）。简单地说，财政政策传导机制就是在财政政策发挥作用的过程中各政策工具通过某种媒介体的相互作用形成的一个有机联系的整体。财政政策发挥作用的过程实际上就是财政政策工具变量经由某种媒介体的传导转变为政策目标变量（期望值）的复杂过程，这个过程对于政策效果的发挥以及政策目标的实现是非常重要的，因此也应将财政政策的传导机制视为财政政策的构成要素之一。财政政策传导过程中的媒介体主要是收入分配、货币供应和市场价格等。财政政策工具通过这些媒介体的作用达到预期的财政政策目标。财政政策发挥作用主要通过以下三个途径：

（一）以收入分配为媒介体的财政政策传导过程

收入分配的范围很广，我们只选择对整个GDP分配影响最大的个人收入和企业利润收入分配进行分析。政策工具变量的调整对个人收入分配的影响，主要体现在改变货币收入者使得货币收入或使货币收入者的实际购买力发生变化。政府通过改变税收税率，以及政府转移支出的变化，调节国民的实际收入水平。即使不改变整个社会的货币供应量，也可以通过增加国民的收入水平和实际购买力，如通过个人所得税税收的调整，减少高收入者的可支配收入，缩小居民收入差距；通过社会保障支出或消费性财政补贴，增加低收入者的个人收入，增加其购买力，扩大社会的有效需求。因此，通过税收工具对收入的调整可以实现收入合理分配的政策目标。

政策工具变量调整对企业利润分配的影响，主要体现在企业税后利润的分配上。市场经济中利润最大化是每个企业追求的目标之一。企业利润是企业进行经营活动的主要动力，企业的税后利润更是企业的核心利益。我国国有企业目前仍然是经济发展的重要组成，国有企业的盈利在上缴所得税后才能自主分配，税收上缴越多，企业用于发展的利润就越少。税收的调整体现了国家与企业之间的利润分配关系，国家也可以通过所得税的各种优惠政策引导企业的投资方向。因此，税收对企业的投资行为、生产经营活动都会产生重要的影响。

（二）以货币供应为媒介体的财政政策传导过程

货币供应是财政政策的核心传导媒介，所有财政政策工具作用的发挥都要通过货币供求影响财政收支变化，进而影响社会中的货币流通量，最终使得财政政策的目标得以实现。社会中的货币流通量对社会总需求和社会总供给都会产生影响，财政收支差额无论是结余还是赤字也都会影响流通中的货币量，进而影响社会总需求和总供给。财政赤字无论采用何种弥补方式，总会具有扩张货币供应量的作用，通过货币供应量的扩张，以实现扩大社会总需求的目标。而财政结余也具有紧缩货币供应量的作用，通过货币供应量的紧缩，以实现降低社会总需求的目标。可以说，任何财政政策工具的使用，都会影响社会货币流通量，并通过货币供应这一传导媒介发生作用,从宏观角度看,不通过货币供应发挥作用的财政政策事实上是不存在的。

(三)以价格为媒介体的财政政策传导过程

在我国,许多财政政策工具的作用是通过价格作用体现出来的,或者是与价格相互作用共同发挥调节作用的。长期以来,我国产业部门间的利润率存在着巨大差异,这种差异,是导致产业结构不合理的一个重要原因。调整产业结构从某种意义上讲就是调整利益结构。部门与行业间的利润率的差别,除了受成本变动等因素影响外,主要与价格政策有关。例如,基础工业产品与加工工业产品的盈利差别,主要与基础工业产品的定价偏低、加工工业产品的定价偏高有关。价格不合理往往是制约基础工业发展的最关键的因素。调整价格,逐步放开价格,是经济体制改革面临的主要问题。然而在向市场经济转变中,政府对价格的适度控制仍然必要。当然这种控制不但是采用行政手段,如管制物价,而且还应采取经济手段,适度地调控物价。在这方面如税收、财政补贴等政策工具就可以发挥重要作用。税收、财政补贴等政策工具通过对盈利能力较低的农业、基础产业和盈利能力较高的加工行业的产品价格的影响,实现物价稳定和经济适度增长的政策目标。在社会主义市场经济条件下,价格是影响供给和需求的重要因素。价格与供求之间存在着函数关系,这正是价格成为财政政策传导媒介的主要原因。通过对价格的调节可以影响社会总供给和社会总需求,如果价格体系不合理、价格形成机制不完善,价格便不能如实反映供给与需求的状况,这一重要的传导媒介就会被阻断。

(四)财政政策传导机制的联系与特点

财政政策的传导机制以货币供求为核心,以收入分配和价格为辅助,财政政策传导媒介越是畅通,财政政策实施后见效越快;反之,三大媒介如果发生了阻碍,财政政策实施后见效越慢,其效果也越会受到影响。应当特别指出的是,财政政策的主体是政府,是由政府制定和推行的,因此财政政策的传导机制具有明显的政府行为的特点。财政政策的传导机制是直接性和政府性的,这一点与货币政策的传导机制有明显的不同。

第三节 财政政策与货币政策的配合

一、货币政策简介

(一)货币政策的含义

货币政策是指一国中央银行为实现一定的宏观经济目标,运用各种政策工具调节货币供应量和利率,进而影响宏观经济运行状况的各种方针和措施的总称。它是由信贷政策、利率政策、汇率政策等构成的一个有机的政策体系。货币政策有三大构成要素,即货币政策工具、货币政策中介指标和货币政策目标。

货币政策工具是中央银行为达到货币政策目标而采取的手段。中央银行的货币政策工具有一般性货币政策工具、选择性货币政策工具、非常规货币政策工具和其他货币政策工具,这里主要介绍一般性货币政策工具。

(二)一般性货币政策工具

一般性货币政策工具也称常规性货币政策工具,是指中央银行所采用的、对整个金融系统的货币信用扩张与紧缩产生全面性或一般性影响的手段,是最主要的货币政策工具,主要包括法定存款准备金政策、再贴现政策和公开市场业务。

1. 法定存款准备金政策

法定存款准备金政策是指中央银行依法通过规定或调整商业银行缴存中央银行的存款准备金比率，从而控制商业银行的信用创造能力，间接地控制全社会货币供应量的措施。

调整法定存款准备金率一方面会引起货币乘数的改变，在基础货币不变的情况下，进而引起货币供应量的改变；另一方面，法定存款准备金率的变动也会影响商业银行的放贷能力。一般来说，当中央银行提高法定存款准备金率时，一方面，货币乘数变小，从而降低了货币供应量；另一方面，增加了商业银行应上缴的法定准备金，也就降低了商业银行放款及信用创造的能力。最后，货币供给量减少，社会投资和支出相应缩减，从而达到紧缩的目的。如果是降低法定存款准备金率，则效果相反。

当经济过热时，中央银行采取紧缩性的货币政策，提高法定存款准备金率，货币供应量缩小；当经济萧条时，中央银行采取扩张性的货币政策，降低法定存款准备率，货币供应量扩张。

2. 再贴现政策

再贴现政策是指商业银行或其他金融机构将未到期的票据向中央银行进行转让。中央银行通过制定或调整再贴现率和再贴现业务，干预和影响市场利率和货币供应量。

再贴现政策通过再贴现率的调整，影响商业银行的融资成本，进而抑制或扩张其借款需求及相应的贷款能力。同时，通过规定票据的贴现资格来影响商业银行向全社会的资金投向。首先，当中央银行提高再贴现率并高于市场利率时，会提高商业银行向中央银行贴现或借款的成本，从而迫使商业银行减少向中央银行的贴现和借款，最终导致市场货币供应量的缩减，同时也影响市场利率上升，以此来减少社会对货币的需求。如果是降低再贴现率，则效果相反。其次，通过规定何种票据具有向中央银行申请再贴现的资格，影响商业银行及全社会的资金运动方向。

当经济过热时，中央银行通过紧缩性的货币政策提高再贴现率来缩减信贷，减少货币供应量，同时影响市场利率上升；当经济萧条时，中央银行则通过扩张性的货币政策降低再贴现率，以扩大货币供应量。

3. 公开市场业务

公开市场业务是指中央银行在金融市场上公开买卖有价证券，以此来调节市场货币供应量的政策。中央银行买卖的有价证券主要是政府债券，特别是短期国库券。

中央银行买卖有价证券的直接影响对象是基础货币，当中央银行购买有价证券时，相当于投放了基础货币；反之，当中央银行出售有价证券时，基础货币减少。货币供应量是基础货币和货币乘数之积，如果货币乘数不变，基础货币的变化则将引起货币供应量同方向变化。

当经济过热时，中央银行在公开市场上卖出有价证券，减少基础货币，进而减少货币供应量；当经济萧条时，中央银行在公开市场上买进有价证券，扩大基础货币，进而增加货币供应量。

(三)货币政策的类型

与财政政策类似，从总量调节出发，货币政策也可以分为扩张性货币政策、紧缩性货币政策和中性货币政策。

1. 扩张性货币政策

扩张性货币政策也称膨胀性货币政策或“松”的货币政策，它是通过增加货币供应量带动社会总需求，启动闲置生产要素，从而刺激经济增长的一种政策。对于西方国家有效需求不足、生产过剩的经济来说，扩张性货币政策通过货币供应量的增加刺激有效需求，往往可以作为反萧条的有效措施。具体措施是降低法定存款准备金率、降低再贴现率、在公开市场上买入有价证券，从而起到放松银根、扩张总需求的作用。

2. 紧缩性货币政策

紧缩性货币政策也称收缩性货币政策或"紧"的货币政策，它是通过减少货币供应量，进而抑制社会总需求，最终使币值稳定的一种政策。当总需求过大，超过了经济本身的供给能力时，中央银行通过实行紧缩的货币政策，减少货币投放，抑制社会总需求，使经济总量与结构需求供给关系趋于平衡，以解决通货膨胀问题。

3. 中性货币政策

中性货币政策也称均衡性货币政策，是指使货币供应量与货币需求量基本一致，以维持社会总供求均衡的政策。这种政策适用于社会总供求矛盾不突出或处于基本平衡的条件下实施。

实际中，采用何种类型的货币政策，需要根据社会总需要与总供给的对比状况审慎地做出抉择。

二、财政政策与货币政策的差异

（一）作用机制不同

财政政策和货币政策都可以通过影响社会总需求来达到调节宏观经济的目的，但是，二者的手段不同，作用机制也不同。

财政政策通过财政收入和财政支出的变化来影响社会总需求，其中，政府支出和政府投资的调整能有效地调整经济结构，并且这种行为不以营利为目的，因此，财政政策在结构调节方面优势明显。财政政策通过财政收入和财政支出的变化来影响社会收入分配时会影响到社会总需求。例如，通过税收和转移支付的调整，都可以影响个人可支配收入的增减。但是，财政政策在调节总量方面的功能比货币政策弱。社会总需求按主体可以分为政府需求、企业需求和个人需求三部分，尽管只要调整财政支出，就可以通过政府需求的变化来影响社会总需求，但是，这要求政府需求在总需求中占有足够大的比例，否则，政府实施的财政政策效果就不理想。

货币政策是通过调节货币供应量来影响总需求的，而需求往往表现为有货币支付能力的需求，所以，货币政策对总量的调节功能较强。货币政策主要是通过中央银行的操作来发挥作用，其传导途径主要有两条：一是商业银行，二是金融市场。一方面，货币政策实施后，可改变商业银行向中央银行的融资成本，进而商业银行通过调整信贷规模和利率等，影响企业和居民等经济主体的消费、储蓄和投资活动，最终影响到国民生产总值的变化。另一方面，货币政策实施后，金融市场的货币供给和货币需求发生改变，会引起各种金融资产的收益和价格的变化，这种变化同样会影响企业、居民等经济主体的消费、储蓄和投资，最终影响到国民生产总值的变化。相比财政政策，货币政策在结构调节方面的作用较弱，因为银行的信贷资金是追求盈利的，要按照市场原则来配置资源。

（二）政策时滞不同

任何政策都存在时滞问题，政府在运用宏观经济政策时都会考虑这一问题。政策时滞分为内部时滞和外部时滞。内部时滞是指从制定政策到采取政策行动的过程中所需要的时间，具体包括认识时滞和行政时滞。认识时滞是指从经济现象发生变化到决策者对这种需要调整的变化有所认识所经过的时间，这主要取决于行政部门掌握经济信息和准确预测的能力。行政时滞也称为行动时滞，是指当局在制定采取何种政策之前对经济问题调查研究所耗费的时间。与内在时滞相对应的是外在时滞。外在时滞是指从财政当局采取措施到这些措施对经济体系产生影响的这一段时间，主要包括决策时滞、执行时滞和效果时滞。决策时滞是指财政部门将分析的结果提交给立法机构审议通过所占用的时间。执行时滞是指政策议案在立法机构通过后交付有关单位付诸实施所经历的时间。效果时滞是指政策正式实施到对经济产生影响所需要的时间。

就财政政策与货币政策的时滞长短比较而言，内在时滞只涉及经济问题的发现与对策研究，这对财政政策和货币政策来说大体一致。就外在时滞而言，财政政策的决策时滞比货币政策长，因为财政手段的变化需要经过较繁琐的决策程序，而中央银行进行货币政策决策时具有一定的独立性，可以通过一般性货币政策直接调控货币供给量。同样的道理，财政政策的执行时滞比货币政策长，因为财政政策措施在通过立法之后还要交付给有关执行单位具体实施，而货币政策在中央银行决策之后可以立即付诸实施。但是，从效果时滞来看，财政政策就可能优于货币政策。由于财政政策的工具直接影响社会的总需求，从而使经济活动发生有利的反应；而货币政策主要是通过中间目标来影响宏观经济目标，例如，通过利率的水平变化引起经济活动的改变。因此，财政政策的效果时滞比货币政策要短。

（三）政策目标的侧重点不同

财政政策与货币政策在实现宏观经济目标的侧重点上有所不同。货币政策的调节对象主要是价格水平，中央银行通过其货币发行权的垄断以及货币供给机制的运用，在价格调节方面较有优势，因此，可以说保持物价稳定是货币政策的主要目标。而货币政策在调节生产方面的作用微不足道。

财政政策与总需求之间有着密切联系。财政政策主要通过政府财政的收支活动来影响总需求和社会的收入分配，能直接影响投资、资源配置、经济结构、产出和就业水平等各方面；也就是说，它在投资和生产调节方面的作用比较突出，因此，财政政策的政策目标侧重于经济增长和促进就业。

（四）实施政策的主体不同

财政政策的实施主体是政府，而货币政策的实施主体是中央银行。财政部门作为政府的一个经济部门，通过执行政府的一部分经济职能来保证政府政治职能和社会职能的实施。因此，财政政策的实施主体是政府。货币政策的实施主体是中央银行，中央银行是在政府或国家权力机构的授权下，根据国家宏观经济总目标，独立制定与执行货币政策。当然，这里是指相对独立性，这种独立性有一定的限度。一方面，中央银行有权独立制定与执行货币金融政策；另一方面，中央银行既不能独立于政府体制之外，也不能凌驾于其他政府机构之上，而应接受政府一定的监督与指导。

虽然财政政策与货币政策的实施主体不同，财政政策的实施主体是政府，而货币政策的实施主体是中央银行，但是，中央银行在推行货币政策时也并非主观随意，它必须遵从一国的宏观经济调控目标和社会成员的整体利益。所以，尽管两者的具体实施主体不同，但是却都统一于国家这个总的主体。

专栏 12－1　　　　财政政策主体

财政政策主体指的是政策制定者和执行者，财政政策的主体只能是各级政府，主要是中央政府。各级政府主体的行为是否规范，对于政策功能的发挥和政策效应的大小都具有关键作用。在一些财政政策研究和执行文献中,往往重视政策目标与政策工具,而忽视政策主体的行为与偏好,这种看法有失全面。事实上,在政策的执行中,违背政策目标和滥用政策工具,往往是政策主体的行为不当导致的后果。

在财政政策调控市场化实现过程中,政府的作用应限于政策的选择、制定、颁布和对执行予以监督,而不能通过上级对下级的行政命令和下级对上级绝对的行政性服从,来参与政策的具体执行和实现。

三、财政政策与货币政策的配合

正是由于财政政策与货币政策在以上方面的不同作用,才需要财政政策与货币政策配合使用。

(一)财政政策与货币政策配合的必要性

财政政策与货币政策在功能上存在着差异,因此,需要两者的配合才能更好地达到宏观经济调控的目标。

政府的财政政策手段主要是通过调整国民收入分配来影响社会总需求,并进而实现宏观调控目标,但是,政府对国民收入分配进行调整,只能改变政府与私人部门占有的国民收入的份额。而且,私人部门的收入并不会完全转化为消费支出,还有一部分是以储蓄的形式存放在银行。在财政收支平衡的条件下,银行信贷收入大于支出,则意味着储蓄未能充分转化为投资,需求因此而紧缩;反之,银行信贷收入小于支出,则意味着存在信用膨胀,需求会因此而扩张。显然,政府要实现均衡社会总供求的目标,仅仅依靠财政手段从分配领域进行调节是不够的,还需要通过货币政策从流通领域进行配合。例如,如果发生了财政赤字,而同时又紧缩银行信贷,则扩张和紧缩的效应会相互抵消,只有政府同时在分配领域和银行信贷方面实施扩张性政策,才能很好地实现既定的宏观政策目标。

除此以外,两者都存在一定的局限性,因此也需要相互弥补。例如,财政政策往往通过增收减支来实现紧缩需求的目标,而增收通常会引起纳税人的不满;而通过减收增支实施扩张性财政政策时,又会带来财政赤字,如果用发行国债来弥补财政赤字,又增加了政府的债务负担。货币政策在实施"扩张"或"紧缩"的时候,同样需要把握好尺度,否则会影响政策效果。

(二)财政政策与货币政策配合的模式

根据宏观经济中存在的问题,可以运用财政政策与货币政策的相互配合来调节经济,两者的配合其实也就是膨胀性、紧缩性和中性三种类型政策的不同组合。

1."双松"模式

即扩张性的财政政策和扩张性的货币政策。扩张性的财政政策是通过减少税收和扩大政府支出规模来增加社会的总需求;扩张性的货币政策是指通过降低法定准备金率、利率、再贴现率以及在公开市场上买进证券,从而扩大信贷支出的规模,增加货币的供给,带动市场利率下降,进而刺激社会总需求。显然,"双松"政策的结果,必然使社会的总需求扩大。

这一模式在社会总需求严重不足时可采用。当社会总需求严重不足、生产能力和生产资料未得到充分利用的情况下,利用这种政策配合,可以刺激经济的增长,扩大就业。但是,这一配合在实施时要注意货币政策的把握,因为货币政策使流通中的货币量增加,如果不注意控制,容易带来通货膨胀的风险。

2."双紧"模式

即紧缩性财政政策与紧缩性货币政策。紧缩性财政政策是指通过增加税收、削减政府支出规模等来限制消费与投资，抑制社会的总需求；紧缩性货币政策是指通过提高法定准备金率、利率、再贴现率以及卖出有价证券来减少货币的供给，从而使市场利率上升并抑制社会总需求。

这种政策组合可以有效地制止需求膨胀与通货膨胀，一般在社会总供给不足、总需求过旺时可以使用。但是，这一政策在使用时同样也要注意度的把握，因为"双紧"政策对社会总需求的抑制往往会引起社会总供给的减少，有可能会带来通货紧缩和经济停滞。

3."松""紧"搭配

松的财政政策和紧的货币政策搭配在于在保持经济适度增长的同时尽可能地避免通货膨胀。松的财政政策可以刺激需求增加并提高就业率，对克服经济萧条较为有效；紧的货币政策可以避免过高的通货膨胀率。但长期运用这种政策组合，会积累起大量的财政赤字。

紧的财政政策与松的货币政策搭配可以在控制通货膨胀的同时保持适度的经济增长。紧的财政政策可以抑制社会总需求，防止经济过快增长和抑制通货膨胀。松的货币政策在于保持经济的适度增长。但是，如果财政政策过紧，将会过度抑制社会总需求，影响经济增长和充分就业；如果货币政策过松，又容易产生通货膨胀。

4."双中性"政策

即中性的财政政策与中性的货币政策搭配，也就是一种财政收支保持基本平衡、货币供给与社会总产值增长保持大体一致的配合模式，一般适用于社会总供求处于基本平衡的状态。

可以看出，上述四种组合各有特点，在现实生活中，这四种政策搭配与选择是一个很复杂的问题。采取哪种形式，应视当时的经济情况而定，灵活、适当地运用。

第四节　宏观经济调控与财政政策

一、改革开放以来我国财政政策的演变

在 1993 年以前，我国基本上属于计划经济体制，政府宏观调控主要是靠计划实现综合平衡，大多采取行政性措施。真正运用市场手段进行宏观调控是自 1993 年起我国开始建立社会主义市场经济体制。因此，我国的财政政策运用自 20 世纪 90 年代以来可以大致分为以下几个阶段：

(一)适度从紧的财政政策(1993～1997 年)

1. 宏观经济背景

1992 年，我国进一步深化了从计划经济向市场经济转化的重要思想，以此为契机，我国出现了新一轮的经济快速增长。从 1993 年开始，中国经济出现过热现象，1992 年、1993 年和 1994 年 GDP 的增长速度分别为 14.2%、14%和 13.1%，居民消费价格指数分别为 6.4%、14.7%和 24.1%[①]，固定资产投资也呈现高速增长。投资需求的高速增长又带动了消费需求的增长，这样的双膨胀使我国经济进入了过热状态。特别引人注意的是，1993 年和 1994 年的高通货膨胀率不仅是我国改革开放以来的顶峰，在世界上也是少见的。

自中华人民共和国成立以来，我国也出现过几次经济过热现象，过去的做法是"急刹车"式

① 数据摘自中华人民共和国国家统计局，http://www.stats.gov.cn/tjsj/ndsj/2007/indexch.htm。

的调控,使经济由过热一下子陷入过冷,对国民经济运行产生了十分不利的影响。为了避免再出现"紧缩到底"的政策效果,我国政府提出了"适度从紧"的财政政策,并且将此次宏观调控的首要目标定位为抑制通货膨胀。"适度从紧"意味着要恰如其分地掌握好政策实施的力度,在消除经济剧烈波动的同时又保持住经济的平稳增长,以实现经济运行中的"软着陆"①。

2. 财政政策工具

在这次宏观调控中,财政政策方面主要采取了以下措施:第一,控制支出规模,压缩财政赤字。通过调控,财政支出的增长速度分别从 1993 年和 1994 年的 24.1%与 24.8%压缩至 1995 年的 17.8%、1996 年的 16.3%和 1997 年的 16.3%。第二,整顿财经秩序,健全规章制度,强化财税监管,加大执法力度,大力打击逃税、骗税和设"小金库"等违法违纪行为。第三,1994 年实施了税制改革和分税制财政体制改革,提高财政收入的"两个比重",即提高财政收入占 GDP 的比重和中央财政收入占全国财政收入的比重,从而为中央实施宏观经济调控提供财力保证,把与速度和规模直接相联系的消费税和增值税的 75%作为中央的固定收入,把与经济效益水平直接相关的所得税等作为地方的固定收入,以此限制地方对增长速度的片面追求。第四,通过税制改革,调整税种结构和税率,严格控制税收减免,清理到期的税收优惠政策,进一步规范分配秩序。

适度从紧的财政政策的含义体现在"总量从紧,结构调整"上。总量上的从紧,也并不意味着财政支出绝对量的减少,而是相对压缩。一方面是相对于上年有所压缩,使财政支出的增长速度下降,如 1995 年至 1997 年的财政支出增长速度都低于 1993 年和 1994 年的财政支出增长速度;另一方面是财政支出相对于财政收入的增长速度有所下降,如从 1995 年到 1997 年,财政支出的增长速度都低于财政收入的增长速度。在总量从紧的大前提下,同时进行了结构调整。对具有公共物品性质的基础设施,如公路、铁路、农田基本建设和水利设施、环境保护项目等,适当地加大资金投入,对具有市场效益的企业进行重点扶持,而对"泡沫经济"部分、低水平重复建设部分、单纯外延型扩张和低效益甚至无效益的部分则从紧。

3. 政策效果

通过实施适度从紧的财政政策,我国严重的通货膨胀在 1996 年得到了抑制,该年的居民价格消费指数回落到 8.3%,1997 年又降到 2.8%,1996 年国内生产总值维持 10%的较高增长速度,固定资产投资增长率下降到 6.17%,基本上处于改革以来的最低位。经济环境得到明显改善,经济增长质量显著提高,取得了既遏制通货膨胀又保持国民经济持续增长的良好态势,真正实现了经济的"软着陆"。

(二)积极的财政政策(1998～2004 年)

1. 宏观经济背景

1997 年 7 月,以泰国泰铢失守为标志,爆发了亚洲金融危机。这场危机给中国带来了很大的负面影响,表现在 1998 年年初出口额猛烈下降,国内经济出现通货紧缩。同时,我国国内市场也发生了重大转折,有效需求不足、物价持续下跌以及银行不良贷款问题日益显现出来。我国的国内生产总值增长率从 1996 年的 10%下降到 1997 年的 9.3%后,1998 年又下降到 7.8%,居民消费价格指数从 1996 年的 8.3%下降到 1997 年的 2.8%,1998 年则下降到 −0.8%。

---

① "软着陆"是对经济运行状态的形象比喻,它是指国民经济的运行在经过了一段过度扩张后政府采取相应的宏观调控使经济平稳地回落到适度的增长区间,以避免经济过热中的"急刹车"做法所带来的不良后果。

基于这样的经济环境，我国一开始采取了持续降息的货币政策手段。但此时货币政策的实施存在一个两难问题：一方面，面对有效需求不足和通货紧缩，需要扩大内需、增加货币供应，但在直接融资并没有很好发展的情况下，需要增加贷款；另一方面，由于要减低多年积累的不良贷款比例，商业银行提出了贷款质量终身负责和新增贷款不良比例为零的指标要求。再加上货币政策在效果时效方面发挥作用的时间较长，因此，希望以货币政策来拉动需求进而促进经济增长的目的并未完全实现。于是，我国政府决定采取以财政政策为主、货币政策配合的宏观调控手段。

2. 财政政策措施

所谓积极的财政政策，是指在经济处于通货紧缩、经济增长乏力的形势下，以增发国债为政策突破口，通过增加财政支出，实现增加投资、促进消费、扩大出口，进而刺激经济增长。它不同于一般意义上的扩张性财政政策，是宏观调控领域的一种主动出击。这次积极的财政政策主要采用了以下财政政策工具：

第一，增发国债，加强基础设施建设。积极财政政策的一个最大特点是7年来连年持续发行国债，集中力量建成了一批关系国民经济发展全局的重大基础设施项目。据统计，1998～2004年，我国共发行长期建设国债9 100亿元，带动投资上万亿元，累计创造就业岗位近800万个，每年拉动经济增长1.5～2个百分点。2003年发行长期国债1 400亿元，2004年调减为1 100亿元，国债负担率由1998年的10%上升到2004年的18%。所发行的国债用于基础设施建设、固定资产投资、西部大开发、支持国有企业技术改造和发展科技教育。其中，还发行了特种国债用于西气东输、西电东送、青藏铁路、南水北调、生态建设等一些重大基础设施建设，并不断调整和优化国债资金使用方向和结构，重点向改善农村生产生活条件、经济结构调整、生态环境建设、中西部地区等方面倾斜。

第二，调整税收政策，刺激需求增长。对涉及投资、消费及进出口的税收政策及时做了相应的调整。对符合国家产业政策的技术改造项目，国产设备投资按40%的比例抵免企业所得税；对国家鼓励发展的外商投资项目和国内投资项目的进口设备，在规定的范围内免征关税和进口环节增值税；停征固定资产投资方向调节税，恢复征收居民储蓄存款利息个人所得税；提高了纺织原料及制品、纺织机械、煤炭、水泥、钢材、船舶和部分机电、轻工产品的出口退税率，降低了木材、纺织品等部分商品的进口关税税率，降低了部分商品的消费税税率；将农村税费改革试点范围扩大到20个省(自治区、直辖市)，试点地区农民负担平均减轻30%。

第三，增加社会保障和科教等重点领域支出。推进城镇职工医疗保险制度、医疗卫生体制和药品流通体制改革，调整财政支出结构，加大对下岗职工和城市贫困人群的保障力度，提高城市低收入人群的保障标准。2000年，全国城市居民最低生活保障支出较上年增长了50%。2002年，中央财政用于社会保障方面的支出达到1 362亿元，比上年增长38.6%，进一步加大了财政对科教的投入力度，中央财政本级支出中教育经费所占比例从1998年起连续5年每年都比上年提高1个百分点，重点用于支持高校体制改革；支持教育系统实施的“211工程”和“贫困地区义务教育工程”；确保国家重点科研项目的资金需要。

第四，调整收入分配政策。连续四次调整机关事业单位职工工资，建立艰苦边远地区津贴制度，实施机关事业单位年终奖金制度。同时，增加社会保障投入，提高社会保障水平。2000年，中央财政用于基本养老金补助和国有企业下岗职工的基本生活保障补助，分别比1999年增长98.1%和50.1%。规范收费制度，减轻社会负担，推动扩大消费。1998年以来，取消行政事业收费项目1 805项，共减轻社会负担1 417亿元；支持国民经济战略性调整，促进国有企业改革和产业结构优化；提高国有企业下岗职工等低收入人员的基本生活保障水平。

3. 政策效果

我国在这次宏观调控中实施的积极财政政策，实际上属于典型的“汲水政策”和“补偿政策”，其载体不仅包括公共投资，还有税收、转移支付、财政补贴等。通过以上财政手段的综合运用，使我国有效抵御了亚洲金融危机的冲击，国民经济在面临通货紧缩的形势下保持了平稳的经济增长，2000 年、2001 年、2002 年、2003 年和 2004 年的国内生产总值增长率分别达到 8.4%、8.3%、9.1%、10%和 10.1%。2002 年，我国国内生产总值首次突破 10 万亿元大关，跃居世界第六位。同时，产业结构得到了优化升级，经济增长质量得到明显改善，我国已从粗放型经济增长模式向集约型经济发展模式转化。城乡居民收入有了很大提高，增加了就业，生活环境和生态环境也得到了改善，社会保障体系的建设进一步完善。

(三)稳健的财政政策(2005～2008 年)

1. 宏观经济背景

经过扩张型政策的实施，从 2003 年开始，我国经济已稳步走出通货紧缩和需求不足的阴影，但与此同时，也出现了一些行业和地区投资过旺和低水平重复建设的问题。例如，钢铁、汽车、电解铝、水泥等行业投资规模过于集中，资源对经济增长的制约越来越明显，并带来煤、电、油、运和原材料供应的紧张局面，物价逐步开始上升。2003 年下半年来，我国先是食用油和粮食价格开始上升，接着是钢铁、水泥、煤炭等原材料、燃料价格的上升，之后居民消费价格、商品零售价格等指数也开始上升。

在这样的经济背景下，我国政府提出财政政策需要由扩张向中性过渡，并在 2004 年召开的中央经济工作会议上作出决定，自 2005 年起实施稳健的财政政策。稳健的财政政策的内涵基本就是“中性”的财政政策，其核心是松紧适度，着力于协调，实行“有保有压，区别对待”的调控方式，减少扩张力度和促进结构优化，从而促进国民经济协调稳定增长。

2. 财政政策措施

第一，压缩国债规模，控制财政赤字。自实施积极的财政政策以来，我国国债发行额和赤字预算一直处于较快的增长中，1998 年发行国债 3 228.8 亿元，国债依存度为 30.66%，赤字率则由 1998 年的 1.18%上升到 2002 年的 3.03%及 2003 年的 2.74%，赤字率大于 3%意味着超过国际普遍认同的债务警戒水平。于是，在这一轮财政政策调控中，我国政府决定适当减少中央财政赤字，但不做全面紧缩，而是松紧适度，重在传递调控导向信号，既防止通货膨胀苗头的继续扩大，又防止通货紧缩趋势的重新出现。2004 年发行长期建设国债 1 100 亿元，比上年减少 300 亿元。2005 年、2006 年和 2007 年发行的长期建设国债进一步逐年调低，分别为 800 亿元、600 亿元和 500 亿元。2004 年赤字预算安排规模停止了前几年扩大的趋势，当年赤字预算安排为 3 198 亿元，实际执行数为 3 192 亿元；2005 年赤字预算安排是 3 000 亿元，实际执行数为 2 999.5 亿元，比上年减少 192 亿元左右；2006 年赤字预算安排是 2 950 亿元，实际执行数为 2 748.96 亿元，比上年减少 251 亿元左右；2007 年赤字预算安排是 2 450 亿元，实际执行数为 2 000 亿元，比上年减少 748.96 亿元；在 2008 年的财政预算安排中，又适当减少了财政赤字和国债资金规模，体现了稳健财政政策的要求，财政预算安排为 1 800 亿元，减少了 200 亿元(比上年预算赤字减少 650 亿元)。

第二，增收节支，调整结构。考虑到我国近年来整个投资增长过快，我国政府除了采取压缩政府投资外，还进一步调整了投资方向。自 2005 年开始，我国较大幅度地增加了“三农”、社会保障、医疗卫生、教育、文化、节能减排和廉租住房建设等方面支出，国债投资从过热行业撤出来，重点集中在以下几个方面：南水北调、西气东输、西电东送和青藏铁路等一批重大建设项目；“三农”领域，增加农村基础设施投资；科研方面，促进了基础科研和技术进步等方面的投入；西部大开发和东北老工业的振兴。在税收管理方面，依法加强税收征管，规范非税收入管理，严格控制减免税，严厉打击偷骗税等违法行为。进一步加强支出管理，优化和调整支出结构，努力降低行政成本，提高财政资金的使用效率。

第三，深化财税、金融等体制改革，完善宏观调控体系。即转变主要依靠国债项目资金拉动经济增长的方式，适当调减国债项目资金规模，腾出更多财力用于支持体制改革和制度创新，建立有利于经济自主增长和健康发展的长效机制，体现转变经济增长方式的要求。具体涉及以下几个方面：继续完善出口退税机制；在东北老工业基地试点的基础上适时推进生产型增值税转为消费型增值税；研究统一内、外资企业所得税，促进企业公平竞争；推进农业税改革，从 2008 年起全面取消农业税，并由中央财政按规定给予转移支付补助。

3. 政策效果

经过本轮稳健财政政策的实施，我国经济三年多来取得了既快又稳的发展，经济增长连续 4 年保持在 10%以上，年度之间、季度之间波动较小。更重要的是，经济运行的质量和效益大幅提高，经济结构不断改善，人民群众得到了更多实惠。例如，通过调整财政收支规模与结构，对收入分配结构产生了一定的影响。个人所得税起征点的提高和储蓄存款利息所得暂免征收个人所得税两项政策，使居民可支配收入增加，并带动消费快速增长。

我国稳健的财政政策在具体执行过程中明显偏松。以财政赤字规模为例，2005～2007 年的财政赤字分别为 2 999.62 亿元、2 749.95 亿元和 2 000 亿元，赤字率分别达到 1.88%、1.50%和 0.95%，对社会总需求的快速扩张起到了较为明显的促进作用，带有积极财政政策的特点。因此，仍需根据环境的变化适当把握政策调整的时机、节奏和力度，促使国民经济稳定健康发展。

(四)重启积极的财政政策(2008 年 11 月至今)

财政政策前面冠以“积极”二字，这在我国是第二次。第一次是在 1998 年，当时为应对东南亚金融危机带来的外需不振及国内通货紧缩、内需不足等问题，首次提出实施积极财政政策。

1. 宏观经济背景

2008 年，根据国内外经济形势的发展变化，中央政府的宏观调控导向几经调整。相应地，财政政策的松紧程度也几经变化。先是上半年的“双防”：防止经济增长由偏快转为过热，防止价格由结构性上涨演变为明显的通货膨胀。然后是年中的“一保一控”：保持经济平稳较快增长，控制物价过快上涨。2008 年 9 月之后，美国次贷危机急剧恶化，迅速演变成国际金融危机，对我国的经济影响明显加大，造成我国 2008 年第三季度以后国民经济的下滑速度明显加快，2008 年第三季度经济增长回落到 9%，经济由前一轮高涨期转入低迷期。

为应对国际金融危机，2008 年 11 月 5 日，我国政府明确了宏观调控的新思路——实施积极的财政政策和适度宽松的货币政策，把稳健的财政政策转型为积极的财政政策，进一步扩大内需，全力保增长。这次从稳健转为积极，是我国财政政策实践的又一次创新，是在特定经济形势下做出的有利于经济持续、稳定、较快增长的重大决策。

2. 财政政策工具

本轮实施的积极财政政策主要着力于以下五个方面：

第一，加大投资力度，优化投资结构。这次的积极财政政策将通过政府投资带动地方和社会投资，使投资总规模达到4万亿元。投资不搞一般的加工工业，不搞重复建设，而把重点锁定在关注民生、关注“三农”，搞好基础设施建设，加强生态环境保护，做好节能减排，同时要加快调整经济结构，转变经济增长方式。2008年第四季度先增加安排中央投资1 000亿元，2009年灾后重建基金提前安排200亿元。2009年3月，发改委公布了4万亿元投资的调整方案：基础设施的建设，铁路、公路、机场、水利等，大体上是15 000亿元左右，占38%；汶川大地震重点灾区的灾后恢复重建10 000亿元，占25%；民生工程建设，主要是保障性住房，包括廉租房、林区、垦区、煤矿棚户区等，大体上是4 000亿元左右，占10%；农村的民生工程包括水、电、路、气、房，大体上是3 700亿元，占9%；调整结构和技术改造，大体上是3 700亿元左右，占9%；生态环境、节能减排、生态工程大体上是2 100亿元，占5%；改造教育、卫生、文化、计划生育等社会事业方面，大体上是1 500亿元，占4%。2014年下半年以来，国家有关部门对铁路、水利、核电等重点建设项目的审批明显加快，体现出政府力求稳投资、稳增长的意图。

第二，实行结构性减税和推进税费改革，减轻企业和居民的负担。结构性减税的含义是针对特定税种、基于特定目的而实行的税负水平的削减，是一种有选择的、有增有减的结构性调整。内容包括采取减税、退税或抵免税等多种方式减轻企业和居民税负，促进企业投资和居民消费。例如，2009年起全面实施增值税转型，根据财政部估算，这一项减税在2009年度将减少大约1 200亿元的税收收入。其他包括实施成品油税费改革，取消和停征100项行政事业性收费，继续执行个人所得税工薪所得减除费用标准，调高部分产品的出口退税率，取消和降低部分产品出口关税，降低证券交易印花税税率，并实行单边征收，暂免征收储蓄存款和证券交易结算资金利息所得税，降低住房交易税收等一系列税费减免政策。从2009年至今，政府在价格改革上迈出了重大的步伐，政府定价目录大幅度减少，同时加大结构性减税力度，降低社会保险税缴费费率，减轻企业税收负担。这些改革举措有利于促进生产要素的自由流动，有利于创造公平、竞争的市场环境，有利于形成大众创业、万众创新的良好局面。

第三，增加财政补助规模，提高居民收入特别是农民和城乡低收入群体收入。具体措施包括提高居民收入在国民收入中的比重和劳动报酬在初次分配中的比重；较大幅度地增加对农民的农资综合直补、良种补贴和农机具购置补贴等补贴标准；提高粮食最低收购价，增加农民收入；提高城乡低保补助水平，增加企业退休人员基本养老金；提高优抚对象等人员的抚恤和生活补助标准；支持逐步提高并落实企业最低工资标准，建立企业职工工资正常增长和支付保障机制；促进企业全面落实职工基本医疗保险、基本养老保险、失业保险、工伤保险等制度。

第四，进一步调整优化财政支出结构，保障和改善民生。重点是加大对“三农”、教育、医疗卫生、社会保障、保障性安居工程建设等民生领域的投入，并向中西部地区倾斜。推进农村综合改革，促进农村社会全面进步。同时，严格控制一般性支出，努力降低行政成本。

第五，大力支持科技创新和节能减排，推进经济结构优化。具体措施包括加大财政科技投入力度，实施促进企业自主创新的财税优惠政策，增加节能减排投入力度，支持重点节能减排工程建设，推进燃油收费制度改革，完善资源税制度，建立健全煤炭等矿产资源有偿使用制度和生态环境补偿机制，发展可再生能源。

综合来看，2009年至2014年实施的财政政策着重把握以下几个方面：

第一，完善结构性减税政策，减轻企业和居民的负担。

第二，进一步增加城乡居民收入，提高低收入群体收入，大力促进消费需求。

第三，安排和使用好政府公共投资，着力优化投资结构，加强经济社会发展中的薄弱环节，加强重点建设。

第四，进一步优化支出结构，着力保障和改善民生。

第五，大力支持区域协调发展和经济结构调整，推动经济发展方式转变。

3. 积极财政政策十年间：1998 年与 2008 年的对比

为应对亚洲金融危机冲击，我国 1998 年实施了积极的财政政策，十年之后，积极财政政策又再次出现在我国宏观调控的手段中。虽然两次积极的财政政策都是应对危机、稳定经济发展的紧急对策，但其实施的背景和内容有很大的不同。

1998 年出台积极财政政策的外部背景是亚洲金融危机，然而，2008 年实施积极财政政策的外部经济形势更加严峻。亚洲金融危机的波及范围基本局限于亚洲国家，而 2008 年次贷危机已波及美国、欧洲等世界多数国家，对我国的出口贸易造成了严重的影响；而且，亚洲金融危机基本只涉及金融领域，而 2008 年全球金融危机不仅涉及金融领域，还影响到实体经济。

1998 年的积极财政政策最重要的措施是增发长期建设国债，支持重大基础设施建设，是一种依靠投资和出口拉动经济增长的模式。而 2008 年则是同时在基础设施建设和民生领域进行大规模的投资，并采取大规模结构性减税政策手段。1998 年的减税措施只是在很小范围内和较小程度上使用，而此次减税力度和手段都很大。如果说 1998 年积极财政政策的主要力度集中在基础设施建设方面，那么，2008 年的积极财政政策在着力点方面则更加宽泛，力度也更大，是一种通过投资和消费的合力来刺激经济增长的模式。

二、供给侧结构性改革中的积极财政政策

2015 年 11 月 10 日习近平在主持召开中央财经领导小组第十一次会议上首次提出“适度扩大总需求的同时，着力加强供给侧结构性改革”的命题。提出供给侧结构性改革的根本目的是提高社会生产力水平，落实好以人民为中心的发展思想。要在适度扩大总需求的同时，去产能、去库存、去杠杆、降成本、补短板，从生产领域入手加强优质供给，减少无效供给，扩大有效供给，提高供给结构的适应性和灵活性，提高全要素生产率，使供给体系更好地适应需求结构变化。推进供给侧结构性改革，是适应和引领经济发展新常态的重大创新，是适应国际金融危机发生后综合国力竞争新形势的主动选择，是适应我国经济发展新常态的必然要求。

我国供给侧结构性改革启动之初，改革任务被确立为：在适度扩大总需求的同时，去产能、去库存、去杠杆、降成本、补短板，提高供给体系质量和效率。为了将供给侧结构性改革落到实处，中央明确了宏观政策、产业政策、微观政策、改革政策、社会政策相互配合的政策支柱，且对它们的定位分别为稳、准、活、实、托底。积极的财政政策作为主要的宏观政策之一，旨在为供给侧结构性改革营造稳定的宏观经济环境，这便需要把握好政策的改革取向，做好顶层设计。

在供给侧结构性改革背景下，积极的财政政策需基于有限的财力，明确政策取向，选择重要且适合的改革事项进行重点支持。

（一）去产能：分流人员安置

去产能的背后必然产生大量的分流人员，据人力资源和社会保障部统计，2016 年钢铁和煤炭两个行业去产能共涉及 180 万职工的分流安置。因此，支持去产能的积极财政政策取向如下：一是以激励为策略，采取以奖代补的形式；二是以问题为导向，将解决分流人员安置的后顾之忧作为政策支持的重点。具体做法是由中央财政设立工业企业结构调整专项奖补资金，通过梯级奖补激励地方政府和中央企业积极化解过剩产能，清除“僵尸企业”。

（二）力推房地产去库存

化解房地产库存被中央确定为首批去库存任务。支持房地产去库存的积极财政政策取向

如下：一是与保障性安居工程同步支持房地产去库存。采取的方式是棚户区改造“由建转买”，即提高棚改货币化安置比例，由棚改居民自行在房地产市场上购买安置房，或者由政府组织棚改居民采取团购方式购买安置房。二是通过解决农业转移人口居住问题来间接消化房地产库存。采取的方式是支持农业转移人口市民化，具体下发了《关于实施支持农业转移人口市民化若干财政政策的通知》(国发〔2016〕44 号)，提出财政政策要鼓励农业转移人口通过市场购买或租赁住房。

(三)从政府和企业两方面支持去杠杆

我国杠杆的情况是结构性的。与世界主要国家相比，我国总体负债率不高，但企业债务相对较高且增长速度过快；政府债务杠杆总体不高，但地方政府债务相对较高且增长速度较快。因此，支持去杠杆的积极财政政策包括：一是对降低企业杠杆率提供了系列政策支持，主要是通过债转股的方式来减少负债，对重组、破产、清算等降杠杆交易行为提供相关财政政策支持。二是加速推动地方政府债务管理的制度建设，在增量方面严格限额管理，有效控制了地方政府的举债规模，减少了无序举债行为；在存量方面扩大债务置换，有效减轻了地方政府的债务负担，缓解了其偿债压力；陆续出台多项地方政府债务管理制度，将地方政府债务纳入闭环式管理体系。

(四)通过减税降费大幅降低企业成本

积极财政政策的内涵就是通过增加支出、减少收入来达到支持经济增长的效果，而减少收入对微观经济主体来说，就是降成本。因此，支持降成本的积极财政政策设计就是两个方面：一是减税，二是降费。在减税方面，主要有四项具体措施：一是全面推开营改增试点；二是在企业所得税成本费用税前扣除方面，两次扩大研发费用加计扣除政策范围，部分放宽适用固定资产加速折旧政策的条件；三是加大对小微企业和高新技术企业的税收优惠力度；四是全面推进资源税改革。在降费方面，也实行了四项具体措施：一是进一步清理政府性基金，同时取消地方违规设立的政府性基金，扩大免征教育费附加等优惠政策覆盖范围；二是取消或停免征涉企行政事业性收费；三是清理规范涉企保证金和行政审批中介服务收费；四是对住房公积金缴存比例设置了 12%的上限，并提出阶段性适当降低住房公积金缴存比例的具体办法，对生产经营困难企业提供暂缓缴存的支持。

(五)财政支出致力于补发展短板

我国在贫困人口脱贫、基础设施、教育、农业等方面存在着短板，而补齐这些短板的关键在于政府主导、财政投入。支持补短板的积极财政政策主要体现在如下方面：一是专项扶贫资金快速增长，强化资金统筹使用；二是支持补基础设施短板，提高基本公共服务保障能力；三是对各阶段的教育短板均予以财政支持；四是支持农业发展，协调推进新型城镇化和新农村建设。

三、我国积极财政政策配置格局的深刻变化

从财政赤字、减税降费、扩大支出这几个主要政策变量观察，2019 年我国积极财政政策配置格局呈现出不少令人瞩目的深刻变化。我国经济已由高速增长阶段转向高质量发展阶段，我们不宜简单套用以往的理论来理解当下的积极财政政策，也不宜简单套用以往的实践来认识当下的积极财政政策，而要立足高质量发展，按照变化了的理念、战略加以理解和认识。面对经济下行压力加大的复杂形势，在积极财政政策要加力提效的语境下，2019 年我国推出了一系列政策措施，对实现我国 2019 年第一季度经济运行良好开局发挥了基础性和支撑性的作用。

(一)增列赤字和提升赤字率是在稳增长和防风险之间实现平衡的一种结果

2019年安排财政赤字为2.76万亿元,比2018年增加3 800亿元;赤字率为2.8%,比2019年提升0.2个百分点。财政赤字的增列和赤字率的提升,显然是基于应对经济下行压力考虑而实施的调控举措。宏观经济学的基本原理告诉我们,财政扩张的力度并非取决于有无财政赤字,亦非取决于财政赤字总量,而只取决于财政赤字的边际变化。照此理解,以3 800亿元的财政赤字增量和0.2个百分点的赤字率提升去对冲经济下行压力,抛开是否足以抵消下行压力之类的问题不说,至少以下两个方面的事实是清晰的:

其一,对照10年之前和20年之前的应对国际金融危机和应对东南亚金融危机的实践,特别是带有"大水漫灌"特征的强刺激做法,2019年的财政赤字增量数字和赤字率提升水平缓和得多。这表明,2019年财政赤字的增列和赤字率的提升固然可以视作积极财政政策加力提效的标识,但总体来说,它终归属于有节制的财政扩张、有节制的加力提效。其二,对照此前不少人关于较大规模增列财政赤字和较大幅度提升赤字率的主张或建议,特别是对照那些不惜跨越3%赤字率红线的呼吁和论证,2019年实际安排的财政赤字增量数额和赤字率提升水平与其有着相当大的距离。这表明,2019年财政赤字的增列和赤字率的提升固然体现了积极财政政策加力提效的要求,但总体来说,它终归是在对财政赤字保持足够敬畏条件下的积极财政政策的加力提效。

以有节制的财政扩张、保持对财政赤字足够敬畏的财政扩张来应对复杂严峻的经济下行压力,无疑是2019年积极财政政策配置格局的一个突出变化。这启示我们,对于2019年的财政赤字以及赤字率,要从两个维度来认识:一方面要看到为应对经济下行压力而增列了3 800亿元的财政赤字,并提升了0.2个百分点的赤字率;另一方面还要看到,基于防范金融风险的考虑而将财政赤字的增列和赤字率的提升分别控制在3 800亿元和0.2个百分点的水平,并非不计代价、不问成本地增列和提升。换言之,增列赤字和提升赤字率的考量已被置于充分评估当下我国面临的金融风险基础之上,同确保打好防范和化解重大风险攻坚战直接挂钩。如此的安排,实系在稳增长和防风险之间实现平衡的一种结果。

(二)减税降费是"注重以供给侧结构性改革的办法稳需求"的具体体现

2019年实施的减税降费规模高达近2万亿元。就规模和力度而言,无疑是空前的。从操作层面看,作为一项旨在应对经济下行压力的举措,其运行机理和行动路线,既有别于我们以往的减税降费实践,也与此前不少人主张或建议的减税降费方案有所不同:

其一,近2万亿元减税降费所涉及的重头是增值税而非企业所得税。2019年的减税降费,其主要目的是给企业降成本而非扩需求。增值税的减少主要是通过税率的降低实现的,增值税税率的降低又主要体现在适用于制造业的标准税率上(从16%降至13%),也可以进一步说,2019年的减税降费,其主要目的是给实体经济部门而非其他部门降成本。其二,2019年的减税降费,主要不是以增列赤字、增发国债办法来支撑的。在减税降费的同时,中央财政一般性支出压减5%以上、"三公"经费再压减3%左右、长期闲置资金一律收回、增加特定金融机构和央企上缴利润以及地方政府主动挖潜、优化支出结构等方面的行动相继推出,可以说,2019年的减税降费,其主要的财源支撑在于"节用裕民"——与削减政府支出相挂钩,以政府的"紧日子"换取企业的"好日子"。其三,减税降费系通过税费制度改革的途径加以实施,是立足于长久之计的减和降,系持续、有效的行动。也可以进一步说,2019年的减税降费,主要不是着眼于熨平经济周期的短期安排,而系立足于解决经济运行中的结构性矛盾、实现经济持续健康平稳发展的长期战略。

以给实体经济降成本为主要目标、以节用裕民为支撑财源和以制度变革为实施途径的减税降费来应对复杂严峻的经济下行压力，显然是2019年积极财政政策配置格局的另一个突出变化。这启示我们，对于2019年的减税降费操作，应从两个维度加以认识：一方面要看到为应对经济下行压力而实施的减税降费近2万亿元，其规模和力度空前；另一方面也要看到这近2万亿元的减税降费，在归宿点、支撑财源以及实施途径上都有特别讲究，而并非“一锅煮”“一勺烩”。换言之，减税降费的主要目标已不仅是“扩需求”，而是在原有“扩需求”的基础上添加了“降成本”，且以后者为主。如此的安排，实系“注重以供给侧结构性改革的办法稳需求”的具体体现。

(三)扩大支出操作是发挥政府投资兼容稳定需求、优化供给结构关键作用而推出的举措

在积极财政政策语境下的扩大政府支出操作，主要表现为扩大政府投资。在中央财政层面，2019年安排的中央预算内投资为5 776亿元，比2019年增加400亿元。除此之外，在地方财政层面，2019年安排的地方政府专项债券为2.15万亿元，比上年增加8 000亿元，其中的大部分可用于重点项目建设资金支持。两个层面的政府投资相加，其规模和力度虽不能算小，但透过规模和力度深入到投资支出的具体领域和项目，并同以往的实践和此前不少人主张或建议的扩大投资方案相比较，可以归结出其间的两个方面变化：

其一，2019年特别强调的是扩大“有效投资”，坚决取消无效支出，更加注重的是重点项目投资。立足紧扣国家发展战略、加快实施一批重点项目的要求，被视为“有效投资”并成为2019年扩大投资重点的项目包括：完成铁路投资8 000亿元、公路水运投资1.8万亿元，再开工一批重大水利工程，加快川藏铁路规划建设，加大城际交通、物流、市政、灾害防治、民用和通用航空等基础设施投资力度，加强新一代信息基础设施建设等。

其二，2019年特别强调的是将扩大投资与“补短板”相对接、围绕着“补短板”而展开，更加注重的是投资的结构效应。立足精准“补短板”、加快补上经济社会发展重要领域短板的要求，被视为“短板”并进入2019年扩大投资视野的项目，除了上述列举的“有效投资”外，基础设施建设领域的诸方面短板亦包含在内，其中包括城际交通、物流、市政基础设施以及农业基础设施、公共服务设施等。

以扩大“有效投资”、加大“补短板”力度作为2019年扩大投资操作的重点，并以此应对复杂严峻的经济下行压力，是2019年积极财政政策配置格局的第三个突出变化。这启示我们，对于2019年的扩大投资操作，应从两个维度加以认识：一方面要看到为应对经济下行压力而扩大的政府投资规模和力度并非一个小数；另一方面也要看到，扩大的投资锁定的是“有效投资”和“补短板”领域与项目。换言之，扩大投资操作已不再单纯瞄准于“量”，而是同供给侧结构性改革联系起来，落实于“结构调整”项目。如此的安排，实系发挥政府投资兼容稳定需求、优化供给结构关键作用而推出的举措。

此积极财政政策非彼积极财政政策，“积极”二字不再简单等同于“扩张”。

从财政赤字到减税降费，再到扩大支出，对于积极财政政策所涉及的主要政策变量越是近观细察，就越是发现，相对于以往的理论分析和实践样板，当下的积极财政政策配置格局已经悄然发生变化。

虽然积极财政政策的称谓未变，继续实施的积极财政政策还要加力提效，但在我国经济转向高质量发展阶段并以供给侧结构性改革为主线的今天，“积极”二字已不再简单等同于“扩张”，而是在原有“扩大内需”意义的基础上赋予了其“结构调整”的新内涵，从而让积极财政政策同时在扩大内需和结构调整上发挥更大的作用。

小结

● 本章主要介绍了财政政策的一般理论。

● 财政政策是国家宏观经济政策的重要组成部分，财政政策设计首先遇到的问题就是设定政策目标，本书将财政政策目标归纳为经济增长、充分就业、物价稳定、收入的合理分配和社会生活质量逐步提高。

● 根据财政政策在调节国民经济总量方面的不同功能，财政政策分为扩张性政策、紧缩性政策和中性政策。根据财政政策的作用机制不同，财政政策分为自动稳定的财政政策和相机抉择的财政政策。

● 在宏观经济调控中，政府运用各种财政政策工具来服务于政府对总需求的管理，财政政策工具一般包括税收、国债、公共支出和政府投资。财政政策工具首先影响社会收入的分配，通过改变收入分配的结构，对社会总需求产生影响，进而实现财政政策目标。

● 通常用财政政策乘数来研究财政收支变化对国民收入的影响，具体包括税收乘数、财政支出乘数和平衡预算乘数。

● 财政政策传导过程中的媒介体主要是收入分配、货币供应和市场价格等。

● 由于财政政策与货币政策存在着一定的差异，因而需要二者的配合才能更好地达到宏观经济调控的目标，二者的配合其实也就是膨胀性、紧缩性和中性三种类型政策的不同组合。

● 1992～2008 年，根据经济形势的发展变化和宏观调控的特定任务，我国先后实施了适度从紧的财政政策、具有扩张特征的积极财政政策和趋于中性的稳健财政政策。

● 2009 年至今，继续实施积极的财政政策和稳健的货币政策。

● 我国积极财政政策配置格局的深刻变化。

拓展阅读篇目

1. 邓子基、张馨、王开国:《公债经济学:公债历史、现状与理论分析》，中国财政经济出版社，1990。

2. 高培勇:《中国财税体制改革 30 年研究》，经济管理出版社，2008。

3. 财政部财政科学研究所课题组:《中国政府债券市场存在的问题及政策建议》，载《经济研究参考》，2012(19)。

4. 袁东:《公共债务与经济增长》，中国发展出版社，2000。

5. 白海娜:《政府或有负债:影响政府稳定的潜在风险》，中国财政经济出版社，2003。

6. 郑春荣:《中国地方政府债务的规范发展研究》，格致出版社，2016。

7. 李霁友:《新常态下地方政府债务问题研究》，科学出版社，2018。

思考与应用

一、关键词

财政政策　财政政策工具　扩张性财政政策　紧缩性财政政策　自动稳定的财政政策　相机抉择的财政政策　汲水政策　补偿政策　税收乘数　政府购买支出乘数　财政政策时滞

二、思考题

1. 试述财政政策的目标。
2. 汲水政策和补偿政策的区别是什么？
3. 试述财政政策工具的作用机制。
4. 简述财政政策的传导机制。

5. 简述财政政策与货币政策的不同政策组合。
6. 简述财政政策与货币政策配合的必要性。
7. 试述我国实施的积极财政政策。
8. 结合实际分析当前我国宏观经济背景下的财政政策运用。

案例

2019年宏观调控政策取向

祝宝良:《经济日报》,2019—02—05。

不久前召开的中央经济工作会议,深入分析当前经济形势,全面部署2019年的经济工作,提出了“巩固、增强、提升、畅通”的八字方针,为我们坚定信心、深化认识,做好2019年的经济工作指航定向。2019年是中华人民共和国成立70周年,也是全面建成小康社会关键之年,经济工作任务十分繁重。我们要按照中央的要求和部署,全面分析内、外部环境的深刻变化,科学把握重要战略机遇新内涵,沉着应对各种风险与挑战,加快我国经济高质量发展步伐,为全面建成小康社会收官打下决定性基础。

当前我国经济形势基本稳定

2018年,面对严峻的国际形势和国内艰巨的改革发展任务,我们按照高质量发展总要求、以深化供给侧结构性改革为主线,打好三大攻坚战,统筹推进稳增长、促改革、调结构、惠民生、防风险各项工作,国民经济运行总体平稳、稳中有进。

一是经济基本维持在合理区间。2018年前三季度,我国国内生产总值同比增长6.7%。2018年1至11月,规模以上工业增加值增长6.3%。物价走势温和适中,居民消费价格上涨2.1%。生产领域价格总体平稳,工业价格和居民消费价格剪刀差收窄。就业规模持续扩大,到2018年11月末,全国城镇新增就业1 293万人,提前完成全年目标。全国城镇调查失业率稳中有降,维持在5%左右。国际收支基本平衡,中美贸易摩擦对出口和外资的影响还没有显现。

二是经济结构持续优化。第三产业比重不断提高,对经济增长的拉动作用不断增强。2018年前三季度,三次产业增加值占GDP的比重分别为6.5%、40.4%和53.1%,第二产业和第三产业比重分别提高0.2和0.3个百分点。消费对我国经济增长的拉动作用进一步增强,需求结构不断改善。虽然基建投资明显回落,但制造业、房地产、民间投资稳定,服务消费需求旺盛,2018年前三季度,最终消费支出对GDP增长的贡献率为78.0%,比2017年同期提高14.0个百分点。居民收入增长与经济增长同步,城乡居民收入差距缩小,2018年前三季度,全国居民人均可支配收入同比实际增长6.6%,与经济增长基本同步。

三是新增长动能有所提升。高技术产业、装备制造业、战略性新兴产业增加值增长速度明显高于整个规模以上工业。新能源汽车、光纤、智能电视等新产品产量保持较快增长。服务业中的战略性新兴服务业、高技术服务业营业收入快于全部规模以上服务业。与居民消费升级相关的养老、医疗、旅游休闲、文化娱乐等服务行业供给水平提高。咨询、物流、信息、商务服务业快速发展,信息传输、软件和信息技术服务业势头较好。

四是经济效益和质量有所提高。产能利用率保持稳定。2018年前三季度,全国工业产能利用率为76.6%,与2017年同期持平。规模以上工业企业实现利润同比增长14.7%,大大高于企业销售收入增速。杠杆率降低。2018年11月末,规模以上工业企业资产负债率为56.8%,同比下降0.4个百分点。节能降耗扎实推进,能源消费结构继续优化,2018年前三季度,全国能源消费总量同比增长3.4%,天然气、水电、核电、风电等清洁能源消费占能源消费总量的比重比2017年同期提高1.3个百分点,单位GDP能耗同比下降3.1%。

需要注意的是,在经济平稳运行的同时,我国也出现了民营企业困难增加、基建投资回落过快等问题,国际经济环境较为严峻,中美经贸摩擦不确定性明显上升,经济运行稳中有变、变中有忧。这些问题和挑战值得引起我们高度重视。

2019年我国宏观调控政策取向

针对我国经济存在的矛盾和问题，中央经济工作会议提出了2019年我国的经济发展目标、政策和主要工作。我们要坚持稳中求进的工作总基调，坚持以供给侧结构性改革为主线，坚持深化市场化改革、扩大高水平开放，着力激发微观主体活力，创新和完善宏观调控，统筹推进稳增长、促改革、调结构、惠民生、防风险工作，进一步稳就业、稳金融、稳外贸、稳外资、稳投资、稳预期，提振市场信心，保持经济运行在合理区间。

第一，宏观政策要强化逆周期调节。继续实施积极的财政政策和稳健的货币政策，适时预调微调，稳定总需求。积极的财政政策要加力提效，实施更大规模的减税降费，较大幅度地增加地方政府专项债券规模。稳健的货币政策要松紧适度，保持流动性合理、充裕。改善货币政策传导机制，提高直接融资比重，解决好民营企业和小微企业融资难、融资贵问题。保持人民币汇率在合理均衡水平上的基本稳定，加强资本管制，保证我国货币政策的独立性。

第二，结构性政策要强化体制机制建设。坚持向改革要动力，深化国资国企、财税金融、土地、市场准入、社会管理等领域改革，强化竞争政策的基础性地位，创造公平、竞争的制度环境，鼓励中小企业加快成长。推进供给侧结构性改革是结构性政策的主要抓手，2019年要在“巩固、增强、提升、畅通”八个字上下功夫。要巩固“三去一降一补”成果，推动更多产能过剩行业加快出清，降低全社会的各类营商成本，加大基础设施等领域的补短板力度。要增强微观主体活力，发挥企业和企业家的主观能动性，建立公平、开放、透明的市场规则和法治化营商环境，促进正向激励和优胜劣汰。要提升产业链水平，利用技术创新和规模效应形成新的竞争优势，培育和发展新的产业集群。要畅通国民经济循环，形成国内市场和生产主体、经济增长和就业扩大、金融和实体经济良性循环。

第三，社会政策要强化兜底保障功能。要把稳就业摆在突出位置，重点解决好高校毕业生、农民工、退役军人等群体就业。要深化社会保障制度改革，在加快省级统筹的基础上推进养老保险全国统筹。要构建房地产市场健康发展长效机制，坚持房子是用来住的，不是用来炒的定位，因城施策、分类指导，夯实城市政府主体责任，完善住房市场体系和住房保障体系。

第四，防范和化解重大风险。要坚持结构性去杠杆的基本思路，防范金融市场异常波动和共振，稳妥处理地方政府债务风险，做到坚定、可控、有序、适度。要以深化金融财税改革化解金融风险。发展民营银行和社区银行，推动城商行、农商行、农信社业务逐步回归本源。要完善金融基础设施，强化监管和服务能力。要通过深化改革，打造一个规范、透明、开放、有活力、有韧性的资本市场，提高上市公司质量，完善交易制度。要健全地方税体系，规范政府举债融资机制。

[**要求**]

认真阅读以上内容，结合所学知识：

1. 试评价我国实行的积极财政政策。
2. 论述积极财政政策如何加力提效。

参考文献

1. 陈共:《财政学》,中国人民大学出版社,2017。

2. 杨志勇、张馨:《公共经济学》,清华大学出版社,2018。

3. 王华春:《公共财政学》,北京师范大学出版社,2017。

4. 付志宇、陈龙:《现代财政学》,机械工业出版社,2016。

5. 胡庆康、杜莉:《公共财政学》,复旦大学出版社,2001。

6. 郭庆旺、赵志耘:《财政学》,中国人民大学出版社,2002。

7. 刘宇飞:《当代西方财政学》,北京大学出版社,2003。

8. 洪银兴、尚长风:《公共财政学》,南京大学出版社,2006。

9. 邓子基、邱华炳:《财政学》,高等教育出版社,2004。

10. 孙翊刚:《中国财政史》,中国社会科学出版社,2003。

11. 毛程连、庄序莹:《西方财政思想史》,复旦大学出版社,2010。

12. 赵梦涵:《新中国财政税收史论纲》,经济科学出版社,2002。

13. 哈维·罗森:《财政学》,清华大学出版社,2015。

14. 詹姆斯·布坎南:《公共财政与公共选择》,中国财政经济出版社,2001。

15. 西蒙·詹姆斯、克里斯托弗·诺布斯:《税收经济学》,中国财政经济出版社,2002。

16. 罗伯特·D. 李、罗纳德·W. 约翰逊、菲利普·G. 乔伊斯:《公共预算体系》,中国财政经济出版社,2011。

17. 托马斯·D. 林奇:《美国政府预算》,中国财政经济出版社,2002。

18. 理查德·A. 马斯格雷夫:《财政理论与实践》,中国财政经济出版社,2003。